工商管理经典译丛 · 会计与财务系列

Business Administration Classics

会计学原理

（第19版）

Fundamental Accounting Principles

（19th Edition）

约翰 · J · 怀尔德（John J.Wild）
肯 · W · 肖（Ken W.Shaw） 著
芭芭拉 · 基亚佩塔（Barbara Chiappetta）
崔学刚 译

中国人民大学出版社
· 北京 ·

工商管理经典译丛·会计与财务系列

出版说明

21世纪是知识经济时代，也是全球经济融合的时代，越来越多的外资企业进入中国市场，同时中国的企业也在不断地走向世界。面对充满竞争和机会的新世纪，我们不但要总结国内先进的管理经验和方法，更要了解国际发展动态，学习西方先进的管理思想和方法。会计作为一种商业语言，在企业经营管理活动中发挥着十分重要的作用。吸收国外最新的科研成果，了解国外会计的最新发展动态，对提高我国的会计理论研究水平及企业管理水平，都将有很大的帮助。

中国人民大学出版社一直致力于为读者提供高水平的会计学教材和学术著作，出版了一系列高水平的教科书，促进了国内会计领域教学的发展。20世纪90年代，为了适应中国新的会计制度改革，中国人民大学出版社推出了“中国人民大学会计系列教材”，得到读者的广泛好评。在这套本土化教材成功的基础上，我们又引进了一批西方尤其是欧美影响较大的图书，现在奉献给读者的这套“工商管理经典译丛·会计与财务系列”，侧重于引进西方优秀的教科书。本系列教材具有以下特点：

1. 高质量。均选自欧美等国家最流行的教科书，其作者都是蜚声国际的会计学、财务学专家、教授。因此，这些教材能够代表国际会计的较高水平。

2. 内容丰富。既能满足学习会计学基础的需要，又具有一定的理论深度；既能满足本科生、MBA学生的需求，又能满足研究生、相关领域研究人员的需要。

3. 体系开放。目前已推出《会计学原理》（第19版）/约翰·J·怀尔德等、《中级会计学》（第12版）/基索等、《政府与非营利组织会计》（第12版）/厄尔·R·威尔逊等、《审计学：一种整合方法》（第12版）/阿尔文·A·阿伦斯等、《财务管理基础》（第11版）/斯坦利·B·布洛克等、《中级财务管理》（第8版）/尤金·F·布里格姆等、《跨国公司财务管理》（第7版）/艾伦·C·夏皮罗、《公司理财》/乔纳森·伯克等、《财务报表分析》（第10版）/约翰·J·怀尔德等，还将陆续推出《财务呈报、报表分析与估值：战略的观点》（第6版）/克莱德·P·斯蒂克尼等、《高级会计学》（第8版）/阿诺德·J·帕勒等一系列相关图书。我们会根据高校教学的发展、老师教学的需要以及广大读者的反馈，适时、不断地补充和更新本系列丛书，以满足广大读者进一步的需求。

一套好的丛书既需要出版者和作者的精心设计和维护，也需要读者的细心呵护。真诚希望大家能一如既往地支持我们，给我们提出宝贵的建议和意见。

中国人民大学出版社

译者序

随着经济全球化与我国会计教育国际化的纵深发展，国际上优秀的会计教材不断进入国内，尤其是英美经典会计教材纷纷走进国内课堂，这对提高我国会计教育国际化质量发挥着重要作用。自教育部对高等学校本科教学提出双语教学的要求以后，各地高校会计双语教学课程与会计全英语教学班的创设，对英美优秀会计教材的需求更加旺盛，也更加务实。除了要求教材的思想性、创新性、实时性、可读性外，对教材内容的简明性与实用性也提出了更高要求，导致教材引入的方式不断发展，从最初的翻译，到后来的英文原版引进，发展到原版改编以及双语引进。目前英美最优秀的会计教材几乎都已走进中国的会计课堂，约翰·J·怀尔德、肯·W·肖、芭芭拉·基亚佩塔合作出版的《会计学原理（第 19 版）》就是这样一本受到国内外师生热爱的优秀教材。该教材知识权威、内容系统，是迄今为止最具可读性、简明性、实时性、精准性和创新性的会计学教材，在美国市场上顾客忠诚度排名始终第一。

2007 年，根据国内会计教育的需要，我们改编了《会计学原理（第 18 版）》，推出了双语教学版，受到市场的青睐；2009 年，在充分听取广大读者意见的基础上，推出了更为完善的《会计学原理（第 19 版）》改编版。《会计学原理（第 19 版）》改编版被教育部列为普通高等教育‘十一五’国家级规划教材之一，深受广大师生的肯定和好评。

在改编版教材的使用过程中，有不少师生提出建议，希望出版针对《会计学原理（第 19 版）》改编版的翻译版，以方便教学备课与学生自学。会计同行也纷纷认为，当前接受全英或双语会计教育的学生，就业主要还是在国内，他们需要国际会计知识和国内会计应用的完美结合；同时采用该教材的改编版进行自学的学生也希望有翻译版提供学习帮助。为巩固双语教学改革成果，更好地满足广大师生的会计教育需求，我们在此推出了《会计学原理（第 19 版）》改编版的翻译版。该翻译版除前言、作者简介和词汇表外，其他内容与《会计学原理（第 19 版）》改编版内容完全对应，配合改编版教材使用，必将降低学习难度，提高学习效果。

由于《会计学原理（第 19 版）》改编版是原版的精华部分，且独成体系，因此该翻译版可作为各类学生以及在职管理人员的会计入门用书。

无论是改编版还是翻译版的出版，都离不开广大读者的支持和帮助，离不开众多师长和领导的指导和支持，在此表示敬意和感谢；我的研究生谭亚利对本书的翻译出版做了大量的基础性工作，中国人民大学出版社编辑的支持使得本书能够如期和大家见面，感谢她们。

尽管始终以“信、雅、达”作为翻译的内在标准，但限于译者水平，上述境界实难达到，甚至各种疏漏总是难免，希望广大读者一如既往地给予批评、指导和建议。

崔学刚

前言

伴随着《会计学原理（第19版）》的出版，我们非常感谢每一位为本书内容提出宝贵意见的朋友。作为教师，我们深知选择一本合适的教材的重要性。《会计学原理（第19版）》充分反映了专业评论员、兴趣小组参与者、学生和教师等人士的意见和智慧。在大家的支持下，我们创作出了迄今为止最具可读性、简明性、实时性、精准性和创新性的会计学教材。

能够邀请到肯·W·肖（Ken W. Shaw）加入到本版的创作队伍中，我们感到非常荣幸。肯·W·肖的教学和工作经历，以及他对学生的热心和奉献精神，正好与我们为教师和学生创作前沿教学用书的理念相契合。

在本书的整个写作过程中，我们始终按读者的要求去驾驭整个方向。这种创作方式丰富了本书的术语和目录部分，使得整体的写作简洁、明了。

本书的成功问世，离不开同事们的热情帮助。他们利用自己的宝贵时间来帮助我们满足现今教师和学生们不断变化的需求。我们非常有幸可以见证我们的教职人员对教学的敬业精神。

您的反馈和建议都一一反映在我们的写作中。请接受我们由衷的感谢，感谢您为现今学生理解和掌握会计学所做出的努力和贡献。

最后，向您送去最诚挚的问候。

约翰·J·怀尔德

肯·W·肖

芭芭拉·基亚佩塔

目　录

第1章

经济活动中的会计

- 会计的重要性
- 会计基本原则
- 经济业务分析和会计等式
- 财务报表

学习目标

CAP

概念（Conceptual）

C1 信息时代会计的目标和重要性

C2 会计信息的使用者及用途

C3 会计职业机会

C4 职业道德对会计的重要性

C5 公认会计原则的含义，具体会计原则的应用

分析（Analytical）

A1 定义并解释会计等式及其构成要素

A2 运用会计等式分析企业经济业务

程序（Procedural）

P1 识别和编制基本的财务报表，并解释各类报表之间的相互联系

本章预览

当今世界处于信息时代——所有活动的开展都依赖于信息的提供、传递、分析和应用。而会计则是这个信息时代的核心。会计知识不仅能够给我们带来职业发展机会，而且能提供有助于我们充分把握这些发展机会的种种洞见。本书将为你介绍一些概念、程序和分析方法，从而帮助你更好地做决策。本章将讲述会计的概念、会计信息使用者、会计信息的作用、会计职业机会以及一些基本会计原则，还将介绍企业经营活动分析和财务报表。

经济活动中的会计

会计的重要性
- 会计信息使用者
- 会计职业机会

会计基本原则
- 职业道德——一个重要概念
- 公认会计原则

经济业务分析
- 会计等式
- 经济业务分析——举例说明

财务报表
- 利润表
- 所有者权益表
- 资产负债表
- 现金流量表

会计的重要性

为什么会计专业在校园内如此受欢迎？为什么有很多与会计相关的工作等着毕业生去做？为什么会计对企业如此重要？为什么政治家和商业领袖们如此关心会计规范？答案是我们生活在信息时代，会计信息及其可靠性会影响到我们每个人的经济利益（financial well-being）。

会计（accounting）是确认、记录、传递具有相关性、可靠性和可比性的有关组织（企业）经营活动信息的信息系统和计量系统。确认（identifying）经营活动是指选择与企业相关的交易和事项，如苹果公司销售 iPod 和 TicketMaster 公司收取票款。记录（recording）经营活动是指按照时间先后顺序记录交易和事项的发生金额，并按照实用的格式加以分类和汇总。传递（communicating）有关企业经营活动的信

息是指编制诸如财务报表之类的会计报表，并且对这些报表加以分析和解释。图表 1.1 总结了各种会计活动。

图表 **1.1**　会计活动

我们绝不能用狭隘的观点去看待会计。我们通常只有在申请贷款、核对账户、填写税收表格以及领取工资单的时候才会接触会计，但这些经历是有限的，并且它们主要侧重于会计中的记账部分。簿记（recordkeeping or bookkeeping）是指以手工或电子方式记录经济交易或会计事项，它仅仅是会计的一个组成部分。会计还要确认和传递有关交易或事项的信息，并且包括分析和解释信息这两个重要过程。

技术是现代企业的一个重要组成部分，并在会计中发挥重要作用。技术在提高记录精确性的同时，还可以减少时间和精力的投入，降低记账的成本。一些小企业仍在继续使用手工方式完成各项会计工作，但是它们同样也受到了信息技术的影响。由于技术已经改变了我们存储、处理和汇总大宗数据的方式，因而会计也得以自由扩展。现在，咨询、规划和其他财务服务都与会计息息相关。这些服务的实现都离不开收集整理数据、解释数据含义、确定关键因素以及分析其内在含义。

□ 会计信息使用者

会计常常被称为商业语言，因为所有的企业都会建立一套会计信息系统来传递信息，以便人们能够更好地做决策。如图表 1.2 所示，会计信息系统可以为许多信息使用者服务（这里列举了部分信息使用者），这些使用者可以分为两类：外部信息使用者和内部信息使用者。

外部信息使用者

- 债权人
- 股东
- 政府部门
- 消费者
- 外部审计人员
- 客户

内部信息使用者

- 经理
- 管理人员
- 内部审计人员
- 销售人员
- 预算管理人员
- 主计长

图表 **1.2**　会计信息使用者

外部信息使用者

会计信息的**外部使用者**（external users）不直接参与企业经营。外部信息使用者包括股东（投资者）、债权人、董事、客户、供应商、政府管理机构、律师、经纪人和媒体。外部信息使用者获取企业信息的渠道有限，但是他们要依赖具有可靠性、相关性和可比性的信息来进行决策。

财务会计（financial accounting）是主要通过提供通用财务报表来实现服务外部信息使用者目标的一个会计分支。所谓通用财务报表（general-purpose financial statements）是指外部信息使用者可以用于多种用途的外部财务报表。

根据所做决策的不同，每个外部信息使用者的信息需求也各不相同。债权人（lender or creditor）是指将资金或其他资源借给企业的个人或机构，银行、储蓄贷款机构、消费合作社、抵押和金融公司常常充当债权人的角色。债权人通常会收集能够帮助他们评估一个企业能否还本付息的信息。股东（shareholders）（投资者）是企业的所有者，他们使用会计报表来决定是否购买、持有或出售股票。通常，股东会通过选举成立董事会（board of directors）来监管他们在企业中的利益。因为董事要对股东负责，所以董事和股东对信息有着类似的需求。外部（独立）审计人员（external（independent）auditors）检查会计报表以确定报表是否按照公认会计原则编制。员工（employees）和工会（labor unions）使用财务报表来判断工资的分配是否公正、评价未来的工作前景以及为实现加薪与企业进行谈判。通常，政府管理机构（regulators）对于企业的某些活动享有法定权利。比如，美国国税局（IRS）和其他税收机构要求企业提交会计报告以计算纳税额。其他政府管理机构如公用事业委员会使用会计信息来确定公用事业税率，证券管理机构则要求上市公司提交财务报告。

会计还可以满足很多其他外部信息使用者的需要。选民、立法者和政府官员（voters，legislators and government officials）使用会计信息来监督和评价政府收支。为非营利组织提供捐赠的捐赠人（contributors）使用会计信息来评价其捐献物的使用情况及效果。供应商（suppliers）在赊销前使用会计信息判断客户的信用状况。客户（customers）使用财务报告来评价潜在供应商能否长期供货。

内部信息使用者

会计信息的**内部使用者**（internal users）是指那些直接参与企业经营管理的人。他们使用会计信息来改善企业的经营效率和效果。管理会计（managerial accounting）是会计的另一个分支，它主要满足内部信息使用者的决策需要。内部报表的编制不需要遵守外部报表的编制规则，内部报表是为了满足内部信息使用者的特殊需要而编制的。

内部信息使用者有许多不同的类型，其中很多都是主管重要业务的经理。研发经理（research and development managers）想知道如果改变产品和服务，成本和收入预计会发生怎样的变化。采购经理（purchasing managers）想知道何时以何种价格采购何种物资。人力资源经理（human resource managers）需要有关员工工资、津贴、绩效和报酬方面的信息。生产经理（production managers）需要有关监控成本和保证质量方面的信息。销售经理（distribution managers）需要有关及时、准确、高效地

交付产品和服务的报告。营销经理（marketing managers）需要使用有关销售和成本方面的报告去锁定目标客户，确定价格，了解顾客需求、品位及他们所能接受的价格。服务经理（service managers）需要掌握为提供产品和服务而发生的成本以及所带来的收益。

内部信息使用者和外部信息使用者都要依赖内部控制来监督和控制企业活动。内部控制（internal controls）是为了保护公司财产和设备、确保会计报告的可靠性、提高效率、鼓励遵守公司政策而建立起来的程序，例如，完善的记录、实物控制（锁、密码和保安）及独立核查。

□ 会计职业机会

会计信息会影响到我们生活的方方面面。在我们赚钱、纳税、进行储蓄投资、编制收入预算和规划未来的时候，会计都会对我们产生一定的影响。会计主要能在四大领域为我们提供工作机会：财务、管理、税务以及会计相关领域。图表 1.3 选列了每个领域的一些工作机会。

如图表 1.4 所示，会计职业机会主要集中在私用会计（private accounting）领域，公共会计（public accounting）领域位居第二，而政府（和非营利）机构中也存在一些工作机会，例如，制定企业法规和进行违法调查。

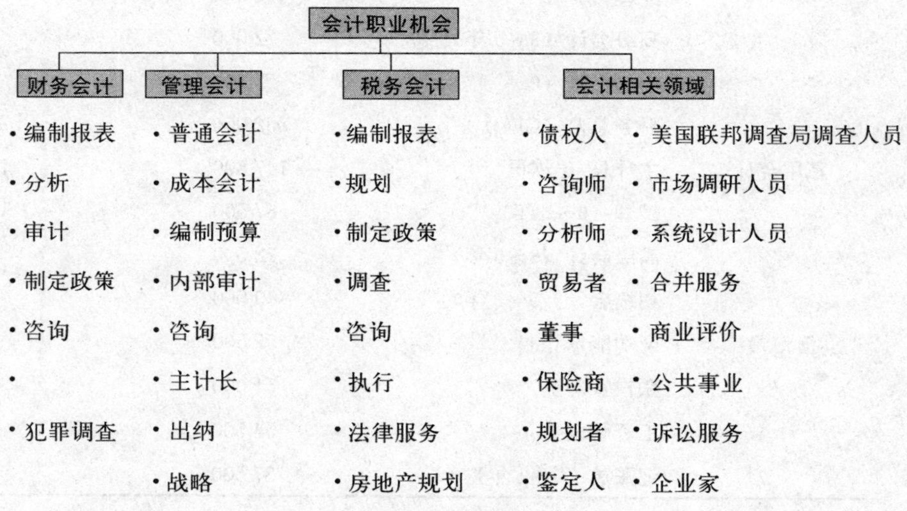

图表 1.3　会计职业机会

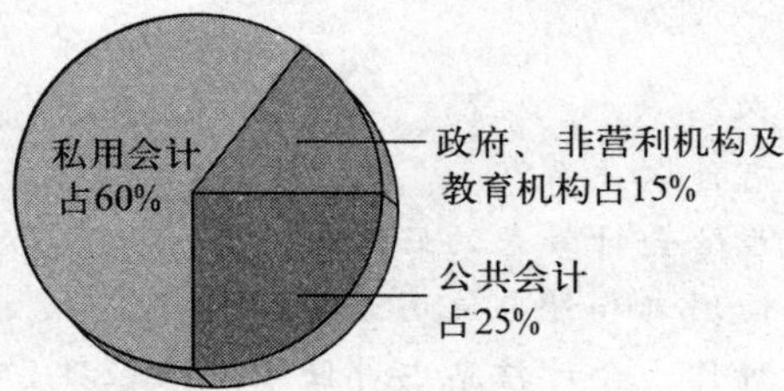

图表 1.4　不同领域的会计职业机会

会计专家备受青睐。通常可以通过资格证书来判断他们的专业水平。要想成为注册公共会计师（CPA），除了要满足学历和经验两方面的要求以外，还要通过考试并具备一定的职业道德。许多会计专家虽然没有CPA证书，但却拥有其他证书，甚至还有一些会计专家同时拥有CPA证书和其他证书。注册管理会计证书（CMA）和注册内部审计师证书（CIA）就是两种最常见的资格证书。雇主也喜欢聘用拥有注册簿记员（CB）、注册薪金专家（CPP）以及个人理财专家（PFS）等头衔的会计专家。

掌握会计知识的人总是非常走俏，因为他们可以帮助进行财务分析、战略规划、电子商务、产品可行性分析、信息技术以及财务管理。另外，他们还可以享受弹性工作时间安排、远程办公选择、多种职业道路选择、宽松的工作环境、较长的度假时间以及儿童和老人看护服务的其他福利。

对会计专家的需求增加使得其工资飞涨。图表1.5列出了几种会计职位的年平均工资，工资差别取决于企业所处的地理位置、企业规模、专业头衔、经验及其他因素。比如，财务总监（CFO）的年薪为＄75 000以下到100万美元以上不等。同样，簿记员的年薪则从＄30 000以下到＄80 000以上不等。

图表1.5 特定会计领域的工资水平一览表

领域	职位（经验）	2007年的工资水平	2012年的预计工资水平*
公共会计	合伙人	＄190 000	＄242 500
	经理（6～8年）	94 500	120 500
	高级会计（3～5年）	72 000	92 000
	初级会计（0～2年）	51 500	65 500
	财务总监（CFO）	232 000	296 000
私用会计	主计长/出纳员	147 500	188 000
	经理（6～8年）	87 500	111 500
	高级会计（3～5年）	72 500	92 500
	初级会计（0～2年）	49 000	62 500
簿记员	全功能簿记员	57 500	73 500
	账户管理员	51 000	65 000
	工资管理员	54 500	69 500
	记账员（0～1年）	37 500	48 000

* 预计工资是在现有水平的基础按照每年上涨5%计算出来的。

快速测试

1. 会计的目标是什么？
2. 会计和簿记之间有什么关系？
3. 请列举出技术进步给会计带来的好处。
4. 会计信息的内部使用者和外部使用者各有哪些？
5. 请至少列举出5种作为会计信息内部使用者的经理。
6. 什么是内部控制？为什么内部控制非常重要？

会计基本原则

会计是按照一定的原则、准则、概念和假设来提供信息的。本小节将讲述其中几项重要的基本会计原则。

□ 职业道德——一个重要概念

会计的目标是为决策提供有用的信息。而信息要想有用，就必须可信，这就要求会计工作必须遵守一定的职业道德。**职业道德**（ethics）是用来判断对错的各种信念，是被广泛接受的用来判断一种行为是好还是坏的标准。

确定职业道德路径有时是很困难的。能够避免所做的决策被他人质疑的路径就是最佳职业道德路径。例如，会计信息使用者不可能相信一个依靠客户的成功赚取工资的审计人员的报告。为了避免此类麻烦，通常要设立职业道德准则。比如，审计人员不允许直接在被审计机构中投资，也不允许接受根据被审计人报告中的数字计算出来的报酬。图表 1.6 给出了进行职业道德决策的指导方针。

图表　　职业道德决策指南

会计信息的提供者在编制财务报表时常常面临职业道德选择。这些选择会影响到买方支付的价格以及支付给工人的工资，甚至会影响到产品和服务能否获得成功。具有误导性的信息可能会导致一个部门倒闭，而这势必会危害到员工、客户和供应商的利益。我们必须记住这样一句老话：好职业道德就等于好生意。

一些人将职业道德扩展到社会责任（social responsibility）。所谓社会责任是指企业应该关心自己的行为会对社会造成什么样的影响。企业的社会责任包括为医院、大学、社区活动和法律实施进行捐赠，还包括减少污染、提高产品安全性、改善员工工作条件以及支持继续教育等活动。不光是大企业在开展这些活动，很多小企业也在从事类似的活动。例如，许多小公司为学生和老年人提供折扣，还有一些企业在为残奥会和夏日读书计划等活动提供赞助。

□ 公认会计原则

财务会计实务要受**公认会计原则**（generally accepted accounting principles, GAAP）的一系列概念和规则约束。为了有效地使用和理解财务报表，我们应了解这些为了满足使用者需要随着时间不断变化的准则。公认会计原则的一个主要目的就是使财务报表上的信息具有相关性、可靠性和可比性。具有相关性的信息（relevant information）会影响信息使用者的决策，具有可靠性的信息（reliable information）能够受到使用者的信赖，而具有可比性的信息（comparable information）则有利于不同企业间的比较。

会计准则制定

在美国，公认会计原则主要是由两家机构负责制定的：民间机构**美国财务会计准则委员会**（the Financial Accounting Standards Board，FASB）既负责制定会计通则也负责制定具体的会计准则；政府机构证券交易委员会（Securities and Exchange Commission，SEC）负责为上市公司制定信息披露标准。

在当今世界经济中，外部使用者对公司报告的可比性提出了更多的要求，尤其是当企业想从其他国家的债权人和投资者那里筹集资金时，这种要求就变得更为强烈。为此，**国际会计准则理事会**（International Accounting Standards Board，IASB）发布了用来确定最佳会计实务的《国际财务报告准则》（International Financial Reporting Standards，IFRS）。IASB希望能够更好地协调各个国家的会计实务。如果能够将各国的会计准则统一起来，那么企业就可以在所有的金融市场上都使用同一套财务报表。许多国家的会计准则制定者都支持IASB，美国的GAAP与IASB制定的会计准则之间的差异也越来越小。但是，IASB无权强迫企业使用它所制定的会计准则。

会计原则和会计假设

会计原则（和假设）可分为两类：通用原则（general principles）和具体原则（specific principles）。通用原则是指编制财务报表时所使用的各种基本假设、概念和指导方针。具体原则是指报告公司交易和事项时所使用的各种具体原则。通用原则是从长期的会计实务中总结而来的，而具体原则大都是由权威性的机构制定的。

为了能够有效地利用会计信息，我们既要了解通用原则，也要了解具体原则。下面将介绍几个通用原则，在以后各章中，我们还将介绍其他的通用原则。正如图表1.7描述的那样，通用原则是构建GAAP大厦的一块块“砖头”。具体原则我们将在以后遇到的时候再加以介绍。

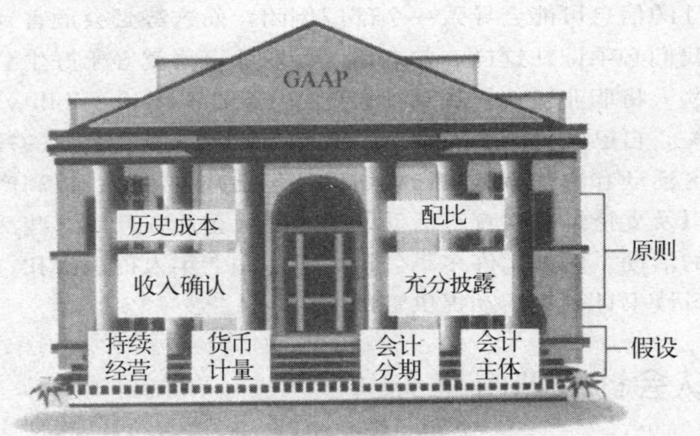

图表1.7 GAAP“大厦”的构建

会计原则 通则由至少四个基本原则、四个假设和某些约束（certain constraints）构成。**成本原则**（cost principle）又叫历史成本原则，它要求会计信息必须以实际发生的成本为依据。成本是用现金或现金等价物来计量的。这意味着，如果一项服务得到的是现金支付，那么该项服务的成本就等于它所获得的现金数量。如果用于交换的是除现金以外的其他物品（比如用一辆小汽车换一辆卡车），那么成本就等于换入或换出的物品的货币价值。成本原则强调可靠性，人们认为以成本为依据的信息是客观的。客观性意味着信息是由独立的、无偏见的证据所支持的；它需要至少一个人以上的观点。例如，假设一家公司花＄5 000购买了一套设备，那么根据成本原则，这套设备就应该以＄5 000入账。即便所有者认为这个设备值＄7 000，在账簿上也要记＄5 000。

收入（销售额）是指销售产品和服务所获得的货币数量。**收入确认原则**（the revenue recognition principle）为企业何时确认收入提供了依据。所谓确认就是指入账。如果收入确认过早，就会高估企业的实际盈利能力。但如果收入确认过晚，则会低估企业的实际盈利能力。

下面是收入确认中的三个重要概念：（1）在取得收入时加以确认。当服务完成或卖方将产品所有权转移给买方时，收入获取过程才算完成。（2）出售产品或提供服务所获得的收入不一定以现金形式存在。买方所获得的客户答应在将来某天付款的承诺就是一种典型的非现金收入，这种销售方式称为赊销（credit sales）。（3）收入等于收到的现金再加上所收到的其他物品的现金价值之和。

配比原则（the matching principle）是指企业必须记录由于创造收入所产生的费用。**充分披露原则**（the full disclosure principle）是指企业详细地披露会影响使用者决策的隐藏在财务报表内部的信息。这些信息通常发现在报表附注中。

会计假设　有四个会计假设。**持续经营假设**（the going-concern assumption）是指在编制财务报表时要假定企业将会持续经营下去，不会关门或被卖掉。这就意味着财务报表中反映的是财产的成本，而不是企业关门时的清算价值。

货币计量假设（the monetary unit assumption）是指我们能够使用货币单位来表示交易或事项。货币是经营活动中很常用的一种计量手段。世界各国使用的货币单位也各不相同，例如，美国、加拿大、澳大利亚和新加坡使用“元”作为货币单位，英国使用“磅”作为货币单位，而墨西哥、菲律宾和智利则使用“比索”作为货币单位。企业在会计报告中使用何种货币单位通常取决于企业在哪个国家从事经营，但是现在许多企业往往同时使用两种以上的货币单位来编制多份会计报表。

会计分期假设（the time period assumption）是指公司的经营过程可以被分为不同期间，诸如以月份或年份为期间，同时为这些期间出具财务报表。

会计主体假设（the business entity assumption）是指企业是独立于其所有者及其他企业之外的个体。之所以会有这样一条假设是因为将不同企业的会计信息区分开来有助于更好地做决策。企业个体可以以三种法律形式存在：独资企业（proprietorship）、合伙企业（partnership）以及公司（corporation）。

（1）**独资企业**（sole proprietorship or proprietorship）是指归一个人所有的企业。法律上对开办独资企业没有任何特殊要求。从会计核算的角度来看，独资企业是一个独立的主体，但从法律角度来看，独资企业并非一个独立于其所有人之外的法人实体。也就是说，法院有权要求独资企业的所有人变卖其个人财产来偿还企业债务。所有人必须对企业的债务承担无限责任（unlimited liability）是独资企业一大缺点。而独资企业的优点则是：独资企业的收入不需要缴纳企业所得税，只要反映在其所有人的纳税申报表中，缴纳个人所得税即可。

（2）**合伙企业**（partnership）是指由两个或两个以上的所有人所共同拥有的企业，其中，这些共同所有人称为合伙人（partners）。同独资企业一样，法律上对开办合伙企业没有什么特殊要求，唯一的要求就是合伙人必须有共同经营企业的协议，协议既可以采取口头形式也可以采取书面形式。通常，协议中会规定合伙人之间如何分配收入以及如何分担损失。合伙企业与独资企业一样，都不是独立于其所有人之外的法人实体。也就是说，每个合伙人的利润份额都要反映在其纳税申报表中，并且要缴纳个人所得税。同时，这也意味着合伙人对企业债务要承担无限责任。然而，至少有三种合伙企业的合伙人对企业债务承担有限责任：第一，有限合伙企业（limited partnership，LP）拥有两类合伙人——普通合伙人和有限合伙人。普通合伙人对企业债务承担无限责任，而有限合伙人则以其投资额为限对企业债务承担有限责任。第二，在有限责任合伙企业（limited liability partnership，LLP）中，合伙人只需对自己及其手下的行为负责。这样一来，无辜的合伙人就不需要为其他合伙人的过失而承担责任，但是，所有合伙人仍需对合伙企业的债务承担责任。第三，有限责任公司（limited liability company，LLC），在承担有限债务方面与公司一致，而在税收方面则享受与合伙企业（和独资企业）相同的待遇。现在，大多数独资企业和合伙企业都是按 LLC 形式组建的。

（3）**公司**（corporation）是指在法律上独立于其所有人之外的一种企业组织形式，它只对自己的行为和债务负责。公司具有独立的法律地位，这就意味着公司在开展业务的时候，可以像人一样享有权利、承担责任和义务。公司的行为通过其法人代表——经理来实现。独立的法律地位还有另外一层含义，即公司的所有人，也叫股东（shareholders or stockholders），对公司的行为和债务不需要承担责任。有限责任是公司的一大主要优点，而双重课税（double taxation）则是公司的一大主要缺点。所谓双重课税是指公司的收入要缴税，公司以股利形式分配给其所有人的收入也要缴纳个人所得税，税率通常为 15%。（注：对于低收入的纳税人，股利税的税率低于 15%，有时甚至不征税。）S 公司（S corporation）是公司中的一个例外，它因为具备了某些特点所以不需要缴纳企业所得税。S 公司所有人从公司所得中获得的分红与其个人收入一起报税。公司的所有权被分割成很多小的单位，我们把它们称为股份（shares）或股票（stocks）。如果一家公司只发行一种股票，那么我们就把这些股票称为普通股（common stock）或股本（capital stock）。图表 1.8 总结了独资企业、合伙企业及公司各自的特点。

图表 1.8 各种企业组织形式的特点

特点	独资企业	合伙企业	公司
是否是企业个体	是	是	是
是否是法人实体	否	否	是
是否承担有限责任	否*	否*	是
是否具有无限寿命	否	否	是
是否需要缴纳企业所得税	否	否	是
是否可以只有一位所有人	是	否	是

* 按 LLC 形式设立的独资企业和合伙企业承担有限责任。

职业道德　　企业家

你和一个朋友设计出了一种新型的直排轮冰鞋，这种冰鞋的速度和性能比普通冰鞋提高了 25%～30%。你们打算成立一家企业，生产和销售这种冰鞋。你和你的朋友想尽量少缴税，但同时你们又非常担心使用者在使用这种冰鞋时可能因受伤而对你们提起诉讼。那么，你们应该选择什么样的企业组织形式呢？

□ 《萨班斯—奥克斯利法案》

为了帮助克服上市公司的财务陋习，美国国会通过了《萨班斯—奥克斯利法案》(Sarbanes-Oxley Act)，或称 SOX。SOX 要求上市公司既要加强会计监督，也要实施严格的内部控制制度。这样做的目的就是要增加财务报表编制工作的透明度、责任感和可信度。

要想达到 SOX 的要求，需要准备大量文件、核实内部控制制度以及加强内部控制制度的有效性。如果上市公司未能达到 SOX 的要求，那么它将被处以罚款、被取消上市资格，甚至其主管人员还会被起诉。上市公司的管理部门还要公布报告，证明上市公司的内部控制制度是有效的。故意在虚假财务报告上签字的执行总裁和财务总监会被处以几百万美元的罚款以及若干年的监禁。审计人员也必须证明上市公司的内部控制制度是有效的。

下面列出了近年来广为人知的会计丑闻事件。

公司	涉嫌的会计指控
安然公司（Enron）	虚增收益，隐藏债务，贿赂官员
世通公司（World Com）	低估费用以虚增收益和隐藏债务
房利美公司（Fannie Mae）	虚增收益
菲亚传播公司（Adelphia Communications）	低估费用以虚增收益和隐藏债务
时代华纳公司（AOL Time Warner）	虚增收入和收益
施乐公司（Xerox）	虚增收益
百时美施贵宝（Bristol-Myers Squibb）	虚增收入和收益
北电网络（Nortel Networks）	低估费用以虚增收入
环球电讯（Global Crossing）	虚增收入和收益
美国泰科公司（Tyco）	隐藏债务，CEO 逃避税收
哈里伯顿（Halliburton）	虚增收入和收益
奎斯特通讯公司（Qwest Communications）	虚增收入和收益

为了降低会计造假的风险，公司设立了治理结构。一个公司的治理结构包括它的所有者、管理者、员工、董事会和其他重要的股权持有者，这些人一起工作，从而在降低会计造假的风险同时，增加会计报表的可信度。

关于 SOX 对会计和商业活动的影响的讨论将贯穿本书。职业道德和投资者信任程度是企业成功的关键。正如安然、世通、泰科和 ImClone 的会计造假行为被发现后，对会计数据缺乏信心导致股票价格大幅下跌，进而影响公司价值。

快速测试

7. 什么样的三步指南能够帮助人们进行职业道德决策？
8. 对企业来说，职业道德和社会责任的价值表现在哪些方面？
9. 职业道德在会计中的重要性表现在哪些方面？
10. 美国的会计准则是由谁制定的？
11. 国际会计准则给美国企业带来了哪些影响？
12. 客观性原则和成本原则之间存在怎样的联系？
13. 会计主体假设的重要性表现在哪些方面？
14. 收入确认原则的重要性表现在哪些方面？
15. 企业的三种基本组织形式是什么？
16. 从专业术语角度来讲，公司所有者和公司股权分别是什么？

经济业务分析和会计等式

为了理解会计信息，我们需要了解会计系统如何获取交易的相关数据，以及接下来如何给这些数据归类、如何记录这些数据、如何利用这些数据编制报表。

□ 会计等式

会计系统反映了企业的两个基本方面：自己有什么和欠别人什么。**资产**（assets）是企业拥有或控制的能够给企业带来未来经济效益的资源。例如，现金、物料、设备和土地。对企业资产所享有的求偿权——企业应该对资产所有人所承担的义务——可以分为两类：所有者求偿权和非所有者求偿权。**负债**（liabilities）是企业欠其非所有者（债权人）的债务，未来需要用现金、产品或服务加以偿还。**权益**（equity）（也叫所有者权益或资本）是指企业所有人对企业资产所享有的求偿权。总之，负债和权益是企业获取资产的资金来源。资产、负债和所有者权益三者之间的关系可以用下面的会计等式来表示：

资产＝负债＋所有者权益

在等式中，负债通常放在所有者权益的前面，因为企业必须首先满足债权人的求偿权，然后才能去满足所有者的求偿权。（我们可以将等式中的各项重新排列；例如，资产－负债＝所有者权益。）无论什么时候，会计等式都适用于所有的交易和事项，也适用于所有的公司和任何形式的企业。例如，美国零售巨头百思买（Best Buy）的资产总额为＄13 570，负债总额为＄7 369，所有者权益总额为＄6 201（以百万为单位）。下面，就让我们来详细研究一下会计等式。

资产

资产是指企业拥有或控制的资源。这些资源预计在未来能够带来一定的经济效益。例如，网络服务企业所拥有的网络服务器、摇滚乐队所拥有的乐器及菜农所拥有的土地。“应收”（receivable）一词是指未来能够引起资源流入的资产。以赊销的方式提供产品或服务的企业就设有对客户的应收账款账户。

负债

负债是指债权人对企业资产所享有的求偿权。这种求偿权反映了提供资产、产品或服务给他人的义务。“应付”（payable）一词是指未来能够引起资源流出的负债。例如，给员工的应付工资、给供应商的应付账款、给银行的应付票据以及给政府的应缴税金。

所有者权益

所有者权益是指所有者对企业资产所享有的求偿权。权益等于资产减负债，因此，我们也把权益称为净资产（net assets）或剩余权益（residual equity）。

对于非公司制企业而言，所有者权益也被称为业主权益，其变动如下：所有者投资和收入的增加都会带来所有者权益的增加，而所有者提取和费用的增加则会引起所有者权益的减少。所有者投资（owner investment）是指所有者投入企业的资产，它可以归入所有者名下的资本（owner，capital）账户。收入（revenues）是指企业盈利活动所带来的企业资产的增加额，收入的增加会带来所有者权益的增加。例如，提供咨询服务、销售产品、出租资产给他人及收取服务佣金等，都可以带来收入的增加。所有者提取（owner withdrawals）是指所有者从企业提出的、用于私人用途的资产。费用（expenses）是指为获得收入而使用的产品或服务的成本，费用的增加会引起权益的减少。例如，占用员工时间、使用物料以及使用他人提供的广告服务、公用事业服务和保险服务等所带来的成本，都属于费用。总之，所有者权益等于企业成立以来累积的收入和所有者投资减去累积费用和所有者提取。把所有者权益分解以后，我们就得到了扩展的会计等式（expanded accounting equation）：

$$\text{资产}=\text{负债}+\overbrace{\text{所有者名下的资本}-\text{所有者提取}+\text{收入}-\text{费用}}^{\text{所有者权益}}$$

当收入大于费用时便产生了净利润（net income）。净利润的增加会引起所有者权益的增加。当费用大于收入时，便产生了净损失（net loss）。净损失的增加会引起所有者权益的减少。

□ 经济业务分析

经济业务可以用交易和事项来描述。外部交易（external transactions）是指发生在两个企业之间的价值交换，它们会使会计等式发生变化。内部交易（internal transactions）是指发生在企业内部的交换，它们同样会影响到会计等式。例如，企业使用物料，物料使用完之后在会计报表中就会被列为费用。事项（events）是指会对企业的会计等式产生影响并且能够可靠计量的事件。事项包括商业事项，例如某些资产和负债的市价变动，也包括自然事项，如洪水、火灾等毁坏资产造成损失等。但签订服务或产品合同不属于事项，因为签订合同本身并不会影响会计等式。

下面将使用会计等式来分析 11 项特定的交易和事项，这些交易和事项都来自一家新成立的名为 FastForward 的咨询企业的第一个月的业务。切记：每笔交易和事项都能使会计等式保持平衡，并且资产永远等于负债与所有者权益二者之和。

业务1：所有者投资

12 月 1 日，Chuck Taylor 成立了一家名为 FastForward 的咨询公司，该公司主要致力于评价运动鞋及其配饰的性能。这家公司是由 Chuck Taylor 个人出资成立的独资企业，因此归他个人所有，并且由他负责管理。公司的营销计划就是主要为运动俱乐部、业余运动员和其他向生产商订购运动鞋及其配饰的人提供咨询服务。Taylor 个人投资了 $ 30 000，并把这笔资金以 FastForward 公司的名义存入了银行。这笔业务结束以后，现金（资产）和所有者权益相等，均为 $ 30 000。所有者权益的增加来源于所有者投资，所有者投资被列入"Taylor 名下的资本"一栏（所有者投资通常记入名为"××（所有者）名下的资本"（"owner name"，Capital）的科目）。我们可以从下面的会计等式中看出这笔业务对 FastForward 公司的影响：

	资产	=	负债	+	所有者权益
	现金	=			C. Taylor 名下的资本
(1)	+ $ 30 000	=			+ $ 30 000

业务2：用现金采购物料

FastForward 公司花 $ 2 500 为以后几个月的性能测试购买了一批名牌运动鞋。这笔交易是用一种资产（现金）交换另一种资产（物料），它仅仅改变了资产的形式，即：将资产从现金变成了物料，而且现金的减少额正好等于物料的增加额。这批运动鞋被列为资产，是因为通过对它们进行性能测试，预期能够给企业带来一定的收益。我们可以用下面的会计等式来反映这笔业务：

	资产			=	负债	+	所有者权益
	现金	+	物料	=			C. Taylor 名下的资本
初始余额	$ 30 000			=			$ 30 000
(2)	−2 500	+	+ $ 2 500				
新余额	$ 27 500	+	+ $ 2 500	=			$ 30 000
	$ 30 000				$ 30 000		

业务3：用现金购置设备

为了测试运动鞋的性能，FastForward 公司花 $ 26 000 购进了一套设备。和业务 2 一样，业务 3 也是用一种资产（现金）交换另外一种资产（设备）。设备之所以被列为资产，是因为它可以通过测试运动鞋的性能给公司带来预期收益。这笔采购交易改变了资产的组成，但是并没有改变资产总额。会计等式仍然能够保持平衡。

	资产					=	负债 + 所有者权益
	现金	+	物料	+	设备	=	C. Taylor 名下的资本
初始余额	$ 27 500	+	$ 2 500	+		=	$ 30 000
(3)	−26 000	+		+	$ 26 000		
新余额	$ 1 500	+	$ 2 500	+	$ 26 000	=	$ 30 000
			$ 30 000				$ 30 000

业务 4：赊购物料

Taylor 觉得自己需要更多的运动鞋及其配饰。购买新的物料需要 \$7 100，但是我们从业务 3 的会计等式中可以看出，FastForward 公司目前手头只有 \$1 500 现金。Taylor 设法以赊购的方式从 CalTech Supply 公司购进了这批物料。这样，FastForward 公司以将来付款的承诺换回了这些物料。这笔赊购业务使公司资产增加了 \$7 100，而公司负债（欠 CalTech Supply 公司的应付账款）也增加了同样的金额。我们可以从下面的会计等式中看出这笔业务对 FastForward 公司的影响：

	资产					=	负债	+	所有者权益
	现金	+	物料	+	设备	=	应付账款	+	C. Taylor 名下的资本
初始余额	\$1 500	+	\$2 500	+	\$26 000	=			\$30 000
(4)		+	\$7 100	+			+\$7 100		
新余额	\$1 500	+	\$9 600	+	\$26 000	=	\$7 100		\$30 000
			\$37 100					\$37 100	

业务 5：提供服务赚取现金

FastForward 公司通过向客户提供运动鞋及其配饰的测试结果赚取收入。只有当收入大于为获取收入而支付的费用时，公司才能赚到净利润。在最初进行的一笔业务中，FastForward 公司为一家运动俱乐部提供咨询服务，赚到了 \$4 200 现金。这样，在会计等式中，现金增加了 \$4 200，而所有者权益也增加了 \$4 200。所有者权益的增加被记入下表中最右边的收入一栏，因为这笔金额是通过提供咨询服务而取得的收入。

	资产					=	负债	+	所有者权益		
	现金	+	物料	+	设备	=	应付账款	+	C. Taylor 名下的资本	+	收入
初始余额	\$1 500	+	\$9 600	+	\$26 000	=	\$7 100	+	\$30 000		
(5)	+4 200									+	\$4 200
新余额	\$5 700	+	\$9 600	+	\$26 000	=	\$7 100	+	\$30 000	+	\$4 200
			\$41 300						\$41 300		

业务 6 与业务 7：用现金支付费用

FastForward 公司向存放设备的厂房的房东支付了 \$1 000 租金。支付了这笔费用以后，公司就可以在 12 月份使用这间厂房。下面业务 6 的会计等式可以反映这笔租金支付业务。FastForward 公司还向唯一的员工支付了半个月的工资 \$700。这笔业务反映在了下面业务 7 的会计等式中。业务 6 和业务 7 都是 FastForward 公司 12 月份的费用。工资和租金成本与资产相反，都属于费用，因为它们所带来的收益已经在 12 月份耗用殆尽（在 12 月份以后，工资和租金都不会带来任何未来收益）。这两笔交易也耗用了 FastForward 公司的一项资产（现金）。从会计等式中可以看出，这两笔业务都减少了现金和所有者权益。这两笔减少额被列入下表中最右侧的费用一栏。

	资产					=	负债	+	所有者权益				
	现金	+	物料	+	设备	=	应付账款	+	C. Taylor名下的资本	+	收入	−	费用
初始余额	$5 700	+	$9 600	+	$26 000	=	$7 100	+	$30 000	+	$4 200		
(6)	−1 000									+		−	$1 000
余额	4 700	+	9 600	+	26 000	=	7 100	+	30 000	+	4 200	−	1 000
(7)	−700									+		−	700
新余额	$4 000	+	$9 600	+	$26 000	=	$7 100	+	$30 000	+	$4 200	−	$1 700
	$39 600						$39 600						

业务8：以赊销方式提供服务和出租设备

FastForward公司为一家业余运动俱乐部提供了价值＄1 600的咨询服务，并把自己的检测设备以＄300的价格出租给了该俱乐部。这笔出租业务还包括允许俱乐部成员在FastForward的实验场地内试穿企业所推荐的运动鞋及其配饰。该运动俱乐部开出了一张＄1 900的账单。这笔业务产生了一项新的资产——应收账款（accounts receivable）。这两笔收入被记入下面会计等式中的收入栏，同时，收入的增加也引起了所有者权益的增加。

	资产							=	负债	+	所有者权益				
	现金	+	应收账款	+	物料	+	设备	=	应付账款	+	C. Taylor名下的资本	+	收入	−	费用
初始余额	$4 000	+		+	$9 600	+	$26 000	=	$7 100	+	$30 000	+	$4 200	−	$1 700
(8)		+	$1 900									+	1 600		
												+	300		
新余额	$4 000	+	$1 900	+	$9 600	+	$26 000	=	$7 100	+	$30 000	+	$6 100	−	$1 700
	$41 500								$41 500						

业务9：应收账款变现

业务8中的客户（业余运动俱乐部）在为咨询服务签单后的第10天将＄1 900支付给了FastForward公司。业务9并没有改变资产总额，也没有对负债和所有者权益产生任何影响，只是将应收账款（一项资产）转变成了现金（另一项资产）。业务9并没有创造新的收入。收入早在业务8中FastForward公司提供完服务之后便已经确认了，并没有等收到现金时才确认。强调取得收入的过程而非现金流入的过程是收入确认原则的一个目标，这样会给使用者提供有用的信息。该笔交易完成之后，新的余额如下：

	资产							=	负债	+	所有者权益				
	现金	+	应收账款	+	物料	+	设备	=	应付账款	+	C. Taylor名下的资本	+	收入	−	费用
初始余额	$4 000	+	$1 900	+	$9 600	+	$26 000	=	$7 100	+	$30 000	+	$6 100	−	$1 700
(9)	+1 900	−	1 900												
新余额	$5 900	+	$0	+	$9 600	+	$26 000	=	$7 100	+	$30 000	+	$6 100	−	$1 700
	$41 500								$41 500						

业务10：支付应付账款

FastForward 公司早先因物料采购欠了 CalTech Supply 公司＄7 100 的应付账款（业务 4），现在 FastForward 公司以分期付款的方式首先偿还了＄900，还剩＄6 200 没有偿还。我们从会计等式可以看出：FastForward 公司的现金减少了＄900，同时欠 CalTech Supply 公司的负债也减少了＄900，而所有者权益则没有发生任何变化。虽然有现金从 FastForward 公司流出，但是这一事项并未产生费用（相反，当 FastForward 公司从这些物料中获得收入时，才能记录费用）。

	资产							=	负债	+	所有者权益				
	现金	+	应收账款	+	物料	+	设备	=	应付账款	+	C. Taylor 名下的资本	+	收入	−	费用
初始余额	＄5 900	+	＄0	+	＄9 600	+	＄26 000	=	＄7 100	+	＄30 000	+	＄6 100	−	＄1 700
(10)	−900								−900						
新余额	＄5 000	+	＄0	+	＄9 600	+	＄26 000	=	＄6 200	+	＄30 000	+	＄6 100	−	＄1 700
	＄40 600								＄40 600						

业务11：所有者提取现金

FastForward 公司的所有者提取了＄200 现金用做私人用途。所有者提取（减少所有者权益）并不会被列为费用，因为所有者提取本身并不是企业获取收入过程的一部分。正因为所有者提取不属于企业的费用，所以在计算净利润时不必把它计算在内。

	资产							=	负债	+	所有者权益						
	现金	+	应收账款	+	物料	+	设备	=	应付账款	+	C. Taylor 名下的资本	−*	C. Taylor 提取	+	收入	−	费用
初始余额	＄5 000	+	＄0	+	＄9 600	+	＄26 000	=	＄62 000	+	＄30 000			+	＄6 100	−	＄1 700
(11)	−200												−＄200				
新余额	＄4 800	+	＄0	+	＄9 600	+	＄26 000	=	＄62 000	+	＄30 000	−	＄200	+	＄6 100	−	＄1 700
	＄40 400								＄40 400								

* 所有者提取的增加等于所有者权益的减少。

□ 业务小结

在图表 1.9 中，我们使用会计等式总结了 FastForward 公司的这 11 笔业务给企业所带来的影响。我们应该注意两点：第一，每笔业务结束之后，会计等式仍然保持平衡。第二，我们可以通过观察每笔业务对会计等式的各组成部分产生的影响来对业务加以分析。例如，在第 2、第 3 和第 9 笔业务中，都是一种资产增加，另一种资产减少，并且二者的增减幅度相同。

图表 1.9 使用会计等式编制的业务汇总表

	资产							=	负债	+	所有者权益						
	现金	+	应收账款	+	物料	+	设备	=	应付账款	+	C. Taylor名下的资本	−	C. Taylor提取	+	收入	−	费用
(1)	$30 000							=			$30 000						
(2)	−2 500			+	$2 500												
余额	27 500			+	2 500			=			30 000						
(3)	−26 000					+	$26 000										
余额	1 500			+	2 500	+	26 000	=			30 000						
(4)				+	7 100				+$7 100								
余额	1 500			+	9 600	+	26 000	=	7 100	+	30 000						
(5)	+4 200													+	$4 200		
余额	5 700			+	9 600	+	26 000	=	7 100	+	30 000			+	4 200		
(6)	−1 000															−	$1 000
余额	4 700			+	9 600	+	26 000	=	7 100	+	30 000			+	4 200	−	1 000
(7)	−700															−	700
余额	4 000			+	9 600	+	26 000	=	7 100	+	30 000			+	4 200	−	1 700
(8)		+	$1 900											+	1 600		
														+	300		
余额	4 000	+	1 900	+	9 600	+	26 000	=	7 100	+	30 000			+	6 100	−	1 700
(9)	+1 900	−	1 900						−900								
余额	5 900	+	0	+	9 600	+	26 000	=	6 200	+	30 000			+	6 100	−	1 700
(10)	−900																
余额	5 000	+	0	+	9 600	+	26 000	=	6 200	+	30 000			+	6 100	−	1 700
(11)	−200											−	$200				
余额	$4 800	+	$0	+	$9 600	+	$26 000	=	$6 200	+	$30 000	−	$200	+	$6 100	−	$1 700

快速测试

17. 什么是会计等式？会计等式在什么情况下才能实现平衡？
18. 一笔交易怎样才能既不影响负债也不影响所有者权益？
19. 请分别描述一笔增加和减少所有者权益的业务。
20. 请描述一笔使资产和负债同时减少的业务。

财务报表

本小节将介绍如何通过分析企业业务来编制财务报表。我们先将四种财务报表及其用途介绍如下：

1. 利润表（income statement）——反映一段时期内企业的盈利活动所带来的收

入、费用以及由此产生的净利润或净损失的变动情况。

2. 所有者权益表（statement of owner's equity）——反映一段时期内由于净利润（或净损失）以及所有者投资和提取的变化所引起的所有者权益的变动情况。

3. 资产负债表（balance sheet）——反映企业在某一时点的财务状况（资产、负债以及所有者权益的类型和金额）。

4. 现金流量表（statement of cash flows）——反映一段时期内企业的现金流入（收入）和现金流出（支出）情况。

我们使用 FastForward 公司的 11 笔业务来编制财务报表（从专业角度来讲，这些报表都属于未调整的（unadjusted）财务报表。关于未调整的财务报表，我们将在第 2 章和第 3 章中讲到）。

□ 利润表

FastForward 公司 12 月份的利润表见图表 1.10 最上方。关于收入和费用的信息，我们很容易就能从图表 1.9 的所有者权益栏中获得。利润表中首先列出的是收入。收入包括业务 5 和业务 8 所带来的＄5 800 的咨询费收入和业务 8 所带来的＄300 的租金收入。收入下面紧接着是费用。（为了方便起见，在本章中，我们把大额收入列在前面，但是，我们还可以使用其他的方法给费用分类。）租金和工资费用分别是业务 6 和业务 7 所带来的。费用反映的是为了形成收入所耗费掉的成本。在利润表的最下方，我们列出了净利润（或损失），它反映了 12 月份的经营成果。所有者投资和提取不计入收益。

□ 所有者权益表

所有者权益表反映了报告期内所有者权益的变动情况。表中列出了初始资本、增加所有者权益的事项（所有者投资和净利润）以及减少所有者权益的事项（所有者提取和净损失）。所有者权益表计算出了期末资本余额，这一计算结果还被拿到并反映在资产负债表中。图表 1.10 中的第二份报表就是 FastForward 公司的所有者权益表。初始资本余额是按照 12 月 1 日企业创办时的资本余额计算的。12 月 1 日时的初始资本余额为 0，因为在此之前企业还没有成立。现存企业往往根据上一个报告期期末资本余额确定其期初资本余额（例如现存企业 12 月 1 日时的期初资本余额就等于其 11 月 30 日时的期末资本余额）。FastForward 公司的所有者权益表列出了 Taylor 的初始投资形成的＄30 000 的所有者权益，也列出了 12 月份企业赚到的＄4 400 的净利润。净利润将利润表和所有者权益表联系在了一起（见箭头线①）。所有者权益表还列出了 Taylor 提取出来的＄200 以及 FastForward 公司的期末资本余额。

□ 资产负债表

图表 1.10 中的第三份报表就是 FastForward 公司的资产负债表。该表反映了 12 月 31 日业务结束时 FastForward 公司的财务状况。资产负债表的左侧列出了 FastForward

图表 1.10　四大财务报表以及它们之间的相互联系

FastForward公司2009年12月的利润表

收入		
咨询费收入（$4 200 + $1 600）	$ 5 800	
租金收入	300	
收入合计		$ 6 100
费用		
租金费用	1 000	
工资费用	700	
费用合计		1 700
净利润		$ 4 400

要点：报表的表头列明了公司名称、报表名称及日期或报告期。

要点：箭头线显示了各个报表之间的联系。①用净收益来计算所有者权益。②用期末资本余额来编制资产负债表。③用资产负债表中的现金金额来调整现金流量表。

FastForward 公司2009年12月的所有者权益表

2009 年 12 月1日 C.Taylor 名下的资本		$ 0
加：所有者投资	$30 000	
净利润	4 400	34 400
		34 400
减：所有者提取		200
2009 年 12 月 31日 C. Taylor 名下的资本		34 200

FastForward 公司 2009年12月31日的资产负债表

要点：利润表、所有者权益表和现金流量表都是反映某一时段的财务情况的报表，而资产负债表则是反映某一时点的财务情况的报表。

资产		负债	
现金	$ 4 800	应付账款	$ 6 200
物料	9 600	负债合计	$ 6 200
设备	26 000		
		所有者权益	
		Taylor名下的资本	34 200
资产合计	$ 40 400	负债与所有者权益合计	$40 400

FastForward公司2009年12月的现金流量表

来自经营活动的现金流量：		
从客户那里收到的现金（$4 200 + $1 900）	$ 6 100	
采购物料花掉的现金（$2 500 + $900）	(3 400)	
交纳租金花掉的现金	(1 000)	
支付员工工资花掉的现金	(700)	
来自经营活动的净现金流量		$ 1 000
来自投资活动的现金流量：		
购置设备花掉的现金	(26 000)	
来自投资活动的净现金流量		(26 000)
来自融资活动的现金流量：		
所有者投资	30 000	
所有者提取	(200)	
来自融资活动的净现金流量		29 800
现金净增加额		$ 4 800
2009 年12 月1 日的现金余额		0
2009 年12 月31 日的现金余额		$ 4 800

要点：单下划线表示加项或减项；双下划线表示最终计算结果；小括号里的数字表示负数。

公司的资产：现金、物料和设备。资产负债表右侧的上半部分列出了公司欠债权人的＄6 200 的负债。如果还有其他负债（如银行借款）的话，也可以列在此处。所有者权益（资本）余额为＄34 200。注意所有者权益表中的期末余额与资产负债表此处的所有者权益余额之间的相互联系——参见箭头线②。（资产负债表有两种列示方法，一种是账户式（account form）列示法，另一种是报告式（report form）列示法。所谓账户式列示法就是将资产项目列在表的左边，将负债和所有者权益项目列在表的右边。所谓报告式列示法则是将资产项目列在表的最上方，将负债项目列在资产项目的下方，再将所有者权益项目列在表的最下方。使用这两种列示方法中的任何一种都是可以的。）

角色扮演　　**零售商**

假设你开了一家向零售商出售娱乐设施的批发企业。你发现你的绝大多数客户都要求赊购。那么，你应该如何利用这些客户的资产负债表来帮助自己决定赊销给哪些客户呢？

□ 现金流量表

图表 1.10 中的最后一份报表就是 FastForward 公司的现金流量表。现金流量表的第一部分列出了来自经营活动（operating activities）的现金流量。表中列出了从客户手中收到的＄6 100 现金以及采购物料、交纳租金、为员工发放工资时所支付出去的现金。带有小括号的数字表示现金流出，需要进行扣减。12 月份，来自经营活动的净现金流量为＄1 000。如果支付出去的现金额超过了收到的现金额，我们称为“经营活动占用的现金”。现金流量表的第二部分列出了来自投资活动（investing activities）的现金流量。投资活动包括土地、设备等可供长期使用（long-term use）（一般超过一年）的资产的买卖（注：投资活动指的是企业对长期资产的投资，而不是所有者投资）。FastForward 公司 12 月份只进行了一项投资活动，那就是花＄26 000 购进了一套设备。现金流量表的第三部分列出了来自融资活动（financing activities）的现金流量。融资活动包括长期贷款、长期贷款的偿还以及所有者投资和所有者提取。FastForward 公司的现金流量表显示，所有者的初始投资为＄30 000，所有者提取为＄200。全部交易所引起的现金流动的最终结果就是带来了＄29 800 的净现金流入。现金流量表的最后一部分表明：12 月份，FastForward 公司的现金余额增加了＄4 800。因为企业的期初现金余额为零，所以期末余额也是＄4 800——见箭头线③。

快速测试

21. 试解释利润表和所有者权益表之间的联系。
22. 试解释资产负债表和所有者权益表之间的联系。
23. 试述现金流量表的三大组成部分。

实例分析

经过几个月的筹划，Jasmine Worthy 开了一家名叫 Expressions 的理发店。下面是在创办理发店的第一个月里所发生的各项经济业务：

a. 8 月 1 日，Worthy 向 Expressions 投入了＄3 000 现金和价值＄15 000 的设备。

b. 8 月 2 日，Expressions 花＄600 购置了家具。

c. 8 月 3 日，Expressions 在商业街上租了一家临街的店面，并且支付了＄500 作为 8 月份的租金。

d. 8 月 4 日，Expressions 使用长期应付票据为店里赊购了一套价值＄1 200 的设备。

e. 8 月 5 日，Expressions 开始营业。前一周半（至 8 月 15 日）理发店的营业收入为＄825。

f. 8 月 15 日，以赊账的形式提供了价值＄100 的理发服务。

g. 8 月 17 日，收到了顾客偿还 15 日＄100 赊欠款的支票。

h. 8 月 17 日，为开业期间一直在帮忙的助手支付了＄125 的工资。

i. 8 月下旬提供理发服务赚了＄930。

j. 8 月 31 日，支付了＄400 用于偿还 8 月 4 日签发的应付票据的本金。

k. 8 月 31 日，Worthy 取走了＄900 现金用于个人花费。

要求：

1. 试参照图表 1.9 的样式将下列资产、负债以及所有者权益项目列在一张表中：现金、应收账款、家具、店铺设备、应付票据、J. Worthy 名下的资本、J. Worthy 提取、收入以及费用。试用会计等式表示每笔交易所带来的影响。
2. 试编制出 8 月份的利润表。
3. 试编制出 8 月份的所有者权益表。
4. 试编制出 8 月 31 日的资产负债表。
5. 试编制出 8 月份的现金流量表。

解题步骤：

- 选择适当的会计栏目编制一张类似图表 1.9 的表格。
- 分析每笔经济业务，在相应的会计栏目中列明每笔经济业务会导致该项增加还是减少，一定要确保每笔交易处理完之后，会计等式仍然能够保持平衡。
- 编制利润表，确认收入和费用，把它们列在利润表中，并计算出收入和费用的差额，记入净利润或净损失。
- 使用所有者权益栏的信息，编制所有者权益表。
- 使用所有者权益表最后一行的信息编制资产负债表。
- 编制现金流量表，将现金栏中所列的全部经济业务都列入现金流量表。将每笔现金流量按经营活动、投资活动和融资活动进行分类。

实例分析答案：

表 1

	资产				= 负债 +	所有者权益			
	现金 +	应收账款 +	家具 +	店铺设备 =	应付票据 +	J. Worthy名下的资本 −	J. Worthy提取 +	收入 −	费用
a.	$ 3 000			$ 15 000		$ 18 000			
b.	−600		$ 600						
余额	2 400		600	15 000		18 000			
c.	−500								$ 500
余额	1 900		600	15 000		18 000			500
d.				1 200	$ 1 200				
余额	1 900		600	16 200	1 200	18 000			500
e.	+825							$ 825	
余额	2 725		600	16 200	1 200	18 000		825	500
f.		$ 100						100	
余额	2 725	100	600	16 200	1 200	18 000		925	500
g.	+100	−100							
余额	2 825	0	600	16 200	1 200	18 000		925	500
h.	−125								125
余额	2 700	0	600	16 200	1 200	18 000		925	625
i.	+930							930	
余额	3 630	0	600	16 200	1 200	18 000		1 855	625
j.	−400				−400				
余额	3 230	0	600	16 200	800	18 000		1 855	625
k.	−900						$ 900		
余额	$ 2 330	0	$ 600	$ 16 200	$ 800	$ 18 000	$ 900	$ 1 855	$ 625

表 2

Expressions 8 月份的利润表		
收入		
理发收入		$ 1 855
费用		
租金费用	$ 500	
工资费用	125	
费用合计		625
净利润		$ 1 230

表 3

Expressions 8 月份的所有者权益表		
8 月 1 日 J. Worthy 名下的资本*		$ 0
加：所有者投资	$ 18 000	
净利润	1 230	19 230
		19 230
减：所有者提取		900
8 月 31 日 J. Worthy 名下的资本		$ 18 330

* 如果 Expressions 不是刚刚创立的，那么其期初资本余额就应该等于上期期末的资本余额。

表 4

Expressions 8 月 31 日的资产负债表			
资产		负债	
现金	$ 2 330	应付票据	$ 800
家具	600	所有者权益	
店铺设备	16 200	J. Worthy 名下的资本	18 330
资产合计	$ 19 130	负债及所有者权益合计	$ 19 130

表 5

Expressions 8 月份的现金流量表		
来自经营活动的现金流量：		
从顾客处赚得的现金	$ 1 855	
交纳租金花掉的现金	(500)	
支付员工工资花掉的现金	(125)	
来自经营活动的净现金流量		$ 1 230
来自投资活动的现金流量：		
购置家具花掉的现金		(600)
来自融资活动的现金流量：		
所有者投资	3 000	
所有者提取	(900)	
分期偿还（长期）应付票据	(400)	
来自融资活动的净现金流量		1 700
现金净增加额		$ 2 330
8 月 1 日的现金余额		0
8 月 31 日的现金余额		$ 2 330

小 结

C1 解释信息时代会计的目标和重要性。 会计是一个信息和计量系统，会计的目的就是要确认、记录和传递与经济活动有关的具有相关性、可靠性和可比性的信息。会计信息能够帮助我们评价机会、产品、投资以及社会和公共责任。

C2 界定会计信息的使用者以及会计信息的用途。 会计信息使用者既包括内部信息使用者又包括外部信息使用者。会计信息的使用者及用途包括：(a) 管理人员使用会计信息进行控制、监管及规划；(b) 债权人使用会计信息衡量贷款的风险与收益；(c) 股东使用会计信息评价股票的风险及收益；(d) 董事们使用会计信息监督管理层；(e) 员工使用会计信息来判断工作机会。

C3 分析会计职业发展机会。 会计职业发展机会包括财务会计、管理会计和税收会计领域。另外，贷款、咨询、管理和规划等与会计相关的领域也为我们提供了很多工作机会。

C4 解释职业道德在会计中的重要性。 会计的目标是为制定决策提供有用信息。信息必须可信才有价值。这就要求会计工作必须遵守职业道德。

C5 解释公认会计原则的含义、定义并应用若干重要的会计原则。 公认会计原则是会计人员经常使用的一套原则。会计原则可以帮助提供具有相关性、可靠性和可比性的信息。财务报表所依据的四个会计原则包括：成本原则，收入确认原则，配比原则和充分披露原则。财务报表同时反映了四个会计假设：持续经营假设，货币计量假设，会计分期假设和会计主体假设。

A1　定义并解释会计等式及其构成要素。 会计等式就是：资产＝负债＋所有者权益。资产是指一家企业所拥有的资源。负债是指债权人对企业资产所享有的求偿权。所有者权益是指所有者对企业资产所享有的求偿权（剩余权益）。扩展的会计等式就是：资产＝负债＋(所有者资本－所有者提取＋收入－费用)。

A2　利用会计等式分析企业经济业务。 交易是双方之间进行的经济价值的交换，例如，产品、服务、资金和收款权之间的交换。交易总是会对会计等式的一个或多个项目产生至少两种影响。会计等式总是能够保持平衡。

P1　识别和编制基本的财务报表并解释各种报表之间的相互联系。 反映经济主体活动的财务报表主要有四种：资产负债表、利润表、所有者权益表和现金流量表。

角色扮演及职业道德参考答案

企业家　如果你很担心可能会发生诉讼，那么你应该把企业创建成公司的形式。在公司这种企业组织形式下，对企业提起的诉讼只会危及企业的资源，不会影响到你的私人财产。而公司的一大弊端则是双重课税：公司的利润要缴税，而你从公司分得的收入也要缴税（尽管公司已为这些钱缴过一次税）。如果你要创办的企业可能会对他人造成伤害，那么你还应该考虑它所带来的职业道德和社会责任。另外，你还可以尝试一下 LLC 和 S 公司这两种企业组织形式。

零售商　你可以利用会计等式（资产＝负债＋所有者权益）来判断哪些客户不能列为赊销对象的风险客户。从客户的资产负债表中，你可以查到他们的资产、负债和所有者权益分别是多少。客户的所有者权益相对于负债越低，你就越不能把产品赊给他。所有者权益低就意味着该客户所拥有的资产中，只有很少的一部分其他债权人没有求偿权。

快速测试参考答案

1. 会计是一个信息和计量系统，会计的目的就是要确认、记录和传达相关信息来帮助人们更好地做决策。

2. 记账是指以手工或电子方式记录财务交易和事项，它是确保数据可靠性的一项重要手段。但会计不等于记账，会计的内容要丰富得多。会计包括确认、计量、记录、报告和分析各种企业事项和交易。

3. 技术进步使得会计工作变得更加准确、快速、高效和便捷。

4. 会计信息的外部使用者包括股东（投资者）债权人、董事、客户、供应商、政府管理机构、律师、经纪人和媒体。会计信息的内部使用者包括经理、工作人员以及其他制定战略和经营决策的内部决策者。

5. 内部信息使用者（经理）包括研发经理、采购经理、人力资源经理、生产经理、销售经理、营销经理和服务经理。

6. 内部控制是为了保护企业财产和设备、确保会计报告的可靠性、提高效率、鼓励遵守公司政策而建立起来的程序。内部控制可以确保会计信息的相关性和可靠性。

7. 帮助人们进行职业道德决策的三步方针是：(1) 使用个人职业道德准则识别职业道德问题；(2) 通过考虑各种选择可能带来的所有好的以及不好的结果，对这些选择加以分析；(3) 经过权衡以后，做出最佳选择。

8. 职业道德和社会责任能够带来好的行为，从而使得收入增加、工作环境得到改善。

9. 会计要想为决策提供有用信息，它必须是可信的。只有遵守职业道德的会计工作才具有可信性。

10. 制定会计准则的两大机构分别是SEC和 FASB（注：会计准则要反映社会需求，而不是会计人员和其他任何单个团体的某些需求）。

11. 大多数美国企业并不直接受国际会计准则的影响。国际会计准则是作为首选的会计准则提出的。然而，证券交易委员会和其他团体正在努力缩小世界各国会计实务的差距，在这一进程中，国际会计准则扮演着重要角色。

12. 客观性原则和成本原则之间的联系表现在：大多数会计信息使用者认为以成本为依据的信息是客观的。根据这两种原则编制出来的信息被认为具有高度可信性，并且通常也是相关的。

13. 会计信息使用者想要获得特定个体经营成果方面的信息。如果会计信息中掺杂了两个或两个以上个体的信息，那么信息的作用将大打折扣。

14. 收入确认原则为财务报表编制者应该在何时确认收入提供了依据。这一点非常重要：例如，如果收入确认得太早，那么收入就会过早地反映在报表中，而企业的实际盈利能力也将被高估；反之亦然。

15. 企业的三种基本组织形式分别是独资企业、合伙企业和公司。

16. 我们把公司的所有人称为股东，把公司所有权单位称为股份或股票。公司股票最基本的一种类型就是普通股（或股本）。

17. 会计等式是：资产 = 负债 + 所有者权益。无论是在交易前还是交易后，会计等式总能保持平衡。

18. 改变资产构成的交易不会影响到负债和所有者权益。FastForward 公司的业务 2 和业务 3 就是很好的例子。这两笔业务都是用一种资产交换另一种资产。

19. 正如FastForward公司的业务 5 那样，提供服务所获得的收入会增加所有者权益（和资产）。正如业务6 和业务7 那样，为顾客提供服务过程中所发生的费用会减少所有者权益（和资产）。另外，所有者投资也会增加所有者权益，所有者提取则会减少所有者权益。

20. 用一项资产偿还一项负债，会同时减少资产和负债。例如，FastForward 公司的业务 10 就通过支付现金减少了一项应付账款。

21. 利润表反映了企业的收入和费用以及由此产生的净利润或净损失的变动情况。所有者权益表则反映了所有者权益的变动情况，其中也包括由净利润或净损失所引起的所有者权益的变化。二者都是反映某一时段的财务情况的报表。

22. 资产负债表反映的是企业在某一时点的财务状况（资产、负债和权益）。资产负债表中的所有者权益这一项来自所有者权益表。

23. 来自经营活动的现金流量反映的是企业的主要业务活动所引起的现金收入和支出。来自投资活动的现金流量包括买卖长期资产所引起的各种现金交易。来自融资活动的现金流量包括长期借款及其偿还、所有者投资和所有者提取。

关键术语[①]

Accounting 会计
Accounting equation 会计等式
Assets 资产
Auditors 审计员
Balance sheet 资产负债表
Bookkeeping 簿记
Business entity assumption 会计主体假设
Common stock 普通股
Corporation 公司
Cost principle 成本原则
Equity 权益
Ethics 职业道德
Events 事项
Expanded accounting equation 扩展的会计等式
Expenses 费用
External transactions 外部交易
External users 外部使用者
Financial accounting 财务会计
Financial Accounting Standards Board (FASB) 财务会计准则委员会
Full disclosure principle 充分披露原则
Generally Accepted Accounting Principles (GAAP) 公认会计原则
Going-concern assumption 持续经营假设
Income statement 利润表
Internal transactions 内部交易
Internal users 内部使用者
International Accounting Standards Board (IASB) 国际会计准则理事会
Liabilities 负债
Managerial accounting 管理会计
Matching principle 配比原则
Monetary unit assumption 货币计量假设
Net income 净利润
Net loss 净损失
Owner, Capital 所有者名下的资本
Owner investment 所有者投资
Owner withdrawals 所有者提取
Partnership 合伙企业
Proprietorship 独资企业
Recordkeeping 簿记
Revenue recognition principle 收入确认原则
Revenues 收入
Sarbanes-Oxley Act 《萨班斯—奥克斯利法案》
Securities and Exchange Commission (SEC) 证券交易委员会
Shareholders 股东
Shares 股份
Sole proprietorship 独资企业
Statement of cash flows 现金流量表
Statement of owner's equity 所有者权益表
Stock 股票
Stockholders 股东
Time period assumption 会计分期假设
Withdrawals 提取

选择题[②]

1. 现有一幢大楼待售，标价为 $500 000，但其评估价为 $400 000。购楼者认为该楼值 $475 000，但最终以 $450 000 购得。问购楼者应以下面哪个价格入账？______

a. $50 000　　b. $400 000
c. $450 000　　d. $475 000

---

① 各章关键术语可在本书学习网站（www.mhhe.com/wild FAP19e）上获得。
② 各章更多的测试题可在本书学习网站上获得。

e. ＄500 000

2. 2008年12月30日，毕马威会计师事务所（KPMG）跟客户签订了一份合同，合同规定，毕马威将在2009年为客户提供价值＄150 000的会计服务。已知毕马威采用自然年度作为其会计年度。问下面哪条会计原则要求毕马威将来自该客户的会计服务收入于2009年而不是2008年入账？______

a. 会计主体假设　b. 收入确认原则

c. 货币计量假设　d. 成本原则

e. 持续经营假设

3. 某年，某公司的资产增加了＄100 000，同时负债也增加了＄35 000，那么该年度该公司的所有者权益会发生怎样的变化？______

a. 增加＄135 000　b. 减少＄135 000

c. 减少＄65 000　d. 增加＄65 000

e. 增加＄100 000

4. Brunswick公司从第三国家银行贷款＄50 000。试问这笔交易会对该公司的会计等式产生怎样的影响？______

a. 资产增加＄50 000，负债增加＄50 000，所有者权益不变。

b. 资产增加＄50 000，负债不变，所有者权益增加＄50 000。

c. 资产增加＄50 000，负债减少＄50 000，所有者权益不变。

d. 资产不变，负债增加＄50 000，所有者权益增加＄50 000。

e. 资产不变，负债增加＄50 000，所有者权益减少＄50 000。

5. Geek Squad为客户提供服务后，客户开出了一张＄500的支票。试问Geek Squad应如何记录这笔交易？______

a. 应收账款增加＄500，收入增加＄500。

b. 现金增加＄500，收入增加＄500。

c. 应收账款增加＄500，收入减少＄500。

d. 应收账款增加＄500，应付账款增加＄500。

e. 应付账款增加＄500，收入增加＄500。

讨论题

1. 社会中的会计目标是什么？

2. 技术日益被用于会计数据的处理中，那我们为什么还要学习和理解会计这门知识呢？

3. 列出四种外部使用者，并说明他们是如何使用会计信息的。

4. 请列举出至少三种企业所有者和管理者通过研究会计信息能够找到答案的问题。

5. 请列出三种提供服务的业务活动和三种提供产品的业务活动。

6. 请阐述会计在组织内的重要地位。

7. 请列出三种由会计专业人士提供的典型服务。

8. 什么类型的会计信息对市场营销经理是有用的？

9. 为什么会计被认为是一种服务活动？

10. 与会计相关的专业有哪些？

11. 职业道德如何影响审计人员对客户的选择？

12. 除了编制纳税申报表，税务会计专业人士还需要做什么工作？

13. 客观性的概念对财务报表上所列示的信息的影响是怎样的？为什么？

14. 一个企业的资产负债表中列示的办公纸张的成本为＄400，而这些废纸最多不会卖到＄10。这项记录依据的会计原则或假设是什么？

15. 收入确认原则的重要性如何？它的要求是什么？

16. 请列举出三种基本的组织形式，并阐述它们各自的特点是什么。

17. 界定什么是（a）资产，（b）负债，（c）权益，（d）净资产。

18. 哪些事件或交易能够改变所有者权益？

19. 请说出两种主要的会计原则，并加以说明。

20. 对会计人员而言，什么是收入？

21. 请给净利润下一个定义，并说明它是如何计算的。

22. 请列举出企业所包含的四种基本财务报表。

23. 利润表需要披露什么信息？

24. 请列举出两种企业中可能发生的费用。

25. 所有者权益表的目标是什么？

26. 资产负债表包含哪些信息？

27. 现金流量表包含哪些主要业务活动？

快速学习

QS1-1　请指出下面哪些是外部使用者（E），哪些是内部使用者（I）。

a. 股东

b. 债权人

c. 主计长

d. 美国联邦调查局（FBI）和美国国税局（IRS）

e. 消费群体

f. 销售人员

g. 顾客

h. 供应商

i. 经纪人

j. 商业媒体

k. 经营者

l. 地方检察官

QS1-2　读懂和解释会计报表中的信息需要一定的关于会计专业术语方面的知识。

a. 请阐述这些与会计相关的缩略词的意思：GAAP，SEC，FASB 和 IASB。

b. 请简要解释上面每一个缩略词的知识背景和相关组织的重要性。

QS1-3　对于掌握会计知识的人有很多的工作机遇。请列举出至少三种会计专业涉足的主要领域。对于每一个领域，至少列举出三项与会计相关的工作。

QS1-4　很多会计专业人士的重要责任之一是在组织中设计和实施内部控制。请阐释内部控制的目标，并列举出两家实施内部控制的公司。

QS1-5　请指出下列业务活动所对应的会计原则或会计假设是什么。

a. 在 2009 年 12 月，ACE Landscaping 公司收到了一份顾客的订单和预付现金，这个业务是要在新房子内铺设草坪，并将一直持续到 2010 年的 3 月份才会结束。Ace 公司应把这笔业务收入记录在 2010 年 3 月，而不是 2009 年 12 月。

b. 如果购买土地支付了 $ 51 000 现金，这项业务将在买方的资产负债表中记录为 $ 51 000。

c. Jay Keren 拥有 Sailing Passions 和 Dockside Supplies 两家公司。在准备 Dockside Supplies 的财务报表时，Keren 确信 Sailing Passions 的交易费用与 Dockside 的报表是独立的，没有关联。

QS1-6　会计专业人士在处理企业的交易和事项时，有时必须面临对两种或更多的可接受的会计处理方法的选择。请说明为什么在这些情境下会涉及艰难的职业道德问题。

QS1-7　请根据会计等式计算缺失的财务报表数据（a），（b）和（c）。

公司	资产	=	负债	+	所有者权益
1	$ 375 000		$ (a)		$ 250 000
2	$ (b)		$ 90 000		$ 160 000
3	$ 185 000		$ 60 000		$ (c)

QS1-8　根据本书末尾附录 A① 的苹果公司的 2006 年 9 月 30 日的财务报表，回答下列问题：

a. 请指出苹果公司 2006 年的（1）资产；（2）负债；（3）所有者权益。

b. 根据 a 的数据，证明等式资产＝负债＋所有者权益。

QS1-9　会计能够为那些影响会计等式的企业交易和事项提供相关的信息，并能够可靠计量。请列举出满足这些要求的至少两个（a）企业交易；（b）事项。

QS1-10　请指出下列事项分别会在什么报表中出现：利润表（I），资产负债表（B），所有者权

① 附录 A 的内容可在人大经管图书在线（www.rdjg.com.cn）免费下载。

益表（OE），或是现金流量表（CF）。

a. 设备

b. 费用

c. 负债

d. 现金流净损失（或净增长）

e. 收入

f. 总负债和所有者权益

g. 资产

h. 经营活动现金流

i. 提取

练习题

Exercise1-1 会计的相当一部分功能是为那些需要组织信息的外部使用者提供服务。(a) 请举出至少三种使用会计信息的外部使用者，并列举出两个会计信息的外部使用者希望通过会计信息所能解决的问题。(b) 请举出至少三种会计信息的内部使用者，并说明内部使用者在工作中是如何使用会计信息的。

Exercise1-2 很多会计人士在下列三个领域中工作：

A. 财务会计 B. 管理会计 C. 税务会计

请指出与下列责任最相切合的会计领域：

______ 1. 调查违反税法的行为。

______ 2. 计划如何交易以最小化纳税额度。

______ 3. 编制内部财务报表。

______ 4. 审查财务报告以与 SEC 相一致。

______ 5. 内部审计

______ 6. 外部审计

______ 7. 成本会计

______ 8. 预算

Exercise1-3 假设你处在下面的各种情景下，并扮演其中的角色，在这些情景中，职业道德考虑在指引你的决策和行为的过程中起到重要作用的一项是：

a. 假设你是一名会计专业人士，现负责审计的客户是业务中的竞争对手。

b. 假设你是一名会计专业人士，正在为客户编制纳税申报表。

c. 假设你是一名管理者，对一些员工负责。

d. 假设你是一名学生，正在上一门会计入门课。

Exercise1-4 请将最能反映下列事项的会计原则或会计假设对号入座。将每一原则或假设对应的字母填入空格中。

A. 一般会计原则　　E. 具体会计原则

B. 成本原则　　F. 充分披露原则

C. 会计主体假设　　G. 持续经营假设

D. 收入确认原则　　H. 配比原则

______ 1. 通常是由权威机构发布的。

______ 2. 财务报表反映的是企业持续经营假设。

______ 3. 通过长期的使用和实践的通用会计准则演化而来。

______ 4. 每一主体都是与它的所有者相分离的。

______ 5. 只有在盈利过程结束的时候才确认收入。

______ 6. 信息是以实际交易活动中发生的成本为基础的。

______ 7. 一家企业详细地披露可能会影响使用者决策的财务报表信息。

______ 8. 一家企业在记录产生的收入的同时，记录由此发生的费用。

Exercise1-5 下面列举了几种不同的企业组织形式。请试着指出哪些是独资企业，哪些是合伙企业，哪些是公司。

a. Wallingford 公司由 Gary Malone 所有，他承担公司的全部负债。

b. Ava Fong 和 Elijah Logan 一起拥有一家财务咨询公司，主要提供财务咨询服务。他们两个都没有独自承担公司债务的责任。

c. IBC 服务企业不具备独立于所有者个人的法律主体。

d. 计算机服务公司为其收入纳税，它拥有两名所有者。

e. Zander 公司的所有权被均分成了 1 000 股。

f. Emma Bailey 和 Dylan Kay 拥有 Speedy Packages，这是一家快递公司。他们各自对公司的债务负责。

g. Physio Products 不需要纳税，并只有一名所有者。

Exercise1-6　请将下表中 a，b，c 三种情况下的空白处填上数字使等式平衡。

	资产	=	负债	+	所有者权益
a.	?	=	$ 164 000	+	$ 16 000
b.	$ 90 000	=	$ 39 000	+	?
c.	$ 201 000	=	?	+	$ 62 000

Exercise1-7　请找出最能与下面所描述的情景相符合的词汇或短语，并把答案填在空白处。

A. 审计

B. 公认会计原则（GAAP）

C. 职业道德

D. 税务会计

E. 证券交易委员会（SEC）

F. 公众会计师

G. 净利润

H. 国际会计准则理事会（IASB）

______ 1. 一个会计领域，包括计划未来的交易以减少未来纳税额。

______ 2. 在支付了所有与销售和收入相关的费用和成本后的经营收入。

______ 3. 判断一个行为是非对错的规范。

______ 4. 为很多客户提供服务的会计专业人士。

______ 5. 对组织会计体制和记录的检查以增加财务报表的可信度。

Exercise1-8　回答下列问题。（提示：运用会计等式。）

a. Office Supplies 公司在年底的资产为 $ 137 000，负债为 $ 110 000。那么，该公司年底的总所有者权益是多少？

b. 年初，Addison 公司的资产为 $ 259 000，所有者权益为 $ 194 250。本年度，资产增加了 $ 80 000，负债增加了 $ 52 643。那么年底该公司的所有者权益是多少？

c. 年初，Quasar 公司的负债为 $ 57 000。本年度，资产增加了 $ 60 000，年末资产为 $ 190 000。本年度，负债减少了 $ 16 000。那么年初和年末的所有者权益分别是多少？

Exercise1-9　请分别就 a～g 所描述的变化举出一个例子加以说明。

a. 资产增加的同时减少负债。

b. 一项负债减少的同时另一项负债增加。

c. 减少资产的同时减少负债。

d. 增加一项资产的同时减少另一项资产。

e. 增加负债的同时减少所有者权益。

f. 增加资产的同时增加所有者权益。

g. 减少资产的同时减少所有者权益。

Exercise1-10　在 10 月 1 日，Keisha King 组建了一家新的咨询公司——Real Answers。10 月 31 日，公司的业务记录如下表所示。请通过下表提供的信息编制一张 10 月份的利润表。

现金	$ 11 500	所有者提取的现金	$ 2 000
应收账款	12 000	咨询的佣金收入	14 000
办公用品	24 437	租金	2 520
土地	46 000	工资费用	5 600
办公设备	18 000	电话费用	760
应付账款	25 037	其他费用	580
所有者投资	84 360		

Exercise1-11　根据 Exercise1-10 的数据，编制一份 Real Answers 公司 10 月份的所有者权益表。

Exercise1-12　根据 Exercise1-10 的数据（或已完成的 Exercise1-11 的数据），编制一份 10 月 31 日公司的资产负债表。

Exercise1-13　根据 Exercise1-10 的数据和下列假设编制 10 月 31 日 Real Answers 公司的现金流量表。

a. 所有者的初始投资为现金 $ 38 360 和土地 $ 46 000。

b. 公司购买的 $ 18 000 的设备是通过现金支付的。

c. $ 25 037 的应收账款由购买办公用品的 $ 24 437 和未支付的 $ 600 的员工工资构成。

d. 公司的租金、电话费和其他费用是通过现金支付的。

e. 在 $ 14 000 的咨询费收入中，已收回 $ 2 000。

Exercise1-14　请指出下列活动分别在现金流量表的什么部分出现。

O. 经营活动现金流量

I. 投资活动现金流量

F. 筹资活动现金流量

______ 1. 用现金支付租金。

______ 2. 用现金支付应付账款。

______ 3. 所有者用现金进行投资。

______ 4. 从客户那里收到的现金。

______ 5. 用现金支付广告费。

______ 6. 用现金支付工资。

______ 7. 所有者提取现金。

______ 8. 用现金购买设备。

综合题

Problem1-1A　请指出下列相互独立的交易事项是如何影响财务报表的。对于资产负债表，请指出每一交易事项是如何影响总资产、总负债和总所有者权益的。对于利润表，请指出每一交易事项是如何影响净收入的。对于现金流量表，请指出每一交易事项是如何影响经营活动现金流量、投资活动现金流量和筹资活动现金流量的。如果增加，在空白处填“+”，减少填“−”，如果增加和减少同时发生，就在空白处填“+/−”。正如第一笔交易事项所填写的那样。

	交易	资产负债表			利润表	现金流量表		
		总资产	总负债	总所有者权益	净收入	经营活动	筹资活动	投资活动
1	投资者向企业投入现金	+		+			+	
2	收到提供服务所赚取的现金							
3	用现金支付员工工资							
4	贷款发生的法律成本							
5	通过签发长期应付票据获得借款							
6	通过签发应付票据购买土地							
7	提供赊账服务							
8	用现金购买办公设备							
9	获得业务（7）的现金收入							
10	所有者提取现金							

Problem1-2A　Inez Lopez 开办了 Wiz 咨询公司，并在第一年的经营过程中发生了如下业务。

a. I. Lopez 向公司投资了现金＄67 000 和价值＄11 000 的办公设备。

b. 公司购买了一栋＄144 000 的建筑作为办公室用。Wiz 为此支付了＄15 000 的现金，并开具了一张承诺在未来十年偿还的长期应付票据。

c. 公司用现金＄12 000 购买了办公设备。

d. 公司赊购了＄1 000 的办公用品和＄1 700 的办公设备。

e. 当地的一家报纸报道了公司开业的消息，公司为此支付了现金＄460。

f. 公司为客户完成了一项财务计划，并开具了一张＄2 400 的账单。

g. 公司为另一个客户设计了一个财务计划，并很快收到了＄4 000 的服务费。

h. I. Lopez 提取了现金＄3 025 作为私人使用。

i. 公司收到了现金＄1 800，作为业务 f 的部分收入。

j. 公司支出了现金＄500，作为业务 d 中购买设备的部分支出。

k. 公司支付了这一阶段的办公室秘书的工资现金＄1 800。

要求：

1. 制作一张与图表 1.9 相似的表格，使用下列标题：现金；应收账款；办公用品；办公设备；房屋；应付账款；应付票据；I. Lopez 名下的资本；I. Lopez 提取；收入；费用。

2. 通过上题中所制作的表格内每一独立条目的业务的加减来反映会计等式的变化，并指出每一业务发生后的新的平衡。

3. 完成表格后，请计算公司的净利润。

第 2 章

经济业务分析与记账

- 分析和记录
- 经济业务分析与会计处理
- 试算平衡表

学习目标

CAP

概念（Conceptual）

C1 企业经济业务的会计处理步骤

C2 原始凭证及其用途

C3 账户及其在记账中的作用

C4 分类账和会计科目表

C5 借方和贷方，复式记账法

分析（Analytical）

A1 分析经济业务对账户和财务报表的影响

程序（Procedural）

P1 将各种交易事项登入日记账，并将会计分录过入总分类账

P2 编制试算平衡表并解释其作用

P3 根据企业经济业务编制财务报表

本章预览

财务报表反映的是一个企业的财务业绩和财务状况。了解财务报表的编制、结构和分析是很重要的。本章的主要目标就是要说明如何记录经济业务、如何将经济业务反映在财务报表中，以及它们会对财务报表分析产生怎样的影响。本章还将介绍借贷记账原理，以帮助我们分析和处理经济业务。

经济业务分析与记账

分析和记录
- 原始凭证
- 账户及其分析
- 账户的种类

经济业务分析与会计处理
- 总分类账
- 复式记账法
- 登记日记账和过账
- 举例说明

试算平衡表
- 试算平衡表的编制
- 查错和改错
- 试算平衡表的作用

分析和记录

会计过程首先要确认经济交易和事项，然后分析和记录它们所带来的影响，最后将信息汇总并编制报告和财务报表。我们可以使用这些报告和报表来制定有关投资、贷款和其他经济活动的决策。图表 2.1 列举了会计过程中主要致力于分析和记录(analyzing and recording) 交易活动的各个步骤。

经济交易和事项是经济业务分析和记账的起点。我们根据原始凭证利用会计等式来分析交易和事项对公司业绩和财务状况的影响。这些影响全都记录在会计资料中，也就是通常所说的会计账簿（accounting books）或账簿（books）。过账和编制试算平衡表等其他步骤可以帮助我们对交易和事项的影响进行汇总和分类。最后，会计过程以有用的财务报表和报告的形式为决策者提供信息。

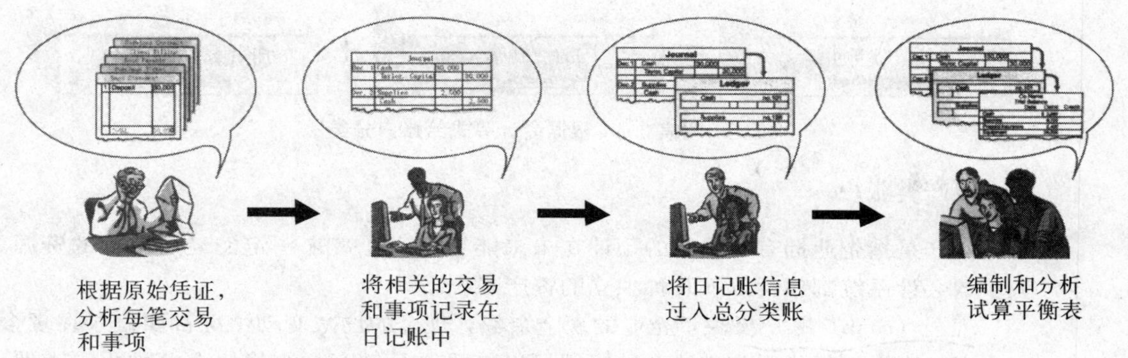

图表 2.1 经济业务分析和记录过程

□ 原始凭证

原始凭证（source documents）可以确认和描述进入会计过程的交易和事项。原始凭证是会计信息的来源，它们既可以是纸质的，也可以是电子形式的。例如，销售发票、支票、订货单、供应商签发的账单、员工收入记录以及银行对账单等都属于原始凭证。举例来说，在赊购商品时，卖方通常将销售发票做成一式两份。其中一份交给买方，另一份常常以电子形式存储到卖方的信息系统中，用来记录这笔交易。卖方使用发票来记录销售额和控制销售活动，买方则使用发票来记录采购额和监控采购活动。很多收银系统将每笔销售业务的信息记录在系统内部的磁带或电子文档中。这种记录可以作为在会计账簿中记录销售活动的原始凭证。原始凭证，特别是从企业外部取得的原始凭证，能够为交易和事项及其金额提供客观可靠的证据。

职业道德　　出纳员

假设你是公司的出纳员，经理要求你每卖出一样东西就立刻登一次账。但最近午餐时间的交易量增加了，为了避免耽误时间，副经理要求你直接收款找零而先不记账。副经理说，等午餐时间结束以后，她会将现金加总计算出一个总数并将它登记在账簿上。这样一来，等三点钟经理来的时候，账簿上的账面金额和实际现金额肯定能互相吻合。在这种情况下，你应该怎么做呢？

□ 账户及其分析

账户（account）是用来记载某一项资产、负债、所有者权益、收入或费用增减变动情况的记录。可以对账户中的信息加以分析、汇总，并使用这些信息编制成报告和财务报表。**总分类账**（general ledger），也简称**分类账**（ledger），是一种包括了企业所使用的全部账户的账簿。分类账通常采用电子形式。尽管大多数企业的分类账都包含类似的账户，但由于业务类型不同，企业往往根据自己的具体业务情况使用一个或多个特殊账户。如图表 2.2 所示，（根据会计等式）账户大致可分为三类：

图表 2.2 根据会计等式给账户分类

资产类账户

资产是指企业拥有或控制的预计在未来能够给企业带来一定的经济效益的资源。大多数会计系统都包含以下几种独立的资产账户。

现金（cash）账户反映了企业的现金余额，现金的增减变动情况都要记录在现金账户中。现金包括货币和其他各种银行可以接受进行储存的交换媒介（硬币、支票、汇票和经常性账户余额）。

应收账款（accounts receivable）是指卖方持有的买方对卖方的付款承诺。这类交易通常被称为赊销（credit sales，sales on account or sales on credit）。赊销会增加应收账款，而客户付款则会减少应收账款。企业需要单独记录每个客户所欠的应收账款，但是现在，为了方便起见，我们将所有的应收账款的增减变动情况都记录在“应收账款”这一个账户下面。

应收票据（note receivable），也称期票，它是一种书面承诺，该承诺保证在未来的某个特定时间某一个体将会把一笔金额确定的款项支付给票据持有人。如果企业持有其他个体出具的期票，那么这些期票将作为资产记录在企业的应收票据账户中。

预付账款（prepaid accounts），也叫待摊费用（prepaid expenses），它也是资产类账户的一种，代表的是提前支付的未来费用（而不是当前的费用）。以后，当费用发生时，预付账款账户中的金额将被转入费用账户。常见的预付账款包括预付保险费、预付租金和预付服务费（例如俱乐部会员费）。随着时间的推移（例如租金）或经使用（例如预付的餐券费用），预付账款将会到期。在编制财务报表时，需要对预付账款做一些调整，以保证：（1）所有已到期或者已使用完毕的预付账款都要记入经常费用；（2）所有尚未到期或者未使用完的预付账款都要记入资产（反映其在未来时期的用途）。我们以保险费用为例来加以说明。当企业提前预付保险费用时，这项支出通常会被记入“待摊保险费”这一资产类账户。随着时间的推移，待摊保险费中到期的部分会从资产账户中转出，并作为费用列示在利润表中。而没有到期的保险费用则保留在“预付保险费”账户中，并作为一项资产列示在资产负债表中。（将会在本报告期期末之前到期或使用完的预付账款除外。在这种情况下，预付账款可以在发生时就记入费用账户。）

物料（supplies）在被使用完之前都属于资产。物料使用完之后，其成本将会被记入费用账户。未被耗用的物料的成本会被记入“物料”这一资产类账户。我们通常根据物料的用途对它们进行分类——例如：物料可以分为办公用品（office supplies）和商店用品（store supplies）。办公用品包括文具、纸张、墨粉及笔。商店用品则包括包装材料、塑料袋、纸袋、礼物盒、纸盒以及纸箱等。未被耗用的物料的成本会被记入“办公用品”或“商店用品”这样的资产类账户。物料使用完之后，其成本将由资产类账户转入费用类账户。

设备（equipment）也是一项资产。随着设备的使用及耗费，其成本也一点一点地逐渐被列为费用（这种费用被称为折旧）。通常根据设备的用途对它们进行分类——例如：设备可以分为办公设备（office equipment）和商店设备（store equipment)。办公设备包括计算机、打印机、办公桌、椅子、书架及其他办公设备。这些设备的成本会被记入“办公设备”这一资产类账户。而商店设备账户则记录的是柜台、陈列柜、梯子、起吊装置和收银机等商店中所使用的资产的成本。

建筑物（buildings)，如商铺、办公室、仓库和厂房，也属于资产，因为它们能够为其持有或控制者带来预期的未来收益。它们的成本会被记入“建筑物”这一资产类科目。如果企业同时拥有多种建筑物，那么可以设立几个独立的账户来分别记录这些建筑物。

企业所拥有的土地（land）的成本会被记入“土地”账户。建造在土地上面的建筑物要与土地分开核算，建筑物的成本要记入一个或者多个建筑物账户。

负债类账户

所谓负债是指（债权人）对资产的求偿权，换句话说，负债是指债务人所承担的向其他个体转让资产或提供产品或劳务的义务。债权人（creditors）是指享有向企业索偿债务权利的个人或组织。如果企业无法偿还自己的债务，那么按照法律规定，债权人有权强行变卖企业资产以实现自己的求偿权。在这种情况下，资产变卖之后，债权人应该首先得到偿付，但偿付金额不能超过其求偿权所规定的金额。清偿完负债之后的余款，即剩余款项，将支付给企业所有人。债权人常常根据资产负债表来决定是否贷款给某一企业。如果借款人的负债少于其资产，那么贷款的风险也就相对较小，因为这家企业所拥有的资源多于对其资源的求偿权。下面，我们就来介绍一些比较常用的负债类账户。

应付账款（accounts payable）是指口头的或者暗含的以后付款的承诺，它通常是由购买商品引起的。应付账款也可以是由购买物料、机器设备或者劳务所引起的。在会计系统中，欠不同债权人的应付账款应该分别单独记录。我们将在第 5 章讨论这些独立的会计记录。

应付票据（note payable）是一种较为正式的未来付款的承诺，通常以债务人出具期票的形式来表示。根据偿还时间的不同，应付票据账户又可以分为短期应付票据账户和长期应付票据账户。关于长期应付票据和短期应付票据应该如何划分，我们将在第 3 章详细介绍。

预收账款（unearned revenues）是指在未来企业提供产品或劳务时才能得以清偿的一种负债。当客户预付货款购买产品或劳务时（收入尚未实现），收入确认原则要求卖方将这笔货款确认为预收账款。预收账款包括出版社提前收取的杂志订阅费、商店销售的礼品券以及运动队出售的季票。卖方将把这些收入记入预收杂志订阅费、预收商品销售收入或预收票款等负债类账户。在未来提供完产品或劳务以后，预收账款中已经实现的部分就可以转入杂志订阅费、商品销售收入和票款收入等收入类账户。①

应计负债（accrued liabilities）是指企业所欠的尚未偿还的债务，例如，应付工

① 在实践中，不同的企业所使用的账户名称也各不相同。例如，“订阅费”有时候也叫“订阅费收入”、“订阅费所得”或“所得订阅费”。再比方说，“所得租金”有时候也叫“租金收入”、“租赁收入”或“所得租金收入”。在看财务报表的时候，我们必须具备良好的判断力，因为即便是在同一行业内部，不同的企业也可能会使用不同的账户名称。例如，百思买公司把“产品销售收入”称为“收入”，而 Circuit City 公司则把它称为“销售净额与营业收入”。一般来讲，服务性企业经常使用“收入”或“费用”这样的字眼，而生产性企业则经常使用“销售净额”或“销售额”这样的字眼。

资、应缴税款和应付利息。这些项目通常都要记入应计负债项下，但是要针对每个项目设立单独的明细科目。如果这些项目的金额不大，那么在资产负债表上，我们可以将一个或多个分类账账户列在同一项下，然后计算出它们的合计额。（财务报表上常常出现列示出几个分类账账户的总金额的情况。）

所有者权益类账户

我们把所有者对企业资产的求偿权称为权益（equity）或所有者权益（owner's equity）。权益是所有者对企业资产扣除负债之后的余额所享有的剩余利益（residual interest）。权益可以分成四类：所有者资本、所有者提取、收入和费用。图表 2.3 使用扩展的会计等式清楚地表明了这一点。

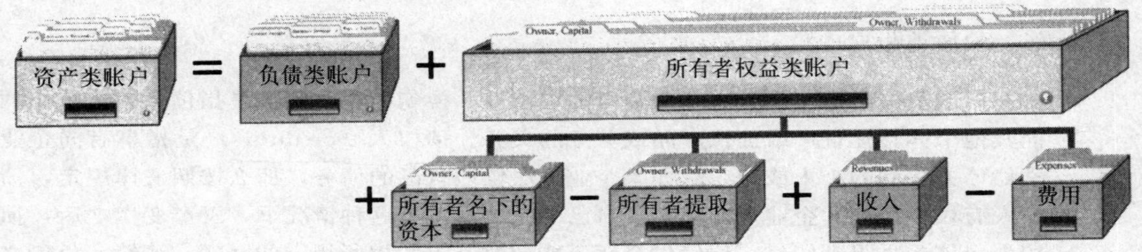

图表 2.3 扩展的会计等式

所有者向企业投资时，其投资额将记入一个名为**“所有者名下的资本”**（owner, capital）的账户（其中，“所有者”用所有者的名字来代替）。FastForward 公司就使用了一个名为“C. Taylor 名下的资本”的账户。今后，所有者的全部追加投资都将记入该账户。当所有者出于个人用途而提取资产时，所有者权益总额和企业资产总额将同时减少。所有者提取并非企业所发生的费用，它仅仅是所有者投资的反向科目。我们用**“所有者提取”**（owner, withdrawal）账户来记录所有者分得的企业资产。FastForward 公司就使用了一个名为“C. Taylor 提取”的账户。（企业所有者无法从企业领取薪水，因为从法律上来看，他们与企业是一个整体；而且企业所有者也不能跟自己的企业签订合同。）

收入和费用是所有者权益中的后两项。收入账户包括销售收入、佣金收入、专业费用收入、租金收入和利息收入等。收入能增加所有者权益（revenues increase equity），并且收入是通过为客户提供产品和劳务所获得的。费用账户包括广告费、仓储费、办公室人员工资费用、办公用品、租赁费用、公用事业费用和保险费用。费用会减少所有者权益（expenses decrease equity），而费用则是由企业经营过程中对资产和劳务的耗费所产生的。收入和费用的种类请参见书后的会计科目表（chart of accounts）。（有时，企业使用的账户名称与本书会计科目表中所列的账户名称有所不同。例如，有些企业可能使用的是“利息收入”，而不是“利息所得”，或者使用的是“租赁费”而不是“租金费用”。不管使用什么样的账户名称，最重要的就是要保证账户名称必须能够代表它所记载的内容。）

经济业务分析与会计处理

本节将介绍几种构成会计系统的会计工具和会计处理方法，其中包括：分类账、

T 形账户、借方与贷方、复式记账法、登记日记账以及过账。

□ 分类账和会计科目表

信息系统中所有账户的集合叫做分类账（或总分类账）。如果账户保存在硬盘上的文件中，那么所有这些文件加在一起就叫做分类账。如果账户是一页一页的纸质文档，那么整个档案夹就叫做分类账。企业规模的大小和业务的多样性会影响企业所需要设立的账户的数量。一家小型企业或许只需要设立二三十个账户，而一家大型企业则可能需要设立几千个账户。**会计科目表**（chart of accounts）是一张企业所使用的全部账户名称及其编号的列表。一家小型企业可能在其账户中使用如下编号系统：

这些数字为会计记账提供了一个三位数组成的编码。在上面提到的例子中，资产类账户打头的数字为 1，负债类账户打头的数字为 2，以此类推。第二位和第三位数字和各账户子类有关。图表 2.4 给出了本书第 1 章反复提到的 FastForward 公司会计科目表的部分截取。

图表 2.4　**FastForward** 公司会计科目表的部分截取

账户编号	账户名称	账户编号	账户名称
101	现金	301	C. Taylor 名下的资本
106	应收账款	302	C. Taylor 提取
126	物料	403	咨询收入
128	预付保险费	406	租金收入
167	设备	622	工资费用
201	应付账款	637	保险费用
236	预收咨询收入	640	租金费用
		652	物料费用
		690	公用事业费用

□ 借方与贷方

T 形账户（T-account）代表一个总分类账户，它是我们理解一项或多项交易所带来的影响的一个工具。它的名字来源于它的形状，因为看上去很像字母 T，所以被命名为 T 形账户。如图表 2.5 所示，T 形账户的结构为：(1) 抬头为账户名称；(2) 左方为借方；(3) 右方为贷方。

账户名称	
（左方） 借方	（右方） 贷方

图表 2.5　T 形账户

账户的左方被称为**"借方"**（debit），通常缩写为"Dr."（借）；右方被称为**"贷方"**（credit），缩写为"Cr."（贷）。① 在账户的左方填写金额，就表示借记该账户；在右边填写金额则表示贷记该账户。千万不要错误地以为借就是增加，贷就是减少。借和贷究竟意味着增加还是减少，取决于所借贷的账户。对于一个账户来说，借是增加，贷是减少；但对于另一个账户来说，可能借意味着减少，贷意味着增加。一个账户借方总额与贷方总额之间的差额（其中包括期初余额），就是该**账户余额**（account balance）。当然任何期初余额都包括在内。如果借方合计超过了贷方合计，那么该账户就是借方余额。如果贷方合计超过了借方合计，那么该账户就是贷方余额。如果借方合计等于贷方合计，那么该账户就没有余额，或者说余额是零。

□ 复式记账法

根据**复式记账法**（double-entry accounting）的要求，每一笔交易至少会对两个账户产生影响，因此也需要在这两个账户中分别记录。并且，每一笔交易的借方金额都必须等于其贷方金额。因此，所有分录的借方总额必须等于其贷方总额，而总分类账中借方余额合计也一定等于贷方余额合计。

这种借贷记账法的依据就是我们经常使用的会计等式，具体请参见图表 2.6。这里，我们需要强调两点。首先，像其他简单的数学关系一样，如果等式的一边增加或减少，那么等式的另一边同样会增加或减少相同的金额。例如，如果等式左边的资产发生了净增加，那么等式右边的负债和权益必然也会增加相同的金额。有些交易只会影响到等式的一边，也就是说，等式一边的两个或两个以上的账户受到了影响，但等式这一边所受的净影响为零。其次，该等式的左边是资产的正常余额（normal balance），右边则是负债和权益的正常余额。这与会计等式的格局是一致的，因为会计等式的左边就是资产，右边就是负债和所有者权益。

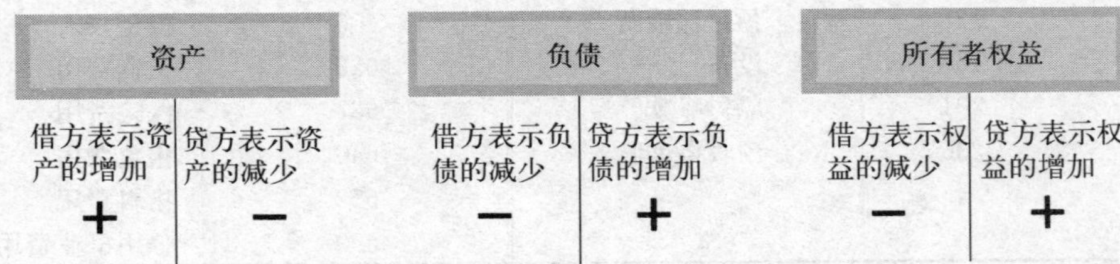

图表 2.6　会计等式中的借方和贷方

所有者权益的增加来源于收入和所有者投资，所有者权益的减少则来源于费用和所有者提取。图表 2.7 通过扩展的会计等式反映出了这些重要的权益关系。

资本和收入的增加会引起所有者权益的增加（记入贷方），所有者提取和费用的增加则会引起所有者权益的减少（记入借方）。账户（如资产、负债、资本、所有者

① 这两种缩写方式是从 18 世纪英国记账法流传下来的，当时使用的是"debitor"和"creditor"，而不是"debit"和"credit"。就像"St."和"Dr."分别取了"Saint"和"Doctor"的首字母和尾字母一样，"Dr."和"Cr."这两个缩略语也是分别取了"debitor"和"creditor"的首字母和尾字母。

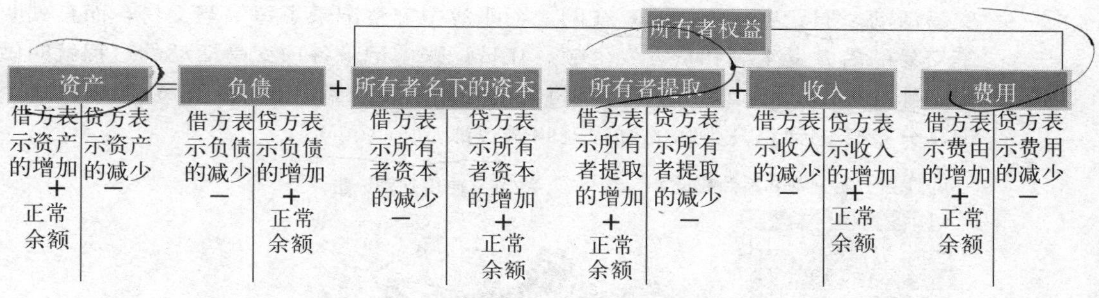

图表 2.7　扩展的会计等式中的借方和贷方

提取、收入和费用等账户）的正常余额是指记录增加额的那一边，因此，它既可以是左边也可以是右边，既可能是借方也可能是贷方。只有了解了这些图表和规则，我们才能编制、分析和解释财务报表。

图表 2.8 为 FastForward 公司的现金 T 形账户，它反映了该公司的前 11 笔业务（参见图表 1.9）。现金账户的总增加额为 $ 36 100，总减少额为 $ 31 300，因此该账户的借方余额为 $ 4 800。（我们将在本章的后面举例说明 T 形账户的应用。）

现金			
所有者投资	30 000	采购物料	2 500
咨询收入	4 200	购置设备	26 000
收回的应收账款	1 900	支付租金	1 000
		支付员工工资	700
		偿还应付账款	900
		所有者提取	200
余额	4 800		

图表 2.8　T 形账户余额的计算

快速测试

1. 试举出几个会计原始凭证的例子。
2. 请解释原始凭证有哪几项重要作用。
3. 请指出以下各项分别属于资产、负债以及所有者权益中的哪一类账户：(a) 预付租金，(b) 预收费用，(c) 建筑物，(d) 应付工资，(e) 办公用品。
4. 什么叫账户？什么叫总分类账？
5. 企业所使用的会计科目的数量和类型是由哪些因素决定的？
6. “借”就是增加，“贷”就是减少，这种说法正确吗？
7. 什么是会计科目表？

□ 登记日记账和过账

交易数据处理是会计过程的重要组成部分。图表 2.9 给出了这一过程常用的四个步骤。第 1 步和第 2 步——包括经济业务分析和复式记账法——在前几节已经介绍过了，本节将重点讨论会计过程中的第 3 步和第 4 步。第 3 步是在日记账中记录每一笔交易活动。日记账（journal）在同一个账簿中完整记录了每一笔交易，而且列明了每笔交易的借方发生额和贷方发生额。在日记账中记录各项交易活动的过程就叫做登记日记账（journalizing）。第 4 步是将日记账分录转记到（过入）总分类账。这个将日记账分录转记到总分类账的过程就叫做过账（posting）。

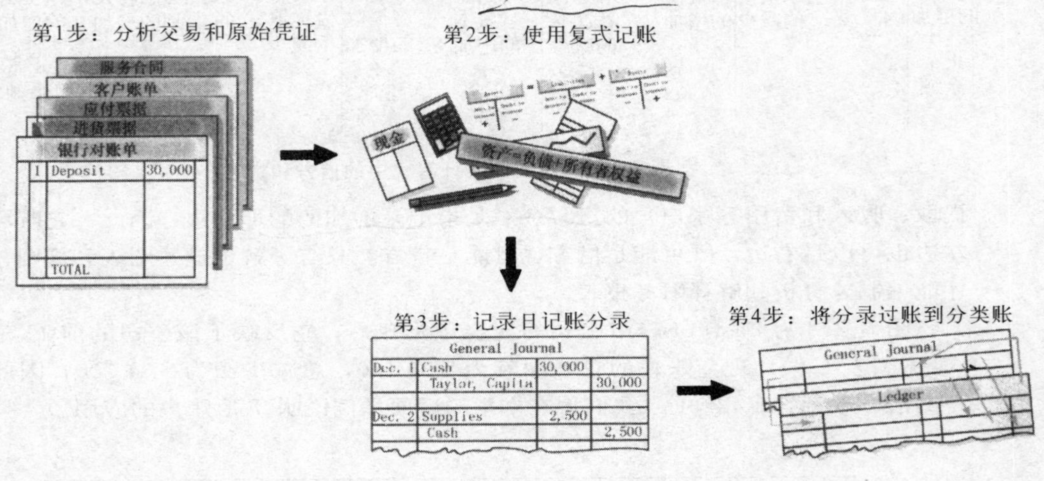

图表 **2.9** 处理交易数据的步骤

将各种交易事项登入日记账

要想将各种交易事项登入日记账，我们需要先来了解一下日记账。尽管各家公司使用的日记账不尽相同，但它们都使用相同的普通日记账（general journal）。普通日记账可以用来记录各种交易活动，其中包含了每笔交易以下几个方面信息：（1）交易日期，（2）交易活动所涉及的账户名称，（3）借贷的金额，（4）对交易活动的说明。图表 2.10 给出了 FastForward 公司头两笔交易在普通日记账中的记录情况。无论是传统手工会计还是电算化会计，这一过程都大同小异。电算化条件下的日记账通常设计成与手工操作条件下的日记账类似的形式，而且为了保证每笔分录的借贷方是相等的，电算化条件下的日记账中也包含了错误检验程序。另外，电算化条件下的日记账还有一个非常便捷的地方，那就是会计人员可以通过下拉菜单来选择账户名称及其代码。

普通日记账　　第一页

日期	账户名称与内容摘要	过账索引(PR)	借方	贷方
2009年 12月1日	现金		30 000	
	C.Taylor名下的资本			30 000
	(所有者投资)			
12月2日	物料		2 500	
	现金			2 500
	(用现金购买物料)			

图表 **2.10** **FastForward** 公司的部分普通日记账

将分录记入普通日记账需要遵循以下几个步骤，我们以图表 2.10 中的分录为例，来看一看这些步骤。① 填写交易日期：在第一栏的最上方填写年份，然后在每笔日记账分录的第一行填写月份和日期。② 填写借方账户的名称，并在同一行的“借方”一栏填写借记的金额。所有的借方账户名称都来自会计科目表，并且所有的借方账户名称要与“账户名称与内容摘要”一栏的左边对齐。③ 填写贷方账户的名称，并在同一行的“贷方”一栏填写贷记的金额。所有的贷方账户名称也都来自会计科目表，并且，为了与借方账户区分开来，所有的贷方账户名称要从“账户名称与内容摘要”一栏的左边缩进去一些。④ 在分录下面的一行中填写该笔交易的内容摘要（通常，内容摘要参考原始凭证来填写）。为了与账户名称区分开来，内容摘要的内容通常放在括号中。（注：有关日记账分录内容摘要的填写，没有明确的规定，但内容摘要既要简明扼要，又要能够说明该笔分录的由来。）

为了清晰起见，每两个分录之间都要空出一行。刚登记完一笔交易的时候，“过账索引”（posting reference，PR）栏是空着的（在手工操作系统下）。在将分录过入总分类账之后，我们再将每个总分类账户的编号填入 PR 栏。

三栏式账户

T 形账户能够简单直接地反映整个会计过程，但是，我们实际使用的会计系统需要更加复杂的格式，因此，我们选择使用三栏式账户（balance column account），如图表 2.11 所示。

图表 2.11　　三栏式现金账户

现金					账户编号101
日期	内容摘要	PR	借方	贷方	余额
2009 年 12 月 1 日		G1	30 000		30 000
12 月 2 日		G1		2 500	27 500
12 月 3 日		G1		26 000	1 500
12 月 10 日		G1	4 200		5 700

T 形账户和三栏式账户的相似之处在于二者都设有借方栏和贷方栏，不同之处在于三栏式账户还增设了“日期”和“余额”三栏。在登记完每笔分录之后，都要在“余额”栏中填写各个账户的余额。以 FastForward 公司为例，如图表 2.11 所示，现金账户在 12 月 1 日，因所有者投资，借记了＄30 000，于是产生了＄30 000 的借方余额。12 月 2 日，现金账户又贷记了＄2 500，从而使借方余额变成了＄27 500。12 月 3 日，现金账户再次贷记了＄26 000，于是借方余额减至＄1 500。12 月 10 日，现金账户又借记了＄4 200，使得借方余额又增加到了＄5 700；以此类推。

余额栏的抬头并没有显示该余额是借方余额还是贷方余额。通常，我们假设一个账户拥有的是正常余额（normal balance）。有时候，异常事项会使账户临时出现异常余额（abnormal balance）。异常余额是记录减少额的那一方出现的余额。例如，一个客户可能因为一时疏忽多支付了应付的款项。这样一来，在应收该客户的应收账款账户中就出现了异常余额（这里是贷方余额）。对于异常余额，我们通常把它圈出来，或者是用红色或其他特殊颜色标注出来。另外，即便账户出现零余额，余额栏也不要空着，通常的做法是在余额栏中填写数字零或者是画一条短线。这是因为余额栏如果空着不填，看的人可能就会产生“此处究竟是漏填了还是零余额”的疑问。

过账

处理交易数据的第 4 步是将日记账分录过入总分类账（见图表 2.9）。为了确保总分类账能够反映最新的交易情况，我们应该尽快将日记账分录过入总分类账。可以每天过一次账、每星期过一次账，或者一有时间就过一次账。在编制财务报表之前，所有的分录都要过入分类账，这样才能保证报表能够反映最新的交易情况。在将分录过入总分类账的时候，日记账分录的借方也要记入总分类账对应科目的借方，日记账分录的贷方也要记入总分类账对应科目的贷方。图表 2.12 给出了过账的四个步骤。第一步，确定分录过入总分类账后应该借记哪个账户，在总分类账中填写分录日期，在 PR 栏中填写日记账页码，填写借方金额和总分类账新的余额。（字母 G 代表分录来源于普通日记账。）第二步，将总分类账的账户编号填入日记账的 PR 栏。第三步和第四步涉及贷方，重复前两步中对借方分录和金额的处理即可。过账过程在日记账分录和总分类账分录之间建立起了一定的联系。利用这种联系，我们可以顺藤摸瓜查出一笔款项的由来。

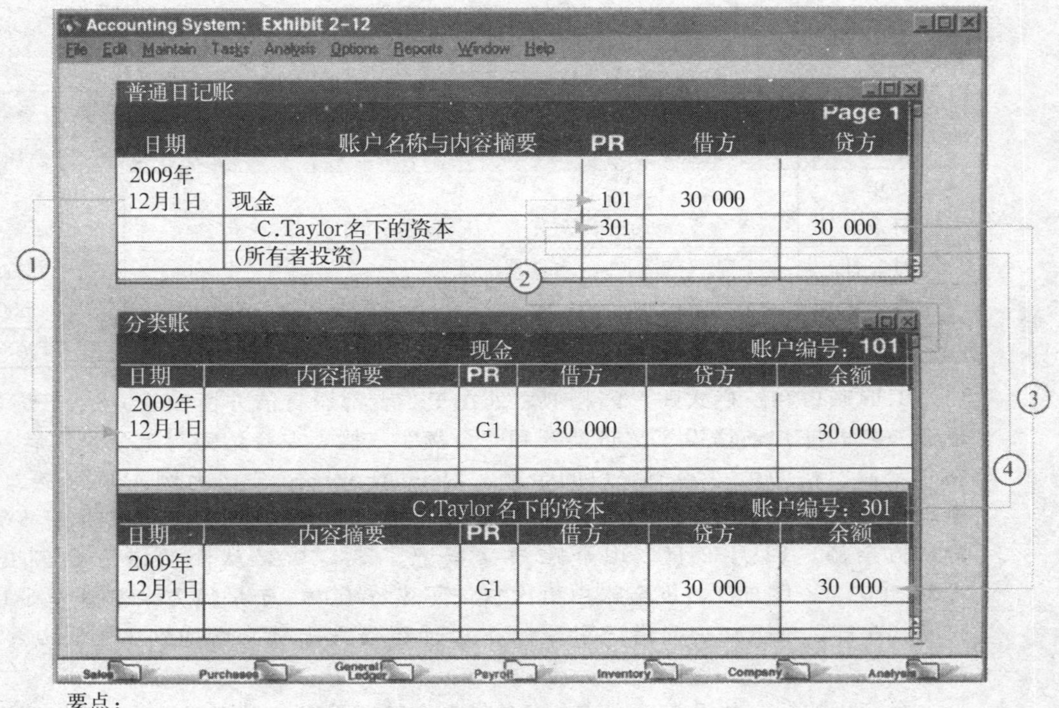

日期	账户名称与内容摘要	PR	借方	贷方
2009年 12月1日	现金	101	30 000	
	C.Taylor名下的资本	301		30 000
	(所有者投资)			

日期	内容摘要	PR	借方	贷方	余额
2009年 12月1日		G1	30 000		30 000

日期	内容摘要	PR	借方	贷方	余额
2009年 12月1日		G1		30 000	30 000

要点：

① 确定分录过入总分类账后应该借记哪个账户：填写日期、日记账页码、借记金额及余额。
② 将总分类账借方账户编号填入日记账的PR栏。
③ 确定分录过入总分类账后应该贷记哪个账户：填写日期、日记账页码、贷记金额及余额。
④ 将总分类账贷方账户编号填入日记账的PR栏。

图表 2.12　将日记账分录过入总分类账

□ 经济业务分析——举例

我们仍以 FastForward 公司为例来看一看复式记账法在分析和处理交易数据过程中发挥着怎样的作用。如图表 2.9 所示，经济业务分析遵循以下四个步骤。首先，分析交易活动以及各种原始凭证。紧接着，用会计等式来分析交易活动。然后，用复式记账法将交易活动编制成日记账分录。最后，将日记账分录过入总分类账（为了简便起见，我们使用 T 形账户来表示总分类账）。另外，还要确定每笔交易会对哪些财务报表产生影响。我们要深入地分析每一笔交易。除了前 11 项曾在第 1 章分析过的交易活动以外，还要分析先前省略掉的 FastForward 公司在 12 月份进行的另外 5 项交易活动（即第 12 到第 16 项交易活动）。

1. 出资人进行投资

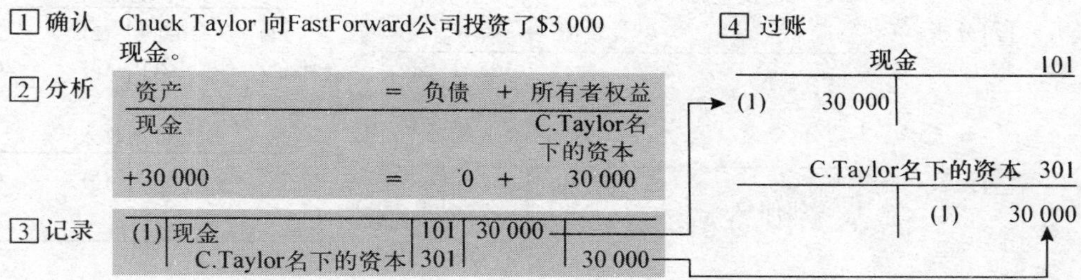

2. 用现金购买物料

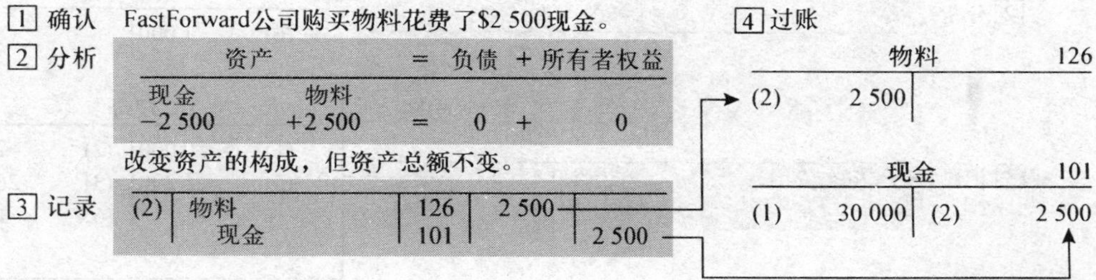

3. 用现金购买设备

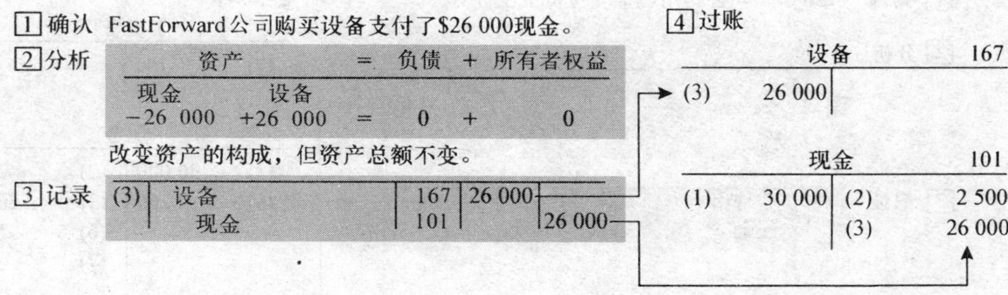

4. 赊购物料

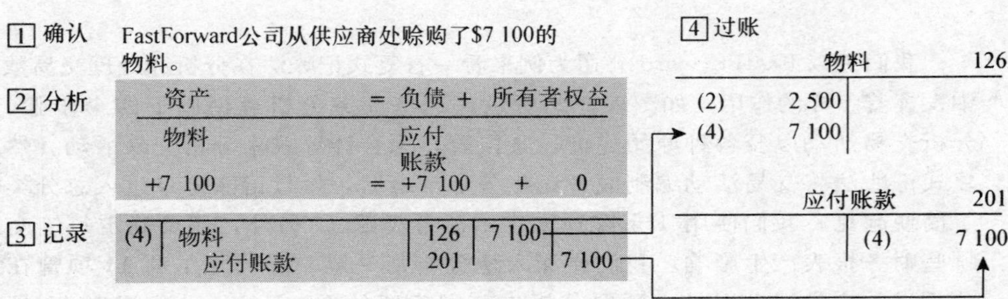

5. 提供服务以赚取现金

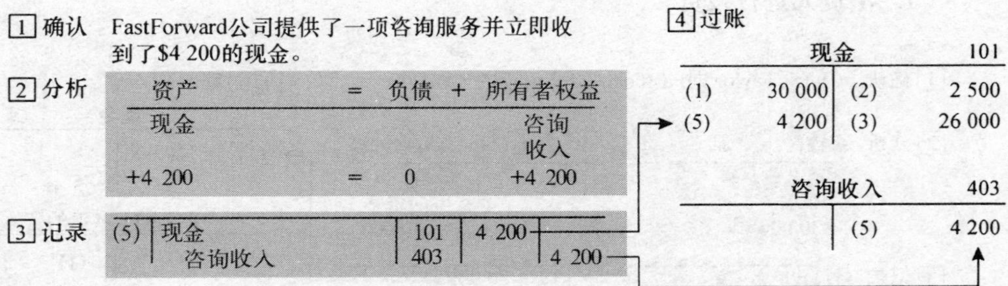

6. 用现金支付费用

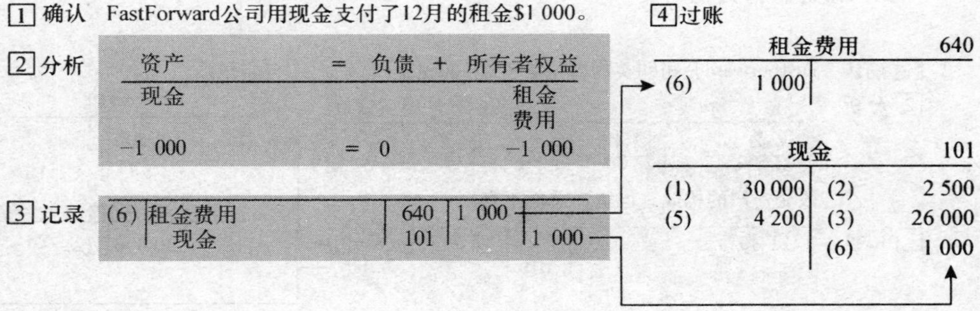

7. 用现金支付费用

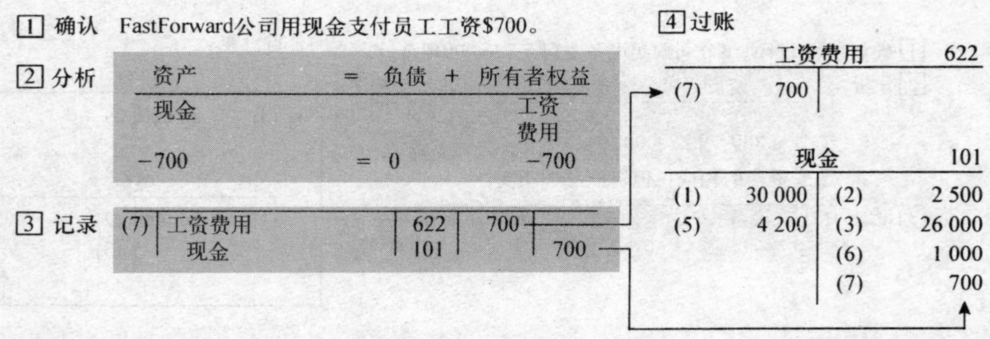

8. 提供咨询和租赁服务

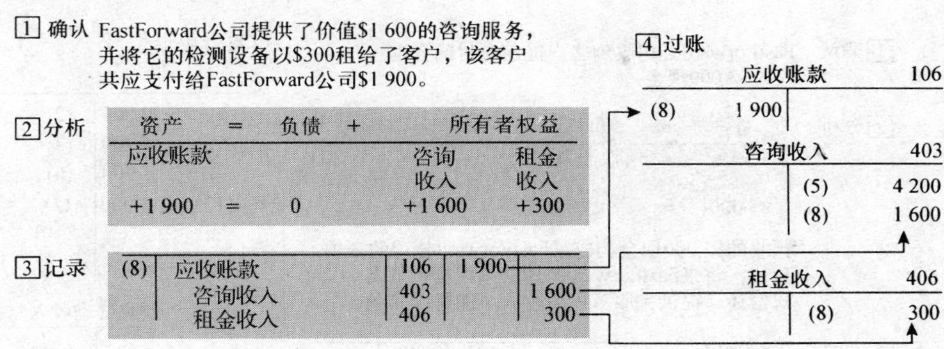

9. 收到应收账款

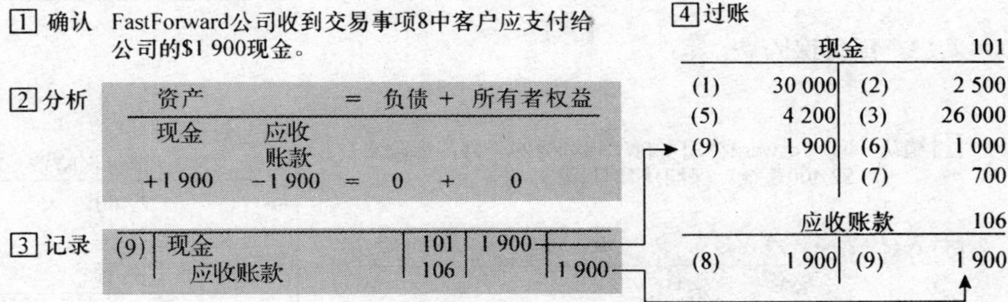

10. 支付部分应付账款

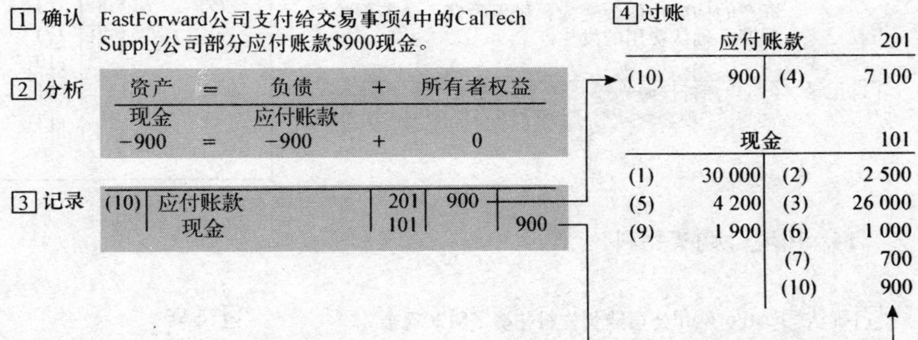

11. 所有者提取

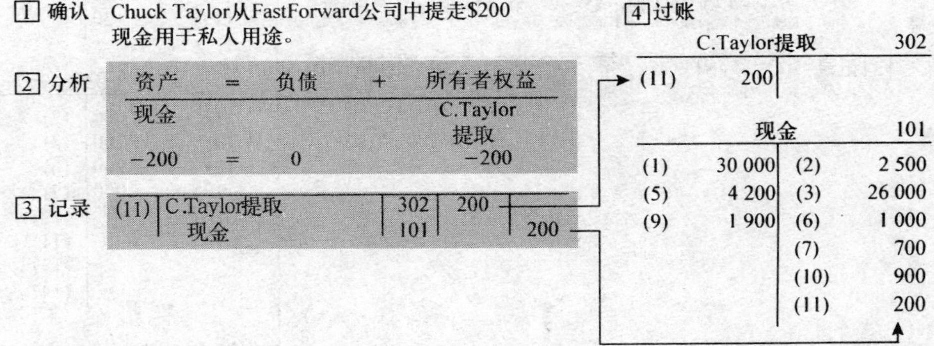

12. 收到未来服务的现金

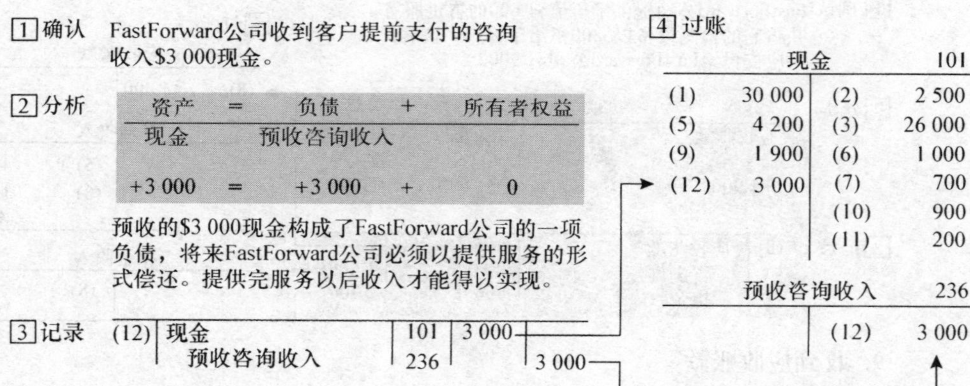

1 确认 FastForward公司收到客户提前支付的咨询收入$3 000现金。

2 分析

资产	=	负债	+	所有者权益
现金		预收咨询收入		
+3 000	=	+3 000	+	0

预收的$3 000现金构成了FastForward公司的一项负债，将来FastForward公司必须以提供服务的形式偿还。提供完服务以后收入才能得以实现。

3 记录

(12)	现金	101	3 000	
	预收咨询收入	236		3 000

4 过账

现金 101

(1)	30 000	(2)	2 500
(5)	4 200	(3)	26 000
(9)	1 900	(6)	1 000
(12)	3 000	(7)	700
		(10)	900
		(11)	200

预收咨询收入 236

		(12)	3 000

13. 预付保险费

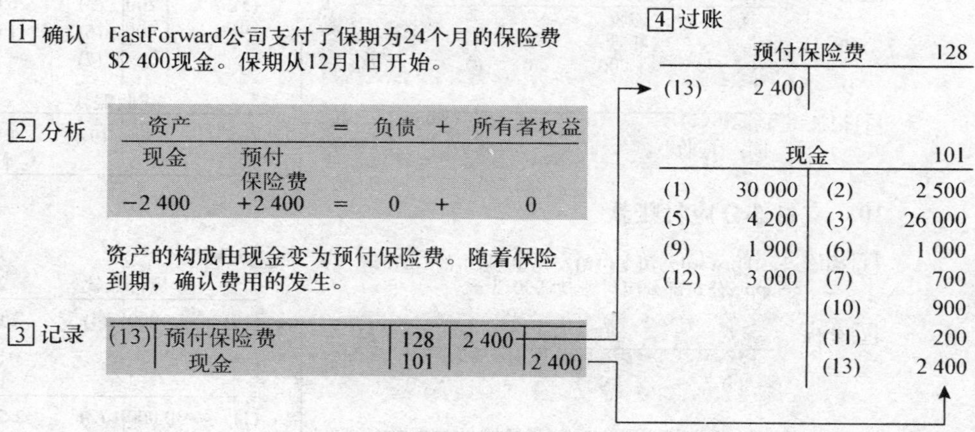

1 确认 FastForward公司支付了保期为24个月的保险费$2 400现金。保期从12月1日开始。

2 分析

资产		=	负债	+	所有者权益
现金	预付保险费				
−2 400	+2 400	=	0	+	0

资产的构成由现金变为预付保险费。随着保险到期，确认费用的发生。

3 记录

(13)	预付保险费	128	2 400	
	现金	101		2 400

4 过账

预付保险费 128

(13)	2 400		

现金 101

(1)	30 000	(2)	2 500
(5)	4 200	(3)	26 000
(9)	1 900	(6)	1 000
(12)	3 000	(7)	700
		(10)	900
		(11)	200
		(13)	2 400

14. 用现金购买物料

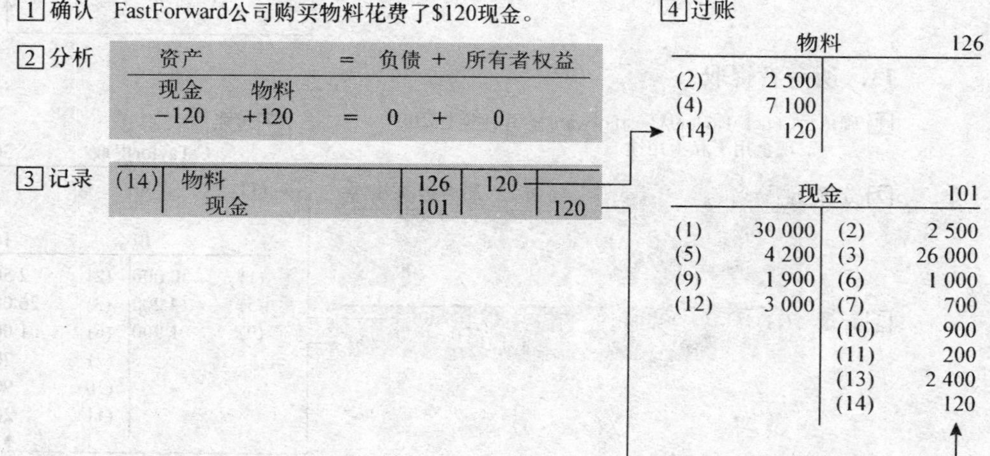

1 确认 FastForward公司购买物料花费了$120现金。

2 分析

资产		=	负债	+	所有者权益
现金	物料				
−120	+120	=	0	+	0

3 记录

(14)	物料	126	120	
	现金	101		120

4 过账

物料 126

(2)	2 500		
(4)	7 100		
(14)	120		

现金 101

(1)	30 000	(2)	2 500
(5)	4 200	(3)	26 000
(9)	1 900	(6)	1 000
(12)	3 000	(7)	700
		(10)	900
		(11)	200
		(13)	2 400
		(14)	120

15. 用现金支付费用

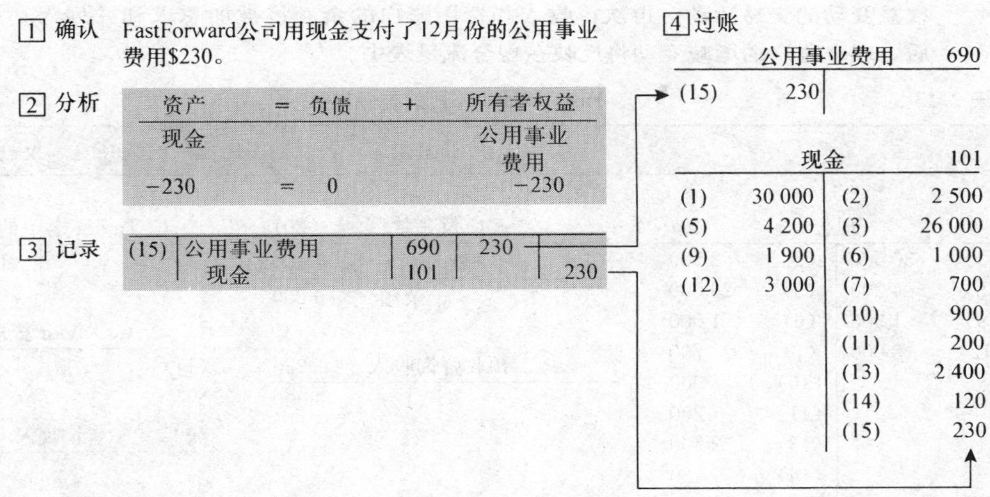

16. 用现金支付费用

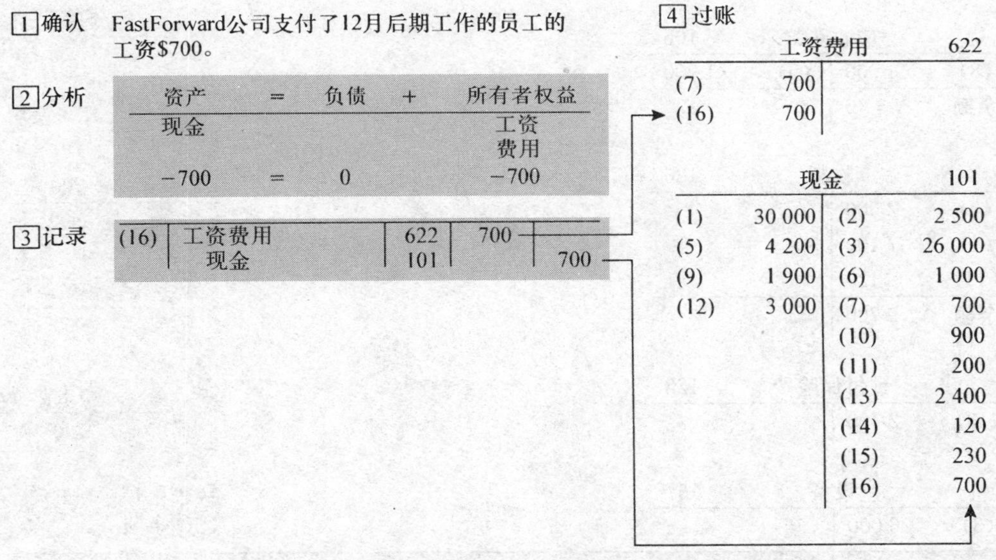

□ 会计等式分析

图表 2.13 给出了将上述 16 笔业务都记入账户并过完户、计算完余额以后的 FastForward 公司的总分类账（采用的是 T 形账户的形式）。我们根据会计等式将所有的账户划分成资产、负债和所有者权益三大类，分列成三大栏。这里有几点需要注意：首先，就像单笔业务一样，这三大栏的总额也必须符合会计等式。具体来讲，也就是说，资产总额为＄42 470(4 350＋0＋9 720＋2 400＋26 000)；负债总额为＄9 200(6 200＋3 000)；所有者权益总额为＄33 270(30 000－200＋5 800＋300－1 400－1 000－230)。这

些数字正好符合会计等式：资产总额＄42 470＝负债总额＄9 200＋所有者权益总额＄33 270。其次，所有者名下的资本、所有者提取、收入和费用账户反映了影响所有者权益变动的交易活动。再次，收入和费用账户的余额将被加总求和并列入利润表。最后，现金账户的增减变动将反映在现金流量表中。

图表 2.13 **FastForward** 公司的总分类账

资产 ＝ 负债 ＋ 所有者权益

资产

现金			101
(1)	30 000	(2)	2 500
(5)	4 200	(3)	26 000
(9)	1 900	(6)	1 000
(12)	3 000	(7)	700
		(10)	900
		(11)	200
		(13)	2 400
		(14)	120
		(15)	230
		(16)	700
余额	4 350		

应收账款			106
(8)	1 900	(9)	1 900
余额	0		

物料			126
(2)	2 500		
(4)	7 100		
(14)	120		
余额	9 720		

预付保险费			128
(13)	2 400		

设备			167
(3)	26 000		

负债

应付账款			201
(10)	900	(4)	7 100
		余额	6 200

预收咨询收入			236
		(12)	3 000

所有者权益

C. Taylor 名下的资本			301
		(1)	30 000

C. Taylor 提取			302
(11)	200		

咨询收入			403
		(5)	4 200
		(8)	1 600
		余额	5 800

租金收入			406
		(8)	300

工资费用			622
(7)	700		
(16)	700		
余额	1 400		

租金费用			640
(6)	1 000		

公用事业费用			690
(15)	230		

灰色区域反映的是利润表上披露的事项。

＄42 470 ＝ ＄9 200 ＋ ＄33 270

快速测试

8. 什么样的经济业务会增加所有者权益？什么样的交易活动会减少所有者权益？
9. 人们为什么把会计记账系统称为复式记账法？
10. 在以下各项中，哪些是复式记账法对每一笔交易的要求：(a) 如果借记资产类账户，那么就必须贷记负债类或所有者权益类账户；(b) 如果借记负债类账户，那么就必须贷记资产类账户；(c) 借方总额必须等于贷方总额？

11. 一名投资者向公司投资了＄15 000的现金和市价为＄23 000的机器设备。请根据所给条件编制出相应的日记账分录。
12. 什么是复合会计分录？
13. 在将日记账分录过入总分类账时，为什么要在日记账中填写过账索引编号？

试算平衡表

复式记账法要求借方账户余额合计等于贷方账户余额合计。试算平衡表就是用来检验借方账户余额合计是否等于贷方账户余额合计的。**试算平衡表**（trial balance）是指某一时点上的各种账户及其余额的列表。各个账户的余额都会反映在试算平衡表相应的借方或贷方栏中。图表2.14给出了FastForward公司在上述16笔业务过入总分类账之后得到的试算平衡表。（这只是一张调整前的试算平衡表——如何调整试算平衡表将在第3章介绍。）

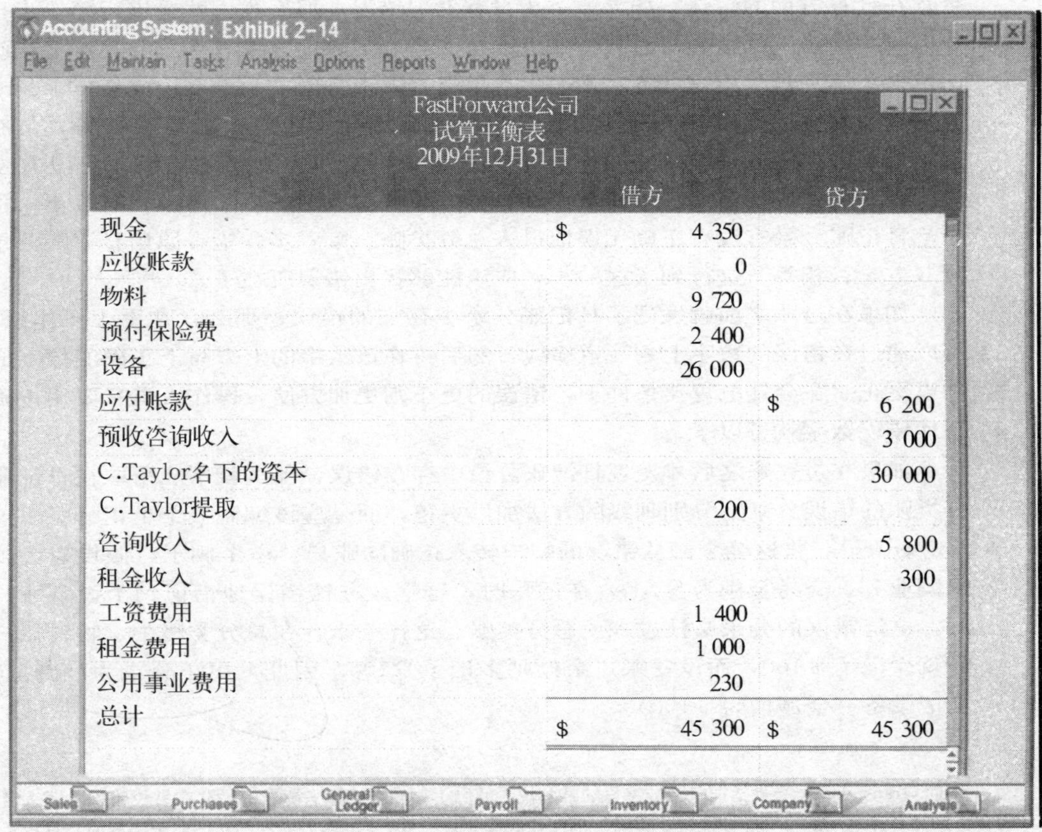

FastForward公司
试算平衡表
2009年12月31日

	借方	贷方
现金	$ 4 350	
应收账款	0	
物料	9 720	
预付保险费	2 400	
设备	26 000	
应付账款		$ 6 200
预收咨询收入		3 000
C.Taylor名下的资本		30 000
C.Taylor提取	200	
咨询收入		5 800
租金收入		300
工资费用	1 400	
租金费用	1 000	
公用事业费用	230	
总计	$ 45 300	$ 45 300

图表2.14　（调整前的）试算平衡表

□ 编制试算平衡表

编制一张试算平衡表需要以下三个步骤：

（1）在试算平衡表中列出每个账户的名称及其余额（账户余额来自总分类账）。如果一个账户是零余额，那么就在其正常余额的那一栏填写零（或者干脆就省略掉）。

（2）分别计算出借方账户余额合计和贷方账户余额合计。

（3）检查借方余额合计是否等于贷方余额合计。

在图表 2.14 FastForward 公司的试算平衡表中，借方余额合计恰好等于贷方余额合计。但仅凭这一点，并不能保证会计记录中不存在错误。例如，如果将一笔正确的金额记入了错误的账户，或者是借贷双方同时记入了一笔错误的金额，在这两种情况下，依然都能够保证借方余额合计等于贷方余额合计。

查找和更正错误

如果试算平衡表不平（即借贷双方余额合计不等），那么就必须找出错误并加以更正。有一种可以快速查找出错误的方法，那就是先检查试算平衡表，再检查过账过程，最后检查日记账。第一步，检查试算平衡表的借方栏和贷方栏在加总的过程中是否存在计算方面的错误。如果第一步没有发现错误，那么我们就要进行第二步——检查试算平衡表上的余额与总分类账上的余额是否一致，有没有从总分类账上正确地登记过来。第三步，检查试算平衡表上有没有错误地将借方余额登记成贷方余额或者是把贷方余额登记成借方余额。如果借贷双方余额合计之差正好是某个账户余额的两倍，那么很可能就是该账户余额将借方和贷方搞混了。如果到这里还是没有发现错误，那么就要进行第四步——重新计算总分类账中各个账户的余额。第五步，检查每一笔日记账分录有没有正确无误地过入总分类账。第六步，检查原始日记账分录的借贷双方是否相等。进行到了这一步，应该能够找出错误所在了。①

如果在过账之前就发现了日记账分录中存在的错误，那么，在手工操作系统下，可以通过在错误的数字上划一道横线，然后再在该数字的上方写上正确的数字的方法加以更正。在会计电算化条件下，错误的更正则更加方便，操作人员只要用正确数字替代错误数字就可以了。

如果在过完账之后才发现日记账分录中存在错误，那么就不能采取在日记账和总分类账的错误分录上分别画线的方法加以更正，而是应该编制一个更正分录（correcting entry），将这笔金额从错误的账户转入正确的账户。举个例子，假设有一项物料采购业务，交易金额为＄100。在记账时，这笔业务被错误地借记到了设备账户。然后，这笔错误的分录又被过入了总分类账。这样一来，在总分类账中，物料账户的余额就少记了＄100，而设备账户余额则多记了＄100。因此，更正分录为：借记物料，贷记设备（金额均为＄100）。

---

① 易位（transposition）是指把一个数字里的某两位弄颠倒了。如果试算平衡表中只存在易位错误，那么借方余额合计与贷方余额合计之间的差额应该能被 9 整除。例如，假设分录中＄691 的借方余额在过入总分类账时错登成了＄619。这样一来，试算平衡表中的贷方余额合计就比借方余额合计多出了＄72（＄691－＄619）。这＄72 的误差正好能被 9 整除（72/9＝8）。二者之商的第一位（在我们这个例子中该数值为 8）等于被易位的两个数字之差（即：9 和 1）。商的位数则显示了被易位数字的位置（从右边开始数），具体来说就是商是几位数就说明原数字从右边数的第几位被易位了。在我们这个例子中，商（8）是个一位数，这就意味着原数字从右边数第一位被易位了。再举个例子，假设过账时将＄691 错登成了＄961，那么这两个数字之差为＄270，270 除以 9，商为 30。30 是一个两位数，并且它的第一位数为 3，这就说明原数字从右边数的第二位跟一个同它相差 3 的数字易位了。

□ 利用试算平衡表编制财务报表

下面将介绍如何利用图表 2.14 所示的试算平衡表和 FastForward 公司 12 月份的交易信息来编制财务报表。因为多了几笔业务，所以这些财务报表与第 1 章给出的财务报表有所不同。确切地讲，这些报表应该叫做调整前的财务报表（unadjusted statements），因为还需要对它们进行进一步的调整（有关内容将在第 3 章介绍）。

图表 2.15 给出了各种财务报表在时间上的相互联系。资产负债表反映的是经济活动主体在某一个时点上的财务状况。利润表、所有者权益表和现金流量表则反映的是经济活动主体在一段时期内的财务业绩。图表 2.15 中间的三种财务报表将期初资产负债表与期终资产负债表联系起来。它们反映了经济活动主体的财务状况从一个时点到另一个时点的变化。

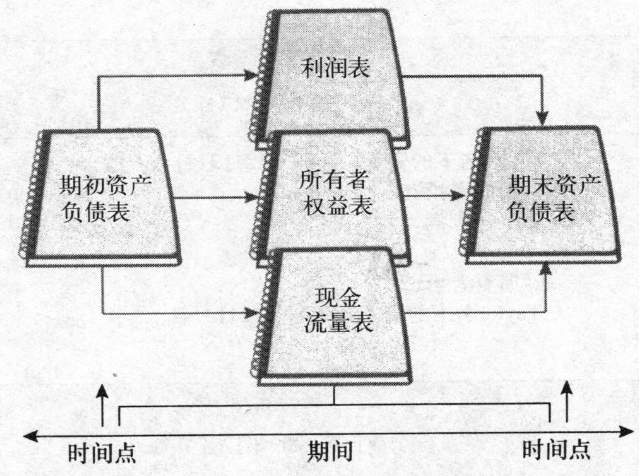

图表 2.15　各种财务报表在时间上的相互联系

报告期的长度是由财务报表的编制者和使用者（包括政府管理机构）决定的。报告期通常是一年，或者半年、一个季度甚至一个月。为期一年的报告期通常被称为一个会计年度（accounting or fiscal year）。报告期从 1 月 1 日开始到 12 月 31 日结束的公司通常被称为使用日历年度（calendar-year）的公司。很多公司并没有选择 12 月 31 日作为它们会计年度的结束日。从本书的附录 A 可以看出，百思买就是一家不使用日历年度的公司，因为它的报表抬头处写着会计年度的结束日期为 3 月 3 日。

利润表

利润表反映的是一定时期内经济活动主体所获取的收入扣除当期所发生的费用后的差额。图表 2.16 的最上方给出的就是 FastForward 公司 12 月份的利润表。从图表 2.14 FastForward 公司的试算平衡表中，很容易就能得到编制利润表所需要的有关收入和费用的数据。利润表的最下端列明了本期的净收益为＄3 470。所有者投资和分红都不属于收益的范畴。

图表 2.16　　各种财务报表及它们之间的相互联系

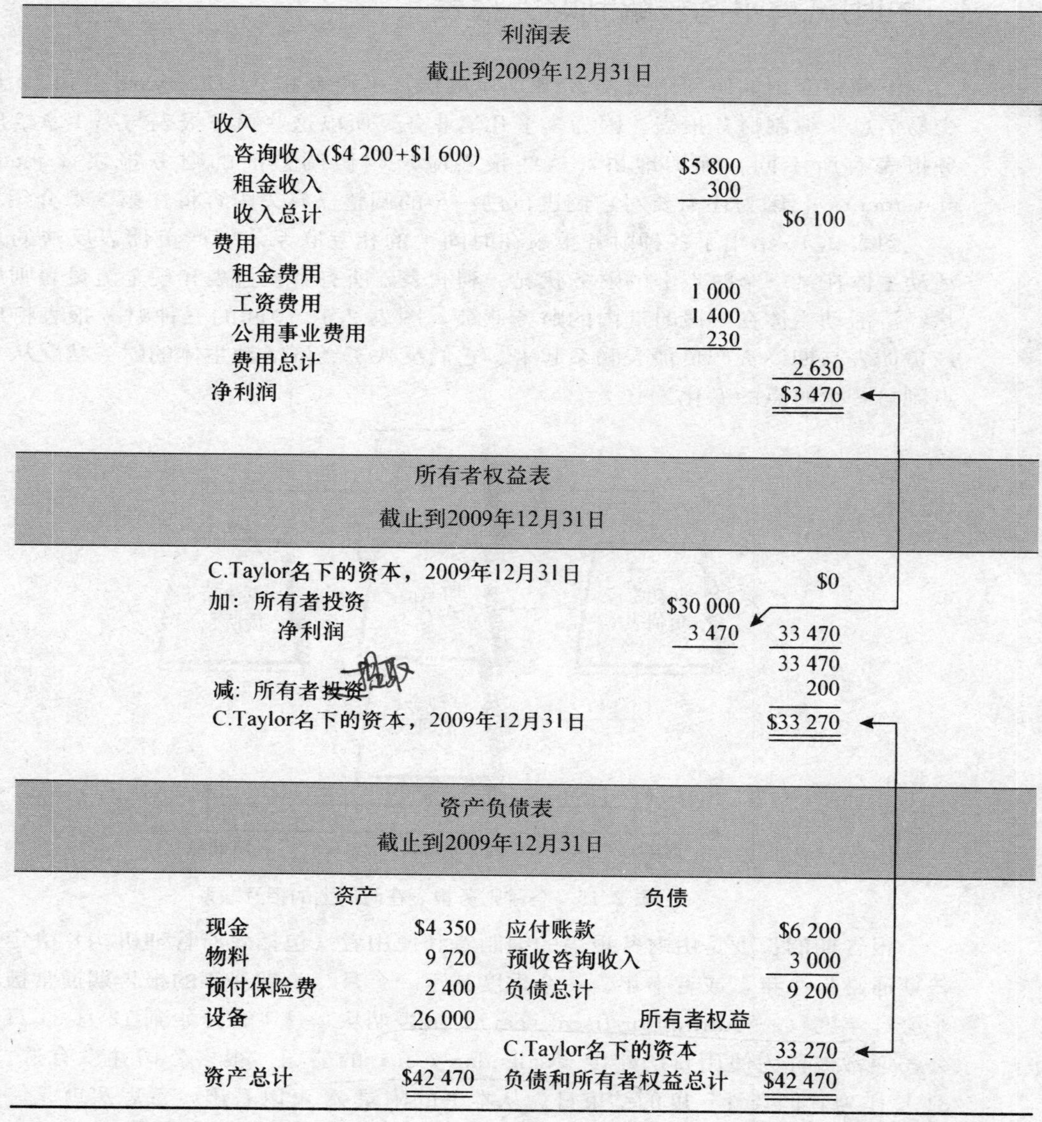

利润表
截止到2009年12月31日

收入		
咨询收入($4 200+$1 600)	$5 800	
租金收入	300	
收入总计		$6 100
费用		
租金费用	1 000	
工资费用	1 400	
公用事业费用	230	
费用总计		2 630
净利润		$3 470

所有者权益表
截止到2009年12月31日

C.Taylor名下的资本，2009年12月31日		$0
加：所有者投资	$30 000	
净利润	3 470	33 470
		33 470
减：所有者投资		200
C.Taylor名下的资本，2009年12月31日		$33 270

资产负债表
截止到2009年12月31日

资产		负债	
现金	$4 350	应付账款	$6 200
物料	9 720	预收咨询收入	3 000
预付保险费	2 400	负债总计	9 200
设备	26 000	所有者权益	
		C.Taylor名下的资本	33 270
资产总计	$42 470	负债和所有者权益总计	$42 470

所有者权益表

所有者权益表反映了所有者权益在一定时期内的增减变化情况。图表 2.16 中的第二张表就是 FastForward 公司的所有者权益表。该表显示，当期的所有者投资为＄30 000，净利润为＄3 470，所有者提取为＄200，期末余额为＄33 270。（所有者权益表上期初资本余额很少出现为零的情况；公司刚开始营业时除外。2010 年 1 月份的期初资本余额为＄33 270，也就是 2009 年 12 月份的期末资本余额。）

资产负债表

资产负债表反映了企业在某一特定时点上的财务状况，这一时点通常为月末、季末或年末。图表 2.16 中的第三张表就是 FastForward 公司的资产负债表。该表反映了 FastForward 公司在 12 月 31 日时的财务状况。资产负债表的左边列示的是公司的资产：现金、物料、预付保险费和设备。资产负债表右边的上半部分列示的是公司的负债：公司从债权人手中借入了＄6 200 的借款，并从客户手中预收了＄3 000 的服务费。所有者权益部分显示期末资本余额为＄33 270。请注意所有者权益表的期末余额与此处的期末余额之间的关系。（回想一下，资产负债表的这种列示方法叫做账户式（account form）列示法，也就是将资产项目列在表的左边，将负债和所有者权益项目列在表的右边。资产负债表的另外一种列示方法叫做报告式（report form）列示法，也就是将资产项目列在表的最上方，将负债项目列在资产项目的下方，再将所有者权益项目列在表的最下方。这两种列示方法，我们使用哪一种都可以。）

角色扮演　**企业家**

假设你开了一家向零售商出售娱乐设施的批发企业。你发现你的绝大多数客户都要求赊购。那么，你应该如何利用这些客户的资产负债表来帮助自己决定赊销给哪些客户呢？

列示时的注意事项

日记账和总分类账通常不使用美元符号，而财务报表和其他报表则会使用美元符号。通常的做法是只在每一栏的第一行和最后一行的数字边上加上美元符号。从附录 A 百思买公司的财务报表里面就可以看出这一点。在将交易金额记入日记账、总分类账和试算平衡表时，我们可以选择是否使用“,”来表示千位和百万位等。但在财务报表中，通常都会使用逗号。通常，在财务报表中，各个企业会通过四舍五入将交易金额精确到元、万元、百万元等更高的位数。百思买公司就是将交易金额精确到百万美元的众多企业中的一个典型例子。是否采取四舍五入的方法进行精确，取决于这样做是否会影响报表使用者的商业决策。

快速测试

14. 在财务报表中，美元符号通常放在什么位置？
15. 假设有一笔借记设备＄4 000 的日记账分录，在过入总账的时候，错误地记成了贷记＄4 000，结果导致总分类账最终的借方余额为＄20 000。试分析这一错误会对试算平衡表的借方余额合计和贷方余额合计产生什么样的影响。
16. 试述利润表和所有者权益表之间存在怎样的联系。
17. 试述资产负债表和所有者权益表之间存在怎样的联系。
18. 什么是收入？什么是费用？
19. 请给出资产、负债和所有者权益各自的定义。

实例分析

（这是对第 1 章实例分析所做的进一步延伸。）经过几个月的筹划，Jasmine Worthy开了一家名叫Expressions的理发店。下面是在创办理发店的第一个月里所发生的各项经济业务：

a. 8月1日，Worthy向Expressions投入了＄3 000现金和价值＄15 000的设备。

b. 8月2日，Expressions花＄600购置了家具。

c. 8月3日，Expressions在商业街上租了一家临街的店面，并且支付了＄500作为8月份的租金。

d. 8月4日，Expressions使用长期应付票据为店里赊购了一套价值＄1 200的设备。

e. 8月5日，Expressions开始营业。前一周半（至8月15日）理发店的营业收入为＄825。

f. 8月15日，以赊账的形式提供了价值＄100的理发服务。

g. 8月17日，收到了顾客偿还15日＄100赊欠款的支票。

h. 8月17日，为开业期间一直在帮忙的助手反付了＄125的工资。

i. 8月下旬提供理发服务赚了＄930。

j. 8月31日，支付了＄400用于偿还8月4日签发的应付票据的本金。

k. 8月31日，Worthy取走了＄900现金用于个人花费。

要求：

1. 请按照三栏式账户的格式，根据下面给出的账户名称及括号中的账户编号编制分类账：现金（101），应收账款（102），家具（161），店铺设备（165），应付票据（240），J. Worthy名下的资本（301），J. Worthy提取（302），理发收入（403），工资费用（623），租金费用（640）。试为各项业务编制普通日记账分录。
2. 请将第1步中的日记账分录过入总分类账。
3. 试编制8月31日的试算平衡表。
4. 试编制8月份的利润表。
5. 试编制8月份的所有者权益表。
6. 试编制8月31日的资产负债表。

拓展分析：

7. 在未来的几个月，Expressions将开设更多的业务。请指出下列业务应该借记或贷记哪些账户。（提示：我们可能使用到第一部分中没有用过的账户。）

a. 用现金购买物料。

b. 预付保险费。

c. 预收服务费。

d. 赊购物料。

解题步骤：

- 分析每一笔业务，然后根据借贷原则为每一笔业务编制会计分录。
- 将每笔分录的借方与贷方从日记账分录过入总分类账，并填写日记账和总分类账的过账索引栏。
- 计算出每个账户的余额，并将各个账户及其余额列在试算平衡表上。
- 检查试算平衡表的借方余额合计与贷方余额合计是否相等。

● 确定收入和费用，以便用来编制利润表。将各种收入和费用列示在利润表上，计算出收入和费用二者之间的差额，并作为净利润或净损失列示在利润表上。

● 利用总分类账编制所有者权益表。

● 利用总分类账编制资产负债表。

● 分析未来将开展的业务，运用借贷原理确定这些业务将会对哪些账户产生影响。

实例分析答案：

1. 普通日记账分录：

普通日记账				第1页
日期	账户名称与内容摘要	过账索引	借方	贷方
8月1日	现金	101	3 000	
	店铺设备	165	15 000	
	J. Worthy 名下的资本	301		18 000
	(所有者投资)			
8月2日	家具	161	600	
	现金	101		600
	(用现金购买家具)			
8月3日	租金费用	640	500	
	现金	101		500
	(支付8月份的租金)			
8月4日	店铺设备	165	1 200	
	应付票据	240		1 200
	(赊购其他设备)			
8月15日	现金	101	825	
	理发收入	403		825
	(8月上旬的营业收入)			
8月15日	应收账款	102	100	
	理发收入	403		100
	(顾客拖欠的理发费)			
8月17日	现金	101	100	
	应收账款	102		100
	(收到顾客拖欠的理发费)			
8月17日	工资费用	623	125	
	现金	101		125
	(给助手发放工资)			
8月31日	现金	101	930	
	理发收入	403		930
	(8月下旬的营业收入)			
8月31日	应付票据	240	400	
	现金	101		400
	(偿还部分应付票据所欠款项)			
8月31日	J. Worthy 提取	302	900	
	现金	101		900
	(所有者提取现金)			

2. 将第一步中的日记账分录过入总分类账：

总分类账

现金 账户编号：101

日期	过账索引	借方	贷方	余额
8.1	G1	3 000		3 000
2	G1		600	2 400
3	G1		500	1 900
15	G1	825		2 725
17	G1	100		2 825
17	G1		125	2 700
31	G1	930		3 630
31	G1		400	3 230
31	G1		900	2 330

应收账款 账户编号：102

日期	过账索引	借方	贷方	余额
8.15	G1	100		100
17	G1		100	0

家具 账户编号：161

日期	过账索引	借方	贷方	余额
8.2	G1	600		600

店铺设备 账户编号：165

日期	过账索引	借方	贷方	余额
8.1	G1	15 000		15 000
4	G1	1 200		16 200

应付票据 账户编号：240

日期	过账索引	借方	贷方	余额
8.4	G1		1 200	1 200
31	G1	400		800

J. Worthy 名下的资本 账户编号：301

日期	过账索引	借方	贷方	余额
8.1	G1		18 000	18 000

J. Worthy 提取 账户编号：302

日期	过账索引	借方	贷方	余额
8.31	G1	900		900

理发收入 账户编号：403

日期	过账索引	借方	贷方	余额
8.15	G1		825	825
15	G1		100	925
31	G1		930	1 855

工资费用 账户编号：623

日期	过账索引	借方	贷方	余额
8.17	G1	125		125

租金费用 账户编号：640

日期	过账索引	借方	贷方	余额
8.3	G1	500		500

3. 根据总分类账编制试算平衡表：

Expressions 8 月 31 日的试算平衡表

	借方	贷方
现金	$ 2 330	
应收账款	0	
家具	600	
店铺设备	16 200	
应付票据		$ 800
J. Worthy 名下的资本		18 000
J. Worthy 提取	900	
理发收入		1 855
工资费用		
租金费用	125	
合计	500	
	$ 20 655	$ 20 655

4.

Expressions 8月份的利润表		
收入		
理发收入		$1 855
营业费用		
租金费用	$500	
工资费用	125	
合计		625
净利润		$1 230

5.

Expressions 8月份的所有者权益表		
8月1日J. Worthy名下的资本		$0
加：所有者投资	$18 000	
净利润	1 230	19 230
		19 230
减：所有者提取		900
8月31日J. Worthy名下的资本		$18 330

6.

Expressions 8月31日的资产负债表			
资产		负债	
现金	$2 330	应付票据	$800
家具	600	所有者权益	
店铺设备	16 200	J. Worthy名下的资本	18 330
资产合计	$19 130	负债和所有者权益合计	$19 130

7a. 借：物料
　　贷：现金

7b. 借：预付保险费
　　贷：现金

7c. 借：现金
　　贷：预收服务费

7d. 借：物料
　　贷：应付账款

小 结

C1 解释会计处理步骤。会计过程能够确认经济交易和事项，分析和记录它们所产生的影响，并将各种信息汇总，为制定决策提供帮助。经济交易和事项是会计过程的出发点。首先，我们要利用原始凭证来分析各种经济交易和事项。然后，再将它们所产生的影响记入日记账。最后，通过过账和编制试算平衡表，将这些信息进行分类汇总。

C2 描述原始凭证及其用途。原始凭证可以用来确认和描述经济交易和事项。如销货发票、支票、订购单、汇票、银行对账单等都是原始凭证。原始凭证能够为我们提供客观可靠的证据，提高信息的有用性。

C3　描述账户及其在记账中的作用。账户是对各种资产、负债、所有者权益、收入和费用的增减变动情况的详细记录。通过对账户中的信息进行分析、汇总，我们可以编制出各种财务报表及其他报表，为决策者提供帮助。

C4　描述总分类账和会计科目表。分类账（或称总分类账）是一个包含企业所使用的全部账户及其余额的记录，也被称为账簿。会计科目表是一张企业所使用的全部账户名称及其编号的列表。

C5　描述借方和贷方的定义及其在复式记账法中的作用。账户的左边表示借方，右边表示贷方。对于资产、费用和所有者提取账户来说，借方表示增加，贷方表示减少。对于负债、所有者名下的资本和收入账户来说，贷方表示增加，借方表示减少。所谓复式记账法就是指每笔交易的发生至少会影响到两个账户，并且至少影响到一个账户的借方和另一个账户的贷方。复式记账法的依据来源于会计等式。对于资产、所有者提取和费用账户而言，账户的左边代表正常余额，但对负债、所有者名下的资本和收入账户而言，账户的右边代表正常余额。

A1　分析经济业务对账户和财务报表的影响。我们运用复式记账原理来分析经济交易。通过确定经济交易对各种账户产生的影响来对交易加以分析。我们还要把这些影响记入日记账，并过入总分类账。

P1　登记日记账与过账。将各项交易事项登入日记账，然后再将各日记账分录逐笔过入总分类账。通过登记日记账和过账，我们可以获得编制财务报表所需要的信息。三栏式账户除了包含借方栏和贷方栏以外，还包含了一个账户余额栏，这种账户已被很多企业广泛使用。

P2　编制试算平衡表并解释其作用。试算平衡表中列出了总分类账中所包含的所有账户，而且各个账户的余额都被列在了试算平衡表相应的借方或贷方栏中。试算平衡表是对总分类账内容的汇总，它的作用是帮助我们编制财务报表，并且能够帮助我们找出记账过程中存在的错误。

P3　根据经济业务编制财务报表。利用试算平衡表，我们可以编制出资产负债表、所有者权益表、利润表、现金流量表（及其他财务报表）。

角色扮演及职业道德参考答案

出纳员　副经理的这一提议可以改善客户服务、缩短结账时间、减少你的工作量。但你应该认真考虑内部控制问题和潜在的欺诈行为。特别需要指出的是，副经理可能会盗窃现金，她只要通过少登记销售额很容易就能做到账实相符。因此，若没有经理的允许，你应该拒绝她（副经理）的建议。而且，你还应该从职业道德角度深入思考副经理这一无视商店政策的建议。

企业家　我们可以使用会计等式（资产＝负债＋所有者权益）来帮助我们判断哪些客户不能作为赊销对象的风险客户。从资产负债表中，能够找到客户的资产总额、负债总额和所有者权益总额。客户的所有者权益总额除以负债总额得到的数值越小，就越不能将其作为赊销对象。企业的所有者权益总额低就意味着债权人对企业的大多数资产都享有求偿权。

快速测试参考答案

1. 销货发票、支票、订购单、客户赊购单、供应商提供的账单、员工工资单和银行对账单等都属于原始凭证。

2. 原始凭证有很多种用途，其中包括记账和内部控制。原始凭证，特别是从经济活动主体外部获得的原始凭证，能够为我们提供客观可靠的有关经济交易及其交易额的证据。

3. a, c, e属于资产类账户，b, d属于负债类账户，所列选项中不存在所有者权益类账户。

4. 账户是对各种资产、负债、所有者权益、收入和费用的增减变动情况的详细记录。总分类账是一个公司所使用的全部账户的集合。

5. 企业规模的大小和业务的多样性会影响企业所需要设立的账户的数量。账户的类型是企业依据自己开展经营活动和编制财务报表的需要而制定的。

6. "借"和"贷"都既可以表示增加也可以表示减少。"借"和"贷"究竟是表示增加还是减少取决于账户的类型。例如，对于资产、所有者提取和费用账户而言，"借"表示增加；但对负债、资本和收入账户而言，"借"却表示减少。

7. 会计科目表是企业所使用的全部账户及其编号的列表。

8. 收入和所有者投资的增加可以增加所有者权益，而费用和所有者提取的发生则会减少所有者权益。

9. 我们之所以把会计制度称为复式记账法是因为：所谓复式记账法就是指每笔交易的发生至少会影响到两个账户，并且至少影响到一个账户的借方和另一个账户的贷方。

10. 答案是 (c)。

11.

现金	15 000	
设备	23 000	
所有著名下的资本		38 000
(所有者用现金和设备进行投资)		

12. 所谓复合会计分录是指有3个或3个以上的账户会受到交易活动影响的分录。

13. 在将分录过入总分类账时，要在日记账中填写过账索引。这样可以起到交叉参考作用，可以帮助会计人员或审计人员顺藤摸瓜找出一笔款项的由来。

14. 至少，我们要在财务报表每一栏的第一个数字和最后一个数字旁边加上美元符号，也可以在将要有增减变化的某一数字旁加上美元符号。

15. 设备账户的余额登记有误，本应该是＄28 000，却被错误地登记成了＄20 000。这个差错导致试算平衡表的借方余额合计少了＄8 000，从而使得借方余额合计和贷方余额合计之间相差了＄8 000。

16. 利润表反映的是企业的收入和费用以及它们所带来的净利润或净损失。所有者权益表反映的是所有者权益的变动情况，其中，净利润或净损失都会引起所有者权益的变化。这两种报表反映的都是企业在某段时期内的经济活动情况。

17. 资产负债表反映的是企业在某一时点上的财务状况（资产、负债和所有者权益）。资产负债表中的资本总额来源于所有者权益表。

18. 收入是指企业通过开展为客户提供产品或劳务等主营业务而产生的资产流入。费用是指企业为了给客户提供产品或劳务而导致的资产流出或耗费。

19. 资产是指企业拥有或控制的预计在未来能够给企业带来一定的经济效益的资源。负债是指（债权人）对资产的求偿权，换句话说，负债是指债务人所承担的向其他个体转让资产或提供产品或劳务的义务。所有者权益是指所有者对企业资产扣除负债之后的余额所享有的求偿权。

关键术语

Account 账户	General ledger 总分类账
Account balance 账户余额	Journal 日记账
Balance column account 三栏式账户	Journalizing 登记日记账
Chart of accounts 会计科目表	Ledger 分类账
Compound journal entry 复合日记账分录	Posting 过账
Credit 贷方	Posting reference (PR) column 过账索引
Creditors 债权人	Source documents 原始凭证
Debtors 债务人	T-account T形账户
Double-entry accounting 复式记账	Trial balance 试算平衡表
General journal 普通日记账	Unearned revenue 预收账款

选择题

1. Amalia公司在收到本期的公用事业收费单之后支付了＄700的公用事业费用。请问该笔业务的分录应该包括以下哪几项？______

a. 贷：公共事业费用 ＄700

b. 借：公共事业费用 ＄700

c. 借：应付账款 ＄700

d. 借：现金 ＄700

e. 贷：资本 ＄700

2. 5月1日，Mattingly草坪护理公司预收了客户未来5个月的草坪护理费＄2 500。请问该笔业务的分录应该包括以下哪项？______

a. 贷：预收草坪护理费 ＄2 500

b. 借：草坪护理费收入 ＄2 500

c. 贷：现金 ＄2 500

d. 借：预收草坪护理费 ＄2 500

e. 贷：资本 ＄2 500

3. 为成立淑娥咨询公司，梁淑娥投入了＄250 000现金和一块价值＄500 000的土地。请问淑娥咨询公司应该如何为这笔业务编写分录？______

a. 借：现金资产 ＄750 000
　　贷：梁淑娥名下的资本 ＄750 000

b. 借：梁淑娥名下的资本 ＄750 000
　　贷：资产 ＄750 000

c. 借：现金 ＄250 000
　　　土地 ＄500 000
　　贷：梁淑娥名下的资本 ＄750 000

d. 借：梁淑娥名下的资本 ＄750 000
　　贷：现金 ＄250 000
　　　　土地 ＄500 000

4. 年底编制的试算平衡表显示：贷方余额合计比借方余额合计多出了＄765。请问这一误差可能是由下列哪种原因引起的？______

a. 在普通日记账中，应付账款增加＄765被错记成了应付账款减少＄765。

b. 总分类账中的应付账款余额为＄7 650，而试算平衡表中错登成了＄765。

c. 在普通日记账中，应收账款增加＄765被错记成了现金增加＄765。

d. 总分类账中的应收账款余额为＄850，而试算平衡表中错登成了＄85。

e. 错将现金增加＄765 记入了贷方栏。

讨论题

1. 请列举出（a）两个资产账户；（b）两个负债账户；（c）两个权益账户。

2. 应付票据和应付账款的区别是什么？

3. 请阐述交易处理过程的步骤。

4. 什么样的交易活动可以被记录在普通日记账中？

5. 一般日记账中通常借方还是贷方在先，借方和贷方是上下对齐的吗？

6. 如果资产是有价值的资源，资产账户借方有余额，那么为什么费用账户也有借方余额呢？

7. 一项交易应该先记录在日记账中还是先记录在分类账中？为什么？

8. 为什么需要编制试算平衡表？

9. 如果一个错误的数额被记录并过账到账户中，我们应该怎样改正这个错误？

10. 介绍企业的四个财务报表。

11. 利润表中都反映了哪些信息？

12. 为什么利润表的使用者需要知道利润表所涵盖的时间跨度？

13. 资产负债表中反映了哪些信息？

14. 请给出（a）资产，（b）负债，（c）权益和（d）净资产的定义。

15. 有时被称作财务状况表的是四张报表中的哪一个？

快速学习

QS2-1 请指出下列哪些项目可作为原始凭证。

a. 试算平衡表

b. 电话账单

c. 销货发票

d. 利润表

e. 公司收入账户

f. 供应商开具的支票

g. 预付保险费

h. 银行对账单

i. 资产负债表

QS2-2 请指出下列项目分别出现在哪一种报表中。I 为利润表，E 为所有者权益表，B 为资产负债表。

a. 服务的佣金收入

b. 所有者提取

c. 办公设备

d. 应付账款

e. 现金

f. 其他费用

g. 办公用品

h. 预付租金

i. 预收劳务收入

QS2-3 请指出下列账户的正常余额（借方还是贷方）。

a. 办公用品

b. 所有者提取

c. 劳务收入

d. 工资费用

e. 现金

f. 预付保险费

g. 应付工资

h. 建筑物

i. 所有者名下的资本

QS2-4 请指出下列账户的正常余额减少是由于借方还是贷方引起的。

a. 维修服务收入

b. 应付利息

c. 应收账款

d. 工资费用

e. 所有者名下的资本

f. 预付保险费

g. 建筑

h. 利息收入

i. 所有者提取

j. 预收账款

k. 应付账款

l. 办公用品

QS2-5 请指出下列账户的变化是借方还是贷方引起的。

a. 增加土地

b. 减少现金

c. 增加公用事业费用

d. 增加劳务收入

e. 减少预收账款

f. 减少预付保险费

g. 增加应付票据

h. 减少应收账款

i. 增加所有者名下的资本

j. 增加店铺设备

QS2-6 为下列每一项交易编制日记账分录。

a. 1月13日，DeShawn Tyler 以现金＄80 000和价值＄30 000的设备为资本开办了一家名为 Elegant Lawns 的园艺公司。

b. 1月21日，该公司赊购办公用品＄820。

c. 1月29日，该公司收到现金＄8 700作为进行园艺服务所得的劳务费。

d. 1月30日，该公司提前从客户处收到提供园艺服务的服务费现金＄4 000。

QS2-7 一个试算平衡表中，借方总余额为＄20 000，贷方总余额为＄24 500。请指出下面哪一错误可导致这种不平衡？并解释。

a. 日记账中，一项应登记在贷方的＄2 250的咨询收入错误地被登记在借方，而此时账户“咨询收入”的贷方余额为＄6 300。

b. 日记账中，一项应登记在借方的＄4 500的工资费用被错误地登记在贷方，而此时账户“工资费用”的借方余额为＄750。

c. 日记账中，一项应登记在借方的＄2 250的租金费用被错误地登记在贷方，而此时账户“租金费用”的借方余额为＄3 000。

d. 一项应登记在“应收账款”借方的＄2 250被错误地登记在了“现金”账户下。

e. 一项应登记在“设备”借方的＄4 500被错误地登记在了“物料”下。

f. 一项借入现金并开具了金额为＄4 500的应付票据没有被过账。

QS2-8 请指出下列项目分别出现在哪一类财务报表中。I为利润表，E为所有者权益表，B为资产负债表。

a. 租金收入

b. 保险费用

c. 劳务收入

d. 应付利息

e. 应收账款

f. 工资费用

g. 设备

h. 预付保险费

i. 建筑

j. 利息收入

k. 所有者提取

l. 办公用品

练习题

Exercise2-1 请分别（1）指出下列账户哪些属于资产、负债、权益、收入或费用，（2）将可增加账户余额的科目分别登记在借方或贷方，（3）指出账户的正常余额。

a. 所有者名下的资本

b. 应收账款

c. 所有者提取

d. 现金

e. 设备

f. 劳务收入

g. 工资费用

h. 预收账款

i. 应付账款

j. 邮寄费用

k. 预付保险费

l. 土地

Exercise2-2　分别根据下列各小题的不同信息计算未知数额。

a. 10月份，Alcorn公司收到现金＄104 750，支出现金＄101 607，10月31日“现金”账户的余额为＄17 609。试计算该公司9月30日的期末余额为多少。

b. 9月30日，Mordish公司的“应收账款”账户余额为＄83 250。10月份，公司收到了客户支付的应收款项＄75 924。10月31日“应收账款”的账户余额为＄85 830。试计算10月份所发生的销售额。

c. Strong公司9月30日和10月31日的“应付账款”余额分别为＄148 000和＄137 492。10月份的总购买数额为＄271 876。试计算10月份用现金支付的应付账款的数额为多少。

Exercise2-3　Nology公司向客户为已提供的服务开具了一张＄65 000的账单，并同意下面三项内容全额付款：(1) 现金＄12 000，(2) 价值＄90 000的计算机设备，(3) 确认一张与计算机设备相关的＄37 000的应付票据的支付责任。Nology公司对这笔交易的记录是下面的哪一项或哪几项？

a. 负债账户增加＄37 000

b. 现金账户增加＄12 000

c. 收入账户增加＄12 000

d. 资产账户增加＄65 000

e. 收入账户增加＄65 000

f. 权益账户增加＄37 000

Exercise2-4　请根据下列交易为一家名为Special Pics的新公司登记普通日记账分录。

8月1日，所有者Madison向公司投入现金＄14 250和价值＄61 275的照相设备。

2日，公司为接下来24个月支付现金＄3 300的保险费。

5日，公司用现金＄2 707购买了办公用品。

20日，公司收到了照相的佣金收入现金＄3 250。

31日，公司支付了8月份的公用事业费现金＄871。

Exercise2-5　根据上题的资料编制Special Pics公司8月31日的试算平衡表。可用到的T形账户有：现金、办公用品、预付保险费、照相设备、M. Harris名下的资本、照相的佣金收入和公用事业费用。然后，将普通日记账中的项目过账到T形账户中（这些将作为分类账），并编制试算平衡表。

Exercise2-6　记录Amena公司所发生的下列交易，并直接记录在下列T形账户的借方和贷方。T形账户：现金、应收账款、办公用品、办公设备、应付账款、S. Amena名下的资本、S. Amena提取、劳务收入、租金费用。用每项交易前的字母代表各项交易，并计算每一T形账户的期末余额为多少。

a. 所有者Sergey Amena向公司投资现金＄14 000。

b. 公司购买办公用品花掉现金＄406。

c. 公司赊购价值＄7 742的办公设备。

d. 公司收到了向客户提供服务赚取的服务费现金＄1 652。

e. 公司为交易c中购买设备发生的应付款项支付现金＄7 742。

f. 公司为已提供的服务向客户开具了一张＄2 968的服务费账单。

g. 公司支付月租金现金＄510。

h. 公司收回交易f中发生的部分应收账款，现金＄1 246。

i. S. Amena从公司提取了现金＄1 200作为私人用途。

Exercise2-7　在记录了上题T形账户中的交易并算出了每一账户的余额后，编制一张试算平衡表，表的日期为2009年5月31日。

Exercise2-8　阅读下列交易并指出Thomas服务公司的哪些交易产生了费用。编制普通日记账分录记录那些交易发生的费用，并说明为什么其他交易没有产生费用。

a. 公司为购买了一年以上的办公用品支付现

金＄12 200。

b. 公司为接待员支付了正好两周的工资现金＄1 233。

c. 公司为购买的设备支付现金＄39 200。

d. 公司为本月的公用事业费支付现金＄870。

e. 所有者（Thomas）从公司提取了现金＄4 500作为私人用途。

Exercise2-9 10月1日，Diondre Shabazz组建了一家名为Tech Talk的咨询公司。10月31日，公司的记录如下。请根据下列信息编制公司10月的利润表。

现金	＄12 614	D. Shabazz 提取	＄2 000
应收账款	25 648	赚取的咨询费	25 620
办公用品	4 903	租金费用	6 859
土地	69 388	工资费用	12 405
办公设备	27 147	电话费	560
应付账款	12 070	其他费用	280
D. Shabazz 名下的资本	124 114		

Exercise2-10 请根据上题中的信息编制一张Tech Talk公司10月份的所有者权益表。（所有者为创办公司投入＄124 114。）

Exercise2-11 根据exercise2-9中的信息编制一张Tech Talk 10月31日的资产负债表。（如果已完成2-10，也可根据2-10中的答案去解答2-11。）

Exercise2-12 一家公司近一年的年初和年末的资产和负债的金额如下：

	资产	负债
年初	＄131 000	＄56 159
年末	180 000	72 900

试计算下列各种情况下本年的净收入或净损失。

a. 本年度所有者没有进行任何投资也没有从公司提取任何资本。

b. 本年度所有者没有进行任何投资但每月从公司提取＄650作为私人用途。

c. 本年度所有者没有提取任何资本但所有者追加了现金＄45 000作为投资资本。

d. 所有者每月提取＄650作为私人用途，同时追加了现金＄25 000作为投资资本。

Exercise2-13

试计算下列公司（a）～（d）各缺失的金额。

	(a)	(b)	(c)	(d)
2008年12月31日的权益	＄0	＄0	＄0	＄0
年度内所有者投资	112 500	?	85 347	201 871
年度内所有者提取	?	(51 000)	(8 000)	(53 000)
本年的净利润（或净损失）	27 000	78 000	(6 000)	?
2009年12月31日的权益	94 500	91 665	?	101 871

Exercise2-14 假设下列T形账户反映了Belle公司的总分类账，并假设（a）～（g）的七项交易已过账。请根据这些信息对每一交易做一个简短的描述并在描述中使用下列数据。

现金

(a) 12 000	(b) 4 800
(e) 9 000	(c) 2 000
	(f) 4 600
	(g) 820

办公用品

(c) 2 000	
(d) 300	

预付保险费

(b) 4 800	

汽车

(a) 24 000	

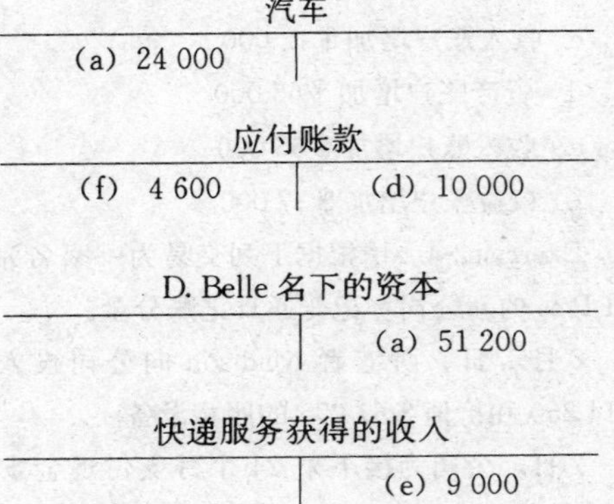

应付账款

(f) 4 600	(d) 10 000

D. Belle名下的资本

	(a) 51 200

快递服务获得的收入

	(e) 9 000

设备	
(a) 15 200	
(d) 9 700	

天然气和燃油费	
(g) 820	

Exercise2-15　根据 2-14 的信息，编制（a）～（g）七项交易各自的普通日记账分录。

Exercise2-16　下表中是一些过账中发生的错误。在（1）栏中，填入由于过账中发生的错误所导致的借方和贷方之间的差额。（2）栏中，如果借贷不相等，请列出试算平衡中借或贷数额较大的一方。在（3）栏中，列出受错误影响的账户。在（4）栏中，指出（3）中被高估或低估的具体金额。可参照（a）完成。

	过账中发生的错误	（1）借贷间的差额	（2）借或贷金额较大的一方	（3）被错记的账户	（4）被高估或低估的金额
a.	租金借方 $ 1 870 过账时被记为借方 $ 1 780	$ 90	贷方	租金	租金被低估 $ 90
b.	现金账户贷方 $ 3 560 过账时重复登记一次				
c.	所有者提取账户借方 $ 7 120 过账时记在了所有者资本账户的借方				
d.	预付保险费账户借方 $ 1 630 过账时记在了保险费用账户的借方				
e.	机器账户借方 $ 31 150 过账时记在了应付账款账户的借方				
f.	服务费收入贷方 $ 4 460 过账时记为贷方 $ 446				
g.	店铺用品借方 $ 820 没有过账				

综合题

Problem2-1A　Lancet 公司六月份进行了如下交易。

a. 所有者 Jenna Lancet 以现金 $ 195 000，价值 $ 8 200 的办公设备和价值 $ 80 000 的绘图设备为资本，投资创办了该公司。

b. 公司购买了一块价值 $ 52 000 的土地作为办公室，其中，支付现金 $ 8 900，并签发了一张长期应付票据 $ 43 100。

c. 公司用现金 $ 55 000 购买了一个便携式建筑，并将其移入 b 中刚买的土地上。

d. 公司为一张 18 个月的保险费账单支付了现金 $ 2 300。

e. 公司为一个客户制定了一系列计划，由此获得了服务费现金 $ 6 600。

f. 公司又购买了一个价值 $ 24 000 的绘图设备，其中，支付现金 $ 9 600，并签发了一张 $ 14 400 的长期应付票据。

g. 公司为一个客户完成了一项工程费为 $ 14 500 的服务。该款项预计在 30 天内收回。

h. 公司又赊购了价值 $ 1 100 的办公设备。

i. 公司完成了一项工程费为 $ 23 000 的服务，款项未付。

j. 公司收到了最近一项工作中所租用的设备的账单。租金为 $ 1 410，要求在 30 天内付款。

k. 公司收到了交易 g 中部分应收账款现金 $ 8 000。

l. 公司为一个绘图助理支付了工资现金＄2 500。

m. 公司为交易 h 中的应付账款支付现金＄1 100。

n. 公司支付了现金＄970 的绘图设备的维护费。

o. J. Lancet 从公司提取了现金＄10 450 作为私人用途。

p. 公司为一个绘图助理支付了工资现金＄2 000。

q. 6 月份，公司支付给当地的一家报社广告费现金＄2 400。

要求：

1. 编制普通日记账分录记录这些交易事项（使用 2. 中列举的会计账户）。

2. 登记下列分类账户——账户编号是圆括号内的数字（使用三栏式记账）：现金（101）；应收账款（106）；预付保险费（108）；办公设备（163）；绘图设备（164）；建筑物（170）；土地（172）；应付账款（201）；应付票据（250）；J. Lancet 名下的资本（301）；J. Lancet 提取（302）；赚取的工程费（402）；工资（601）；设备租赁费（602）；广告费（603）；维修费（604）。将日记账分录从 1. 过账到会计账户中，并填入相应的余额。

3. 编制一张 6 月份的试算平衡表。

第3章

账项调整与财务报表编制

- 会计分期与会计报告
- 账项调整
- 编制财务报表

学习目标

CAP

概念（Conceptual）
- C1　定期报告的重要性和会计分期假设
- C2　权责发生制及其对财务报表的作用
- C3　账项调整的类型及其目的

分析（Analytical）
- A1　解释会计调整与财务报表之间的联系

程序（Procedural）
- P1　编制和解释调整分录
- P2　解释和编制调整后的试算平衡表
- P3　根据调整后的试算平衡表编制财务报表

本章预览

财务报表反映的是已经取得的收入和已经发生的费用，这就是所谓的权责发生制会计（accrual accounting），第 2 章里已经有所关注。我们已经介绍了企业如何利用会计系统来收集有关外部交易和事项的信息。另外还介绍了日记账、总分类账及其他工具在编制财务报表中所发挥的作用。本章将讨论如何利用会计过程收集有关内部交易和事项的信息。其中一个重要的步骤就是账项调整，以保证报告期末各种财务报表能够反映全部经济业务所产生的影响。随后，还将介绍编制财务报表的几个重要步骤。

账项调整与财务报表编制

会计分期与会计报告
- 会计期间
- 权责发生制和收付实现制
- 收入和费用的确认

账项调整
- 待摊费用
- 预收账款
- 预提费用
- 应计收益
- 调整后的试算平衡表

编制财务报表
- 利润表
- 所有者权益表
- 资产负债表

会计分期与会计报告

本节将介绍定期会计报告的重要性及其对收入和费用确认过程的影响。

□ 会计期间

信息价值与其时效性密切相关。能够频繁、及时地送到决策者手中的信息才能算是有用的信息。为了能够及时提供信息，会计系统需要定期编制报表。因此，会计系统要受会计分期假设的影响。会计分期假设（time period assumption）假设会计主体的活动可以划分成特定的期间，比如一个月、一个季度、半年或一年。图表 3.1 给出了各种各样的**会计或报告期间**（accounting or reporting periods）。大多数会计主体把一年作为它们基本的会计期间。报告期为一年的会计报告被称为**年度财务报表**（annual financial statements）。很多会计主体还会编制报告期为一个月、一个季度或半年的**中期财务报表**（interim financial statements）。

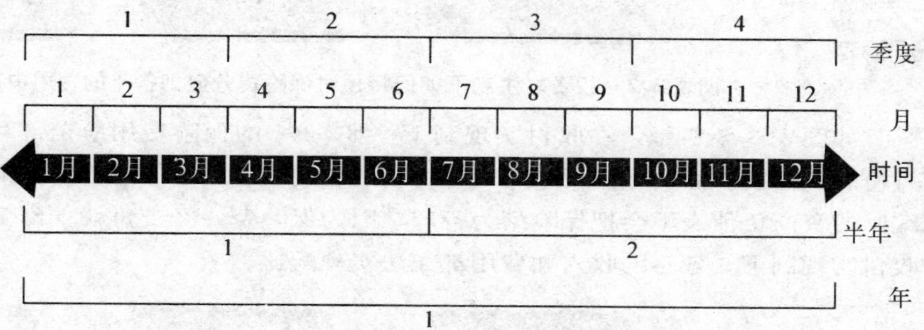

图表 3.1　会计期间

年度报告期间不一定都是以 12 月 31 日为截止日期的日历年度。会计主体可以选择任意连续的 12 个月作为一个**会计年度**（fiscal year），也可以采用 52 周作为其年度报告期间。例如，Gap 公司的会计年度就是以每年 1 月份的最后一周或 2 月份的第一周作为截止日期。

销售量不存在太大的季节差异的企业一般选择日历年度作为其会计年度。例如，Marvel Enterprise 公司（掌握着蜘蛛侠、X 战警和尚琦等经典电影人物版权的公司）的财务报表就是以 12 月 31 日作为其会计年度的截止日期。销售量存在较大季节差异的企业通常选择**自然营业年度**（natural business year）作为其报告期间，即以企业销售活动达到最低潮的时间作为报告期末。沃尔玛（Wal-mart）、塔吉特（Target）、梅西百货（Macy's）等零售商的自然营业年度都是以假期过后的 1 月 31 日作为截止日期。

□ 权责发生制和收付实现制

记录完外部交易和事项之后，某些账户的余额在编进财务报表之前还需要进行调整。之所以需要调整是因为我们还没有记录内部交易和事项。**权责发生制会计**（accrual basis accounting）使用账项调整来确认已经取得的收入和已经发生的费用（并将收入和费用进行配比）。

收付实现制会计（cash basis accounting）在收到现金时确认收入，在支出现金时确认费用。这就意味着在收付实现制下，一段期间的净利润即为现金收入与现金支出之间的差额。收付实现制会计不符合公认会计原则。

人们普遍认为：权责发生制会计比收付实现制会计能更好地反映会计主体的经营状况。权责发生制会计还增加了不同时期财务报表之间的可比性。但收付实现制会计对某些业务决策非常有用，因此企业才必须要编制现金流量表。

我们以 FastForward 公司的预付保险费账户为例，来看一看这两种会计制度之间的差别。FastForward 公司花＄2 400 购买了一份从 2009 年 12 月 1 日开始生效且有效期为两年的保险，按照权责发生制会计的要求，其中＄100 的保险费应列入 12 月份的利润表，另外＄1 200 应列入 2010 年的利润表，而剩下的＄1 100 则应列为 2011 年前 11 个月的费用。图表 3.2 给出了保险费在这 3 年之间的分配情况。

图表 3.2 权责发生制下如何将预付保险费分摊到各年的费用中

如图表 3.3 所示，在收付实现制下，＄2 400 的保险费用应全部列入 2009 年 12 月份的利润表。而 2010 年和 2011 年的利润表则没有列示保险费用。根据收付实现制编制的资产负债表不会把保险列为资产，因为保险费一经支付就立刻变成了费用。在收付实现制下，各年的收入和费用都无法实现配比。

图表 3.3 收付实现制下如何将预付保险费分摊到各年的费用中

□ 收入和费用的确认

我们使用会计分期假设将企业活动划分成特定的时间段，但在编制会计报表时，并非所有的活动都已完成。因此，为了得到正确的账户余额，需要对账项进行调整。

在调整过程中，要遵循两个原则：收入确认原则和配比原则。在第 1 章中，我们已经介绍过收入确认原则。收入确认原则的要求就是：收入应该在取得时进行确认，而不是在取得之前或之后进行确认。对于大多数企业来说，在它们向客户提供产品和服务的时候就可以取得收入。调整过程的主要目的就是让收入在取得的时候得到确认。**配比原则**（matching principle）的目的就是要将费用和它们所带来的收入记入同一个会计期间。将费用与它们所带来的收入相配比是调整过程的一个主要组成部分。

要想将收入和费用相配比，往往需要对一些事项进行预测。在使用财务报表时，必须明白一件事情，那就是：在编制财务报表的过程当中，我们需要对某些事项进行估算，因此报表中的某些数据可能不是很精确。迪士尼公司（Walt Disney）的年度财务报表解释说与它的电影（如《加勒比海盗》）制作成本相配比的收入是一个估算值，它是根据当期收入与预期总收入之间的比率计算出来的。

快速测试

1. 请描述公司年度报告期间。
2. 企业为什么编制中期财务报表？
3. 账项调整过程要遵循哪两个原则？
4. 收付实现制会计符合配比原则吗？请阐述理由。
5. 如果你的公司在 2009 年 4 月 1 日花＄4 800 购买了一份有效期为两年的保险，那么根据收付实现制，你的公司 2010 年的财务报表中所列示的保险费用是多少？

账项调整

账项调整包括三个步骤：

第一步，确定当前账户余额；

第二步，确定当前账户余额应该是多少；

第三步，编制调整分录。

账项调整的类型

对于跨期进行的交易和事项，账项调整是必不可少的一个步骤。按照收到或支付现金的时间与确认相关收入或费用的时间之间的先后关系对账项调整进行分类，对我们是很有帮助的。图表 3.4 给出了账项调整的四种类型。

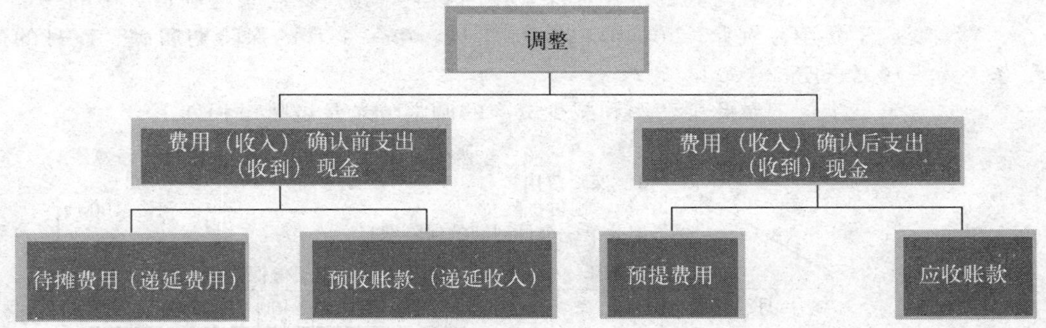

图表 **3.4**　账项调整的类型

图的左边给出的是待摊费用（包括折旧）和预收账款，它们反映的是在相关费用或收入确认之前就已经完成现金收支的交易。我们也把它们称为递延事项（deferrals），因为在这些交易中，必须等到支付完或收到相关的现金之后才能确认费用（或收入）。图的右边给出的是预提费用和应收账款，它们反映的是在相关费用或收入确认之后才实现现金收支的交易。在上述各种情形中，都需要编制调整分录，这样才能确保财务报表能够如实地反映收入、费用、资产和负债情况。记住，每笔调整分录都会影响一个或多个利润表账户和一个或多个资产负债表账户（但不是现金账户）。

待摊（递延）费用

待摊费用（prepaid expenses）是指在获取收益之前预先支付的费用。待摊费用属于资产项目。这些资产在使用之后，它们的成本才能转变成费用（其中涉及了时间的推移）。如图表 3.5 中的 T 形账户所示，待摊费用的调整分录需要增加费用，减少资产。这些调整反映了使用待摊费用的交易和事项。本节中，我们将以预付保险费、物料和折旧为例来说明待摊费用的调整方法。

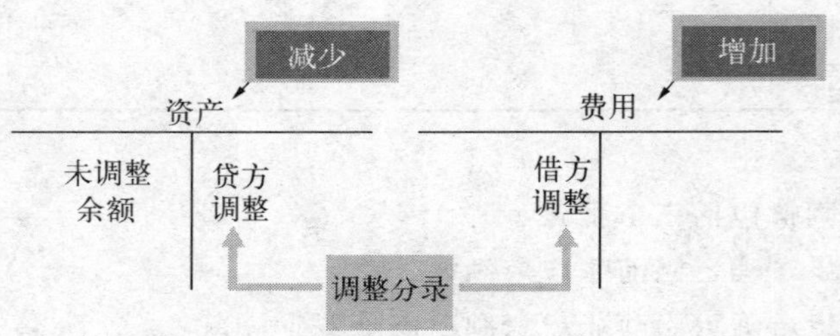

图表 **3.5** 待摊费用的调整

预付保险费

我们遵循账项调整的三个步骤来调整这笔业务和其他所有业务。

第一步：FastForward 公司花 ＄2 400 购买了一份从 2009 年 12 月 1 日开始生效且有效期为两年的保险。由此，我们确定当前 FastForward 公司的预付保险费的账户余额为 ＄2 400。

第二步：随着时间的推移，保险逐渐到期，预付保险费这项资产中的一部分也慢慢变成了费用。例如，2009 年 12 月 31 日，第一个月的保险期届满。该月的保险费为 ＄100，即 ＄2 400 的 1/24。

第三步：记录此项费用和减少资产的调整分录及过账过程如下：

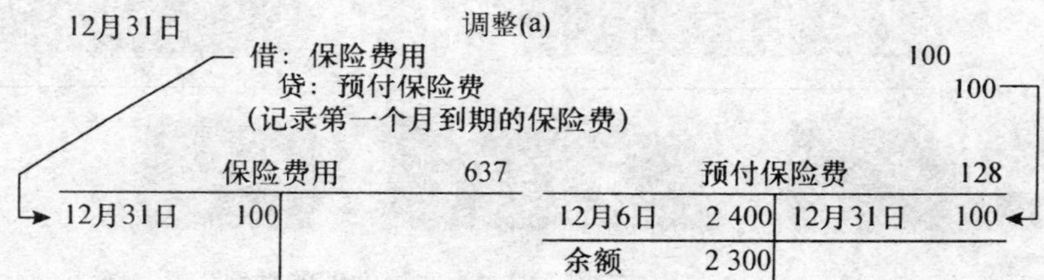

说明：调整和过账之后，保险费用账户余额为 ＄100，预付保险费账户余额为 ＄2 300，这些数字都可以列示在财务报表中。如果在 12 月 31 日或 12 月 31 日之前不进行调整，那么：（1）在 12 月份的利润表中，费用就少记了 ＄100，而净利润则多记了 ＄100；（2）在 12 月 31 日的资产负债表中，预付保险费（资产）和所有者权益（因为多记了净利润）都将多记 ＄100。从图表 3.2 中，我们还可以看出：2010 年的调整分录将把 ＄1 200 从预付保险费账户转到保险费用账户，而 2011 年的调整分录将把剩下的 ＄1 100 转到保险费用账户。下表列示了 12 月 31 日预付保险费的调整过程。

调整前	调整	调整后
预付保险费＝＄2 400	预付保险费减少 ＄100，保险费用增加 ＄100	预付保险费＝＄2 300
（购买了一份有效期两年的保险）	（记录当前月份的保险费用增加 ＄100，预付余额减少 ＄100）	（保险范围为 23 个月的保险费 ＄2 300）

物料

物料也是需要调整的待摊费用。

第一步：FastForward 公司 12 月份购买了价值为 ＄9 720 的物料，并且当月就消耗掉了一部分。在12月31日编制财务报表时，我们必须把12月份消耗掉的物料成本确认为费用。

第二步：FastForward公司在12月31日（通过盘库）计算未使用的物料时发现：在当初购进的价值为＄9 720的物料中只剩下＄8 670的物料尚未使用。＄9 720与＄8 670之间＄1 050的差额就是12月份耗费掉的物料费用。

第三步：记录此项费用和减少物料资产的调整分录及过账过程如下：

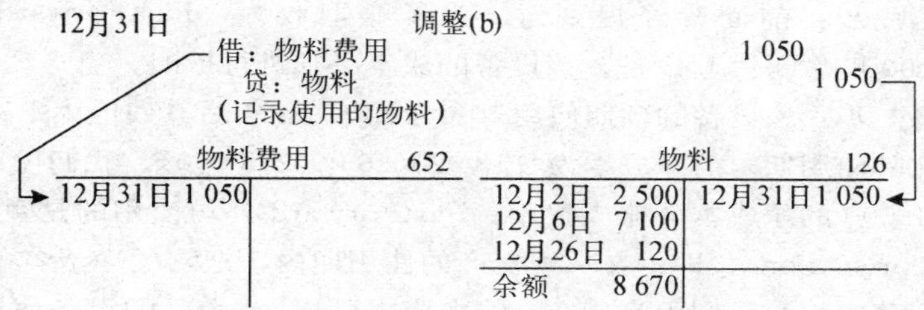

说明：过账之后，物料账户余额为＄8 670，等于剩余物料的成本。如果在12月31日或12月31日之前不进行调整，那么：(1)在12月份的利润表中，费用就少记了＄1 050，而净利润则多记了＄1 050；(2)在12月31日的资产负债表中，物料和所有者权益（因为多记了净利润）都将多记＄1 050。下表列示了物料的调整过程。

调整前	调整	调整后
物料＝＄9 720	物料余额减少＄1 050，物料费用增加＄1 050	物料＝＄8 670
(物料余额为＄9 720)	(使用物料＄1 050，物料费用增加＄1 050)	(物料余额＄8 670)

其他待摊费用

预付租金等其他待摊费用的调整方法与预付保险费和物料的处理方法相同。另外，我们还要注意：有些待摊费用的支付和耗用都是在一个会计期间内完成的。例如，公司在每个月的第一天支付当月的租金，这就是一个典型的例子。此项支出在每个月的第一天形成待摊费用，等到月末的时候，这些待摊费用又会被耗用殆尽。在这些特殊情况下，可以把支付的现金直接记入费用账户的借方，而不是记入资产账户的借方。在本章后面的内容中，我们还将详细讨论这种会计处理方法。

角色扮演　**投资者**

一个小型出版公司与一位著名的运动员签订了一份出书合同。出版公司向该运动员支付了＄500 000作为签约费和该书未来的版税。出版公司财务报表的注释中解释说："待摊费用中包括＄500 000的作者签约费，此项费用要与未来的预期销售收入相配比。"签约费的这种会计处理方法正确吗？这种处理方法会对你的分析产生怎样的影响？

折旧

厂房设备资产（plant assets）是一种特殊的待摊费用。所谓厂房设备资产是指用来生产和销售产品和服务的长期有形资产。厂房设备资产的收益期一般为多个时期。房屋、机器、车辆和固定设备等都属于厂房设备资产。除土地以外的厂房设备资产都会被逐渐磨损，其使用价值也会逐渐降低。因此，在这些资产的使用过程中，要把它们的成本逐渐转记成费用列示在利润表中。**折旧**（depreciation）就是将这些资产的成本分摊到各个预期使用期中去的过程。记录折旧费用需要使用与其他待摊费用类似的调整分录。

第一步：前面曾经提到过，为了赚取收入，FastForward 公司于 12 月初花 $ 26 000 购置了一套设备。该设备的成本必须进行折旧。

第二步：该设备的预期使用寿命为 4 年，4 年后其残值为 $ 8 000。也就是说，该设备在其使用期内的净成本为 $ 18 000(26 000－8 000)。我们可以使用很多种方法将这 $ 18 000 的净成本分摊成费用。FastForward 公司使用的是**直线折旧法**（straight-line depreciation），即：在一项资产的使用期内，把它的净成本平均分摊到各个时期的折旧费中去。我们用 $ 18 000 的净成本除以 48 个月的设备使用期，就可以得出每个月的平均成本为 $ 375(18 000/48)。

第三步：记录每个月的折旧费用的调整分录及过账过程如下：

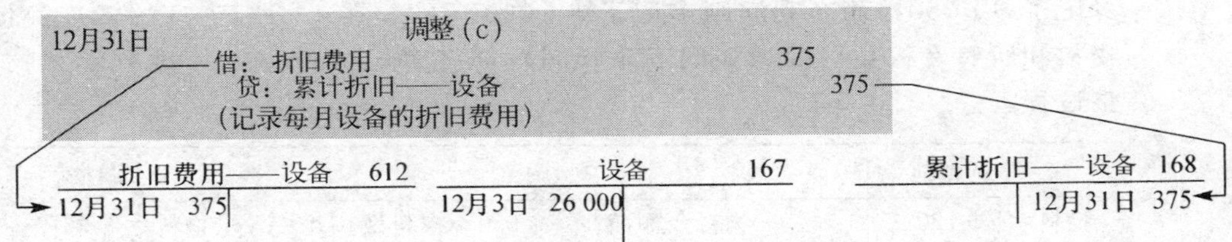

说明：调整和过账之后，设备账户余额（$ 26 000）减去累计折旧账户余额（$ 375）等于 $ 25 625，这就是余下的 47 个月要分摊的设备净成本。折旧费用账户余额为 $ 375，我们要把它列示在 12 月份的利润表中。如果在 12 月 31 日不进行调整，那么：（1）在 12 月份的利润表中，费用就少记了 $ 375，而净利润则多记了 $ 375；（2）在 12 月 31 日的资产负债表中，资产和所有者权益（因为多记了净利润）都将多记 $ 375。下表列示了折旧的调整过程。

调整前	调整	调整后
设备(净资产)＝$ 26 000	设备（净资产）账户减少 $ 375，折旧费用增加 $ 375	设备（净资产）＝$ 25 625
（设备的余额为 $ 26 000）	（记录折旧费用 $ 375，累计折旧——设备减少 $ 375）	（减去累计折旧后的设备（净资产）为 $ 25 625）

我们将累计折旧记在一个单独的备抵账户中。**备抵账户**（contra account）是一种为了抵减其他账户余额而设立的账户，它与另一个账户存在关联且二者的正常余额方向正好相反。例如，FastForward 公司的“累计折旧——设备”账户就是一个备抵账户，在资产负债表中，该账户的余额要从“设备”账户的余额中扣除（参见图表 3.7）。备抵账户使得看资产负债表的人既能了解资产的总成本，又能了解资产的总折旧额。（注：成本原则要求我们必须按照资产的购买价格入账。因为要进行折旧，所以资产的账面价值将随着时间的推移而不断减少。）

备抵账户的名称为“累计折旧”，这表明：该账户包含了以前各期资产的全部折旧费用。例如，图表 3.6 给出了 2010 年 2 月 28 日，在经过了 3 个月的调整之后的设备账户和累计折旧账户。累计折旧账户的余额为 \$1 125，这笔金额要从相关的资产成本 \$26 000 中予以扣除。二者之间的差额为 \$24 875，这就是还没有折旧的资产成本。这个差额就叫做账面价值（book value）或净额（net amount），它等于资产成本减去累计折旧。

设备		167
12 月 3 日	2 600	

累计折旧——设备		168
	12 月 31 日	375
	1 月 31 日	375
	2 月 28 日	375
	余额	1 125

图表 3.6　经过 3 个月的折旧调整后的账户

这些账户的余额都列示在了图表 3.7 FastForward 公司 2 月 28 日的资产负债表的资产项目中。

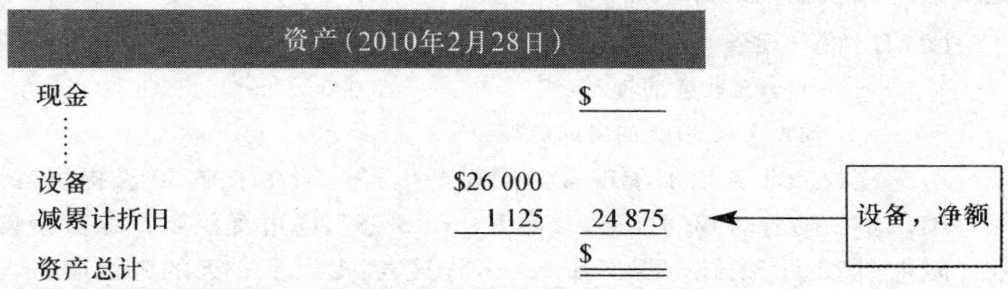

图表 3.7　2 月 28 日资产负债表中的设备和累计折旧

角色扮演　**企业家**

你打算购买一家家族经营的餐馆，现在你正在准备报价单。该餐馆的房屋设备折旧表显示：餐馆的资产总成本为 \$175 000，累计折旧为 \$155 000，因此餐馆的房屋设备的净值为 \$20 000。这些信息对你决定购买报价有帮助吗？

□ 预收账款（递延收入）

预收账款（unearned revenues）是指在提供产品和服务之前收到的现金。预收账款也叫递延收入（deferred revenues），属于负债项目。会计主体在收到现金的同时，也承担起了提供产品或服务的义务。在提供完产品或服务之后，预收账款就变成了营业收入。如图表 3.8 所示，预收账款的调整分录涉及收入的增加和预收账款的减少。

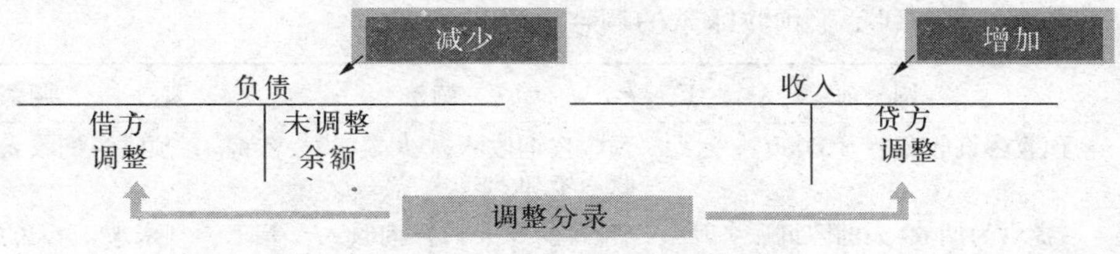

图表 3.8　预收账款的调整

让我们以《纽约时报》公司为例来看一看预收账款的调整方法。《纽约时报》公司的预收报纸订阅费有近 8 000 万美元。“在读者订阅报纸的时候，我们把报纸订阅费记入预收账款账户；在报纸订阅期内，我们要按照一定的比例不断地将预收报纸订阅费确认为收入。”预收账款几乎占到了《纽约时报》公司流动负债的 10%。波士顿凯尔特人队（Boston Celtics）也是一个很好的例子。凯尔特人队在收到预售票款和转播费时，会把它们记入“递延比赛收入”这一预收账款账户。每进行完一场比赛，凯尔特人队就编制一条调整分录，将一部分预收账款确认为收入。因为美国职业篮球赛（NBA）的正常赛季都是从 10 月份开始，到 4 月份结束，所以凯尔特人队也主要是在这段时期确认自己的收入。最近一个赛季，凯尔特人队第三季度的收入为 0，第四季度的收入为 3 400 万美元，第一季度的收入为 4 800 万美元，第二季度的收入为 1 700 万美元。

FastForward 公司也有预收账款。12 月 26 日，FastForward 公司承诺，只要客户支付 $ 3 000，公司就可以为客户提供两个月的咨询服务。

第一步：12 月 26 日，客户预付了从 12 月 27 日到 2 月 24 日这 60 天的咨询费。记录该笔预收款项的分录如下：

				资产＝负债＋所有者权益
12 月 26 日	借：现金	3 000		
	贷：预收咨询收入		3 000	＋3 000　＋3 000
	（预收未来 60 天的咨询费）			

这笔预收款业务增加了现金，同时产生了一项在未来 60 天提供咨询服务的义务。

第二步：随着时间的推移，FastForward 公司通过提供咨询服务慢慢实现了这笔收入。截止到 12 月 31 日，FastForward 公司已经提供了 5 天的咨询服务，也已经实现了 $ 3 000 的 5/60，即 $ 250 的收入。收入确认原则（revenue recognition principle）要求必须把这 $ 250 的预收账款作为收入列示在 FastForward 公司 12 月份的利润表上。

第三步：减少负债、确认营业收入的调整分录和过账过程如下：

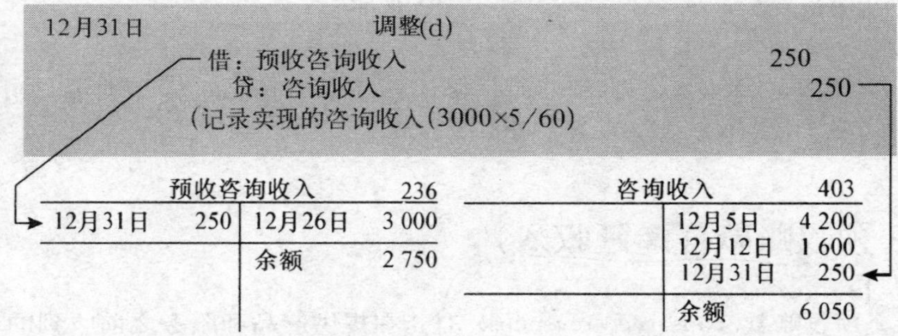

说明：调整分录将 $ 250 从预收账款账户（负债类账户）转入了收入账户。如果不进行这项调整，那么：(1) 在 12 月份的利润表中，收入和净利润都将少记 $ 250；(2) 在 12 月 31 日的资产负债表，预收账款就多记了 $ 250，所有者权益则少记了 $ 250。下表列示了预收账款的调整过程。

调整前	调整	调整后
预收咨询收入＝$ 3 000	预收咨询收入减少 $ 250，咨询收入增加 $ 250	预收咨询收入＝$ 2 750
（提供为期 60 天的咨询服务所获得的预收咨询收入 $ 3 000）	（赚得的 5 天的咨询收入，等于总预收额的 5/60）	（未来 55 天的预收咨询收入的余额为 $ 2 750）

预收账款的会计处理对很多企业都非常重要。例如，美国全国零售联盟（National Retail Federation）称，该联盟每年礼品券的销售额都有将近200亿美元，而礼品券对于销售商来说就是一种预收账款。礼品券现在已经成为美国节假日销量最多的一种礼物。

□ 预提费用

预提费用（accrued expenses）是指在某一会计期间内已经发生，但仍未支付和记录的各种成本。预提费用必须列入费用发生当期的利润表。如图表3.9所示，记录预提费用的调整分录会同时增加费用和负债。在费用发生但尚未支付时，调整分录就要确认费用。常见的预提费用包括应付工资、应付利息、应付租金和应付税款。我们就以应付工资和应付利息为例来看一看预提费用的调整方法。

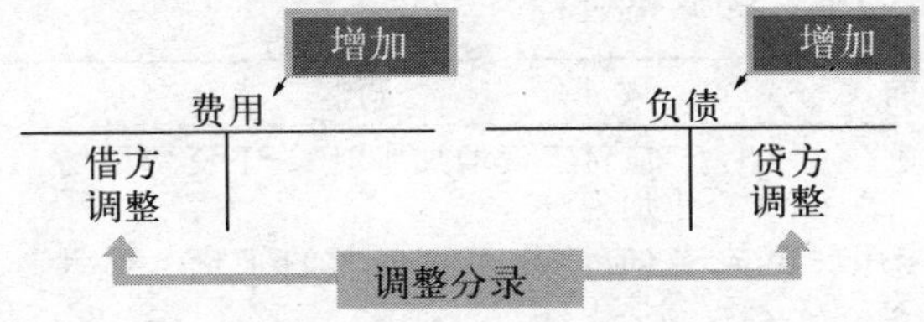

图表3.9　预提费用的调整

应付工资费用

FastForward公司的某一员工每天可以挣＄70，或者说每周可以挣＄350（工作日为每周的周一到周五）。

第一步：该员工每隔一周的周五领取一次工资。在12月12日和26日，公司给该员工发放了工资，并记入了日记账，随后过入总分类账。

第二步：图表3.10的日历显示了12月26日这一工资发放日后的三个工作日，即29日、30日和31日。它表明，在12月31日周三结束营业时，该员工已经挣到了三天的工资，但这些工资既没有支付也没有记录。

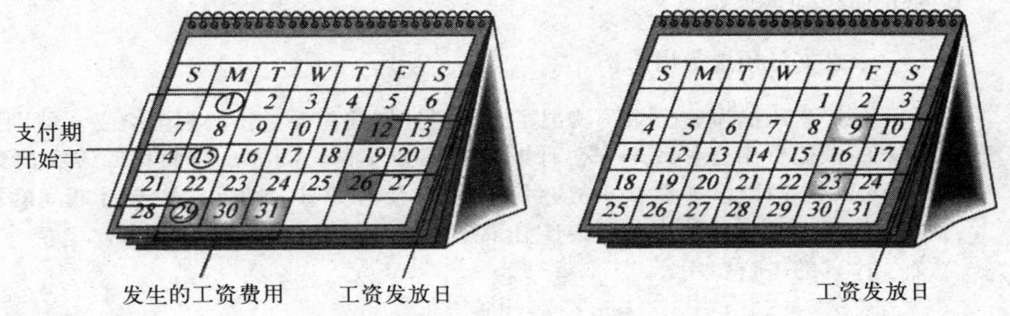

图表3.10　应付工资和工资发放日

如果FastForward公司不将12月29日到31日的未付工资记入增加的费用和对员工的负债，那么它的资产负债表就是不完整的。

第三步：应付工资的调整分录和过账过程如下：

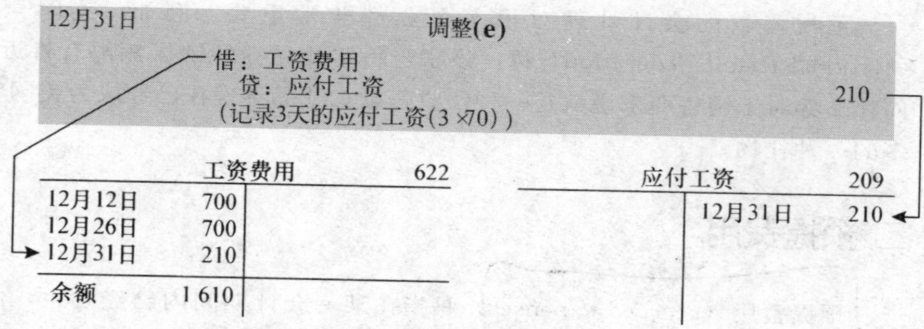

说明：我们要把＄1 610 的工资费用列示在 12 月份的利润表中，把＄210 的应付工资（负债）列示在资产负债表中。如不进行此项调整，那么：（1）在 12 月份的利润表中，工资费用就少记了＄210，而净利润则多记了＄210；（2）在 12 月 31 日的资产负债表中，应付工资（负债）就少记了＄210，而所有者权益则多记了＄210。下表列示了已发生的工资的调整过程。

调整前	调整	调整后
应付工资＝＄0	应付工资增加＄210，工资费用增加＄210	应付工资＝＄210
（已发生但尚未用现金支付的员工工资为＄0）	（应付员工的三天的工资（每天＄70））	（应付工资账户余额为＄210，但尚未支付）

应付利息费用

会计期期末时，企业通常会有一些应付票据和其他长期负债带来的应付利息费用。利息费用是随着时间的推移而发生的。除非利息费用是在会计期间的最后一天支付的，否则都需要对已经发生但尚未支付的利息费用进行调整，也就是说，必须把最近一次利息支付日到期末之间发生的利息费用记入成本。应付利息的计算公式为：

所欠本金额×年利率×从上次利息支付日迄今持续的天数在全年总天数中占的比率

例如，如果一家公司有＄6 000 的银行贷款，且贷款年利率为 6%，那么 30 天的应付利息费用就是＄30，即：6 000×0.06×30/360。调整分录为借记利息费用＄30，贷记应付利息＄30。

未来支付预提费用

预提费用的调整分录预测出了未来会计期间将要进行的现金交易。特别是，会计期末的预提费用会导致未来会计期间的现金支付。例如，前面我们曾经提到，Fast-Forward 公司记录了＄210 的应付工资。在 1 月 9 日，即下一个会计期间的第一个工资支付日，需要编制下面的会计分录来结算应计负债（应付工资），记录 1 月份头 7 个工作日的工资费用：

1月9日	借：应付工资（每天＄70，共 3 天）	210		资产＝负债＋所有者权益
	工资费用（每天＄70，共 7 天）	490		－700　－210　－490
	贷：现金		700	
	（支付两周的工资，其中包括 12 月份最后 3 天的应付工资）			

借记 $ 210 表示偿还 12 月 31 日之前的应付工资。借记 $ 490 表示将 1 月份头 7 个工作日（包括新年假期）的工资记入新会计期间的费用。贷记 $ 700 表示支付给员工的现金总额。

□ 应计收益

应计收益（accrued revenues）是指在某一会计期间内已经实现，但既没有记录，也没有收到现金（或其他资产）的各种收入。例如，对于某位总是在完工以后才向客户索要账款的技师来说，他的收入就属于应计收益。如果某个会计期末时该技师已经完成了 1/3 的工作，那么即便是他还没有收到账款或者他还没有向客户索要账款，他也必须把这 1/3 的预[illegible]记入当期收入。如图表 3.11 所示，应计收益的调整分录会同时增加资产和收[illegible]计收益通常来源于服务、产品、利息和租金。就让我们以服务费和利息为例来[illegible]计收益的调整方法。

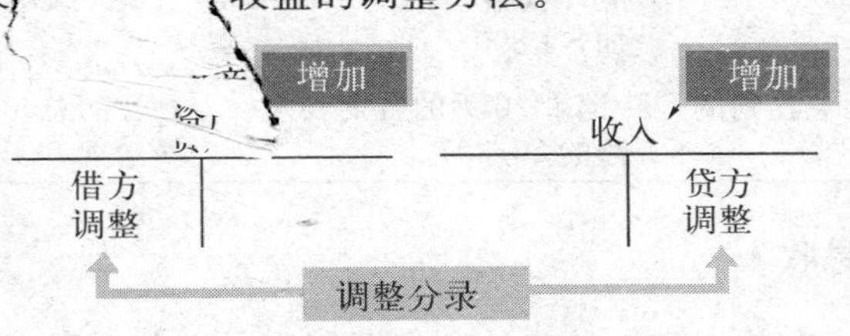

图表 3.11　应计收益的调整

应计服务费收入

在会计期期末编制完调整分录之后，才能记录应计收益。这些应计收益虽然已经实现，但却没有记录，这是因为买方还没有付款或者卖方还没有向买方索要账款。FastForward 公司就是一个例子。

第一步：12 月份的第二周，FastForward 公司答应以 $ 2 700 的价格为当地的一家体育俱乐部提供 30 天的咨询服务。最初的协议规定，FastForward 公司从 2009 年 12 月 12 日开始直至 2010 年 1 月 10 日为止，为该俱乐部提供 30 天的咨询服务。该俱乐部承诺在 2010 年 1 月 10 日服务期结束时，支付给 FastForward 公司 $ 2 700。

第二步：截止到 2009 年 12 月 31 日，FastForward 公司已经提供了 20 天的咨询服务。但因为约定的服务尚未提供完，所以 FastForward 公司既没有向该俱乐部索要账款，也没有记录已经提供完的服务。但不管怎样，FastForward 公司已经挣得了 30 天收入的 2/3，即 $ 1 800（2 700×20/30）。按照收入确认原则的要求，FastForward 公司必须把这 $ 1 800 列示在公司 12 月份的利润表中。另外，公司的资产负债表也必须列明俱乐部欠 FastForward 公司 $ 1 800。

第三步：应计服务费收入的年末调整分录如下（见下页）。

说明：我们要把 $ 1 800 的应计收益列示在资产负债表中，还要把 $ 7 850 的咨询收入列示在利润表中。如果不进行此项调整，那么：（1）在 12 月份的利润表中，咨询收入和净利润都少记了 $ 1 800；（2）在 12 月 31 日的资产负债表中，应收账款（资产）和所有者权益也都少记了 $ 1 800。下表列示了应计收益的调整过程。

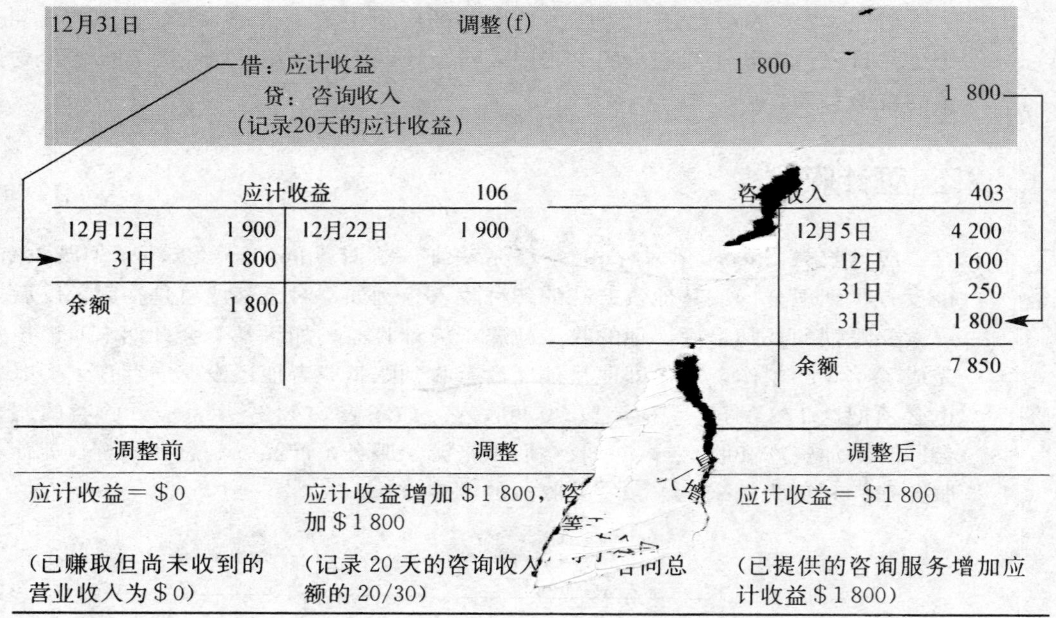

12月31日	调整（f）		
	借：应计收益	1 800	
	贷：咨询收入		1 800
	（记录20天的应计收益）		

应计收益 106

12月12日	1 900	12月22日	1 900
31日	1 800		
余额	1 800		

咨询收入 403

		12月5日	4 200
		12日	1 600
		31日	250
		31日	1 800
		余额	7 850

调整前	调整	调整后
应计收益＝＄0	应计收益增加＄1 800，咨[illegible]增加＄1 800	应计收益＝＄1 800
（已赚取但尚未收到的营业收入为＄0）	（记录 20 天的咨询收入[illegible]合同总额的 20/30）	（已提供的咨询服务增加应计收益＄1 800）

应计利息收入

除了我们在前面讲过的应计利息费用以外，如果债务人欠企业钱（或其他资产）的话，利息也能产生应计收益。如果企业持有能够带来利息收入的应收票据或应计收益，那么必须进行账项调整以记录那些已经挣得但尚未收到的利息收入。应计利息收入的调整分录与应计服务费收入的调整分录类似。具体来讲，我们需要借记应收利息（资产），贷记利息收入。

未来收到应计收益

会计期末的应计收益会带来未来会计期间的现金收入。例如，前面我们曾经提到过，FastForward 公司编制了一条调整分录来记录公司 20 天的应计咨询收入＄1 800。1 月 10 日，当 FastForward 公司收到＄2 700 的合同总金额时，它需要做如下分录，以冲销应计资产（应计收益）并确认 1 月份的营业收入。借记＄2 700 表示收到的现金，贷记＄1 800 表示冲销掉的应计收益，贷记＄900 表示公司 1 月份获得的营业收入。

1月10日	借：现金	2 700		资产＝负债＋所有者权益
	贷：应计收益（每天＄90，共 20 天）		1 800	＋2 700　　　　＋900
	咨询收入（每天＄90，共 10 天）		900	－1 800
	（收到现金，抵消应计资产，并记录 1 月份的咨询收入）			

角色扮演　　贷款业务主管

一家电子商店的店主想申请商业贷款。商店的财务报表显示，该店当年的收入和利润都有了大幅度的增长。经过分析，你发现：该店的收入和利润之所以会有如此大幅度的增长是因为商店允许客户现在购货，等到来年的 1月 1日再支付货款。因此，商店将这些销售额都记入了应计收益。以上的这些分析会让你更担心吗？

□ 与财务报表的联系

进行账项调整的目的就是使资产或负债账户保持正确的余额。另外，账项调整还可以更新相关的费用或收入账户的余额。对于跨期进行的交易和事项，账项调整是必不可少的一个步骤。（调整分录要像其他分录一样过入总分类账。）

图表 3.12 总结了需要进行调整的四种交易类型。理解该表对于理解账项调整过程及其对财务报表的作用非常重要。记住：每个调整分录都会影响一个或多个利润表账户以及一个或多个资产负债表账户（而不是现金账户）。

图表 3.12　　账项调整及其与财务报表之间的联系总结表

类别	调整前		调整分录
	资产负债表	利润表	
待摊费用*	多记了资产 多记了所有者权益	少记了费用	借：费用 　贷：资产**
预收账款*	多记了负债 少记了所有者权益	少记了收入	借：负债 　贷：收入
预提费用	少记了负债 多记了所有者权益	少记了费用	借：费用 　贷：负债
应计收益	少记了资产 少记了所有者权益	少记了收入	借：资产 　贷：收入

* 该表假设，待摊费用一开始记入资产账户，而预收账款一开始记入负债账户。

** 对于折旧来说，要贷记累计折旧（备抵账户）。

有些调整信息要等会计期结束后的几天或几星期后才能获得。也就是说，有些调整和结账分录要在会计期结束以后才能编制，但我们仍然要以会计期末的日期作为编制这些分录的日期。例如，某公司 1 月 10 日才收到 12 月份的公用事业收费单。收到账单以后，该公司应以 12 月 31 日作为费用和应付账款的发生日期。其他的例子还包括长途电话使用费和各种上网费用。我们要把这些额外的费用列示在 12 月份的利润表中，把这些应付账款列示在 12 月 31 日的资产负债表中（尽管实际知道存在这些金额的时间并不是 12 月 31 日）。

角色扮演　　**财务总监**

年底的时候，公司总裁指示身为财务总监的你当年不要记录应计费用，因为这些费用要等到来年才会支付。另外，总裁还指示，让你把过年后两周才能交货给客户的一笔订货款记入当年的收入。如果你执行总裁的这些指令，那么你们公司利润表中就会出现净利润而不是净损失。请问你会怎么做？

快速测试

6. 如果因为一时疏忽，会计人员年末没有编制应计收益＄200 的调整分录，那么这一疏漏会对年末的利润表和资产负债表产生怎样的影响？
7. 什么是备抵账户？请解释其用途。
8. 什么是预提费用？请举例说明。
9. 试述预收账款是如何产生的。请举例说明。

□ 调整后的试算平衡表

调整前的试算平衡表（unadjusted trial balance）是指在对账户进行调整之前编制的各种账户及其余额的列表。调整后的试算平衡表（adjusted trial balance）是指在记录完调整分录并将其过入总分类账之后编制的各种账户及其余额的列表。

图表 3.13 给出了 FastForward 公司 2009 年 12 月 31 日的调整前和调整后的试算平衡表。试算平衡表中各种账户的排列顺序往往与会计科目表中的账户顺序保持一致。调整分录会产生几个新的账户。

FastForward公司
的试算平衡表
2009年12月31日

编号	账户名称	调整前的试算平衡表		调整额		调整后的试算平衡表	
		借方	贷方	借方	贷方	借方	贷方
101	现金	$ 4 350				$ 4 350	
106	应收账款	0		(f) $1 800		1 800	
126	物料	9 720			(b) $1 050	8 670	
128	预付保险费	2 400			(a) 100	2 300	
167	设备	26 000				26 000	
168	累计折旧——设备		$ 0		(c) 375		$ 375
201	应付账款		6 200				6 200
209	应付工资		0		(e) 210		210
236	预收咨询收入		3 000	(d) 250			2 750
301	C.Taylor名下的资本		30 000				30 000
302	C.Taylor提取	200				200	
403	咨询收入		5 800		(d) 250		7 850
					(f) 1 800		
406	租金收入		300				300
612	折旧费用——设备	0		(c) 375		375	
622	工资费用	1 400		(e) 210		1 610	
637	保险费用	0		(a) 100		100	
640	租金费用	1 000				1 000	
652	物料费用	0		(b) 1 050		1 050	
690	公用事业费用	230				230	
	总计	$45 300	$45 300	$3 785	$3 785	$47 685	$47 685

图表 3.13 调整前和调整后的试算平衡表

对于每一项调整，我们都用一个带有括号的字母表示，该字母与前面讲过的调整分录上所标的字母是一致的。调整后的试算平衡表中的每一项余额都是根据调整前的试算平衡表中的账户余额加上或减去调整额后得出的。例如，在调整前的试算平衡表中，物料账户有＄9 720 的借方余额。我们用＄9 720 减去调整栏中＄1 050 的贷方余额，就得出了物料账户调整后的借方余额为＄8 670。一个账户可以进行多次调整，例如咨询收入账户；而有些账户可能本期不需要进行调整，例如应付账款账户。

编制财务报表

我们可以根据调整后的试算平衡表所提供的信息直接编制财务报表。调整后的试算平衡表（参见图表 3.13 最右边的两栏）包含了出现在财务报表中的全部账户及其余额，而且使用调整后的试算平衡表编制财务报表要比使用总分类账方便得多。

图表 3.14 给出了如何将调整后的试算平衡表中的收入和费用余额转入利润表（参见——→）。然后，我们可以使用净利润和所有者提取额来编制所有者权益表（参见——→）。紧接着，我们再把调整后的试算平衡表中的资产和负债余额转入资产负债表（参见----→）。最后，我们计算出所有者权益表中的期末资本余额，然后再把它转入资产负债表就可以了（参见·········→）。

FastForward 公司
2009年12月31日的
调整后的试算平衡表

编号	账户名称	借方	贷方
101	现金	$4 350	
106	应收账款	1 800	
126	物料	8 670	
128	预付保险费	2 2330	
167	设备	26 000	
168	累计折旧——设备		$375
201	应付账款		6 200
209	应付工资		210
236	预收咨询收入		2 750
301	C.Taylor名下的资本		30 000
302	C.Taylor提取	200	
403	咨询收入		7 850
406	租金收入		300
612	折旧费用——设备	375	
622	工资费用	1 610	
637	保险费用	100	
640	租金费用	1 000	
652	物料费用	1 050	
690	公用事业费用	230	
	合计	$47 685	$47 685

第3步　编制资产负债表

FastForward 公司
2009年12月31日的
资产负债表

资产		
现金		$ 4 350
应收账款		1 800
物料		8 670
预付保险费		2 300
设备	$26 000	
减：累计折旧	375	25 625
资产合计		$ 42 745
负债		
应付账款		$ 6 200
应付工资		210
预收咨询收入		2 750
负债合计		9 160
所有者权益		
C. Taylor名下的资本		33 585
负债和所有者权益合计		$ 42 745

第2步　编制所有者权益表

FastForward 公司
2009年12月份的
所有者权益表

12月1日C. Taylor名下的资本		$ 0
加：所有者投资	$30 000	
净利润	3 785	
		33 785
减：所有者提取		200
12月31日C. Taylor名下的资本		$33 585

第1步　编制利润表

FastForward 公司
2009年12月份的
利润表

收入		
咨询收入	$7 850	
租金收入	300	
收入合计		$8 150
费用		
折旧费用——设备	375	
工资费用	1 610	
保险费用	100	
租金费用	1 000	
物料费用	1 050	
公用事业费用	230	
费用合计		4 365
净利润		$3 785

图表 3.14　编制财务报表（调整后的试算平衡表取自图表 3.13）

通常按如下顺序编制财务报表：利润表、所有者权益表和资产负债表。因为编制资产负债表需要用到所有者权益表中的信息，而编制所有者权益表又需要使用利润表中的信息，所以编制财务报表的这一顺序是很合理的。通常最后编制现金流量表。

快速测试

10. 12月31日 Music-Mart 公司记录了 \$1 000 的应付工资。5天后，即1月5日（接下来的一个工资支付日），公司给员工发放了 \$7 000 的工资。请问 Music-Mart 公司1月5日的会计分录应该如何编制？
11. 约旦航空公司的调整前和调整后的试算平衡表显示了如下信息：

	调整前的试算平衡表		调整后的试算平衡表	
	借方	贷方	借方	贷方
预付保险费	\$6 200		\$5 900	
应付工资		\$0		\$1 400

试问约旦航空公司可能会编制怎样的调整分录？
12. 我们需要使用调整后的试算平衡表中的哪些账户来编制利润表？
13. 在使用调整后的试算平衡表编制财务报表的过程中，通常第二步编制的是什么报表？

实例分析1

下面给出的是 Fanning's 电子公司2009年12月31日的相关数据。该公司采用日历年度作为其年度报告期间。公司一开始就把各种预付款项和预收款项分别记入了资产负债表的资产类和负债类账户。

a. 公司每周支付的工资总额为 \$8 750，工资每周五发放一次，一次发放五个工作日的工资。假设2009年12月31日是周一，员工要等到2010年1月4日（周五）才能领到工资。

b. 18个月前，即2008年7月1日，公司花 \$20 000 购置了一台设备。该设备的预期使用寿命为5年，使用寿命届满时设备的预期残值为0。

c. 2009年10月1日，公司同意开发一个新的住宅项目。10月1日，公司提前收取了24套新住房的报警系统安装费 \$120 000，并将这笔款项记入了预收服务费收入的贷方。从10月1日到12月31日，公司完成了其中20套住房的报警系统安装工程。

d. 2009年9月1日，公司花 \$1 800 购买了一份有效期为12个月的保险，并且将这 \$1 800 记入了预付保险费的借方。

e. 2009年12月29日，公司提供了价值 \$7 000 的服务，但直到2009年12月31日，公司既没有索要这笔款项，也没有将其入账。

要求：

1. 为以上各笔业务和事项编制必要的2009年12月31日的调整分录。
2. 列出受调整分录影响的账户的T形账户，并将调整分录过入总分类账。确定预收账款账户和预付保险费账户调整后的余额分别是多少。

3. 填制下面的表格，确定调整额，并指出调整分录会对公司 2009 年的利润表和 2009 年 12 月 31 日的资产负债表产生怎样的影响。用向上（向下）的箭头表示影响栏的增加或减少。

分录	分录中的数额	对净利润的影响	对资产总额的影响	对负债总额的影响	对所有者权益总额的影响

解题步骤：

- 分析每种情况下哪个账户需要进行账项调整。
- 计算出调整额，并编制必要的调整分录。
- 在指定的账户中列明调整额，确定各个账户调整后的余额，确定各个账户在资产负债表中是属于资产类、负债类还是所有者权益类账户。
- 确定每笔分录对该年的净利润以及年末的资产总额、负债总额和所有者权益总额会产生怎样的影响。

实例分析 1 答案：

1. 调整日记账分录：

		借方	贷方
(a) 12 月 31 日	借：工资费用	1 750	
	贷：应付工资		1 750
	（应计该年最后 1 天的工资（8 750×1/5））		
(b) 12 月 31 日	借：折旧费用——设备	4 000	
	贷：累计折旧——设备		4 000
	（记录该年的折旧费用（20 000/5 年＝4 000））		
(c) 12 月 31 日	借：预收服务费收入	100 000	
	贷：服务费收入		100 000
	（确认已经实现的服务费收入（120 000×20/24））		
(d) 12 月 31 日	借：保险费用	600	
	贷：预付保险费		600
	（调整已经到期的保险费（1 800×4/12））		
(e) 12 月 31 日	借：应收账款	7 000	
	贷：服务费收入		7 000
	（记录已经实现的服务费收入）		

2. 业务（a）～（e）的调整分录所涉及的 T 形账户如下：

工资费用

	借方	贷方
(a)	1 750	

应付工资

借方		贷方
	(a)	1 750

折旧费用——设备

	借方	贷方
(b)	4 000	

累计折旧——设备

借方		贷方
	(b)	4 000

预收服务费收入

(c)	100 000	未调整余额	120 000
		调整后余额	20 000

服务费收入

		(c)	100 000
		(e)	7 000
		调整后余额	107 000

保险费用

(d)	600		

预付保险费

未调整余额	1 800		
		(d)	600
调整后余额	1 200		

应收账款

(e)	7 000		

3. 调整分录对财务报表的影响：

分录	分录中的数额	对净利润的影响	对资产总额的影响	对负债总额的影响	对所有者权益总额的影响
a	$1 750	$1 750↓	无影响	$1 750↑	$1 750↓
b	4 000	4 000↓	$4 000↓	无影响	$4 000↓
c	100 000	100 000↑	无影响	$100 000↓	100 000↑
d	600	600↓	$600↓	无影响	600↓
e	7 000	7 000↑	$7 000↑	无影响	7 000↑

实例分析 2

请使用下面给出的调整后的试算平衡表完成以下三个练习。

CHOI公司调整后的试算平衡表

12月31日

	借方	贷方
现金	$3 050	
应收账款	400	
预付保险费	830	
物料	80	
设备	217 200	
累计折旧——设备		$29 100
应付工资		880
应付利息		3 600
预收租金		460
长期应付票据		150 000
M. Choi 名下的资本		40 340
M. Choi 提取	21 000	
租金收入		57 500
工资费用	25 000	
公用事业费用	1 900	
保险费用	3 200	
物料费用	250	
折旧费用——设备	5 970	
利息费用	3 000	
总计	$281 880	$281 880

1. 请根据Choi公司调整后的试算平衡表编制年度利润表。

答案：

CHOI公司利润表 截止到12月31日		
收入		
租金收入		$57 500
费用		
工资费用	$25 000	
公用事业费用	1 900	
保险费用	3 200	
物料费用	250	
折旧费用——设备	5 970	
利息费用	3 000	
费用总计		39 320
净利润		$18 180

2. 请根据Choi公司调整后的试算平衡表编制所有者权益表。Choi公司的资本账户余额为$40 340，其中有$30 340来自上一年度的期末余额，另外$10 000来自当年的所有者投资。

答案：

CHOI公司所有者权益表 截止到12月31日		
M. Choi名下的12月31日前的资本		$30 340
加：所有者投资	$10 000	
净利润	18 180	28 180
		58 520
减：所有者提取		21 000
M. Choi名下的12月31日当期期末资本		$37 520

3. 请根据Choi公司调整后的试算平衡表编制资产负债表。

答案：

CHOI公司资产负债表 12月31日		
资产		
现金		$3 050
应收账款		400
预付保险费		830
物料		80
设备	$217 200	
减：累计折旧	29 100	188 100
资产总计		$192 460

续前表

CHOI公司资产负债表
12月31日

负债	
应付工资	$ 880
应付利息	3 600
预收租金	460
长期应付票据	150 000
负债总计	154 940
所有者权益	
M. Choi名下的资本	37 520
负债和所有者权益总计	$ 192 460

小结

C1 解释定期报告的重要性和会计分期假设。 信息的价值通常与其时效性密切相关。为了能够及时提供信息，会计系统需要定期编制报表。会计分期假设认为，为了便于定期报告，会计主体的活动可以划分成特定的期间。

C2 介绍权责发生制及其对财务报表的作用。 权责发生制是指在收入实现时确认收入，在费用发生时确认费用，收入和费用的确认未必会伴有现金的流入和流出。这一信息在评价企业的财务状况和经营成果时非常有用。

C3 介绍账项调整的类型及其目的。 按照收到或支付现金的时间与确认相关收入或费用的时间的先后关系，我们可以把账项调整分为以下四类：待摊费用、预收账款、预提费用和应收账款。为了确保财务报表能够如实地反映收入、费用、资产和负债情况，必须编制调整分录。

A1 解释会计调整与财务报表之间的联系。 会计调整不仅能够将一个资产或负债账户的余额调整到正确的数值，而且还可以更新相关费用或收入账户的金额。每笔调整分录都会影响一个或多个利润表账户和一个或多个资产负债表账户。但是，调整分录不会影响现金账户。

P1 编制和解释调整分录。 待摊费用指在获取收益之前预先支付的费用。待摊费用属于资产项目。待摊费用的调整分录需要增加（借记）费用，减少（贷记）资产。预收账款是指在提供产品和服务之前收到的现金。预收账款属于负债项目。预收账款的调整分录需要增加（贷记）收入，减少（借记）预收账款。预提费用是指在某一会计期间内已经发生，但仍未支付和记录的各种成本。预提费用的调整分录需要增加（借记）费用，同时还要增加（贷记）负债。应收账款是指在某一会计期间内已经实现，但既没有记录，也没有收到现金（或其他资产）的各种收入。应收账款的调整分录需要增加（借记）资产，同时还要增加（贷记）收入。

P2 解释和编制调整后的试算平衡表。 调整后的试算平衡表是指在记录完调整分录并将其过入总分类账之后编制的各种账户及其余额的列表。财务报表通常是根据调整后的试算平衡表编制的。

P3 根据调整后的试算平衡表编制财务报表。 收入和费用余额要列示在利润表中。资产、负债以及所有者权益余额要列示在资产负债表中。我们通常按照如下顺序编制财务报表：利润表、所有者权益表、资产负债表和现金流量表。

角色扮演及职业道德参考答案

投资者　待摊费用指在获取收益之前预先支付的费用。待摊费用属于资产项目，要在耗用完之后确认为费用。出版公司这种处理签约费的方法是可以接受的，但前提是未来书的销售收入必须高于与之相配比的这＄500 000的费用。作为一名投资者，你需要考虑未来售书的风险。售书风险越高，就越应该把＄500 000或者其中的一部分作为费用，而不是待摊费用（资产）。

企业家　折旧是成本摊销过程，而不是资产计价过程。了解折旧表对于估算房屋和设备的现值并没有太大的帮助。你自己对房屋和设备的使用寿命、质量和有用性的评价要比折旧表所提供的信息更加重要。

贷款业务主管　你对贷款给这家商店的担心来源于对其当年销售情况的分析。收入和利润增加是好事，但是你会担心商店将来能否收回促销活动的贷款。如果店主把产品卖给了那些还款记录不良的顾客，那么收回这些销售收入的可能性就比较低。在你进行分析的时候，必须估算出坏账的概率及其所带来的预期损失。

财务总监　不记预提费用以及过早地确认收入会误导财务报表的使用者。你可以再找总裁谈一谈，向他解释：费用发生时就要确认费用、收入实现时才能确认收入，这是会计工作必须遵守的惯例。如果谈过之后，总裁仍然固执己见，那么你可以找律师或相关的审计部门咨询。捍卫自己的职业伦理可能会让你丢掉这份工作，但是伪造财务报表的潜在风险以及个人声誉和诚信方面的损失也是令人难以承受的。

快速测试参考答案

1．年度报告期间涵盖了一年，它指的是编制年度财务报表。年度报告期间不一定都是以12月31日为截止日期的日历年度。会计主体可以选择任意连续的12个月作为一个会计年度，也可以采用52周作为其年度报告期间。

2．编制中期财务报表（通常在一年以内）的目的是及时给决策者提供信息。

3．账项调整需要遵循收入确认原则和配比原则。

4．收付实现制会计不符合配比原则。收付实现制会计是在收到现金时确认收入，在支出现金时确认费用。因此，在收付实现制下确认的收入可能是还没有实现的收入，并且确认费用的会计期间与这些费用带来收益的会计期间可能会不一致。

5．2010年的财务报表中列示的保险费用为0。在收付实现制下，2009年4月支付保险费时，＄4 800就全部记入了费用。

6．如果没做＄200的应收账款调整，那么，在当年的利润表中，收入和净利润账户都会少记＄200；在期末的资产负债表中，资产和所有者权益账户也都会少记＄200。

7．备抵账户是一种为了抵减其他账户余额而设立的账户。使用备抵账户比只列示一个净额能为我们提供更多的信息。

8．预提费用是指在某一会计期间内已经发生，但在编制调整分录前尚未支付和记录的各种成本。例如，在会计期末时员工已经挣得但企业仍未发放的工资。

9．如果企业在为客户提供产品或服务之前就提前向客户收取现金（或其他资产），在这种情况下会出现预收账款。例如，预先收到的杂志订阅费和季票销售收入都属于预收账款。

10. 借：应付工资　　1 000
　　工资费用　　6 000
　贷：现金　　7 000
（发放工资，其中包括 12 月份的应付工资）

11. 约旦航空公司有可能会编制如下分录：
借：保险费用　　300
　贷：预付保险费　　300
（记录到期的保险费）
借：工资费用　　1 400
　贷：应付工资　　1 400
（记录应付工资）

12. 收入账户和费用账户。

13. 所有者权益表。

关键术语

Accounting period 会计期间
Accrual basis accounting 权责发生制会计
Accrued expenses 预提费用
Accrued revenues 应计收益
Adjusted trial balance 调整后的试算平衡表
Adjusting entry 调整分录
Annual financial statements 年度财务报表
Book value 账面价值
Cash basis accounting 收付实现制会计
Contra account 备抵账户
Depreciation 折旧
Fiscal year 会计年度
Interim financial statements 中期财务报表
Matching principle 配比原则
Natural business year 自然营业年度
Plant assets 厂房设备资产
Prepaid expenses 待摊费用
Straight-line depreciation method 直线折旧法
Time period assumption 会计分斯假设
Unadjusted trial balance 调整前的试算平衡表
Unearned revenues 预收账款

选择题

1. 会计期末时，某公司漏记了 $ 350 000 的应付工资，这一疏漏将导致______。
a. 净利润少记 $ 35 000
b. 净利润多记 $ 35 000
c. 不会影响净利润
d. 资产多记 $ 35 000
e. 资产少记 $ 35 000

2. 在记录调整分录之前，办公用品账户有 $ 450 的借方余额。经过盘点，发现还剩下 $ 125 的办公用品尚未使用。在这种情况下，我们应该如何编制会计分录？______
a. 借：办公用品　　125
　贷：办公用品费　　125
b. 借：办公用品　　325
　贷：办公用品费　　325
c. 借：办公用品费　　325

贷：办公用品　　325

d. 借：办公用品费　　325

贷：办公用品　　125

e. 借：办公用品费　　125

贷：办公用品　　125

3. 2009年5月1日，某公司花＄24 000购买了一份即刻生效且有效期为两年的保险。那么等到2009年12月31日报告期结束时，该公司的年度利润表中的保险费用是多少？______

a. ＄4 000

b. ＄8 000

c. ＄12 000

d. ＄20 000

e. ＄24 000

4. 2009年11月1日，Stockton公司收到了Hans公司支付的2009年11月1日到2010年4月30日的咨询费＄3 600。收到钱后，Stockton公司马上贷记预收咨询收入＄3 600。试问等到2009年12月31日的时候，Stockton公司编制的调整分录应该包括以下哪些内容？（假设Stockton公司采用日历年度作为其年度报告期间。）______

a. 借记预收咨询收入＄1 200

b. 借记预收咨询收入＄2 400

c. 贷记咨询收入＄2 400

d. 借记咨询收入＄1 200

e. 贷记现金＄3 600

讨论题

1. 收付实现制和权责发生制之间的不同是什么？

2. 通常情况下，为什么权责发生制优于收付实现制？

3. 什么样的企业最可能选择自然营业年度（而不是日历年度）作为会计年度？

4. 什么是待摊费用？它列示在财务报表的哪个部分？

5. 什么类型的资产需要调整会计分录并计提折旧？

6. 当记录和列示折旧的影响时使用的备抵账户是什么？为什么使用它？

7. 什么是预收账款？它列示在财务报表的哪个部分？

8. 什么是应计收益？请举例说明。

快速学习

QS3-1　在第一个营业年度，Case公司实现收入＄60 000，并从客户处收到现金＄52 000。公司发生费用＄37 500，但年底仍有＄6 000没有支付。公司为下年将要发生的费用预付现金＄3 250。分别计算收付实现制和权责发生制下第一年的净利润。

QS3-2　将下列调整分录按涉及待摊费用（PE）、预收账款（UR）、预提费用（AE）、应计收益（AR）的业务进行分类。

a. ______记录已发生但既没记录也未支付的工资费用。

b. ______记录到期的预付保险费。

c. ______记录已提前收到现金的营业收入。

d. ______记录年折旧费用。

e. ______记录既没记录也没开具账单的营业收入。

QS3-3　调整会计分录至少影响资产负债表的一个账户和利润表的一个账户。请分别指出下列分录哪些属于借方，哪些属于贷方，并指出哪些是资产负债表的账户，哪些是利润表的账户。

a. 记录已提前收到现金的营业收入的分录。

b. 记录已发生但既未支付也没记录的工资费用的分录。

c. 记录既未开具账单也没记录的营业收入的

分录。

d. 记录到期的预付保险费的分录。

e. 记录年折旧费用的分录。

QS3-4 调整待摊费用。

a. 2009年7月1日，Rendex公司花$3 000购买了一份保险范围为6个月的保险。直到2009年12月31日，没有对预付保险费账户的余额进行任何调整。编制日记账分录以反映2009年12月31日到期的保险费。

b. 2009年1月1日，Indus公司的物料账户余额为$900。2009年间，该公司购买了$4 000的物料。到2009年12月31日，"物料"库存显示可用的物料为$750。编制调整日记账分录，以正确列示2009年12月31日物料账户的余额和物料费用账户余额。

QS3-5 调整折旧费。

a. 2009年1月1日，Andrews公司花$45 000购买了一台设备。该设备的预期使用寿命是5年，使用期满残值为$3 000。2009年12月31日，编制记录年折旧费为$8 400的会计分录。

b. 2009年1月1日，Fortel公司花$40 000购买了一块土地。预期这块土地的使用寿命是无限期。那么，2009年12月31日，土地账户的余额将进行什么样的折旧调整？（如果有的话。）

QS3-6 Lakia Rowell每个夏天都会雇用一名大学生在她的咖啡店工作。该大学生每周工作五天，并在下个周一结算工资。（例如，一名学生从周一工作到周五，即6月1日到6月5日，他的工资将在下个周一即6月8日支付。）如果需要，Rowell会在月底调整她的账簿，以反映已实现但尚未支付的工资。该学生7月工作的最后一个星期的周五是8月1日。如果该学生每天赚$100，Rowell必须在7月31日进行怎样的分录调整以保证7月的应付工资费用是正确的？

QS3-7 调整预收账款。

a. 2009年10月1日，Fortune公司收到为期4个月的预收法律服务费现金$30 000，并借记现金$30 000，贷记预收账款$30 000。2009年12月31日，Fortune公司已按期提供了服务。Fortune公司应对2009年10月1日到12月31日所提供的服务进行怎样的会计分录调整？

b. Warner公司创办了一家新的出版公司名为"Contest News"。订阅者可花$24订购12期。每增加一个新的订阅者，Warner公司借记现金，贷记预收订阅费。到2009年7月1日，公司已有100名订阅者。从7月到12月，公司每月向每一位订阅者邮寄一份*Contest News*。假设订阅者没有发生变化，编制2009年12月31日公司的日记账分录，以调整订阅费收入账户和预收订阅费收入账户的余额。

QS3-8 编制调整分录。

本年度，Sonoma公司在资产类账户中记录了预先支付的费用，并在负债类账户中记录了预先收到的收入。在会计年度期末，公司必须编制三项调整分录：（1）应计工资费用；（2）调整预收服务费账户以确认已实现的预收账款；（3）记录下期将收到现金的服务费收入。对于这三个调整分录，请指出a～i各账户属于借方还是贷方。

a. 预收服务费收入

b. 应收账款

c. 应付账款

d. 预付工资

e. 工资费用

f. 服务费收入

g. 应付工资

h. 设备

i. 现金

QS3-9 下表中的信息截取自Booker公司的调整前和调整后的试算平衡表。

	调整前		调整后	
	借方	贷方	借方	贷方
预付保险费	$4 100		$3 700	
应付利息		$0		$800

根据这些信息，下面哪项可能是它的调整分录？

a. 借记保险费用$400，借记利息费用$800。

b. 借记保险费用$400，借记应付利息$800。

c. 贷记预付保险费用$400，借记应付利息$800。

QS3-10 在会计年度期末调整分录的过程中，Chao公司漏记了一份已到期的保险$1 600。这笔费用最初记录在预付保险费的借方。公司还漏记了应付工资费用＄1 000。由于这两个疏忽，该公司的年度财务报表将（选择一项）：（1）少记资产＄1 600；（2）少记费用＄2 600；（3）少记净利润＄1 000；（4）高估负债＄1 000。

QS3-11　Miller 公司的当前年度的财务报告列示净利润为＄78 750，净销售额为＄630 000，计算公司的利润率并说明计算方法。假设竞争对手的平均利润率是 15%。

练习题

Exercise3-1　在每一调整分录的空白处填入与分录描述最相符合的字母。

A. 记录应计利息收入

B. 记录应计利息费用

C. 记录实现的预收账款

D. 记录本期的折旧费用

E. 记录应计工资费用

F. 记录本期的待摊费用

		借	贷
______ 1.	借：利息费用	2 208	
	贷：应付利息		2 208
______ 2.	借：保险费用	3 180	
	贷：预付保险费		3 180
______ 3.	借：预收专家费	19 250	
	贷：专家费收入		19 250
______ 4.	借：应收利息	3 300	
	贷：利息收入		3 300
______ 5.	借：折旧费用	38 217	
	贷：累计折旧		38 217
______ 6.	借：工资费用	13 280	
	贷：应付工资		13 280

Exercise3-2　为下面各情况编制 2009 年 12 月 31 日的调整日记账分录。假设待摊费用最初记录在资产类账户。同时假设预先收取的费用记录在负债类账户。

a. 2009 年公司设备的折旧费为＄16 000。

b. 2009 年 12 月 31 日，在调整任何到期保险的成本前，预付保险费账户的借方余额为＄6 000。对公司所购买的保险的分析得知，还有＄640 的保险没有到期。

c. 2008 年 12 月 31 日，办公用品账户的借方余额为＄325，本年度购买了＄3 480 的办公用品。2009 年 12 月 31 日，盘点后，还有＄383 的用品可以使用。

d. 本期所完成的工作为总工作量的 1/5，相应的收入是预收账款总额＄15 000 的 1/5。

e. 2009 年 12 月 31 日，在调整任何到期保险的成本前，预付保险账户的借方余额为＄6 800。对公司的保险分析得知，已有＄6 160 的保险到期。

f. 2009 年 12 月 31 日，已发生但尚未支付的工资费用为＄2 700。

Exercise3-3　Arton 管理公司有五名兼职员工，每人每天的工资为＄165。他们从周一工作到周五，通常在每周五结算工资。2009 年 12 月 28 日，星期五，公司支付了他们本周全部的工资。下周，五名员工只工作 4 天，因为新年是无薪假期。（a）编制 2009 年 12 月 31 日，星期一的调整分录。（b）编制 2010 年 1 月 4 日，星期五支付员工工资的日记账分录。

Exercise3-4　计算下列各情况下缺失的数据。

	a	b	c	d
可使用的物料——上年年末	＄350	＄1 855	＄1 576	?
购买物料——当前年度	2 450	6 307	?	＄6 907
可使用的物料——本年年末	800	?	2 056	800
本年度物料费用	?	1 555	11 507	7 482

Exercise3-5　下面三种情况下，需要调整日记账分录以编制 4 月 30 日的财务报表。每种情况下，请同时列示 4 月 30 日的调整分录和 5 月份支付预提费用的分录。

a. 4 月 1 日，公司有每月固定的律师费用＄4 500。该费用到下个月的 12 日到期。

b. 有一张面值＄760 000 的应付票据，每月 20 日需要支付利息＄5 700。上次支付利息费用是在 4 月 20 日，下次支付将是 5 月 20 日。4 月 30 日，已发生的利息费用为＄1 900。

c. 所有员工每周的工资总额为＄12 000。这笔款项在每个五天工作日的周五下午支付。今年的4月30日是星期二，这意味着员工从上个支付日起到现在已工作了两天。下个支付日是5月3日。

Exercise3-6 2007年11月1日，一家公司花＄15 300购买了一份即日生效的保险期限为3年的保险。根据这份保险填写下列表格的空白处。

资产负债表的预付保险费资产			保险费用		
	权责发生制	收付实现制		权责发生制	收付实现制
2007年12月31日	$ ____	$ ____	2007	$ ____	$ ____
2008年12月31日	____	____	2008	____	____
2009年12月31日	____	____	2009	____	____
2010年12月31日	____	____	2010	____	____
			合计	$ ____	$ ____

Exercise3-7 下表是Vix公司年底12月31日的两个利润表。左栏是没有进行任何调整分录前编制的，右栏是调整分录后编制的。公司在资产负债表中，记录现金收入和与预收和预付项目相关的现金支付。分析这两个报表，编制可能需要记录的十个调整分录。（注：需要调整的＄6 600的30%的收入已实现但没有开具账单，其他的70%通过提供服务获得。）

VIX公司12月31日年度利润表

	调整前	调整后
收入		
劳务收入	＄24 000	＄30 600
佣金收入	36 500	36 500
总收入	＄60 500	＄67 100

续前表

VIX公司12月31日年度利润表

	调整前	调整后
费用		
折旧费用——计算机	0	1 650
折旧费用——办公家具	0	1 925
工资费用	12 500	15 195
保险费用	0	1 430
租金费用	3 800	4 500
办公用品	0	528
广告费	2 500	3 000
公用事业费用	1 250	1 327
总费用	20 050	29 555
净利润	＄40 450	＄37 545

综合题

Problem3-1A 针对下列每一分录，在其空白处填入与其描述最相符的字母（每个字母可用多次）。

A. 记录应计收益
B. 记录本期使用的待摊费用
C. 记录本期待摊费用的支付额
D. 记录本期的折旧费用
E. 记录收到的预收账款
F. 记录本期实现的之前的预收账款
G. 记录支付的预提费用
H. 记录收到的应收账款
I. 记录预提费用

		借方	贷方
____ 1.	借：利息费用	1 000	
	贷：应付利息		1 000
____ 2.	借：折旧费用	4 000	
	贷：累计折旧		4 000
____ 3.	借：预收专家费	3 000	
	贷：专家费收入		3 000
____ 4.	借：保险费用	4 200	

贷：预付保险费　　4 200

_____ 5. 借：应付工资　　1 400
　　贷：现金　　1 400

_____ 6. 借：预付租金　　4 500
　　贷：现金　　4 500

_____ 7. 借：工资费用　　6 000
　　贷：应付工资　　6 000

_____ 8. 借：应收利息　　5 000
　　贷：利息收入　　5 000

_____ 9. 借：现金　　9 000
　　贷：应收账款（咨询费）　　9 000

_____ 10. 借：现金　　7 500
　　贷：预收专家费　　7 500

_____ 11. 借：现金　　2 000
　　贷：应收利息　　2 000

_____ 12. 借：租金　　2 000
　　贷：预付租金　　2 000

Problem3-2A　Hormel公司遵循了记录资产负债表账户的待摊费用和预收账款的相关规定。公司的会计年度截止日为2009年12月31日。下列信息涉及了当日的调整分录。

a. 办公用品账户的期初余额为＄2 900。2009年度，公司花＄11 977购买了办公用品，并记录在办公用品账户下。2009年12月31日库存的可使用的办公用品为＄2 552。

b. 对公司保险的分析得出的信息如下。

保险单	购买日期	有效期	成本
A	2008年4月1日	2年	＄11 640
B	2009年4月1日	3年	10 440
C	2009年8月1日	1年	9 240

每份保险在购买日全额支付。全部成本借记预付保险费。（预付保险费的调整分录很可能在到期前的所有年份都发生。）

c. 公司有15名员工，每个工作日的工资总额为＄1 830。每周一支付他们工资。假设2009年12月31日是星期二，在本周的前两天，15名员工全部参加了工作。因为新年是带薪休假，所以，2010年1月6日，星期一，将支付他们五天全部的工资。

d. 2009年1月1日，公司购买了一个建筑物，它的成本为＄800 000，预期使用寿命是40年，结束时残值为＄45 000。每年计提的折旧费为＄18 875。

e. 由于公司不需要那么大的空间，因此，在2009年11月1日，公司将其租给了一个客户，每个月的租金为＄3 000。租金在11月1日支付，并将实现的收入记录到了租金收入账户的贷方。然而，租户并没有支付12月的租金。公司与租户签订了一份协议，租户承诺在1月15日同时支付12月和1月的租金，并承诺从此按时支付。

f. 11月1日，公司以每月＄2 718将部分空间租给了另外一个租户。当天租户预先支付了共5个月的租金。该笔款项记录在了预收租金账户的贷方。

要求：

1. 根据这些信息编制2009年12月31日的调整分录。

2. 编制日记账分录，以记录业务c～e在2010年发生的第一笔现金收入。

Problem3-3A　Wells教育机构（WTI）是一所Tracey Wells拥有的学校。该学校向个人及机构提供收费培训。下表是其2009年12月31日调整前的试算平衡表。WTI最初将待摊费用和预收账款记录在了资产负债表的账户下。a～h是2009年12月31日需要调整的分录。

更多的信息如下：

a. 对学校的保险的分析得知有＄3 000的保险已到期。

b. 库存盘点后，2009年底可用的教学物品为＄2 000。

c. 设备的年折旧费为＄10 000。

d. 专业图书馆的年折旧费为＄5 000。

e. 11月1日，学校同意为一个客户提供即日开始，为期6个月的专门培训课程。合同规定每月固定的费用为＄2 500，并且客户一次性预付5个月的费用。当收到现金时，贷记预收培训费账户。第六个月的费用将在2010年实现。

f. 10月15日，学校同意为一个客户提供即日开始，为期4个月的培训课程。该课程的学费为每月＄1 600，并在课程结束时一次性支付。这项服务已按协议开始进行，迄今为止，还没收到任何收入。

g. 学校的两名员工按周支付工资。年末，每人每天的工资＄120，共有两天没有支付工资。

h. 预付租金账户的余额代表12月份的租金。

要求：

1. 根据调整前的试算平衡表的余额编制T形账户（代表分类账）。

2. 编制必要的日记账调整分录，并过账到T形账户下。假设只在年末编制调整分录。

3. 更新调整分录的T形账户的余额，并编制调整后的试算平衡表。

4. 编制WTI 2009年的利润表、所有者权益表和2009年12月31日的资产负债表。

Wells教育机构调整前的试算平衡表
2009年12月31日

	借方	贷方
现金	＄28 064	
应收账款	0	
教学物品	11 000	
预付保险费	16 000	
预付租金	2 178	
专业图书馆	33 000	
累计折旧——专业图书馆		＄10 000
设备	75 800	
累计折旧——设备		15 000
应付账款		39 500
应付工资		0
预收培训费		12 500
T. Wells名下的资本		71 000
T. Wells提取	44 000	
学费收入		111 000
培训费收入		41 000
折旧费用——专业图书馆	0	
折旧费用——设备	0	
工资费用	52 000	
保险费用	0	
租金费用	23 958	
教学物品费用	0	
广告费	8 000	
公用事业费用	6 000	
总计	＄300 000	＄300 000

第4章

完成会计循环

- 一个重要的工具——工作底稿
- 结账
- 会计循环
- 分类资产负债表

学习目标

CAP

概念（Conceptual）

为什么临时性账户每期都要结清

会计循环的各个步骤

分类资产负债表及其编制

程序（Procedural）

P1 编制工作底稿并解释其作用

P2 描述并编制结账分录

P3 解释并编制结账后的试算平衡表

本章预览

在前面几章，我们已经介绍了编制财务报表前需要进行的几个重要步骤，其中包括分析交易和事项、登记日记账以及过账。本章将介绍在确认当期收入和费用时需要进行的几项重要的调整。另外，本章还将介绍财务报表的编制以及结账过程。结账过程就是要结清收入、费用和所有者提取账户，为下一个报告期做好准备，同时还要更新资本账户。本章还将介绍工作底稿，它是最后这几个步骤以及编制财务报表过程中都会使用到的一个非常有用的工具。最后，我们将介绍在资产负债表上，如何对各种账户进行分类，以方便决策者使用。

完成会计循环

工作底稿
- 工作底稿的作用
- 运用工作底稿

结账
- 临时性账户和永久性账户
- 结账分录
- 结账后的试算平衡表

会计循环
- 会计循环的定义
- 会计循环总结

分类资产负债表
- 分类结构
- 分类目录

一个重要的工具——工作底稿

在为内部和外部决策者收集整理信息的过程中，信息提供者会使用各种各样的分析方法和内部文件。我们通常把这些内部文件称为**工作底稿**（working papers），其中，**工作底表**（work sheet）就是一种被广泛应用的工作文件，它是一种非常有用的会计信息处理工具。然而，外部决策者通常很难获得工作底稿。

工作底稿的作用

工作底稿并非必备的报表，但是使用手工或电子形式的工作底稿有一些潜在的好处。具体来说，这些好处如下：

- 有助于编制财务报表；
- 减少账务处理及账项调整过程中出错的可能性；

● 将账户及其调整与其在财务报表中的影响联系起来；

● 帮助我们规划和组织财务报表的审计工作，因为所有必要的账项调整在工作底稿中都能反映出来；

● 在只有年末才进行账项调整和过账的情况下，工作底稿可以帮助我们编制中期财务报表（月度和季度）；

● 反映各种预计交易或或有事项的影响。

□ 运用工作底稿

工作底稿通常是在会计期末进行账户调整之前编制的，以便我们最终编制财务报表。一张完整的工作底稿包括账户名称、账户余额、调整项目及其它们各自在财务报表上究竟是列入借方栏还是贷方栏。工作底稿上设有调整前的试算平衡表、调整项目、调整后的试算平衡表、利润表和资产负债表（资产负债表栏通常还包括所有者权益表）等几项内容，其中每一项都分为借方和贷方两栏。我们就以 FastForward 公司为例，来看一看如何编制和使用工作底稿。如图表 4.1 和 4.2 所示，编制工作底稿需要以下 5 个步骤。

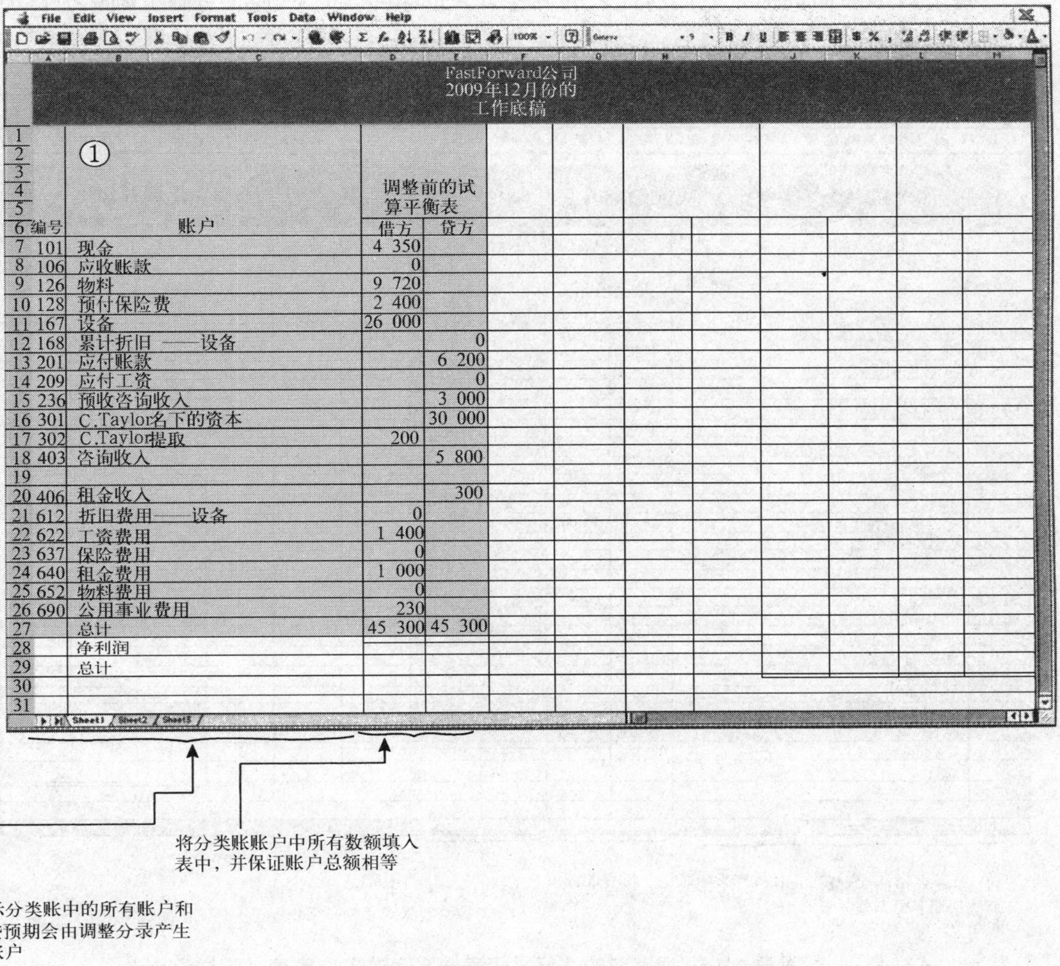

FastForward公司
2009年12月份的
工作底稿

①

行	编号	账户	调整前的试算平衡表 借方	调整前的试算平衡表 贷方
7	101	现金	4 350	
8	106	应收账款	0	
9	126	物料	9 720	
10	128	预付保险费	2 400	
11	167	设备	26 000	
12	168	累计折旧——设备		0
13	201	应付账款		6 200
14	209	应付工资		0
15	236	预收咨询收入		3 000
16	301	C.Taylor名下的资本		30 000
17	302	C.Taylor提取	200	
18	403	咨询收入		5 800
19				
20	406	租金收入		300
21	612	折旧费用——设备	0	
22	622	工资费用	1 400	
23	637	保险费用	0	
24	640	租金费用	1 000	
25	652	物料费用	0	
26	690	公用事业费用	230	
27		总计	45 300	45 300
28		净利润		
29		总计		
30				
31				

将分类账账户中所有数额填入表中，并保证账户总额相等

列示分类账中的所有账户和那些预期会由调整分录产生的账户

图表 4.1　调整前的试算平衡表填写完的工作底稿

第一步，填制调整前的试算平衡表

如图表 4.1 所示，首先，把将要出现在财务报表中的各个账户的名称以及编号填入相应栏内。这些账户包括总分类账账户和调整时所用到的账户。大多数调整分录——包括工资费用、物料费用、折旧费用、保险费用——都是提前计提，以后再发生的。然后，将各账户调整前的余额填入调整前的试算平衡表的借方栏和贷方栏，并且要保证借贷双方总额必须相等。图表 4.1 给出了完成该步骤后的 FastForward 公司的工作底稿。有时，我们会根据以往的经验在工作底稿上可能需要调整的账户下面多留出一些空行，以满足将来调整的需要。图表 4.1 中的咨询收入就是一个例子，如图表所示，我们在咨询收入下面空出了一行。另外，还有一种做法，就是将同一账户的几项调整填入同一行或者是将它们加总后列示出一个累计调整数。对于非预提性账户，通常在合计下面加上一行进行列示。

第二步，填写调整项目

如图表 4.1a 所示，编制工作底稿的第二步是在调整项目栏内填入调整额。图表 4.1a 中的调整数据与图表 3.13 中的数据是同一批数据。调整项目借方栏和贷方栏的每个数字前面都标有它们所代表的调整分录的编号。这种做法叫做给调整项目加关键字。编制完工作底稿之后，要将调整分录登记入日记账，并过入总账。调整项目栏就反映了这些调整分录的信息。

FastForward公司
2009年12月份的
工作底稿

编号	账户 ①	调整前的试算平衡表 借方	调整前的试算平衡表 贷方	调整事项 ② 借方	调整事项 ② 贷方
101	现金	4 350			
106	应收账款	0		(f)1 800	
126	物料	9 720			(b)1 050
128	预付保险费	2 400			(a) 100
167	设备	26 000			
168	累计折旧——设备		0		(c) 375
201	应付账款		6 200		
209	应付工资		0		(e) 210
236	预收咨询收入		3 000	(d) 250	
301	C.Taylor名下的资本		30 000		
302	C.Taylor提取	200			
403	咨询收入		5 800		(d) 250
					(f) 1 800
406	租金收入		300		
612	折旧费用——设备	0		(c) 375	
622	工资费用	1 400		(e) 210	
637	保险费用	0		(a) 100	
640	租金费用	1 000			
652	物料费用	0		(b)1 050	
690	公用事业费用	230			
	总计	45 300	45 300	3 785	3 785
	净利润				
	总计				

列示分类账中的所有账户和那些预期会由调整分录产生的账户

将分类账账记中所有数额填入表中，并保证账户总额相等

填入调整数额，并用字母表示借方和贷方调整，账户总额必须相等

图表 4.1a　调整前的试算平衡表填写完的工作底稿（一）

第三步，编制调整后的试算平衡表

如图表 4.1b 所示，调整后的试算平衡表中的数据是由各账户调整前的余额加上调整额而得到的。例如，预付保险费账户在调整前的试算平衡表中有＄2 400 的借方余额，在调整项目栏中有＄100 的贷方余额，二者相加，我们就可以得出预付保险费账户在调整后的试算平衡表中应该有＄2 300 的借方余额。调整后的试算平衡表的借方总额依然等于贷方总额。

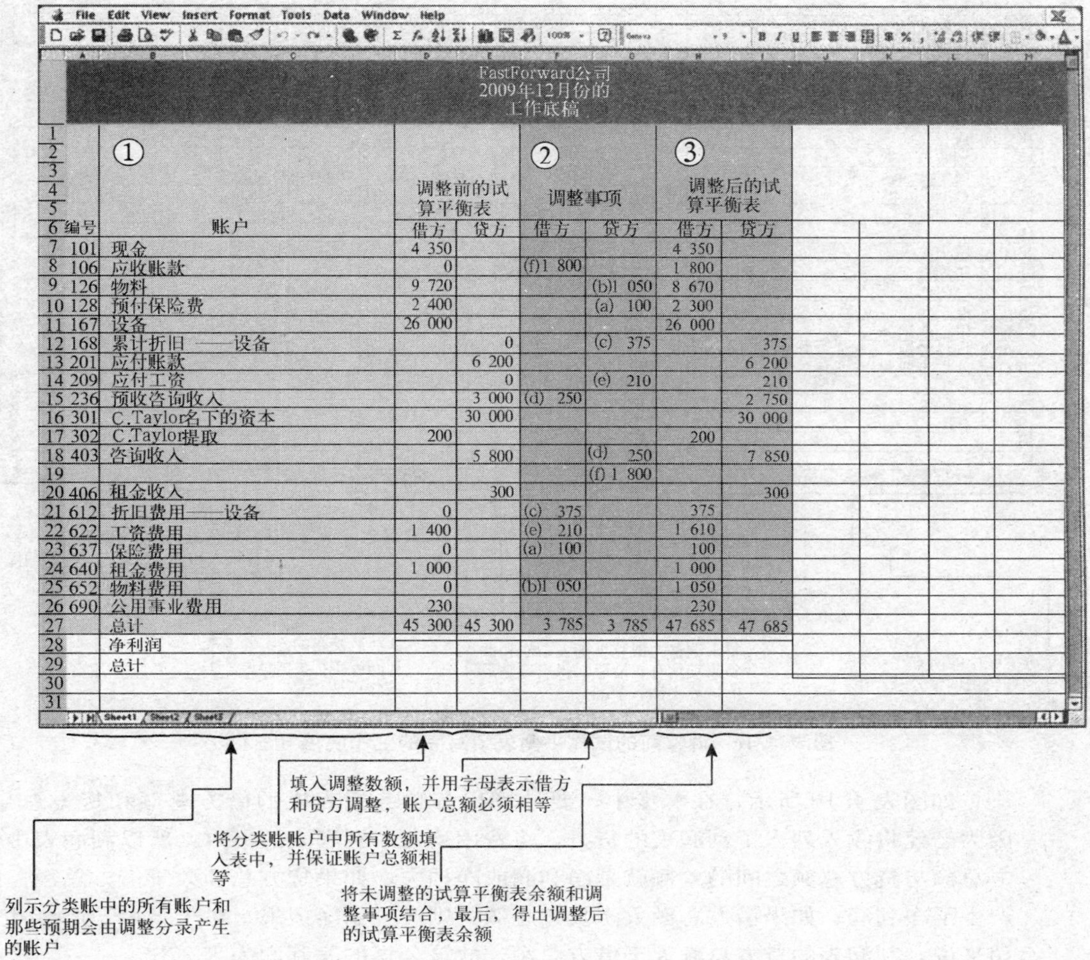

FastForward公司
2009年12月份的
工作底稿

行	编号	① 账户	调整前的试算平衡表		② 调整事项		③ 调整后的试算平衡表	
1–6			借方	贷方	借方	贷方	借方	贷方
7	101	现金	4 350				4 350	
8	106	应收账款	0		(f)1 800		1 800	
9	126	物料	9 720			(b)1 050	8 670	
10	128	预付保险费	2 400			(a) 100	2 300	
11	167	设备	26 000				26 000	
12	168	累计折旧——设备		0		(c) 375		375
13	201	应付账款		6 200				6 200
14	209	应付工资		0		(e) 210		210
15	236	预收咨询收入		3 000	(d) 250			2 750
16	301	C.Taylor名下的资本		30 000				30 000
17	302	C.Taylor提取	200				200	
18	403	咨询收入		5 800		(d) 250		7 850
19						(f) 1 800		
20	406	租金收入		300				300
21	612	折旧费用——设备	0		(c) 375		375	
22	622	工资费用	1 400		(e) 210		1 610	
23	637	保险费用	0		(a) 100		100	
24	640	租金费用	1 000				1 000	
25	652	物料费用	0		(b)1 050		1 050	
26	690	公用事业费用	230				230	
27		总计	45 300	45 300	3 785	3 785	47 685	47 685
28		净利润						
29		总计						
30								
31								

列示分类账中的所有账户和那些预期会由调整分录产生的账户

将分类账账户中所有数额填入表中，并保证账户总额相等

填入调整数额，并用字母表示借方和贷方调整，账户总额必须相等

将未调整的试算平衡表余额和调整事项结合，最后，得出调整后的试算平衡表余额

图表 4.1b　调整前的试算平衡表填写完的工作底稿（二）

第四步，将调整后的试算平衡表中的数据分类填入财务报表

如图表 4.1c 所示，这一步就是要将调整后的试算平衡表中的各个账户的余额分别填入相应的财务报表栏。费用项目应列入利润表的借方栏，收入项目应列入利润表的贷方栏，资产类账户和所有者提取应列入资产负债表及所有者权益表的借方栏，负债类账户和所有者权益应列入资产负债表及所有者权益表的贷方栏。

第五步，计算并填写各财务报表栏的合计额，然后计算出净利润或净损失以及资产负债表与所有者权益表的最终合计额

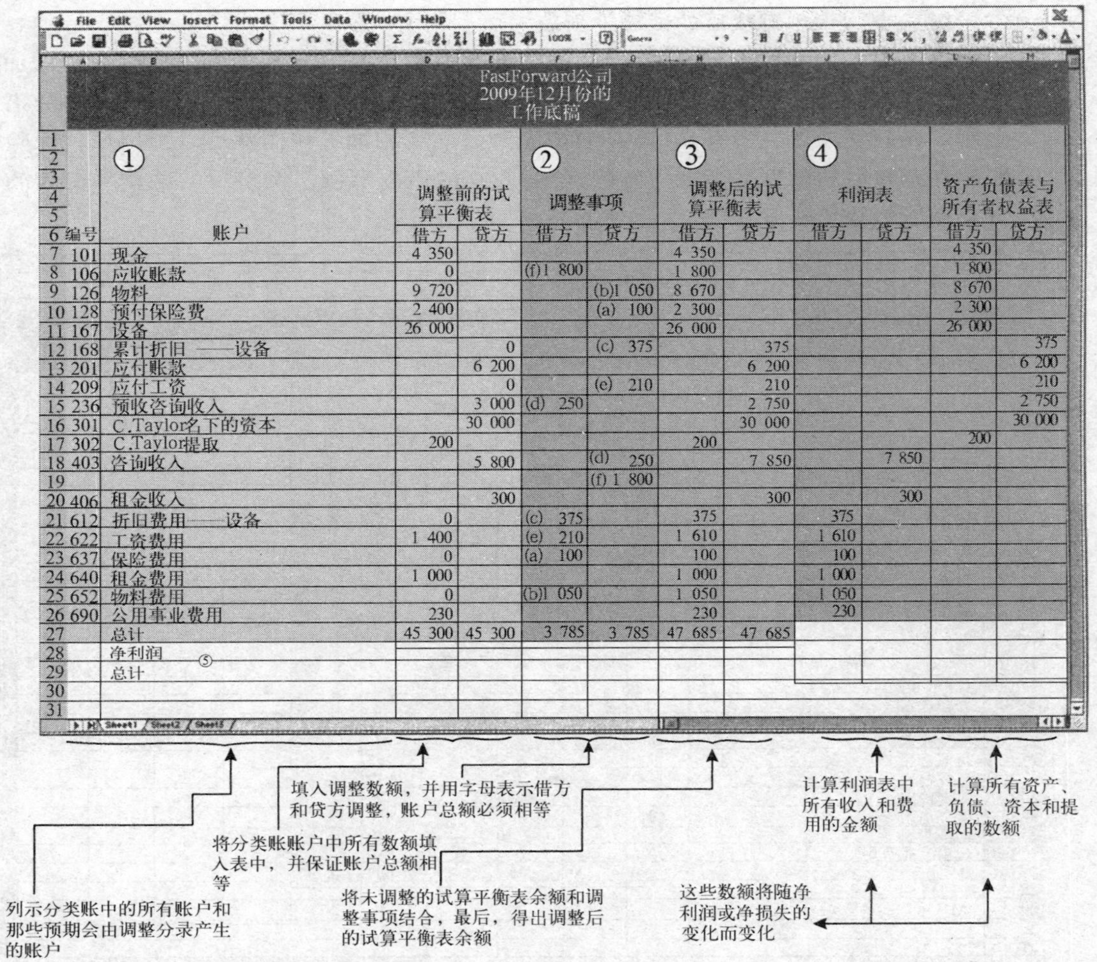

FastForward公司
2009年12月份的
工作底稿

行	编号	① 账户	调整前的试算平衡表 借方	调整前的试算平衡表 贷方	② 调整事项 借方	② 调整事项 贷方	③ 调整后的试算平衡表 借方	③ 调整后的试算平衡表 贷方	④ 利润表 借方	④ 利润表 贷方	资产负债表与所有者权益表 借方	资产负债表与所有者权益表 贷方
7	101	现金	4 350				4 350				4 350	
8	106	应收账款	0		(f)1 800		1 800				1 800	
9	126	物料	9 720			(b)1 050	8 670				8 670	
10	128	预付保险费	2 400			(a) 100	2 300				2 300	
11	167	设备	26 000				26 000				26 000	
12	168	累计折旧——设备		0		(c) 375		375				375
13	201	应付账款		6 200				6 200				6 200
14	209	应付工资		0		(e) 210		210				210
15	236	预收咨询收入		3 000	(d) 250			2 750				2 750
16	301	C.Taylor名下的资本		30 000				30 000				30 000
17	302	C.Taylor提取	200				200				200	
18	403	咨询收入		5 800		(d) 250		7 850		7 850		
19						(f) 1 800						
20	406	租金收入		300				300		300		
21	612	折旧费用——设备	0		(c) 375		375		375			
22	622	工资费用	1 400		(e) 210		1 610		1 610			
23	637	保险费用	0		(a) 100		100		100			
24	640	租金费用	1 000				1 000		1 000			
25	652	物料费用	0		(b)1 050		1 050		1 050			
26	690	公用事业费用	230				230		230			
27		总计	45 300	45 300	3 785	3 785	47 685	47 685				
28		净利润 ⑤										
29		总计										
30												
31												

图表 4.1c 调整前的试算平衡表填写完的工作底稿（三）

如图表 4.1d 所示，在本步中，要计算出各财务报表栏的借方总额和贷方总额。因为已经将收入列入了利润表的贷方，将费用列入了利润表的借方，所以利润表中借方总额与贷方总额之间的差额就是净利润或净损失。如果贷方总额大于借方总额，则产生了净利润；如果借方总额大于贷方总额，则产生了净损失。对于 FastForward 公司来说，利润表的贷方总额大于借方总额，故该公司的净利润为＄3 785。

然后，将上面计算出来的净利润填入资产负债表与所有者权益表的贷方栏。这样做的目的就是要将净利润加入所有者权益。如果有净损失发生，就要将净损失额填入资产负债表与所有者权益表的借方栏。也就是说，净损失要从所有者权益中予以扣除。所有者权益的最终余额并不以数字形式在最后两栏中列示，但在编制所有者权益表时，可以利用这两栏中的账户余额计算出所有者权益总额。在将净利润或净损失填入资产负债表与所有者权益表中相应的贷方或借方栏之后，借贷双方总额必须相等。如果借贷双方总额不等，那就说明在编制工作底稿过程中发生了错误。这些错误可能是由计算失误造成的，也可能是因为将账户登记到了错误的报表项目内造成的。

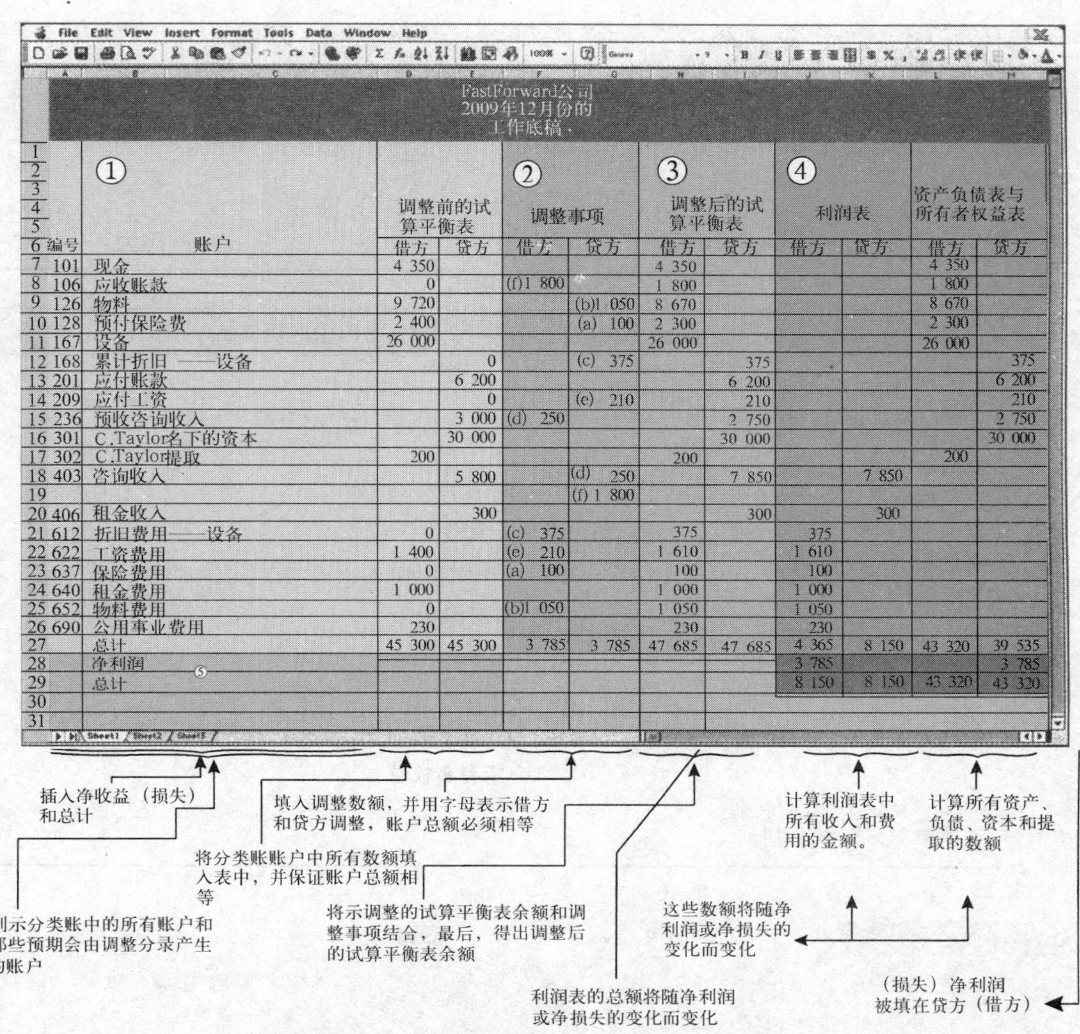

FastForward公司
2009年12月份的
工作底稿

编号	① 账户	调整前的试算平衡表 借方	调整前的试算平衡表 贷方	② 调整事项 借方	② 调整事项 贷方	③ 调整后的试算平衡表 借方	③ 调整后的试算平衡表 贷方	④ 利润表 借方	④ 利润表 贷方	资产负债表与所有者权益表 借方	资产负债表与所有者权益表 贷方
101	现金	4 350				4 350				4 350	
106	应收账款	0		(f)1 800		1 800				1 800	
126	物料	9 720			(b)1 050	8 670				8 670	
128	预付保险费	2 400			(a) 100	2 300				2 300	
167	设备	26 000				26 000				26 000	
168	累计折旧——设备		0		(c) 375		375				375
201	应付账款		6 200				6 200				6 200
209	应付工资		0		(e) 210		210				210
236	预收咨询收入		3 000	(d) 250			2 750				2 750
301	C.Taylor名下的资本		30 000				30 000				30 000
302	C.Taylor提取	200				200				200	
403	咨询收入		5 800		(d) 250		7 850		7 850		
					(f) 1 800						
406	租金收入		300				300		300		
612	折旧费用——设备	0		(c) 375		375		375			
622	工资费用	1 400		(e) 210		1 610		1 610			
637	保险费用	0		(a) 100		100		100			
640	租金费用	1 000				1 000		1 000			
652	物料费用	0		(b)1 050		1 050		1 050			
690	公用事业费用	230				230		230			
	总计	45 300	45 300	3 785	3 785	47 685	47 685	4 365	8 150	43 320	39 535
	净利润 ⑤							3 785			3 785
	总计							8 150	8 150	43 320	43 320

图表 4.1d　调整前的试算平衡表填写完的工作底稿（四）

图表 4.2　　**利用工作底稿编制的财务报表**

FastForward 公司截止到 2009 年 12 月 31 日的利润表		
收入		
咨询收入	$ 7 850	
租金收入	300	
总收入		$ 8 150
费用		
折旧费用——设备	375	
工资费用	1 610	
保险费用	100	
租金费用	1 000	
物料费用	1 050	
公用事业费用	230	
总费用		4 365
净利润		$ 3 785

FastForward公司截止到2009年12月31日的所有者权益表		
12月1日C. Taylor名下的资本		$0
加：所有者投资	$30 000	
净利润	3 785	33 785
		33 785
减：所有者提取		200
12月31日C. Taylor名下的资本		$33 585

FastForward公司2009年12月31日的资产负债表		
资产		
现金		$4 350
应收账款		1 800
物料		8 670
预付保险费		2 300
设备	$26 000	
累计折旧——设备	（375）	25 625
资产总计		$42 745
负债		
应付账款		$6 200
应付工资		210
预收咨询收入		2 750
负债总计		9 160
所有者权益		
C. Taylor名下的资本		33 585
负债和所有者权益总计		$42 745

角色扮演 **企业家**

你将电子版的工作底稿打印出来用以编制财务报表。你拥有大量的设备，却没有进行折旧调整。请问这件事情会引起你的关注吗？

□ 工作底稿的应用和分析

工作底稿并不能替代财务报表。它只是一种工具，在会计期末时，我们可以使用它来整理数据编制财务报表。图表4.2给出了FastForward公司的财务报表。其中，利润表中的数据来自工作底稿中的利润表栏。同样，资产负债表和所有者权益表中的数据也是来自工作底稿中的资产负债表与所有者权益表栏。

另外，我们还可以利用工作底稿中的调整项目栏编制调整分录，但必须记住，工作底稿并不是日记账。也就是说，编制完工作底稿之后，仍然需要将调整分录登入日记账并过入总分类账。

我们还可以利用工作底稿来分析各种预计交易或或有事项的影响。首先填写调整前的试算平衡表栏，接着填写调整项目栏，然后根据这两项计算出各账户调整后的余额。后面财务报表栏中的各账户余额就反映了这些根据权责发生制原则推定已经发生的交易所带来的影响。利用财务报表栏中的数据，我们可以编制出**预测财务报表**（pro forma financial statements）。预测财务报表就是在假设这些交易已经发生的基础上编制出来的。

快速测试

1. 工作底稿里调整前的试算平衡表中的数据是从哪里得来的？
2. 使用工作底稿来编制调整分录有哪些优点？
3. 工作底稿有哪些用途？

结 账

结账（closing process）是在会计期末编制完财务报表之后需要进行的一个重要步骤，它帮助我们为下一期的会计工作做好准备。在结账过程中，必须做到以下几点：（1）确定哪些账户需要进行结账；（2）编制结账分录并将其过账；（3）编制结账后的试算平衡表。结账过程的目的有两个：一是在每个会计期末，将收入、费用及所有者提取账户的余额复归为零，以便正确计算下个会计期的利润和所有者提取；二是汇总计算本期的收入和费用。本节将详细介绍结账过程。

□ 临时性账户和永久性账户

临时性账户（或叫虚账户）（temporary accounts or nominal accounts）只记录与本会计期间相关的数据。临时性账户包括所有的利润表账户、所有者提取账户和本年利润账户。之所以把它们称为临时性账户，是因为这些账户通常是在会计期初开设，用来记录当期的交易和事项，然后在会计期末就会结平。只有临时性账户才需要进行结账。永久性账户（或叫实账户）（permanent accounts or real accounts）记录的是与一个或多个会计期间相关的经济活动。这些账户的期末余额会递转到下一个会计期间，所有的资产负债表账户都属于永久性账户。因此，资产类、负债类以及所有者权益类账户不需要期末结平。

□ 编制结账分录

所谓结账分录（closing entry）的编制和过账就是指将收入、费用及所有者提取账户的期末余额结转至永久性资本账户。在会计期末编制完财务报表之后之所以需要编制结账分录，是因为：

- 收入、费用及所有者提取账户的期初余额必须为零。
- 所有者权益必须反映以前各期的收入、费用及所有者提取情况。

编制利润表的目的是反映特定会计期间的收入和费用情况，编制所有者权益表的目的也是反映类似的信息（所有者权益表除了反映特定会计期间的收入和费用情况以外，还要反映所有者提取情况）。由于收入、费用及所有者提取账户反映的是某一期间的情况，所以其期初余额必须为零。在结清这些账户时，首先要将它们的期末余额结转至一个名为**“本年利润”**（income summary）的账户。本年利润账户是一个只在结账过程中使用的临时性账户，其贷方记录的是所有的收入（利得）总额，借方记录的是所有的费用（损失）总额。本年利润账户的余额等于净利润或净损失，该余额将被结转至资本账户。接下来，要把所有者提取账户的余额结转至资本账户。在将这些结账分录过完账之后，收入、费用、所有者提取及本年利润账户的余额都将变为零。

这样一来就把这些账户结清或结平了。

图表 4.3 使用 FastForward 公司调整后的账户余额（数据取自图表 4.1 中的调整后的试算平衡表栏或图表 4.4），展示了结账过程的四个步骤，下面就来具体解释一下。

第一步，将收入账户的贷方余额结转至本年利润账户

第一笔结账分录是将收入（利得）账户的贷方余额结转至本年利润账户。通过借记这些账户的贷方余额把它们的余额结为零。对于 FastForward 公司来说，这一分录对应的是图表 4.4 中的第一步。这一分录结平了收入账户，使其余额变为零，从而为这些账户在下一个会计期间记录收入做好准备。记入本年利润贷方的 \$8 150等于该会计期间的收入总额。

第二步，将费用账户的借方余额结转至本年利润账户

第二笔结账分录是将费用（损失）账户的借方余额结转至本年利润账户。通过贷记这些账户的借方余额把它们的余额结为零，从而为这些账户在下一个会计期间记录费用做好准备。对于 FastForward 公司来说，这一分录对应的是图表 4.4 中的第二步。如图表 4.3 所示，在将这笔分录过账之后，各个费用账户的余额都变成零。

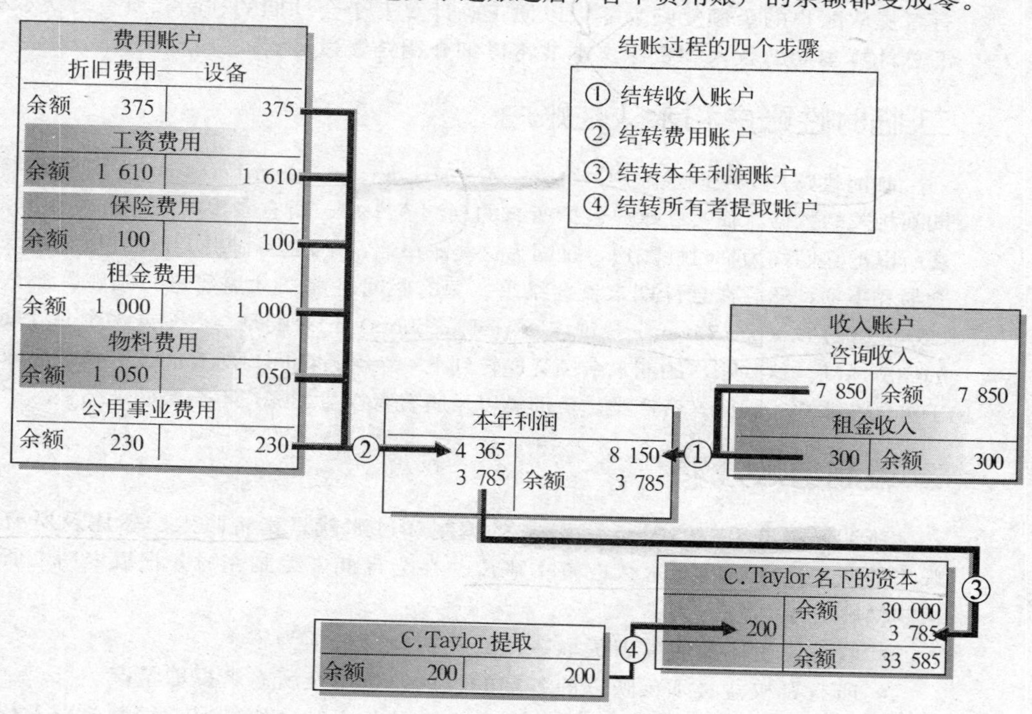

图表 **4.3** 结账过程的四个步骤

第三步，将本年利润账户的余额结转至所有者权益账户

完成第一步和第二步之后，本年利润账户的余额为 \$3 785，等于 FastForward 公司 12 月份的净利润。第三笔结账分录是将本年利润账户的余额结转至所有者权益账户。这笔分录使得本年利润账户的余额变成零。对于 FastForward 公司来说，这一分录对应的是图表 4.4 中的第三步。在下一个会计期末结账之前，本年利润账户的余额将一直保持为零。（如果费用大于收入，则本期产生了净损失，那么对应的第三笔结账分录应改为：借记所有者权益，贷记本年利润。）

第四步，将所有者提取账户的余额结转至所有者权益账户

如图表 4.4 中的第四步所示，第四笔结账分录是将所有者提取账户的借方余额结转至所有者权益账户。该笔分录将所有者提取账户的余额变成零，从而为该账户在下一个会计期间记录所有者提取做好准备。另外，这笔分录还使得资产负债表中的所有者权益余额减至＄33 585。

另外，我们也可以从总分类账中选择各个需要结平的收入、费用和所有者提取账户及其余额。图表 4.4 解释了如何利用调整后的试算平衡表编制结账分录。① （编制结账分录所需要的信息可以从工作底稿中的财务报表栏获得。）

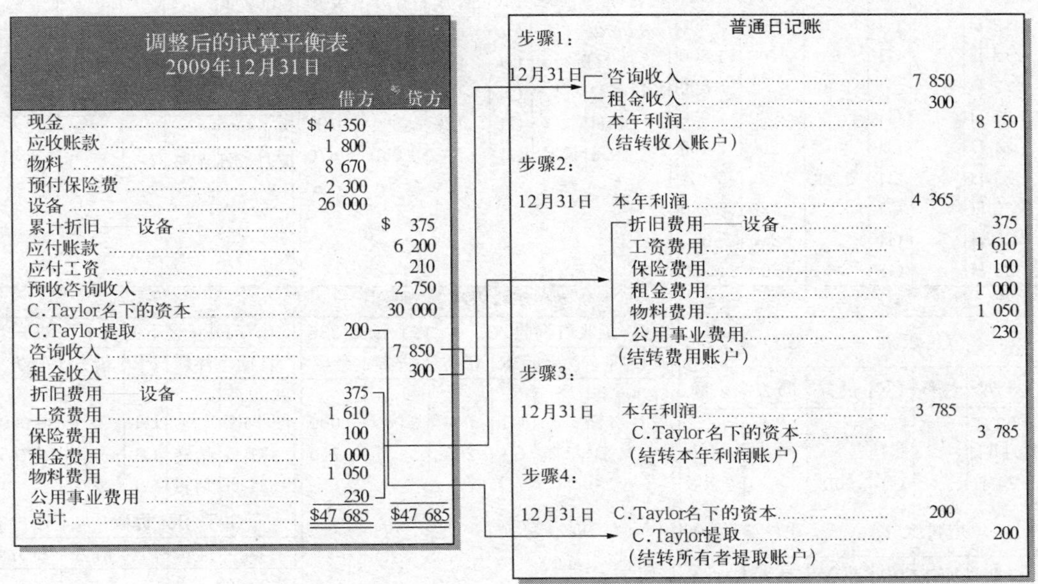

调整后的试算平衡表
2009年12月31日

	借方	贷方
现金	$ 4 350	
应收账款	1 800	
物料	8 670	
预付保险费	2 300	
设备	26 000	
累计折旧　设备		$ 375
应付账款		6 200
应付工资		210
预收咨询收入		2 750
C.Taylor名下的资本		30 000
C.Taylor提取	200	
咨询收入		7 850
租金收入		300
折旧费用——设备	375	
工资费用	1 610	
保险费用	100	
租金费用	1 000	
物料费用	1 050	
公用事业费用	230	
总计	$47 685	$47 685

普通日记账

步骤1：			
12月31日	咨询收入	7 850	
	租金收入	300	
	本年利润		8 150
	(结转收入账户)		
步骤2：			
12月31日	本年利润	4 365	
	折旧费用——设备		375
	工资费用		1 610
	保险费用		100
	租金费用		1 000
	物料费用		1 050
	公用事业费用		230
	(结转费用账户)		
步骤3：			
12月31日	本年利润	3 785	
	C.Taylor名下的资本		3 785
	(结转本年利润账户)		
步骤4：			
12月31日	C.Taylor名下的资本	200	
	C.Taylor提取		200
	(结转所有者提取账户)		

图表 4.4　编制结账分录

□ 结账后的试算平衡表

图表 4.5 给出了 FastForward 公司 12 月 31 日在将调整分录和结账分录过账以后的总分类账。（这些交易和调整分录请参见第 2 章和第 3 章的相关内容。）所有临时性账户（收入、费用及所有者提取）的期末余额均为零。

结账后的试算平衡表（post-closing trial balance）是指在将所有的结账分录登记、过账之后，由总分类账中所有的永久性账户及其余额构成的列表，其中列示了所有不需要结转的账户及其余额。这些账户涵盖了资产负债表中的全部账户（包括资产账户、负债账户以及资本账户）。编制结账后的试算平衡表的目的是：（1）验证所有永久性账户的借方总额是否等于贷方总额；（2）验证所有的临时性账户余额是否为零。图表 4.6 给出了 FastForward 公司结账后的试算平衡表。通常情况下，编制结账后的试算平衡表是会计处理过程的最后一步。

① 结账过程关注的是所有权。合伙企业的结账过程与本例是一样的，只不过在第三步和第四步中每个合伙人都有一个单独的资本和提取账户。股份制公司的结账过程与本例类似，只不过它使用的不是所有者权益和所有者提取账户，而是留存收益和股利账户。

图表 4.5　　**FastForward** 公司结账后的总分类账

资产类账户

现金　　账户编号 101

日期	注释	PR	借方	贷方	余额
2009 年 12月1日		G1	30 000		30 000
2 日		G1		2 500	27 500
3 日		G1		26 000	1 500
5 日		G1	4 200		5 700
6 日		G1		2 400	3 300
12 日		G1		1 000	2 300
12 日		G1		700	1 600
22 日		G1	1 900		3 500
24 日		G1		900	2 600
24 日		G1		200	2 400
26 日		G1	3 000		5 400
26 日		G1		120	5 280
26 日		G1		230	5 050
26 日		G1		700	4 350

应收账款　　账户编号 106

日期	注释	PR	借方	贷方	余额
2009 年 12月12日		G1	1 900		1 900
22 日		G1		1 900	0
31 日	调整	G1	1 800		1 800

物料　　账户编号 126

日期	注释	PR	借方	贷方	余额
2009 年 12月2日		G1	2 500		2 500
6 日		G1	7 100		9 600
26 日		G1	120		9 720
31 日	调整	G1		1 050	8 670

预付保险费　　账户编号 128

日期	注释	PR	借方	贷方	余额
2009 年 12月6日		G1	2 400		2 400
31 日	调整	G1		100	2 300

设备　　账户编号 167

日期	注释	PR	借方	贷方	余额
2009 年 12月3日		G1	26 000		26 000

累计折旧——设备　账户编号 168

日期	注释	PR	借方	贷方	余额
2009 年 12月31日	调整	G1		375	375

负债和所有者权益类账户

应付账款　　账户编号 201

日期	注释	PR	借方	贷方	余额
2009 年 12月6日		G1		7 100	7 100
24 日		G1	900		6 200

应付工资　　账户编号 209

日期	注释	PR	借方	贷方	余额
2009 年 12月31日	调整	G1		210	210

预收咨询收入　　账户编号 236

日期	注释	PR	借方	贷方	余额
2009 年 12月26日		G1		3 000	3 000
31 日	调整	G1	250		2 750

C. Taylor 名下的资本　　账户编号 301

日期	注释	PR	借方	贷方	余额
2009 年 12月1日		G1		30 000	30 000
31 日	结转	G1		3 785	33 785
31 日	结转	G1	200		33 585

G. Taylor 提取　　账户编号 302

日期	注释	PR	借方	贷方	余额
2009 年 12月24日		G1	200		200
31 日	结转	G1		200	0

收入和费用类账户（包括本年利润）

咨询收入　　账户编号 403

日期	注释	PR	借方	贷方	余额
2009 年 12月5日		G1		4 200	4 200
12 日		G1		1 600	5 800
31 日	调整	G1		250	6 050
31 日	调整	G1		1 800	7 850
31 日	结转	G1	7 850		0

租金收入　　账户编号 406

日期	注释	PR	借方	贷方	余额
2009 年 12月12日		G1		300	300
31 日	结转	G1	300		0

折旧费用——设备　　账户编号 612

日期	注释	PR	借方	贷方	余额
2009 年 12月31日	调整	G1	375		375
31 日	结转	G1		375	0

工资费用　　账户编号 622

日期	注释	PR	借方	贷方	余额
2009 年 12月12日		G1	700		700
26 日		G1	700		1 400
31 日	调整	G1	210		1 610
31 日	结转	G1		1 610	0

保险费用　账户编号 637

日期	注释	PR	借方	贷方	余额
2009 年 12月31日	调整	G1	100		100
31 日	结转	G1		100	0

租金费用　　账户编号 640

日期	注释	PR	借方	贷方	余额
2009 年 12月12日		G1	1 000		1 000
31 日	结转	G1		1 000	0

物料费用　　账户编号 652

日期	注释	PR	借方	贷方	余额
2009 年 12月31日	调整	G1	1 050		1 050
31 日	结转	G1		1 050	0

公用事业费用　　账户编号 690

日期	注释	PR	借方	贷方	余额
2009 年 12月26日		G1	230		230
31 日	结转	G1		230	0

本年利润　　账户编号 901

日期	注释	PR	借方	贷方	余额
2009 年 12月31日	结转	G1		8 150	8 150
31 日	结转	G1	4 365		3 785
31 日	结转	G1	3 785		0

图表 4.6　　　　结账后的试算平衡表

FastForward 公司结账后的试算平衡表		
	借方	贷方
现金	$4 350	
应收账款	1 800	
物料	8 670	
预付保险费	2 300	
设备	26 000	
累计折旧——设备		$375
应付账款		6 200
应付工资		210
预收咨询收入		2 750
C. Taylor 名下的资本		33 585
总计	$43 120	$43 120

会计循环

所谓会计循环（accounting cycle），是指编制财务报表所需要的步骤。之所以称为循环，是因为每一个会计期间都要重复这些步骤。图表 4.7 给出了会计循环所包含的 10 个步骤。会计循环以分析交易事项开始，以编制结账后的试算平衡表或转回分录结束。第 1 步到第 3 步通常是在企业开展经济交易的过程中进行的，而第 4 步到第 9 步则是在会计期末才进行。第 10 步编制转回分录属于可选项目。转回分录并非一定要编制，企业可视实际情况自行决定是否编制。

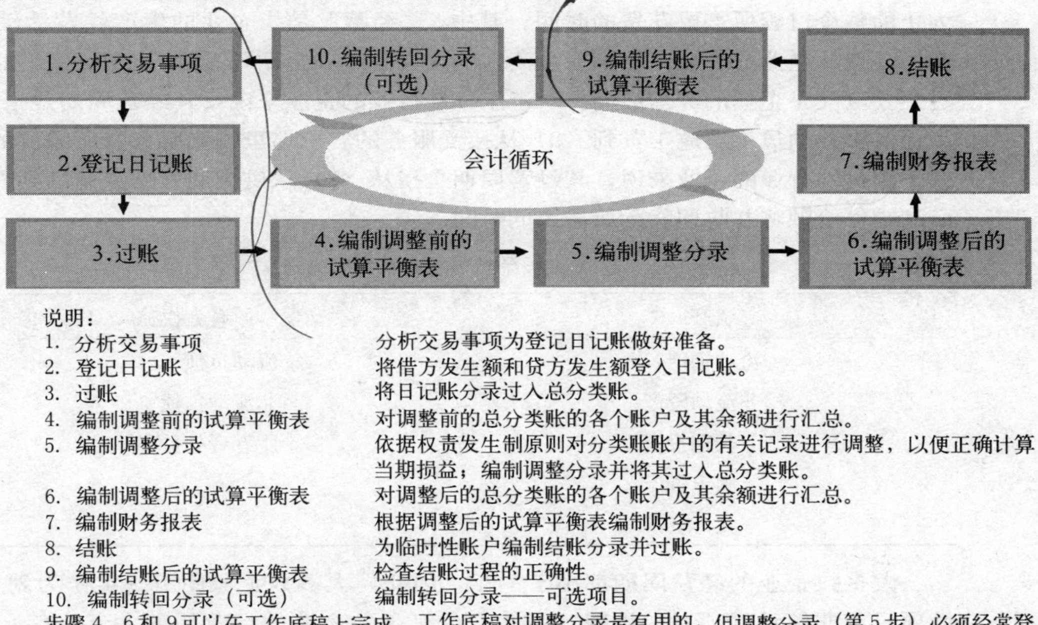

说明：

1. 分析交易事项	分析交易事项为登记日记账做好准备。
2. 登记日记账	将借方发生额和贷方发生额登入日记账。
3. 过账	将日记账分录过入总分类账。
4. 编制调整前的试算平衡表	对调整前的总分类账的各个账户及其余额进行汇总。
5. 编制调整分录	依据权责发生制原则对分类账账户的有关记录进行调整，以便正确计算当期损益；编制调整分录并将其过入总分类账。
6. 编制调整后的试算平衡表	对调整后的总分类账的各个账户及其余额进行汇总。
7. 编制财务报表	根据调整后的试算平衡表编制财务报表。
8. 结账	为临时性账户编制结账分录并过账。
9. 编制结账后的试算平衡表	检查结账过程的正确性。
10. 编制转回分录（可选）	编制转回分录——可选项目。

步骤 4，6 和 9 可以在工作底稿上完成。工作底稿对调整分录是有用的，但调整分录（第 5 步）必须经常登记日记账和过账。步骤 3，4，6 和 9 可以通过计算机系统自动完成。

图表 4.7　会计循环的步骤

快速测试

4. 编制结账分录需要哪些主要步骤？
5. 为什么把收入账户和费用账户称为临时性账户？请列举出其他几种临时性账户。
6. 结账后的试算平衡表中都列示了哪些账户？

分类资产负债表

迄今为止，我们一直都在讨论未分类财务报表。这一节，我们先来介绍一下分类资产负债表。至于分类利润表，将在第5章介绍。**未分类资产负债表**（unclassified balance sheet）是指只是笼统地将各种账户分成资产、负债和所有者权益三个大类的资产负债表。例如，图表4.2中给出的FastForward公司的资产负债表就是一个未分类资产负债表。**分类资产负债表**（classified balance sheet）则将资产和负债进一步细分，以便为决策者提供更多的信息。

□ 分类结构

分类资产负债表并没有特定的格式，但它通常包含图表4.8中给出的几个类别。其中比较重要的一项分类就是将资产和负债划分成流动性项目和非流动性项目。流动性项目是指在一年或超过一年的一个经营周期内需要处理的项目。**经营周期**（operating cycle）是指从支付现金购买产品或劳务开始，到售出这些产品或劳务收回现金为止的整个过程所需要花费的时间。其中，“经营”是指企业的生产经营活动，“周期”是指从企业的现金流出到现金流入的这样一个现金循环过程。企业经营周期的长短主要取决于企业的经营活动。对于服务性行业的企业来说，其经营周期是指从（1）为提供服务的员工发放工资到（2）从接受服务的客户那里收到服务费所需要的时间。对于销售性行业的企业来说，其经营周期是指从（1）从供应商处购买商品到（2）将商品销售给顾客并收回货款所需要的时间。

图表4.8 分类资产负债表中常见的类别

资产	负债和所有者权益
流动资产	流动负债
非流动资产	非流动负债
长期投资	所有者权益
固定资产	
无形资产	

大多数企业的经营周期都小于一年。因此，大多数企业使用一年作为划分流动性项目和非流动性项目的界限。当然，也有少数企业的经营周期大于一年。例如，某些厂家在生产饮料（如葡萄酒）和需要陈化多年的产品（如人参）的时候，往往需要几年的时间，故其经营周期会大于一年。在资产负债表中，我们通常将流

动资产放在非流动资产的前面，将流动负债放在非流动负债的前面。这种统一的列示方法可以帮助报表使用者快速辨别哪些是容易变现的流动资产，哪些是短期内就会到期的流动负债。对于各种流动资产，我们按照它们变现周期的长短进行排列，变现周期短的放在前面，变现周期长的则放在后面；同样，对于流动负债，也按照它们的偿还期限的长短进行排列，偿还期短的放在前面，偿还期长的则放在后面。

□ 分类目录

下面将介绍分类资产负债表中常见的一些类别。图表 4.9 Snowboarding Components 公司的资产负债表给出了常见的一些类别。其中，资产被划分成了流动资产和非流动资产，而非流动资产又被分成了长期投资、固定资产和无形资产三类；同样，负债也被划分成了流动负债和长期负债。当然，并不是所有的企业都会使用同样的方法对其资产负债表中的资产和负债进行分类。例如，K2 Inc. 公司的资产负债表只将资产分成了流动资产、固定资产及其他资产三类。

图表 4.9　　分类资产负债表样例

Snowboarding Components 公司 2009 年 1 月 31 日的资产负债表		
资产		
流动资产		
现金	$ 6 500	
短期投资	2 100	
应收账款净额	4 400	
库存商品	27 500	
预付费用	2 400	
流动资产总计		$ 42 900
长期投资		
应收票据	1 500	
股票和债券投资	18 000	
持有至到期土地	48 000	
长期投资总计		67 500
固定资产		
设备和建筑物	203 200	
减：累计折旧	53 000	150 200
土地		73 200
固定资产总计		223 400
无形资产		10 000
资产总计		$ 343 800
负债		
流动负债		
应付账款	$ 15 300	
应付工资	3 200	
应付票据	3 000	

续前表

SnowboardingComponents 公司 2009 年 1 月 31 日的资产负债表		
长期负债中到期部分	7 500	
流动负债总计		$ 29 000
长期负债（减到期部分后的净额）		150 000
负债总计		179 000
所有者权益		
T. Hawk 名下的资本		164 800
负债和所有者权益总计		$ 343 800

流动资产 流动资产（current assets）是指现金及其他能在一年或超过一年的一个经营周期内出售、回收或使用的资产。例如，现金、短期投资、应收账款、短期应收票据、待售商品（也叫商品或存货）及待摊费用等都属于流动资产。跟其他资产相比，企业的各种待摊费用往往数额较小，所以通常把它们合并在一起列示在“待摊费用”项目下面。如图表 4.9 中的待摊费用可能就包括了预付保险费、预付租金、办公用品等。由于待摊费用无法变现（只能使用），所以通常把它列在最后面。

长期投资 资产负债表中第二个主要类别就是长期（或非流动）投资（long-term or noncurrent investments）。持有期超过一年或超过一年的一个经营周期的应收票据以及股票和债券投资都属于长期投资。为将来扩建而持有的土地，由于它尚未用于经营活动，所以我们也把它算作长期投资。

固定资产 固定资产是指用来生产或销售产品以及提供劳务的使用年限较长的有形资产。例如，机器、设备、房屋，以及用于生产或销售产品和劳务的土地等都属于固定资产。各种固定资产通常按照流动性的强弱来排列，流动性强的排在前面，流动性弱的排在后面。例如，我们可以按照设备、机器、房屋和土地的顺序进行排列。

无形资产 无形资产（intangible assets）是指能给企业带来经济收益的长期资源，它们通常不具备实物形态，而且其收益也具有不确定性。例如，专利、商标、著作权、特许权及商誉等都属于无形资产。无形资产的价值来源于其持有人所拥有或被授予的权利或特权。K2，Inc. 公司的财务报表显示，该公司拥有的无形资产的价值为 2 280 万美元，占到了公司总资产的近 20%。该公司的无形资产包括商标、专利以及许可协议。

流动负债 流动负债（current liabilities）是指企业在一年或超过一年的一个经营周期内必须清偿的债务。企业通常采取支付现金等流动资产的形式来偿还流动负债。流动负债通常包括应付账款、应付票据、应付工资、应交税金、应付利息以及预收账款。同样，长期负债中需要在一年或超过一年的一个经营周期内偿还的部分，也作为流动负债列示。需要在一年或超过一年的一个经营周期内通过提供产品或劳务的形式加以偿还的预收账款也属于流动负债。各种流动负债通常按照偿还的先后顺序进行排列。

长期负债 长期负债（long-term liabilities）是指不需在一年或超过一年的一个经营周期内偿还的债务。应付票据、应付抵押款、应付债券和应付租金等都是典型的长期负债。如果一家公司的上述项目中既有长期部分也有短期部分，那么通常在总分类账中使用两个账户分别列示。

所有者权益 所有者权益是所有人对企业资产所享有的求偿权。对于独资企业来说，所有者权益用资产负债表中所有者权益项下的所有者名下的资本账户列示。（对于合伙企业来说，资产负债表中所有者权益项下需要列示各个合伙人的出资情况。对于股份制公司来说，资产负债表中所有者权益项下需要列示普通股和留存收益两个子项。）

快速测试

7. 请指出下列资产中哪些是（1）流动资产，（2）固定资产，（3）无形资产：(a) 经营用地，(b) 办公用品，(c) 10个月内到期的应收账款，(d) 未来9个月的保险费用，(e) 用于为客户提供服务的卡车，(f) 商标。
8. 试举出两个在资产负债表上可以列为投资项目的例子。
9. 对于服务性行业的企业来说，经营周期的含义是什么？

实例分析

Midtown 维修公司 2009 年 12 月 31 日的部分工作底稿如下：

	调整后的试算平衡表		利润表		资产负债表和所有者权益表	
	借方	贷方	借方	贷方	借方	贷方
现金	95 600					
应收票据（当期）	50 000					
预付保险费	16 000					
预付租金	4 000					
设备	170 000					
累计折旧——设备		57 000				
应付账款		52 000				
长期应付票据		63 000				
C. Trout 名下的资本		178 500				
C. Trout 提取	30 000					
维修服务收入		180 800				
利息收入		7 500				
折旧费用——设备	28 500					
工资费用	85 000					
租金费用	48 000					
保险费用	6 000					
利息费用	5 700					
总计	538 800	538 800				

要求：

1. 将调整后的试算平衡表中的总额填入相应的财务报表栏以完成这张工作底稿。
2. 为 Midtown 维修公司编制结账分录。
3. 在总分类账中建立本年利润和 C. Trout 名下的资本账户（采用余额栏账户的

形式)，并将结账分录过入这两个账户。

4. 确定在 Midtown 维修公司 2009 年 12 月 31 日的资产负债表中 C. Trout 名下的资本账户的余额是多少。

5. 编制 Midtown 维修公司 2009 年 12 月 31 日的利润表、所有者权益表以及分类资产负债表（采用报告式资产负债表的形式）。

解题步骤：

- 将调整后的试算平衡表中的账户余额，填入相应的财务报表栏。
- 编制结账分录，首先将收入和费用账户的余额都结转至本年利润账户，然后再将本年利润账户和所有者提取账户的余额都结转至资本账户。
- 将第一笔和第二笔结账分录过入本年利润账户，并检查本年利润的余额是否与工作底稿中的净利润相等。
- 将第三笔和第四笔结账分录过入资本账户。
- 利用工作底稿中最右边的两栏以及第四步的答案编制分类资产负债表。

实例分析答案：

1. 完成工作底稿：

	调整后的试算平衡表		利润表		资产负债表和所有者权益表	
	借方	贷方	借方	贷方	借方	贷方
现金	95 600				95 600	
应收票据（当期）	50 000				50 000	
预付保险费	16 000				16 000	
预付租金	4 000				4 000	
设备	170 000				170 000	
累计折旧——设备		57 000				57 000
应付账款		52 000				52 000
长期应付票据		63 000				63 000
C. Trout 名下的资本		178 500				178 500
C. Trout 提取	30 000				30 000	
维修服务收入		180 800		180 800		
利息收入		7 500		7 500		
折旧费用——设备	28 500		28 500			
工资费用	85 000		85 000			
租金费用	48 000		48 000			
保险费用	6 000		6 000			
利息费用	5 700		5 700			
总计	538 800	538 800	173 200	188 300	365 600	350 500
净利润			15 100			15 100
总计			188 300	188 300	365 600	365 600

2. 结账分录：

12月31日	借：维修服务收入	180 800	
	利息收入	7 500	
	贷：本年利润		188 300
	（结转收入账户）		
12月31日	借：本年利润	173 200	
	贷：折旧费用——设备		28 500
	工资费用		85 000
	租金费用		48 000
	保险费用		6 000
	利息费用		5 700
	（结转费用账户）		
12月31日	借：本年利润	15 100	
	贷：C. Trout 名下的资本		15 100
	（结转本年利润账户）		
12月31日	借：C. Trout 名下的资本	30 000	
	贷：C. Trout 提取		30 000
	（结转所有者提取账户）		

3. 建立本年利润和 C. Trout 名下的资本账户（采用余额栏账户的形式），并将结账分录过入这两个账户。

本年利润					账户编号：901
日期	注释	PR	借方	贷方	余额
2009年					
1月1日	期初余额				0
12月31日	结转收入账户			188 300	188 300
12月31日	结转费用账户		173 200		15 100
12月31日	结转本年利润		15 100		0

C. Trout 名下的资本					账户编号：301
日期	注释	PR	借方	贷方	余额
2009年					
1月1日	期初余额				178 500
12月31日	结转本年利润			15 100	193 600
12月31日	结转 C. Trout 提取		30 000		163 600

4. 在 Midtown 维修公司 2009 年 12 月 31 日的资产负债表中，C. Trout 名下的资本账户的余额为＄163 600（由第 3 题计算得来），这个余额综合反映了由净利润而导致的所有者权益的增加，以及由所有者提取而导致的所有者权益的减少。

5.

Midtown 维修公司截止到 2009 年 12 月 31 日的利润表

收入		
维修服务收入	$ 180 800	
利息收入	7 500	
收入总计		$ 188 300
费用		
折旧费用——设备	28 500	
工资费用	85 000	
租金费用	48 000	
保险费用	6 000	
利息费用	5 700	
费用总计		173 200
净利润		$ 15 100

Midtown 维修公司截止到 2009 年 12 月 31 日的所有者权益表

2008 年 12 月 31 日 C. Trout 名下的资本		$ 178 500
加：所有者投资	$ 0	
净利润	15 100	15 100
		193 600
减：所有者提取		30 000
2009 年 12 月 31 日 C. Trout 名下的资本		$ 163 600

Midtown 维修公司 2009 年 12 月 31 日的资产负债表

	资产	
流动资产		
现金	$ 95 600	
应收票据	50 000	
预付保险费	16 000	
预付租金	4 000	
流动资产总计	165 600	
固定资产		
设备	$ 170 000	
减：累计折旧——设备	（57 000）	
固定资产总计		113 000
资产总计		$ 278 600
	负债	
流动负债		
应付账款		$ 52 000
长期负债		
长期应付票据		63 000
负债总计		115 000
	所有者权益	
C. Trout 名下的资本		163 600
负债和所有者权益总计		$ 278 600

小 结

C1 解释为什么临时性账户每期都要结清。 我们之所以在每个会计期末都要结清临时性账户有两个原因：第一，通过结账过程，可以使资本账户反映出当期所有的交易事项所带来的影响；第二，将收入、费用和所有者提取账户的余额复归为零，以便为下一个会计期间做好准备。

C2 介绍会计循环的各个步骤。 会计循环包括以下10个步骤：(1) 分析交易事项，(2) 登记日记账，(3) 过账，(4) 编制调整前的试算平衡表，(5) 编制调整分录，(6) 编制调整后的试算平衡表，(7) 编制财务报表，(8) 结账，(9) 编制结账后的试算平衡表，(10) 编制转回分录（可选）。

C3 解释并编制分类资产负债表。 分类资产负债表将资产和负债分成流动性项目和非流动性项目两类加以列示。非流动资产通常包括长期投资、固定资产以及无形资产。对于独资企业来说，所有者权益用资产负债表中所有者权益项下的所有者名下的资本账户列示。对于股份制公司来说，资产负债表中所有者权益项下需要列示普通股和留存收益两个子项。

P1 编制工作底稿并解释其作用。 工作底稿是编制和分析财务报表的一个非常有用的工具。它可以帮助我们在会计期末编制调整分录、调整后的试算平衡表和财务报表。工作底稿通常包括以下五栏：调整前的试算平衡表、调整项目、调整后的试算平衡表、利润表以及资产负债表与所有者权益表。

P2 描述并编制结账分录。 编制结账分录需要以下四个步骤：(1) 将收入账户的贷方余额结转至本年利润账户，(2) 将费用账户的借方余额结转至本年利润账户，(3) 将本年利润账户的余额结转至资本账户，(4) 将所有者提取账户的余额结转至资本账户。

P3 解释并编制结账后的试算平衡表。 结账后的试算平衡表是指在将所有的结账分录登记、过账之后，由总分类账中所有的永久性账户及其余额构成的列表。编制结账后的试算平衡表的目的是：(1) 验证所有永久性账户的借方总额是否等于贷方总额，(2) 验证所有的临时性账户余额是否为零。

角色扮演及职业道德参考答案

企业家 是的，你应该关注未提折旧这件事情。设备无时无刻不在发生着折旧，财务报表必须对这些已经发生的折旧予以确认。不提折旧意味着财务报表提供的数据存在误差或者是财务报表编制有误。（也有可能设备已计提完折旧。）

快速测试参考答案

1. 工作底稿里调整前的试算平衡表中的数据来源于总分类账中现有账户的余额。调整分录中涉及的新账户，其余额可暂时填写为0或者不填。

2. 工作底稿的优点为：它可以将所有有用的信息反映在一张表上，以便我们编制调整分录。

3. 工作底稿可以帮助我们：(1) 提高会计工作的效率，并且避免出错；(2) 将各种交易和事项与它们在财务报表中的影响联系起来；(3) 反映各种调整项目，以便我们开展审计工作；(4) 编制中期财务报表；(5) 反映各种根据权责发生制原则推定已经发生的交易所带来的影响。

4. 编制结账分录的主要步骤包括：(1) 将收入账户的贷方余额结转至本年利润账户；(2) 将费用账户的借方余额结转至本年利润账户；(3) 将本年利润账户的余额结转至所有者权益账户；(4) 将所有者提取账户的余额结转至所有者权益账户。

5. 收入（利得）和费用（损失）账户之所以称为临时性账户，是因为这些账户通常是在会计期初开设的，用来记录当期的交易和事项，然后在会计期末就会结平。其他的临时性账户还有本年利润账户和所有者提取账户等。

6. 结账后的试算平衡表中列示的都是永久性账户，包括：资产账户、负债账户以及所有者权益账户。

7. 流动资产：(b) (c) (d)；固定资产：(a) (e) 无形资产：(f)。

8. 普通股投资、债券投资以及为将来扩建而持有的土地。

9. 对于服务性行业的企业来说，其经营周期是指从 (1) 为提供服务的员工发放工资到 (2) 从接受服务的客户那里收到服务费所需要的时间。

关键术语

Accounting cycle 会计循环
Classified balance sheet 分类资产负债表
Closing entries 结账分录
Closing process 结账程序
Current assets 流动资产
Current liabilities 流动负债
Income Summary 本年利润
Intangible assets 无形资产
Long-term investments 长期投资
Long-term liabilities 长期负债
Operating cycle 经营周期
Permanent accounts 永久性账户
Post-closing trial balance 结账后的试算平衡表
Pro forma financial statements 预测财务报表
Temporary accounts 临时性账户
Unclassified balance sheet 未分类资产负债表
Working papers 工作底稿
Work sheet 工作底表

选择题

1. Venda 服务公司的所有人 G. Venda 当年从公司提取了 $25 000。年底，结清所有者提取账户时，应该编制什么样的结账分录？______

a. 借：G. Venda 提取 25 000
　　贷：G. Venda 名下的资本 25 000

b. 借：本年利润 25 000
　　贷：G. Venda 名下的资本 25 000

c. 借：G. Venda 提取 25 000
　　贷：现金 25 000

d. 借：G. Venda 名下的资本 25 000
　　贷：工资费用 25 000

e. 借：G. Venda 名下的资本 25 000
　　贷：G. Venda 提取 25 000

2. 下面给出了 R. Kandamil 公司结账前的财务

资料。请问在编制完所有的结账分录以后，R. Kandamil 名下的资本账户的余额是多少？______

收入总额	$ 300 000
费用总额	195 000
R. Kandamil 名下的资本	100 000
R. Kandamil 提取	45 000

a. $ 360 000　　b. $ 250 000
c. $ 160 000　　d. $ 150 000
e. $ 60 000

3. 下面哪种错误将导致工作底稿中的资产负债表与所有者权益表无法实现借贷平衡？______

a. 将一笔收入金额填入资产负债表与所有者权益表的借方栏。
b. 将一笔负债金额填入资产负债表与所有者权益表的贷方栏。
c. 将一笔费用金额填入资产负债表与所有者权益表的借方栏。
d. 将一笔资产金额填入利润表的借方栏。
e. 将一笔负债金额填入利润表的贷方栏。

4. 只在结账过程中使用的、在将净差额加到所有者权益账户中去或从所有者权益账户中扣除之前用来记录收入和费用的账户叫做______。

a. 结账账户　　b. 虚账户
c. 本年利润账户　　d. 余额栏账户
e. 抵减账户

讨论题

1. 结账分录会对什么账户产生影响？不会影响什么账户？
2. 记录结账分录的两个主要作用是什么？
3. 结账分录的步骤是什么？
4. 本年利润账户的作用是什么？
5. 请说明如果结账后的试算平衡表包括折旧费用账户，会导致什么错误？
6. 工作底稿的作用是什么？
7. 为什么工作底稿中调整栏账户的借方和贷方分录要用字母表示？
8. 什么是一个企业的经营周期？
9. 一个典型的分类资产负债表中的资产和负债账户都包含什么内容？
10. 资产负债表中的预收账款是如何分类的？
11. 固定资产的特征是什么？

快速学习

QS4-1　Irvine 公司期初，Irvine 名下的资本账户的贷方余额为 $ 35 000。期末，公司调整后的账户余额包括下面的临时性账户及其相应的正常余额。

赚取的服务费	$ 42 000	利息收入	$ 8 000
工资费用	31 000	Irvine 提取	9 200
折旧费用	11 000	公用事业费用	5 000

在结平收入和费用账户后，本年利润账户的余额是多少？当结账分录登记完日记账和过账后，Irvine 名下的资本账户余额是多少？

QS4-2　请按会计循环的步骤将下列各步骤进行排序。

a. 编制财务报表
b. 编制调整前的试算平衡表
c. 记录交易和事项
d. 编制结账后的试算平衡表
e. 过账日记账分录
f. 登记日记账和过账调整分录
g. 编制调整后的试算平衡表
h. 编制结账分录并过账
i. 分析交易和事项

QS4-3　下面是分类资产负债表上的常见分类。

A. 流动资产　　B. 长期投资
C. 固定资产　　D. 无形资产
E. 流动负债　　F. 长期负债

分别将下列各项所对应的资产或负债的类别填入横线处。

_____ 1. 应付账款
_____ 2. 店铺设备
_____ 3. 应付工资
_____ 4. 现金
_____ 5. 当前经营周期内还没有使用的土地
_____ 6. 应付票据（有效期三年）
_____ 7. 应收账款
_____ 8. 商标

QS4-4 使用下列信息计算 Palmolive 公司的流动比率。

应收账款	\$ 18 000	长期应付票据	\$ 21 000
应付账款	11 000	办公用品	2 860
建筑物	45 000	预付保险费	3 500
现金	7 000	预收服务费	3 000

QS4-5 下面是截取自 Fisher 公司 2009 年 12 月 31 日工作底稿的部分数据。根据这些数据，计算 2009 年 12 月 31 日 Fisher 公司资产负债表中 J. Fisher 名下的资本数额是多少。

	利润表		资产负债表和所有者权益表	
	借方	贷方	借方	贷方
⋮				
J. Fisher 名下的资本				36 000
J. Fisher 提取			18 000	
⋮				
总计	61 000	90 000		

QS4-6 在编制工作底稿的过程中，指出下面账户的正常余额应该在哪一财务报表的借方栏列示。I 为利润表借方栏，B 为资产负债表和所有者权益表的借方栏。

_____ a. 折旧费用——设备
_____ b. 应收账款
_____ c. 保险费用
_____ d. 设备
_____ e. 所有者提取
_____ f. 预付租金

QS4-7 请将下列各项按编制工作底稿的步骤进行排序，分别在空白处填上数字 1～5。

a. _____在工作底稿上编制调整前的试算平衡表。
b. _____在工作底稿上编制调整后的试算平衡表。
c. _____在工作底稿上填入调整项的数据。
d. _____计算报表各栏总额，计算净利润（损失）和完成工作底稿。
e. _____将调整后的余额填入相应的财务报表栏。

QS4-8 Edgardo 公司的总分类账包括以下未调整项的正常余额：预付租金 \$ 4 000，服务费收入 \$ 65 000 和工资费用 \$ 30 000。需要进行调整的分录有：(a) 到期的预付租金费用 \$ 800；(b) 应计服务费收入 \$ 950；(c) 应计工资费用 \$ 750。将这些未调整的余额填入工作底稿，并进行必要的调整，以完成这些账户的工作底稿。说明：还包括下列账户：应收账款、应付工资、租金费用。

QS4-9 Simms 公司的总分类账包括以下账户及其正常余额：P. Simms 名下的资本 \$ 18 000；P. Simms 提取 \$ 1 600；服务费收入 \$ 26 000；工资费用 \$ 16 800；租金费用 \$ 3 200。根据这些可获得的信息编制 12 月 31 日的必要的结账分录。

QS4-10 请指出结账后的试算平衡表会包含上题所列的哪些账户。

练习题

Exercise4-1 根据下面 3 月 31 日会计年度期末的总分类账户（假设所有账户的余额都是正常余额）的信息编制结账日记账分录，并将这些分录结转至相应的总分类账户。

总分类账

R. Cruz 名下的资本　　账户编号 301

日期	PR	借方	贷方	余额
3 月 31 日	G2			65 000

工资费用　　账户编号 622

日期	PR	借方	贷方	余额
3 月 31 日	G2			32 500

R. Cruz 提取　　账户编号 302

日期	PR	借方	贷方	余额
3 月 31 日	G2			46 770

保险费用　　账户编号 637

日期	PR	借方	贷方	余额
3 月 31 日	G2			4 420

服务费收入　　账户编号 401

日期	PR	借方	贷方	余额
3 月 31 日	G2			114 530

租金费用　　账户编号 640

日期	PR	借方	贷方	余额
3 月 31 日	G2			9 440

折旧费用　　账户编号 603

日期	PR	借方	贷方	余额
3 月 31 日	G2			17 000

本年利润　　账户编号 901

日期	PR	借方	贷方	余额

Exercise4-2　下面是 Santara 营销公司调整后的试算平衡表。请完成表格的最右面的四栏内容：先填入结账分录的相关信息，再完成结账后的试算平衡表。

编号	账户名称	调整后的试算平衡表		结账分录信息		结账后的试算平衡表	
		借方	贷方	借方	贷方	借方	贷方
101	现金	$ 11 900					
106	应收账款	24 000					
153	设备	41 000					
154	累计折旧——设备		$ 16 500				
193	经销权	30 000					
201	应付账款		14 000				
209	应付工资		3 200				
233	预收服务费		2 600				
301	T. Santara 名下的资本		66 701				
302	T. Santara 提取	14 400					
401	市场营销佣金		83 000				
611	折旧费用——设备	11 000					
622	工资费用	33 034					
640	租金费用	12 616					
677	杂项费用	8 051					
901	本年利润						
	总计	$ 186 001	$ 186 001				

Exercise4-3　根据下面能源运输公司调整后的试算平衡表编制：（1）利润表，（2）截至 2009 年 12 月 31 日的所有者权益表。2008 年 12 月 31 日，J. Reso 名下的资本账户余额为 $ 161 901。

账户名称	借方	贷方
现金	$5 800	
应收账款	17 500	
办公用品	3 000	
卡车	156 000	
累计折旧——卡车		$32 136
土地	85 000	
应付账款		9 800
应付利息		4 000
长期应付票据		53 000
J. Reso 名下的资本		161 901
J. Reso 提取	20 000	
卡车赚取的佣金		121 000
折旧费用——卡车	20 727	
工资费用	56 749	
办公用品费用	6 655	
维修费用——卡车	10 406	
总计	$381 837	$381 837

Exercise4-4 根据工作底稿中的部分调整项目栏的信息编制必要的从（a）到（e）的调整日记账分录。

编号	账户名称	调整事项	
		借方	贷方
109	应收利息	(d) $636	
124	办公用品		(b) $1 729
128	预付保险费		(a) 979
164	累计折旧——办公设备		(c) 3 300
209	应付工资		(e) 716
409	利息收入		(d) 636
612	折旧费用——办公设备	(c) 3 300	
620	办公室人员工资费用	(e) 716	
636	保险费用——办公设备	(a) 470	
637	保险费用——店铺设备	(a) 509	
650	办公用品费用	(b) 1 729	
	总计	$7 360	$7 360

Exercise4-5 下面是 Linn 公司工作底稿的部分调整后的试算平衡表的数据。请将账户余额转至相应的财务报表的各栏，并填入报告期的净利润额，以完成工作底稿的编制。

编号	账户名称	借方	贷方
101	现金	$8 200	
106	应收账款	35 834	
153	卡车	41 500	
154	累计折旧——卡车		$16 683
183	土地	30 000	
201	应付账款		19 106
209	应付工资		4 370
233	预收服务费		3 770
301	D. Linn 名下的资本		69 012
302	D. Linn 提取	15 534	
401	水暖费		84 000
611	折旧费用——卡车	5 561	
622	工资费用	39 312	
640	租金费用	12 768	
677	杂项费用	8 232	
	总计	$196 941	$196 941

Exercise4-6 下面是截取自 Johnson 的自行车租赁公司工作底稿的部分利润表各栏的数据。(1) 根据这些信息计算工作底稿净利润栏的数额。(2) 编制公司的结账分录。这段期间所有者 Johnson 没有从公司提取任何资本。

账户名称	借方	贷方
租金收入		90 000
工资费用	39 960	
保险费用	5 670	
办公用品费用	13 230	
自行车维修费用	2 790	
折旧费用——自行车	17 190	
合计		
净利润		
总计		

Exercise4-7 下面调整前的试算平衡表包含 Santaga 快递公司 2009 年 12 月 31 日第一个营业年度的账户及其余额。

	账户名称	借方	贷方
2	现金	$ 15 000	
3	应收账款	33 000	
4	办公用品	4 000	
5	卡车	340 000	
6	累计折旧——卡车		$112 000
7	土地	150 000	
8	应付账款		23 550
9	应付利息		6 000
10	长期应付票据		104 000
11	D. Santaga 名下的资本		272 770
12	D. Santaga 提取	38 000	
13	邮递服务收入		274 350
14	折旧费用——卡车	48 000	
15	工资费用	128 670	
16	办公用品费用	14 000	
17	利息费用	6 000	
18	维修费用——卡车	16 000	
19	总计	$792 670	$792 670

（1）根据下面公司的调整项目的信息编制一份工作底稿。

a. 年底未记录的卡车折旧费为＄16 000。

b. 年底应计利息费用总额为＄8 000。

c. 年底仍可使用的办公用品的成本为＄500。

（2）编制该公司年底结账分录，并计算年底资产负债表列示的资本总额。

综合题

Problem4-1A　在每一个资产负债表项目的数字前的空白处，填入代表资产负债表分类的字母。如果该项目不应该在资产负债表上出现，就在空格处填 Z。

A. 流动资产　　B. 长期投资

C. 固定资产　　D. 无形资产

E. 流动负债　　F. 长期负债

G. 所有者权益

______ 1. 累计折旧——卡车

______ 2. 现金

______ 3. 建筑物

______ 4. 店铺用品

______ 5. 办公设备

______ 6. 土地（经营期使用的）

______ 7. 维修费用

______ 8. 办公用品

______ 9. 一年内到期的长期应付票据

______ 10. 预收服务费

______ 11. 长期股权投资

______ 12. 折旧费用——建筑物

______ 13. 预付租金

______ 14. 应收利息

______ 15. 应交税费

______ 16. 汽车费用

______ 17. 应付票据（3 年期）

______ 18. 应付账款

______ 19. 预付保险费

______ 20. 所有者名下的资本

Problem4-2A　2009 年 4 月 1 日，Jiro Nozomi 创办了一家新的旅游代理机构，名为 Adventure 旅行社。下面是发生在第一个月的交易。

4月1日　Nozomi向公司投资了现金＄32 000和价值＄26 000的计算机设备。

2日　公司为装修好的办公场所支付了第一个月（4月）的租金＄13 000。

3日　公司花现金＄2 500购买了办公用品。

10日　公司花＄2 502购买了一份有效期1年的保险。保险的生效日期为4月11日。

14日　公司支付给员工两周的工资＄2 300。

24日　公司从客户处收到了机票的佣金＄16 000。

28日　公司向员工支付了两周的工资＄2 400。

29日　公司支付了计算机的小额维修费＄750。

30日　公司为本月的电话账单支付现金＄550。

30日　Nozomi从公司提取了现金＄1 200作为个人用途。

公司的会计科目表如下：

101	现金	405	佣金费用
106	应收账款	612	折旧费用——计算机设备
124	办公用品	622	工资费用
128	预付保险费	637	保险费用
167	计算机设备	640	租金费用
168	累计折旧——计算机设备	650	办公用品费用
209	应付工资	684	维修费用
301	J. Nozomi名下的资本	688	电话费用
302	J. Nozomi提取	901	本年利润

要求：

1. 用三栏式账户为上表中的会计科目设立单独的分类账户。

2. 编制4月份的交易的日记账分录，并将其转至总分类账。公司在资产负债表中记录预付和预收项目。

3. 编制一份4月30日的调整前的试算平衡表。

4. 根据下面的信息登记本月的日记账调整分录并过账：

a. 有效期为一个月的保险已有2/3到期。

b. 月底，可使用的办公用品为＄700。

c. 本月计算机设备的折旧费为＄500。

d. 月底，员工已实现但既未记录也没支付的工资为＄720。

e. 月底，公司已实现但仍未开具账单的佣金费＄3 050。

5. 编制4月份的利润表和所有者权益表，并编制2009年4月30日的资产负债表。

6. 编制结平临时性账户的日记账分录，并将这些分录过账到分类账中。

7. 编制一份结账后的试算平衡表。

Problem4-3A　下面是Charon维修公司2009年12月31日的调整后的试算平衡表。

Charon维修公司调整后的试算平衡表
2009年12月31日

编号	账户名称	借方	贷方
101	现金	＄16 100	
124	办公用品	1 300	
128	预付保险费	2 800	
167	设备	50 000	
168	累计折旧——设备		＄5 000
201	应付账款		12 000
210	应付工资		1 400
301	L. Charon名下的资本		33 000
302	L. Charon提取	16 000	
401	维修服务收入		98 600
612	折旧费用——设备	5 000	
623	工资费用	39 000	
637	保险费用	800	
640	租金费用	13 000	
650	办公用品费用	3 100	
690	公用事业费用	2 900	
	总计	＄150 000	＄150 000

要求：

1. 编制一份2009年的利润表，一份所有者权益表和2009年12月31日的分类资产负债表。2009年内没有所有者进行投资。

2. 在六栏式表格的前两栏填入调整后的试算平衡表。第三和第四栏填入结账分录的信息，最后两栏填结账后的试算平衡表的信息。在试算平衡表内插入一个本年利润账户作为其最后一项。

3. 在六栏式表格内填入结账分录的信息，并编制日记账分录。

分析：

4. 假设部分信息如下：

a. 年度内 $ 800 的保险费没有到期，并假定这些保险费是为下一个年度预付的。

b. 年底既没有未实现也没有未支付的工资。（提示：转回应计预付工资 $ 1 400。）

试说明这两个假设可能导致财务报表信息发生怎样的变化。

第 5 章

商品经营的会计核算

- 商品经营
- 购货的会计处理
- 销货的会计处理
- 完成会计循环
- 财务报表的格式
- 附录5A　定期盘存制
- 附录5B　永续盘存制下编制的工作底稿

学习目标

CAP

概念（Conceptual）
- C1　商品经营以及商业企业的利润构成
- C2　商业企业的存货资产
- C3　存货的永续盘存制和定期盘存制
- C4　商业企业的成本流转和经营活动

程序（Procedural）
- P1　分析和记录使用永续盘存制的商品采购业务
- P2　分析和记录使用永续盘存制的商品销售业务
- P3　为商业企业编制调整分录和结账分录
- P4　多步式利润表和单步式利润表的定义以及如何编制这两种利润表
- P5　附录 5A——记录并比较使用永续盘存制和定期盘存制的商品交易

本章预览

顾客都希望商品种类多、折扣高、交货快并且质量好。本章将介绍商业企业的业务活动及其会计处理方法。我们将介绍如何使用财务报表来反映这些商品经营，并介绍财务报表上因这些商品经营而增设的各种项目。另外，还将分析和记录商品采购和销售活动，并介绍商业企业如何编制调整分录和结账分录。

商品经营的会计核算

商品经营	购货	销货	会计循环	财务报表的格式
• 报告利润 • 报告存货 • 经营周期 • 存货盘存制度	• 购货折扣 • 购货退回与折让 • 运输成本	• 商品销售收入 • 销售折扣 • 销售退回与折让	• 编制调整分录 • 编制财务报表 • 编制结账分录	• 多步式利润表 • 单步式利润表 • 分类资产负债表

商品经营

前面几章主要介绍的是服务性企业的会计处理与报表编制。商业企业的活动不同于服务性企业的活动。**商品**（merchandise）是指企业购买并转售给顾客的产品（或称为货物）。**商业企业**（merchandiser）通过买卖商品赚取净利润。商业企业通常又可以分为批发企业和零售企业两种。**批发企业**（wholesaler）是一种中介机构，它们从制造企业或者其他批发企业那里购买商品，然后再把商品转售给零售企业或者其他批发企业。**零售企业**（retailer）也是一种中介机构，它们从制造企业或者批发企业那里购买商品，然后再将商品转售给消费者。很多零售企业既销售商品，又提供服务。

□ 商业企业利润的报告

商业企业的净利润等于商品销售收入减去当期的商品销售成本和其他各种费用

（见图表 5.1）。在会计上，我们把商品销售收入称为**销售额**（sales），把购买和加工商品的费用称为商品**销售成本**（cost of goods sold）。（很多服务性企业也把它们的收入称为销售额；商品销售成本也叫销售成本。）

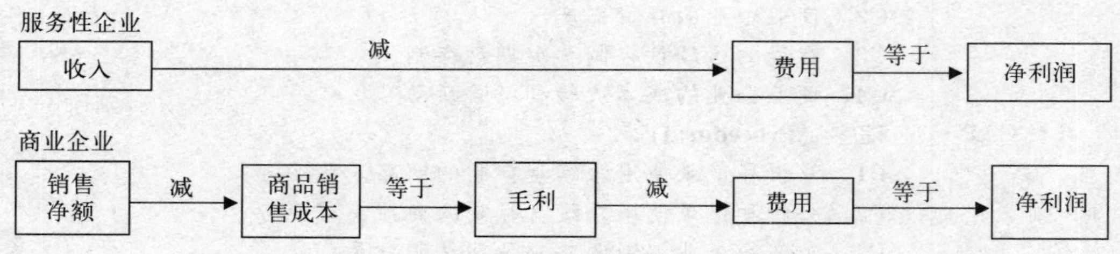

图表 5.1 商业企业与服务性企业利润的计算方法

图表 5.2 Z 商场的利润表给出了商业企业净利润的几个主要构成要素。该表的前两行表明：Z 商场的购货成本为＄230 400，销售收入为＄314 700。第三行表明商场的**毛利**（gross profit or gross margin）为＄84 300，它等于销售净额减去商品销售成本。（提示：分析毛利对于制定有效的商业决策非常重要，这方面的内容我们将在本章后面的内容中加以介绍。）该表还列示了＄71 400 的其他费用，在扣除这些费用之后，Z 商场的净利润还剩＄12 900。

图表 5.2 商业企业的利润表

Z商场截止到 2009 年 12 月 31 日的利润表	
销售收入净额	＄314 700
商品销售成本	230 400
毛利	84 300
费用	71 400
净利润	＄12 900

□ 商业企业存货的报告

商业企业的资产负债表上有一项流动资产叫做“**库存商品**”（merchandise inventory），而在服务性企业的资产负债表上则没有这一项。库存商品，或简称**存货**（inventory），是指企业拥有并打算出售的产品。存货资产的成本包括购买成本、运输成本和加工成本。

□ 商业企业的经营周期

商业企业的经营周期从购买商品开始，到销售商品收回现金结束。经营周期的长短因行业的不同而有所差别。百货公司的经营周期一般为 2～5 个月，而食品杂货企业的经营周期通常是 2～8 个星期。

图表5.3给出了开展赊销业务的商业企业的一个经营周期。整个经营周期共经历以下五个阶段：(a) 用现金购买商品，(b) 持有库存商品，(c) 赊销，(d) 持有应收账款，(e) 收回现金。企业总是试图缩短自己的经营周期，这是因为处于存货和应收账款状态下的资产都不能给企业带来生产效益。现金销售可以缩短经营周期。

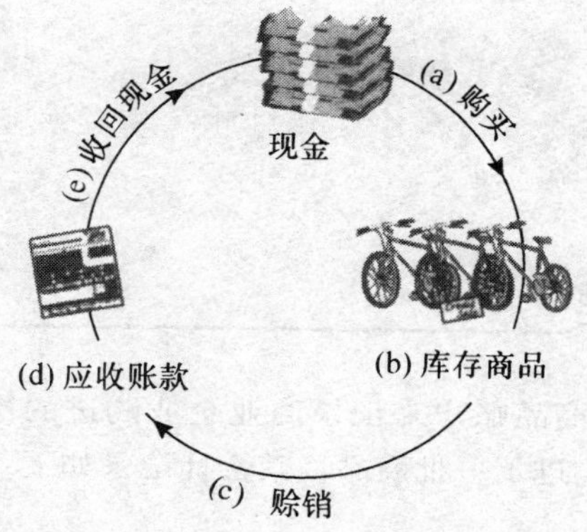

图表5.3　商业企业的经营周期

□ 存货盘存制度

商品销售成本是指一段时期内销售给顾客的商品的成本。商品销售成本通常是商业企业利润表上最大的一个费用项目。**存货**（inventory）是指企业拥有且期望在其正常经营过程中能够销售出去的货物。如图表5.4所示，企业的待售商品包括企业期初所拥有的商品（期初存货）和本期所购入的商品（购货净成本）。待售商品既可以当期出售（商品销售成本），也可以留待将来出售（期末存货）。

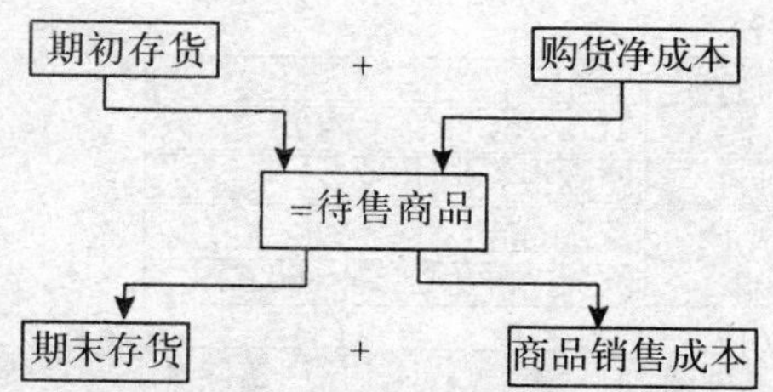

图表5.4　商业企业在单个会计期间内的成本流转过程

我们可以使用以下两种会计处理方法来提供有关商品销售成本和存货成本的信息：永续盘存制和定期盘存制。**永续盘存制**（perpetual inventory system）在商品买卖活动发生时随时更新会计记录，特别是有关待售存货和已售存货的会计记录。**定期盘存制**（periodic inventory system）只在每个会计期末根据发生的商品买卖活动更新会计记录。由于技术的发展和竞争的压力，越来越多的企业开始使用永续盘存制。（一些企业使用了混合法，即在记录可获得的存货时使用永续盘存制，而计算销货成本时使用定期盘存制。）

快速测试

1. 什么是商业企业的商品销售成本？
2. 什么是商业企业的毛利？
3. 请解释为什么越来越多的企业选择使用永续盘存制。

下面几节所讲的购货、销货和账项调整的会计处理都是使用永续盘存制。附录5A介绍了定期盘存制，并列出了使用永续盘存制时的会计处理方法。教师可以根据自己的需要，选择一两种盘存制度加以讲解。

购货的会计处理

我们使用库存商品账户来记录商业企业购进的待售商品成本。例如，Z商场11月2日花＄1 200购进了一批商品，其会计记录如下：

日期	摘要	借方	贷方	资产＝负债＋所有者权益
11月2日	借：库存商品	1 200		＋1 200
	贷：现金		1 200	－1 200
	（用现金购入商品）			

图表5.5给出了该笔交易的购货发票。买方通常持有发票正本，卖方持有副本。发票是一种原始凭证。对于Z商场（买方）来说，它是一张购货发票，但对Trex（卖方）来说，它则是一张销售发票。商品采购成本、运费、税款以及其他因销售商品而发生的各种成本都要记入库存商品账户。本节我们将介绍如何计算购货成本。

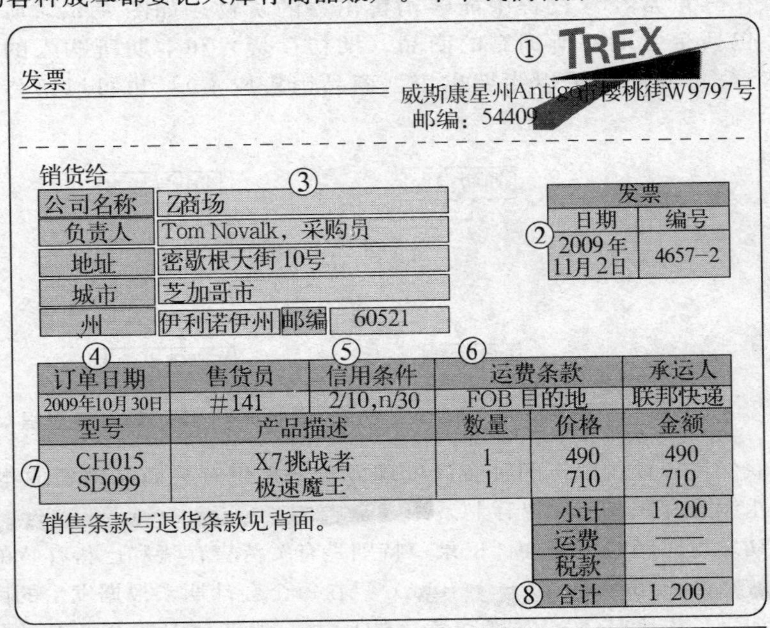

① TREX

发票

威斯康星州Antigo市樱桃街W9797号

邮编：54409

销货给 ③

公司名称	Z商场
负责人	Tom Novalk，采购员
地址	密歇根大街10号
城市	芝加哥市
州	伊利诺伊州　邮编　60521

② 发票

日期	编号
2009年11月2日	4657–2

订单日期 ④	售货员	信用条件 ⑤	运费条款 ⑥		承运人
2009年10月30日	#141	2/10，n/30	FOB 目的地		联邦快递
型号	产品描述		数量	价格	金额
⑦ CH015	X7挑战者		1	490	490
SD099	极速魔王		1	710	710
				小计	1 200
				运费	——
				税款	——
				⑧ 合计	1 200

销售条款与退货条款见背面。

注释
①卖方　②发票开立日期　③买方　④订单日期　⑤信用条件
⑥运费条款　⑦货物　⑧发票总额

图表5.5　发票

□ 购货折扣

当发生赊购时，买卖双方必须明确规定未来付款的金额和付款时间，以免发生误解。赊购的信用条件（credit terms）包括买方应支付给卖方的金额及其对付款时间的规定。不同的行业对信用条件有不同的规定。例如，如果卖方要求买方在开立发票当月结束后 10 日内付款，那么发票上就应该标明“n/10 EOM”（EOM，end of month，月末）。如果卖方要求买方在发票开立以后 30 日之内付款，那么发票上就应该标明“n/30”。

图表 5.6 为我们描述了信用条件。其中，**信用期限**（credit period）是指卖方允许买方赊欠货款的最长期限，期限一到，买方必须全额支付货款。为了鼓励买方尽早付款，卖方可以给予买方一定的**现金折扣**（cash discount）。买方把这一现金折扣看作**购货折扣**（purchase discount），卖方把它看作**销售折扣**（sales discount），而发票上的信用条件会标明卖方给予买方的现金折扣。例如，如果信用条件标明“2/10，n/60”，那么就表示买方必须在发票开立以后的 60 日之内全额付款，并且如果买方能够在发票开立以后的 10 日内付款，那么卖方将给予买方 2%的现金折扣。当然，只有在**折扣期**（discount period）内，买方才能享受这种折扣。

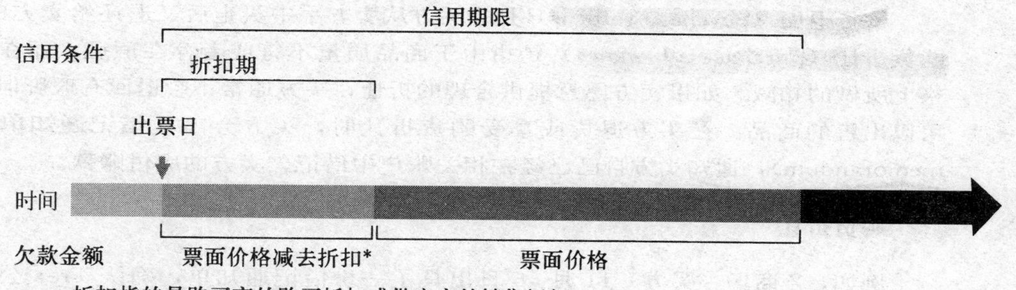

*折扣指的是购买商的购买折扣或供应商的销售折扣。

图表 5.6　信用条件

让我们举个例子来看一看买方如何将购货折扣入账。假设 Z 商场赊购了一批总价为＄1 200 的商品，且信用条件标明“2/10，n/30”，那么 Z 商场就需要做如下分录：

				资产＝负债＋所有者权益	
(a) 11 月 2 日	借：库存商品	1 200			
	贷：应付账款		1 200	＋1 200	＋1 200

（赊购商品，发票开立日期为 11 月 2 日，信用条件为 2/10，n/30）

如果 Z 商场在 11 月 12 日（或 11 月 12 日之前）支付货款，那么 Z 商场就需要做如下分录：

				资产＝负债＋所有者权益	
(b) 11 月 12 日	借：应付账款	1 200			
	贷：库存商品		24	－24	－1 200
	现金		1 176	－1 176	

（支付 11 月 2 日＄1 200 的购货款，其中扣除了＄24（1 200×2%）的现金折扣）

在编制完这两笔分录之后，库存商品账户反映的是购货的净成本，而应付账款账户余额为零。这两个T形账户如下所示：

库存商品			
11月2日	1 200	11月12日	24
余额	1 176		

应付账款			
11月12日	1 200	11月2日	1 200
		余额	0

如果买方未能在折扣期内付款，那么他就要为此付出昂贵的代价。例如，如果Z商场没有在可以享受2%的折扣的10天折扣期内支付货款，那么就可以再推迟20天付款，但商场必须为此多付＄24（1 200×2%）。大多数买方都会选择享受购货折扣，因为不享受折扣就意味着要支付较高的隐含利率。① 另外，所谓有效的现金管理就是要保证在折扣期或信用期限内支付货款。

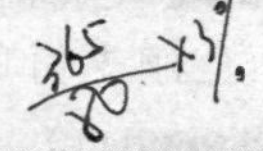

角色扮演　　企业家

假设你按照"3/10，n/90"的信用条件购进了一批商品。由于公司资金有限，如果想要在折扣期内付款，你就必须以11%的年利率借款。请问你会选择享受这项购货折扣吗？

□ 购货退回与折让

购货退回（purchase returns）是指买方从卖方手中买走后又退还给卖方的商品。购货折让（purchase allowance）是指由于商品质量不符或者存在瑕疵，而在商品价格上所做的扣减。如果卖方愿意提供合理的折让，买方通常不会退回有瑕疵但是仍然可以出售的商品。在买方退货或享受购货折让时，买方会出具**借记通知单**（debit memorandum），通知卖方自己已经在相关账户中借记欠卖方的应付账款。

购货折让

例如，Z商场（买方）11月15日出具了一份借记通知单，确认Trex公司对瑕疵品给予的＄300的折让。Z商场11月15日编制的更新库存商品账户、反映这项购货折让的分录如下所示：

				资产＝负债＋所有者权益
(c) 11月15日	借：应付账款	300		
	贷：库存商品		300	−300　−300
	（瑕疵品折让）			

买方因商品瑕疵所获得的折让通常与买方所欠卖方的当期应付账款相抵减。当收到退款时，借记现金账户而不是应付账款账户。

购货退回

如果发生购货退回，那么在编制会计分录时，记录的则应该是瑕疵品当初入账时

---

① 隐含年利率（implied annual rate）的计算公式为：

[365天/(信用期限－折扣期)]×现金折扣率

在"2/10，n/30"的信用条件下，如果选择不享受2%的折扣而推迟20天付款，就相当于要按照36.5%的年利率支付利息，其中，36.5%＝[365/(30－10)]×2%。如果根据购货折扣计算出来的隐含年利率高于购货方所享受的贷款利率，那么这种购货折扣就叫优惠购货折扣（favorable purchase discount）。

的总成本（总成本减去各种折扣）。例如，假设6月1日，Z商场购进了＄1 000的商品，并且注明的信用条件为“2/10，n/60”。两天后，Z商场在支付货款之前退回了＄100的商品。Z商场稍后在6月11日付款时，只有＄900的剩余货款可以享受2%的购货折扣。如果发生购货退回，那么买方可享受的购货折扣仅限于发票的剩余金额部分。因此Z商场享受的总折扣额为＄18（2%×900），需要支付的货款为＄882（900－18）。

下面是该例子的分录：

		借方	贷方
6月1日	借：库存商品	1 000	
	贷：应付账款		1 000
	（采购商品，发票开立日期为6月1日，信用条件为2/10，n/60）		
6月3日	借：应付账款	100	
	贷：库存商品		100
	（退回给卖方的商品）		
6月11日	借：应付账款	900	
	贷：库存商品		18
	现金		882
	（支付商品＄900（1 000－100）－折扣＄18（2%×900））		

职业道德　　信贷部经理

你是新上任的信贷部经理，目前正在与前任经理进行工作交接。她告诉你说，信贷部通常按照扣除优惠现金折扣后的金额出具支票，并且支票上所记载的日期为折扣期的最后一天。但事实上，信贷部通常是在折扣期满5天以后才将支票寄出，因为这样做可以让公司多5天时间免费使用这笔资金，而且部门业绩看起来也会更好一些。一旦有供货商来投诉，你可以推说是计算机系统发生了故障或收发室没有及时将支票寄出。请问你是否会沿用上述做法？

□ 运输成本及所有权转移

在商品交易过程中，买卖双方必须就运费由谁承担以及货物在运送过程中的损失风险由谁承担这两个问题达成协议。说到底，就是要明确商品所有权何时从卖方转移给买方。我们把所有权转移的地点称为**交货点**（FOB point），它决定了运费（以及其他和货物运输有关的附带成本，如保险费）应该由哪一方负责支付。

图表5.7给出了两种不同的交货点。(1) 装运地交货（FOB shipping point），也叫工厂交货（FOB factory），其含义为：货物一旦离开了卖方的营业处所，其所有权便由卖方转移给了买方。因此，买方需负担运费并承担货物运送过程中发生的损坏或损失的风险。因为货物所有权已经转移给了买方，所以在运输过程中这些货物就已经成为买方存货的一部分。美国主要的自行车制造商佳能得（Cannondale）一直在使用装运地交货这种方式。(2) 目的地交货（FOB destination）的含义为：当货物到达买方营业处所时，其所有权才由卖方转移给了买方。因此，卖方要负担运费并承担商品运送过程中发生的损坏或损失的风险。卖方要等到货物到达目的地之后才能确认该项

销售收入，因为在货物到达目的地之前，此项交易尚未完成。

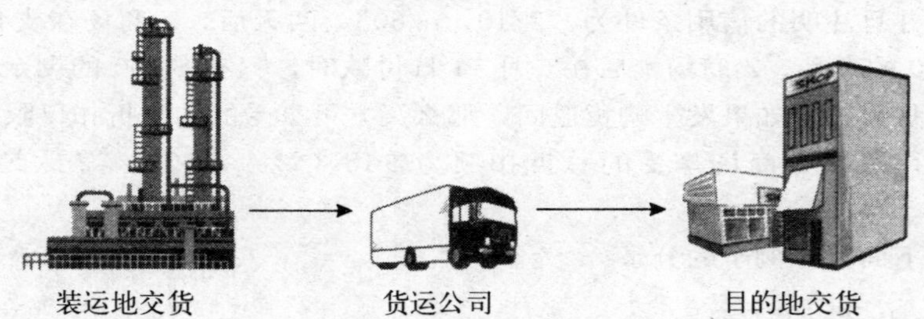

	所有权转移地点	运费支付方
装运地交货	当货物交给货运公司时	买方
目的地交货	当货物交给买方时	卖方

图表 5.7　所有权转移与运输成本

Z商场在11月2日以＄1 200的价格购进商品时采用的是目的地交货，因此，Z商场无须承担运输成本。如果买方需要支付运输成本，那么根据协议规定，买方要么把运费支付给货运公司，要么直接支付给卖方。按照成本原则，买方必须把所有必要的运输成本（通常称为购货运费（transportation-in or freight-in））都计入其购货成本。例如，假设Z商场采用装运地交货的方式购进了一批货物，并向独立的运输公司支付了＄75的运输成本。针对运输成本，Z商场编制了下面这笔会计分录：

		借方	贷方	资产＝负债＋所有者权益
(d) 11月24日	借：库存商品	75		
	贷：现金		75	＋75
	（支付运费）			－75

如果卖方负责承担货物的运输成本，那么卖方就把运输成本记入运输费用账户。运输成本也叫销货运费（transportation-out or freight-out），我们把它作为销售费用列示在卖方的利润表中。

简言之，购货业务在编制会计分录时要借记库存商品账户，其后发生的各种购货折扣、购货退回以及购货折让都要贷记库存商品账户，而购货运费要借记库存商品账户。图表5.8给出了Z商场2009年发生的各种购货成本明细表。

图表 5.8　　商品购货成本明细表

Z商场2009年12月31日 商品购货成本明细表	
购货发票价格	＄235 800
减：购货折扣	(4 200)
购货退回与折让	(1 500)
加：购货运费	2 300
商品购货成本合计	＄232 400

这里我们使用的会计系统并没有开设单独的明细账户记录购货总额、购货折扣总额、购货退回与折让总额以及购货运费总额。但是因为管理者需要使用这些信息来评

价和控制各种成本构成要素，所以几乎所有的公司都会以补充记录的方式收集上述信息。所谓**补充记录**（supplementary records or supplemental records）是指通常的总分类账所没有包含的信息。（注：有些企业开设了单独的明细账户，记录购货折扣、购货退回与折让以及购货运费。在会计期末的时候，要把这些账户的余额都结转至库存商品账户。这是一种将永续盘存制与定期盘存制混在一起使用的会计处理方法。在这种方法下，除了购货和商品销售成本以外，库存商品账户下的其他明细账户都在不断更新。）

快速测试

4. 在“2/10，n/60”这种信用条件下，信用期限和折扣期分别是多长？
5. 以下各项中，哪些在计算购货价格时要予以扣除、不计入购货价格？（a）购货运费；（b）商业折扣；（c）购货折扣；（d）购货退回。
6. 什么是 FOB？什么是目的地交货？

销货的会计处理

商业企业还要对销售收入、销售折扣、销售退回与折让以及商品销售成本等进行会计处理。商业企业毛利的计算就反映了上述这些项目。图表 5.9 列出了 Z 商场毛利计算中所涉及的各个项目。本节将介绍如何从交易事项中获取这些信息。

图表 5.9　　毛利的计算

Z 商场 2009 年 12 月 31 日 毛利计算明细表		
销售收入		$ 321 000
减：销售折扣	$ 4 300	
销售退回与折让	2 000	6 300
销售收入净额		314 700
商品销售成本		230 400
毛利		$ 84 300

□ 商品销售收入

在商品销售过程中，卖方要做两件事情。一件是从顾客手中取得资产，作为其收入。另一件是确认商品销售成本。在永续盘存制会计处理方法下，这两个方面的信息都要反映在销售活动记录中。也就是说，对于每笔销售业务，不管它是现金交易还是赊销，商业企业都要编制两笔会计分录，一笔记录收入，另外一笔记录成本。让我们举个例子来看一下。假设 Z 商场在 11 月 3 日以 $ 2 400 的价格赊销了一批商品。为此，Z 商场就要编制如下会计分录来记录这笔收入：

				资产＝负债＋所有者权益	
(e) 11月3日	借：应收账款	2 400			
	贷：销售收入		2 400	＋2 400	＋2 400
	（赊销商品）				

这笔分录显示，由于多了一笔应收账款，所以Z商场的资产增加了。同时，该商场的收入也增加了。如果上面进行的是现金交易，那么就应该借记现金账户，而不是应收账款账户。

另外，还需要再编制一笔分录来记录这笔销售业务的成本。这样做的目的就是确保在永续盘存制下，库存商品账户能够反映最新的待售商品成本。例如，假设Z商场11月3日这笔销售业务的成本为＄1 600，那么该商场就需要编制如下会计分录来记录这笔销售成本（注：只有在永续盘存制下，才会用到商品销售成本账户）：

				资产＝负债＋所有者权益	
(e) 11月3日	借：商品销售成本	1 600			
	贷：库存商品		1 600	－1 600	－1 600
	（记录11月3日的销售成本）				

□ 销售折扣

在赊销情况下，提供销售折扣（sales discount）可以使卖方从中受益，因为这样做可以缩短现金回收时间、减少未来收款时的麻烦。在赊销的时候，卖方并不能确定顾客是否会选择在折扣期内付款以便享受销售折扣。因此，在顾客实际在折扣期内支付货款以前，卖方一般不会记录销售折扣。例如，假设Z商场在11月12日以＄1 000的价格赊销了一批商品，并且规定信用条件为“2/10，n/60”。为此，该商场需要编制如下会计分录来记录这笔销售收入：

				资产＝负债＋所有者权益	
11月12日	借：应收账款	1 000			
	贷：销售收入		1 000	＋1 000	＋1 000
	（以“2/10，n/60”的信用条件进行赊销）				

这笔分录是以顾客将全额付款为前提记录的应收账款和收入。但实际上，顾客有两种选择，一种选择是等到来年1月11日满60天时支付全部货款＄1 000。在这种情况下，Z商场应编制如下会计分录：

				资产＝负债＋所有者权益	
1月11日	借：现金	1 000			
	贷：应收账款		1 000	＋1 000	
	（收到11月12日的赊销款）			－1 000	

顾客的另外一种选择是在10天的折扣期内，即在11月22日之前支付＄980。如果顾客在11月22日或之前支付货款，则Z商场应编制如下会计分录：

				资产＝负债＋所有者权益	
11月22日	借：现金	980			
	销售折扣	20		＋980	
	贷：应收账款		1 000	－1 000	－20
	（收到11月12日的赊销款，其中扣除了销售折扣）				

销售折扣是产品销售收入的抵减账户，也就是说，在计算企业的销售收入净额时，要把销售折扣账户的余额从销售收入账户余额中扣除掉（见图表5.9）。管理部门通过监控销售折扣来评价其折扣政策的成本和有效性。

□ 销售退回与折让

销售退回（sales return）是指顾客向卖方购买后又退回的商品。很多企业允许顾客退货，并且会全额退还货款。销售折让（sales allowance）是指卖方对所售货物在价格上所做的扣减。当商品发生损坏或存在瑕疵，并且顾客愿意以较低的价格购买上述商品时，卖方通常会给予一定的销售折让。销售退回与折让往往关系到顾客的不满以及失去未来销售机会的可能性，因此管理者需要收集销售退回与折让方面的信息以监控这些问题。

销售退回

例如，前面曾经提到，Z商场在11月3日以＄2 400的价格赊销了一批成本为＄1 600的商品。假设顾客在11月6日退回了部分商品，退回商品的售价为＄800，成本为＄600。那么，在记录收入时，需要反映这部分因为顾客退货而减少的收入。为此，Z商场需要编制如下会计分录：

(f) 11月6日	借：销售退回与折让	800		资产	＝负债＋	所有者权益
	贷：应收账款		800	－800		－800
	（顾客退回了11月3日出售的部分商品）					

如果退回的商品不存在瑕疵，可以直接销售给其他的顾客，那么Z商场可以将这些商品重新入库。将这些商品的成本重新记入库存商品账户的会计分录如下：

11月6日	借：库存商品	600		资产	＝负债＋	所有者权益
	贷：商品销售成本		600	＋600		＋600
	（将退回的商品加入存货）					

如果退回的商品存在瑕疵，那么在编制会计分录时就不能再使用这些商品的成本，而是要使用它们的评估价值。例如，假设顾客退还给Z商场的商品存在瑕疵，并且其评估价值为＄150（原成本为＄600）。在这种情况下，就要编制如下分录：

借：库存商品	150	
商品毁损	450	
贷：商品销售成本		600

销售折让

为了解释销售折让的会计处理方法，让我们再来看个例子。假设Z商场11月3日出售的商品存在瑕疵，但由于Z商场答应给予买方＄100的销售折让，所以买方决定不再退货。为此，Z商场需要编制如下会计分录：

11月6日	借：销售退回与折让	100		资产	＝负债＋	所有者权益
	贷：应收账款		100	－100		－100
	（记录11月3日的销售折让）					

通常卖方会出具贷记通知单来确认买方的销售退回与折让。卖方使用贷记通知单（credit memorandum）通知买方自己将贷记买方欠自己的应收账款。（注：贷记通知单的出具方将贷记接受方欠自己的应收账款账户，而接收方则会借记自己欠出具方的应付账款账户。）

快速测试

7. 为什么要把销售折扣和销售退回与折让作为销售收入的抵减账户进行入账，而不是直接把它们记入销售收入账户？
8. 在什么情况下，需要编制两笔分录来记录销售退回？
9. 在赊销条件下，如果卖方要通知买方自己将给对方一定的价格折让，那么卖方应该出具借记通知单还是贷记通知单？

完成会计循环

图表5.10描述了在一个会计期间内商业企业成本流转的过程，以及在期末的时候，应该将各种成本列入哪些财务报表。具体来讲，本期待售商品就等于期初存货加上本期购货净成本。随着存货的不断售出，其成本也将作为商品销售成本列入利润表，而未销售出去的存货则作为期末存货列入资产负债表。需要注意的是：本期期末存货即为下一期的期初存货。

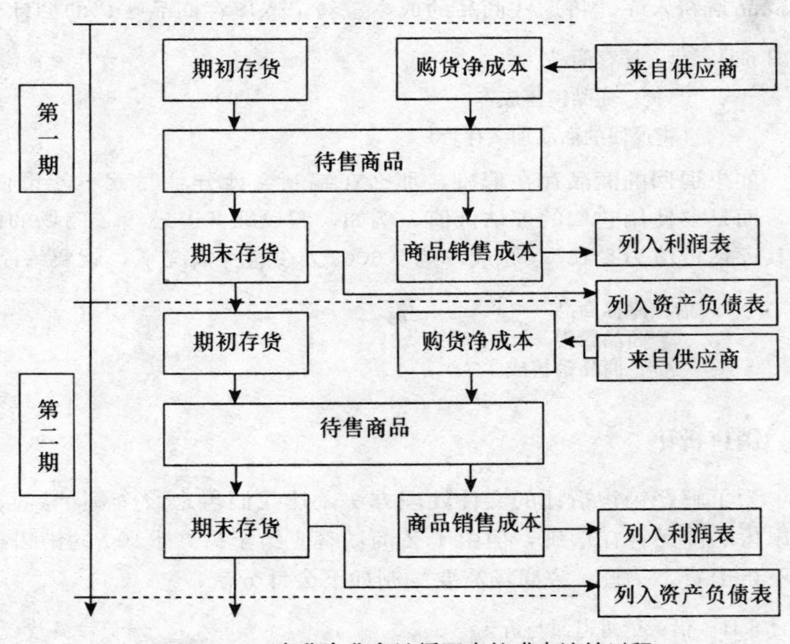

图表5.10 商业企业会计循环中的成本流转过程

□ 商业企业调整分录的编制

我们在第 4 章里面讲过的服务性企业的会计循环的各个步骤，对于商业企业同样适用。下面将介绍商业企业会计循环中剩下的几个步骤——编制调整分录、编制财务报表和结账。

商业企业与服务性企业的调整分录大体相同，都包括对待摊费用（其中包括折旧）、应计费用、预收收入和应计收入的调整。但是，采用永续盘存制的商业企业通常还需要编制另外的调整分录以更新库存商品账户的记录，反映由于失窃和变质而导致的商品损失。**损耗**（shrinkage）是指存货的损失，我们可以通过比较存货实物盘点数额与账上余额来计算存货损耗。商业企业通常每年都至少进行一次实物盘点。

例如，Z 商场 2009 年年底库存商品账户余额为＄21 250，但实物盘点显示存货余额为＄21 000。为此，Z 商场需要编制如下会计分录来记录这＄250 的存货损耗：

12 月 31 日	借：商品销售成本	250		资产＝负债＋所有者权益
	贷：库存商品		250	−250　　　　−250
	（调整存货盘点发现的＄250 的损耗）			

□ 编制财务报表

商业企业的财务报表及其编制方法与第 2 章～第 4 章所讲的服务性企业的财务报表及其编制方法类似。二者利润表的主要差别是：商业企业的利润表多了商品销售成本和毛利两项。另外，商业企业的销售收入净额会受销售折扣、退回与折让的影响，而且商业企业还可能会发生运费和商品毁损成本等额外费用。二者资产负债表的主要差别是：商业企业的资产负债表多了库存商品这一项流动资产。二者的所有者权益表则完全相同。可以使用工作底稿来帮助我们编制这些财务报表，附录 5B 中就给出了 Z 商场的一张工作底稿。

□ 商业企业结账分录的编制

对于采用永续盘存制的商业企业而言，其结账分录与服务性企业的结账分录大体类似。商业企业结账分录的不同之处在于：我们需要结清一些商品经营过程中所产生的新的临时性账户。Z 商场就有几个商业企业所特有的临时性账户，如销售收入、销售折扣、销售退回与折让及商品销售成本等。因为总分类账中多了这些临时性账户，所以商业企业所编制的前两笔结账分录与第 4 章所讲的服务性企业所编制的前两笔结账分录略有不同。在图表 5.11 的结账分录中，我们使用黑体字的形式标示出了这些差别。

□ 商业企业会计分录汇总

图表 5.12 总结了（采用永续盘存制的）商业企业所编制的各种主要的调整分录

和结账分录，这些分录都不同于前面几章中所讲的服务性企业所编制的分录。（在实例分析 2 中，我们将举例说明这些会计分录。）

快速测试

10. 当商业企业采用永续盘存制时，为什么有时必须编制调整分录来调整库存商品账户的余额？
11. 商业企业的哪些临时性账户是服务性企业所没有的？
12. 商业企业通常需要编制哪几笔结账分录？

图表 5.11　商业企业的结账分录

第一步，将各临时性账户的贷方余额结转至本年利润账户。

		借方	贷方
12 月 31 日	借：销售收入	321 000	
	贷：本年利润		321 000
	（结转临时性账户的贷方余额）		

第二步，将各临时性账户的借方余额结转至本年利润账户。

		借方	贷方
12 月 31 日	借：本年利润	308 100	
	贷：销售折扣		**4 300**
	销售退回与折让		**2 000**
	商品销售成本		**230 400**
	折旧费用		3 700
	工资费用		43 800
	保险费用		600
	租金费用		9 000
	物料费用		3 000
	广告费		11 300
	（结转临时性账户的借方余额）		

第三步，将本年利润账户余额结转至所有者权益账户。

商业企业与服务性企业所编制的第三笔结账分录是一样的，都是用净利润或净损失来更新所有者权益账户。下面给出了 Z 商场所编制的第三笔结账分录，其中 $12 900 的余额代表净利润，我们将把它列示在 Z 商场的利润表中。

		借方	贷方
12 月 31 日	借：本年利润	12 900	
	贷：K. Marty 名下的资本		12 900
	（结转本年利润账户）		

第四步，将所有者提取账户余额结转至所有者权益账户。

商业企业与服务性企业所编制的第四笔结账分录是一样的，都是将所有者提取账户余额结转至所有者权益账户，使所有者权益账户余额与资产负债表中的所有者权益余额相等。下面给出了 Z 商场所编制的第四笔结账分录。

		借方	贷方
12 月 31 日	借：K. Marty 名下的资本	4 000	
	贷：K. Marty 提取		4 000
	（结转所有者提取账户）		

图表 5.12 商业企业会计分录汇总

	商品买卖交易	会计分录	借方	贷方
购货	购买待售商品	借：库存商品	#	
		贷：现金或应付账款		#
	支付购货的运费成本（装运地交货）	借：库存商品	#	
		贷：现金		#
	在折扣期内付款	借：应付账款	#	
		贷：库存商品		#
		现金		#
	记录购货退回或折让	借：现金或应付账款	#	
		贷：库存商品		#
销货	销售商品	借：现金或应收账款	#	
		贷：销售收入		#
		借：商品销售成本	#	
		贷：库存商品		#
	在折扣期内收到货款	借：现金	#	
		销售折扣	#	
		贷：应收账款		#
	接受销售退回或给予销售折让	借：销售退回与折让	#	
		贷：现金或应收账款		#
		借：库存商品	#	
		贷：商品销售成本		#
	支付销货的运费成本（目的地交货）	借：运输费用	#	
		贷：现金		#
	商品交易事项	**调整分录和结账分录**		
调整	调整存货损耗（当账面余额大于实物盘点额时）	借：商品销售成本	#	
		贷：库存商品		#
结账	结转各临时性账户的贷方余额	借：销售收入	#	
		贷：本年利润		#
	结转各临时性账户的借方余额	借：本年利润	#	
		贷：销售退回与折让		#
		销售折扣		#
		商品销售成本		#
		运输费用		#
		其他费用		#

财务报表的格式

公认会计原则并没有硬性规定财务报表的格式，所以在实践中会看到多种不同的财务报表格式。本节将介绍两种常见的利润表格式：多步式利润表和单步式利润表。另外，还将介绍商业企业的分类资产负债表。

□ 多步式利润表

多步式利润表（multiple-step income statement）格式列示了销售收入净额和其他成本费用的详细计算过程，并且还列出了各个项目的小计。图表5.13给出了Z商场的多步式利润表。该表主要包括三个部分：(1) 毛利，它等于销售收入净额减去商品销售成本；(2) 营业利润，它等于毛利减去营业费用；(3) 净利润，它等于营业利润加上营业外收入，再减去营业外费用。

图表 5.13 多步式利润表

Z商场2009年12月31日的利润表			
销售收入		$ 321 000	毛利的计算
减：销售折扣	$ 4 300		
销售退回与折让	2 000	6 300	
销售收入净额		314 700	
商品销售成本		230 400	
毛利		84 300	
营业费用			营业利润的计算
销售费用			
折旧费用——店铺设备	3 000		
销售人员工资费用	18 500		
租金费用——销售场地	8 100		
店铺用品费用	1 200		
广告费	11 300		
销售费用合计	42 100		
一般管理费用			
折旧费用——办公设备	700		
办公人员工资费用	25 300		
保险费用	600		
租金费用——办公场地	900		
办公用品费用	1 800		
一般管理费用合计	29 300		
营业费用合计		71 400	
营业利润		12 900	
其他收入与利得（费用与损失）			营业外活动利润的计算
利息收入	1 000		
房屋变卖所得	2 500		
利息费用	(1 500)		
其他收入与利得(费用与损失)合计		2 000	
净利润		$ 14 900	

营业费用由两部分组成，即销售费用和一般管理费用。销售费用（selling expenses）包括商品促销（包括展示商品以及为商品做广告）、销售和送货过程中发生的各种费用。一般管理费用（general and administrative expenses）是指整个企业的行政管理支出，它包括会计部门、人力资源管理部门和财务管理部门所发生的各种费用。

如果多个部门都发生了某种费用，那么我们就要把这些费用分摊到各个部门中去。例如，Z商场就将其＄9 000的租金费用分成了两部分，其中＄8 100被列入了销售费用，另外＄900被列入了一般管理费用。

营业外活动（nonoperating activities）利润是指与企业主营业务无关的各种费用、收入、损失和利得。这些项目分两部分列示：（1）其他收入与利得，通常包括利息收入、股利收入、租金收入和资产变卖所得。（2）其他费用与损失，通常包括利息费用、资产变卖损失和意外损失。如果企业没有需要列示的营业外活动，那么我们就把其营业利润直接列为净利润。

□ 单步式利润表

单步式利润表（single-step income statement）是另一种被众多企业广泛采用的格式。图表5.14给出了Z商场的单步式利润表。该表将商品销售成本与其他费用列在一起，只计算了一项费用合计。在单步式利润表中，所有的费用项目（如果有分类的话）被简单地分成了几类。许多企业采用多步式与单步式相结合的方式来编制利润表。总之，只要利润表项目安排合理，管理部门可以自由选择利润表的格式。（在后面几章，我们将介绍一些必须在利润表的特定位置予以列示的项目，如非常利得与亏损。）所有者权益表以及现金流量表的格式，企业也可以根据实际情况自行确定。

图表5.14 单步式利润表

Z商场2009年12月31日的利润表		
收入		
销售收入净额	＄314 700	
利息收入	1 000	
房屋变卖所得	2 500	
收入合计	318 200	
费用		
商品销售成本	＄230 400	
销售费用	42 100	
一般管理费用	29 300	
利息费用	1 500	
费用合计		303 300
净利润		＄14 900

□ 分类资产负债表

商业企业的分类资产负债表（classified balance sheet）将库存商品列为流动资产，并且通常把它列在应收账款的后面，这是因为库存商品与应收账款的流动性最为接近。一般认为，库存商品的流动性低于应收账款，因为商品只有在售出以后才能取得现金；但库存商品的流动性高于待摊费用和物料。图表5.15给出了Z商场分类资产负债表的流动资产部分（其他部分与第 4 章讲过的内容相同）。

图表 5.15　　商业企业的（部分）分类资产负债表

Z 商场资产负债表（部分） 2009 年 12 月 31 日	
资产	
现金	$8 200
应收账款	11 200
库存商品	**21 000**
办公用品	550
店铺用品	250
预付保险费	300
流动资产合计	$41 500

实例分析 1

请利用下面给出的调整后的试算平衡表以及其他信息完成本题的要求。

KC 古董店 2009 年 12 月 31 日调整后的试算平衡表		
	借方	贷方
现金	$7 000	
应收账款	13 000	
库存商品	60 000	
店铺用品	1 500	
设备	45 600	
累计折旧——设备		$16 600
应付账款		9 000
应付工资		2 000
K. Carter 名下的资本		79 000
K. Carter 提取	10 000	
销售收入		343 250
销售折扣	5 000	
销售退回与折让	6 000	
商品销售成本	159 900	
累计折旧费用——店铺设备	4 100	
累计折旧费用——办公设备	1 600	
销售人员工资费用	30 000	
办公人员工资费用	34 000	
保险费用	11 000	
租金费用（其中，店铺租金占 70%，办公场地租金占 30%）	24 000	

续前表

KC 古董店 2009 年 12 月 31 日调整后的试算平衡表		
	借方	贷方
店铺用品费用	5 750	
广告费	31 400	
合计	$ 449 850	$ 449 850

KC 古董店 2009 年的补充记录显示，该店商品销售活动的明细成本如下：

购货发票价格	$ 150 000
购货折扣	2 500
购货退回与折让	2 700
购货运费	5 000

要求：

1. 利用补充资料计算 KC 古董店 2009 年的总购货成本。

2. 编制 KC 古董店 2009 年的多步式利润表。(2008 年 12 月 31 日存货账户约为 $ 70 100。)

3. 编制 KC 古董店 2009 年的单步式利润表。

4. 编制 2009 年 12 月 31 日 KC 古董店的结账分录。

解题步骤：

- 计算 KC 古董店 2009 年的总购货成本。
- 要想编制多步式利润表，首先要计算出销售收入净额。然后，再计算出商品销售成本，其计算方法为：用本期购货净成本加上期初存货，再减去期末存货成本，就等于本期的商品销售成本。接下来，用销售收入净额减去商品销售成本就可以计算出毛利。然后再将费用分成销售费用和一般管理费用两大类。
- 要想编制单步式利润表，首先也要计算出销售收入净额，然后再将各项费用逐步列减。
- 第一笔结账分录为：借记所有临时性账户的贷方余额，同时贷记本年利润账户；第二笔结账分录为：贷记所有临时性账户的借方余额，同时借记本年利润账户；第三笔结账分录是将本年利润账户的余额结转至所有者权益账户；最后一笔结账分录是将所有者提取账户的余额结转至所有者权益账户。

实例分析 1 答案：

1.

购货发票价格	$ 150 000
减：购货折扣	2 500
购货退回与折让	2 700
加：购货运费	5 000
总购货成本	$ 149 800

2. 多步式利润表

KC古董店2009年12月31日的利润表		
销售收入		$ 343 250
减：销售折扣	$ 5 000	
销售退回与折让	6 000	11 000
销售收入净额		332 250
商品销售成本*		159 900
毛利		172 350
营业费用		
销售费用		
折旧费用——店铺设备	4 100	
销售人员工资费用	30 000	
租金费用——销售场地	16 800	
店铺用品费用	5 750	
广告费	31 400	
销售费用合计	88 050	
一般管理费用		
折旧费用——办公设备	1 600	
办公人员工资费用	34 000	
保险费用	11 000	
租金费用——办公场地	7 200	
一般管理费用合计	53 800	
营业费用合计		141 850
净利润		$ 30 500

* 商品销售成本也可以直接计算出来：

期初存货（2008年12月31日）	$ 70 100
总购货成本（取自第1题）	149 800
待售商品	219 900
期末存货（2009年12月31日）	60 000
商品销售成本	$ 159 900

3. 单步式利润表

KC古董店2009年12月31日的利润表		
销售收入净额		$ 332 250
费用		
商品销售成本	$ 159 900	
销售费用	88 050	
一般管理费用	53 800	
费用合计		301 750
净利润		$ 30 500

4.

日期	摘要	借方	贷方
12月31日	借：销售收入	343 250	
	贷：本年利润		343 250
	（结转临时性账户的贷方余额）		
12月31日	借：本年利润	312 750	
	贷：销售折扣		5 000
	销售退回与折让		6 000
	商品销售成本		159 900
	折旧费用——店铺设备		4 100
	折旧费用——办公设备		1 600
	销售人员工资费用		30 000
	办公人员工资费用		34 000
	保险费用		11 000
	租金费用		24 000
	店铺用品费用		5 750
	广告费		31 400
	（结转各个临时性账户的借方余额）		
12月31日	借：本年利润	30 500	
	贷：K. Carter 名下的资本		30 500
	（结转本年利润账户）		
12月31日	借：K. Carter 名下的资本	10 000	
	贷：K. Carter 提取		10 000
	（结转所有者提取账户）		

实例分析 2

根据以下的商品交易信息，分别为卖方（BMX 公司）和买方（Sanuk）编制会计分录。

5月4日	BMX 公司向 Sanuk 公司赊销了一批总价为＄1 500 的商品，并规定装运地交货且信用条件为“n/45”。发票开立日期为5月4日，商品成本为＄900。
5月6日	Sanuk 公司支付了5月4日从 BMX 公司所购货物的运费＄30。
5月8日	BMX 公司向 Sanuk 公司赊销了一批总价为＄1 000 的商品，并规定目的地交货且信用条件为“n/30”。发票开立日期为5月8日，商品成本为＄700。
5月10日	BMX 公司支付了5月8日出售给 Sanuk 公司的商品运费＄50。
5月16日	BMX 公司为一项销售退回向 Sanuk 公司出具了总额为＄200 的贷记通知单。这批退货是 Sanuk 公司在5月8日以赊购的方式买走的，其成本为＄140。
5月18日	BMX 公司收到了 Sanuk 公司支付的5月8日购货款。
5月21日	BMX 公司向 Sanuk 公司赊销了一批总价为＄2 400 的商品，并规定装运地交货且信用条件为“2/10，n/EOM”。BMX 公司预付了＄100 的运费，并将这笔运费直接加到了发票价格上面。这批商品的成本为＄1 440。
5月31日	BMX 公司收到 Sanuk 公司支付的5月21日的购货款，其中扣掉了折扣（2%×2 400）。

实例分析 2 答案：

	BMX 公司（卖方）			Sanuk 公司（买方）		
5.4	借：应收账款——Sanuk 公司	1 500		借：库存商品	1 500	
	贷：销售收入		1 500	贷：应付账款——BMX 公司		1 500
	借：商品销售成本	900				
	贷：库存商品		900			
5.6	无分录			借：库存商品	30	
				贷：现金		30
5.8	借：应收账款——Sanuk 公司	1 000		借：库存商品	1 000	
	贷：销售收入		1 000	贷：应付账款——BMX 公司		1 000
	借：商品销售成本	700				
	贷：库存商品		700			
5.10	借：运输费用	50		无分录		
	贷：现金		50			
5.16	借：销售退回与折让	200		借：应付账款——BMX 公司	200	
	贷：应收账款——Sanuk 公司		200	贷：库存商品		200
	借：库存商品	140				
	贷：商品销售成本		140			
5.18	借：现金	800		借：应付账款——BMX 公司	800	
	贷：应收账款——Sanuk 公司		800	贷：现金		800
5.21	借：应收账款——Sanuk 公司	2 400		借：库存商品	2 500	
	贷：销售收入		2 400	贷：应付账款——BMX 公司		2 500
	借：应收账款——Sanuk 公司	100				
	贷：现金		100			
	借：商品销售成本	1 440				
	贷：库存商品		1 440			
5.31	借：现金	2 452		借：应付账款——BMX 公司	2 500	
	销售折扣	48		贷：库存商品		48
	贷：应收账款——Sanuk 公司		2 500	现金		2 452

附录 5A 定期盘存制

定期盘存制（periodic inventory system）只在会计期末时才会更新库存商品账户余额，以反映待售商品及已售商品的数量和成本。因此，在整个会计期间，库存商品账户的余额都保持不变。也就是说，在会计期末更新余额之前，库存商品账户反映的一直是该账户的期初余额。在整个会计期内，我们都要把商品成本记入一个名为“购货”的临时性账户。当企业售出商品时，我们只记录收入不记录商品销售成本。在期末编制财务报表时，需要对存货进行实物盘点，并计算出剩余存货的数量和成本。然后，用待售商品成本减去期末存货余额就可以计算出本期的商品销售成本。

□ 商品交易的记录

在定期盘存制下，需要开设单独的临时性账户来记录购货、购货退回与折让、购货折扣以及购货运费成本。在会计期末，要结清这些临时性账户，并更新库存商品账户的余额。下面给出了在定期盘存制下，我们为企业常见的一些交易事项所编制的日记账分录。（其中，编号（a)～(f）与本章前面分录中的编号是对应的，代表的是同一批交易。为简便起见，不再复述交易内容。）为了进行比较，我们在每笔分录的右侧列出了永续盘存制下所编制的会计分录。

购货

在定期盘存制下，我们使用一个名为“购货”的临时性账户来记录每期所有的购货成本。11 月 2 日，Z 商场赊购了一批总价为 $ 1 200 的商品，且信用条件标明“2/10，n/30”，为此，Z 商场需要编制如下会计分录：

(a)	定期盘存制			永续盘存制		
	借：购货	1 200		借：库存商品	1 200	
	贷：应付账款		1 200	贷：应付账款		1 200

购货折扣

在定期盘存制下，我们使用一个名为“购货折扣”的临时性账户来记录企业每期所享受到的所有的购货折扣。如果 Z 商场等到折扣期满之后才支付上述交易（a）的货款，那么该商场就要借记应付账款 $ 1 200，同时贷记现金 $ 1 200。但是，如果 Z 商场在折扣期内付款，那么它只需支付 $ 1 176（1 200×98%）。为此，Z 商场需要编制如下会计分录：

(b)	定期盘存制			永续盘存制		
	借：应付账款	1 200		借：应付账款	1 200	
	贷：购货折扣		24	贷：库存商品		24
	现金		1 176	现金		1 176

购货退回与折让

Z 商场退回了 11 月 2 日所购入的部分存在瑕疵的商品。在定期盘存制下，我们使用一个名为“购货退回与折让”的临时性账户来记录企业每期所有的购货退回与折让的成本。假设瑕疵品的账面成本为 $ 300（其中包括购货折扣），Z 商场 11 月 15 日记录购货退回的会计分录如下：

(c)	定期盘存制			永续盘存制		
	借：应付账款	300		借：应付账款	300	
	贷：购货退回与折让		300	贷：库存商品		300

购货运费

Z 商场支付了 $ 75 的运费。在定期盘存制下，这笔成本要记入一个名为“购货运费”的临时性账户。

(d) 定期盘存制			永续盘存制		
借：购货运费	75		借：库存商品	75	
贷：现金		75	贷：现金		75

销售收入

定期盘存制下，企业在售出商品时并不记录商品销售成本（稍后我们会介绍在会计期末时如何计算销货总成本）。Z 商场在 11 月 3 日以 $ 2 400 的价格赊销了一批成本为 $ 1 600 的商品。为此，Z 商场需要编制如下会计分录：

(e) 定期盘存制			永续盘存制		
借：应收账款	2 400		借：应收账款	2 400	
贷：销售收入		2 400	贷：销售收入		2 400
			借：商品销售成本	1 600	
			贷：库存商品		1 600

销售退回

顾客退回了交易（e）中售出的部分商品，这部分商品的售价为 $ 800，成本为 $ 600。（注意：在定期盘存制下，商品售出时，只记录收入，不记录成本。）Z 商场将商品重新入库并编制了如下会计分录来记录 11 月 6 日的销售退回：

(f) 定期盘存制			永续盘存制		
借：销售退回与折让	800		借：销售退回与折让	800	
贷：应收账款		800	贷：应收账款		800
			借：库存商品	600	
			贷：商品销售成本		600

销售折扣

假定仍有 $ 1 600（(e) 中的 $ 2 400 减去（f）中的 $ 800）的应收账款，信用条件为“3/10”，“n/90”，并且顾客将在折扣期内全额付款。Z 商场这笔业务编制的分录如下：

定期盘存制			永续盘存制		
借：现金	1 552		借：现金	1 552	
销售折扣（$ 1 600×0.03）	48		销售折扣（$ 1 600×0.03）	48	
贷：应收账款		1 600	贷：应收账款		1 600

□ 编制调整分录和结账分录

在定期盘存制和永续盘存制下，编制的调整分录和结账分录略有不同。在定期盘存制下，库存商品账户（调整前的）期末余额为 $ 19 000，而在永续盘存制下，库存商品账户（调整前的）期末余额为 $ 21 250。在定期盘存制下，由于在整个会计期间内都不会更新库存商品账户余额，因此这 $ 19 000 实际上就是库存商品账户的期初余额。而在永续盘存制下，这＄21 250 则是在期末存货损耗调整前库存商品账户的账面余额。

期末的存货实物盘点显示，待售商品余额为＄21 000。图表 5A.1 给出了在两种存货制度下分别编制的调整分录和结账分录。定期盘存制下的第一笔结账分录将＄21 000的期末余额（其中包括商品损耗）记入了库存商品账户，而第二笔结账分录则从库存商品账户转出了＄19 000 的期初余额。①

图表 5A.1　　两种存货制度下所编制的调整分录和结账分录对比表

永续盘存制 调整分录——损耗			永续盘存制 调整分录——损耗		
无			借：商品销售成本	250	
			贷：库存商品		250
结账分录			**结账分录**		
（1）借：销售收入	321 000		（1）借：销售收入	321 000	
库存商品	**21 000**				
购货折扣	**4 200**				
购货退回与折让	**1 500**				
贷：本年利润		347 700	贷：本年利润		321 000
（2）借：本年利润	334 800		（2）借：本年利润	308 100	
贷：销售折扣		4 300	贷：销售折扣		4 300
销售退回与折让		2 000	销售退回与折让		2 000
库存商品		**19 000**	商品销售成本		**230 400**
购货		**235 800**			
购货运费		**2 300**			
折旧费用		3 700	折旧费用		3 700
工资费用		43 800	工资费用		43 800
保险费用		600	保险费用		600
租金费用		9 000	租金费用		9 000
物料费用		3 000	物料费用		3 000
广告费		11 300	广告费		11 300
（3）借：本年利润	12 900		（3）借：本年利润	12 900	
贷：K. Marty 名下的资本		12 900	贷：K. Marty 名下的资本		12 900
（4）借：K. Marty 名下的资本	4 000		（4）借：K. Marty 名下的资本	4 000	
贷：K. Marty 提取		4 000	贷：K. Marty 提取		4 000

通过更新库存商品账户以及结平购货、购货折扣、购货退回与折让、购货运费等账户，定期盘存制将商品销售成本全都结转到了本年利润账户。如果我们回头再来分

---

① 我们把这种方法称为结账分录法。除此以外，还有一种会计处理方法，叫做调整分录法。调整分录法在编制结账分录时，不会涉及库存商品账户，但它需要编制两笔调整分录。以 Z 商场为例，在调整分录法下，需要编制如下两笔调整分录：

（1）借：本年利润　　19 000　　（2）借：库存商品　　21 000
　　贷：库存商品　　19 000　　　　贷：本年利润　　21 000

上面第一笔分录转出了库存商品账户的期初余额，第二笔分录则将实际的期末余额记入了库存商品账户。

析一下图表 5A.1 中的定期盘存制下所编制的会计分录，就会发现，黑体字的项目对本年利润账户的影响如下：

在第一笔结账分录中，记入本年利润账户贷方的金额包括：	
库存商品（期末余额）	$ 21 000
购货折扣	4 200
购货退回与折让	1 500
在第二笔结账分录中，记入本年利润账户借方的金额包括：	
库存商品（期初余额）	(19 000)
购货	(235 800)
购货运费	(2 300)
对本年利润账户的净影响	$ (230 400)

对本年利润的净影响 $ 230 400 就是商品销售成本。定期盘存制将商品销售成本结转到了本年利润账户，但是它却没有使用商品销售成本账户。另外，定期盘存制也不单独计算商品损耗，而是将待售商品成本减期末存货成本的差额作为商品销售成本，而这里面就已经包含了商品损耗。

□ 编制财务报表

采用定期盘存制的商业企业所编制的财务报表与前几章介绍的服务性企业所编制的财务报表类似。二者利润表的主要区别在于：采用定期盘存制的商业企业所编制的利润表增设了商品销售成本和毛利两项——当然，销售收入净额还受折扣、退回与折让的影响。定期盘存制下的商品销售成本部分如下：

2009 年 12 月 31 日销货总成本的计算	
期初存货	$ 19 000
商品采购成本	232 400
待售商品成本	251 400
减：期末存货	21 000
商品销售成本	230 400

二者资产负债表的主要差别是：商业企业的资产负债表多了库存商品这一项流动资产（参见图表 5.15）。二者的所有者权益表则完全相同。最后，可以使用工作底稿来帮助我们编制这些财务报表。图表 5A.2 给出了在定期盘存制下 Z 商场所编制的工作底稿，附录 5B 则给出了在永续盘存制下 Z 商场所编制的工作底稿，我们用黑体字标出两表的不同之处。

快速测试

13. 哪些账户在永续盘存制中能够用到，而在定期盘存制中却用不到？
14. 下列哪个账户是我们在定期盘存制下使用的临时性账户？（a）库存商品；（b）购货；（c）运费。
15. 在定期盘存制下，如何计算商品销售成本？
16. 使用调整分录法和结账分录法得出的期末存货和净利润相同吗？

			调整前的试算平衡表		调整项目		调整后的试算平衡表		利润表		资产负债表	
1 2	编号	账户名称	借方	贷方	借方	贷方	借方	贷方	借方	贷方	借方	贷方
3	101	现金	8 200				8 200				8 200	
4	106	应收账款	11 200				11 200				11 200	
5	**119**	库存商品	**19 000**				**19 000**		**19 000**	**21 000**	**21 000**	
6	126	物料	3 8000			(b)3 000	800				800	
7	128	预付保险费	900			(a) 600	300				300	
8	167	设备	34 200				34 200				34 200	
9	168	累计折旧——设备		3 700		(c)3 700		7 400				7 400
10	201	应付账款		16 000				16 000				16 000
11	209	应付工资				(d) 800		800				800
12	301	K.Marty 名下的资本		42 600				42 600				42 600
13	302	K.Marty 提取	4 000				4 000				4 000	
14	413	销售收入		321 000				321 000		321 000		
15	414	销售退回与折让	2 000				2 000		2 000			
16a	415	销售折扣	4 300				4 300		4 300			
16b	**505**	购货	**235 800**				**235 800**		**235 800**			
16c	**506**	购货退回与折让		**1 500**				**1 500**		**1 500**		
16d	**507**	购货折扣		**4 200**				**4 200**		**4 200**		
17	**508**	购货运费	**2 300**				**2 300**		**2 300**			
18	612	折旧费用——设备			(c)3 700		3 700		3 700			
19	622	工资费用	43 000		(d) 800		43 800		43 800			
20	637	保险费用			(a) 600		600		600			
21	640	租金费用	9 000				9 000		9 000			
22	652	物料费用			(b)3 000		3 000		3 000			
23	655	广告费	11 300				11 300		11 300			
24		合计	389 000	389 000	8 100	8 100	393 500	393 500	334 800	347 700	79 700	66 800
25		净利润							12 900			12 900
26		合计							347 700	347 700	79 700	79 700

图表 5A. 2　（采用定期盘存制的）商业企业编制的工作底稿

附录 5B　永续盘存制下编制的工作底稿

图表 5B. 1 给出了采用永续盘存制的商业企业在编制财务报表时所使用的工作底稿。它与我们在第 4 章介绍的工作底稿略有不同，我们用黑体字标出了二者的不同之处。该工作底稿中的调整项目包括以下各项：（a）预付的＄600 保险费到期；（b）耗费了＄3 000 的用品；（c）设备提取了＄3 700 的折旧；（d）计提了＄800 的未支付工资费用；（e）发生了＄250 的存货损耗。把这些调整额填入财务报表栏之后，我们就可以使用这些数据编制财务报表了。

			调整前的试算平衡表		调整项目		调整后的试算平衡表		利润表		资产负债表	
1 2	编号	账户名称	借方	贷方	借方	贷方	借方	贷方	借方	贷方	借方	贷方
3	101	现金	8 200				8 200				8 200	
4	106	应收账款	11 200				11 200				11 200	
5	**119**	库存商品	**21 250**			(g) **250**	**21 000**				**21 000**	
6	126	物料	3 800			(b)3 000	800				800	
7	128	预付保险费	900			(a) 600	300				300	
8	167	设备	34 200				34 200				34 200	
9	168	累计折旧——设备		3 700		(c)3 700		7 400				7 400
10	201	应付账款		16 000				16 000				16 000
11	209	应付工资				(d) 800		800				800
12	301	K.Marty名下的资本		42 600				42 600				42 600
13	302	K.Marty提取	4 000				4 000				4 000	
14	**413**	销售收入		**321 000**				**321 000**		**321 000**		
15	**414**	销货退回与折让	**2 000**				**2 000**		**2 000**			
16	**415**	销售折扣	**4 300**				**4 300**		**4 300**			
17	**502**	商品销售成本	**230 150**		(g) **250**		**230 400**		**230 400**			
18	612	折旧费用——设备			(c)3 700		3 700		3 700			
19	622	工资费用	43 000		(d) 800		43 800		43 800			
20	637	保险费用			(a) 600		600		600			
21	640	租金费用	9 000				9 000		9 000			
22	652	物料费用			(b)3 000		3 000		3 000			
23	655	广告费	11 300				11 300		11 300			
24		合计	383 300	383 300	8 350	8 350	387 800	387 800	308 100	321 000	79 700	66 800
25		净利润							12 900			12 900
26		合计							321 000	321 000	79 700	79 700
27												

图表 5B. 1　（采用永续盘存制的）商业企业编制的工作底稿

小 结

C1 解释什么是商品经营以及商业企业的利润构成。 商业企业先购入商品，然后再将它们转售出去。沃尔玛、家得宝、The Limited公司以及巴诺书店（Barnes & Noble）等都属于商业企业。商业企业利润表中所列示的成本包括商品销售成本。商业企业的销售毛利等于销售收入减去商品销售成本。

C2 定义并解释商业企业的存货资产。 商业企业资产负债表中的流动资产部分包括库存商品这一项。所谓库存商品是指在编制资产负债表时，商业企业拥有的可以用来销售的商品。

C3 定义存货的永续盘存制和定期盘存制。 在永续盘存制下，需要连续跟踪记录待售商品成本和商品销售成本。而在定期盘存制下，在会计期内只需要记录购货成本，等到会计期末时才计算存货余额和商品销售成本。

C4 分析和解释商业企业的成本流转和经营活动。 购货成本首先转变成库存商品，然后再变成商品销售成本列示在利润表上。剩余存货则作为流动资产列示在资产负债表上。

P1 分析和记录使用永续盘存制企业的商品采购业务。 在永续盘存制下，存货的采购成本（扣除折扣后的净额）会增加库存商品账户的余额。购货折扣和购货退回与折让则会减少库存商品账户的余额。购货运费也会增加库存商品账户的余额。

P2 分析和记录使用永续盘存制企业的商品销售业务。 商业企业按商品标价扣除商业折扣后的余额来记录销售收入。对于已经售出的商品的成本，要把它们从库存商品账户结转至商品销售成本账户。对于因商品无法达到客户要求而发生的退款和折价，要把它们记入销售退回与折让账户，销售退回与折让是销售收入的抵减账户。对于已经被退回并重新入库的商品，要把它们的成本从商品销售成本账户结转回库存商品账户。如果商业企业提供现金折扣并且客户在折扣期内支付了货款，那么卖方就需要将这些折扣记入销售折扣账户，销售折扣是销售收入账户的抵减账户。

P3 为商业企业编制调整分录和结账分录。 在永续盘存制下，通常需要对存货损耗进行调整。存货损耗是指库存商品账面余额与实物盘点额之间的差额。通常把存货损耗计入商品销售成本。对于销售收入、销售折扣、销售退回与折让以及商品销售成本等临时性账户的余额，要把它们结转至本年利润账户。

P4 什么是多步式利润表和单步式利润表以及如何编制这两种利润表。 与单步式利润表相比，多步式利润表包含了更多关于销售和成本的信息。这两种利润表都能反映销售收入净额的计算过程，并且它们都按照活动类型的不同把费用划分成了不同的类别。

P5 分别使用永续盘存制和定期盘存制记录商品交易并进行比较。 我们分别使用永续盘存制和定期盘存制分析和记录了涉及商品买卖的交易事项。另外，还介绍了在这两种会计处理方法下，如何编制调整分录和结账分录。

角色扮演及职业道德参考答案

企业家 在“3/10，n/90”的信用条件下，不享受3%的现金折扣而推迟80天付款，就相当于要支付13.69%的隐含年利率，其计算方法为：（365÷80）×3%。如果你能以11%的利率借入资金（假设不存在其他手续费），那么在折扣期内借钱支付货款就是更加明智的做法，因为这样可以节省2.69%（13.69%－11%）的利息费用。

信贷经理 你要在究竟是沿用以前的信用政策还是改变政策、不去滥用供应商所提供的折扣之间作出选择。首先，你需要和领导进行沟通，弄清楚延迟付款是否是公司一贯的做法以及公司为什么要这样做。如果延迟付款的确是公司一贯的做法，那么你必须运用自己的职业伦理来分析这件事情。一种观点认为延迟付款是一种不道德的行为。表面上假装要在折扣期内付款，而实际上却故意延迟付款，公司这样做实质上是在欺骗供货商。另一种观点则认为这种延迟付款的做法是可以接受的。在某些市场上既延迟付款又享受折扣被看作“价格谈判”的延续。而且，对于你公司延迟付款的做法，供应商也可以采取相应的对策，那就是要求你们支付这部分折扣。但是，既然前任经理已经告诫你说“一旦有供货商来投诉，你可以推说是计算机系统发生了故障或收发室没有及时将支票寄出”，这就说明供货商已经对这种做法表示了不满，所以说第二种观点比较牵强。

快速测试参考答案

1．商品销售成本是指一定期间内从供货商处购得、后又转售给顾客的商品的成本。

2．毛利是指销售收入净额与商品销售成本之间的差额。

3．计算机及其相关技术的广泛应用极大地推动了永续盘存制的运用。

4．在“2/10，n/60”这种信用条件下，信用期限为60天，折扣期为10天。

5．(b) 商业折扣。

6．FOB是“free on board”（船上交货）的缩写，我们可以用它来确定所有权从卖方转移给买方的地点。目的地交货（FOB destination）的含义为：当货物到达买方营业处所时，其所有权才由卖方转移给了买方。因此，卖方要负担运费并承担商品运送过程中发生的损坏或损失的风险。

7．单独记录销售折扣和销售退回与折让能够为管理人员的内部监控和制定决策提供更多有用信息。

8．当顾客将所购商品退回而卖方将这些商品重新入库时，我们需要编制两笔会计分录。一笔记录收入和应收账款的减少，另一笔记录存货的增加和商品销售成本的减少。

9．贷记通知单——通知买方卖方将贷记买方欠自己的应收账款。

10．库存商品可能需要进行调整以反映商品损耗。

11．销售收入、销售折扣、销售退回与折让、商品销售成本（可能还有运输费用）等账户。

12．商业企业需要编制四笔结账分录：(1) 将临时性账户的贷方余额结转至本年利润账户，(2) 将临时性账户的借方余额结转至本年利润账户，(3) 将本年利润账户的余额结转至所有者权益账户，(4) 将所有者提取账户的余额结转至所有者权益账户。

13．商品销售成本账户。

14．(b) 购货和 (c) 运费。

15．在定期盘存制下，会计期末时，用本期购货净成本加上期初存货减去期末存货，就可以计算出商品销售成本。

16．使用这两种方法能够得出相同的期末存货和净利润。

关键术语

Cash discount 现金折扣
Cost of goods sold 商品销售成本
Credit memorandum 贷记通知单
Credit period 信用期限
Credit terms 信用条件
Debit memorandum 借记通知单
Discount period 折扣期
EOM 月末
FOB 船上交货
General and administrative expenses 一般管理费用
Gross margin 毛利
Gross profit 毛利
Inventory 存货
List price 标价
Merchandise 商品
Merchandise inventory 库存商品
Merchandiser 商业企业
Multiple-step income statement 多步式利润表
Periodic inventory system 定期盘存制
Perpetual inventory system 永续盘存制
Purchase discount 购货折扣
Retailer 零售企业
Sales discount 销售折扣
Selling expenses 销售费用
Shrinkage 损耗
Single-step income statement 单步式利润表
Supplementary records 补充记录
Trade discount 商业折扣
Wholesaler 批发商

选择题

1. 某公司的销售收入净额为＄550 000，毛利为＄193 000，那么该公司的商品销售成本是多少？______

a. ＄743 000　　b. ＄550 000
c. ＄357 000　　d. ＄193 000
e. ＄（193 000）

2. 5月1日，某公司购入了一批总价为＄4 500的商品，并且信用条件规定“2/10，n/30”。5月6日，该公司将其中＄250的商品退还给了卖方。5月8日，该公司在扣掉自己应该享受的折扣之后，支付了剩余购货款。请问，该公司在5月8日支付了多少货款？______

a. ＄4 500　　b. ＄4 250
c. ＄4 160　　d. ＄4 165
e. ＄4 410

3. 某公司的来自现金交易的销售收入为＄75 000，来自赊销的销售收入为＄320 000，销售退回与折让为＄13 700，销售折扣为＄6 000。请问该公司的销售收入净额是多少？______

a. ＄395 000　　b. ＄375 300
c. ＄300 300　　d. ＄339 700
e. ＄414 700

讨论题

1. 在永续盘存制下，与服务性企业相比，商业企业会使用哪些新增的账户？

2. 商业企业的财务报表中还有哪些项目是服务性企业的报表中所没有的？

3. 请解释什么情况下一家企业的毛利为正时却仍然存在净损失。

4. 企业为什么提供现金折扣？

5. 使用永续盘存制的企业的存货损耗如何

计算？

6. 请指出现金折扣与商业折扣的不同。购货的商业折扣数额是否记录在账户中？

7. 销售折扣和购货折扣的差异是什么？

8. 如果供应商允许无限制数量的退回商品，公司的管理人员为什么要考虑购货退回的数量？

9. 借方通知单的发出方（制作方）是否会在接收方的账户中借记或贷记分录？接收方怎样编制分录（借还是贷）？

10. 单步式利润表与多步式利润表格式上的区别是什么？

快速学习

QS5-1　编制分录以记录某商业企业的采购交易事项。假定该企业采用永续盘存制。

3 月 5 日　以每件 $ 12 的成本购进 1 000 件商品。信用条件是“2/10，n/60”；发票的开立日期是 3 月 5 日。

3 月 7 日　从 3 月 5 日购进的商品中退回了 50 件有瑕疵的商品，这 50 件商品的全额退款。

3 月 15 日　支付了 3 月 5 日购买的商品总额减去 3 月 7 日退回的商品总额后的余款。

QS5-2　编制分录以记录某商业企业的采购交易事项。假定该企业采用永续盘存制。

4 月 1 日　销售商品 $ 5 000，给予的信用条件是“2/10，月底”。发票的开立日期是 4 月 1 日，这批商品的成本是 $ 3 000。

4 月 4 日　客户退回了 4 月 1 日卖出的商品，并贷记 $ 1 000。商品的成本为 $ 600，重新作为存货入账。

4 月 11 日　收到货款，货款的总额为 4 月 1 日卖出的商品总额减去 4 月 4 日退回的商品数额之后的净额。

QS5-3　下面是截取的 Crystal 公司会计年度 7 月 31 日的部分总分类账账户及其正常余额。（假设 Crystal 公司使用永续盘存制。）

库存商品	$ 42 000	销售退回与折让	$ 7 600
B. Crystal 名下的资本	124 900	商品销售成本	115 000
销售收入	275 300	折旧费用	12 000
销售折扣	5 200	工资费用	45 000
		其他费用	7 000

年底盘点后发现，可出售的库存商品的成本为 $ 40 600。编制有关存货损耗的会计分录。

QS5-4　根据上题的数据，结平收入和费用这两个临时性账户的余额。（切记要考虑存货损耗的部分。）

QS5-5A　请指出下列各项是永续盘存制还是定期盘存制。

a. 需要编制调整分录以记录存货损耗。

b. 过去十年中业务频率和金额显著增长。

c. 向管理者提供更及时的信息。

d. 记录每次销售交易发生后的商品销售成本。

e. 只在期末更新存货账户的数据。

QS5-6A　根据 QS5-1 的数据，编制记录每一笔商业交易的会计分录，假定采用的是定期盘存制。

QS5-7A　根据 QS5-2 的数据，编制记录每一笔商业交易的会计分录，假定采用的是定期盘存制。

练习题

Exercise5-1　下面是一个零售商发生的各项交易，根据提供的信息编制日记账分录。假设使用的是永续盘存制。

4 月 2 日　从 Johns 公司购买了一批商品，具体信息如下：价格 $ 5 900，开立发票的日期为 4 月 2 日，信用条件为“2/15，n/60”。采用装运地交货。

3 日　为 4 月 2 日购买的商品支付了 $ 330 的

运费。

4 日　退回 Johns 公司有瑕疵的商品，其中发票的价格为＄900。

17 日　为 4 月 2 日采购的商品向 Johns 公司开具了一张支票，金额为其总额减去折扣和退回商品的数额后的净额。

18 日　从 William 公司购买了一批商品，具体内容如下：价格＄12 250，开立发票的日期为 4 月 18 日，信用条件为“2/10，n/30”。采用目的地交货。

21 日　经过谈判，从 William 公司获得了 4 月 18 日购买的商品的＄3 250 的折让。

28 日　为 4 月 18 日采购的商品开具了一张支票，金融为其总额减去折扣和折让后的净额。

Exercise5-2　Fortuna 公司从 Lemar 公司购买了一批待售商品。发票上的价格为＄30 000，信用条件为“2/10，n/60”。这批商品的销售成本为＄20 100。Fortuna 公司在折扣期内支付了货款。假设两家公司都使用永续盘存制。

1. 请为买方应该记录的（a）采购和（b）现金支付业务编制会计分录。

2. 请为卖方应该记录的（a）销售和（b）收回现金业务编制会计分录。

3. 假设买方可以借到足够多的钱在折扣期的最后一天支付货款，且此时借款的年利率为 8%，并在信用期的最后一天偿还这些借款。请计算买方采用这种策略可以节省多少资金。（假定一年 365 天，小数位数保留到美分。）

Exercise5-3　将下列字母分别填入与其定义最相符的描述的空白处。

A. 现金折扣	B. 信用期限
C. 折扣期	D. FOB 目的地交货
E. FOB 装运地交货	F. 毛利
G. 库存商品	H. 购货折扣
J. 批发折扣	I. 销售折扣

______ 1. 可以获得现金折扣的时间期限。

______ 2. 在给商品设定价格的过程中，经过谈判得到的低于定价的部分。

______ 3. 如果在折扣期内支付，应收或应付款项的减少部分。

______ 4. 在客户的支付期限到期前的这段时间。

______ 5. 净销售额减去销售成本后的差额。

______ 6. 当卖方把货物交给承运人时就发生了货物的所有权转移。

______ 7. 当货物到达买方的目的地时就发生了货物的所有权转移。

______ 8. 企业所拥有的预期销售给顾客的商品。

______ 9. 购买方对来自供应商的商品的现金折扣的描述。

______ 10. 卖方对给予买方的提前付款的现金折扣的描述。

Exercise5-4　Mechanic Parts 是于 2009 年 5 月 1 日组建的。它的第一笔采购业务发生在 5 月 3 日。公司共采购 1 200 件商品，每件＄7。5 月 5 日，公司以每件＄11 的价格卖给 Radica 公司 720 件该批商品。信用条件为“2/10，n/60”。使用永续盘存制编制 Mechanic Parts 公司 5 月 5 日的销售记录和下列 a～c 的各项交易的会计分录。

a. 5 月 7 日，由于商品不符合顾客的要求，Radica 公司将 251 件商品退回给了 Mechanic Parts 公司。该公司将其重新入库。

b. 5 月 8 日，Radica 公司发现有 60 件商品有损坏但仍可以使用，因此，Mechanic Parts 公司向 Radica 公司发出了一份＄180 的贷记通知单作为对其的补偿。

c. 5 月 15 日，Radica 公司发现有 72 件商品的颜色是不符合要求的。但由于 Mechanic Parts 公司开具了一份＄92 的贷记通知单作为补偿，Radica 留下了其中的 43 件商品，但仍退回了剩下的 29 件。Mechanic Parts 公司将这 29 件商品重新入库。

Exercise5-5　根据上题，为 Radica 公司编制一份相应的日记账分录记录 5 月 5 日的采购业务和 a～c 项各交易。Radica 公司是使用永续盘存制的一个零售企业，并且购买的这批商品作为待售商品准备出售。

Exercise5-6　根据所学知识，完成下列各利润表 a～e 空白处的信息，并将余额为负的金额用括号标出。

	a	b	c	d	e
销售额	$82 800	$58 622	$50 094	$?	$32 540
商品销售成本					
库存商品（期初）	7 866	3 507	10 519	9 902	3 351
总购货成本	35 439	?	?	45 252	7 439
库存商品（期末）	?	(3 714)	(12 019)	(9 527)	?
商品销售成本	34 950	21 932	?	?	8 359
毛利	?	?	4 606	62 013	?
费用	9 000	10 650	14 923	32 600	6 100
净利润	$?	$26 040	$(10 317)	$29 413	$?

Exercise5-7　下面的补充记录汇总了Tandy公司2009年主要的商品经营记录。为库存商品账户和商品销售成本账户编制T形账户。然后将这些活动编入相应账户并计算账户余额。

销售业务中出售给顾客的商品的销售成本	$296 000
2008年12月31日，库存商品	42 979
购货成本的发票	303 459
2009年12月31日计算的损耗	790
运输成本	3 034
被顾客退回并重新入库的商品的成本	2 700
收到的购货折扣	2 427
购货退回与折让	3 900

Exercise5-8　下表是截取自由Kumi Yamiko所拥有的一家名为“Yamiko”的企业2009年12月31日调整前的试算平衡表的部分永久性账户和所有临时性账户的数据。根据这些账户的余额和附加信息编制调整分录和结账分录。Yamiko使用永续盘存制。

	借方	贷方
库存商品	$30 200	
预付销售费用	4 000	
K. Yamiko提取	1 600	
销售收入		$543 600
销售退回与折让	20 656	
销售折扣	5 783	
商品销售成本	267 451	
销售人员工资费用	59 796	
公用事业费用	17 395	
销售费用	46 749	
一般管理费用	120 135	

附加信息：应计销售人员工资等于$1 700。预付销售费用$1 600已到期。年底盘存后仍可使用的库存商品为$29 626。

Exercise5-9　根据下列商品交易编制Chiller Systems公司的日记账，假设其采用永续盘存制。

1. 11月1日，Chiller公司赊购了一批价值$2 800的货物。信用条件为“2/5，n/30”，装运地交货；发票的开立日期为11月1日。

2. 11月5日，Chiller公司用现金支付了11月1日的采购业务货款。

3. 11月7日，Chiller公司发现并退回了11月1日购买的货物中价值$100的有瑕疵的商品，并收到了退回的现金。

4. 11月10日，为11月1日的采购业务支付运费现金$140。

5. 11月13日，赊销了一批价值$3 024的商品。商品的成本为$1 512。

6. 11月16日，客户退回了11月13日购买的商品。退回的商品的销售额为$205，成本为$115。

Exercise5-10A　根据Exercise5-1在定期盘存制下编制每一商品交易的日记账分录。

Exercise5-11A　根据Exercise5-2，假定买方和卖方都采用定期盘存制，编制每一商业交易的日记账分录。（略过Exercise5-2中的第3个要求。）

Exercise5-12A　根据Exercise5-9在定期盘存制下编制每一商业交易的日记账分录。

综合题

Problem5-1A　编制使用永续盘存制的 Flora 公司的下列商品交易的日记账分录。（提示：这有助于区分哪些是应收哪些是应付；例如，记录 7 月 1 日购货的分录为：应付账款——Arch。）

7 月 1 日　从 Arch 公司购进一批价值＄6 400 的商品。信用条件为“1/15，n/30”。装运地交货，发票的开立日期为 7 月 1 日。

2 日　销售给 Driver 公司＄900 的商品，信用条件为“1/10，n/60”。装运地交货，发票的开立日期为 7 月 2 日。商品的销售成本为＄533。

3 日　为 7 月 1 日的运费支付现金＄130。

8 日　售出一批商品，价值＄2 100，商品的成本为＄1 700。

9 日　从 Kew 公司处购进了一批货物，价值＄2 200，信用条件为“1/15，n/60”，目的地交货，发票的开立日期为 7 月 9 日。

11 日　由于退回部分 7 月 9 日购进的货物。收到一份来自 Kew 公司的＄200 的贷记通知单。

12 日　收到来自 Driver 公司的 7 月 2 日的发票金额减去折扣后的余款。

16 日　在折扣期内支付欠 Arch 公司的余款。

19 日　将成本为＄800 的商品以＄1 200 出售给 Surtis 公司，信用条件为“1/15，n/60”。装运地交货，发票的开立日期为 7 月 19 日。

21 日　为 7 月 19 日出售的货物给 Surtis 公司签发了一张折让＄200 的贷记通知单。

24 日　支付减去折扣后的欠 Kew 的余款。

30 日　收到来自 Surtis 公司的发票日期为 7 月 19 日的减去折扣后的余款。

31 日　向 Driver 公司以＄6 900 的价格出售了一批商品，该批商品的成本为＄5 200。信用条件为“1/10，n/60”。装运地交货，发票的开立日期为 7 月 31 日。

Problem5-2A　下面是 Helix 公司会计年度的调整前的试算平衡表。

Helix公司调整前的试算平衡表
2009年1月31日

		借方	贷方
2	现金	$ 28 750	
3	库存商品	13 000	
4	店铺用品	5 500	
5	预付保险费	2 400	
6	店铺设备	42 600	
7	累计折旧——店铺设备		$ 19 750
8	应付账款		14 000
9	A.Helix名下的资本		39 000
10	A.Helix提取	2 000	
11	销售收入		115 800
12	销售折扣	1 900	
13	销售退回与折让	2 300	
14	销售成本	38 000	
15	折旧费用——店铺设备	0	
16	工资费用	27 400	
17	保险费用	0	
18	租金费用	15 000	
19	店铺用品费用	0	
20	广告费	9 700	
21	总计	$188 550	$188 550
22			

租金费用和工资费用均分到了销售费用和一般管理费用中。Helix公司采用的是永续盘存制。

要求：

1. 编制调整日记账分录以反映下列信息：

a. 会计年度年底，可使用的店铺用品为＄2 550。

b. 会计年度，作为一般管理费用的过期保险为＄1 450。

c. 当年店铺设备的折旧费。销售费用为＄1 975。

d. 为了评估损失，进行了年底库存商品的盘点。盘点后，年底可使用的存货为＄10 300。

2. 编制2009年多步式利润表。

3. 编制2009年单步式利润表。

4. 计算2009年1月31日的流动比率、酸性测验比率和毛利率。

Problem5-3A　下面是Rusio公司2009年8月31日调整后的试算平衡表。

	借方	贷方
库存商品	＄43 500	
其他资产（非存货）	174 000	
负债总计		＄50 242
C. Rusio名下的资本		142 036
C. Rusio提取	8 000	
销售收入		297 540
销售折扣	4 552	
销售退回与折让	19 637	
销售成本	114 571	
销售人员工资费用	40 762	
租金费用——销售场地	3 984	
店铺用品费用	3 570	
广告费	25 290	
办公人员工资费用	37 192	
租金费用——办公场地	3 570	
办公用品费用	1 190	
总计	＄489 818	＄489 818

2008年8月31日，库存商品＄35 104。2009年8月31日，全年商品经营的补充记录列示的成本信息如下：

购货成本的发票面额	＄127 890
收到的购货折扣	2 685
购货退回与折让	6 138
运费成本	3 900

要求：

1. 计算公司本年的净销售额。

2. 计算公司本年的总购货成本。

3. 编制包含销售费用和一般管理费用明细的多步式利润表。

4. 编制包含以下条目的单步式利润表：商品销售成本、销售费用、一般管理费用。

Problem5-4A　根据Problem5-3A的Rusio公司的数据完成下列要求。

要求：

1. 编制2009年8月31日的结账分录。（使用的是永续盘存制。）

分析：

2. 公司全部采用赊购，并且其供货商统一提供3%的销售折扣。这是否意味着公司的现金管理系统实现了所有可获得折扣的目标？请解释。

3. 前些年，公司承受着4%的销售退回与折让比率，这意味着公司几乎近4%的总销售额最终直接退回给公司或导致公司给客户相应的折让。与前些年的数据相比，今年的结果怎样？

第6章 存货和商品销售成本

- 存货基础知识
- 永续盘存制下的存货成本计算
- 成本与市价孰低法及存货误差的影响
- 附录6A　定期盘存制下的存货成本核算

学习目标

CAP

概念（Conceptual）
- C1 库存商品的构成项目
- C2 库存商品的成本

分析（Analytical）
- A1 分析存货方法对财务报表和税收报表的影响
- A2 分析存货误差对当期和未来财务报表的影响

程序（Procedural）
- P1 在永续盘存制下，分别使用个别认定法、先进先出法、后进先出法以及加权平均法来计算存货成本
- P2 使用成本与市价孰低法计算存货价值
- P3 附录6A——在定期盘存制下，分别使用个别认定法、先进先出法、后进先出法以及加权平均法来计算存货成本

本章预览

商业企业的业务活动包括商品的采购和转售。在第5章中，我们已经介绍了商业企业购货和销货业务的会计核算方法。本章中，我们将通过介绍如何将成本摊销到库存商品和商品销售成本上去，来进一步研究和分析存货的会计核算问题。零售企业、批发企业以及其他购买商品后再转售出去的商业企业都会用到本章所介绍的原则和方法。理解商品存货的会计核算方法有助于分析和解释财务报表，也可以帮助人们经营自己的公司。

存货和商品销售成本

存货基础知识
- 确定存货项目
- 确定存货成本
- 存货的内部控制
- 实物盘点

永续盘存制下的存货成本计算
- 存货成本流转假设
- 个别认定法
- 先进先出法
- 后进先出法
- 加权平均法
- 对财务报表的影响

存货计价和误差
- 使用成本与市价孰低法为存货计价
- 存货误差对财务报表的影响

存货基础知识

本节将介绍库存商品的项目构成及其成本的确定。另外，还将介绍在存货实物盘点过程中，内部控制的重要性。

确定存货项目

库存商品包括所有企业为销售而拥有和持有的货物。在盘点存货时，不管货物放

在哪里，只要是企业为销售而拥有和持有的货物，都属于企业的库存商品。有些存货项目需要我们特别留意，这些项目包括在途商品、寄售商品、毁损商品或过时商品。

在途商品

买方的存货是否包括向卖方购买的在途商品呢？答案是：如果货物的所有权已经转移给买方，那么这些在途商品就应该算作买方的存货。让我们通过复习目的地交货和装运地交货这两种装运条件来确定一下所有权是否已经转移。如果买方需要负担运费，那么在货物装上运输工具时，其所有权就已经发生了转移。如果是由卖方负担运费，那么就要等到货物到达目的地时，其所有权才会发生转移。

寄售商品

寄售商品是指由寄售人（货物所有人）运送给承售人并委托其代为销售的商品。寄售商品仍归寄售人所有，因此应把它列为寄售人的存货。比如：亚德公司（Upper Deck）花钱请老虎伍兹等体育明星在其相关产品上签名，并在各大购物网进行寄售。在这些产品销售出去以前，亚德公司都要把它们列入自己的存货。

毁损或过时商品

已经无法销售的受损或过时商品不能列入企业的存货。但如果这些商品仍然可以降价出售，那么就应该按照它们的**可变现净值**（net realizable value）将它们计入存货。可变现净值等于商品的售价减去商品销售成本。在商品过时或损坏发生时，我们就应该在当期确认相关损失。

□ 确认存货成本

库存商品的成本包括在将商品运到销售地点并做好销售准备过程中直接或间接发生的各种费用。也就是说，存货成本包括发票价格扣除折扣，再加上在将商品运到销售地点并做好销售准备过程中所发生的各种必要的附加成本或杂费。这些附加成本或杂费包括进口关税、运费、仓储费、保险费以及商品陈化过程中所发生的成本（比如陈年葡萄酒和陈年奶酪）。

会计原则规定，各种杂费要分摊到存货成本中去。而且，配比原则也规定，存货成本要与存货销售当期的收入相配比。但很多企业使用的是重要性原则（materiality principle)，它们根本就不把各种杂费分摊到存货成本中去。这些企业要么认为这些杂费金额不大，没有必要分摊，要么认为分摊杂费太麻烦，根本就没必要花费精力。

□ 内部控制和实物盘点

在永续盘存制下，每完成一笔购货或销货业务，我们都会更新一次存货账户的余额，但是由于发生某些事项，有可能会导致存货的账面余额与实际余额不符。这些事项包括：失窃、损失、损坏以及误差。因此，几乎所有的企业每年至少要对自己的存货进行一次实物盘点（physical count of inventory)。企业通常选择在会计期末或存货数量比较少的时候进行实物盘点。实物盘点的目的是将存货账户的账面余额调整为存货的实际余额。

- 企业在进行存货的实物盘点时，必须采取一定的内部控制措施，这些措施包括：

- 签发提前编好号的盘存单，发给每个盘货员，并且每张盘存单都要入账。
- 那些负责管理存货的人员不能担任盘货员。
- 盘货员在盘点过程中，要确认存货是否在库以及存货的数量和质量。
- 派另一名盘货员进行二次盘点。
- 管理人员确认所有的存货都已记入盘存单并且只记了一次。

快速测试

1. 在将待售商品成本在期末存货和商品销售成本之间进行分摊时，应遵守哪一条会计原则？
2. 如果 Skechers 公司卖货给塔吉特公司，且装运条件为装运地交货，那么在货物运输过程中，这些货物应该计入哪一家公司的存货？
3. 一家画廊以＄11 400 的价格购买了一幅油画，装运条件为装运地交货。另外，在取得和准备销售这幅油画的过程中，还发生了下列附加成本：购货运费＄130、进口关税＄150、保险费＄100、广告费＄180、画框费＄400 以及办公人员工资费用＄800。试问这幅油画的成本是多少？

永续盘存制下的存货成本计算

存货的会计核算会影响资产负债表和利润表。对存货进行会计核算的一个主要目标就是要将商品销售成本与销售收入相配比。我们使用配比原则来确定哪些待售商品成本应该从销售收入中扣除，哪些应该计入存货成本，与未来的销售收入进行配比。

对于存货的会计核算，管理部门需要决定以下几件事情：

- 存货的项目构成及其成本。
- 存货成本核算方法（个别认定法、先进先出法、后进先出法和加权平均法）。
- 盘存制度（永续盘存制或定期盘存制）。
- 使用市价还是其他的估计方法。

前面已经介绍了第一条，接下来将介绍第二条和第三条，本章的最后会介绍第四条。这些决策会影响我们填在财务报表上的存货、商品销售成本、毛利、利润、流动资产和其他账户的金额。

存货会计核算中的一个重要问题就是确定分摊到每单位存货上的成本。如果所有的存货都是按照相同的单价购进的，那么确定存货的单位成本就很简单。但如果同种存货的采购单价各不相同，那么问题就出来了。这时候，我们需要确定哪些成本需要计入商品销售成本，哪些成本需要计入存货成本。

在将成本在存货成本与商品销售成本之间进行分摊时，我们通常可以使用以下四种方法：个别认定法、先进先出法、后进先出法和加权平均法。图表 6.1 给出了这四种方法的使用频率。

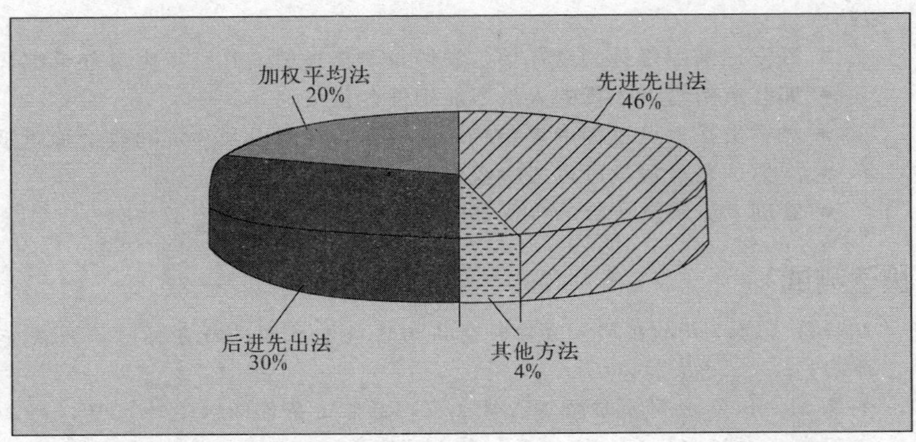

＊其他方法中包括个别认定法。

图表 6.1　各种存货成本核算方法的使用频率

每一种方法都假设了一种存货的成本流转方式。不管实际的存货实物流转过程是否符合这些成本流转假设，这四种存货成本我们都可以使用。存货实物的流转过程取决于产品类型及其仓储方式。（像新鲜水果等易腐烂的商品一般要求企业按照先进先出的实物流转过程进行销售。像原油以及煤炭、黄金、装饰石材等矿石，这样的商品则可以按照后进先出的实物流转过程进行销售。）实物流转过程与成本流转过程不一定相同。

□ 存货成本流转假设

我们可以先来复习一下图表 5.4 给出的商业企业在单个会计期间内的成本流转过程：

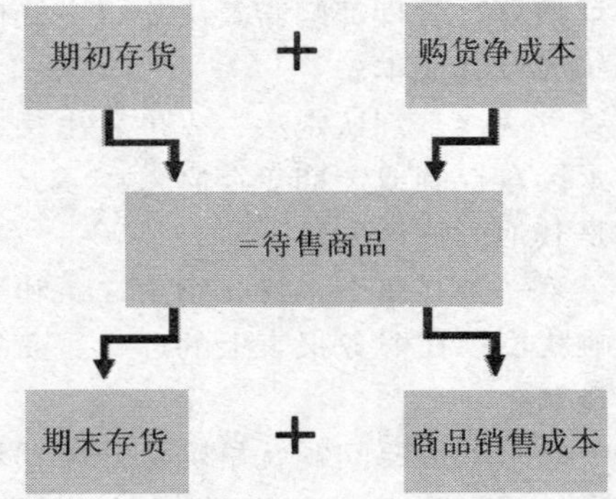

下面将介绍存货成本流转假设。假设某企业分别在下列日期按照下列价格购入了一单位的某种商品：5 月 1 日以＄45 的价格购入，5 月 3 日以＄65 的价格购入，5 月 6 日以＄70 的价格购入。5 月 7 日，该企业以＄100 的价格售出了一单位的该商品。图表 6.2 给出了一张形象的示意图，解释了在先进先出法、后进先出法和加权平均法下，成本是如何流入利润表的毛利部分以及资产负债表的存货部分的。

（1）先进先出法假设成本按照它们发生的先后顺序进行流转，即：先发生的成本先流出。5月1日以＄45的价格购入的商品是最早发生的成本——因此，将它分摊为利润表上的商品销售成本。剩下的两单位商品（价格分别为＄65和＄70），则把它们列入资产负债表的存货项目。

（2）后进先出法假设成本流转的先后顺序与成本发生的先后顺序正好相反，即：后发生的成本先流出。5月6日以＄70的价格购入的商品是最近发生的成本——因此，把它分摊为利润表上的商品销售成本。剩下的两单位商品（价格分别为＄45和＄65），则把它们列入资产负债表的存货项目。

（3）加权平均法假设成本按照所有成本的平均值进行流转。5月7日所有商品的平均成本为＄60，其计算过程为：（＄45＋＄65＋＄70）/3。因此，我们将一单位的平均成本＄60分摊成利润表上的商品销售成本，剩下两个单位的成本＄120，我们则把它们列入资产负债表的存货项目。

存货成本流转假设可以给毛利和存货数量带来显著的影响。图表6.2显示，仅仅因为成本流转假设的不同，毛利占销售收入净额的比率在30％～55％浮动。

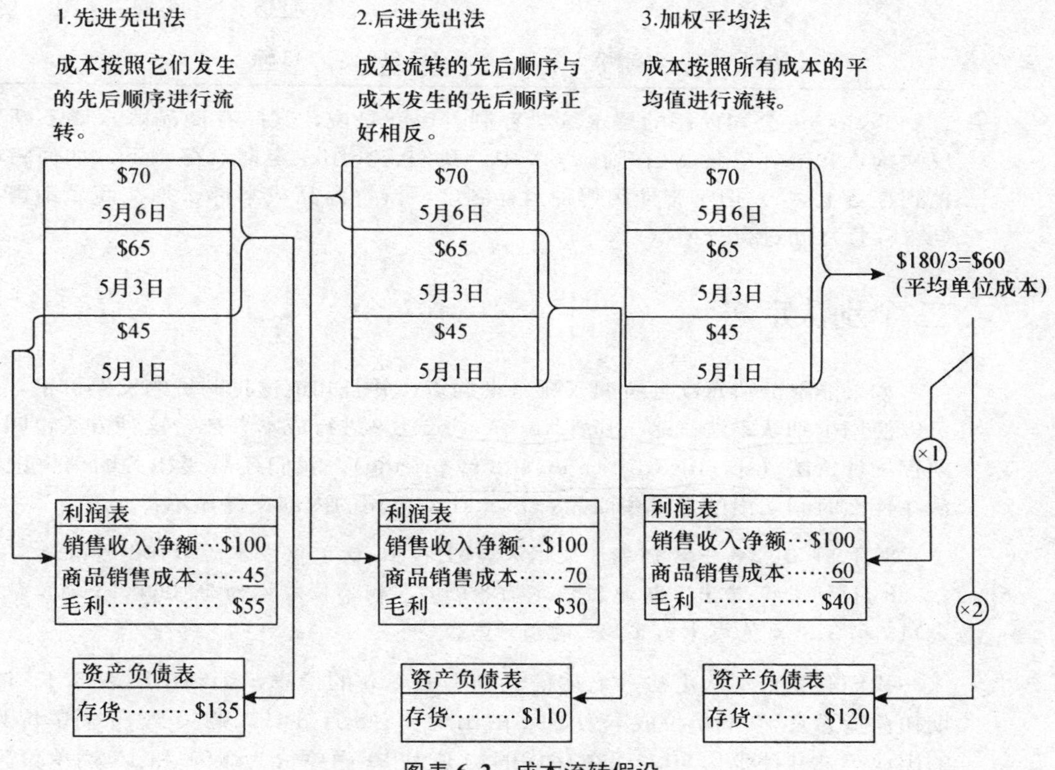

图表 **6.2**　成本流转假设

□ 存货成本核算方法的实例讲解

下面将举例介绍存货的各种成本核算方法。我们使用的是一家名为Trekking的运动用品商店的会计数据。在Trekking公司众多的商品中，有一款山地车的主要销售对象是各个提供廉价自行车供游客免费使用的旅游景点。这些顾客通常一次就购买十几辆山地车。在这里，我们使用的是Trekking公司2008年8月份有关山地车的进销货数据。图表 6.3 给出了该公司 8 月初的山地车存货数量以及 8 月份的购货和销售数量。8 月末的时候，该公司剩余的山地车存货数量为 12 辆。

图表 6.3 进销货情况表

日期	业务内容	购货数量与单位成本		销货数量与单位售价	存货数量
8 月 1 日	期初存货	10 辆×＄91/辆＝＄910			10 辆
8 月 3 日	购货	15 辆×＄106/辆＝＄1 590			25 辆
8 月 14 日	销货			20 辆×＄130/辆	5 辆
8 月 17 日	购货	20 辆×＄115/辆＝＄2 300			25 辆
8 月 28 日	购货	10 辆×＄119/辆＝＄1 190			35 辆
8 月 31 日	销货			23 辆×＄130/辆	12 辆
	合计	55 辆	＄5 990	43 辆	

Trekking 公司使用的是永续盘存制，也就是说，其库存商品账户要不断更新以反映购货和销货情况。（在附录 6A 中，我们将介绍在定期盘存制下，如何将成本摊销到存货上去。）但不管使用哪种盘存制度，待售商品成本都必须在商品销售成本和期末存货之间进行分摊。

□ 个别认定法

如果能够分清每项存货属于哪一批购货，并且知道这批购货的发票价格，那么就可以使用个别认定法（specific identification）来进行成本分摊，这种方法也叫专认发票存货计价法（specific invoice inventory pricing）。我们还需要相关的销售记录以确认在什么时间卖出的是哪些商品。Trekking 公司的内部文件显示：

8 月 14 日　售出 8 辆单位成本为＄91 和 12 辆单位成本为＄106 的山地车。

8 月 31 日　售出 2 辆单位成本为＄91，3 辆单位成本为＄106，15 辆单位成本为＄115 和 3 辆单位成本为＄119 的山地车。

我们利用个别认定法、上述信息和图表 6.3 的信息，编制出图表 6.4。该表中，期初存货为有 10 辆单位成本为＄91 的山地车。8 月 3 日，购买了 15 辆单价为＄106 的山地车，共计＄1 590。现在存货的构成为 10 辆单价为＄91 和 15 辆单价为＄106 的山地车，共计＄2 500。8 月 14 日（销售收入如上），销售 20 辆总成本为＄2 000 的山地车，此时的剩余存货为 5 辆总成本为＄500 的山地车。8 月 17 日和 8 月 28 日，分别购买了 20 辆总成本为＄2 300 和 10 辆总成本为＄1 190 的山地车，此时，共有 35 辆总成本为＄3 990 的存货。8 月 31 日（销售收入如上），售出 23 辆总成本为＄2 582 的山地车，此时期末存货为 12 辆总成本为＄1 408 的山地车。请仔细研究该表及方框内的注释，以了解成本在存货中流入和流出的过程。每辆山地车，不管卖没卖出去，其成本都是确定的。

	“入货”	“出货”	“剩货”
日期	采购的商品	商品销售成本	存货余额
8月1日	期初余额		10×$91=$910
8月3日	15×$106 =$1 590		10×$91 15×$106 } =$2 500
8月14日		8×$91=$728 12×$106=$1272 } =$2 000*	2×$91 3×$106 } =$500
8月17日	20×$115 =$2 300		2×$91 3×$106 20×$115 } =$2 800
8月28日	10×$119 =$1 190		2×$91 3×$106 20×$115 10×$119 } =$3 990
8月31日		2×$91=$182 3×$106=$318 15×$115=$1 725 3×$119=$357 } =$2582*	5×$115 7×$119 } =$1 408
		$4 582	

8月14日售出的20辆山地车，经确认，其中8辆的购货成本为$91/辆，另12辆的购货成本为$106/辆。

8月31日售出的23辆山地车，公司根据它们各自的进货批次和每批的进货价确定了它们各自的购货成本。

＊我们根据记录商品从购入到售出情况的内部文件来确认已售出商品及其成本。

图表 **6.4**　使用个别认定法核算存货成本

当使用个别认定法时，Trekking 公司利润表上所列示的销货总成本为＄4 582，这个数字是用图表 6.4 中第三栏的两个合计额＄2 000 与＄2 582 加总计算出来的。Trekking 公司资产负债表上所列示的期末存货为＄1 408，该数字来源于图表 6.4 第四栏中的最后一个数字。

下面给出了图表 6.4 中所记录的购货和销货业务的会计分录（其中黑体数字都是按照个别认定法的成本流转假设计算出来的）：

购货			
8月3日	借：库存商品	1 590	
	贷：应付账款		1 590
8月17日	借：库存商品	2 300	
	贷：应付账款		2 300
8月28日	借：库存商品	1 190	
	贷：应付账款		1 190

销货			
8月14日	借：应收账款	2 600	
	贷：销售收入		2 600
8月14日	借：商品销售成本	**2 000**	
	贷：库存商品		**2 000**
8月31日	借：应收账款	3 450	
	贷：销售收入		3 450
8月14日	借：商品销售成本	**2 582**	
	贷：库存商品		**2 582**

□ 先进先出法

先进先出法（first-in，first-out，FIFO）是一种根据先购入的商品先卖出这种假设在存货和商品销售成本之间摊销成本的方法。当销售发生时，较早购入的商品成本便转列为商品销售成本，因此期末存货余额所反映的是最近购入的商品的成本。图表 6.5 给出了使用先进先出法计算出来的存货成本和商品销售成本。

如图表 6.5 所示，期初存货为 10 辆单价为＄91 的山地车。8 月 3 日，购进 15 辆单价为＄106 的山地车，总价＄1 590。此时的存货为 10 辆单价为＄91 和 15 辆单价为＄106 的山地车，共计＄2 500。8 月 14 日，售出了 20 辆山地车——采用先进先出法，前 10 辆车销售成本的单价为＄91，后 10 辆的单价为＄106，共计＄1 970。此时，存货余额为 5 辆单价 $ 106 的山地车，共计 $ 530。8 月 17 日和 8 月 28 日，分别购进了 20 辆总成本为 $ 2 300 和 10 辆总成本为 $ 1190 的山地车，此时，存货共计 35 辆，成本为 $ 4 020。8 月 31 日，售出 23 辆山地车——采用先进先出法，前 5 辆销售成本为 $ 530，后 18 辆为 $ 2 070，此时，期末存货余额为 12 辆总成本为 $ 1 420 的山地车。

日期	采购的商品	商品销售成本	存货余额
8月1日	期初余额		10×$91=$910
8月3日	15×$106 =$1 590		10×$91 15×$106 } =$2 500
8月14日		10×$91=$910 10×$106=$1 060 } =$1 970	5×$106=$530
8月17日	20×$115 = $2300		5×$106 20×$115 } =$2 830
8月28日	10×$119 =$1 190		5×$106 20×$115 10×$119 } =$4 020
8月31日		5×$106=$530 18×$115=$2 070 } =$2 600 $4 570	2×$115 10×$119 } =$1 420

8月14日售出的20辆山地车，其中10辆分摊的是最早的购货成本$91/辆(来自期初存货的进货价)，另10辆分摊的是第二早的购货成本$106/辆。

8月31日售出的23辆山地车，其中5辆分摊的单位购货成本是$106 8月3日的进货价)，另18辆分摊的单位购货成本是$115 8月17日的进货价)。

图表 **6.5** 在永续盘存制下，使用先进先出法计算存货成本

当使用先进先出法时，Trekking 公司利润表上所列示的销货总成本（反映了已经销售出去的 43 辆山地车的成本）为 $ 4 570(1 970+2 600)。Trekking 公司资产负债表上所列示的期末存货（反映了 12 辆库存山地车的成本）为 $ 1 420。

下面给出了图表 6.5 中所记录的购货和销货业务的会计分录（其中黑体数字是按照先进先出法的成本流转假设计算出来的）：

购货			
8 月 3 日	借：库存商品	1 590	
	贷：应付账款		1 590
8 月 17 日	借：库存商品	2 300	
	贷：应付账款		2 300
8 月 28 日	借：库存商品	1 190	
	贷：应付账款		1 190

销货			
8 月 14 日	借：应收账款	2 600	
	贷：销售收入		2 600
8 月 14 日	借：商品销售成本	**1 970**	
	贷：库存商品		**1 970**
8 月 31 日	借：应收账款	3 450	
	贷：销售收入		3 450
8 月 31 日	借：商品销售成本	**2 600**	
	贷：库存商品		**2 600**

□ 后进先出法

后进先出法（last-in，first-out，LIFO）是一种根据最近购入的商品最先卖出这种假设来分摊成本的方法。在这种方法下，我们把最近的购货成本摊销成商品销售成本，把较早的购货成本摊销成存货成本。像其他方法一样，即便商品的实物流转过程不符合后进先出的模式，我们依然可以采用后进先出法。后进先出法的一大优点就是：将最近的购货成本分摊成商品销售成本，这种做法（和先进先出法及加权平均法相比）最接近配比原则。

图表 6.6 给出了使用后进先出法计算出来的存货成本和商品销售成本。期初存货为 10 辆单价为 $91 的山地车。8 月 3 日，购进 15 辆单价为 $106 的山地车，总价 $1 590。此时的存货为 10 辆单价为 $91 和 15 辆单价为 $106 的山地车，共计 $2 500。8 月 14 日，售出了 20 辆山地车——采用后进先出法，前 15 辆车是最近一次购进的单价为 $106，后 5 辆是较近一次购进的单价为 $91，共计 $2 045。此时，存货余额为 5 辆单价 $91 的山地车，共计 $455。8 月 17 日和 8 月 28 日，分别购进了 20 辆总成本为 $2 300 和 10 辆总成本为 $1 190 的山地车，此时，存货共计 35 辆，成本为 $3 945。8 月 31 日，售出 23 辆山地车——采用后进先出法，前 10 辆为最近一次购进的，销售成本为 $1 190；后 13 辆是较近一次购进的，为 $1 495。此时，期末存货余额为 12 辆总成本为 $1 260 的山地车。

日期	采购的商品	商品销售成本	存货余额
8月1日	期初余额		10×$91=$910
8月3日	15×$106 =$1 590		10×$91 15×$106 } =$2 500
8月14日		15×$106=$1 590 5×$91=$455 } =$2 045	5×$91=$455
8月17日	20×$115 =$2 300		5×$91 20×$115 } =$2 755
8月28日	10×$119 =$1 190		5×$91 20×$115 10×$119 } =$3 945
8月31日		10×$119=$1 190 13×$115=$1 495 } =$2 685	5×$91 7×$115 } =$1 260
		$4 730	

8月14日售出的20辆山地车，其中15辆分摊的是最近一次的购货成本$106/辆，另5辆分摊的是较近一次的购货成本$91/辆。

8月31日售出的23辆山地车，其中10辆分摊的是最近一次的购货成本$119/辆，另13辆分摊的是较近一次的购货成本$115/辆。

图表 6.6　在永续盘存制下，使用后进先出法计算存货成本

当使用后进先出法时，Trekking 公司利润表上所列示的销货总成本为 $4 730（2 045+2 685）。Trekking 公司资产负债表上所列示的期末存货为 $1 260。

下面给出了图表 6.6 中所记录的购货和销货业务的会计分录（其中黑体数字是按照后进先出法的成本流转假设计算出来的）：

购货			
8 月 3 日	借：库存商品	1 590	
	贷：应付账款		1 590
8 月 17 日	借：库存商品	2 300	
	贷：应付账款		2 300
8 月 28 日	借：库存商品	1 190	
	贷：应付账款		1 190

销货			
8 月 14 日	借：应收账款	2 600	
	贷：销售收入		2 600
8 月 14 日	借：商品销售成本	**2 045**	
	贷：库存商品		**2 045**
8 月 31 日	借：应收账款	3 450	
	贷：销售收入		3 450
8 月 31 日	借：商品销售成本	**2 685**	
	贷：库存商品		**2 685**

□ 加权平均法

加权平均法（weighted average，WA），又叫**平均成本法**（average cost），要求我们使用单位存货的加权平均成本作为每笔销售业务的商品销售成本。每笔销货业务发生时的单位加权平均成本等于待售商品成本总额除以待售商品总数量。图表 6.7 给出了使用加权平均法计算出来的 Trekking 公司的存货成本和商品销售成本。

期初存货为 10 辆单价为＄91 的山地车。8 月 3 日，购进 15 辆单价为＄106 的山地车，总价＄1 590。此时的存货为 10 辆单价为＄91 和 15 辆单价为＄106 的山地车，共计＄2 500。此时每辆山地车的平均成本为＄100（2 500/(10＋15)）。8 月 14 日，售出了 20 辆山地车——采用 WA，售出的 20 辆山地车的单位平均成本为＄100，共计＄2 000。此时，存货余额为 5 辆单位平均成本为＄100 的山地车，共计＄500。8 月 17 日和 8 月 28 日，分别购进了 20 辆总成本为＄2 300 和 10 辆总成本为＄1 190 的山地车，此时，存货共计 35 辆，成本为＄4020。8 月 28 日，每辆山地车的单位平均成本为＄114(3 990/(5＋20＋10))。8 月 31 日，售出 23 辆山地车——采用 WA，23 辆车的单位平均成本为＄114，此时，期末存货余额为 12 辆总成本为＄1 368 的山地车。

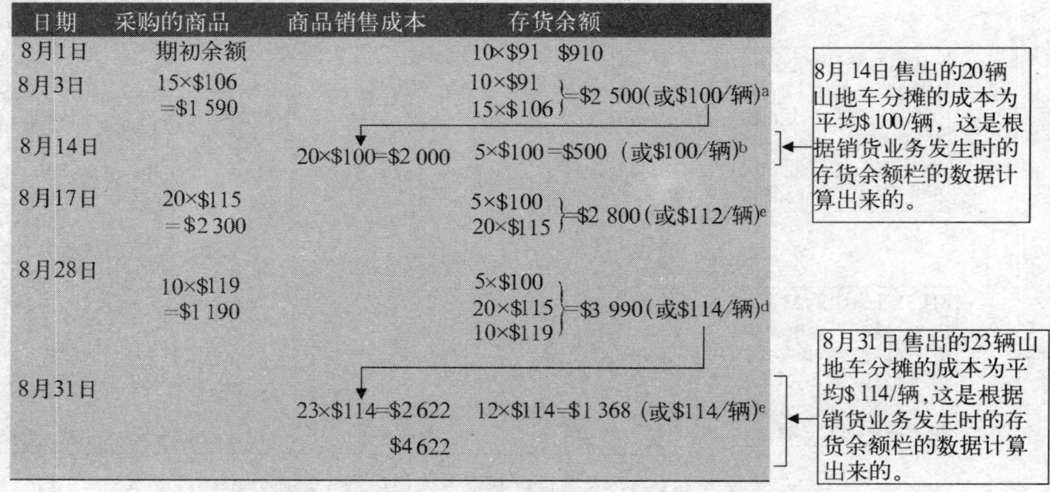

日期	采购的商品	商品销售成本	存货余额
8月1日	期初余额		10×$91 $910
8月3日	15×$106 =$1 590		10×$91 15×$106 } =$2 500(或$100/辆)[a]
8月14日		20×$100=$2 000	5×$100=$500 (或$100/辆)[b]
8月17日	20×$115 =$2 300		5×$100 20×$115 } =$2 800(或$112/辆)[c]
8月28日	10×$119 =$1 190		5×$100 20×$115 10×$119 } =$3 990(或$114/辆)[d]
8月31日		23×$114=$2 622	12×$114=$1 368 (或$114/辆)[e]
		$4 622	

图表 6.7　在永续盘存制下，使用加权平均法计算存货成本

a. ＄100/辆＝(存货余额＄2 500/存货数量 25 辆)
b. ＄100/辆＝(存货余额＄500/存货数量 5 辆)
c. ＄112/辆＝(存货余额＄2 800/存货数量 25 辆)
d. ＄114/辆＝(存货余额＄3 990/存货数量 35 辆)
e. ＄114/辆＝(存货余额＄1 368/存货数量 12 辆)

当使用加权平均法时，Trekking 公司利润表上所列示的销货总成本（反映了已经销售出去的 43 辆山地车的成本）为＄4 622（2 000＋2 622）。Trekking 公司资产负债表上所列示的期末存货（反映了 12 辆库存山地车的成本）为＄1 368。

下面给出了图表 6.7 中所记录的购货和销货业务的会计分录（其中黑体数字都是按照加权平均法的成本流转假设计算出来的）：

购货

日期	科目	借方	贷方
8 月 3 日	借：库存商品	1 590	
	贷：应付账款		1 590
8 月 17 日	借：库存商品	2 300	
	贷：应付账款		2 300
8 月 28 日	借：库存商品	1 190	
	贷：应付账款		1 190

销货

日期	科目	借方	贷方
8 月 14 日	借：应收账款	2 600	
	贷：销售收入		2 600
8 月 14 日	借：商品销售成本	**2 000**	
	贷：库存商品		**2 000**
8 月 31 日	借：应收账款	3 450	
	贷：销售收入		3 450
8 月 31 日	借：商品销售成本	**2 622**	
	贷：库存商品		**2 622**

技术的发展大大降低了使用永续盘存制的成本。很多企业都觉得不使用永续盘存制的代价真的是太大了，因为及时获得存货信息已经成为企业的一种竞争优势，它能帮助企业减少存货水平，从而降低成本。

□ 各种存货成本核算方法对财务报表的影响

如果商品进价一直保持不变，那么不管使用哪种存货成本核算方法，得出的存货成本和商品销售成本都是一样的。但如果商品进价发生变化，那么使用不同的存货成本核算方法得出的存货成本和商品销售成本基本上也会不同。图表 6.8 以 Trekking 公司的数据为例说明了这些差异。

图表 6.8　　存货成本核算方法对财务报表的影响

Trekking 公司 8 月 31 日				
	个别认定法	先进先出法	后进先出法	加权平均法
利润表				
销售收入	$6 050	$6 050	$6 050	$6 050
商品销售成本	4 582	4 570	4 730	4 622
毛利	1 468	1 480	1 320	1 428
费用	450	450	450	450
税前利润	1 018	1 030	870	978
所得税费用（30%）	305	309	261	293
净利润	$713	$721	$609	$685
资产负债表				
存货	$1 408	$1 420	$1 260	$1 368

图表 6.8 揭示了两个重要的问题。首先，如果像 Trekking 公司一样，企业的购货成本持续上涨，那么就会导致：

- 使用先进先出法分摊到商品销售成本上的成本最少，因此毛利和净利润也就最高。（为了获取更多的奖金、保住自己的工作或者维护自己的声誉，管理人员往往希望财务报表上所反映的企业利润水平越高越好。在这种情况下，如果购货成本在不断上涨，那么，他们就会比较愿意采用先进先出法来计算企业存货成本。）
- 使用后进先出法分摊到商品销售成本上的成本最多，因此毛利和净利润也就最少，而且这种方法能够推迟缴纳部分所得税，暂时减轻企业的所得税负担。
- 使用加权平均法分摊到商品销售成本上的成本份额介于使用先进先出法和后进先出法所分摊的份额之间。
- 个别认定法的成本分摊情况往往取决于售出的是哪些商品。

其次，当购货成本不断下降时，先进先出法和后进先出法的成本分摊结果则恰恰相反。例如，使用先进先出法分摊到商品销售成本上的成本最高，因此毛利和净利润也就最少；使用后进先出法分摊到商品销售成本上的成本最低，因此毛利和净利润也就最高，企业可以使用上述四种存货成本核算方法中的任何一种。但是，企业必须在其财务报表或财务报表的附注中说明自己所使用的存货成本核算方法。每一种成本核算方法都有自己的优点，这些优点如下：

- 使用先进先出法时，资产负债表上所反映的存货成本最接近现时成本，并且先进先出法与大多数企业的实际商品流转过程也最为相近。
- 使用后进先出法时，利润表上所反映的商品销售成本最接近现时成本；而且后进先出法还能较好地将现时成本与销售收入相匹配以计算毛利。
- 加权平均法可以避免存货成本发生较大的波动。
- 个别认定法能够实现商品成本与它们所带来的收入之间的准确配比。

角色扮演　**财务策划顾问**

有一个客户问你，为了分析的需要，采用先进先出法的企业的存货账户需不需要根据最近的通货膨胀情况进行调整。请问你会提出怎样的建议？你是否会因为这些存货成本的变动而给出不同的建议？

成本核算方法对税收的影响

图表 6.8 Trekking 公司的利润表中包括了所得税费用（税率为 30%），这是因为 Trekking 公司采取的是股份制公司的组织形式。存货成本会影响企业的净利润，所以也会影响企业的纳税额。后进先出法暂时减轻了 Trekking 公司的所得税负担。这也是很多企业选择使用后进先出法的原因。

企业可以使用不同的成本核算方法来编制财务报表和税收报表，并且很多企业实际上也是这样做的。但是，这种做法有一种例外情况。美国国税局规定：如果企业在编制税收报表时使用的是后进先出法，那么在编制财务报表时也必须使用后进先出法，这就是所谓的“后进先出法一致性规则”。

□ 成本核算方法的一致性原则

一致性原则（consistency principle）规定：除非改变会计方法可以提高企业财务报表质量，否则企业在不同的会计期间要使用相同的会计方法，以使不同时期的财务报表具有可比性。充分披露原则（full-disclosure principle）规定：财务报表的附注必须说明会计方法的变化，并且要给出改变会计方法的理由以及这种变化对企业利润的影响。

一致性原则并没有规定企业只能使用一种会计核算方法。例如，针对不同种类的存货，企业可以使用不同的成本核算方法。

职业道德　**仓库经理**

身为仓库经理，你的奖金是以公司的毛利为基数计算出来的。公司想把存货成本计算方法由原来的先进先出法改成后进先出法，领导为此特地来征求你的意见。据预测，公司的进货成本会不断上升，所以领导觉得使用后进先出法可以将较高的现时成本与销售收入相配比，从而减少公司的应纳税利润（以及毛利）。试问你将如何回答？

快速测试

4. 请分别指出下列存货成本核算方法各自的优点：个别认定法、先进先出法、后进先出法以及加权平均法。
5. 当购货成本上涨时，使用哪种方法计算出来的净利润更高，先进先出法还是后进先出法？
6. 当购货成本上涨时，相较于先进先出法而言，后进先出法对资产负债表有何影响？
7. 某公司在 2009 年年底进行了一次存货实物盘点，结果发现期末存货少记了 $10 000。试问这一差错会导致 2009 年和 2010 年的商品销售成本被高估还是低估？高估或低估了多少？

成本与市价孰低法及存货误差的影响

本节将介绍市场成本对资产负债表上的存货余额的影响以及存货误差对财务报表的影响。

□ 成本与市价孰低法

上面介绍了将成本分摊到期末存货和商品销售成本上去的四种方法：先进先出法、后进先出法、加权平均法和个别认定法。然而，会计原则规定：当存货的市场价值低于存货的账面成本时，要以存货的重置市场价值作为存货成本来编制财务报表。也就是说，资产负债表中的库存商品反映的是成本与市价中较低的那个（lower of cost or market，LCM）。

成本与市价孰低法下存货成本的计算

成本与市价孰低法中的市价是指存货的现时重置成本，即：按照惯常的方式购买相同的商品所需支付的现时成本。重置成本下降表明存货发生了贬值。如果存货的账面成本高于其重置成本，就需要确认损失。但如果存货的账面成本低于其重置成本，我们就不需要做任何调整。

我们可以使用成本与市价孰低法来计算（1）各项存货，（2）各类存货或（3）全部存货的成本。各种存货之间的相似性越少，企业就越有可能采用成本与市价孰低法来计算各项存货的成本。图表 6.9 给出了一个使用成本与市价孰低法来计算某一跑车用品零售商的期末存货成本的例子。

库存项目	数量	单位商品		总成本	总市价	成本与市价孰低法应用于		
		成本	市价			各项存货	各类存货	全部存货
一般路面用车								
敞篷车	20	$8 000	$7 000	$160000	$140000	$140 000		
短距离赛车	10	5 000	6000	50 000	60 000	50 000		
小计				210000	200000		$ 200000	
特殊路面用车								
Trax-4	8	5 000	6 500	40000	52 000	40 000		
Blazer	5	9 000	7 000	45 000	35 000	35 000		
小计				85 000	87 000		85 000	
合计				$29 500	$287000	$265 000	$285 000	$287 000

使用成本与市价孰低法计算各项存货的成本：取敞篷车的总成本（$160 000）与总市价（$140 000）中较低的那个——$140 000作为敞篷车的成本。

使用成本与市价孰低法计算各类存货的成本：取一般路面用车的总成本（$210 000）与总市价（$200 000）中较低的那个——$200 000作为一般路面用车这一类存货的总成本。

使用成本与市价孰低法计算全部存货的成本：取全部跑车总成本（$265 000）与总市价（$285 000）中较低的那个——$265 000作为全部跑车的总成本。

编制资产负债表时，究竟使用这三个数字中的哪一个作为期末存货的成本取决于我们用成本与市价孰低法计算的是各项存货的成本、各类存货的成本还是全部存货的成本。

图表 6.9　使用成本与市价孰低法计算存货成本

LCM 与全部存货 当我们使用成本与市价孰低法计算全部存货的总成本时，需要进行一组数据的比较。全部存货的总市价为＄287 000，比账面总成本（＄295 000）少＄8 000，因此资产负债表上所反映的存货余额为＄287 000。

LCM 与各类存货 当我们使用成本与市价孰低法计算各类存货的成本时，需要进行两组数据的比较。首先，对于一般路面用车，存货的总市价＄200 000 低于账面总成本＄210 000。其次，对于特殊路面用车，存货的总成本＄85 000 低于存货的总市价＄87 000。因此，各类存货的总市价为＄285 000，即＄200 000 加上＄85 000。

LCM 与各项存货 当我们使用成本与市价孰低法计算各项存货的成本时，对于敞篷车，存货的市价＄140 000 低于存货的成本＄160 000。对于短距离赛车，存货的成本＄50 000 低于存货的市价＄60 000。对于 Trax-4，存货的成本＄45 000 低于存货的市价＄52 000。对于 Blazer，存货的市价＄35 000 低于存货的成本＄45 000。各项存货的总市价为＄265 000，等于敞篷车＄140 000 加上短距离赛车＄50 000 加上 Trax-4 的＄40 000 加上 Blazer 的＄35 000。

企业可以使用这三种方法中的任何一种来计算存货成本。例如百思买公司使用的就是成本与市价孰低法，它在其财务报表中注明了"库存商品成本反映的是平均成本与市价中较低的那个"。

成本与市价孰低法下存货成本的会计处理

当存货的市价低于其账面成本时，我们需要对存货账户的余额进行调整。例如，如果我们像图表 6.9 中描述的那样使用成本与市价孰低法计算各项存货的成本，那么库存商品账户的余额就要从原来的账面成本＄295 000 调整为市价＄265 000，调整分录如下：

借：商品销售成本	30 000	
贷：库存商品		30 000
（将存货成本调整为其市价）		

尽管会计原则规定：当存货的市场价值低于存货的账面成本时，要把存货账户的余额调低为存货的市价，但是，当存货的市场价值高于其账面成本时，却不能把存货账户的余额调高为存货的市价。那么，存货账户的余额为什么能够调低却不能调高呢？一个原因在于：只有在售出商品获得收益之后，才能确认因市价上涨带来的收益。但这种说法有些牵强，因为在存货的市场价值低于其账面成本的时候，我们并没有等商品售出后才确认损失。另一个主要原因就是稳健性约束（conservatism constraint）。稳健性原则规定：在估算未来的应收或应付款项时，如果存在两种或两种以上发生概率相同的估算方法，应采用最为悲观的那种估算方法。成本与市价孰低法就是比较稳健的估计方法。

□ 存货误差对财务报表的影响

企业在对存货进行实物盘点和计算存货成本时都必须多加小心，因为存货误差将导致本期商品销售成本、毛利、净利润、流动资产以及所有者权益的错报。而且，由于本期的期末存货即为下期的期初存货，所以存货误差还会导致下一期财务报表的错报。下面将介绍存货误差对财务报表的影响。在介绍之前，让我们先来复习一下下面这个会计关系等式：

期初存货+购货净成本−期末存货=商品销售成本

对利润表的影响

图表6.10给出了存货误差对当期和下期利润表的影响。存货误差会对商品销售成本和净利润产生相反的影响。让我们先看一下表中的第一行第一年的比较。我们发现低估期末存货会导致高估商品销售成本，进而可以从上面的存货关系式中得出：高估的商品销售成本会导致较低的收益。

图表6.10　　存货误差对利润表的影响

期末存货	第一年		第二年	
	商品销售成本	净利润	商品销售成本	净利润
低估	高估	低估	低估	高估
高估*	低估	高估	高估	低估

*在永续盘存制下，这种误差发生的可能性会小些，因为实际使用的存货会高于记录的存货，管理人员会随时跟踪，发现并在其对会计账户产生任何影响前更正这种误差。

在分析第一行第二年的数据时，请注意低估的第一年的期末存货现在是第二年的低估的期初存货。根据上面的等式，我们发现，如果期初存货被低估，那么商品的销售成本将被低估，低估的商品销售成本会导致较高的收益。

对于高估产生的影响，让我们来看看第二行第一年的数据。根据上面的等式，如果期末存货被高估，会导致商品销售成本的低估。低估的商品销售成本会导致较高的收益。

在分析第二行第二年的数据时，我们仍然要注意，第一年高估的期末存货现在是第二年的高估的期初存货。根据上面的等式，如果期初存货被高估，会导致商品销售成本被高估，高估的商品销售成本会导致较低的收益。

让我们举个例子来看一看。假设某公司在2008年、2009年和2010年每年的销售收入均为＄100 000，并且每年的存货都维持在为＄20 000的水平，购货成本均为＄60 000，因此该公司每年的商品销售成本均为＄60 000，毛利均为＄40 000。

低估期末存货——第一年　如果该公司误将2008年的期末存货算错，并且将其错报为＄16 000，会发生怎样的情形呢？图表6.11给出了这种存货误差所带来的影响。2008年的期末存货低估＄4 000将导致该年的商品销售成本高估＄4 000，毛利和净利润都低估＄4 000。

低估期末存货——第二年　2008年的期末存货就是2009年的期初存货，所以如图表6.11所示，这一存货误差还会导致2009年的商品销售成本低估＄4 000，毛利和净利润都高估＄4 000。

低估期末存货——第三年　图表6.11的数据显示，2008年的期末存货误差仅影响当期和下一期的数据。它不会对2010年的数据或其他任何之后的会计期间造成影响。存货误差能够自动更正，这是因为它会在第二期造成相反方向的错误。但这并不表示存货误差不是一个严重的问题，因为管理者、债权人、所有者以及其他财务报表使用者都通过分析净利润和商品销售成本的变动情况来制定重要的决策。

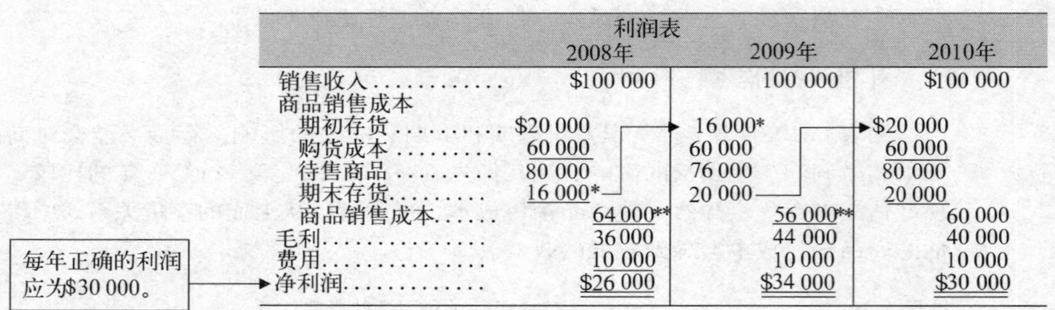

利润表	2008年		2009年		2010年	
销售收入		$100 000		100 000		$100 000
商品销售成本						
期初存货	$20 000		16 000*		$20 000	
购货成本	60 000		60 000		60 000	
待售商品	80 000		76 000		80 000	
期末存货	16 000*		20 000		20 000	
商品销售成本		64 000**		56 000**		60 000
毛利		36 000		44 000		40 000
费用		10 000		10 000		10 000
净利润		$26 000		$34 000		$30 000

每年正确的利润应为$30 000。

* 正确金额应为＄20 000。

** 正确金额应为＄60 000。

图表 **6.11**　存货误差对三个会计期的利润表产生的影响

我们也可以对期初存货的误差进行分析。它对利润表的影响与期末存货对其的影响正好相反。

对资产负债表的影响

通过观察会计等式（资产＝负债＋所有者权益）的各个要素，可以看出存货误差对资产负债表的影响。例如，低估期末存货便是低估流动资产和总资产。同时因为低估期末存货会造成净利润低估，所以所有者权益也会被低估。图表 6.12 给出了存货误差对当期资产负债表的影响。期初存货误差并不会影响当期的资产负债表，但它会对当期的利润表产生影响。

图表 **6.12**　存货误差对当期资产负债表的影响

期末存货	资产	所有者权益
低估	低估	低估
高估	高估	高估

快速测试

8. 利用下列数据，使用成本与市价孰低法分别计算各项存货的成本，并计算出期末存货总成本。

产品	数量	账面单位成本	市场单位成本
A	20	＄6	＄5
B	40	9	8
C	10	12	15

实例分析

Craig 公司对其中一项商品使用永续盘存制。下表给出了该商品 2009 年的期初存货、购货和销货情况。

日期	业务内容	购货数量与单位成本	销货数量与单位售价	存货数量
1月1日	期初存货	400单位×＄14/单位＝＄5 600		400单位
1月15日	销货		200单位×＄30/单位	200单位
3月10日	购货	200单位×＄15/单位＝＄3 000		400单位
4月1日	销货		200单位×＄30/单位	200单位
5月9日	购货	300单位×＄16/单位＝＄4 800		500单位
9月22日	购货	250单位×＄20/单位＝＄5 000		750单位
11月1日	销货		300单位×＄35/单位	450单位
11月28日	购货	100单位×＄21/单位＝＄2 100		550单位
	合计	1 250单位　　＄20 500	700单位	

个别认定法下，各天的具体销售情况如下：（1）1月15日，售出200单位成本为＄14/单位的商品，（2）4月1日，售出200单位成本为＄15/单位的商品，（3）11月1日，售出200单位成本为＄14/单位和100单位成本为＄20/单位的商品。

要求：

1. 计算待售商品成本。

2. 分别采用先进先出法、后进先出法、加权平均法以及个别认定法计算期末存货及商品销售成本。

3. 分别采用先进先出法、后进先出法、加权平均法以及个别认定法计算公司的毛利，并指出四种方法下资产负债表上的存货余额为多少。

4. 在编制2009年的财务报表时，公司要求采用先进先出法计算商品销售成本，但会计人员却采用了后进先出法。试问这种误操作对公司2009年和2010年的净利润分别有怎样的影响？（假设没有所得税费用。）

5. 公司管理部门想了解由先进先出法改为其他存货成本核算方法会对净利润产生怎样的影响。试编制一份包含以下数据的表格：（1）分别使用四种存货成本核算方法计算出来的商品销售成本；（2）用其他三种方法计算出来的商品销售成本与使用先进先出法计算出来的商品销售成本之间的差额；（3）用其他存货成本核算方法取代原来的先进先出法之后对公司净利润的影响。

解题步骤：

- 用期初存货数量和每次购货的数量分别乘以它们各自的购货成本计算出待售商品总成本。
- 编制一张永续盘存制下，使用先进先出法计算存货成本的表格，首先列明期初存货，然后再列上每次购货和销货以后存货的变动情况。（可参考图表6.5。）
- 编制一张永续盘存制下，使用后进先出法计算存货成本的表格，首先列明期初存货，然后再列上每次购货和销货以后存货的变动情况。（可参考图表6.6。）

● 编制一张进销货明细情况表，先计算出每次销货前存货的平均成本，然后再计算出期末存货的平均加权成本。将每笔销货业务的平均成本加在一起，计算出商品销售成本。（可参考图表6.7。）

● 编制一张表格，列示出使用个别认定法计算商品销售成本和期末存货余额的过程。（可参考图表6.4。）

● 把分别使用先进先出法和后进先出法计算出来的2009年的期末存货余额进行比较，确定由于误用后进先出法对公司的净利润产生了怎样的影响。2009年和2010年的错报金额相等，但方向相反。

● 编制一张表格，列示出使用每种存货成本核算方法计算出来的商品销售成本以及用其他存货成本核算方法取代原来的先进先出法之后对公司净利润的影响。

实例分析答案：

1. 待售商品成本（无论采用哪种方法，计算出来的待售商品成本都是一样的）：

日期		数量	单位成本	总成本
1月1日	期初存货	400	$14	$5 600
3月10日	购货	200	15	3 000
5月9日	购货	300	16	4 800
9月22日	购货	250	20	5 000
11月28日	购货	100	21	2 100
待售商品总成本		1 250		$20 500

2a. 永续盘存制下，使用先进先出法计算存货成本：

日期	采购的商品	商品销售成本	存货余额
1月1日	期初存货		400单位×$14/单位＝$5 600
1月15日		200单位×$14/单位＝$2 800	200单位×$14/单位＝$2 800
3月10日	200单位×$15/单位＝$3 000		200单位×$14/单位 200单位×$15/单位 } ＝$5 800
4月1日		200单位×$14/单位＝$2 800	200单位×$15/单位＝$3 000
5月9日	300单位×$16/单位＝$4 800		200单位×$15/单位 300单位×$16/单位 } ＝$7 800
9月22日	250单位×$20/单位＝$5 000		200单位×$15/单位 300单位×$16/单位 250单位×$20/单位 } ＝$12 800
11月1日		200单位×$15/单位＝$3 000 100单位×$16/单位＝$1 600	200单位×$16/单位 250单位×$20/单位 } ＝$8 200
11月28日	100单位×$21/单位＝$2 100		200单位×$16/单位 250单位×$20/单位 100单位×$21/单位 } ＝$10 300
销货总成本		$10 200	

说明：在课堂上，只要算出待售商品成本，就可以算出商品销售成本及期末存货余额。但在实务中，当销货业务发生时，我们就要确认商品销售成本，并要立即将相关金额从存货账户结转至商品销售成本账户。上面介绍的处理方法通过一行一行地填制表格解释了期末存货余额和商品销售成本的实际计算过程。下面给出了另外两种会计处理方法，这些方法告诉我们，只要了解了各种概念，也可以使用其他的会计处理方法。这里只给出了使用先进先出法时的处理过程，其他几种存货成本核算方法也可以使用这种处理过程。

永续盘存制下，使用先进先出法计算存货成本的其他方法：

【方法1：先计算商品销售成本】

待售商品成本（取自第1题）		$20 500
商品销售成本		
1月15日，售出200单位成本为$14/单位的商品	$2 800	
4月1日，售出200单位成本为$14/单位的商品	2 800	
11月1日，售出200单位成本为$15/单位的商品和100单位成本为$16/单位的商品	4 600	10 200
期末存货		$10 300

【方法2：先计算期末存货】

待售商品成本（取自第1题）		$20 500
期末存货*		
11月28日，以$21的单价购入100单位	$2 100	
9月22日，以$20的单价购入250单位	5 000	
5月9日，以$16的单价购入200单位	3 200	
期末存货		10 300
商品销售成本		$10 200

*因为先进现出法假设较早发生的成本较早流出，所以我们把最近几次的购货成本作为期末存货成本。

2b. 永续盘存制下，使用后进先出法计算存货成本：

日期	采购的商品	商品销售成本	存货余额
1月1日	期初存货		400单位×$14/单位=$5 600
1月15日		200单位×$14/单位=$2 800	200单位×$14/单位=$2 800
3月10日	200单位×$15/单位=$3 000		200单位×$14/单位 200单位×$15/单位 } =$5 800
4月1日		200单位×$15/单位=$3 000	200单位×$14/单位=$2 800
5月9日	300单位×$16/单位=$4 800		200单位×$14/单位 300单位×$16/单位 } =$7 600
9月22日	250单位×$20/单位=$5 000		200单位×$14/单位 300单位×$16/单位 250单位×$20/单位 } =$12 600
11月1日		250单位×$20/单位=$5 000 50单位×$16/单位=$800	200单位×$14/单位 250单位×$16/单位 } =$6 800
11月28日	100单位×$21/单位=$2 100		200单位×$14/单位 250单位×$16/单位 100单位×$21/单位 } =$8 900
销货总成本		$11 600	

2c. 永续盘存制下，使用加权平均法计算存货成本：

日期	采购的商品	商品销售成本	存货余额
1月1日	期初存货		400单位×$14/单位=$5 600
1月15日		200单位×$14/单位=$2 800	200单位×$14/单位=$2 800
3月10日	200单位×$15/单位=$3 000		200单位×$14/单位 200单位×$15/单位 }=$5 800 (平均成本为$14.5)
4月1日		200单位×$14.5/单位=$2 900	200单位×$14.5/单位=$2 900
5月9日	300单位×$16/单位=$4 800		200单位×$14.5/单位 300单位×$16/单位 }=$7 700 (平均成本为$15.4)
9月22日	250单位×$20/单位=$5 000		200单位×$14.5/单位 300单位×$16/单位 250单位×$20/单位 }=$12 700 (平均成本为$16.93)
11月1日		300单位×$16.93/单位=$5 079	450单位×$16.93/单位=$7 618.5
11月28日	100单位×$21/单位=$2 100		450单位×$16.93/单位 100单位×$21/单位 }=$9 718.5
销货总成本*		$10 779	

*因为四舍五入的原因，商品销售成本（$10 779）加上期末存货（$9 718.5）比待售商品成本（$20 500）少了$2.5。

2d. 永续盘存制下，使用个别认定法计算存货成本：

日期	采购的商品	商品销售成本	存货余额
1月1日	期初存货		400单位×$14/单位=$5 600
1月15日		200单位×$14/单位=$2 800	200单位×$14/单位=$2 800
3月10日	200单位×$15/单位=$3 000		200单位×$14/单位 200单位×$15/单位 }=$5 800
4月1日		200单位×$15/单位=$3 000	200单位×$14/单位=$2 800
5月9日	300单位×$16/单位=$4 800		200单位×$14/单位 300单位×$16/单位 }=$7 600
9月22日	250单位×$20/单位=$5 000		200单位×$14/单位 300单位×$16/单位 250单位×$20/单位 }=$12 600
11月1日		200单位×$14/单位=$2 800 100单位×$20/单位=$2 000	300单位×$16/单位 150单位×$20/单位 }=$7 800
11月28日	100单位×$21/单位=$2 100		300单位×$16/单位 150单位×$20/单位 100单位×$21/单位 }=$9 900
销货总成本		$10 600	

3.

	FIFO	LIFO	加权平均法	个别认定法
利润表				
销售收入*	$22 500	$22 500	$22 500	$22 500
商品销售成本	10 200	11 600	10 779	10 600
毛利	$12 300	$10 900	$11 721	$11 900
资产负债表				
存货	$10 300	$8 900	$9 718.5	$9 900

*销售收入=(200单位×$30)+(200单位×$30)+(300单位×$35)=$22 500

4. 本该使用先进先出法，却错误地使用了后进先出法，这种误操作导致公司2009年的商品销售成本高估了$1 400（此金额即为使用后进先出法与先进先出法计算出来的期末存货余额之间的差额），净利润低估了$1 400。而2010年公司的净利润因期初存货低估，所以被高估了$1 400。

5. 分析不同存货成本核算方法的影响：

	商品销售成本	与使用先进先出法计算出来的商品销售成本之间的差额	从先进先出法改用该方法后对净利润的影响
先进先出法	$10 200	—	—
后进先出法	11 600	+$1 400	减少了$1 400
加权平均法	10 779	+579	减少了$579
个别认定法	10 600	+400	减少了$400

附录6A 定期盘存制下的存货成本核算

定期盘存制和永续盘存制的基本目的都是一致的，即将成本分摊到期末存货和商品销售成本上。在这两种盘存制度下，我们都可以使用个别认定法、先进先出法、后进先出法和加权平均法这四种方法来计算存货成本。下面还是以Trekking公司为例，来看一看在定期盘存制下，如何使用上述四种方法来分摊成本。Trekking公司的购货和销货数据请参见图表6A.1。在分析存货成本的计算方法之前，可以先来回顾一下曾经在附录5A中讲过的定期盘存制下的会计核算方法。

图表**6A.1** 使用个别认定法计算存货成本

日期	业务内容	购货数量与单位成本	销货数量与单位售价	存货数量
8月1日	期初存货	10辆×$91/辆=$910		10辆
8月3日	购货	15辆×$106/辆=$1 590		25辆
8月14日	销货		20辆×$130/辆	5辆
8月17日	购货	20辆×$115/辆=$2 300		25辆
8月28日	购货	10辆×$119/辆=$1 190		35辆
8月31日	销货		23辆×$150/辆	12辆
	合计	55辆 $5 990	43辆	

□ 个别认定法

我们根据上表提供的数据，使用个别认定法将成本分摊至期末存货和已售出的商

品的成本上。Trekking 公司的内部文件显示，

8 月 14 日　售出 8 辆单位成本为＄91 和 12 辆单位成本为＄106 的山地车。

8 月 31 日　售出 2 辆单位成本为＄91，3 辆单位成本为＄106，15 辆单位成本为＄115 和 3 辆单位成本为＄119 的山地车。

我们利用个别认定法和上述信息，编制出图表 6A.2。该表中，期初存货为 10 辆单位成本为＄91 的山地车。8 月 3 日，购买了 15 辆单价为＄106 的山地车，共计＄1 590。现在存货为 10 辆单价为＄91 和 15 辆单价为＄106 的山地车，共计＄2 500。8 月 14 日，销售 20 辆总成本为＄2 000 的山地车，此时的剩余存货为 5 辆总成本为＄500 的山地车。8 月 17 日和 8 月 28 日，分别购买了 20 辆总成本为＄2 300 和 10 辆总成本为＄1 190 的山地车，此时，共有 35 辆总成本为＄3 990 的存货。8 月 31 日，售出 23 辆总成本为＄2 582 的山地车，此时期末存货为 12 辆总成本为＄1 408 的山地车。请仔细研究该表，以了解成本在存货中流入和流出的过程。每辆山地车，不管卖没卖出去，其成本都是确定的。

日期	采购的商品（"入货"）	商品销售成本（"出货"）	存货余额（"余货"）
8月1日	期初余额		10×$91 =$910
8月3日	15×$106 =$1 590		10×$91 15×$106 }=$2 500
8月14日		8×$91=$728 12×$106=$1 272 }=$2 000*	2×$91 3×$106 }=$500
8月17日	20×$115 =$2 300		2×$91 3×$106 20×$115 }=$2 800
8月28日	10×$119 =$1 190		2×$91 3×$106 20×$115 10×$119 }=$3 990
8月31日		2×$91=$182 3×$106=$318 15×$115=$1 725 3×$119=$357 }=$2 582* $4 582	5×$115 7×$119 }=$1 408

8月14日售出的20辆山地车，经确认，其中8辆的购货成本为$91/辆，另12辆的购货成本为$106/辆。

8月31日售出的23辆山地车，公司根据它们各自的进货批次和每批的进货价确定了它们各自的购货成本。

* 我们根据记录商品从购入到售出情况的内部文件来确认已售出商品及其成本。

图表 **6A.2**　使用个别认定法计算存货成本

当使用个别认定法时，Trekking 公司利润表上所列示的销货总成本为＄4 582，这个数字是用图表 6A.2 中第三栏的两个合计额＄2 000 与＄2 582 加总计算出来的。Trekking 公司资产负债表上所列示的期末存货为＄1 408，该数字来源于图表 6A.2 第四栏中的最后一个数字。下面给出了图表 6A.2 中所记录的购货和销货业务的会计分录（其中黑体数字都是按照个别认定法的成本流转假设计算出来的）：

购货			
8 月 3 日	借：购货	1 590	
	贷：应付账款		1 590
8 月 17 日	借：购货	2 300	
	贷：应付账款		2 300
8 月 28 日	借：购货	1 190	
	贷：应付账款		1 190

销货			
8 月 14 日	借：应收账款	2 600	
	贷：销售收入		2 600
8 月 31 日	借：应收账款	3 450	
	贷：销售收入		3 450
	调整分录		
8 月 31 日	借：库存商品	**1 408**	
	贷：本年利润		498
	库存商品		**910**

□ 先进先出法

先进先出法（first-in，first-out，FIFO）是一种根据先购入的商品先卖出这种假设在存货和商品销售成本之间摊销成本的方法。当销售发生时，较早购入的商品成本便转列为商品销售成本，因此期末存货余额所反映的是最近购入的商品的成本。图表6A.3给出了使用先进先出法计算出来的存货成本和商品销售成本。

如图表6A.3所示，待售山地车的总成本为＄5 990（在本附录的开头部分就给出了该数据）。使用先进先出法，我们发现，期末存货的12辆山地车反映的是最近购买的12辆的总成本。参照购货的相反顺序，我们按如下方式将成本分摊至期末存货的12辆山地车中：10辆山地车的单位成本为＄119，2辆山地车的单位成本为＄115。共计12辆山地车的总成本为＄1 420。然后我们从＄5 990的成本中减去＄1 420的期末存货，得到商品销售成本为＄4 570。

图表6A.3 在定期盘存制下，使用先进先出法计算存货成本

图表6A.1显示，12辆期末存货中，有10辆是8月28日购进的，另外两辆是8月17日购进的。

55辆待售山地车的总成本（数据来自图表6A.1）………		$5 990
减：使用先进先出法计算出来的期末存货余额		
8月28日以每辆$119的价格购入的10辆……………	$1190	
8月17日以每辆$115的价格购入的2辆……………	230	
期末存货…………………………………………		1 420
商品销售成本……………………………………		$4 570

当使用先进先出法时，Trekking公司资产负债表上所列示的期末存货为＄1 420，公司利润表上所列示的销货总成本为＄4 570。这与永续盘存制下的计算结果是一样的。之所以会出现这种情况是因为在两种盘存制度下，最近购入的商品都算作了期末存货。下面给出了图表6A.3中所记录的购货和销货业务的会计分录（其中黑体数字都是按照先进先出法的成本流转假设计算出来的）：

购货			
8月3日	借：购货	1 590	
	贷：应付账款		1 590
8月17日	借：购货	2 300	
	贷：应付账款		2 300
8月28日	借：购货	1 190	
	贷：应付账款		1 190

销货			
8月14日	借：应收账款	2 600	
	贷：销售收入		2 600
8月31日	借：应收账款	3 450	
	贷：销售收入		3 450
	调整分录		
8月31日	借：库存商品	**1 420**	
	贷：本年利润		510
	库存商品		**910**

□ 后进先出法

后进先出法（last-in，first-out，LIFO）是一种根据最近购入的商品最先卖出这种假设来分摊成本的方法。在这种方法下，我们把最近的购货成本摊销成商品销售成本，把较早的购货成本摊销成存货成本。像其他方法一样，即便商品的实物流转过程不符合后进先出的模式，依然可以采用后进先出法。后进先出法的一大优点就是：将最近的购货成本分摊成商品销售成本，这种做法（和先进先出法及加权平均法相比）最接近配比原则。图表6A.4给出了使用后进先出法计算出来的存货成本和商品销售

成本。

如图表 6A.4 所示，待售山地车的总成本为＄5 990。使用后进先出法，我们发现，期末存货的 12 辆山地车反映的是最早购买的 12 辆的总成本。参照最早购货的顺序，我们按如下方式将成本分摊至期末存货的 12 辆山地车中：10 辆山地车的单位成本为＄91，2 辆山地车的单位成本为＄106，期末存货的总成本共计＄1 122。然后，从成本＄5 990 中减去期末存货＄1 122，得到商品销售成本为＄4 868。

图表 6A.4　在定期盘存制下，使用后进先出法计算存货成本

55辆待售山地车的总成本（数据来自图表6A.1）………		$5 990
减：使用后进先出法计算出来的期末存货余额		
来自期初存货的10辆，单价为每辆$91……………	$910	
8月3日以每辆$106的价格购入的2辆………………	212	
期末存货…………………………………………………		1 122
商品销售成本……………………………………………		$4 868

图表6A.1显示，12辆期末存货中，有10辆是最早购入的（来自期初存货），另外两辆是8月3日购进的。

当使用后进先出法时，Trekking 公司资产负债表上所列示的期末存货为＄1 122，利润表上所列示的销货总成本为＄4 868。在定期盘存制下，后进先出法将当期离期末最近的购货成本分摊给商品销售成本，但在永续盘存制下，是将离当次销售最近的购货成本分摊给商品销售成本。下面给出了图表 6A.4 中所记录的购货和销货业务的会计分录（其中黑体数字都是按照后进先出法的成本流转假设计算出来的）：

购货

8月3日	借：购货	1 590	
	贷：应付账款		1 590
8月17日	借：购货	2 300	
	贷：应付账款		2 300
8月28日	借：购货	1 190	
	贷：应付账款		1 190

销货

8月14日	借：应收账款	2 600	
	贷：销售收入		2 600
8月31日	借：应收账款	3 450	
	贷：销售收入		3 450
	调整分录		
8月31日	借：库存商品	**1 122**	
	贷：本年利润		212
	库存商品		**910**

□ 加权平均法

加权平均法（weighted average，WA），又叫平均成本法（average cost），要求使用单位存货的加权平均成本作为每笔销售业务的商品销售成本。每笔销货业务发生时的单位加权平均成本等于待售商品成本总额除以待售商品总数量。加权平均法下的成本分摊包括三个重要步骤。前两个步骤见图表 6A.5。第一步，用期初存货的单位成本和每次购货的成本分别乘以它们各自所对应的存货数量（见图表 6A.1）。第二步，将第一步中计算出来的乘积加总求和，然后再除以待售商品总数量，求出单位加权平均成本。

图表 6A.5　单位加权平均成本

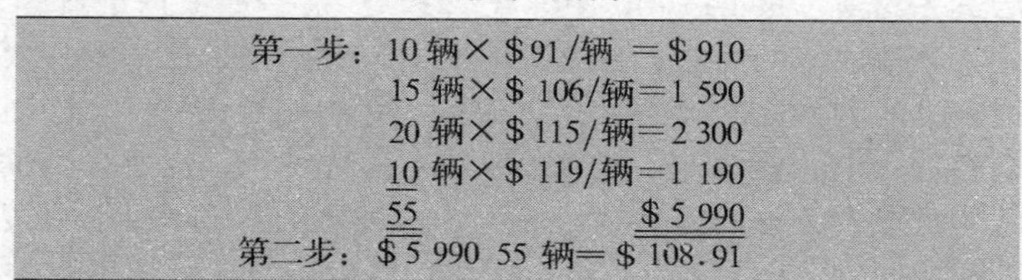

第一步：10 辆×＄91/辆 ＝＄910
15 辆×＄106/辆＝1 590
20 辆×＄115/辆＝2 300
10 辆×＄119/辆＝1 190
55　　＄5 990
第二步：＄5 990 55 辆＝＄108.91

如图表 6A.6 所示，第三步就是使用单位加权平均成本将成本分摊至期末存货和商品销售成本。

图表 **6A.6**　　定期盘存制下，使用加权平均法计算存货成本

第三步：55 辆待售山地车的总成本（数据来自图表 6A.1）…………	$5 990
减：使用加权平均法计算出来的期末存货余额…………	
成本基础：每辆 $108.91，共 12 辆（数据来自图表 6A.5）…………	1 307
商品销售成本…………	$4 683

当使用加权平均法时，Trekking 公司资产负债表上所列示的期末存货为 $1 307，利润表上所列示的销货总成本为 $4 683。下面给出了图表 6A.6 中所记录的购货和销货业务的会计分录（其中黑体数字都是按照加权平均法的成本流转假设计算出来的）：

购货			
8 月 3 日	借：购货	1 590	
	贷：应付账款		1 590
8 月 17 日	借：购货	2 300	
	贷：应付账款		2 300
8 月 28 日	借：购货	1 190	
	贷：应付账款		1 190

销货			
8 月 14 日	借：应收账款	2 600	
	贷：销售收入		2 600
8 月 31 日	借：应收账款	3 450	
	贷：销售收入		3 450
	调整分录		
8 月 31 日	借：库存商品	**1 307**	
	贷：本年利润		397
	库存商品		**910**

□ 对财务报表的影响

如果商品进价一直保持不变，那么不管使用哪种存货成本核算方法，得出的存货成本和商品销售成本都是一样的。但如果商品进价发生变化，那么使用不同的存货成本核算方法得出的存货成本和商品销售成本也会不同。图表 6A.7 以 Trekking 公司的数据为例说明了这些差异。

图表 **6A.7**　　存货成本核算方法对财务报表的影响

Trekking 公司
8 月份

	个别认定法	先进先出法	后进先出法	加权平均法
利润表				
销售收入	$6 050	$6 050	$6 050	$6 050
商品销售成本	4 582	4 570	4 868	4 683
毛利	1 468	1 480	1 182	1 367
费用	450	450	450	450
税前利润	1 018	1 030	732	917
所得税费用（30%）	305	309	220	275
净利润	$713	$721	$512	$642
资产负债表				
存货	$1 408	$1 420	$1 122	$1 307

图表 6A.7 揭示了两个重要的问题。首先，如果像 Trekking 公司一样，企业的

购货成本持续上涨，那么就会导致：

- 使用先进先出法分摊到商品销售成本上的成本最少，因此毛利和净利润也就最高。
- 使用后进先出法分摊到商品销售成本上的成本最多，因此毛利和净利润也就最少，而且这种方法能够推迟缴纳部分所得税，暂时减轻企业的所得税负担。
- 使用加权平均法分摊到商品销售成本上的成本份额介于使用先进先出法和后进先出法所分摊的份额之间。
- 个别认定法的成本分摊情况往往取决于售出的是哪些商品。

其次，当购货成本不断下降时，先进先出法和后进先出法的成本分摊结果则恰恰相反。使用先进先出法分摊到商品销售成本上的成本最高，因此毛利和净利润也就最少；使用后进先出法分摊到商品销售成本上的成本最低，因此毛利和净利润也就最高。

企业可以使用上述四种存货成本核算方法中的任何一种。但是，企业必须在其财务报表或财务报表的附注中说明自己所使用的存货成本核算方法。每一种成本核算方法都有自己的优点，这些优点如下：

- 使用先进先出法时，资产负债表上所反映的存货成本最接近现时成本，并且先进先出法与大多数企业的实际商品流转过程也最为相近。
- 使用后进先出法时，利润表上所反映的商品销售成本最接近现时成本；而且后进先出法还能较好地将现时成本与销售收入相匹配以计算毛利。
- 加权平均法可以避免存货成本发生较大的波动。
- 个别认定法能够实现商品成本与它们所带来的收入之间的准确配比。

快速测试

9．某公司期初存货及购货明细如下，其期末存货为30单位。

期初存货……100单位，单位成本为＄10

第一次购货……40单位，单位成本为＄12

第二次购货……20单位，单位成本为＄14

a. 使用定期盘存制和先进先出法计算该公司的期末存货。

b. 使用定期盘存制和后进先出法计算该公司的商品销售成本。

小 结

C1 解释库存商品的构成项目。 库存商品是指企业为销售而拥有和持有的商品。有三种情况要引起我们的注意：在途商品要列为对其享有所有权的一方的存货；寄售商品要列为寄售人的存货；受损或过时商品要按它们的可变现净值入账。

C2 确认库存商品的成本。 库存商品的成本包括在将商品运到销售地点并做好销售准备过程中直接或间接发生的各种费用。也就是说，存货成本包括发票价格扣除折扣，再加上在将商品运到销售地点并做好销售准备过程中所发生的各种必要的附加成本或杂费。

A1 分析存货核算方法对财务报表和税收报表的影响。 当购货成本上升或下降时，使用不同的存货成本核算方法就会计算出不同的存货成本。个别认定法能够实现商品成本与它们所带来的收入之间的准确配比。加权平均法可以避免存货成本发生较大的波动。使用先进先出法时，资产负债表上所反映的存货成本最接近现时成本。使用后进先出法时，利润表上所反映的商品销售成本最接近现时成本。

A2　分析存货误差对当期和未来财务报表的影响。期末存货余额误差会影响当期的资产（存货）、净利润（商品销售成本）以及所有者权益。而且，由于本期的期末存货即为下期的期初存货，所以期末存货余额误差还会影响下一期的商品销售成本和净利润。当期的存货误差在第二期的时候会被抵销掉。

P1　在永续盘存制下，分别使用个别认定法、先进先出法、后进先出法以及加权平均法来计算存货成本。在永续盘存制下，每一次销售活动发生时，我们都要将成本分摊至商品销售成本账户。个别认定法将实际成本（如发票净价）分摊至每一项已经售出的商品；加权平均法使用销货业务发生时待售商品成本总额除以待售商品总数量计算出单位加权平均成本，然后根据单位加权平均成本来分摊存货及商品销售成本；先进先出法根据先购入的商品先售出的假设来分摊存货及商品销售成本；后进先出法则是根据最近购入的商品最先售出的假设来分摊存货及商品销售成本。

P2　使用成本与市价孰低法计算存货价值。当存货的市价低于其账面成本时，存货应以市价入账，这种方法就叫做成本与市价孰低法。市价通常是指重置成本。我们可以使用成本与市价孰低法来计算各项存货、各类存货或全部存货的成本。

P3A　在定期盘存制下，分别使用个别认定法、先进先出法、后进先出法以及加权平均法来计算存货成本。定期盘存制在会计期末，才把待售商品成本在商品销售成本和期末存货之间进行分摊。个别认定法在两种盘存制度下的成本分摊结果是一致的；先进先出法在两种盘存制度下的成本分摊结果也是一致的；后进先出法将当期离期末最近的存货成本分摊给商品销售成本；加权平均法首先用期初存货成本与当期购货净成本之和除以待售商品总数量，计算出单位加权平均成本，然后再用单位加权平均成本乘以销货数量，计算出商品销售成本。

角色扮演及职业道德参考答案

财务策划顾问　先进先出法假设最早购进的商品成本最先分摊给商品销售成本，因此期末存货余额所反映的是最近购入的商品的成本。你向客户说明这一点，还要告诉他：在大多数情况下，对于使用先进先出法的企业来说，其财务报表所反映的期末存货余额都等于或接近于存货的重置成本。因此，在多数情况下，客户不需要调整存货的账面余额。但如果重置成本与存货账户中所反映的近期购货成本相比发生了大幅度上涨，则另当别论。当成本大幅上涨时，由于存货的账面成本与市场重置成本之间存在较大的差额，所以客户可能需要对存货账户余额进行调整。（注：购货成本下跌会通过成本与市价孰低法确认。）

仓库经理　将存货成本核算方法改为后进先出法可以减少公司的纳税额（或至少可以推迟纳税时间），但这样一来，你能够得到的奖金也少了。由于美国税法规定：如果企业在编制税收报表时使用的是后进先出法，那么在编制财务报表时也必须使用后进先出法，因此，你没有太大的选择余地。最好的方法就是告诉领导后进先出法可以替公司节税。但同时你也应该让领导知道这种做法会让你损失很多的奖金，因此你应该跟领导重新商量一下你的奖金分配方案。你可以提议使用后进先出法计算存货余额，但使用原来的先进先出法来计算你的奖金。或者，你还可以跟领导协商改变奖金分配方案，减少因为使用后进先出法而给你带来的损失。

快速测试参考答案

1. 配比原则。

2. 塔吉特公司应将这批货计入自己的存货。

3. 这幅画的成本为＄12 180(11 400＋130＋150＋100＋400)。

4. 个别认定法能够实现商品成本与它们所带来的收入之间的准确配比；加权平均法可以避免存货成本发生较大的波动；使用先进先出法计算出来的存货成本最接近现时重置成本；后进先出法将最近发生的成本摊入商品销售成本，而且还能较好地将现时成本与销售收入相匹配。

5. 当购货成本上涨时，使用先进先出法计算出来的商品销售成本较低，毛利和净利润较高。

6. 当购货成本上涨时，跟先进先出法相比，使用后进先出法计算出来的资产负债表的存货余额较低，而先进先出法下的存货余额更接近现时重置成本。

7. 这将导致2009年的商品销售成本高估＄10 000，2010年的商品销售成本低估＄10 000。

8. 使用成本与市价孰低法分别计算各项存货的成本，最后得出的存货总额为＄540，其计算过程为：[(20×5)＋(40×8)＋(10×12)]。

9. a. 使用定期盘存制和先进先出法计算出来的该公司的期末存货余额＝(20×14)＋(10×12)＝＄400。

b. 使用定期盘存制和后进先出法计算出来的该公司的商品销售成本＝(20×14)＋(40×12)＋(70×10)＝＄1 460。

关键词

Average cost　平均成本

Conservatism constraint　稳健性约束

Consignee　承售方

Consignor　寄售方

Consistency concept　一致性原则

First-in，first-out（FIFO）　先进先出法

Interim statements　中期报表

Last-in，first-out（LIFO）　后进先出法

Lower of cost or market（LCM）　成本与市价孰低法

Net realizable value　可变现净值

Specific identification　个别认定法

Weighted average　加权平均法

选择题

使用下面给出的Marvel公司7月份的财务数据回答第1～4题。

7 月 1 日	期初存货	75 单位，$ 25/单位
7 月 3 日	购货	348 单位，$ 27/单位
7 月 8 日	销货	300 单位
7 月 15 日	购货	257 单位，$ 28/单位
7 月 23 日	销货	275 单位

1. 假设 Marvel 公司使用的是永续盘存制先进先出法，试问其期末存货余额是多少？______

a. $ 2 940　　b. $ 2 685
c. $ 2 625　　d. $ 2 852
e. $ 2 705

2. 假设 Marvel 公司使用的是永续盘存制后进先出法，试问其期末存货余额是多少？______

a. $ 2 940　　b. $ 2 685
c. $ 2 625　　d. $ 2 852
e. $ 2 705

3. 假设 Marvel 公司使用的是永续盘存制个别认定法。在其期末存货中，有 20 单位商品来自期初存货，40 单位商品是 7 月 3 日购入的，另外 45 单位商品是在 7 月 15 日购入的。试问其期末存货余额是多少？______

a. $ 2 940　　b. $ 2 685
c. $ 2 625　　d. $ 2 852
e. $ 2 840

4. 假设 Marvel 公司使用的是定期盘存制先进先出法，试问其期末存货余额是多少？______

a. $ 2 940　　b. $ 2 685
c. $ 2 625　　d. $ 2 852
e. $ 2 705

讨论题

1. 请分别描述（a）先进先出法和（b）后进先出法下存货成本是如何流转到商品销售成本的。

2. 在财务报表中，库存商品账户在哪部分列示？

3. 有时为什么忽略存货成本的附加成本？它在哪一会计原则下成立？

4. 如果成本不断下降，在使用先进先出法和后进先出法估计存货的时候是否会导致较低的商品销售成本？为什么？

5. 如果一家公司要由一个可接受的会计方法转换为另一个会计方法，针对这一情况，充分披露原则是怎么规定的？

6. 一家公司能否在每期都更换其存货计算方法？为什么？

7. 会计一致性原则是否意味着不允许变更会计方法？

8. 如果存货误差可以自动更正，为什么当发生误差时，会计信息的使用者还是要担心？

9. 请阐述下列表述："存货误差可以自动更正错误。"

10. 存货的成本与市价孰低法中的市价是什么含义？

11. 会计稳健性约束能够提供什么指导？

12. 什么会导致存货损耗的发生？

13. 哪些账户是定期盘存制拥有而永续盘存制没有的？

快速学习

QS6-1　下表列示了一家公司的期初存货和 1 月份的购货记录。1 月 26 日，公司卖出 360 件商品。假设在永续盘存制下，分别采用（a）先进先出法、（b）后进先出法和（c）加权平均法计算 1 月 31 日剩余的 155 件商品的期末存货成本是多少（单位成本保留到小数点后三位，存货余额保留到整数）。

	数量	单位成本
1 月 1 日期初存货	320	$ 6.00
1 月 9 日购货	85	6.40
1 月 25 日购货	110	6.60

QS6-2　Rosen 公司期初存货列示为 10 单位商品，单价为 $ 28。1～4 周，每周公司购进 10 单位商品，各自的单位成本为 $ 30，$ 31，$ 32 和

$34。计算四周总计待售商品的成本和数量。假设这段时间没有任何销售业务发生。

QS6-3 Mercedes Brown 12月1日创办了一家商业企业。下面是三项购货记录：

12月7日	10单位×$9/单位
12月14日	20单位×$10/单位
12月21日	15单位×$12/单位

12月15日，Brown售出了一批货物，共计18件，单价为$35。其中，7件是12月7日购进的货物，剩下的11件是12月14日购进的货物。Brown采用的是永续盘存制。分别使用下列四种方法（a）FIFO，（b）LIFO，（c）加权平均法和（d）个别认定法计算12月31日期末存货的成本是多少（单位成本保留到小数点后三位，存货余额保留到整数）。

QS6-4 请分别指出下列各描述所对应的存货成本的计算方法（假设成本不断上涨）。

1. 资产负债表所反映的存货余额最接近重置成本。

2. 当每单位产品各具特性并对成本的影响显著时，优先选择的方法。

3. 将最近发生的成本与销售收入净额相匹配。

4. 导致资产负债表的存货余额显著小于其重置成本。

5. 当成本不断上涨时对企业具有延迟纳税的好处。

QS6-5 存货的所有权问题。

1. Jabar公司将$600的货物运送到了Chi公司，Chi公司已安排好将为Jabar公司销售这批货物。请指出谁是寄售方和承销方，哪家公司应该将未售出的货物作为其存货列示。

2. 年底Liu公司采用目的地交货的方式将一批价值$750的货物运送到了Kwon公司。请指出哪家公司应该将正在运输途中的这批货物作为其存货列示在账户中。

QS6-6 一家汽车经销商购买了一辆二手汽车，价值$17 500，采用装运地交货。在购买这辆汽车并准备销售的过程中发生的附加成本包括：$300的运输费，$1 000的进口关税，$250的运输过程中的保险费，$400的广告费和$3 000的销售人员工资费用。在计算存货时，分摊到该辆汽车的成本是多少？

QS6-7 Paoli公司的期末存货列示如下。采用存货的成本与市价孰低法计算（a）全部存货和（b）各项存货。

产品	数量	单位成本	单位市价
山地车	20	$650	$500
滑板	22	400	450
滑翔机	40	850	790

QS6-8 在2009年年底盘点存货的过程中，Pena公司忘记了盘点某些商品。请说明这一误差将会如何影响下列各项：（a）2009年的商品销售成本，（b）2009年的毛利，（c）2009年的净利润，（d）2010年的净利润，（e）连续两年的利润和（f）2010年以后的利润。

QS6-9 假设采用定期盘存制，根据QS6-1的资料，分别采用（a）FIFO、（b）LIFO和（c）加权平均法计算分摊到期末存货的成本是多少（单位成本保留到小数点后三位，存货余额保留到整数）。

练习题

Exercise6-1 下表是Liberty公司唯一的一种产品1月份的购货和销货记录。

日期	业务内容	购货数量和单位成本		零售数量和单价
1月1日	期初存货	140单位×$7.00=	$980	
1月10日	销售商品			90单位×$15
1月20日	购进商品	220单位×$6.00=	1 320	
1月25日	销售商品			145单位×$15
1月30日	购进商品	100单位×$5.00=	500	
	总计	460单位	$2 800	235单位

Liberty公司采用的是永续盘存制。期末存货共包括225单位商品，其中100单位是1月30日购进的、80单位是1月20日购进的、45单位是期初的存货。请分别采用（a）个别认定法，（b）加权平均法，（c）FIFO和（d）LIFO计算分摊到期末存货的成本和商品销售成本（单位成本保留到小数点后三位，存货余额保留到整数）。

Exercise6-2　根据上题中的数据采用四种存货计价方法，编制一张与图表6.8相似的Liberty公司1月份的利润表。假设费用是＄1 250，适用的所得税率为30%。

1. 哪种方法得出的净利润最高？

2. 用加权平均法计算得出的净利润是否在用FIFO和LIFO法得出的结果之间？

3. 如果成本是不断上升的，哪种方法得出的净利润最高？

Exercise6-3　下表是Harper公司当年一种产品的购货和销货数据。

日期	业务内容	购货数量和单位成本	零售数量和单价
1月1日	期初存货	126单位×＄8＝1 008	
1月10日	销售商品		113单位×＄40
3月14日	购进货物	315单位×＄13＝4 095	
3月15日	销售商品		180单位×＄40
7月30日	购进货物	250单位×＄18＝4 500	
10月5日	销售商品		378单位×＄40
10月26日	购进货物	50单位×＄23＝1 150	
	总计	741单位　＄10 753	671单位

Harper公司采用的是永续盘存制。分别采用（a）FIFO和（b）LIFO计算分摊到期末存货的成本和商品销售成本。计算每种方法的毛利。

Exercise6-4　参照上题的数据。假定期末存货的构成如下：5单位3月14日购进的货物，15单位7月30日购进的货物和所有10月26日购进的货物。使用个别认定法，计算（a）商品销售成本和（b）毛利。

Exercise6-5　下表列示的是Maya公司的期末存货。利用成本与市价孰低法，计算期末（a）全部存货和（b）各项存货。

商品	数量	每单位	
		成本	市价
安全帽	19	＄45	＄49
球拍	12	73	67
鞋	33	90	86
制服	37	31	31

Exercise6-6　Abco公司从2008到2010年，连续三年，每年销售收入为＄1 100 000，每年购货成本为＄700 000。每年期末盘点后的存货为＄280 000。2008年年底，在记录存货的过程中，出现了一个错误导致报表上列示的存货是＄262 000，而不是正确的数额＄280 000。

1. 计算2008—2010年每年公司毛利的正确数额是多少。

2. 编制与图表6.11相似的一份利润表，以反映该误差对公司2008—2010年每年商品销售成本和毛利的影响。

Exercise6-7　参照Exercise6-1，并假定使用定期盘存制。分别采用（a）个别认定法，（b）加权平均法，（c）FIFO和（d）LIFO计算分摊到期末存货的成本和商品销售成本是多少（单位成本保留到小数点后三位，存货余额保留到整数）。

Exercise6-8　下表是Martinez公司当年单一商品的数据。公司采用的是定期盘存制。期末存货共计405单位，分别来自最后三次购进的货物，每批135单位。分别采用（a）个别认定法，（b）加权平均法，（c）FIFO和（d）LIFO计算分摊到期末存货的成本和商品销售成本是多少（单位成本保留到小数点后三位，存货余额保留到整数）。哪种方法得出的净利润最高？

1月1日	期初存货	270单位×＄1.90＝	＄513
3月7日	购进货物	540单位×＄2.05＝	1 107
7月28日	购进货物	1 350单位×＄2.30＝	3 105
10月3日	购进货物	1 230单位×＄2.60＝	3 198
12月19日	购进货物	390单位×＄2.70＝	1 053
总计		3 780单位	＄8 976

综合题

Problem6-1 A Marlow 公司采用的是永续盘存制。2009 年日历年度的购货和销货记录如下：

日期	业务内容	购货数量和单位成本	零售数量和单价
1月1日	期初存货	770 单位×＄50/单位	
2月10日	购进商品	420 单位×＄41/单位	
3月13日	购进商品	260 单位×＄25/单位	
3月15日	销售商品		770 单位×＄75/单位
8月21日	购进商品	180 单位×＄49/单位	
9月5日	购进商品	585 单位×＄42 单位	
9月10日	销售商品		650 单位×＄75/单位
	总计	2 215 单位	1 420 单位

要求：

1. 计算待售商品成本和待售商品数量。

2. 计算期末存货数量。

3. 分别采用下列四种方法计算分摊到期末存货的成本：（a）FIFO；（b）LIFO；（c）个别认定法，其中售出商品的构成如下：期初存货 95 单位，2 月 10 日购进的商品 175 单位，3 月 13 日购进的商品 70 单位和 9 月 5 日购进的商品 455 单位；（d）加权平均法。（单位成本保留到小数点后三位，存货余额保留到整数。）

4. 计算上题中四种计算方法下公司的毛利。

分析：

5. 如果公司管理人员的奖金与毛利成一定的比例关系，那么管理人员更倾向哪种存货成本的计量方法？

Problem6-2A 下表是 12 月 31 日 Soundland 公司盘点后的数据。

	产品名称	数量	每单位 成本	每单位 市价
3	音频设备			
4	收音机	343	$ 88	$ 96
5	CD播放机	255	109	98
6	MP3播放器	323	84	93
7	扬声器	198	50	39
8	视频设备			
9	掌上电脑的液晶显示器	481	148	123
10	录像机	288	91	82
11	便携式摄像机	206	308	320
12	汽车音频设备			
13	卫星收音机	179	68	82
14	CD/MP3收音机	164	95	103

要求：

采用成本与市价孰低的方法，分别计算（a）全部存货、（b）各类存货和（c）各项存货。

Problem6-3A Nikita 公司的财务报表如下。近来，公司在盘点存货时发现了如下误差：2008 年 12 月 31 日的存货被低估了＄56 000，2009 年 12 月 31 日的存货被高估了＄25 000。

到 12 月 31 日为止	2008 年	2009 年	2010 年
(a) 商品销售成本	$ 623 000	$ 955 000	$ 780 000
(b) 净利润	230 000	275 000	250 000
(c) 总流动资产	1 247 000	1 360 000	1 230 000
(d) 总所有者权益	1 387 000	1 580 000	1 245 000

要求：

1. 针对上面的财务报表中的每一项编号 (a)，(b)，(c) 和 (d)，编制一张与下表相似的表格，以反映更正错误的必要的调整过程。

编号：_______	2008 年	2009 年	2010 年
报表列示的数额	___	___	___
调整项：12/31/2008 的误差	___	___	___
12/31/2009 的误差	___	___	___
更正后的数额	___	___	___

分析：

2. 存货误差所导致的连续三年的净利润总额的误差是多少？请说明。

3. 解释为什么 2008 年年底低估的存货 $ 56 000 等于同年低估的所有者权益的数额。

Problem6-4A　2009 年开始，Austin 公司 1 月份的存货为 33 000 单位，单位成本为 $ 17。2009 年的连续购货记录如下。公司采用的是定期盘存制。2009 年 12 月 31 日，盘点后显示仍有 40 000 单位的库存。

3 月 7 日	38 000 单位×每件 $ 19
5 月 25 日	34 000 单位×每件 $ 22
8 月 1 日	26 000 单位×每件 $ 26
11 月 10 日	22 000 单位×每件 $ 30

要求：

1. 计算 2009 年待售商品的数量和总成本。

2. 分别采用 (a) FIFO，(b) LIFO，(c) 加权平均法计算 2009 年分摊到期末存货的成本和商品销售成本（单位成本保留到小数点后三位，存货余额保留到整数）。

第 7 章

会计系统

- 会计系统的基本原则
- 会计中的特种日记账
- 附录7A　定期盘存制下的特种日记账

学习目标

CAP

概念（Conceptual）

C1　会计系统的基本原则。

C2　特种日记账的目的和用途。

C3　总分类账和明细分类账的用途。

程序（Procedural）

P1　使用特种日记账记录交易并过账。

P2　编制试算平衡表检查明细分类账记录是否准确。

P3　附录7A——在定期盘存制下使用特种日记账记录交易并过账。

本章预览

随着企业业务量的增加和业务复杂度的提高，企业对会计系统的要求越来越高。会计系统面临效率和效果两方面挑战。本章中，我们将学习账簿系统应遵循的基本原则以及如何使用特种日记账和明细分类账提高会计系统的效率。了解会计系统有助于使用会计信息更好地制定决策，还可以提高分析和理解财务报表的能力。

会计系统

会计系统原则
- 控制原则
- 相关性原则
- 适应性原则
- 灵活性原则
- 成本效益原则

特种日记账
- 明细分类账
- 销售日记账
- 现金收入日记账
- 购货日记账
- 现金支出日记账

会计系统的基本原则

会计系统（accounting information systems）用于收集和处理交易事项信息，把它们编制成有用的报表，并把结果传递给决策者。随着经济活动的日益复杂和信息需求的不断增加，会计系统也变得越来越重要了。掌握会计系统方面的基础知识可以帮助决策者更好地理解信息约束、计量方法的局限性及其潜在的应用，帮助他们在掌握信息的基础上制定更加合理的决策以及更好地权衡各种战略的风险和收益，从而提高企业的竞争优势。本节将介绍会计系统的五大基本原则（见图表7.1）。

□ 控制原则

管理人员需要控制和监督企业活动。控制原则（control principle）规定，会计系统必须实施内部控制。所谓内部控制（internal controls）是指管理人员用来控制和监督企业活动的方法和程序，它们包括指导企业围绕共同目标开展经营活动的各种政策、保证财务报表可靠性的各种程序、保障企业资产的各种安全措施，以及保证企业经营活动符合法律和规章制度规定的各种方法等。

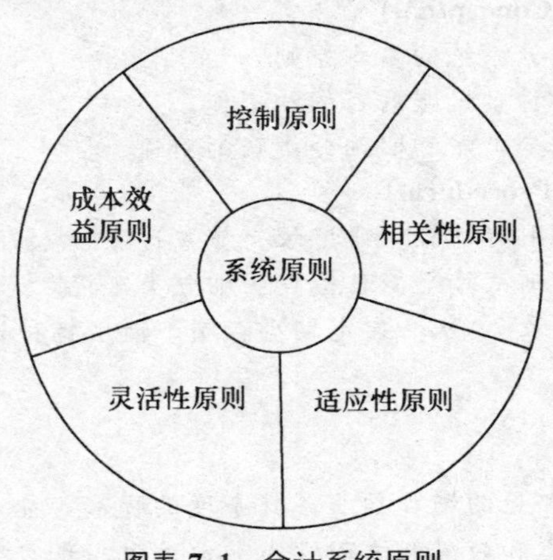

图表 7.1　会计系统原则

□ 相关性原则

决策者需要相关的信息来制定决策。相关性原则（relevance principle）规定，会计系统必须为合理制定决策提供有用的、可理解的、及时的和相关的信息。我们在构建会计系统时，必须保证系统能够获取与决策有关的各种信息。为了保证能做到这一点，在确定需要披露哪些信息的时候，我们必须考虑到所有的决策者。

□ 适应性原则

会计系统必须与企业的目标保持一致。适应性原则（compatibility principle）规定，会计系统必须适应企业的业务活动、人员和结构。它还必须符合企业的特点。会计系统必须符合企业的目标，绝不能与企业的目标背道而驰。一般而言，大多数刚成立的企业只要求有一个简单的信息系统就可以了；而像哈雷-戴维森（Harley-Davidson）这样的大企业，则要有一个能够收集其全球经营数据的、既涵盖商业又涵盖制造业的综合信息系统。

□ 灵活性原则

会计系统必须能够适应各种变化。灵活性原则（flexibility principle）规定，会计系统必须能够适应企业的变化、业务环境的变化及其决策者需要的变化。技术进步、竞争压力、消费者偏好、规章制度以及企业的业务活动等各种因素都在不断发生变化，会计系统必须适应这些变化。

□ 成本效益原则

成本效益原则（cost-benefit principle）规定，在会计系统中，一项活动的收益必须大于其成本。一项活动（例如，编制一份具体的报表）的成本和收益，会影响内部和外部使用者的决策。其他系统原则（控制原则、相关性原则、适应性原则以及灵活性原则）方面的决策同样会受成本效益原则的影响。

会计中的特种日记账

本节将介绍会计系统中的基本记录。如果设计合理，这些记录能够提高处理交易和事项的效率。这些记录是各种形式的会计系统的重要组成部分，并且越来越多的记录都在采用电子形式。即使在技术先进的系统中，本节所介绍的记录的基本知识也能帮助我们使用、解释和应用会计信息。这些知识还可以增进我们对电算化会计系统的了解。我们需要记住一点：所有的会计系统，不管它们是不是依赖技术，都有着相同的用途和内部工作原理。

本节将重点讲解特种日记账和明细分类账，它们都是会计系统的重要组成部分。我们将介绍如何使用特种日记账来获取交易信息以及如何设置明细分类账以获取详细的账户信息。本节中，我们使用的是永续盘存制，而且特种日记账也是在永续盘存制下建立起来的。附录7A将介绍在定期盘存制下，特种日记账需要进行哪些调整。在每个特种日记账下面，我们都加上了注解，解释在定期盘存制下，这个特种日记账应该做哪些调整。

□ 特种日记账的基础知识

普通日记账（general journal）是指能够用来记录各种交易的通用日记账。对于企业而言，使用通用日记账来记录所有的交易往往成本较高，而且其控制效果较差。另外，对于技术不太先进的系统来说，如果使用普通日记账，那么就要求我们将借方发生额和贷方发生额逐笔过入对应的总分类账账户。为了加强内部控制和降低成本，我们可以将交易分成几大类。特种日记账（special journal）是专门用来记录和结转相似类型的交易的日记账。例如，商业企业的大部分交易都可以被分成图表7.2所示的几类日记账。本节假设企业同时使用这四种特种日记账与普通日记账。我们继续使用普通日记账来记录特种日记账未涉及的交易，并用它来调整、结转和纠正会计分录。在接下来的内容中，我们将介绍特种日记账这种有效的工具如何帮助我们登记交易和过账。例如，通过特种日记账，可以把类似交易的借方发生额和贷方发生额累计在一起，然后将借方合计和贷方合计过入总分类账，而不需要逐笔过账。因此，交易越多，特种日记账的优势就越明显。特种日记账可以帮助我们实现有效的劳动分工，而且它也是一种有效的控制程序。

图表 7.2　特种日记账和普通日记账配合使用

特种日记账和明细分类账的设置必须符合企业自身的需要。我们一般使用特种日记账来记录经常重复发生的交易，例如销售收入、现金收入、进货和现金支付等。企业可以量身定制自己的会计系统。例如，有些企业习惯将销售收入和现金收入或进货与现金支付合并成一个特种日记账，有些企业则会增设一些特种日记账或明细分类账来记录其他经常重复发生的交易。企业还可以自行调整其日记账和分类账的格式，即：企业可以根据自身的需要，确定每个账户的栏数以及每一栏的抬头等。下文中介绍了一种常见的账户设置方式。当然，不同的企业也可以根据自身的需要选择其他的账户设置方式。

□ 明细分类账

要想了解特种日记账，需要先来介绍一下明细分类账（subsidiary ledger）。明细分类账是记录具有共同特征的各个子账户及其金额的列表，其中包含了总分类账中各个账户的详细记录。通常，企业的会计系统都包含多个明细分类账。其中，应收账款明细账和应付账款明细账就是最重要的两种明细分类账：

- 应收账款明细账——记录每个客户的交易数据。
- 应付账款明细账——记录每个供应商的交易数据。

明细分类账中的各个账户通常是按照字母顺序排列的（本书中也是采用这种方式）。本节将介绍应收账款明细账和应付账款明细账，后面还将使用这两种明细分类账来学习特种日记账。

应收账款明细账

在前几章中，我们编制过一些贷记“销售收入”、借记（增加）“应收账款”的会计分录。如果企业有多个信用客户，那么企业的应收账款账户必须反映出每个客户的购买额、已付货款额和未付货款额。为此，企业需要为每一个信用客户都设立一个单独的应收账款账户。这些单独的账户可以同财务报表的其他账户一起放在总分类账中，但我们一般不采用这种做法。通常，在总分类账中，我们只开设一个应收账款账户，至于每个客户单独的交易数据，我们则记录在明细分类账中。这个明细分类账就是应收账款明细账（accounts receivable ledger），或叫应收账款明细分类账（accounts receivable subsidiary ledger）或客户明细账（customer ledger）。应收账款明细账既可以采用电子形式，也可采用书面形式。

图表 7.3 说明了应收账款账户和明细分类账中的各个账户之间的关系。在将所有的项目过完账之后，应收账款账户的余额必须等于所有客户明细账的余额之和。应收账款账户控制着应收账款明细账，因此，我们把应收账款账户称为总账账户（controlling account）。另一方面，由于应收账款明细账是受总分类账中的应收账款账户控制的补充记录，所以我们把它称为明细分类账（或叫辅助分类账）（subsidiary ledger）。

应付账款明细账

会计系统中还有一些其他的总账账户和明细分类账。例如，很多企业都习惯从多名供应商那里赊购产品或服务。因此，这些企业需要为每一名供应商都设立一个单独的应付账款账户。通常，这些企业会在总分类账中开设应付账款总账账户，并且还会在应付账款明细账（accounts payable ledger）（也叫应付账款明细分类账（accounts payable subsidiary ledger）或债权人明细账（creditors ledger））中为每一名供应商开立一个单独的账户。

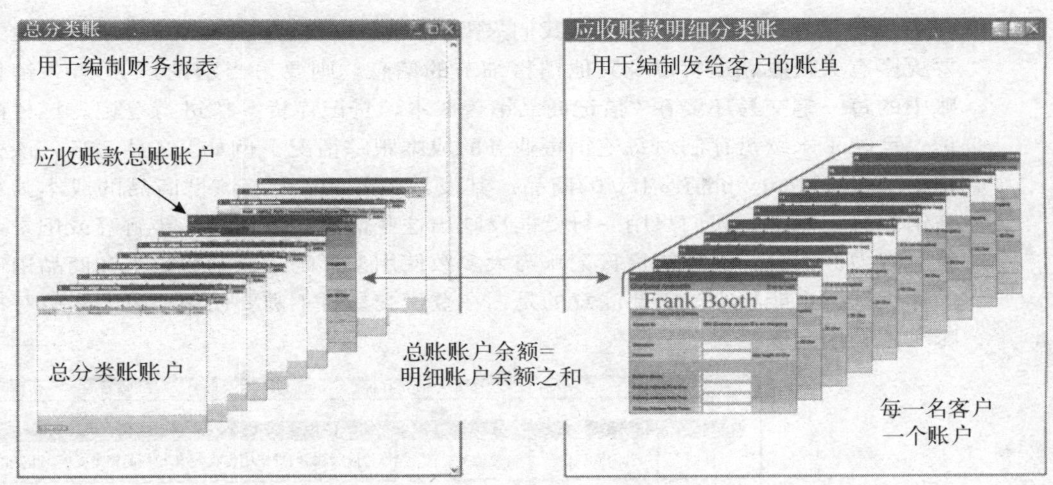

图表 7.3 应收账款总账账户及其明细分类账

其他明细分类账

还有一些账户也常常需要设立明细分类账。例如，拥有多种设备的企业可能在其总分类账中只开设了一个设备账户，而这个设备账户又控制着一个明细分类账。这个明细分类账为企业的每一种设备都开设了一个单独的账户。投资、存货以及其他单独详细记录的账户都可以做类似的处理。Brunswick 公司在其年度报表中只需要反映每一条生产线的销售情况，但公司会计系统中保存的销售记录却要详细得多。例如，Brunswick 公司销售数百种不同的产品，因此，公司必须能够分析出每种产品的销售业绩。我们可以从总分类账的销售账户中获得有关每种产品销售情况的信息，但这些信息归根到底还是要从与明细分类账功能类似的补充记录中获得。总之，为了确保会计系统能够提供足够的信息以供决策者进行分析，我们在很多地方都会用到明细分类账。

□ 销售日记账

典型的销售日记账（sales journal）是用来记录存货赊销业务的。存货的现金交易额不记入销售日记账，而是记入现金收入日记账。非存货类资产的赊销额则要记入普通日记账。

登记日记账

赊销业务的记录需要将每一笔销售收入都记入单独的销售日记账。通常，有关销售情况的信息，我们可以从销货时出具的销售发票副本或发货单副本中获得。图表 7.4 的上半部分给出了某商业企业的一个典型的销售日记账。该表分为几栏，分别记录着日期、客户名称、发票编号、过账索引以及每笔赊销业务的零售额和成本额。我们把该图中的这种销售日记账称为多栏式日记账（columnar journal），即栏数超过一栏的日记账。

销售日记账中记录的每一笔交易都要在"借记应收账款，贷记销售收入"栏进行登记。通常，这两个账户的情况我们只需要一栏就可以反映出来。（如果管理人员需要更多有关税收、退货以及其他销售细节的信息，则要另当别论。）另外，销售日记账中的每一笔交易还要在“借记商品销售成本，贷记存货”栏进行登记。该栏的这条记录反映了永续盘存制对每笔销售业务的成本跟踪情况。例如，2 月 2 日，该公司赊销给 Jason Henry 价值＄450 的商品。其发票编号为 307，该批商品的成本为＄315。在销售日记账中，我们只用一行就能反映出这些信息，无须进一步解释或记录，可谓省时省力。而且，这种销售日记账与大多数使用条形码记录销售收入和商品销售成本的存货系统也能相容。需要注意的是：在登记交易时不需要使用“过账索引”栏，过账时才会用到该栏。

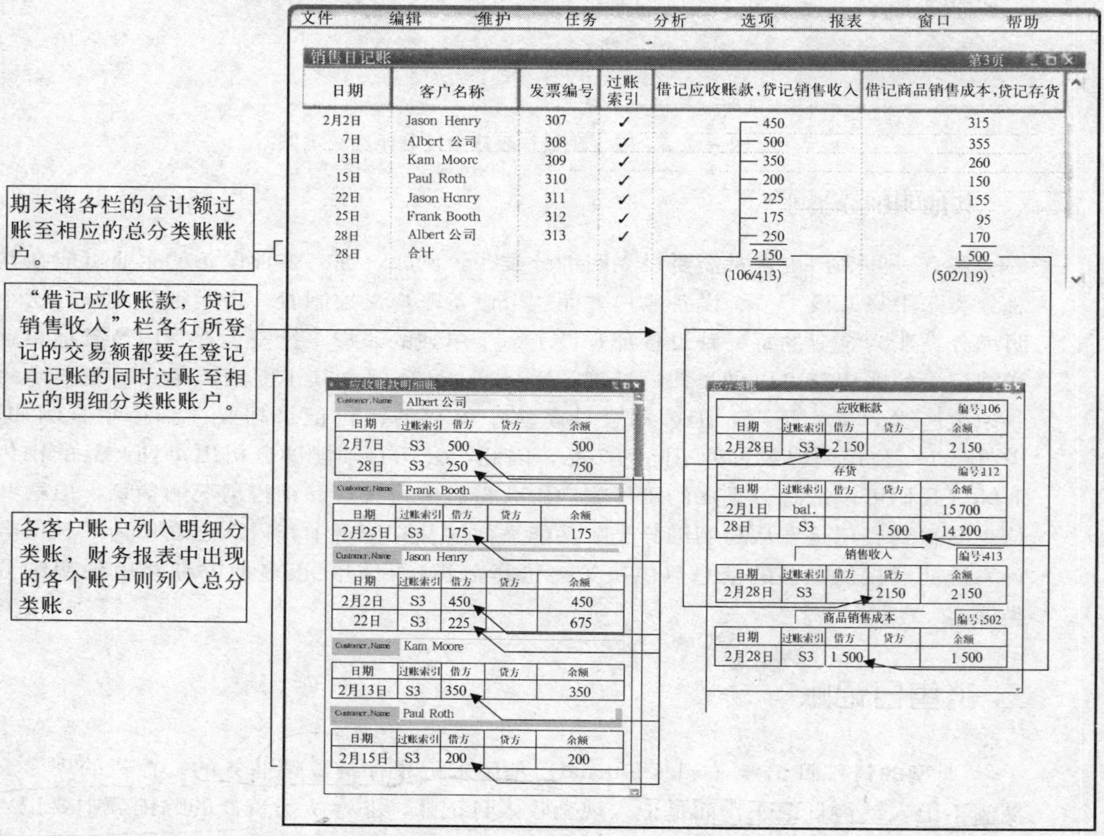

文件 编辑 维护 任务 分析 选项 报表 窗口 帮助

销售日记账 第3页

日期	客户名称	发票编号	过账索引	借记应收账款，贷记销售收入	借记商品销售成本，贷记存货
2月2日	Jason Henry	307	✓	450	315
7日	Albert 公司	308	✓	500	355
13日	Kam Moore	309	✓	350	260
15日	Paul Roth	310	✓	200	150
22日	Jason Henry	311	✓	225	155
25日	Frank Booth	312	✓	175	95
28日	Albert 公司	313	✓	250	170
28日	合计			2 150 (106/413)	1 500 (502/119)

期末将各栏的合计额过账至相应的总分类账账户。

“借记应收账款，贷记销售收入”栏各行所登记的交易额都要在登记日记账的同时过账至相应的明细分类账账户。

各客户账户列入明细分类账，财务报表中出现的各个账户则列入总分类账。

应收账款明细

Customer Name: Albert 公司

日期	过账索引	借方	贷方	余额
2月7日	S3	500		500
28日	S3	250		750

Customer Name: Frank Booth

日期	过账索引	借方	贷方	余额
2月25日	S3	175		175

Customer Name: Jason Henry

日期	过账索引	借方	贷方	余额
2月2日	S3	450		450
22日	S3	225		675

Customer Name: Kam Moore

日期	过账索引	借方	贷方	余额
2月13日	S3	350		350

Customer Name: Paul Roth

日期	过账索引	借方	贷方	余额
2月15日	S3	200		200

总分类账

应收账款 编号:106

日期	过账索引	借方	贷方	余额
2月28日	S3	2 150		2 150

存货 编号:112

日期	过账索引	借方	贷方	余额
2月1日	bal.			15 700
28日	S3		1 500	14 200

销售收入 编号:413

日期	过账索引	借方	贷方	余额
2月28日	S3		2150	2150

商品销售成本 编号:502

日期	过账索引	借方	贷方	余额
2月28日	S3	1 500		1 500

注：定期盘存制下的销售日记账不含最右侧的“借记商品销售成本，贷记存货”栏（参见图表7A.1）。

图表 7.4　销售日记账及其过账

过账

图表 7.4 中的箭头演示了销售日记账的过账过程。从中我们能够发现两种不同类型的过账过程，一种是过账至明细分类账，另一种则是过账至总分类账。

过账至明细分类账　我们需要将销售日记账中的每一笔交易定期（通常是在登记销售日记账的同时）过账至应收账款明细账的客户账户。这种过账使得客户账户信息随时得以更新，这对授予信用的一方是非常重要的。在将销售日记账中记录的一笔销售收入过入应收账款明细账中的客户账户之后，我们要在销售日记账的“过账索引”

栏中打一个对勾。在这里，之所以打对勾，而不是记录账户编号，是因为应收账款明细账中的各个客户账户通常是按字母顺序排列的。需要注意的是：我们需要将借方发生额过入应收账款账户两次——一次是过入总分类账中的应收账款账户，另一次则是过入客户明细账户——但这并不违背借贷相等的会计等式。总分类账总能保持借贷相等。

过账至总分类账 在每个会计期末（上例中的会计期为整个 2 月份），我们都要把销售日记账中的各栏进行加总。“销售收入”栏的合计额为＄2 150，分别要借记总分类账的应收账款账户，贷记总分类账的销售收入账户（参见图表 7.4）。“成本”栏的合计额为＄1 500，分别要借记总分类账的商品销售成本账户，贷记总分类账的存货账户。在将合计额过入总分类账的相应账户时，还要在销售日记账的每一栏的合计额下面标上它们各自过入的账户的编号，以便今后进行跟踪。例如，在将“销售收入”栏的合计额分别过入编号为 106 的应收账款账户和编号为 413 的销售收入账户之后，我们就在该合计额下面标上（106/413）。

企业能够从自己的明细分类账的过账索引栏中确定该笔金额来自哪个日记账的哪一页。我们可以使用首字母来确定日记账。从销售日记账中过账来的交易额，在明细分类账的过账索引栏中我们就标上其首字母 S，并在后面加上该交易额在日记账中所处的页码。依此类推，从现金收入日记账中过账来的交易额，就在过账索引栏中标上其首字母 R，从现金支出日记账中过账来的交易额，就在过账索引栏中标上其首字母 D；从购货日记账中过账来的交易额，就在过账索引栏中标上其首字母 P；从普通日记账中过账来的交易额，就在过账索引栏中标上其首字母 G。

分类账的验算

过完账以后，为了确保其准确性，我们要定期对总分类账和明细分类账的账户余额进行验算（或重新检查）。为了进行验算，首先，需要编制总分类账试算平衡表，以确定其借贷是否相等。接下来，通过编制包含各个账户及其金额的明细表，来检查明细分类账。**应收账款明细表**（schedule of accounts receivable）列出了各个客户及其欠款额。如果该明细表的合计额与应收账款总账账户的余额相等，那么我们就认为应收账款明细账中各账户的记录是正确的。图表 7.5 给出了根据图表 7.4 中的应收账款明细账编制的应收账款明细表。

图表 7.5 应收账款明细表

应收账款明细表 2月 28日	
Albert 公司	＄750
Frank Booth	175
Jason Henry	675
Kam Moore	350
Paul Roth	200
应收账款总额	＄2 150

附加问题

让我们再来看一看关于销售日记账的另外三个附加问题：（1）销售税的记录，（2）销售退回与折让的记录，以及（3）使用实际销售发票作为日记账。

销售税 美国各州与各市的政府部门通常要求销售商向顾客征收销售税，并定期将这些销售税上缴至相关部门。如果使用的是多栏式日记账，那么可以按如下方式在日记账中增加一栏——“应付销售税”来记录征收的税额。

文件 编辑 维护 任务 分析 选项 报表 窗口 帮助

销售日记账 第3页

日期	借记账户	发票编号	过账索引	借记应收账款	贷记应付销售税	贷记销售收入	借记商品销售成本，贷记存货
12月1日	Favre公司	7-1698		103	3	100	75

我们仍要将“应收账款”栏的每一笔交易额在记录销售日记账的同时过账至应收账款明细账的客户账户。“应付销售税”和“销售收入”两栏的各笔发生额不需要过账。各栏的合计额仍要像往常一样进行过账。（在现金交易中向客户征收销售税的企业也可以在其现金收入日记账中使用“应付销售税”栏。）

销售退回与折让 很少发生销售退回与折让的企业可以编制如下分录将它们记入普通日记账：

				资产	=	负债	+	所有者权益
5月17日	借：销售退回与折让	414	175					
	贷：应收账款——Ray Ball	106/√	175	−175				−175
	（客户退回商品）							

该笔分录的借方将过账至销售退回与折让账户（414号），而贷方则要分别过账至应收账款总账账户（106号）和客户账户。我们在贷记行的“过账索引”栏内记入账户编号和对勾（106/√），这表明总分类账中的应收账款总账账户和应收账款明细账中Ray Ball的账户都已经分别贷记了＄175。（注意：如果退还的货物还能再卖给其他客户，那么企业需要借记（增加）存货账户，贷记（减少）商品销售成本账户。如果退还的货物有瑕疵（已经没有价值），那么企业只需将这些货物的成本留在商品销售成本账户即可（参见第5章）。）经常发生销售退回与折让的企业可以设立专门的销售退回与折让日记账以减少账务处理时间。

使用销售发票作为销售日记账 为了节省成本，有些小公司并没有为赊销业务记录销售日记账，而是将销售发票的金额直接过账至应收账款明细账中的客户账户。随后，它们将发票副本存档。到了期末的时候，它们会将本期所有的发票金额加总，并编制一条普通日记账分录，将合计额借记应收账款，贷记销售收入。这些发票副本也就充当了销售日记账。我们把这种做法称为用销售发票直接过账（direct posting of sales invoices）。

快速测试

1. 使用特种日记账时，以支票付款的现金支出应记入哪个账户？
2. 在过账过程中，多栏式日记账如何帮助我们省时省力？
3. 我们将贷记的销售收入进行了两次过账（一次过入应收账款账户，一次过入客户明细账户），为什么总分类账仍能保持借贷相等？
4. 如何确定明细分类账账户中的一笔交易额是从哪个账户过账来的？
5. 在使用特种日记账的情况下，如何记录销售税？
6. 什么是用销售发票直接过账？

□ 现金收入日记账

我们通常使用现金收入日记账（cash receipts journal）来记录所有的现金收入业务。图表 7.6 给出了现金收入日记账的一般格式。

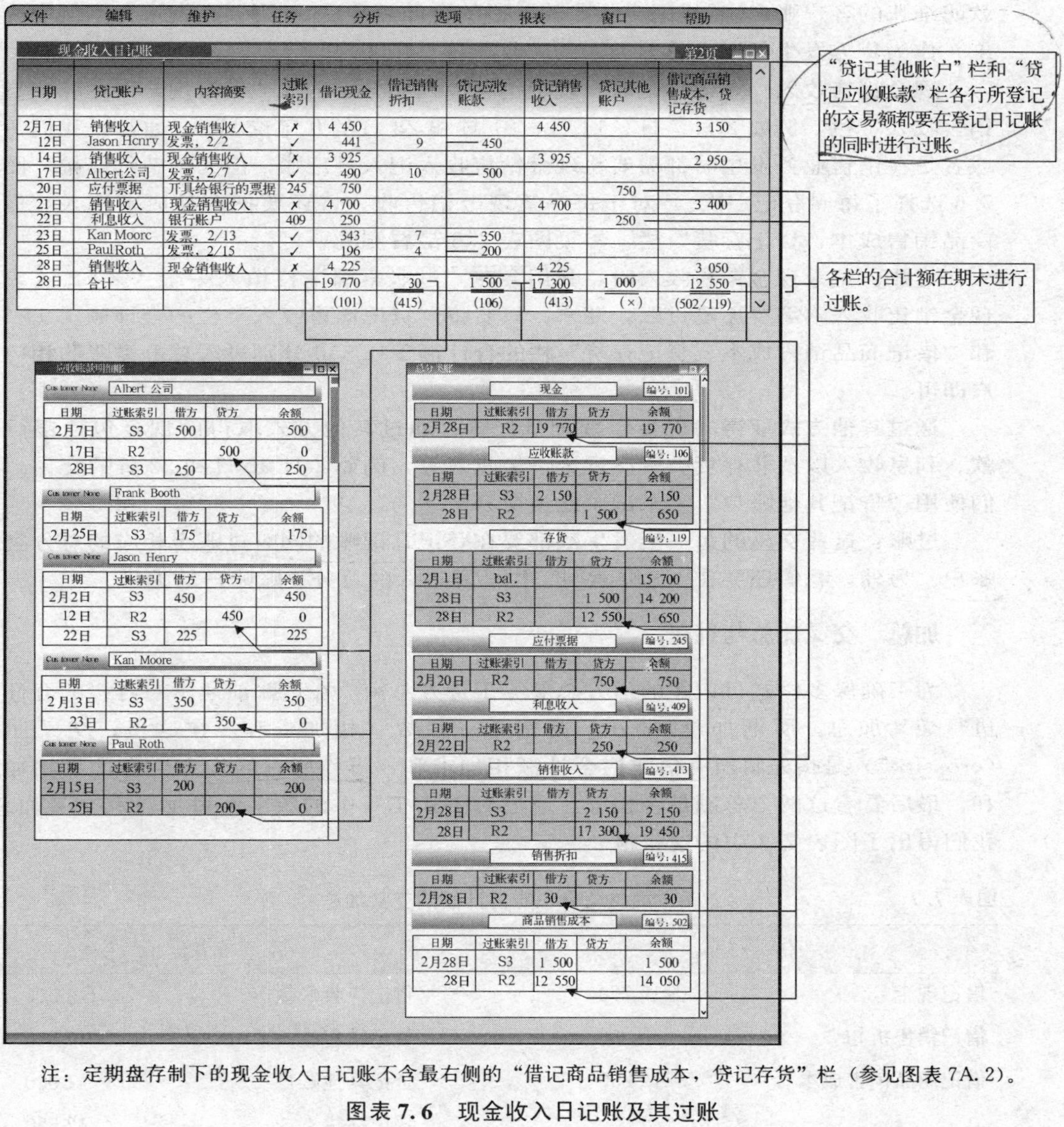

文件　编辑　维护　任务　分析　选项　报表　窗口　帮助

现金收入日记账　　第2页

日期	贷记账户	内容摘要	过账索引	借记现金	借记销售折扣	贷记应收账款	贷记销售收入	贷记其他账户	借记商品销售成本，贷记存货
2月7日	销售收入	现金销售收入	✗	4 450			4 450		3 150
12日	Jason Henry	发票，2/2	✓	441	9	450			
14日	销售收入	现金销售收入	✗	3 925			3 925		2 950
17日	Albert公司	发票，2/7	✓	490	10	500			
20日	应付票据	开具给银行的票据	245	750				750	
21日	销售收入	现金销售收入	✗	4 700			4 700		3 400
22日	利息收入	银行账户	409	250				250	
23日	Kan Moore	发票，2/13	✓	343	7	350			
25日	Paul Roth	发票，2/15	✓	196	4	200			
28日	销售收入	现金销售收入	✗	4 225			4 225		3 050
28日	合计			19 770	30	1 500	17 300	1 000	12 550
				(101)	(415)	(106)	(413)	(×)	(502/119)

“贷记其他账户”栏和“贷记应收账款”栏各行所登记的交易额都要在登记日记账的同时进行过账。

各栏的合计额在期末进行过账。

应收账款明细账

Customer Name　Albert 公司

日期	过账索引	借方	贷方	余额
2月7日	S3	500		500
17日	R2		500	0
28日	S3	250		250

Customer Name　Frank Booth

日期	过账索引	借方	贷方	余额
2月25日	S3	175		175

Customer Name　Jason Henry

日期	过账索引	借方	贷方	余额
2月2日	S3	450		450
12日	R2		450	0
22日	S3	225		225

Customer Name　Kan Moore

日期	过账索引	借方	贷方	余额
2月13日	S3	350		350
23日	R2		350	0

Customer Name　Paul Roth

日期	过账索引	借方	贷方	余额
2月15日	S3	200		200
25日	R2		200	0

总分类账

现金　编号：101

日期	过账索引	借方	贷方	余额
2月28日	R2	19 770		19 770

应收账款　编号：106

日期	过账索引	借方	贷方	余额
2月28日	S3	2 150		2 150
28日	R2		1 500	650

存货　编号：119

日期	过账索引	借方	贷方	余额
2月1日	bal.			15 700
28日	S3		1 500	14 200
28日	R2		12 550	1 650

应付票据　编号：245

日期	过账索引	借方	贷方	余额
2月20日	R2		750	750

利息收入　编号：409

日期	过账索引	借方	贷方	余额
2月22日	R2		250	250

销售收入　编号：413

日期	过账索引	借方	贷方	余额
2月28日	S3		2 150	2 150
28日	R2		17 300	19 450

销售折扣　编号：415

日期	过账索引	借方	贷方	余额
2月28日	R2	30		30

商品销售成本　编号：502

日期	过账索引	借方	贷方	余额
2月28日	S3	1 500		1 500
28日	R2	12 550		14 050

注：定期盘存制下的现金收入日记账不含最右侧的“借记商品销售成本，贷记存货”栏（参见图表 7A.2）。

图表 7.6　现金收入日记账及其过账

登记日记账与过账

现金收入可分为以下三类：（1）赊购客户支付的现金，（2）现金销售收入，（3）通过其他方式取得的现金。图表 7.6 中的现金收入日记账分别使用不同的贷方栏记录了这三类不同来源的现金收入。现在就让我们来看一看如何将这三类现金收入交易记入日记账。（现金收入日记账中还增加了用来说明现金收入来源的“内容摘要”栏。）

赊购客户支付的现金 登记日记账：收到赊购客户支付的现金以后，首先要在“贷记账户”栏填写客户名（参见2月12日、17日、23日和25日的交易）。然后，在不同的栏分别填入借记现金和销售折扣的金额（在存在销售折扣的情况下），同时，还要在“贷记应收账款”栏填入贷记该客户账户的金额。

过账：“贷记应收账款”栏的各笔交易额都要在登记日记账的同时过账至应收账款明细账的客户账户。“贷记应收账款”栏的合计额＄1 500则要在期末（本例中为月末）作为贷方发生额过入总分类账的应收账款总账账户。

现金销售收入 登记日记账：现金销售收入要分别记入“借记现金”栏和“贷记销售收入”栏，例如2月7日、14日、21日和28日的几笔交易。（通常，我们每天或者是在销售业务发生时都需要将现金销售收入记入日记账，但为了节约篇幅，图表7.6选择了每周登记一次。）对于每一笔现金销售收入，还要把商品成本填入“借记商品销售成本，贷记存货”栏（参见图表7.6最右侧的一栏）。

过账：记录现金销售收入时，我们会在“过账索引”栏填入一个“×”，这表明现金销售收入不需要逐笔过账。期末，只要将“贷记销售收入”栏的合计额＄17 300和“借记商品销售成本，贷记存货”栏的合计额＄12 550分别过入总分类账的相应账户即可。

通过其他方式取得的现金 登记日记账：通过其他方式取得的现金包括银行借款、利息收入以及非存货类资产现金销售收入等，例如2月20日和22日的交易。我们使用“贷记其他账户”栏来记录此类交易。

过账：这些交易的每一笔发生额都要在登记日记账的同时过账至相应的总分类账账户。另外，我们还要在“过账索引”栏填写过入的总分类账账户的编号。

加总、交叉加总与过账

为了确保多栏式日记账的借方总额等于贷方总额，在过账前通常对各栏的合计额进行交叉加总。所谓加总（foot）是指把一栏数字相加求和。在这里，交叉加总（crossfoot）是指先将所有借方栏合计额相加求和，再将所有的贷方栏合计额相加求和，最后看看这两个总额是否相等。通过对图表7.6中的数字经过加总和交叉加总，我们得出了图表7.7中的这张报表。

图表7.7 加总与日记账合计额的交叉加总

借方栏		贷方栏	
借记现金	＄19 770	贷记应收账款	＄1 500
借记销售折扣	30	贷记销售收入	17 300
借记商品销售成本	12 250	贷记其他账户	1 000
		贷记存货	12 550
合计	＄32 350	合计	＄32 350

会计期末，在经过交叉加总确认无误后，就可以把现金收入日记账各栏的合计额过账至相应的总分类账账户。“贷记其他账户”栏的合计额不需要过账，因为该栏的各笔发生额在登记日记账的时候就已经过入相关总分类账账户了。我们在“贷记其他账户”栏的最下面填入一个“×”，表明该栏的合计额不需过账。另外，还要把各栏合计额所过入的账

户的编号用小括号括起来填在该栏的最下面。(注意:“贷记其他账户”栏的各笔发生额在登记日记账的同时进行过账,而“现金”栏中它们的抵销额却要等到期末加总后才能过账,这种会计处理方法会导致会计期内总分类账的暂时失衡。期末进行的“借记现金”栏合计额的过账将会在编制试算平衡表和财务报表之前修复这种暂时失衡。)

角色扮演 **企业家**

你想知道客户的付款速度,因为这些信息可以帮助你调度现金以及确定是否应该授予买家信用。试问你要如何获取上述信息?

□ 购货日记账

购货日记账(purchases journal)通常是用来登记包括赊购存货在内的赊购业务的。现金购货业务要记入现金支出日记账。我们使用“贷记应付账款”栏来记录欠各位债权人的欠款额,购入的存货则记入“借记存货”栏。

登记日记账

例如,2月5日,公司从Ace制造公司购进了一批存货,购货成本为$200。在登记这笔业务时,我们要在“账户”栏填入债权人名称(Ace制造公司),在“发票日期”栏填入发票上的日期,在“信用条件”栏填入赊购条件,在“贷记应付账款”栏和“借记存货”栏分别填入$200。如果一笔购货业务的交易额需要记入“借记其他账户”栏,那么我们就在“账户”栏中填入借记的总分类账账户。例如,在2月28日的交易中,公司从ITT公司分别购入了存货、办公用品和店铺用品。购货日记账中没有开设专门的栏目记录店铺用品,因此,我们就把购买的店铺用品记入“借记其他账户”栏。这时候,我们需要在“账户”栏填入店铺用品及债权人名称(ITT公司)。图表7.8给出的购货日记账专门开设了一栏用来记录办公用品的赊购业务。当有多笔业务需要借记同一个账户时,专门开设一栏是很有用的。各个公司可以根据自己的需要确定其购货日记账中需要单独开设的栏目的数量。

过账

“贷记应付账款”栏的各笔发生额在登记日记账的同时直接过账至应付账款明细账中相应的债权人账户。“借记其他账户”栏的各笔发生额也要在登记日记账的同时过账至相应的总分类账账户。期末,除“借记其他账户”栏以外的其他各栏的合计额也要过入相应的总分类账账户。

分类账的验算

在将购货日记账过完账之后,我们还要检查明细分类账中的各笔应付账款余额是否正确。我们通过编制应付账款明细表(schedule of accounts payable)来检查明细分类账。应付账款明细表中列出了应付账款明细账中的各个账户、各账户余额以及它们的合计额。如果该表中的应付账款合计额等于应付账款总账账户余额,那么就说明应付账款明细账中各账户的记录是正确的。图表7.9给出了根据图表7.8编制的应付账款明细表。

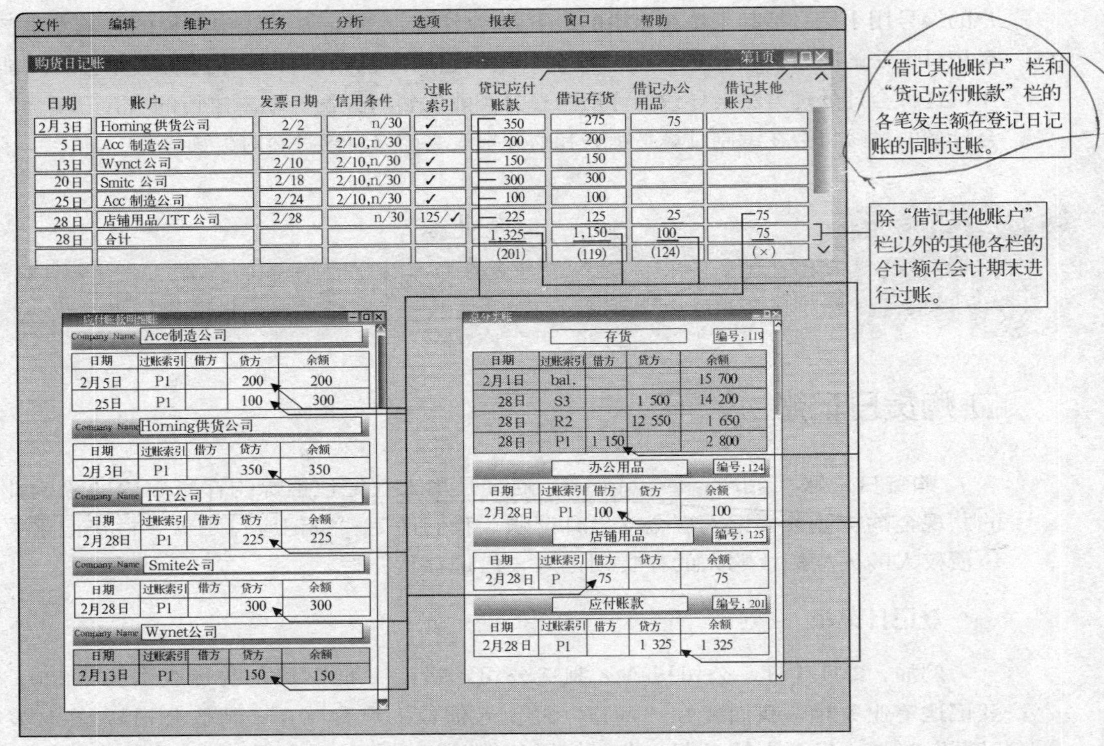

注：定期盘存制下的购货日记账用"借记购货"栏代替"借记存货"栏（参见图表7A.3）。

图表 7.8 购货日记账及其过账

图表 7.9 应付账款明细表

应付账款明细表 2月28日	
Ace 制造公司	$ 300
Horning 供货公司	350
ITT 公司	225
Smite 公司	300
Wynet 公司	150
应付账款总额	$ 1 325

□ 现金支出日记账

我们通常使用现金支出日记账（cash disbursements journal or cash payments journal）来记录所有的现金支出业务。

登记日记账

图表7.10中给出的现金支出日记账需要反复往"贷记现金"栏（该栏反映了现金支出情况）登记记录。另外一点需要注意的就是，在该现金支出日记账中，我们还需要频繁地贷记存货（反映了销售折扣情况），借记应付账款。例如，2月15日，公司偿还了所欠Ace制造公司的货款（信用条件为"2/10，n/30"——参见图表7.8中2月5日的交易）。

由于是在折扣期内支付的货款，所以公司只需支付＄196（即发票金额＄200 减去＄4 的折扣）。这＄4 的折扣需要贷记存货。需要注意的是：如果公司用现金购买存货，那么在记账时我们需要使用“借记其他账户”栏和“贷记现金”栏，2 月 3 日和 12 日的交易就是两个例子。一般来讲，只要支付用途无法归类至特定的栏内，我们就将其放在“其他账户”栏下。例如，2 月 15 日，公司支付了＄250 的工资费用。对于该笔交易，需要把借记的账户的名称（工资费用）填入“借记账户”栏内。

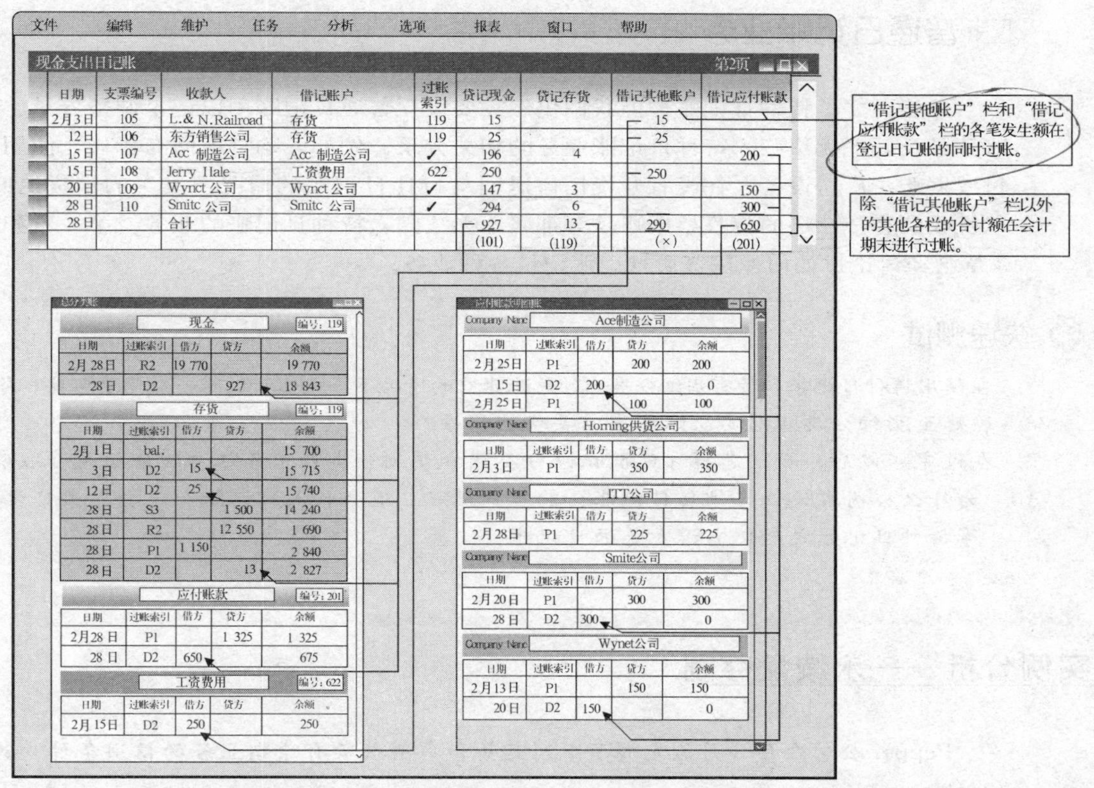

文件　编辑　维护　任务　分析　选项　报表　窗口　帮助

现金支出日记账　第2页

日期	支票编号	收款人	借记账户	过账索引	贷记现金	贷记存货	借记其他账户	借记应付账款
2月3日	105	L.& N.Railroad	存货	119	15		15	
12日	106	东方销售公司	存货	119	25		25	
15日	107	Acc 制造公司	Acc 制造公司	✓	196	4		200
15日	108	Jerry Hale	工资费用	622	250		250	
20日	109	Wynct 公司	Wynct 公司	✓	147	3		150
28日	110	Smitc 公司	Smitc 公司	✓	294	6		300
28日		合计			927	13	290	650
					(101)	(119)	(×)	(201)

“借记其他账户”栏和“借记应付账款”栏的各笔发生额在登记日记账的同时过账。

除“借记其他账户”栏以外的其他各栏的合计额在会计期末进行过账。

现金　编号：119

日期	过账索引	借方	贷方	余额
2月28日	R2	19 770		19 770
28日	D2		927	18 843

存货　编号：119

日期	过账索引	借方	贷方	余额
2月1日	bal.			15 700
3日	D2	15		15 715
12日	D2	25		15 740
28日	S3		1 500	14 240
28日	R2		12 550	1 690
28日	P1	1 150		2 840
28日	D2		13	2 827

应付账款　编号：201

日期	过账索引	借方	贷方	余额
2月28日	P1		1 325	1 325
28日	D2	650		675

工资费用　编号：622

日期	过账索引	借方	贷方	余额
2月15日	D2	250		250

Company Name　Ace制造公司

日期	过账索引	借方	贷方	余额
2月25日	P1		200	200
15日	D2	200		0
2月25日	P1		100	100

Company Name　Horning供货公司

日期	过账索引	借方	贷方	余额
2月3日	P1		350	350

Company Name　ITT公司

日期	过账索引	借方	贷方	余额
2月28日	P1		225	225

Company Name　Smite公司

日期	过账索引	借方	贷方	余额
2月20日	P1		300	300
28日	D2	300		0

Company Name　Wynet公司

日期	过账索引	借方	贷方	余额
2月13日	P1		150	150
20日	D2	150		0

注：定期盘存制下的现金支出日记账用“贷记购货折扣”栏代替“贷记存货”栏（参见图表 7A.4）。

图表 7.10　现金支出日记账及其过账

角色扮演　　管理者

假设你想分析你们公司针对供货商的现金支出情况以及购货折扣情况，试问你要如何获取上述信息？

现金支出日记账中有一栏名为“支票编号”。为了控制现金支出，除了小额支付以外，通常使用支票付款。我们需要提前给支票编号，然后将各张支票的编号按照从小到大的顺序填入日记账中的“支票编号”栏。这种做法可以帮助我们通过检查“支票编号”栏中记录的编号找出是否有支票漏记的情况。有时候，我们还把含“支票编号”栏的现金支出日记账称为支票登记簿（check register）。

过账

现金支出日记账中“借记其他账户”栏的各笔发生额要在登记日记账的同时直接

过账至相应的总分类账账户。“借记应付账款”栏的各笔发生额也要在登记日记账的同时直接过账至应付账款明细账中相应的债权人账户。会计期末，我们先将各栏的合计额交叉加总，然后再将“借记应付账款”栏的合计额过入应付账款总账账户。此外，我们还要把“贷记存货”栏的合计额过入总分类账的存货账户，把“贷记现金”栏的合计额过入总分类账的现金账户。

□ 普通日记账业务

虽然设立了特种日记账，但我们仍然需要设立普通日记账用以记录调整分录、结账分录及其他无法归入特种日记账业务的相关分录。例如，购货退回与折让、使用应付票据购买厂房设备、在没有开设销售退回与折让日记账的情况下发生的销货退回，以及收到客户偿还的应收票据账款等都属于无法归入特种日记账的业务。第 2 章和第 3 章已经讨论过如何使用普通日记账记录各种业务。

快速测试

7. 在使用特种日记账和带有明细分类账的总账账户的情况下，记账和过账一般需要哪些程序？
8. 过账至明细分类账及其总账账户需要哪些程序？
9. 在过完账以后，我们怎样才能验证总分类账和明细分类账中各账户的余额是否准确？
10. 为什么公司在设立了销售日记账、购货日记账、现金收入日记账及现金支出日记账等特种日记账之后仍需设立普通日记账？

实例分析——永续盘存制

Pepper 公司今年 3 月份完成了下列交易和事项（所有赊销业务的信用条件均为：“2/10，n/30”）：

3 月 4 日　赊销给 Jennifer Nelson 一批价值＄16 800 的商品，发票编号为 954（成本为＄12 200）。

6 日　从 Mark 公司赊购了一批价值＄1 220 的办公用品，发票日期为 3 月 3 日，信用条件为“n/30”。

6 日　赊销给 Dennie Hoskins 一批价值＄10 200 的商品，发票编号为 955（成本为＄8 100）。

11 日　从 Defore 工业公司购买了一批价值＄52 600 的商品，发票日期为 3 月 6 日，信用条件为“2/10，n/30”。

12 日　为商业银行开具了一张长期应付票据，借入了＄26 000。

14 日　收到 Jennifer Nelson 支付的扣除销售折扣后的 3 月 4 日的赊销账款（发票编号为 954）。

16 日　因不满意 3 月 11 日 Defore 工业公司送来的货物，收到 Defore 工业公司寄来的贷记 Pepper 公司应收账款＄200 的贷记通知单，后将部分货物退回。

16日　收到Dennie Hoskins支付的扣除销售折扣后的3月6日的赊销账款（发票编号为955）。

18日　从Schmidt供货公司赊购了一批价值＄22 850的店铺设备，发票日期为3月15日，信用条件为“n/30”。

20日　赊销给Marjorie Allen一批价值＄5 600的商品，发票编号为956（成本为＄3 800）。

21日　签发支票给Defore工业公司支付货款，支票编号为516，面额等于3月6日的发票金额扣除购货退回与购货折扣。

22日　从Welch公司赊购了一批价值＄41 625的商品，发票日期为3月18日，信用条件为“2/10，n/30”。

26日　因3月20日出售给Marjorie Allen的部分商品存在瑕疵，为Marjorie Allen签发了一张贷记Marjorie Allen应收账款＄600的贷记通知单，后Marjorie Allen将瑕疵商品退回。

31日　签发支票支付当月应付销售人员工资＄15 900，支票编号为517，兑现支票并支付工资给销售人员。

31日　本月的现金销售收入为＄134 680（成本共＄67 340）。（现金销售收入通常需要每天登记一次，但此处为了简便起见，我们只登记一次。）

要求：

1．开设以下总分类账账户：现金（101）、应收账款（106）、存货（119）、办公用品（124）、店铺设备（165）、应付账款（201）、长期应付票据（251）、销售收入（413）、销售退回与折让（414）、销售折扣（415）、商品销售成本（502）、销售人员工资费用（621）。开设以下应收账款明细分类账：Marjorie Allen，Dennie Hoskins和Jennifer Nelson。开设以下应付账款明细分类账：Defore工业公司、Mark公司、Schmidt供货公司和Welch公司。

2．模仿本章所讲的销售日记账、购货日记账、现金收入日记账、现金支出日记账及普通日记账的格式登记上述交易。定期将应收账款和应付账款过入相应的明细分类账账户，并将需要单独过账的交易额过入相应的总分类账账户。对日记账进行加总和交叉加总，最后进行期末过账。Pepper公司使用的是永续盘存制。

3．为第1题中的总分类账账户编制试算平衡表，并编制应收账款明细表和应付账款明细表检查明细分类账的记录是否正确。

解题步骤：

● 开设题目中所要求的总分类账和明细分类账，模仿本章前面讲过的日记账格式开设题目中所要求的五种日记账。

● 阅读和分析每笔业务，并确定每笔业务应记入哪种特种日记账（或普通日记账）。

● 将各笔交易记入相应的日记账（并将应该过账的交易额过账至相应的明细分类账和总分类账账户）。

● 登记完所有的交易之后，计算出日记账各栏的合计额。然后再将这些合计额过入相应的总分类账账户。

● 编制试算平衡表检查总分类账的借方余额是否等于贷方余额。

● 编制应收账款明细表和应付账款明细表。检查应付账款明细表的合计额是否等于应付账款总账账户余额，应收账款明细表的合计额是否等于应收账款总账账户余额。

实例分析答案——永续盘存制：

销售日记账　　第2页

日期	借记账户	发票编号	过账索引	借记应收账款，贷记销售收入	借记商品销售成本，贷记存货
3月4日	Jennifer Nelson	954	✓	16 800	12 200
6日	Dennie Hoskins	955	✓	10 200	8 100
20日	Marjorie Allen	956	✓	5 600	3 800
31日	合计			32 600	24 100
				(106/413)	(502/119)

现金收入日记账　　第3页

日期	贷记账户	内容摘要	过账索引	借记现金	借记销售折扣	贷记应收账款	贷记销售收入	贷记其他账户	借记商品销售成本，贷记存货
3月12日	长期应付票据	开具给银行的票据	251	26 000				26 000	
14日	Jennifer Nelson	954号发票，3/4	✓	16 464	336	16 800			
16日	Dcnnic Hoskins	955号发票，3/6	✓	9 996	204	10 200			
31日	销售收入	现金销售收入	×	134 680			134 680		67 340
31日	合计			187 140	540	27 000	134 680	26 000	67 340
				(101)	(415)	(106)	(413)	(×)	(502/119)

购货日记账　　第3页

日期	账户	发票日期	信用条件	过账索引	贷记应付账款	借记存货	借记办公用品	借记其他账户
3月6日	办公用品/Mark公司	3/3	n/30	✓	1 220		1 220	
11日	Defore 工业公司	3/6	2/10.n/30	✓	52 600	52 600		
18日	店铺设备/Schmidt供货公司	3/15	n/30	165/✓	22 850			22 850
22日	Wclch 公司	3/18	2/10.n/30	✓	41 625	41 625		
31日	合计				118 295	94 225	1 220	22 850
					(201)	(119)	(124)	(×)

现金支出日记账　　第3页

日期	支票编号	收款人	借记账户	过账索引	贷记现金	贷记存货	借记其他账户	借记应付账款
3月21日	516	Dcforc 工业公司	Dcforc 工业公司	✓	51 352	1 048		52 400
31日	517	工资	销售人员工资费用	621	15 900		15 900	
31日		合计			67 252	1 048	15 900	52 400
					(101)	(119)	(×)	(201)

普通日记账　　第2页

3月16日	借：应付账款——Defore 工业公司	201/√	200	
	贷：存货	119		200
	（记录收到的贷记通知单）			
26日	借：销售退回与折让	414	600	
	贷：应收账款——Marjorie Allen	106/√		600
	（记录签发的贷记通知单）			

应收账款明细账

Marjorie Allen

日期	过账索引	借方	贷方	余额
3月20日	S2	5 600		5 600
26日	G2		600	5 000

Dennie Hoskins

日期	过账索引	借方	贷方	余额
3月6日	S2	10 200		10 200
16日	R3		10 200	0

Jennifer Nelson

日期	过账索引	借方	贷方	余额
3月4日	S2	16 800		16 800
14日	R3		16 800	0

应付账款明细账

Defore 工业公司

日期	过账索引	借方	贷方	余额
3月11日	P3		52 600	52 600
16日	G2	200		52 400
21日	D3	52 400		0

Mark 公司

日期	过账索引	借方	贷方	余额
3月6日	P3		1 220	1 220

Schmidt 供货公司

日期	过账索引	借方	贷方	余额
3月18日	P3		22 850	22 850

Welch 公司

日期	过账索引	借方	贷方	余额
3月22日	P3		41 625	41 625

总分类账（仅列出了一部分）

现金　账户编号：101

日期	过账索引	借方	贷方	余额
3 月 31 日	R3	187 140		187 140
31 日	D3		67 252	119 888

应收账款　账户编号：106

日期	过账索引	借方	贷方	余额
3 月 26 日	G2		600	（600）
31 日	S2	32 600		32 000
31 日	R3		27 000	5 000

存货　账户编号：119

日期	过账索引	借方	贷方	余额
3 月 16 日	G2		200	（200）
21 日	D3		1 048	（1 248）
31 日	P3	94 225		92 977
31 日	S2		24 100	68 877
31 日	R3		67 340	1 537

办公用品　账户编号：124

日期	过账索引	借方	贷方	余额
3 月 31 日	P3	1 220		1 220

店铺设备　账户编号：165

日期	过账索引	借方	贷方	余额
3 月 18 日	P3	22 850		22 850

应付账款　账户编号：201

日期	过账索引	借方	贷方	余额
3 月 16 日	G2	200		（200）
31 日	P3		118 295	118 095
31 日	D3	52 400		65 695

长期应付票据　账户编号：251

日期	过账索引	借方	贷方	余额
3 月 12 日	R3		26 000	26 000

销售收入　账户编号：413

日期	过账索引	借方	贷方	余额
3 月 31 日	S2		32 600	32 600
31 日	R3		134 680	167 280

销售退回与折让　账户编号：414

日期	过账索引	借方	贷方	余额
3 月 26 日	G2	600		600

销售折扣　账户编号：415

日期	过账索引	借方	贷方	余额
3 月 31 日	R3	540		540

商品销售成本　账户编号：502

日期	过账索引	借方	贷方	余额
3 月 31 日	R3	67 340		67 340
31 日	S2	24 100		91 440

销售人员工资费用　账户编号：621

日期	过账索引	借方	贷方	余额
3 月 31 日	D3	15 900		15 900

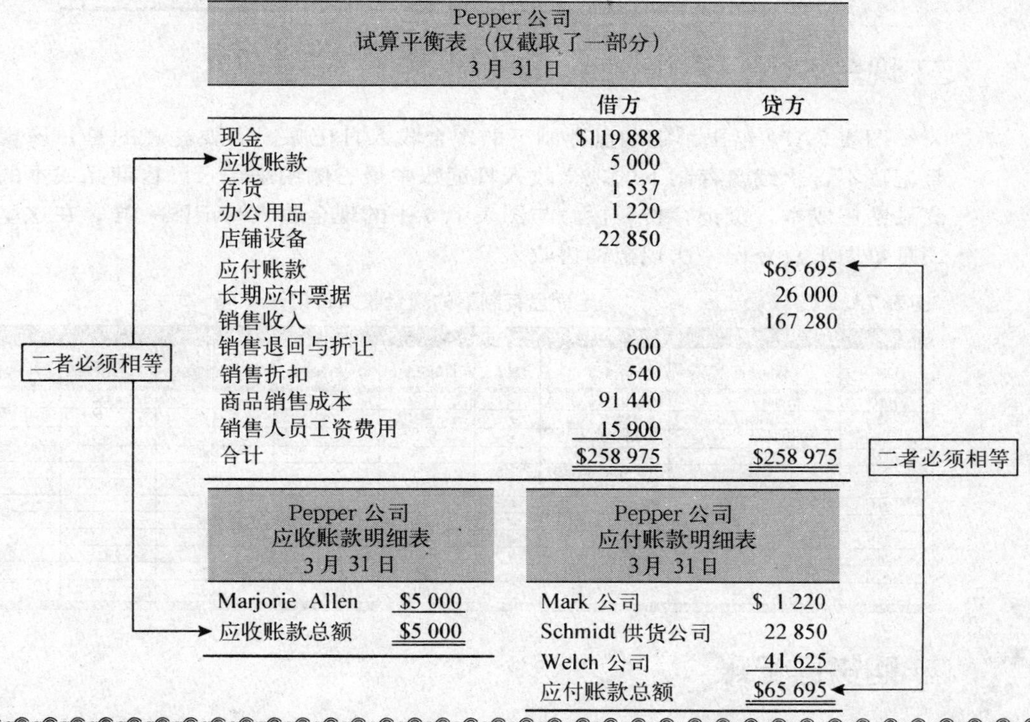

Pepper 公司
试算平衡表（仅截取了一部分）
3 月 31 日

	借方	贷方
现金	$119 888	
应收账款	5 000	
存货	1 537	
办公用品	1 220	
店铺设备	22 850	
应付账款		$65 695
长期应付票据		26 000
销售收入		167 280
销售退回与折让	600	
销售折扣	540	
商品销售成本	91 440	
销售人员工资费用	15 900	
合计	$258 975	$258 975

Pepper 公司
应收账款明细表
3 月 31 日

Marjorie Allen	$5 000
应收账款总额	$5 000

Pepper 公司
应付账款明细表
3 月 31 日

Mark 公司	$ 1 220
Schmidt 供货公司	22 850
Welch 公司	41 625
应付账款总额	$65 695

附录 7A 定期盘存制下的特种日记账

本附录讨论的是定期盘存制下的特种日记账。每一种日记账都稍稍有些改变。在定期盘存制下，我们需要把销售日记账和现金收入日记账都删掉一栏（即“借记商品销售成本，贷记存货”栏）；在购货日记账中，需要用“借记购货”栏代替原来的“借记存货”栏；在现金支出日记账中，则要用“贷记购货折扣”栏代替原先的“贷记存货”栏。下面举例说明这些变化。

□ 销售日记账

图表 7A. 1 给出了定期盘存制下的销售日记账。定期盘存制下的销售日记账比永续盘存制下的销售日记账少了一栏——“借记商品销售成本，贷记存货”栏。在定期盘存制下，我们不需要在每次销售业务发生时都去记录增加的商品销售成本和减少的存货。

图表 7A. 1 定期盘存制下的销售日记账

销售日记账 第3页

日期	借记账户	发票编号	过账索引	借记应收账款，贷记销售收入
2月2日	Jason Henry	307	✓	450
7日	Albert公司	308	✓	500
13日	Kam Moore	309	✓	350
15日	paul Roth	310	✓	200
22日	Jason Henry	311	✓	225
25日	Frank Booth	312	✓	175
28日	Albert公司	313	✓	250
28日	合计			2 150
				(106/413)

□ 现金收入日记账

图表 7A. 2 给出了定期盘存制下的现金收入日记账。需要注意的是，该现金收入日记账不含永续盘存制下的现金收入日记账中最右侧用来记录已售商品成本的“借记商品销售成本，贷记存货”栏。与图表 7. 6 中的现金收入日记账一样，在这里，我们还是每周汇总登记一次现金销售收入。

图表 7A. 2 定期盘存制下的现金收入日记账

现金收入日记账 第2页

日期	贷记账户	内容摘要	过账索引	借记现金	借记销售折扣	贷记应收账款	贷记销售收入	贷记其他账户
2月7日	销售收入	现金销售收入	×	4 450			4 450	
12日	JasonHenry	307号发票，2/2	✓	441	9	450		
14日	销售收入	现金销售收入	×	3 925			3 925	
17日	Albert公司	308号发票，2/7	✓	490	10	500		
20日	应付票据	开具给银行的票据	245	750				750
21日	销售收入	现金销售收入	×	4 700			4 700	
22日	利息收入	银行账户	409	250				250
23日	Kam Moore	309号发票，2/13	✓	343	7	350		
25日	Paul Roth	310号发票，2/15	✓	196	4	200		
28日	销售收入	现金销售收入	×	4 225			4 225	
28日	合计			19 770	30	1 500	17 300	1 000
				(101)	(415)	(106)	(413)	(×)

□ 购货日记账

图表 7A. 3 给出了定期盘存制下的购货日记账。永续盘存制下的购货日记账设有

"借记存货"栏，在定期盘存制下，我们用"借记购货"栏取代该栏。

图表 **7A.3**　　定期盘存制下的购货日记账

购货日记账　　第1页

日期	账户	发票日期	信用条件	过账索引	贷记应付账款	借记购货	借记办公用品	借记其他账户
2月 日	Horning 供货公司	2/2	n/30	✓	350	275		
5日	Acc Mig 公司	2/5	2/10.n/30	✓	200	200		
13日	Wynet 公司	2/10	2/10.n/30	✓	150	150		
20日	Smite 公司	2/18	2/10.n/30	✓	300	300		
25日	制造公司	2/24	2/10.n/30	✓	100	100		
28日	店铺用品/ITT 公司	2/28	n/30	125/✓	225	125	25	75
28日	合计				1 325	1 150	100	75
					(201)	(505)	(124)	(×)

□ 现金支出日记账

图表 7A.4 给出了定期盘存制下的现金支出日记账。永续盘存制下的现金支出日记账设有"贷记存货"栏，在定期盘存制下，我们用"贷记购货折扣"栏取代该栏。

图表 **7A.4**　　定期盘存制下的现金支出日记账

现金支出日记账　　第2页

日期	支票编号	收款人	借记账户	过账索引	贷记现金	贷记购货折扣	借记其他账户	借记应付账款
2月3日	105	L.andN.Railroad	购货	505	15		15	
12日	106	东方销售公司	购货	505	25		25	
15日	107	Ace 制造公司	Ace 制造公司	✓	196	4		200
15日	108	Jcrry Halc	工资费用	622	250		250	
20日	109	Wynct 公司	Wynct公司	✓	147	3		150
28日	110	Smitc 公司	Smitc 公司	✓	294	6		300
28日		合计			927	13	290	650
					(101)	(507)	(×)	(201)

实例分析——定期盘存制

根据前面"实例分析——永续盘存制"中给出的 Pepper 公司的业务活动完成下列要求。

要求：

1. 开设以下总分类账账户：现金（101）、应收账款（106）、办公用品（124）、店铺设备（165）、应付账款（201）、长期应付票据（251）、销售收入（413）、销售退回与折让（414）、销售折扣（415）、购货（505）、购货退回与折让（506）、购货折扣（507）、销售人员工资费用（621）。开设以下应收账款明细分类账：Marjorie Allen，Dennie Hoskins 和 Jennifer Nelson。开设以下应付账款明细分类账：Defore 工业公司、Mark 公司、Schmidt 供货公司和 Welch 公司。

2. 模仿附录 7A 中所讲的销售日记账、购货日记账、现金收入日记账、现金支出日记账及普通日记账的格式登记上述交易。定期将应收账款和应付账款过入相应的明细分类账账户，并将需要单独过账的交易额过入相应的总分类账账户。对日记账进行加总和交叉加总，最后进行月末过账。本题中 Pepper 公司使用的是定期盘存制。

3. 为第 1 题中的总分类账账户编制试算平衡表，并编制应收账款明细表和应付账款明细表检查明细分类账的记录是否正确。

实例分析答案——定期盘存制：

销售日记账　第2页

日期	借记账户	发票编号	过账索引	借记应收账款，贷记销售收入
3月4日	JenniferNelson	954	✓	16800
6日	DennieHoskins	955	✓	10200
20日	Marjorie Allen	956	✓	5600
31日	合计			32600
				(106/413)

现金收入日记账　第3页

日期	贷记账户	内容摘要	过账索引	借记现金	借记销售折扣	贷记应收账款	贷记销售收入	贷记其他账户
3月12日	长期应付票据	开具给银行的票据	251	26000				26000
14日	JenniferNelson	954号发票，3/4	✓	16464	336	16800		
16日	DennieHoskins	955号发票，3/6	✓	9 996	204	10200		
31日	销售收入	现金销售收入	×	134680			134 680	
31日	合计			187 140	540	27000	134680	26000
				(101)	(415)	(106)	(413)	(×)

购货日记账　第3页

日期	账户	发票日期	信用条件	过账索引	贷记应付账款	借记购货	借记办公用品	借记其他账户
3月6日	办公用品/Mark公司	3/3	n/30	✓	1 220		1 220	
11日	Defore 工业公司	3/6	2/10,n/30	✓	52 600	52 600		
18日	店铺设备/Schmidt 供货公司	3/15	n/30	165/✓	22 850			22 850
22日	Welch 公司	3/18	2/10n/30	✓	41 625	41 625		
31日	合计				118 295	94 225	1 220	22 850
					(201)	(505)	(124)	(×)

现金支出日记账　第3页

日期	支票编号	收款人	借记账户	过账索引	贷记现金	贷记购货折扣	贷记其他账户	借记应付账款
3月21日	516	Defore工业公司	Defore工业公司	✓	51 352	1 048		52 400
31日	517	工资	销售人员工资费用	621	15 900		15 900	
31日		合计			67 252	1 048	15 900	52 400
					(101)	(507)	(×)	(201)

普通日记账　　第 2 页

日期	账户及说明	过账索引	借方	贷方
3 月 16 日	借：应付账款——Defore 工业公司	201/✓	200	
	贷：购货退回与折让	506		200
	（记录收到的贷记通知单）			
26 日	借：销售退回与折让	414	600	
	贷：应收账款——Marjorie Allen	106/✓		600
	（记录签发的贷记通知单）			

应收账款明细账

Marjorie Allen

日期	过账索引	借方	贷方	余额
3 月 20 日	S2	5 600		5 600
26 日	G2		600	5 000

Dennie Hoskins

日期	过账索引	借方	贷方	余额
3 月 6 日	S2	10 200		10 200
16 日	R3		10 200	0

Jennifer Nelson

日期	过账索引	借方	贷方	余额
3 月 4 日	S2	16 800		16 800
14 日	R3		16 800	0

应付账款明细账

Defore 工业公司

日期	过账索引	借方	贷方	余额
3 月 11 日	P3		52 600	52 600
16 日	G2	200		52 400
21 日	D3	52 400		0

Mark 公司

日期	过账索引	借方	贷方	余额
3 月 6 日	P3		1 220	1 220

Schmidt 供货公司

日期	过账索引	借方	贷方	余额
3 月 18 日	P3		22 850	22 850

Welch 公司

日期	过账索引	借方	贷方	余额
3 月 22 日	P3		41 625	41 625

总分类账（仅列出了一部分）

现金　账户编号：101

日期	过账索引	借方	贷方	余额
3 月 31 日	R3	187 140		187 140
31 日	D3		67 252	119 888

应收账款　账户编号：106

日期	过账索引	借方	贷方	余额
3 月 26 日	G2		600	(600)
31 日	S2	32 600		32 000
31 日	R3		27 000	5 000

办公用品　账户编号：124

日期	过账索引	借方	贷方	余额
3 月 31 日	P3	1 220		1 220

店铺设备　账户编号：165

日期	过账索引	借方	贷方	余额
3 月 18 日	P3	22 850		22 850

应付账款　账户编号：201

日期	过账索引	借方	贷方	余额
3 月 16 日	G2	200		(200)
31 日	P3		118 295	118 095
31 日	D3	52 400		65 695

长期应付票据　账户编号：251

日期	过账索引	借方	贷方	余额
3 月 12 日	R3		26 000	26 000

销售收入　账户编号：413

日期	过账索引	借方	贷方	余额
3 月 31 日	S2		32 600	32 600
31 日	R3		134 680	167 280

销售退回与折让　账户编号：414

日期	过账索引	借方	贷方	余额
3 月 26 日	G2	600		600

销售折扣　账户编号：415

日期	过账索引	借方	贷方	余额
3 月 31 日	R3	540		540

购货　账户编号：505

日期	过账索引	借方	贷方	余额
3 月 31 日	P3	94 225		94 225

购货退回与折让　账户编号：506

日期	过账索引	借方	贷方	余额
3 月 16 日	G2		200	200

购货折扣　账户编号：507

日期	过账索引	借方	贷方	余额
3 月 31 日	D3		1 048	1 048

销售人员工资费用　账户编号：621

日期	过账索引	借方	贷方	余额
3 月 31 日	D3	15 900		15 900

Pepper公司试算平衡表
（仅截取了一部分）
3月31日

	借方	贷方
现金	$119 888	
应收账款	5 000	
办公用品	1 220	
店铺设备	22 850	
应付账款		$ 65 695
长期应付票据		26 000
销售收入		167 280
销售退回与折让	600	
销售折扣	540	
购货	94 225	
购货退回与折让		200
购货折扣		1 048
销售人员工资费用	15 900	
合计	$260 223	$260 223

Pepper 公司
应收账款明细表
3月31日

Marjorie Allen	$5 000
应收账款总额	$5 000

Pepper 公司
应付账款明细表
3月31日

Mark 公司	$ 1 220
Schmidt 供货公司	22 850
Welch 公司	41 625
应付账款总额	$65 695

小结

C1 介绍会计系统的基本原则。 会计系统要遵守五大基本原则：控制原则、相关性原则、适应性原则、灵活性原则以及成本效益原则。

C2 解释设置特种日记账的目的和用途。 特种日记账是专门用来记录相似类型的交易的日记账，即一种特种日记账记录一类交易。销售日记账、现金收入日记账、购货日记账和现金支出日记账是四种最常见的特种日记账。在登记日记账和过账过程中，特种日记账既有效率又节约成本，是一种非常好的工具。

C3 介绍总账和明细分类账的用途。 总分类账记录的是诸如应收账款和应付账款之类的总账账户，而构成总账账户的各账户的详细记录则要登记在明细分类账（例如应收账款明细账）下。总账账户的余额必须等于过账后其明细分类账余额之和。

P1 使用特种日记账记录交易并过账。 特种日记账是专门用来记录相似类型交易的日记账。特种日记账通常设有很多栏，其中分别记录着账户名称、日期、客户名称、过账索引、内容摘要及其他必要信息。特种日记账的一行记录的就是一笔交易。过账过程涉及三个方面：(1) 将"其他账户"栏的各笔发生额定期（通常是每天）过入相应的总分类账账户；(2) 期末（通常是月末）其合计额不需要过入总账账户的各栏内记录的各笔交易额，我们要把它们定期（通常是每天）过入相应的总分类账账户；(3) 期末（通常是月末），将除"其他账户"栏以外的各栏的合计额过入相应的总分类账账户。

P2 编制试算平衡表检查明细分类账记录是否准确。 过账完成以后，还需要检查总分类账中各账户余额是否等于其明细分类账余额之和。该验证过程主要包括两个方面：(1) 编制总分类账试算平衡表，检查总分类账借方总额是否等于贷方总额；(2) 编制明细表，检查总账账户余额是否等于其明细分类账余额之和。

P3A 附录7A——在定期盘存制下使用特种日记账记录交易并过账。 在定期盘存制下，同样可以使用特种日记账记录交易和过账，其方法与永续盘存制下的记账和过账方法类似。二者的主要区别在于：在定期盘存制下，当销售业务发生时，不需要调整商品销售成本和存货。因此，我们需要把永续盘存制下使用的日记账中相应的一栏或几栏删掉或替换掉。

角色扮演及职业道德参考答案

企业家 应收账款明细账可以提供很多你所需要的信息。应收账款明细账中列有各客户账户的详细记录，其中包括交易额、交易日期以及付款日期。你可以把它改编成账龄表，从中找出各个客户通常等多久才会付款。

管理者 应付账款明细账可以提供很多你所需要的信息。应付账款明细账里面记录着公司跟各个供货商的交易资料、公司欠每个供货商的货款金额及付款日期。有了应付账款明细账和信用条件方面的信息，你就可以进行分析了。

快速测试参考答案

1. 以支票付款的所有现金支出均应记入现金支出日记账。
2. 使用多栏式日记账，我们可以把同一项下的多笔借方发生额和贷方发生额累计在一起，然后将它们作为一栏的合计额进行过账，而不是逐笔进行过账。

3．总分类账能保持借贷相等。明细分类账为每个客户都设立了单独的账户，它仅仅用来提供辅助信息。

4．我们通常在该交易额旁边的过账索引栏内填入该交易额所在的日记账名称的首字母以及该交易额在该日记账中的页码。

5．我们可以在现金收入日记账和销售日记账里面单独开设一栏用来记录应付销售税。

6．销售发票直接过账是使用销售发票副本作为销售日记账的一种会计程序。我们将每一笔发票金额直接过入客户账户。期末，我们再将所有的发票金额加总，然后将其合计额过入总分类账账户。

7．一般的记账和过账程序包括三个步骤。(1) 将交易记入相关的特种日记账；(2) 将交易额逐笔过入相关的明细分类账；(3) 将先前没有单独过账的各栏的合计额过入相关的总分类账账户。

8．我们要定期将明细分类账借方发生额的合计额（等于日记账某一栏的合计额）记入相关总账账户的借方栏，将明细分类账贷方发生额的合计额（等于日记账某一栏的合计额）记入相关总账账户的贷方栏。

9．验证总分类账和明细分类账中各账户的余额是否准确需要两个步骤：首先，需要编制总分类账试算平衡表以确认其借贷是否相等。然后，还需要编制应收账款和应付账款明细表来检查各明细分类账的记录是否正确。

10．因为我们需要用普通日记账记录调整、结账和更正分录，并且还要把销售退回、购货退回及某些资产采购等特殊业务记入普通日记账。

关键词

Accounts payable ledger　应付账款分类账
Accounts receivable ledger　应收账款分类账
Cash disbursements journal　现金支出日记账
Cash receipts journal　现金收入日记账
Check register　支票登记簿
Columnar journal　多栏式日记账
Compatibility principle　适应性原则
Controlling account　总账账户
Control principle　控制原则
Cost-benefit principle　成本效益原则
Flexibility principle　灵活性原则
General journal　普通日记账
Internal controls　内部控制
Purchases journal　购货日记账
Relevance principle　相关性原则
Sales journal　销售日记账
Schedule of accounts payable　应付账款明细表
Schedule of accounts receivable　应收账款明细表
Special journal　特种日记账
Subsidiary ledger　明细分类账

选择题

1. 我们使用销售日记账记录______。

a. 赊销业务

b. 现金销售业务

c. 现金收入业务

d. 现金采购业务

e. 赊购业务

2. 我们使用购货日记账记录______。

a. 赊销业务

b. 现金销售业务

c. 现金收入业务

d. 现金采购业务

e. 赊购业务

3. 包含企业财务报表中涉及的各种账户的分类账是______。

a. 普通日记账

b. 栏目余额日记账

c. 专用分类账

d. 总分类账

e. 特种日记账

4. 设有每个供货商（债权人）的单独账户的明细分类账是______。

a. 总账账户

b. 应付账款明细账

c. 应收账款明细账

d. 总分类账

e. 特种日记账

讨论题

1. 通常，在记录四种不同的交易时需使用特种日记账。那么这四种交易是什么？

2. 在填写分类账户的过账索引栏时，需要注意的事项是什么？

3. 当使用普通日记账记录销售退回业务时，分录的贷方要过账两次。这是否会导致试算平衡表失衡？请解释。

4. 请描述使用公司的销售发票副本作为销售日记账涉及的程序有哪些。

5. 客户明细账户的贷方和其他账户的贷方都是从现金收入日记账过账而来的，如图表 7.6 所示。为什么不把这两类账户的贷方记录在同一栏内以节省日记账的空间？

6. 为什么销售收入和来自客户欠款的现金收入应立即记账和过账？

快速学习

QS7-1 将下列会计原则分别填入相应的空白处。

A. 灵活性原则　　D. 相关性原则

B. 成本效益原则　　E. 适应性原则

C. 控制原则

1. ______规定会计系统应有助于监督业务活动的原则。

2. ______规定会计系统应适应企业特征的原则。

3. ______规定会计系统应随着先进技术和竞争压力不断变化的原则。

4. ______影响其他所有会计系统原则的原则。

5. ______规定会计系统应为有效决策提供及时性信息的原则。

QS7-2 Weber 电子技术公司采用了如本章所介绍的记账方法，有销售日记账、购货日记账、现金收入日记账和普通日记账。Weber 公司最近发生了如下业务。请指出每一业务分别应记录在什么日记账中。

a. 销售商品得到的现金

b. 赊购商品

c. 用现金购买存货

d. 向债权人支付现金

e. 赊销商品

f. 赊购店铺用品

g. 用现金支付员工工资

h. 从银行借款

QS7-3 Adrian 公司采用了如本章所介绍的记账方法，有销售日记账、购货日记账、现金支出日记账和普通日记账。首先，将 11 月份的交易记录中可以登记在普通日记账中的业务登记在普通日记账中，并指出没有登记在普通日记账中的业务哪些是特种日记账。

11 月 2 日　公司从 Midwest 公司赊购了一批货

物，价值为＄2 600，信用条件为“2/10，n/30”。

12日 所有者R. Adrian向公司贡献了一台价值＄17 000的汽车。

16日 公司向L. Norton赊销了一批价值＄1 200的货物（成本为＄800），信用条件为“n/30”。

19日 L. Norton退回了价值＄175的商品（失去价值）给公司。这批商品最初是在11月16日购买的。（假定这批商品的成本仍属于商品销售成本。）

练习题

Exercise7-1 Levine公司采用的记账方法有销售日记账、购货日记账、现金收入日记账和普通日记账。下面是公司3月份发生的交易事项。

3月2日 向R. Nagy出售了成本为＄450的商品，获得现金＄675，发票的编号为5703。

5日 从Central公司赊购了一批价值＄3 000的商品。

7日 以＄1 700向K. Anklam出售了一批成本为＄1 215的商品，信用条件为“2/10，n/30”，发票编号为5704。

8日 借款现金＄8 000，与银行签订了一张面值＄8 000的应付票据。

12日 以＄484向B. Swanson出售了一批成本为＄303的商品，信用条件为“n/30”，发票编号为5705。

16日 收到K. Anklam支付的3月7日的购货款现金＄1 666。

19日 以＄900向Algoma公司出售了一台二手设备。

25日 以＄785向F. Sayers出售了一批成本为＄500的商品，信用条件为“n/30”，发票编号为5706。

编制一张抬头如图表7.4的销售日记账，并将应该记录在销售日记账中的3月份的交易登记入账。

Exercise7-2 根据上题的数据，请指出3月份的每一项交易应分别登记在哪一日记账中。假设公司使用销售日记账、购货日记账、现金收入日记账、现金支出日记账和普通日记账。

Exercise7-3 编制一张如图表7A.1的销售日记账。在定期盘存制下，将3月份发生的应该登记在销售日记账中的交易登记入账。

Exercise7-4 Mizuno公司使用的日记账有销售日记账、购货日记账、现金收入日记账、现金支出日记账和普通日记账。下面是发生在11月份的交易。

11月3日 公司从Abbott公司赊购了一批价值＄3 500的货物，信用条件为“n/30”。

7日 公司向E. Han赊销了一批价值＄1 015，成本为＄923的货物，并承诺如果月底付款的话将获得＄20的销售折扣。

9日 公司通过与银行签订了一张应付票据借现金＄3 375。

13日 所有者I. Uno向公司投入现金＄4 675。

18日 公司向C. Knapp销售了一批成本为＄147的货物，收到现金＄261。

22日 公司支付给Abbott 11月3日的购货款现金＄3 500。

27日 公司收到了E. Han支付的11月7日的购货款现金＄995。

30日 公司用现金支付了员工工资＄1 750。

编制一张如图表7.6的现金收入日记账，并将11月份应登记在该日记账中的交易登记入账。

Exercise7-5 根据上题，分别指出11月份的交易应记录在什么日记账中。假定公司使用销售日记账、购货日记账、现金收入日记账、现金支出日记账和普通日记账。

Exercise7-6 编制一张如图表7A.2的现金收入日记账。在定期盘存制下，将Exercise7-4中所列示的发生在11月份应该登记在现金收入日记账中的交易登记入账。

Exercise7-7 Altan公司使用的日记账有销售日记账、购货日记账、现金收入日记账、现金支出日记账和普通日记账。下面是发生在6月份的交易。

6月1日　从 Krause 公司赊购了一批价值 $5 400的商品，信用条件为“n/30”。

8日　向 G. Seles 赊销一批价值 $1 080，成本为 $720 的商品，并承诺如果在月底付款将给予 $21 的销售折扣。

14日　从 Chang 公司赊购了一批价值 $460 的店铺用品，信用条件为“n/30”。

17日　从 Monder 公司赊购了一批价值 $480 的办公用品，信用条件为“n/30”。

24日　向 D. Lee 出售了一批成本为 $272 的商品，获得现金 $432。

28日　花 $72 从 Porter 处购买了店铺用品。

29日　向 Krause 公司支付 6 月 1 日的货款 $5 400。

编制一张如图表 7.8 的购货日记账，并将 6 月份发生的应登记在该日记账中的交易登记入账。

Exercise7-8　根据上题，分别指出 6 月份的交易应记录在什么日记账中。假定公司使用销售日记账、购货日记账、现金收入日记账、现金支出日记账和普通日记账。

Exercise7-9　编制一张如图表 7A. 3 的购货日记账。在定期盘存制下，将 Exercise7-7 中所列示的发生在 6 月份应该登记在购货日记账中的交易登记入账。

Exercise7-10　Louder 公司使用的日记账有销售日记账、购货日记账、现金收入日记账、现金支出日记账和普通日记账。下面是发生在 4 月份的交易。

4月3日　从 Acco 公司赊购一批价值 $2 700 的商品，信用条件为“1/10，n/30”。

9日　给 Major 公司签发了一张编号为 210 的支票，用来购买其价值 $436 的店铺用品。

12日　向 N. Roger 赊销了一批价值 $816，成本为 $486 的商品，信用条件为“n/30”。

17日　签发一张金额 $1 500，编号 211 的支票，用来支付城市银行的应付票据。

20日　从 Factow 处赊购了一批价值 $3 300 的商品，信用条件为“1/10，n/30”。

28日　给 Factow 签发一张编号 212 的支票，金额为其 4 月 20 日的购货款减去折扣后的余额。

29日　签发一张编号为 213 的发票，用来支付 M. Robbin 的工资 $1 675。

30日　给 Acco 公司签发一张编号 214 的发票，用来支付 4 月 3 日的购货款。

编制一张如图表 7. 10 的现金支出日记账，并将 4 月份应登记在该日记账中的交易登记入账。

Exercise7-11　根据上题，分别指出 4 月份的每笔交易应记录在什么日记账中。假定公司使用销售日记账、购货日记账、现金收入日记账、现金支出日记账和普通日记账。

Exercise7-12　编制一张如图表 7A. 4 的现金支出日记账。在定期盘存制下，将 Exercise7-10 中所列示的发生在 4 月份应该登记在现金支出日记账中的交易登记入账。

Exercise7-13　Haver Pharmacy 使用下列日记账：销售日记账、购货日记账、现金收入日记账、现金支出日记账和普通日记账。6 月 5 日，Haver 赊购了一批价格为 $14 000 的货物，信用条件为“2/10，n/30”。6 月 14 日，Pharmacy 支付了减去折扣后的剩余货款。在登记日记账的过程中，Pharmacy 借记应付账款 $14 000，但忘了记录购货的现金折扣。现金账户应当贷记 $13 720。(a) 6 月 5 日和 6 月 14 日的交易应记录在什么日记账中？(b) 在登记 6 月 14 日的交易时，哪一步可能会发现这个错误？

Exercise7-14　下表是 River View 公司 5 月底的销售日记账。

销售日记账　　第2页

日期	借记账户	发票编号	过账索引	借记应收账款，贷记销售收入	借记商品销售成本，贷记存货
2月6日	Aaron Reckers	190		3 550	2 698
10日	Sara Reed	191		2 610	2 153
17日	Anna Page	192		1 161	982
25日	Sara Reed	193		464	272
31日	合计			7785	5 805

下面是公司记录的退回有瑕疵的商品的会计分录：

5月20日	借：销售退回与折让	500	
	贷：应收账款		500
	（顾客退回了（无价值的）商品）		

要求：

1. 为销售日记账中所列的每一客户开立应收账款明细分类账的T形账户。将销售日记账中的分录和普通日记账中影响客户账户的部分过到客户账户中。

2. 开立包含应收账款、存货、销售收入、销售退回与折让和商品销售成本的T形账户的总分类账户。将销售日记账和普通日记账中影响这些账户的部分进行过账。

3. 编制应收账款明细表，并验算其总额是否等于应收账款总账账户的余额。

Exercise7-15 Boyar 公司直接用销售发票过账，然后把它们记录在销售日记账中。Boyar 公司6月份的赊销记录如下：

6月2日	Joe Mack	$4 100
8日	Eric Horner	6 929
10日	Tess Wilson	15 252
14日	Hong Jiang	23 329
20日	Tess Wilson	11 400
29日	Joe Mack	7 432
	总赊销收入	$68 442

要求：

1. 针对每一客户，开立一个T形账户的应收账款明细表。将发票过账到明细分类账中。

2. 开立一个应收账款统驭T形账户和销售收入T形账户，以反映总分类账户。将销售日记账月底的数额过到这些账户中。

3. 编制一张应收账款明细表，并验算其总额是否等于应收账款总账账户余额。

综合题

Problem7-1A 下面是 Moore 公司当年4月份发生的交易。（所有赊销业务的信用条件为“2/10，n/30”。）

4月2日 从 Newt 公司赊购了一批价值为$14 200的商品，发票日期为4月2日，信用条件为“2/10，n/60”。

3日 向 Ty Afton 赊销一批商品，价值$5 200（成本为$2 100）。

3日 从 Cray 公司赊购价值$1 530的办公用品，发票日期为4月2日，信用条件为“n/10月底”。

4日 给《世界观察》签发了一张编号587的支票，用来支付广告费$879。

5日 向 Debra Kohn 赊销一批商品，价值为$9 300（成本为$7 600）。

6日 由于退回了部分4月3日购进的商品，收到 Cray 发出的$70的贷记通知单。

9日 从 Hafman Supply 赊购一批价值为$11 435的店铺设备，发票日期为4月9日，信用条件为“n/10月底”。

11日 向 Pat Orlof 赊销一批商品，发票编号762，价值$12 300（成本为$7 300）。

12日 给 Newt 公司签发一张编号588的支票，用来支付4月2日的购货发票面额减去折扣后的货款。

13日 收到 Ty Afton 支付的4月3日的销售额减去折扣后的货款。

13日 向 Ty Afton 赊销一批价值$6 900的商品（成本为$3 600），发票编号763。

14日 收到 Debar Kohn 支付的4月5日减去折扣后的销售款。

16日 签发一张编号589的支票，支付前半个月销售人员的工资$11 300。将支票兑换成现金，发给了员工。

16日 前半个月的现金销售收入是$54 240（成本$42 400）。（现金销售收入每天更新，并来自现金登记数据，但在该题中为了减少重复记录只记录两次。）

17日 从 Dann 公司赊购一批价值$12 850的商品，发票日期为4月17日，信用条件为“2/10，

n/30”。

18日　通过签发一张长期应付票据，向First State银行借款＄55 000。

20日　收到来自Pat Orlof支付的4月11日减去折扣后的销售款。

20日　从Hafman公司赊购了一批价值＄1 000的店铺用品，发票日期为4月19日，信用条件为“n/10，月底”。

23日　因为退回了部分4月17日购进的有瑕疵的商品，收到来自Dann公司的一张＄900的贷记通知单。

23日　收到Ty Afton支付的4月13日减去折扣的销货款。

25日　从Newt公司赊购一批价值＄11 465的商品，发票日期为4月24日，信用条件为“2/10，n/60”。

26日　给Dann公司签发一张编号590的支票，用来支付4月17日的发票面额减去退回和折扣后的货款。

27日　向Debra Kohn赊销一批价值＄3 460的商品（成本为＄2 470），发票编号764。

27日　向Pat Orlof赊销一批价值＄7 100的商品（成本为＄4 895），发票编号765。

30日　签发编号为591的支票，支付销售人员后半个月的工资＄11 000。

30日　后半个月的现金销售收入是＄72 100（成本为＄61 500）。

要求：

1. 编制一张如图表7.4的销售日记账和如图表7.6的现金收入日记账，并将两个日记账编号为第3页。然后参照Moore公司发生的交易，将那些应该登记在销售日记账和现金收入日记账的交易分别登记入账。此处不考虑购货日记账、现金支出日记账或普通日记账的编制。

2. 开立下列总分类账户：现金、应收账款、存货、长期应付票据、商品销售成本、销售收入和销售折扣。3月31日记录各账户的余额为现金（＄85 000）、存货（＄152 000）、长期应付票据（＄137 000）、B. Moore名下的资本（＄100 000）。为Debra Kohn和Ty Afton开立应收账款明细分类账。

3. 验证日记账中应当过账的业务均已过账，加总和交叉加总日记账并编制月底过账分录。

4. 编制一张总分类账的试算平衡表，编制应收账款明细表验算明细分类账是否正确。

分析：

5. 假设应收账款明细账总额与总分类账的总账账户余额不等，请阐述你会采取的发现误差的步骤。

Problem7-2A　假设在上题中Moore公司使用的是定期盘存制。

要求：

1. 编制一张如图表7A.1的销售日记账。编制一张如图表7A.2的现金收入日记账。在定期盘存制下，将上题中应该记录在销售日记账和现金收入日记账中的交易登记到相应的日记账中。

2. 根据上题中的余额开立总分类账户。（不需开立商品销售成本账户。）分别为Ty Afton，Debra Kohn和Pat Orlof开立应收账款明细分类账。在定期盘存制下，直到年底存货账户余额更正为正确的数额前，其一直保持不变。在本题中，存货账户的余额保持不变，但为了保证试算平衡表的完整性要把它包括其中。

3. 根据前两题计算结果，求Problem7-1A的第3，4，5题。

第8章

现金与内部控制

- 内部控制
- 现金内部控制
- 通过银行业务进行控制

学习目标

CAP

概念（Conceptual）
- C1 内部控制的定义、目的和原则
- C2 现金和现金等价物的定义与报告
- C3 银行业务的控制特征

程序（Procedural）
- P1 实施现金收支内部控制
- P2 解释并记录零用现金业务
- P3 编制银行余额调节表

本章预览

我们都会警惕偷窃和欺诈。它们在很多方面影响了我们的行为，例如，我们会锁门、锁自行车、核对销货收据以及安装报警系统。同样，企业也要采取措施保护、控制和管理企业财产。经验表明，小公司由于内部控制薄弱，其财产更容易受到侵占。因此，建立一套保护公司资产（尤其是现金）的内部控制政策和程序便是经营者的重要职责。为此，无论是管理者还是普通员工，都需要了解和使用内部控制原则。本章将介绍内部控制原则及其应用，重点介绍现金内部控制，因为现金具有更高的流动性，非常容易被侵占或挪用。

现金与内部控制

内部控制
- 控制目的
- 控制原则
- 技术与控制
- 控制的局限性

现金内部控制
- 现金、现金等价物、流动性
- 现金收入控制
- 现金支出控制

通过银行业务进行控制
- 基本银行服务
- 银行对账单
- 银行余额调节表

内部控制

本节将介绍内部控制及其基本原则，并讨论技术对内部控制的影响和控制程序的局限性。

□ 内部控制的目的

小型企业的管理者（或老板）常常需要控制企业整体经营。他们要负责资产的采购、员工的雇用和管理、合约洽谈以及支票签发。这些管理者通过亲自接触和观察来了解企业是否取得了已支付的资产或劳务。但更多企业无法通过这种监督方式保证企业运转，它们必须划分责任并依靠正式程序来控制企业经营活动。

管理者使用内部控制制度监督和控制企业的各种活动。内部控制制度（internal control system）是由各种政策和程序构成的，管理者通常使用它们：

- 保护企业资产。
- 确保会计记录的可靠性。
- 提高运营效率。
- 保证公司政策的贯彻执行。

一套设计完善的内部控制制度是系统设计、分析和实施的关键环节。管理者之所以重视内部控制制度是因为它可以预防可避免的损失、帮助经营者制定运营计划、监督企业运营情况和员工表现。尽管内部控制无法提供担保，但却可以降低企业遭受损失的风险。

《萨班斯—奥克斯利法案》(SOX) 要求上市公司的管理层和审计人员陈述和评价公司的内部控制制度。下面是一些具体的规定：

- 审计人员必须评估公司的内部控制制度，并出具内部控制报告。
- 限制公司的审计人员向公司提供咨询服务。
- 负责审计的管理者任职年限如果达到七年必须有两年的休假。
- 审核人员的工作受上市公司会计监管委员会 (Public Company Accounting Oversight Board，PCAOB) 的监督。
- 违规者将受到严厉的惩罚——最高可判 25 年监禁并处以巨额罚款。

SOX 的实施成本是高昂的，但同时它对公司的影响也是显著的。SOX 的实施提升了投资者对会计系统与财务报告的信心。然而，由于几乎所有上市公司的商业活动都受到了 SOX 的影响，因此，关于 SOX 的成本与收益问题仍是公众争论的焦点。

□ 内部控制的原则

因业务性质和企业规模等因素的不同，不同企业采用的内部控制政策和程序也各不相同。但有些基本原则是普遍适用的，这些普遍适用的内部控制原则 (principles of internal control) 包括：

- 明确责任。
- 保持适当的记录。
- 为资产投保，并为关键员工投保忠诚险。
- 保证资产保管与记录相分离。
- 划分相关交易的责任。
- 应用各种控制技术。
- 定期实施独立核查。

本节将介绍这七项原则以及如何使用内部控制将偷窃和欺诈风险减至最小。这些程序也将增加会计记录的可靠性和准确性。

明确责任

良好的内部控制意味着将各工作任务的职责划分清楚并指派给适当的员工，否则在发生差错时将很难确定是谁的责任。例如，两个售货员共用一台收银机，如果出现现金损溢，公司就很难判断是何人所为。为避免上述问题，应该让一位职员处理所有的现金销售，或者给每一位售货员配备一个专用的收银机现金抽屉。因此，我们在售货员换班更换所属的现金抽屉时，都要在柜台前等待。

保持适当的记录

良好的记录是内部控制制度的重要一环，它有助于保护资产安全并确保员工遵循规定所需的程序。可靠的记录还能为管理者提供监控企业活动所需的信息。例如，对设备保有详细记录时，资产失窃或损坏而不被公司发现的可能性就很小。同样，如果账户报表设计得当，交易就不容易记录错误。良好的内部控制制度通常使用事先印制好的表单和内部文件。如果公司有一份设计得当的销货单，销售人员就能够有效地记录相关信息，减少差错，节省时间；如果销货单事先已连续编号并加以控制，每一个开出销货单的人都要负起相应的责任，这将有效防止销售人员撕毁销货单私吞现金的现象。计算机化的电子收款系统也能达到上述目标。

为资产投保，并为关键员工投保忠诚险

良好的内部控制制度意味着要为企业资产投保意外险，为负责管理大额现金或可转让资产的关键员工投保忠诚险。为员工投保忠诚险是指企业购买保险以防因员工偷窃而遭受损失。为员工投保忠诚险可以降低企业遭受损失的风险。同时，投保忠诚险还可以抑制员工的偷窃行为，因为他们知道，一旦偷窃被揭发出来，另一家独立的忠诚担保公司就会介入，到时候担保公司绝不会去同情那些偷窃的人。

保证资产保管与记录相分离

控制或使用资产的员工不能同时负责资产的会计记录工作，这一原则能降低资产失窃或浪费的风险，因为控制资产的员工知道另一位员工会负责资产记录；另一方面，记录资产的员工没有实际接触资产，没有理由去造假。也就是说，要想盗窃资产并做假账掩盖事实，就必须要有两个或两个以上的人串谋或私底下协商舞弊。

划分相关交易的责任

在一个好的内部控制制度下，一项或几项相关交易要由数人或若干部门分担。这种做法可以确保员工间相互检查对方的工作。这一原则又叫责任分工（separation of duties）。它并不是要求员工进行重复劳动。每个员工或部门都应执行不同的工作。例如发采购单、验收存货、付款给供应商，这些交易应当划分开，而不能交由同一个人或部门执行，否则将可能造成错误乃至舞弊。因为独立的验收人员会比发采购单的员工更认真地验收存货，付款由独立的第三人负责时会加上另一道防护，当然再指派一个人签发支票会更安全。

应用各项控制技术

收银机、支票银码机、打卡钟或个人身份确认扫描器都是加强内部控制的辅助设备，技术可以加强内部控制执行的效力。例如，收银机内嵌的磁带或电子文档可以记录所有的现金交易，支票银码机以打洞的方式将金额打在支票上从而防止篡改，打卡

钟记录每个员工的上下班时间，自动兑币或点钞机能快速正确计算现金余额，个人身份确认扫描器只允许经授权的人员进入特定区域。这些技术加强了内部控制制度的有效性。

定期实施独立核查

没有一套内部控制制度是完美无缺的，随着人事变动、时间推移和科技进步，系统将暴露出缺点和偏差。为此，定期核查内部控制制度是相当必要的，并且最好由外部的独立第三者执行，他们能够站在公正的立场评价内部控制制度运行的效率和效果。所以许多公司聘请外部审计人员担当这项工作，他们通常要测试公司的会计记录，并对财务报表是否公允发表意见。外部审计人员在决定执行多少测试之前，需要评价内部控制制度的有效性，这一评价对客户也十分有用。

角色扮演　　**企业家**

作为一家刚成立的信息服务公司的所有者，你聘请了一位系统分析师。她首先建议让所有员工一年至少有一个星期的休假。为什么她会建议实行“强制休假”政策？

□ 技术与内部控制

公司的会计系统无论是纯手工的还是全自动化的，内部控制的基本原则都适用。技术对内部控制制度的影响主要体现在几个方面，最明显的可能就是技术能让我们更快地进入数据库和获取信息，如果使用得当，技术还将大大提高管理者监控企业活动的能力。下面将介绍一些我们需要留意的技术带来的影响。

减少处理错误

先进的技术系统可以减少信息处理中的错误。假如软件和数据输入是正确的，那么基本上可以排除发生机械错误和计算错误的可能。但也不能忽略软件和数据输入错误的存在，数据处理过程中人力投入的减少可能导致错误的数据输入没有被发现。此外，软件出错将导致错误但却前后一致的交易处理结果。因此，不断对所有系统进行检测和监控是相当重要的。

扩大记录检查范围

如果我们可以非常容易和快速地获取信息，那么就可以在审核电子记录时进行更全面的检查。在手工会计系统中，审核人员只能采集少量的样本进行检查；但如果可以利用计算机技术获取数据，那么审核人员就可以快速分析大量的样本，甚至分析整个数据库。

减少会计处理记录

越来越多的数据处理步骤是由计算机完成的，因此可供审核的实体文件也在不断减少。另一方面，高科技系统可以提供新的证据，比如，分录的登记人、日期和时间、分录的来源等。我们还可以利用技术，要求操作人员在进入系统前必须输入密码或进行其他方式的身份验证。这就意味着内部控制主要靠信息系统的设计和操作，而不是靠分析它所产生的最终文件。

关键职务分离原则受到影响

会计信息系统中的技术进步常常导致许多职位被取消或合并。尽管留下来的员工都具备操作先进程序和设备所必需的专业技能，但员工人数的减少会使企业面临无法实施重要的责任分工的风险。企业必须想办法控制和监督员工，最大限度地减少错误和舞弊。例如，信息系统的设计和编程人员不能同时负责系统操作。与现金收支有关的活动也要与程序和档案的管理工作分开。例如，计算机操作员不能签发支票。在员工较少的小企业里，实施必要的责任分工非常困难。

电子商务增加导致额外风险

技术推动了电子商务的发展。Amazon. com 和 eBay 都是成功利用电子商务的典范。很多公司都有一些电子商务业务。此类业务至少存在三种风险：（1）信用卡号被盗是在网上使用、发送和存储交易信息过程中经常遇到的一种风险，它增加了电子商务的成本。（2）计算机病毒是指那些附在其他文件上面，专门去感染和破坏其他文件或程序的恶意程序。（3）网上假冒事件可能会导致将货物赊销给伪造的账户、购买到的产品不合适以及未经允许将保密信息泄露给黑客。企业使用防火墙和加密术来防范这些风险。防火墙是指系统的入口，只有通过密码验证才能进入。加密术是一种数学算法，它能把数据变成没有密钥就无法破解的乱码。近 5%的美国人称曾有人盗用自己的身份，约有 1 000 万名美国人的隐私受到了侵犯。

□ 内部控制的局限性

所有的内部控制政策和程序都存在局限性，这些局限性来自两个因素：（1）人为因素；（2）成本效益原则。

内部控制的政策和程序要靠人来实施。人为因素所造成的内部控制的局限性可以分为两类：（1）人为错误；（2）人为舞弊。人为错误（human error）通常是由疏忽、疲惫、判断错误和混淆引起的；人为舞弊（human fraud）则是蓄意破坏内部控制，例如管理者为了牟取私利而滥用职权，串谋阻挠责任分工也属于人为舞弊。人为因素提醒我们建立内部控制环境的重要性，我们可以用它来监督管理者是否遵守内部控制政策和程序。

内部控制的另一个主要局限因素是成本效益原则，也就是说，实施内部控制所带来的收益必须大于其成本。在分析成本和收益时，我们必须把所有因素（包括对士气的影响）考虑进去。比如许多公司有权阅读员工的电子邮件，但除非发现员工有异常表现或相关证明，否则公司极少运用这项权利。同样的观念也适用于毒品测试、电话录音和隐藏监视器的装设，建立内部控制制度的底线是必须能给公司带来净收益。

计算机空间黑客指南

网址嫁接 (pharming)　附加在电子邮件或网页上的病毒会自动将键盘记录器软件下载到你的计算机上；当你登录财务网页时，该软件会窃取你的密码。

网络钓鱼 (phishing)　黑客将自己伪装成银行给你发电子邮件或使用伪造的网站来骗取你的密码和个人信息。

无线网络钓鱼 (WI-phishing)　网络骗子建立无线接入点诱使你使用这些接入点连接到网络；在你使用这些接入点的过程中，他们将会盗取你的密码和资料。

木马网络 (bot networking)　黑客将可远程遥控的木马程序发送到你的计算机，从而控制并利用它往外发送垃圾邮件和病毒；黑客甚至还会将你这台僵尸计算机租给其他的网络骗子。

相近域名抢注 (typo-squatting)　黑客使用与合法域名类似的名字注册域名，如果你不小心敲错了网址，就会进入他们的网页，一旦进去，你的计算机就会感染病毒或被植入恶意控制程序代码而成为僵尸计算机。

快速测试

1. 下列哪一项符合内部控制原则：(a) 将一系列的相关交易（例如采购、验收、付款）交由一位员工负责；(b) 每一项工作都由数位员工负责，借以相互监督；(c) 为保管大额现金和可转让资产的员工投保忠诚险。
2. 计算机技术对内部控制会带来哪些影响？

现金内部控制

现金对任何一家企业来说都是一项必不可少的资产。另外，多数企业还持有另一种与现金类似的资产——现金等价物（cash equivalents）（定义见下文）。现金和现金等价物是所有资产中流动性最强的，也是最容易被偷窃或挪用的。有效的内部控制制度能保护这些资产。有效的内部控制制度必须符合以下三项基本指导原则：

1. 现金的管理和记录要分开。
2. 收取的现金应立即存入银行。
3. 现金支出应开具支票支付。

第一项原则是利用责任分工避免错误和舞弊。在实施责任分工的情况下，若要舞弊，必须有两个或两个以上的人合谋偷窃现金并销毁相关会计记录。第二项原则是即时把收取的现金送存银行（通常是每天），从而获得即时、独立的外部记录以相互稽核，同时能避免现金在送存银行前被偷窃或挪用。第三项原则是通过签发支票获得独立的银行记录以进行稽核，也能够减少现金被偷窃或挪用的风险。

本节首先将给出现金和现金等价物的定义，然后将讨论对现金收支的控制和会计处理。根据企业规模、员工人数、现金交易量和现金来源的不同，各企业使用的现金内部控制程序也各不相同。

□ 现金、现金等价物与流动性

好的会计系统能帮助企业管理现金数额并控制哪些人有权支配现金。在购买商品或劳务以及偿还债务时，我们通常使用现金。流动性（liquidity）是指公司偿还短期负债的能力。我们把现金及其类似资产称为流动资产（liquid assets），因为它们能够随时用来清偿债务。企业要想正常运营就必须有流动资产。

现金（cash）包括各种货币、硬币、存放在银行的支票存款（活期存款）和储蓄存款（定期存款）。现金还包括各种可以存入银行账户的款项，如顾客的支票、银行本票、保证金和汇票等。现金等价物（cash equivalents）是指符合下述两个条件的流动性很强的短期投资资产：（1）很容易就能兑换成固定数量的现金；（2）很快就会到期，因此其市价受利率变动影响不大，一般三个月内到期的投资符合这一标准。美国短期国库券和货币市场基金等短期投资都属于现金等价物。为了增加收益，很多企业都会把闲置的现金投资于现金等价物。多数企业在资产负债表上都将现金和现金等价物合并为一个科目列示。

□ 现金管理

公司破产最常见的原因之一就是对现金的管理不善。公司必须对现金的收支做好规划。现金管理的目的主要有以下两个方面：

1. 计划现金收入，以满足到期时的现金支付。
2. 保持企业经营所需的最低限度的现金。

公司出纳负责现金管理。有效的现金管理主要包括以下几方面原则：

- 增强应收账款回款。客户和其他人员向公司支付得越快，公司就可以越早使用这笔钱。一些公司实施现款现售（cash-only）的销售政策，还有的公司对提早收到的现金提供折扣优惠政策。
- 延迟支付。公司越延迟支付，它就有越多的时间使用这笔钱。一些公司通常拖到规定期限的最后一天才支付款项。尽管如此，必须注意不要因此损害公司的信誉。
- 只保留必要的资产。闲置资产占用的资金越少，公司就有越多的钱投到生产性资产上。一些公司采用准时生产（just-in-time），这意味着公司要做计划，订单生成时恰好能有相应数量的库存满足其需求。还有一些企业选择租赁而不是购买仓库及设备。
- 计划支出。钱只有在该花的时候才能花。公司必须视季节和商业周期计划支出。
- 投资多余的现金。闲置资金不能获取收益，所以必须进行投资。季节性周期经营活动产生的超额现金可以存入银行账户或进行其他短期投资，以赚取收益。超出正常经营活动所需的现金应该投资在诸如工厂和库存等生产性资产上。

决策要点 **现金费用保障天数**

现金费用保障天数（day's cash expense coverage）即现金（和现金等价物）与日平均现金费用的比率，该比率意味着一家公司在没有额外现金流入的情况下能够经营的天数。它反映了公司的流动性和获取额外资金的潜力。

□ 现金收入控制

通过对现金收入实施内部控制，可以保证将收到的现金正确地入账并存入银行。现金销货、收回应收账款、收到利息、取得银行贷款、出售资产、取得投资收益等业务都会带来现金收入。下面将介绍对两类现金收入的内部控制——通过店面交易获得的现金收入和现金汇款收入。

通过店面交易获得的现金收入

为符合内部控制要求，交易时应使用收银机记录每一笔来自店面销售的现金收入。为保证输入的金额准确无误，要确保能让顾客从收银机上看到输入的交易金额。并且，销售员应在包装商品前输入销售资料，并把收据交给顾客。在收银机的设计方面，要保证收银机所提供的每笔交易的记录都是不可篡改的。在很多系统中，收银机直接与计算机及会计系统连在一起。稍落后一点的收银机则将每笔交易的记录打印在纸带上或输入收银机内置的电子档案中。

严格的内部控制要求现金的保管和记录相分离。对于来自店面交易的现金收入，这种分离起始于现金销售。收银员不能接触收银机上的销售记录。完成一段时间的工作之后，收银员要清点收银机里的现金并填写记录，再把现金和记录交给公司出纳。同样，出纳只经手现金而不能接触会计记录（或收银机纸带或档案）。然后，再由第三方（通常是主管人员）核对收银机记录的总金额（或收银机纸带或档案）与出纳汇报的金额是否相符。该记录是将来自店面交易的现金收入入账的依据。第三方只负责记录而不实际经手现金，收银员和出纳只经手现金而不接触记录。因此，无论他们中哪个人出错或私藏现金，都将导致收银机记录的总金额与出纳汇报的金额不符，具体流程参见下图。

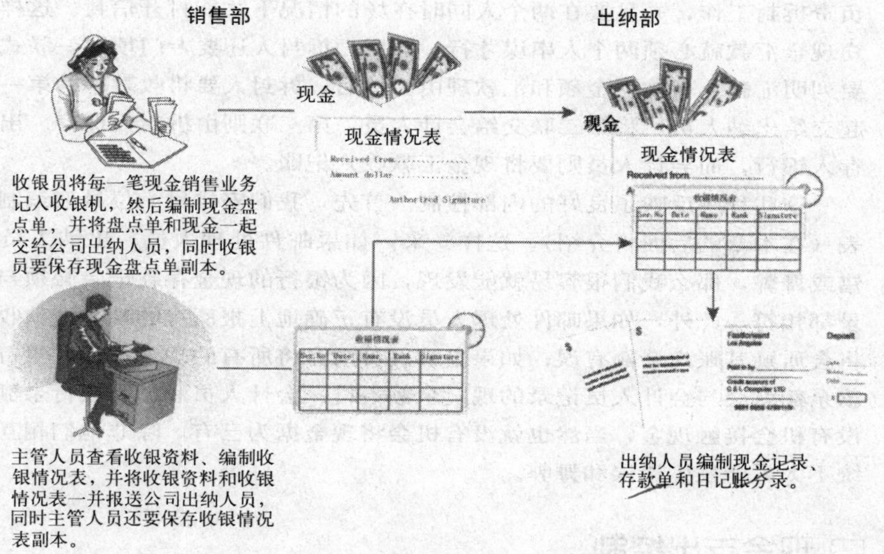

现金损溢　通过核对收银机中的现金总额和现金收入记录中的总额，我们可以找出收银员在找零过程中是否出错。尽管员工已经十分细心，但或多或少还是会在找零

时发生少量的错误，这将导致一段时间的销售工作完成之后收银机里的现金总额与现金收入记录中的总额不符。我们将这类差额记入**"现金损溢"**（cash over and short or cash short and over）账户，该账户是用来记录现金溢余或短缺的利润表账户。例如，假设收银机里的记录显示现金余额为＄550，而实际盘点的现金额却是＄555，那么需要编制如下分录来记录现金销售收入及现金溢余：

			资产＝负债＋所有者权益
借：现金	555		+555　　+5
贷：现金损溢		5	
商品销售收入		550	+550
（记录现金销售收入和现金溢余）			

如果收银机里的记录显示现金余额为＄625，而实际盘点的现金额却是＄621，那么我们需要编制如下分录来记录现金销售收入及现金短缺：

			资产＝负债＋所有者权益
借：现金	621		+621　　−4
现金损溢	4		
贷：商品销售收入		625	+625
（记录现金销售收入和现金短缺）			

由于顾客通常只在少找零时才会提出异议，故会计期末时，现金损溢账户一般存在借方余额。借方余额表示这是一种费用，因此我们把它作为一般管理费用列示在利润表中。（因为现金损溢账户的余额通常不大，所以我们常常把它和其他金额较小的费用合并在一起列入杂项费用账户；如果现金损溢账户存在贷方余额，则把它列入杂项收益账户。）

现金汇款收入

对现金汇款收入的控制要从控制打开信封的人开始。通常，我们安排两个人一起负责拆封工作，并且要在两个人同时在场的情况下才能打开信封。这样一来，要想盗窃现金汇款就必须两个人串谋才行。随后，拆封人还要专门填写三联式收款单，其中要列明汇款人名称、金额和汇款理由。然后，拆封人要将收款单的第一联连同现金一起交给出纳人员，将第二联交给会计人员，第三联则由拆封人保存。出纳人员把现金存入银行，而会计人员则要将现金汇款收入记账。

这些程序反映了良好的内部控制。首先，我们安排另一位员工编制银行余额调节表（在本章的后面将介绍），这样一来，如果邮件处理人员、出纳人员或会计人员出错或舞弊，那么我们很容易就能发现，因为银行的现金存款记录必须与这三个人的记录都相符。此外，如果邮件处理人员没有正确地上报所有的现金汇款收入，那么客户将会质疑其账户余额有误；如果出纳人员没有将所有的现金都存入银行，那么银行存款余额就会与会计人员记录的现金余额不符；会计人员和编制银行余额调节表的人都没有机会接触现金，当然也就没有机会将现金据为己有，除非他们相互勾结，否则系统不太可能发生错误和舞弊。

□ 现金支出控制

现金支出控制对企业尤其重要，因为通常大额的偷窃都是通过伪造发票付款实现的。控制现金支出的关键是除了小额支出可通过零用现金支付外，其他支出都要用支票付款；另一个关键是除了有权签署支票的所有者，其他任何人都不能接触会计记录。小型企业的所有者经常签署支票，并且通过亲自检查就能知道企业到底有没有实际收到付款购买的货物。但在大企业中，这种做法是行不通的，企业所有者不可能事事亲力亲为，因此，必须实施内部控制程序。这样做的目的就是帮助支票签署人确定会计记录中的债务确实发生过，的确应该付款。本小节将介绍这些内部控制程序以及凭单制和零用现金制等其他内部控制程序。

使用凭单制进行控制

凭单制（voucher system）是为了控制现金支出和债务承担而设立的一系列手续和核批程序。凭单制设立的程序包括：

- 查证、核准和记录需要最终付款的负债。
- 签发支票支付已查证、核准和记录的负债。

在可靠的凭单制下，每笔交易都要按照标准程序进行，即便是与同一供应商发生多次交易也应如此。

凭单制对现金支出的控制从导致现金支出的负债发生时就开始了。凭单制的关键在于只有经授权的部门和个人才能给企业增加负债，并且他们给企业增加的负债的类型还要受一定的限制。例如，在一家大型零售企业中，只有采购部门才有权通过购买商品存货而增加企业负债。另一个关键就是购货、收货和支付货款这几项程序必须由不同的部门（或个人）负责，这些部门包括请购部门、采购部门、验收部门和会计部门。为协调和控制各部门的责任，企业要使用几种业务凭证。所谓**凭单**（voucher）是指企业内部用来存储控制现金支出、确保交易能够得到适当记录的数据的凭证（或文档）。图表 8.1 展示了如何使用凭单来收集凭证。这个例子从签发请购单开始，到签发现金支票结束。

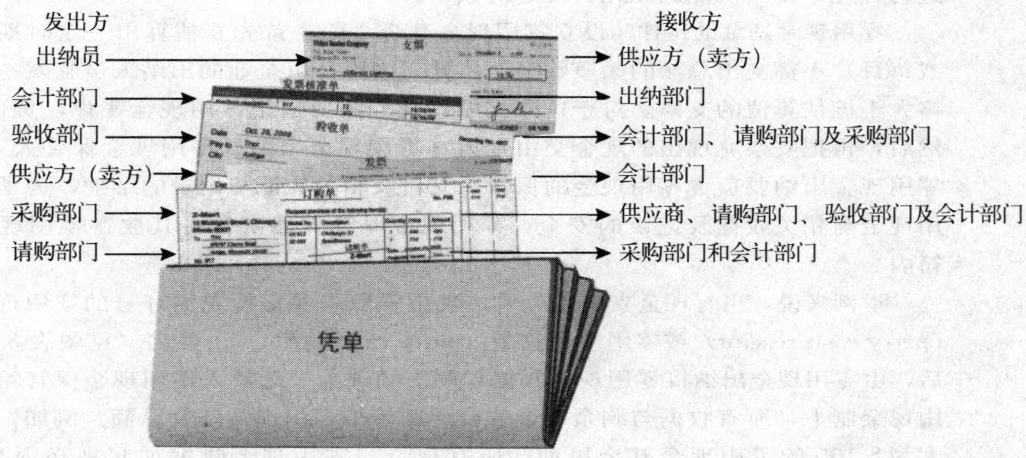

图表 8.1　凭单下的凭证流转

凭单制不仅适用于存货采购，还适用于所有的费用支出。例如，企业收到每个月的电话费账单以后，都要审核其中所列的各项费用，并且要准备一个凭单（文档）来存放电话费账单。然后，企业还要将这笔业务记入日记账。假如需要立即付款，企业就要立刻签发支票；如果不需要立即付款，那么企业可以先将凭单存档，到期后再行支付。如果没有凭单，企业将很难在几天或几周后再核准发票及其金额。另外，如果没有记录，别有居心的员工就会与臭味相投的供应商相互勾结重复索要货款、多要货款或伪造交易骗取货款。有效的凭单制可以帮助企业避免此类欺诈事件。

快速测试

3. 为什么企业要持有流动资产？
4. 为什么企业除了持有现金之外，还要持有现金等价物？
5. 试举出至少两种属于现金等价物的资产。
6. 下列哪种是控制现金的良好的内部控制程序？（a）除了小额支出可通过零用现金支付外，其他支出都要用支票付款；（b）一名员工清点完商品销售收入以后立即将现金收入存入银行；（c）现金汇款收入的拆封、记录和存款均由同一人负责。
7. 所有的企业都需要实施凭单制吗？你建议企业发展到什么阶段开始实施凭单制呢？

使用零用现金制进行控制

控制现金支出的一个重要原则就是所有的支出都应以支票支付，但小额现金支出（petty cash disbursements）除外。所谓小额现金支出是指花在邮资、快递费、小额维修费及低价用品上的零星开支。如果这些小额现金支出也要开支票付款，将会浪费很多时间及成本，因此企业通常设立零用现金基金用于小额支付。（零用现金（petty cash）业务是定额备用金制度（imprest system）的一个组成部分。定额备用金制度就是预先拨出固定数额的钱设立基金，然后随着基金的支付，不断地对基金进行补充，使其恢复到原先所规定的数额。）

零用现金基金的运作 设立零用现金基金之前，首先要估算出一定时期（每周或每月）小额支出总额的大概数字。估算完之后，由企业的出纳人员签发一张金额略大于该估算值的支票。对于这张支票，我们需要借记零用现金账户，贷记现金。然后，再把支票兑现出的现金交由专人（零用现金出纳或零用现金保管人）保管，零用现金出纳要负责零用现金的保管、支付及相关凭证与记录的维护，为了确保零用现金与相关收据及记录的安全，零用现金保管人通常会将其放在零用现金保管箱内。

举例来说，当有现金支出发生时，现金领取人要在预先编好号的零用现金收据（petty cash receipt）或零用现金收条（petty cash ticket）上签名（见图表 8.2）。然后，由零用现金出纳将零用现金收据和剩下的现金一起放入零用现金保管箱。在零用现金制下，所有收据与剩余现金的合计额等于零用现金基金总额。例如，在总额度为＄100 的零用现金基金里面，所有现金与零用现金收据加起来必须是＄100（如，可能有＄80 的现金和＄20 的收据，或＄10 的现金和＄90 的收据）。每一笔支出都会造成现金的减少及收据的增加。

Z-Mart	第9号
零用现金收据	
原因：运费	
日期：11/05/09	审核人：[签名]
记入科目：库存商品	
金额：$6.75	签收人：[签名]

图表 8.2 零用现金收据

零用现金基金快用完时或期末编制完财务报表以后，我们需要补充零用现金基金。为此，零用现金出纳首先要将已经支付的零用现金收据按照费用或账户类型分类，并计算出其合计额。然后，零用现金出纳再将这些收据交给公司的出纳人员，出纳人员将所有收据加盖收讫章避免重复付款后加以记录，并开立等额支票给零用现金出纳以补足零用现金基金。零用现金出纳兑现支票后将现金放回零用现金保管箱，此时，现金总额将恢复零用现金基金的原始金额，并重新开始另一个零用现金支付循环。

零用现金基金示例 假设 11 月 1 日，Z-Mart 设立了零用现金基金并指派公司的一名员工担任零用现金出纳。公司开立了一张 $75 的支票，兑现后交由零用现金出纳保管，则设立零用现金基金的分录如下：

				资产＝负债＋所有者权益
11 月 1 日	借：零用现金	75		
	贷：现金		75	＋75
	（设立零用现金基金）			－75

零用现金基金设立之后，除非要调整零用现金基金的额度，否则不必借记或贷记零用现金账户。（如果零用现金补充的频率太过频繁，就应该提高零用现金基金的额度；相反，如果零用现金基金额度过高，则需要将部分现金重新转入现金账户。）

接下来，假设 11 月份 Z-Mart 的零用现金出纳使用零用现金支付了几笔款项。每个现金领取人都按要求在收据上签了名。11 月 27 日，在支付完 $26.50 的瓷砖清理费之后，零用现金基金只剩下 $3.70。于是，零用现金出纳就将零用现金收据汇总，并计算出其合计额，如图表 8.3 所示。

图表 8.3

Z-Mart 零用现金支出表			
杂项费用			
11 月 2 日	洗窗费	$20.00	
11 月 27 日	瓷砖清理费	26.50	$46.50
库存商品（运入费用）			
11 月 5 日	购买商品运费	6.75	
11 月 20 日	购买商品运费	8.30	15.05
运输费用			
11 月 18 日	客户包裹投递费		5.00
办公用品费用			
11 月 15 日	购买立刻使用的办公用品		4.75
合计			**$71.30**

零用现金出纳将零用现金支出表和所有的收据都交给公司的出纳人员，并从出纳人员处领取了一张＄71.30的支票用以补充零用现金基金。随后，零用现金出纳将支票兑现，并将现金放入零用现金保管箱。公司对于这笔以支票补充零用现金基金的业务记录如下：

				资产 = 负债 + 所有者权益	
11月27日	借：杂项费用	46.50		−71.30	−46.50
	库存商品	15.05			−15.05
	运输费用	5.00			−5.00
	办公用品费用	4.75			−4.75
	贷：现金		71.30		
	（补充零用现金）				

通常，无论零用现金基金中剩余的现金有多少，企业都会在会计期末补足零用现金基金，以便将各项支出记录在适当的会计期间内。如果会计期末企业不补足零用现金基金，那么将会导致财务报表高估现金资产、低估使用零用现金支付的费用。有些企业在会计期末时不去补足零用现金基金，因为它们认为这些发生额数目不大，不足以影响财务报表使用者。

增加或减少零用现金基金额度 企业通常在补充零用现金时才会决定是否增加或减少零用现金基金额度。例如，假设11月27日Z-Mart在补充零用现金基金时，决定将零用现金基金额度从＄75增加至＄100。这里，我们需要编制两笔分录，一笔记录补充的零用现金基金（参见前面11月27日的分录），另一笔则记录增加的零用现金基金额度。记录增加的零用现金基金额度的分录如下：

11月27日	借：零用现金	25	
	贷：现金		25
	（增加零用现金基金额度）		

相反，如果11月27日Z-Mart决定将零用现金基金额度从＄75减至＄55，那么在编制会计分录时，我们则需要贷记零用现金＄20（表示将零用现金基金额度从＄75减少到了＄55），借记现金＄20（表示有＄20从零用现金账户转入了现金账户）。

现金损溢 有时，零用现金出纳可能无法取得收据或付款时钱付多了。如果发生上述情况，那么在补充完零用现金基金之后，零用现金出纳上报的零用现金支出额加剩余的现金额并不等于原零用现金基金额度。这种错误将会导致零用现金基金短缺。在记录补充的零用现金时，将短缺的这部分现金作为费用借记现金损溢账户（如果有多出来的零用现金基金，则要贷记现金损溢账户）。例如，我们编制的记录补充零用现金的分录如下，其中零用现金基金的额度为＄200，上报的零用现金支出额为＄178（用于支付杂项费用），剩余现金＄15。

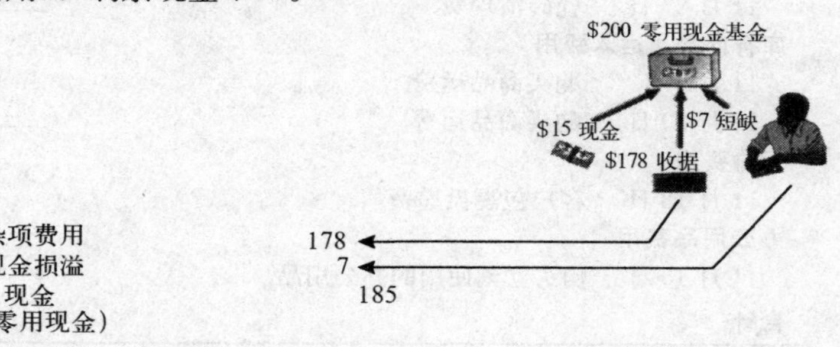

快速测试

8. 为何有些交易不用支票付款，而用零用现金基金支付？
9. 我们为什么要在会计期末时补足零用现金基金？
10. 试列举补充零用现金基金的结果（要求至少列出两项）。

通过银行业务进行控制

银行（或其他金融机构）提供各种不同的服务，而其中非常重要的一项服务就是帮助企业控制现金。银行可以保管现金，提供详细且独立的现金交易记录，并且也是企业融资取得现金的来源之一。本节将介绍各种可以帮助管理人员控制现金的银行业务及银行活动所提供的单证。

基本银行服务

本部分将介绍银行账户、银行存款及开立支票等基本的银行服务，这些服务都有助于企业控制现金。

银行账户、银行存款和支票

银行账户（bank account）是银行为客户设立的记录。有了银行账户，客户可以将现金存入银行以策安全；客户还可以使用银行账户来控制提款。为了限制哪些人可以使用企业的银行账户，所有经授权可以使用银行账户签发支票的人都要在印鉴卡（signature card）上签名以供银行职员核对支票上的签名。很多企业喜欢开立多个银行账户以满足不同的需要和处理不同的交易，例如，很多企业都设立了薪资账户专门用来支付员工工资。

每一笔银行存款都会附有存款单（deposit ticket）以兹举证，存款单上会记录存入银行的纸币、硬币及支票的数量及相应的金额，银行会给客户存款单副本或收据以作为存款的证明。图表8.4给出了其中一种存款单的格式。

存款人可以使用支票（check）从银行账户内提款。支票是存款人开出的指示银行向指定收款人支付一定数量货币的票据。支票涉及三方当事人：支票签发人、收款人和付款银行（付款人）。银行会为存款人提供带有连续编号并印有存款人名称和地址以及银行名称和地址的支票簿。通常，支票与存款单都会以磁性墨水压印识别码以利于计算机处理。图表8.5给出了一种类型的支票。支票可以附带说明付款性质和内容的汇款通知单（remittance advice），也可以不带（图表8.5中给出的支票就带有汇款通知单）。如果支票上没有附带汇款通知单，一般在“备注”后面的横线上简单说明付款的性质和内容。

正面

存款单　　日期：2009年10月2日

VideoBuster Company
901 Main Street
Hillcrest, NY 11749

现金	纸币	36	50
	硬币		
逐一列示出各张支票			
背面合计额		203	50
合计额		240	00
存款净额		240	00

备注：将支票存入银行

其他内容可以填在存款单的背面。内容填写需准确。

FN First National
Hillcrest, New York 11750

99-DT/101

支票及其他存款受《美国统一商法典》或其他适用的托收协议条款的制约。

|:012410497|: 457923 · 02 75

背面

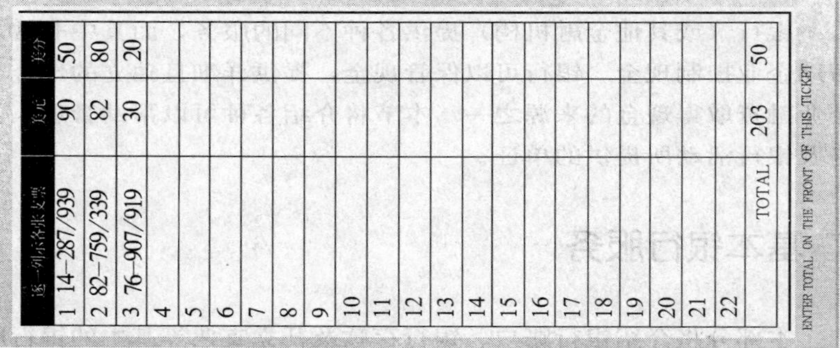

逐一列示各张支票	美元	美分
1 14-287/939	90	50
2 82-759/339	82	80
3 76-907/919	30	20
4		
5		
6		
7		
8		
9		
10		
11		
12		
13		
14		
15		
16		
17		
18		
19		
20		
21		
22		
TOTAL	203	50

ENTER TOTAL ON THE FRONT OF THIS TICKET

图表 8.4　存款单

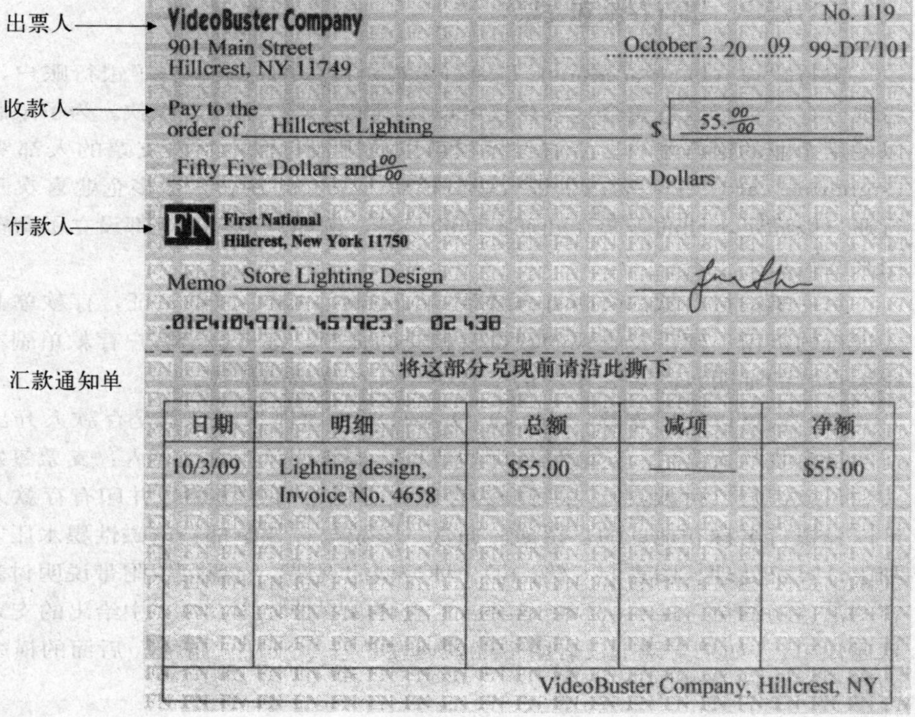

出票人 → **VideoBuster Company**
901 Main Street
Hillcrest, NY 11749

No. 119

October 3 20 09　99-DT/101

收款人 → Pay to the order of Hillcrest Lighting　$ 55.00/00

Fifty Five Dollars and 00/00 Dollars

付款人 → FN First National
Hillcrest, New York 11750

Memo Store Lighting Design

.0124104971. 457923· 02 438

汇款通知单

将这部分兑现前请沿此撕下

日期	明细	总额	减项	净额
10/3/09	Lighting design, Invoice No. 4658	$55.00	——	$55.00

VideoBuster Company, Hillcrest, NY

图表 8.5　带有汇款通知单的支票

电子资金转账

电子资金转账（electronic funds transfer，EFT）是指使用电子通信设备将现金从一方转付给另一方。在电子资金转账过程中不需要使用纸质凭证。银行把现金从一个账户划拨到另一个账户之后，只要记一笔简单的日记账分录就可以了。由于 EFT 成本低廉且使用便捷，所以越来越多的企业都开始使用 EFT。例如，使用银行系统处理每一笔支票的成本大概要＄0.5，若使用 EFT，成本几近于零。我们现在常常会看到企业通过 EFT 来支付薪资、租金、水电费、保险费以及利息。在银行对账单上，我们将通过 EFT 方式提取的现金与支票和其他扣除款项列在一起，把通过 EFT 方式收到的现金与存款和其他导致现金存款增加的交易额列在一起。有时候，银行对账单是存款人唯一可以获得的 EFT 通知单。

□ 银行对账单

通常，银行每个月都会寄一份银行对账单（bank statement）给存款人，以通知存款人其账户内存款的变动情况。尽管每月对账单再平常不过，但是公司通常可以借此获取其银行交易的信息（公司可以选择立即或稍后记录银行对账单要求的会计调整项目，如每天、每周、每月结束时或银行对账时）。尽管各家银行的对账单格式各不相同，但银行对账单都应包下列信息：

1. 存款人账户的期初余额。
2. 本期发生的减少账户余额的支票业务或其他借项发生额。
3. 本期发生的增加账户余额的存款业务或其他贷项发生额。
4. 存款人账户的期末余额。

这些信息反映了银行对这个账户的所有记录。图表 8.6 给出了一种银行对账单。请在该对账单中指出上述四项。图表 8.6 上标有Ⓐ的部分汇总了整个账户的变动情况，标有Ⓑ的部分列示了支票及其他借项发生额，标有Ⓒ的部分列示了存款及其他贷项发生额，标有Ⓓ的部分则列出了每天的账户余额。

在阅读银行对账单时，我们需要注意：对于银行来说存款人的账户就是它的负债，因为这些现金的所有人是存款人而非银行。当存款人增加账户余额时，银行需要贷记自己的负债账户。也就是说，收到银行发出的借记通知单以后，存款人需要贷记其存款账户；相反，收到银行发出的贷记通知单以后，存款人需要借记自己的存款账户。

除银行对账单以外，银行还会附上存款人的注销支票（或实际注销支票）及借记通知单和贷记通知单的清单。越来越多的企业通过网上账户以电子方式注销支票。注销支票（canceled checks）是指在一定期间内，银行已经付讫并且从存款人户头扣完相应金额的支票。银行对账单上的其他扣除款项包括：（1）银行向存款人收取的服务费和手续费，（2）存款人已存入银行但无法收现的支票，（3）前期错误更正，（4）自动提款机（automated teller machine，ATM）提款，（5）存款人事先约定的定期付款。（多数企业不允许使用自动提款机从其支票账户提款，因为企业想使用支票支付所有的款项。）当发生除服务费以外的其他扣款项目时，银行通常会使用借记通知单

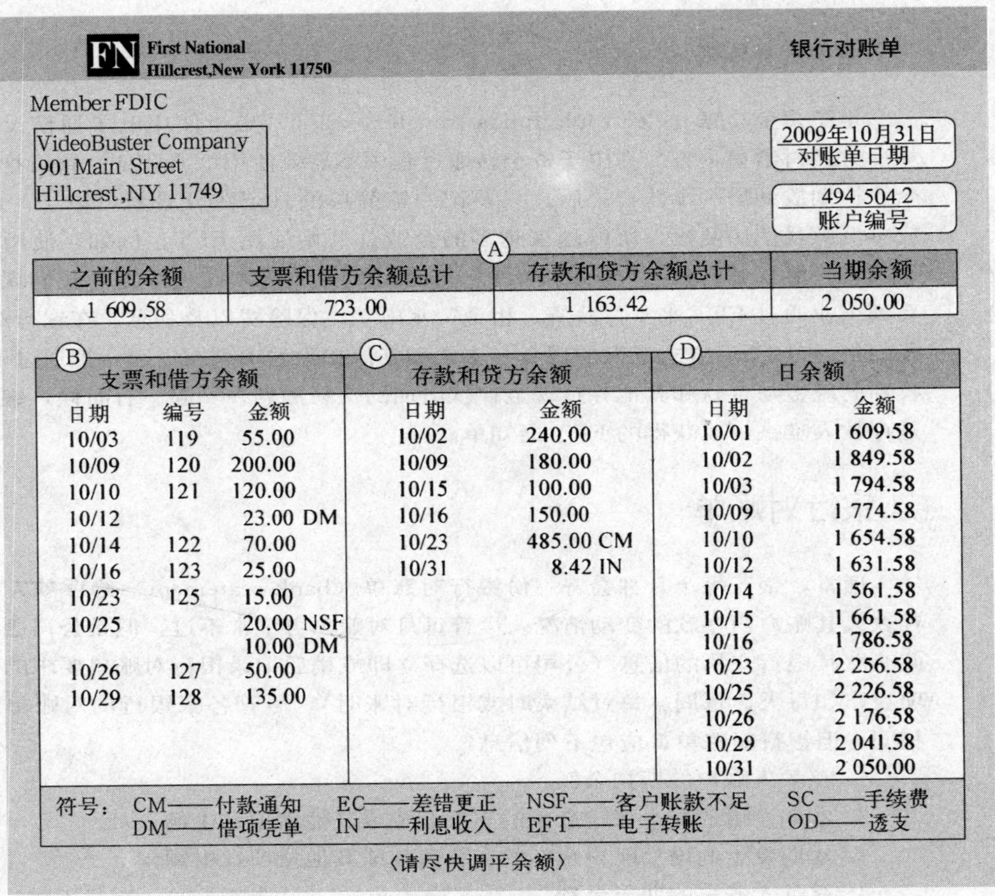

FN First National
Hillcrest,New York 11750

银行对账单

Member FDIC

VideoBuster Company
901 Main Street
Hillcrest,NY 11749

2009年10月31日
对账单日期

494 504 2
账户编号

之前的余额	支票和借方余额总计 (A)	存款和贷方余额总计	当期余额
1 609.58	723.00	1 163.42	2 050.00

(B) 支票和借方余额

日期	编号	金额
10/03	119	55.00
10/09	120	200.00
10/10	121	120.00
10/12		23.00 DM
10/14	122	70.00
10/16	123	25.00
10/23	125	15.00
10/25		20.00 NSF
		10.00 DM
10/26	127	50.00
10/29	128	135.00

(C) 存款和贷方余额

日期	金额
10/02	240.00
10/09	180.00
10/15	100.00
10/16	150.00
10/23	485.00 CM
10/31	8.42 IN

(D) 日余额

日期	金额
10/01	1 609.58
10/02	1 849.58
10/03	1 794.58
10/09	1 774.58
10/10	1 654.58
10/12	1 631.58
10/14	1 561.58
10/15	1 661.58
10/16	1 786.58
10/23	2 256.58
10/25	2 226.58
10/26	2 176.58
10/29	2 041.58
10/31	2 050.00

符号： CM——付款通知　DM——借项凭单　EC——差错更正　IN——利息收入　NSF——客户账款不足　EFT——电子转账　SC——手续费　OD——透支

〈请尽快调平余额〉

图表 **8.6**　银行对账单

通知存款人已经扣减了其存款账户余额。通常，银行会将借记通知单的副本和银行对账单一起寄给存款人。

当然也有些交易会增加存款人存款账户的余额，例如，银行代存款人收取的款项以及前期错误更正。在记录这些交易的同时，银行会使用贷记通知单通知存款人其存款账户余额的增加额。通常，银行也会将贷记通知单的副本和银行对账单一起寄给存款人。有些银行会给支票账户支付利息。在这种情况下，银行会定期根据存款人账户的平均现金余额计算出应支付给存款人的利息，然后将这部分利息贷记存款人账户。在图表 8.6 中，银行就在 VideoBuster 公司的账户中贷记了＄8.42 的利息。

□ 银行余额调节表

如果企业把所有的现金收入（零用现金除外）都存入银行，并且所有的现金支出都使用支票支付，那么它就可以利用银行对账单来验证其现金收支记录是否正确。企业可以通过编制银行余额调节表达到上述目的。**银行余额调节表**（bank reconciliation）是用来解释企业记录的支票账户余额与银行对账单上所列明的余额之间存在的差额的一种报表。

编制银行余额调节表的目的

银行对账单上列明的支票账户余额与存款人账簿上记录的支票账户余额之间经常存在差异，这通常是由于银行与存款人之间的信息不对称造成的。因此，必须验证存款人和银行各自的记录是否正确。也就是说，必须调节二者之间的差额，并解释产生差额的原因。经常导致银行对账单余额与存款人的账户余额不符的因素有：

● 未兑现支票：未兑现支票（outstanding checks）是存款人已经签发、入账并交给收款人但截止到银行对账单发放日收款人仍未向银行兑现的支票。

● 在途存款：在途存款（deposits in transit or outstanding deposits）是指企业已经入账但是银行尚未记入银行对账单的存款。例如，企业可能会在银行关门结束营业后才将现金（通过夜间存款机）存入银行，而银行一般于次日才会将这些夜间存款入账。如果存款当日恰逢银行对账单发放日，那么在当期的银行对账单上就找不到相关的夜间存款记录，因为银行把它记入了下一期的银行对账单。另外，临近期末时汇入银行的款项也可能会成为在途存款，因为银行可能在编制银行对账单时仍未收到汇款，所以并未将其记入银行对账单。

● 扣除的无法收现的支票和服务费：有时，企业存入银行的由他人签发的支票无法收现（通常是由于对方账户余额不足以支付支票面额引起的）。我们通常把这种支票称为存款不足（non-sufficient funds，NSF）支票。银行通常在收到支票时就先贷记存款人账户，如果支票无法收现，银行会再借记存款人账户，将这张支票的金额从账户中扣除。银行可能还会向存款人收取处理这张无法收现的支票的费用，并通过发出借记通知单的方式通知存款人。存款人则应在收到借记通知单之后将扣款额入账，但有时存款人直到编制银行余额调节表时才将这些扣款额入账。银行对账单上已经记录但企业账簿中并未记录的其他银行费用还包括新支票印制费和服务费。

● 代收款项及利息：有时银行会替存款人代收票据或其他款项，也会代存款人收受由电子资金转账划拨过来的款项。银行会将代收款项扣除服务费后贷记存款人账户，并发出贷记通知单通知存款人。存款人则在收到贷记通知单之后将交易额入账，但有时存款人直到编制银行余额调节表时才将这些交易额入账。另外，银行对账单上已经记录但企业账簿中并未记录的导致存款账户余额增加的项目还包括利息收入。

● 错误：无论是银行还是存款人都可能犯错。银行所犯的错误通常要等到存款人编制银行余额调节表时才会被发现。同样，有时候，在调节银行余额的过程中，我们也会发现存款人所犯的错误。错误检查包括两方面的内容：一方面是检查银行对账单上的存款记录与存款人账簿记录中的存款记录是否相符；另一方面是检查银行对账单上注销支票的记录与存款人账簿记录中注销支票的记录是否相符。

银行余额调节表举例

编制银行余额调节表一般需要九个步骤。我们就以图表 8.7 为例来看一看这九个步骤。

图表 8.7　　银行余额调节表

银行余额调节表 2009年10月31日					
① 银行对账单余额		$2 050.00	⑤ 账面余额		$1 404.58
② 加：			⑥ 加：		
10月31日发生的在途存款		145.00	收回$500票据，		
		2 195.00	减去$15手续费	$485.00	
③ 减：			利息收入	8.42	493.42
未兑现支票					1 898.00
No.124	$150.00				
No.126	200.00	350.00	⑦ 减：		
④ 调整后银行对账单余额		$1 845.00	支票印刷费用	23.00	
			客户存款不足支票加上手续费	30.00	53.00
			⑧ 调整后账面余额		$1 845.00
⑨ 余额相等（调平）					

①确认银行对账单上记录的现金账户的余额（即银行余额）。VideoBuster 公司的银行余额为＄2 050。

②确认并列出银行尚未记录的存款交易及银行所犯的导致银行余额低估的错误，并将其加至银行余额。VideoBuster 公司 10 月 31 日通过夜间存款机存入银行的＄145 未记入银行对账单。

③确认并列出未兑现支票及银行所犯的导致银行余额高估的错误，并将其从银行余额中扣除。通过比照公司的账簿记录，我们发现 VideoBuster 公司有两张未兑现支票——124 号支票（面额为＄150）和 126 号支票（面额为＄200）。

④计算出调整后的银行余额（adjusted bank balance），也叫纠正后或调节后余额（corrected or reconciled balance）。

⑤确认公司现金账户的账面余额（即公司账簿上记录的余额）。VideoBuster 公司的账面余额为＄1 404.58。

⑥确认并列出公司尚未记录的由银行发出的贷记通知单、利息收入及导致账面余额低估的错误，并将上述金额加至账面余额。VideoBuster 公司收到了和银行对账单一起寄来的贷记通知单，上面显示 10 月 23 日银行代公司收回了一张面额为＄500 的应收票据，扣除＄15 的手续费后，银行已将剩余款项贷记公司账户。VideoBuster 公司的银行对账单上还列出了＄8.42 的平均现金余额带来的利息收入。之前公司没有收到相关通知，所以并未将该利息收入入账。

⑦确认并列出公司尚未记录的由银行发出的借记通知单、服务费及导致账面余额高估的错误，并将其从账面余额中扣除。VideoBuster 公司的银行对账单显示，公司账簿中尚未记录的借方项目包括：(a) ＄23 的支票印刷费和 (b) ＄20 存款不足支票及＄10 相关服务费。（存款不足支票日期为 10 月 16 日，公司已将该支票入账。）

⑧计算出调整后的账面余额（adjusted book balance），也叫纠正后或调节后余额（corrected or reconciled balance）。

⑨比较第 4 步和第 8 步中计算出来的调整后的余额是否相等。如果两者相等，表示调节成功。如果不等，重新确认是否有所遗漏再进行调节直到相等为止。

根据银行余额调节表编制的调整分录

根据银行余额调节表，我们可以确认一些企业尚未记录因此需要补记的事项。VideoBuster 公司的银行余额调节表显示，调整后的余额为＄1 845，这是 10 月 31 日公司账面上应记的正确余额，但公司账面的实际余额仅有＄1 404.58。因此，需要编制日记账分录将账面余额调整为其正确值。在调整的过程中，我们需要谨记一点：只有调节公司账面余额的事项才需要调整。在核阅过图表8.7后，我们发现VideoBuster公司需要编制四条调整分录。

收回应付票据 第一条分录记录的是银行替VideoBuster公司代收的应收票据款扣除银行服务费后的余额。

				资产＝负债＋所有者权益	
10月31日	借：现金	485		＋485	
	收款费用	15			－15
	贷：应收票据		500	－500	
	（记录银行代收的应收票据款及收款费）				

利息收入 第二条分录记录的是银行贷记VideoBuster公司银行账户的利息。

				资产＝负债＋所有者权益	
10月31日	借：现金	8.42		＋8.42	＋8.42
	贷：利息收入		8.42		
	（记录支票账户的现金余额所赚取的利息收入）				

支票印刷费 第三条分录记录的是支票印刷费用。

				资产＝负债＋所有者权益	
10月31日	借：杂项费用	23		－23	－23
	贷：现金		23		
	（支票印刷费）				

存款不足支票 第四条分录记录的是因无法收现而被退回的存款不足支票。早先，公司在收到T. Woods签发的用于支付其欠款的面额为＄20的支票后将其存入了银行。然后，银行将这＄20以及针对这张存款不足支票收取的＄10的手续费一并从VideoBuster公司的存款账户中扣除。因此，需要编制一条会计分录注销原先收到支票时编制的分录，并记录＄10的银行手续费。

				资产＝负债＋所有者权益
10月31日	借：应收账款——T. Woods	30		＋30
	贷：现金		30	－30
	（将存款不足支票的面额＄20和＄10的银行手续费记入对T. Woods的应收账款）			

登记完这四条会计分录以后，我们就把VideoBuster公司的账面现金余额调整到了其正确值＄1 845（1 404.58＋485＋8.42－23－30）。下面的T形现金账户给出了这一计算过程。

现金

期初余额	1 404.58		
⑥	485.00	⑦	23.00
⑥	8.42	⑦	30.00
调整后余额	1 845.00		

快速测试

11. 什么是银行对账单？
12. 什么是调节银行存款余额？
13. 为什么我们需要调节银行对账单现金余额与存款人的账面现金余额之间的差异？
14. 试举出至少两种在银行余额调节表中影响银行对账单余额的交易事项，并指出这些事项是应该加入银行对账单余额还是应该从银行对账单余额中予以扣除。
15. 试举出至少三种在银行余额调节表中影响企业账面现金余额的交易事项，并指出这些事项是应该加入企业账面现金余额还是应该从企业账面现金余额中予以扣除。

实例分析 1

编制 2009 年 11 月 30 日 Jamboree 公司的银行余额调节表。使用下列信息调节 2009 年 11 月 30 日 Jamboree 公司的账面现金余额与银行对账单余额。

a. 11 月 30 日过完账后，公司账面上现金账户的借方余额为＄16 380，而银行对账单余额为＄38 520。

b. 2024 号支票和 2036 号支票系未兑现支票，其面额分别为＄4 810 和＄5 000。

c. 通过核对银行对账单上的注销支票和公司的账簿记录，我们发现用于支付租金的 2025 号支票的面额为＄1 000，但在公司账上却错记成了＄880。

d. 11 月 30 日，银行停止营业后，公司通过夜间存款机存入了＄17 150，这笔存款银行对账单上没有记录。

e. 在核对银行对账单时，我们发现银行将 Jumbo 公司开立的面额为＄160 的支票错记在了 Jamboree 公司的账上。

f. 跟银行对账单一起寄来的贷记通知单显示，银行代 Jamboree 公司收回了＄30 000 的应收票据及＄900 的相关利息收入。收到银行对账单之前，Jamboree 公司还未将这两笔收入入账。

g. 借记通知单显示，客户 Marilyn Welch 出具的面额为＄1 100 的支票因其账户存款不足无法收现，而 Jamboree 公司在收到银行对账单之前尚未记录这张被退回的支票。

h. 11 月份银行服务费合计＄40，而 Jamboree 公司在收到银行对账单之前尚未将其入账。

解题步骤：

- 参照图表 8.7 编制一栏列明银行余额、另一栏列明公司账面余额的银行余额调节表，预留出位置填写增减事项及调节后的余额。
- 检查项目 a～h，确认是要调整银行余额还是账面余额，以及是要增加还是减少余额。
- 分析完所有项目后，完成银行及账面余额两边的调节，计算出两边调整后的余额。

● 编制调整分录记录每一笔调整账面余额的交易事项。对于增加账面余额的事项，在编制调整分录时，要借记现金；对于减少账面余额的事项，在编制调整分录时，则要贷记现金。

实例分析1答案：

Jamboree公司银行余额调节表
2009年11月30日

银行对账单余额		$ 38 520	账面余额		$ 16 380
加：			加：		
11月30日存入的在途存款	$ 17 150		代收应付票据	$ 30 000	
银行错误（Jumbo公司的支票）	160	17 310	利息收入	900	30 900
		55 830			47 280
减：			减：		
未兑现支票			存款不足支票（Marilyn Welch）	1 100	
2024号	4 810		记录错误（2025号支票）	120	
2026号	5 000	9 810	服务费	40	1 260
调整后余额		$ 46 020	调整后余额		$ 46 020

Jamboree公司需要编制下面几笔调整分录。

11月30日	借：现金	30 900	
	贷：应收票据		30 000
	利息收入		900
	（记录代收票据及利息收入）		
11月30日	借：应收账款——M. Welch	1 100	
	贷：现金		1 100
	（将存款不足支票额重新记入应收账款）		
11月30日	借：租金费用	120	
	贷：现金		120
	（修正有关2025号支票的错误记录）		
11月30日	借：银行服务费	40	
	贷：现金		40
	（记录银行服务费）		

实例分析2

Bacardi公司设立了额度为＄150的零用现金基金，并委任Dean Martin为零用现金出纳。当零用现金基金余额为＄19时，Martin编制了下面的零用现金支出表：

零用现金支出表

收据编号	应记支出账户	核准人	取款人
12	运输费用…$29	Martin	A. Smirnoff
13	库存商品………18	Martin	J. Daniels
15	（漏填）…… 32	Martin	C. Carlsberg
16	杂项费用…………41	（漏填）	J. Walker
	合计…………$120		

要求：

1. 从上述支出表中找出 Bacardi 公司内部控制中存在的四项疏漏。

2. 编制普通日记账分录记录下列交易：

a. 设立零用现金基金。

b. 补充零用现金基金（此处假设 15 号零用现金收据支出的现金用于支付杂项费用）。

3. 零用现金补充前后，零用现金账户余额各是多少？

实例分析 2 答案：

1. Bacardi 公司内部控制中存在的四项疏漏分别是：

a. 14 号零用现金收据丢失。14 号收据的丢失暴露了零用现金出纳在管理方面的问题。

b. 零用现金账户的余额为 $19，这表示零用现金的提取额为 $131（150－19＝131）。而零用现金收据的合计额只有 $120（29＋18＋32＋41）。零用现金基金存在 $11 的现金损溢（131－120＝11）。14 号零用现金收据的金额是 $11 吗？管理者应该就这一问题进行调查。

c. 零用现金出纳 Martin 没有在 16 号零用现金收据上签字。这可能是由于他的疏忽造成的，也可能是因为这笔支出没有经过他的核准。管理者应该就这一问题进行调查。

d. 15 号零用现金收据没有注明应记支出账户。这可能是由于零用现金出纳工作疏忽所致。管理者应跟取款人 C. Carlsberg 和零用现金出纳 Martin 核对此事。如果核对不清楚，那么应该将该笔发生额借记杂项费用。

2. 零用现金普通日记账分录：

a. 设立零用现金基金。

	借方	贷方
借：零用现金	150	
贷：现金		150

b. 补充零用现金基金的分录。

	借方	贷方
借：运输费用	29	
库存商品	18	
杂项费用（41＋32）	73	
现金损溢	11	
贷：现金		131

3. 零用现金账户余额总是等于零用现金基金的额度，在本例中即为 $150。除非我们增加或减少零用现金基金额度，否则这个余额不会发生变化。

小 结

C1 定义内部控制，指出其目的和原则。内部控制制度是由各种政策和程序构成的，管理者通常使用它们来保护企业资产、确保会计记录的可靠性、提高运营效率以及保证公司政策的贯彻执行。内部控制制度可以预防可避免的损失、帮助经营者制定运营计划、监督企业运营情况和员工表现。内部控制原则包括：明确责任；保持适当的记录；为资产投保，为关键员工投保忠诚险；保证资产保管与记录相分离；划分相关交易的责任；应用各种控制技术以及定期实施独立核查。

C2 定义现金和现金等价物，说明如何对它们进行报告。现金包括各种货币、硬币、存放在银行的支票存款（活期存款）和储蓄存款（定期存款）。现金等价物是指符合下述两个条件的流动性很强的短期投资资产：(1) 很容易就能兑换成固定数量的现金，(2) 很快就会到期，因此其市价受利率变动影响不大。现金和现金等价物都属于流动资产，因为它们很容易就能兑换成其他资产或用来购买产品、服务或清偿债务。

C3 指出银行业务的控制特征。银行可以提供多种服务，帮助企业控制现金收支以及保障现金安全。银行账户是银行为客户设立的记录。有了银行账户，客户可以将现金存入银行以策安全；客户还可以使用银行账户来控制提款。银行存款是指存入银行账户的钱，每一笔银行存款都会附有存款单以兹举证。支票是存款人开出的指示银行向指定收款人支付一定数量货币的票据。

P1 实施现金收支内部控制。通过对现金收入实施内部控制，我们可以保证将收到的现金正确地入账并存入银行。我们主要介绍了对两类现金收入的内部控制——通过店面交易获得的现金收入和现金汇款收入。对于通过店面交易获得的现金收入，可以通过使用收银机、让顾客审核、使用收据、使用固定的交易记录以及现金的保管和记录相分离等方式加以控制。对于现金汇款收入，可以通过两种方式加以控制：一是安排两人或多人一起负责拆封工作；另一个就是要求拆封人填写收款单，其中要列明汇款人名称、金额和汇款理由。

P2 解释并记录零用现金交易。小额现金支出是指花在邮资、快递费、小额维修费及低价用品上的零星开支。企业通常设立一个或多个零用现金基金。零用现金出纳要负责零用现金的保管、支付及相关凭证与记录的维护。只有在开设零用现金基金或增加零用现金基金额度时，才需要借记零用现金账户。补充零用现金基金时，需要将小额现金支出额借记费用或资产账户，贷记现金。

P3 编制银行余额调节表。银行余额调节表可以检验存款人的账面记录和银行记录是否正确。如果遇到未兑现的支票或于银行对账单发放日当天或之前存入银行但银行对账单尚未记录的存款交易，那么就需要调整银行对账单余额。如果发生服务费用、银行代收款或利息收入，则需要调整存款人的账面余额。

角色扮演及职业道德参考答案

企业家 强制休假政策是良好的内部控制制度的一个组成部分。强制休假政策可以减少员工的舞弊行为，因为如果员工被强制要求去休假，那么就必须有人来顶替其岗位。替班的员工很可能会发现休假员工的舞弊行为或虚假记录。对于负责管理现金或负责控制可转让资产的员工而言，强制休假政策尤其重要。

快速测试参考答案

1. (c)

2. 技术减少了处理错误、扩大了记录检查范围、限制了实体文件的数量、突出了实行责任分工的重要性。

3. 企业持有流动资产的目的是购买其他资产和服务或偿还债务。

4. 企业持有现金等价物是因为现金等价物给企业带来的收益大于现金所带来的收益(并且现金等价物很容易变现)。

5. 例如，90天期的美国国库券、货币市场基金以及商业票据等都属于现金等价物。

6. (a)

7. 当企业所有者或管理者无法通过亲自监督或直接参与来控制购货过程时，企业才需要实施凭单制。

8. 如果所有的现金支出都用支票付款，那么就需要签发大量的小额支票。由于这种做法既费时又费钱，所以通常设立零用现金基金用于支付零星支出。

9. 如果会计期末不去补充零用现金基金，那么将会导致漏记涉及零用现金的交易以及零用现金资产高估。

10. 首先，补充零用现金基金的同时，可以将零用现金交易入账；其次，补充完以后，可以继续使用零用现金基金；再次，通过补充零用现金基金，可以确定零用现金基金是否存在现金损溢。

11. 银行对账单是银行编制的用来反映存款人账户增减变动情况的报表。

12. 调节银行余额是指解释银行对账单现金余额与存款人的账面现金余额之间为什么会存在差异。

13. 编制银行余额调节表的目的是确定银行或存款人是否出错，以及是否存在银行已登记但存款人尚未登记的交易事项。

14. 未登记的存款——加入银行对账单余额
   未兑现支票——从银行对账单余额中予以扣除

15. 利息收入——加入企业账面现金余额
   贷记通知单——加入企业账面现金余额
   借记通知单——从企业账面现金余额中予以扣除
   存款不足支票——从企业账面现金余额中予以扣除
   银行服务费——从企业账面现金余额中予以扣除

关键术语

Bank reconciliation　银行余额调节表
Bank statement　银行对账单
Canceled checks　注销支票
Cash　现金
Cash equivalents　现金等价物
Cash over and short　现金损溢
Check　支票
Deposit ticket.　存款单
Deposits in transit　在途存款
Electronic funds transfer (EFT)　电子资金转账
Internal control system　内部控制制度
Liquid assets　流动资产
Liquidity　流动性

Outstanding checks　未兑现支票
Petty cash　零用现金
Principles of internal control　内部控制原则
Sarbanes-Oxley Act　《萨班斯——奥克斯利法案》
Signature card　印鉴卡
Voucher　凭单
Voucher system　凭单制

选择题

1. 企业需要补充其零用现金基金，基金额度为＄500。零用现金保管箱里面有＄75 的现金和＄420 的零用现金收据。补充零用现金基金的日记账分录应包括______。

a. 借记现金＄75
b. 贷记现金＄75
c. 贷记零用现金＄420
d. 贷记现金损溢＄5
e. 借记现金损溢＄5

2. 关于 Hapley 公司，我们掌握了以下信息：

● 11 月 30 日，银行对账单余额为＄1 895。
● 11 月 30 日，公司总分类账余额为＄1 742。
● 11 月 30 日，公司通过夜间存款机往银行存入了＄795，11 月 30 日的银行对账单上未记录该笔存款。
● 11 月 30 日，未兑现支票合计额为＄638。
● 11 月份，银行代 Hapley 公司收回了一笔金额为＄335 的应收票据，在扣除＄15 的手续费以后，银行将余款存入了 Hapley 公司的户头。
● 银行从 Hapley 公司的户头中扣除了＄10 的服务费，11 月 30 日的银行对账单上记录了这笔交易。

在 Hapley 公司 11 月 30 日的银行余额调节表上，从客户处收回的应收票据应如何记录？______

a. ＄320 作为账面现金余额的增加额
b. ＄320 作为账面现金余额的扣减额
c. ＄320 作为银行现金余额的增加额
d. ＄320 作为银行现金余额的扣减额
e. ＄335 作为银行现金余额的增加额

3. 根据第 2 题提供的信息，Hapley 公司 11 月 30 日编制的银行余额调节表上调节后的余额为______。

a. ＄2 052　　b. ＄1 895
c. ＄1 742　　d. ＄2 201
e. ＄1 184

讨论题

1. 请列出内部控制的七个总原则。

2. 内部控制程序对每一个企业来讲都是很重要的，但是在企业发展的哪一阶段，内部控制程序变得尤为关键？

3. 为什么要在不同部门或个人之间划分相关交易的责任？

4. 为什么记录资产和保管资产的人不能是同一个人？

5. 当一家店铺购买商品时，为什么不允许各个部门直接与供应商交易？

6. 内部控制的缺陷是什么？

7. 下列哪项资产是流动性最强的？哪项是流动性最弱的？存货、建筑物、应收账款或现金。

8. 什么是零用现金收据？谁应该在上面签字？

9. 为什么在收到现金的当天要将现金收入存入银行？

快速学习

QS8-1 内部控制制度是由那些用来保护企业资产、确保会计记录的可靠性、提高运营效率和保证公司政策的贯彻执行的各种政策和程序构成的。

1. 内部控制程序的主要目标是什么？如何实现这一目标？

2. 为什么资产的记录和保管要分离？

3. 为什么应该将一项交易的责任划分给两个或多个个人或部门？

QS8-2 良好的会计制度有助于管理现金和控制谁有权接触现金。

1. 现金具体包括哪些内容？

2. 现金等价物包括哪些内容？

3. 什么是流动性？

QS8-3 良好的会计制度有助于管理和控制现金及现金等价物。

1. 给出流动性资产和现金等价物的定义，并将二者进行比较。

2. 为什么企业会将它们的闲置资金投资到现金等价物中？

3. 请举出有效的现金管理的五个原则。

QS8-4 一个良好的现金的内部控制制度为保护现金收入与支出提供了适当的程序。

1. 有助于实现这一保护的三项基本指导原则是什么？

2. 请举出两项现金支出的控制制度或程序。

QS8-5 1. Kaley Agency 公司以 $75 设立了零用现金基金。本期期末现金剩余 $8.18，并持有下列票据：影片租金，$26.50；购买会议所需的点心，$32.17（这两项支付都记入娱乐费用项目）；快递费，$5.15；复印费，$3。编制记录下列事项的日记账分录：（a）设立零用现金基金，（b）本期期末补充零用现金基金。

2. 举出两个使得零用现金账户出现在分录贷方的事项。

QS8-6 1. 下列各项中，请指出其金额是否（Ⅰ）影响银行余额调节表的银行对账单的余额或企业账面余额，（Ⅱ）在银行余额调节表中代表增加项或减少项。

a. 未入账存款　　b. 现金余额利息

c. 银行服务费　　d. 借记通知单

e. 未兑现支票　　f. 贷记通知单

g. 存款不足支票

2. 上题中的哪些项需要编制调整日记账分录？

QS8-7 Madison公司在收到现金的当天即将所有现金存入银行，并通过签发支票支付所有现金。2009 年 7 月 31 日，在营业日结束时，其现金账户显示借方余额 $2 025。Madison 公司 7 月 31 日的银行对账单显示银行存款为 $1 800。根据下列信息编制 Madison 公司的银行余额调节表。

a. 7 月 31 日的银行对账单有一项是银行服务费 $30 的借记通知单；而 Madison 公司还没有记录这些服务费的成本。

b. 在核对银行对账单时，一张由 Madsen 公司签发的支票被错误地记在了 Madison 公司的账户下。

c. 7 月 31 日收到的 $210 现金在银行关门结束营业后通过夜间存款机存入银行，并且没有记录在当天的银行对账单中。

d. 7 月 31 日的未兑现支票总额为 $100。

e. 银行对账单上有一项是银行存款的利息收入，贷方金额 $30。

练习题

Exercise8-1 太平洋公司是一家刚成立的高增长型公司。当公司的管理人员发现在过去的六个月中丢失了一大笔钱后，它一年前雇用的记录员离开了公司所在的小镇。审计人员发现这名记录员填写并签发了几张支付给其未婚夫的支票，然后将支票记录在员工工资账户下。而从未在公司担任任何职务的该记录员的未婚夫，兑现了支票并和她一起离开了小镇。因此，公司产生了一笔意外损失。评价太平洋公司的内部控制制度，并指出其可能忽视了内部控制的哪些原则。

Exercise8-2 Chapman公司的一些来自客户的现金收入通过定期汇款的形式到账。每天，Chapman公司的记录员负责信件的拆封，并将当天收到的现金存入银行。(a) 请指出这一安排存在的内部控制问题。(b) 你建议该企业的内部控制制度进行怎样的调整。

Exercise8-3 在下列每种情况下，你会建议遵循怎样的内部控制程序？

1. 某公司的一名雇员，负责在海滩出售防晒霜、T恤衫和太阳镜。每天，公司为雇员提供足够一天销售的防晒霜、T恤衫和太阳镜，同时还为雇员提供了足够一天找零用的现金。现金存放在柜台的一个盒子里。

2. 一家古董店每周末给雇员一定的现金并派他去旧货市场。该名雇员在市场上用现金采购古董，以备古董店销售。

Exercise8-4 Fresno公司在1月1日以＄350设立了零用现金基金。1月8日，剩余基金显示为＄140，并拥有如下支出的收据：快递费，＄67；在途运输费，＄35；运输费用，＄52；杂费，＄56。在登记库存商品的时候，该公司采用的是永续盘存制。编制以下业务的会计分录：(1) 1月1日设立零用现金基金，(2) 1月8日补充零用现金基金，(3) 1月8日，补充零用现金基金，并将其金额增加至＄550，假设业务 (2) 中没有编制任何分录。(提示：在 (3) 中编制两个独立的分录。)

Exercise8-5 Recichard公司在9月9日以＄250设立了零用现金基金。9月30日，基金剩余现金＄34，并有如下费用支出的收据：在途运输费，＄47；快递费用，＄62；杂费，＄103。零用现金出纳无法解释基金中所发生的＄4的短缺。在登记库存商品的时候，该公司采用的是永续盘存制。编制 (1) 9月9日设立零用现金基金的分录，(2) 9月30日补充零用现金基金的分录，(3) 10月1日将零用现金基金增加至＄300的分录。

Exercise8-6 编制一张9月30日如下表所示的月银行余额调节表。

银行对账单余额		企业账面余额			调节表上未反映的事项
加	减	加	减	调整	

下列1～12各项中，在相应的栏中填入 x，以反映该项是否应该确认要调整银行余额或是账面余额，以及是要增加还是减少余额，或该项是否应该出现在银行余额调节表上。如果账面余额是需要调整的，那么在调整栏中填入借或贷，以反映现金余额应该记录在借方还是贷方。在表的左面，标明下列各项所对应的数字。

1. 9月25日，收到来自客户的存款不足支票，但这家公司还没有进行记录。

2. 9月银行现金余额产生的利息。

3. 9月5日存入银行并在9月6日由银行记录的存款。

4. 由另一存款人开具的但登记在该公司账户名下的支票。

5. 9月的银行服务费。

6. 9月银行注销8月31日签发的未兑现支票。

7. 以公司账户填写并由银行发行的支票，且公司的记录员疏忽了此项记录。

8. 银行收到的但还没有被公司记录的该公司的一张应收票据的本金和利息。

9. 10月2日填写并汇给收款人的支票。

10. 9月30日公司填写并汇给收款人的支票。

11. 9月30日银行营业结束后存入的夜间存款。

12. 银行代表本公司收回第8题中所提到的应收票据时收取的特殊费用。

Exercise8-7 控制的凭单制是为了控制现金支出和债务承担而设立的。

1. 控制的凭单制为哪两个过程设立了程序？

2. 控制的凭单制应该监督哪些类型的支出？

3. 凭单最初在什么时候编制？请说明。

Exercise8-8　Austin Clinic公司在收到现金的当天即将所有现金存入银行，并通过签发支票支付所有现金。2009年6月30日，在营业日结束时，其现金账户显示借方余额＄15 671。Austin Clinic公司6月30日的银行对账单显示银行存款为＄15 382。根据下列信息编制Austin Clinic公司的银行余额调节表。

a. 6月30日未兑现支票总额为＄2 700。

b. 6月30日的银行对账单中，有一项是银行服务费的＄65的借记通知单。

c. 6月15日，编号919，列明为注销支票的一张支票被用来支付金额＄489的公用事业账单。Austin Clinic公司错误地将该事项记录为借公用事业费用＄498，贷现金＄498。

d. 6月30日收到的现金＄2 933，在银行营业时间结束后，被存到了夜间存款机中，并且没有记录在6月30日的银行对账单中。

Exercise8-9　由于编制了上题中的银行余额调节表，请编制Austin Clinic公司必须记录的调整日记账分录。

综合题

Problem8-1A　请分别指出下列各案例所违反的内部控制的原则，并为企业应该怎样做以保持内部控制的一贯性提出建议。

1. Chi Han负责为雇主记录所有的客户现金收益，并将客户支付的款项过账到各自的账户中。

2. 在Tico公司，Jeen和Kirsten交换时间进餐。Jeen是公司的零用现金保管员，但是当有人需要零用现金而她又在吃午餐时，Kirsten就作为保管员代其记账。

3. 在Hopeville诊所，Nori Nozumi的职责是将所有收入与支出进行过账。每晚，Nori将电算化的会计系统备份到一个磁带上，并将其锁在她桌子上的文件柜里。

4. Sanjay Shales以能够雇用到几乎不需要监督的高质量员工为荣。作为办公室的管理人员，在执行任务时，他给他的雇员足够的自由空间，并且数年来没有对他们的工作进行过独立的审核。

5. Cala Farah的经理告诉她要削减成本。Cala决定将工厂财产保险的可抵扣额由＄5 000增加到＄10 000。这意味着财产保险费用减掉了一半。在相关的变动中，她认为给工厂的员工投忠诚险是一个浪费钱财的举动，因为工厂从来没有发生过任何因员工偷窃而造成的损失。Cala通过取消忠诚险节省了忠诚险的全部费用。

Problem8-2A　当年2月份，Beard Gallery的零用现金交易如下：

2月2日　签发了一张面值＄300的支票并兑现，然后将收入和小钱箱交给了零用现金出纳员Reggie Gore。

5日　花＄14.55购买了即刻使用的复印机的专用纸。

9日　支付购买的待转售商品的COD运输费用＄32.50，采用装运地交货。Beard采用永续盘存制核算库存商品。

12日　支付寄给客户的一份合同的快递费＄7.85。

14日　报销经理Jonny Carr的车补费＄66。

20日　花＄67.67购买了即刻使用的文具。

23日　将已售商品运送给客户产生运输费＄23，采用的是装运地交货。

25日　支付购买的待转售商品的COD运输费用＄10.30，采用装运地交货。

27日　支付快递费＄55。

28日　零用现金基金剩余＄20.82。根据相关账户将零用现金收据分类，并用支票补充已经报销的零用现金基金。

28日　零用现金基金金额由＄100增加到＄400。

要求：

1. 编制设立零用现金基金的会计分录。

2. 根据运输费用、车补费、快递费、库存商品（在途运输费）和办公用品费用编制2月份的零用现金支出报告。将支出归类到相应的分类下，并计算出每一项的费用总额。

3. 编制上题中补充和增加零用现金基金的日记账分录。

Problem8-3A 根据下列信息调节2009年7月31日Hamilton公司的现金账面余额与其银行对账单的现金余额。

a. 7月31日，公司现金账户的借方余额为＄25 862，而7月的银行对账单显示的现金余额为＄28 575。

b. 6月30日的银行余额调节表中，有两张未兑现支票，编号为3031和3040，面值分别为＄1 670和＄827。编号为3040的支票被列在了7月份的注销支票中，而另外一张支票没有列入。同时，7月份签发的编号为3065和3069，面值分别为＄611和＄2 438的支票没有列示在7月31日对账单的注销支票中。

c. 在比较银行对账单中的注销支票和会计记录中的分录时发现，7月份的租赁费用签发的编号为3056的支票填写正确并兑现了＄1 250的现金，但却在编制分录时记为＄1 240。

d. 一张附有7月份银行对账单的贷记通知单显示银行为Hamilton公司收回了一张无息应收票据，面值为＄6 000。银行减去其服务费，将剩余金额记录在其账户的贷方。而Hamilton公司在收到对账单前没有记录此事项。

e. 一张＄805的借记通知单列示了一张＄795的存款不足支票和＄10的手续费。支票是来自客户Evan Shaw的。公司还没有将此支票作为存款不足支票记录。

f. 一张附有7月份银行对账单的借记通知单显示银行服务费为＄9。由于之前没有收到任何相关的信息，所以还没有进行记录。

g. Hamilton公司7月31日的日现金收入＄7 152在当日存入了夜间存款机，但并没有列示在7月31日的银行对账单中。

要求：

1. 编制公司2009年7月31日的银行余额调节表。

2. 编制使2009年7月31日的企业账面余额与调节表的余额相一致的必要的日记账分录。

分析：

3. 假设编制了2009年7月31日的银行余额调节表，但其中有些项目的记录是错误的。针对下列各项错误，请分别指出这些错误对调整后的银行对账单现金余额和调整后的企业账面余额的影响。

a. 公司未调整的现金账户余额＄25 862在银行余额调节表上的记录为＄25 682。

b. 银行收回的面值＄6 000的票据减去＄30的代收票据手续费后的余额记录在了调节表上银行账单的现金余额栏下。

第9章

应收款项的会计核算

- 应收账款
- 应收票据
- 应收款项的处置

学习目标

CAP
- 概念（Conceptual）
  - C1 应收账款的定义、产生与记录
  - C2 应收票据及其到期日和相关利息的计算
  - C3 应收款项在到期日前的变现
- 程序（Procedural）
  - P1 分别使用直接核销法和备抵法核算应收账款
  - P2 分别利用赊销百分比法与应收账款法估计坏账
  - P3 应收票据取得和收回的会计处理
  - P4 应收票据承兑、拒付以及利息调整的会计处理

本章预览

本章主要介绍应收账款和短期应收票据。我们将会分别对上述应收款项的用途、会计处理及如何在财务报表上反映进行说明。这些知识有助于使用者利用会计信息制定决策，同时也有助于预测公司未来的业绩与财务状况。

应收款项的会计核算

应收账款	应收票据	应收款项的处置
• 应收账款的确认 • 应收账款的计量 • 坏账的估计	• 到期日和利息的计算 • 应收票据的确认 • 应收票据的计量和兑现	• 出售应收款项 • 抵借应收款项

应收账款

应收款项（receivable）是指应向另一方收取的款项。应收账款和应收票据是两种最常见的应收款项。其他的应收款项还包括：应收利息、应收租金、应收退税款和对员工的应收款。应收账款（accounts receivable）是指由赊销所带来的客户欠企业的债务。本节首先介绍应收账款的产生。当客户使用第三方发行的信用卡支付以及企业直接授予客户信用额度时，都会产生应收账款。如果企业直接授予客户信用额度，那么企业必然做到以下两点：（1）为每一位客户都开设独立的应收账款账户；（2）记录因赊销所产生的坏账。

□ 应收账款的确认

当企业向客户赊销时会产生应收账款。近年来，企业的赊销额明显增加，这反映了很多情况，其中也包括有效的财务系统。像Limited Brands和百思买那样的零售商

通常持有价值数百万美元的应收账款。而像 SUPERVALU 和 SYSCO 那样的批发商也同样持有数量庞大的应收账款。图表 9.1 给出了四家知名公司近期所持有的应收账款的金额及其在各自的总资产中所占的比重。

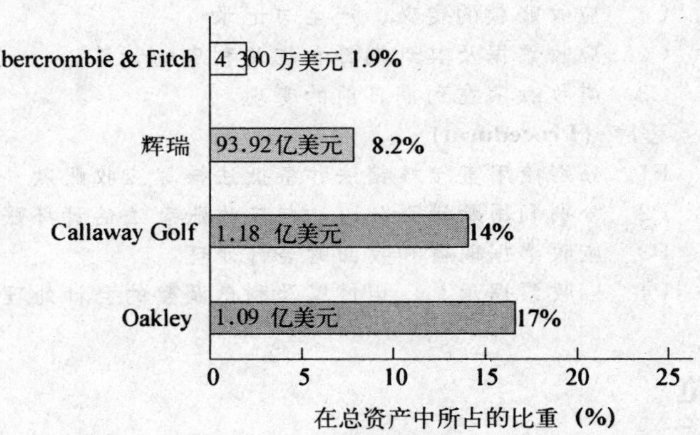

图表 9.1　所选公司的应收账款

赊销

在记录赊销业务时，我们需要增加（借记）应收账款。企业必须为每一位客户都开设独立的应收账款账户以记录客户的赊销额、付款额和欠款额。我们可以根据这些信息给客户发账单以及进行其他的业务分析。为了获得这些信息，提供赊销的企业要为每个客户都开设单独的应收账款账户。但在总分类账上，只设一个应收账款账户，并把它和财务报表的其他账户列在一起，但同时我们需要在辅助记录中为每个客户都开设单独的应收账款账户。我们把这种辅助记录称为应收账款明细分类账（accounts receivable ledger）。

图表 9.2 以一家小型电子产品批发企业——Tech 公司为例，说明了总分类账中的应收账款账户与应收账款明细分类账中单独的客户账户之间的关系。从图表 9.2 中可以看出，Tech 公司在 6 月 30 日的应收账款余额为＄3 000。Tech 公司虽然主要采用现金销售，但仍有两大赊销客户：Comp Store 和 RAD 电子产品公司。从 Tech 公司的应收账款明细表（schedule of accounts receivable）可以看出，公司总分类账中应收账款账户的余额＄3 000 等于应收账款明细账中两大客户账户余额之和。

为了弄清楚在会计记录中如何确认赊销产生的应收账款，我们来看两笔 7 月 1 日 Tech 公司与其赊销客户进行的交易（见图表 9.3）。第一笔交易是赊销价值＄950 的商品给 Comp Store。为此，需要将该笔赊销额分别过入总分类账中的应收账款账户的借方和应收账款明细分类账中该客户账户的借方。第二笔交易是从 RAD 电子产品公司收回以往的赊销货款＄720。从赊销客户处收回现金，我们要将收回的现金额分别过入总分类账中应收账款账户的贷方以及应收账款明细分类账中该客户账户的贷方。（将应收账款的借方发生额或贷方发生额同时过入总分类账和明细分类账，这种做法并没有违反借贷相等原则。总分类账仍能保持借贷相等。应收账款明细分类账只不过是提供各个客户详细交易数据的辅助记录。）

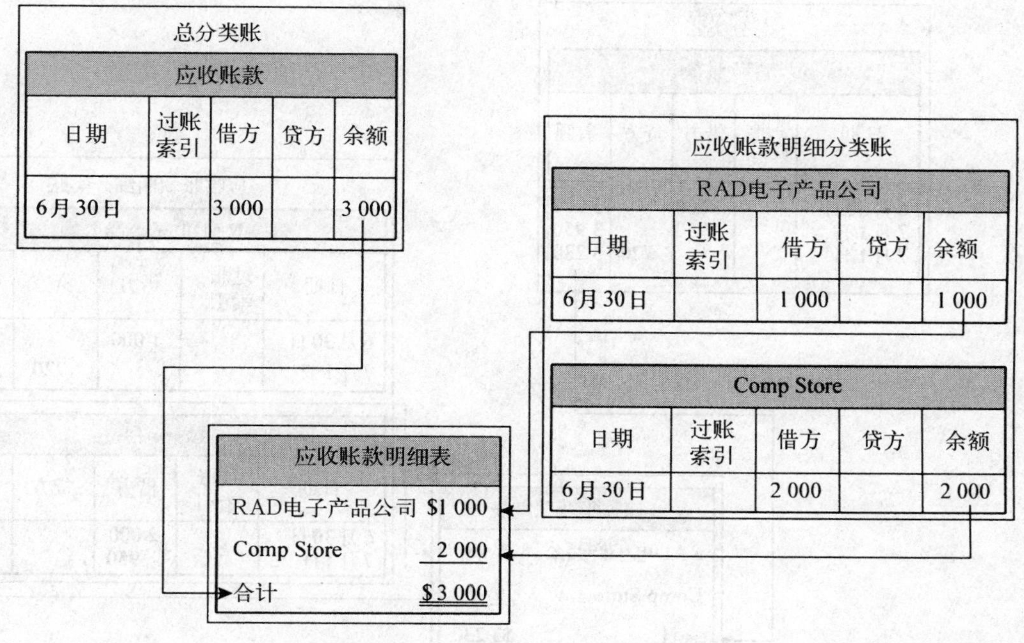

图表 9.2 （登记 7 月 1 日交易前的）

总分类账与应收账款明细分类账

7月1日	借：应收账款——Comp Store	950		资产＝负债＋所有者权益
	贷：销售收入		950	＋950 ＋950
	（记录赊销收入*）			
7月1日	借：现金	720		资产＝负债＋所有者权益
	贷：应收账款——RAD电子产品公司		720	＋720
	（记录赊销货款的收回）			−720

* 为了突出销售收入和应收账款，我们省略了借记销售成本，贷记库存商品的分录。

图表 9.3 应收账款交易

图表 9.4 给出了记录完 7 月 1 日的上述两笔交易后 Tech 公司的总分类账和应收账款明细分类账。从总分类账中可以看出，在记录完赊销和收款业务以后，应收账款账户的最终余额为＄3 230。从明细分类账中，我们同样可以看出上述两笔交易对各客户账户的影响：RAD电子产品公司的账户余额为＄280，Comp 商店账户的余额为＄2 950。两者合计为＄3 230，正好等于总分类账中应收账款账户的借方余额。

像 Tech 公司一样，许多大型的零售企业例如西尔斯公司（Sears）和 JCPenny 公司也从事赊销业务，它们还推出了自己专属的信用卡。通过使用信用卡，它们授予经过批准的客户适当的信用额度，并且如果客户在规定期限内没有付款，它们还会向客户收取一定的利息。这样一来，公司就不必向信用卡公司支付手续费。在这种情况下，相关交易的分录类似 Tech 公司所编制的，只是可能多了利息收入的计算及确认。如果客户的账单需要支付利息，那么就将相关的利息额借记应收利息，贷记利息收入。

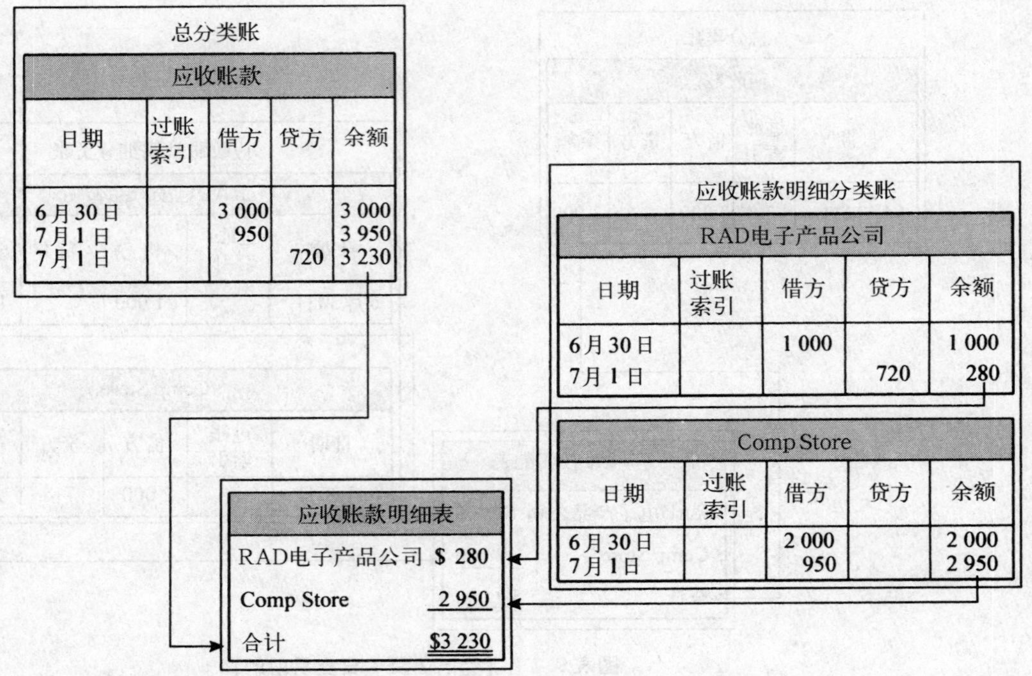

总分类账

应收账款

日期	过账索引	借方	贷方	余额
6月30日		3 000		3 000
7月1日		950		3 950
7月1日			720	3 230

应收账款明细分类账

RAD电子产品公司

日期	过账索引	借方	贷方	余额
6月30日		1 000		1 000
7月1日			720	280

Comp Store

日期	过账索引	借方	贷方	余额
6月30日		2 000		2 000
7月1日		950		2 950

应收账款明细表

RAD电子产品公司	$ 280
Comp Store	2 950
合计	$3 230

图表 9.4　（登记完 7 月 1 日交易后的）总分类账与应收账款明细分类账

信用卡销售

很多企业都允许客户使用第三方发行的信用卡（例如，维萨卡、万事达卡、美国运通卡等）或借记卡进行付款。客户可以无须携带现金或支票而利用这种方式购买所需的各种商品或服务。客户只需在信用卡发行公司或银行办一张信用卡即可，无须在每个所消费的商店都开设专门的现金账户。通过使用这些信用卡，客户可以先消费后付款，每月定期结算并一次支付给信用卡发行公司或银行，而不必分多次付款给不同的债权人。

销售商不直接赊销给客户，而是允许客户使用第三方发行的信用卡或借记卡，销售商之所以这样做主要是基于以下几个原因。第一，销售商不必评价每个客户的信誉，也不必考虑哪些客户可以获得多少信用额度。第二，销售商可以避免将信用授予没有能力或不愿还款的客户的风险。这一风险被转嫁给了信用卡公司。第三，一般来说，销售商向信用卡发行公司或发卡银行收款的速度要比直接给予顾客信用额度收款的速度快得多。第四，为客户提供多种信用方式可以刺激销售。西尔斯公司以前仅允许客户使用自己发行的西尔斯卡消费，但后来为了增加销售额，西尔斯公司改变了政策，开始允许客户使用其他信用卡发行公司发行的信用卡。它们在报告中写道："尽管公司为客户提供了更多的付款方式，例如维萨卡、万事达卡或美国运通卡，但使用西尔斯卡的消费额在西尔斯公司零售总额中所占的份额却有增无减。"

企业记录信用卡或借记卡销售业务有一定的准则。对于某些信用卡交易及大部分借记卡交易，在将信用卡或借记卡交易的销货收据副本存入银行时，直接贷记销售企业的现金账户。在这种情况下，销售企业将每一笔信用卡或借记卡交易的销货收据副本存入银行，就如同将顾客签发的支票存入银行一样。但有些卡要求销售企业将客户刷卡消费的销货收据副本（通常采用电子形式）传送给发卡公司。因此，在收到付款前的这段期间，销售企业持有的是应向发卡公司收回的应收账款。无论是哪一种情况，发卡公司都会根据刷卡销售额的一定比率（约 1%～5%）向销售企业收取手续费。这些手续费会直接从销售企业账户的贷方余额中扣除，或在支付现金给销售企业时予以扣除。

信用卡销售业务的会计处理程序取决于销售企业是在将销货收据副本存入银行时立即就能收到账款还是要等到信用卡发行公司付款后才能收到账款。例如，假设 Tech 公司有一笔信用卡销售业务，交易金额为 $100，发卡公司按信用卡销售额的 4%收取手续费。如果在将销货收据副本存入银行时立即就能收到货款，那么公司需要编制如下分录：

				资产＝负债＋所有者权益
7 月 15 日	借：现金	96		＋96　　　＋100
	信用卡费用	4		－4
	贷：销售收入		100	
	（记录信用卡销售收入及 4%的信用卡手续费*）			

*为了突出信用卡费用，我们省略了借记销售成本，贷记库存商品的分录。

但如果 Tech 公司需要先将电子销货收据传送给信用卡发行公司，等其处理完后才能收到账款，那么在销售当天，公司需要编制如下分录：

				资产＝负债＋所有者权益
7 月 15 日	借：应收账款——信用卡发行公司	96		＋96　　　＋100
	信用卡费用	4		－4
	贷：销售收入		100	
	（记录信用卡销售收入及 4%的信用卡手续费*）			

*为了突出信用卡费用，我们省略了借记销售成本，贷记库存商品的分录。

等收到信用卡发行公司支付的账款时（通常采用电子资金转账的形式），公司需要编制如下分录：

				资产＝负债＋所有者权益
7 月 20 日	借：现金	96		
	贷：应收账款——信用卡发行公司		96	＋96
	（记录现金收入）			－96

有些企业将信用卡费用作为获取销售净额的销售折扣列示在利润表中，也有些企业将信用卡费用列入销售费用甚至是管理费用中。上述两种做法都有其理论基础，但无论采用哪种方法，或多或少都有一些争议。

分期付款销售和应收款项

很多企业都允许客户采用在几个月内分期付款的方式进行交易。例如，福特汽车公司持有 700 亿美元以上的分期应收款。销售企业将信用卡销售业务中客户所拖欠的需要在较长时间内分期偿还的款项称为应收分期账款（installment accounts receivable）。应收分期账款的原始凭证包括描述销售业务的销货单或销售发票。客户通常需要交纳一定的利息。虽然应收分期账款的信用期可能超过一年，但如果销售企业经常给客户提供这样的项目，我们仍将其视为流动资产。

角色扮演 **企业家**

假设你是一家小型零售企业的负责人，原来你们只接受使用现金或支票交易，而目前正在考虑是否允许顾客使用信用卡进行交易。试问你会以何种方式分析是否决定接受使用信用卡消费？

快速测试

1. 在记录信用卡销售业务时，何时应借记应收账款？何时应借记现金？
2. 假设某公司将销货收据收集起来传送给信用卡发行公司索要账款。在这种情况下，何时会产生信用卡费用？何时将其入账？

应收账款的计量——直接核销法

企业在直接授予客户信用额度时，就已经预料到某些客户可能不会如约付款。通常把这些无法收回的账款（uncollectible accounts）称为坏账（bad debts）。坏账的合计额即为赊销费用。既然已经预料到有可能会产生坏账，企业为什么还愿意进行赊销呢？这是因为企业相信赊销可以增加销售额，而且赊销带来的净收益足以抵销坏账费用。企业一般采用下列两种方法记录坏账：（1）直接核销法；（2）备抵法。我们将分别介绍这两种方法。

记录并核销坏账

使用直接核销法（direct write-off method）处理坏账是指当应收账款确定无法收回时，直接将其列为坏账损失。直接核销法不需要费劲地去估计坏账费用。例如，假设 Tech 公司在 1 月 23 日确定其客户 J. Kent 所欠的 \$520 账款已无法收回，此时，可以使用直接核销法编制如下分录确认损失：

		借方	贷方	资产	＝负债＋所有者权益
1月23日	借：坏账费用	520		资产＝负债＋所有者权益	
	贷：应收账款——J. Kent		520	－520	－520
	（核销坏账）				

在该分录中，直接将坏账额借记本期的坏账费用，贷记总分类账中的应收账款账户（及其应收账款明细分类账账户）。

坏账转回

有时，在企业核销账款确认坏账费用后，因企业持续的催款努力或客户的财务能力好转，客户又偿还了之前所欠的款项。延续上例，假设在 Tech 公司核销掉 J. Kent 的应收账款后，J. Kent 在 3 月 11 日全额偿还了所欠的款项。此时，需要编制下面两笔分录记录这笔重新收回的坏账：

		借方	贷方	资产	＝负债＋所有者权益
3月11日	借：应收账款——J. Kent	520		资产＝负债＋所有者权益	
	贷：坏账费用		520	＋520	＋520
	（恢复以前核销掉的应收账款）				

3月11日 借：现金	520		资产＝负债＋所有者权益
贷：应收账款——J. Kent		520	＋520
（记录收回全部欠款）			－520

评估直接核销法

使用直接核销法的公司包括：Rand Medical Billing，Gateway Distributors，Microwave Satellite Technologies，Frebon International，Slater Dome Properties，Interscope Technologies，Online Payroll Services 和 Sub Surface Waste Management。Pharma-Bio 服务公司的下面这段话充分代表了该方法的典型评价："采用直接核销法，只有当某一特定账户确定无法收回时，坏账费用才发生。使用该方法所产生的影响与备抵法相近。"在决定是否使用直接核销法时，企业至少需要权衡以下两项会计原则：（1）配比原则，（2）重要性原则。

配比原则在坏账处理中的应用 配比原则（matching principle）要求我们在同一会计期间确认收入和为产生这些收入而发生的费用。具体到坏账处理上，也就是说，如果赊销可以带来销售收入，那么就应该在确认销售收入的同时，确认因赊销所产生的坏账费用，并把它们列示在同一时期的财务报表中。直接核销法无法很好地实现销售收入和费用的配比，因为在直接核销法下，通常需要等到确定账款无法收回时才能记录坏账费用，也就是说，确认坏账费用的时间往往晚于赊销发生的时间。因此，要想实现销售收入和费用的配比，企业需要估计其未来的坏账额。

重要性原则在坏账处理中的应用 重要性原则（materiality constraint）规定，对于数额不大、即便列示在财务报表上也不足以影响报表使用者的业务决策的交易额，可以忽略不计。因此，根据重要性原则，如果与企业的销售收入和净利润等其他财务报表项目相比，坏账费用数额很小，那么可以使用直接核销法处理坏账。

□ 应收账款的计量——备抵法

使用备抵法（allowance method）处理坏账是指先估计因无法收回账款所带来的坏账损失，再将其与相关销售收入相匹配。赊销业务发生时，管理部门并不知道将来哪些客户会欠账不还，因此我们需要估计坏账损失。也就是说，如果使用备抵法处理坏账，那么每个会计期末都要估计本期的销售收入可能带来的坏账总额。与直接核销法相比，备抵法具有以下两个优点：（1）在记录相关销售收入的同时记录坏账费用的估计值，（2）资产负债表上的应收账款显示的是估计能够收回的现金额。

记录坏账费用

使用备抵法处理坏账时，要在每个会计期末估计坏账费用，然后再编制调整分录进行登记。例如，假设在第一年的经营过程中，Tech 公司产生了 30 万美元的赊销收入，第一年年末，公司仍有 20 万美元的赊销收入尚未收回。根据类似企业的经验，Tech 公司估计会有＄1 500 的账款无法收回。因此 Tech 公司将编制下面的调整分录来记录坏账费用的估计额。

12月31日	借：坏账费用	1 500		资产＝负债＋所有者权益
	贷：坏账准备		1 500	－1 500　　－1 500
	（记录坏账费用估计额）			

我们要将＄1 500的坏账费用估计额（作为销售费用或管理费用）列示在利润表中，并用它来抵销与之相关的30万美元的赊销收入。坏账准备（allowance for doubtful accounts）账户是一个抵销资产账户。我们使用抵销资产账户，而不是直接减少应收账款，这是因为在编制调整分录时，企业还不知道哪些客户会欠账不还。图表9.5给出了在将坏账调整分录过完账之后，Tech公司的应收账款账户和坏账准备账户的余额（我们使用的是T形账户）。

应收账款			坏账准备		
12月31日	20 000			12月31日	1 500

图表9.5　坏账调整分录入账后总分类账中各账户的余额

坏账准备的贷方余额为＄1 500，我们可以用它将应收账款抵销成其预计可变现价值。所谓可变现价值（realizable value）是指将资产变现时的预期收入。尽管赊销客户欠Tech公司20万美元，但据估计，公司只能收回其中的18.5万美元。如图表9.6所示，在资产负债表中，我们要将坏账准备从应收账款中予以扣除。

图表9.6　坏账准备在资产负债表中的披露（一）

流动资产		
应收账款	＄20 000	
减：坏账准备	1 500	＄18 500

有时，我们也可以不单独列示坏账准备。图表9.7给出了坏账准备的另外一种披露方法。

图表9.7　坏账准备在资产负债表中的披露（二）

流动资产	
应收账款（扣除＄1 500坏账准备后的余额）	＄18 500

坏账的核销

当我们确定某些款项确实无法收回时，要将它们从坏账准备中予以扣除。例如，假设Tech公司确定无法收回J. Kent的＄520的欠款。此时，公司需要编制下面的会计分录来核销这笔欠款。

1月23日	借：坏账准备	520		资产＝负债＋所有者权益
	贷：应收账款——J. Kent		520	＋520
	（核销坏账）			－520

将上述核销分录过入总分类账时，需要将坏账额贷记应收账款账户（另外，还要将该核销分录过入应收账款明细分类账）。图表9.8给出了过完账之后，Tech公司的应收账款账户和坏账准备账户的余额（假设其他交易不会影响到这两个账户）。

应收账款				坏账准备			
12 月 31 日	20 000					12 月 31 日	1 500
		1 月 23 日	520	1 月 23 日	520		

图表 9.8　坏账调整分录入账后总分类账中各账户的余额

如图表 9.9 所示，核销并不影响应收账款的可变现价值。资产总额和净利润都没有受到核销的影响。但在估计坏账费用和记录坏账调整分录时，资产总额和净利润却都受到了影响。

图表 9.9　核销坏账前后的可变现价值

	核销前	核销后
应收账款	$ 20 000	$ 19 480
减：坏账准备	1 500	980
预计应收账款可变现价值	$ 18 500	$ 18 500

坏账的收回

如果客户欠账不还，我们只好使用坏账费用核销其欠款，这时候，客户的信誉将会受损。有时，客户为了挽回其信誉，会主动偿还全部或部分欠款。当企业收回之前已经使用备抵法核销掉的应收账款时，需要编制两笔会计分录。第一笔分录要将核销分录倒过来，恢复客户所欠的应收账款。第二笔分录则要记录客户欠款的收回。例如，假设 3 月 11 日，Tech 公司收回了之前核销掉的 Kent 所欠的全部账款。此时，公司需要编制如下分录：

3 月 11 日	借：应收账款——J. Kent	520		资产＝负债＋所有者权益
	贷：坏账准备		520	＋520
	（恢复以前核销掉的应收账款）			−520

3 月 11 日	借：现金	520		资产＝负债＋所有者权益
	贷：应收账款——J. Kent		520	＋520
	（记录收回全部欠款）			−520

在上例中，Kent 还清了所有欠款，但有时候，客户只偿还了部分欠款。这时候，就遇到了一个问题：我们是应该将核销掉的全部欠款都恢复成应收账款，还是只恢复客户偿还的那部分欠款？这需要进行判断。如果我们相信客户将来会还清所有的账款，那么就将核销掉的全部欠款都恢复成应收账款；如果预计以后客户不会再还款了，那么就只将客户偿还的那部分欠款恢复成应收账款。

□ 坏账的估计

备抵法要求企业估计其坏账费用以便在期末时编制调整分录。我们常用的估计坏账的方法主要有两种：一种是根据利润表中坏账费用与销售收入之间的关系进行估计，另一种是根据资产负债表中应收账款和坏账准备之间的关系进行估计。

赊销百分比法

赊销百分比法（percentage of sales method）是根据利润表中各项目之间的关系

来估计坏账的一种方法。这种做法的依据是企业认为在其一定时期的赊销收入中有一定的比例是无法收回的。例如，假设 Musicland 公司 2009 年的赊销额为 40 万美元。基于过去的经验，估计有 0.6%的赊销款将无法收回。也就是说，据估计，在公司 40 万美元的赊销收入中，有＄2 400（400 000×0.006）可能会成为坏账费用。因此，公司需要编制下面的会计分录记录坏账费用的估计额：

				资产＝负债＋所有者权益	
12 月 31 日	借：坏账费用	2 400			
	贷：坏账准备		2 400	−2 400	−2 400
	（记录坏账费用的估计额）				

使用这种方法，资产负债表上坏账准备账户的期末余额只有在极少数情况下才会等于利润表上坏账费用账户的余额。这是因为除非企业是刚开始营业，否则只有当之前核销掉的坏账额刚好等于之前的坏账费用估计额时，其坏账准备账户的余额才可能为零。（当企业根据其销售收入的一定百分比计算坏账费用时，管理人员对该比率可以进行监控和调整，以免该比率过高或过低。）

应收账款法

应收账款法（accounts receivable methods）是根据资产负债表中各项目之间的关系，主要是应收账款和坏账准备之间的关系，来估计坏账的一种方法。使用这一方法编制坏账调整分录的目的是使坏账准备余额等于坏账费用估计额。可以使用两种方法估计坏账准备，一种是计算坏账在全部应收账款余额中所占的比率，另一种是使用应收账款账龄分析法。

应收账款余额百分比法 应收账款余额百分比法（percent of accounts receivable method）假设企业有一定比率的应收款项无法收回。这个比率是根据企业以往的经验计算出来的，同时会受经济趋势和客户财务状况等当前因素的影响。我们用企业的应收款项总额乘以该比率就可以得出坏账估计额，该数额即为资产负债表上填列的坏账准备余额。

让我们举个例子来看一看。假设，2009 年 12 月 31 日，Musicland 公司的应收账款余额为 5 万美元，并且根据公司以往的经验估计，大概有 5%的应收账款可能无法收回。因此，在将调整分录过完账以后，公司坏账准备账户应该有＄2 500 的贷方余额。坏账准备账户的期初余额为＄2 200，即 2008 年 12 月 31 日应收账款总额 4.4 万美元的 5%（见图表 9.10）。

图表 9.10 给出了这些交易和调整对坏账准备账户的影响。

应收账款账龄分析法 应收账款账龄分析法（aging of accounts receivable）使用过去和现在的应收账款信息来估计坏账准备的数额。具体来讲，首先，要按照每一笔应收账款逾期时间的长短将其分组；然后，假设应收账款逾期时间越长，无法收回的可能性就越大，并根据这种假设估计坏账额。分组时，通常以 30 天为一个基本单位。分完组以后，根据以往的经验估计每一组的坏账损失率，然后再用各组的估计坏账损失率乘以各组应收账款总额，计算出各组的坏账额后将其加总，从而计算出坏账准备的估计额。我们可以通过建立一个类似于图表 9.11 的明细表来完成上述计算过程。

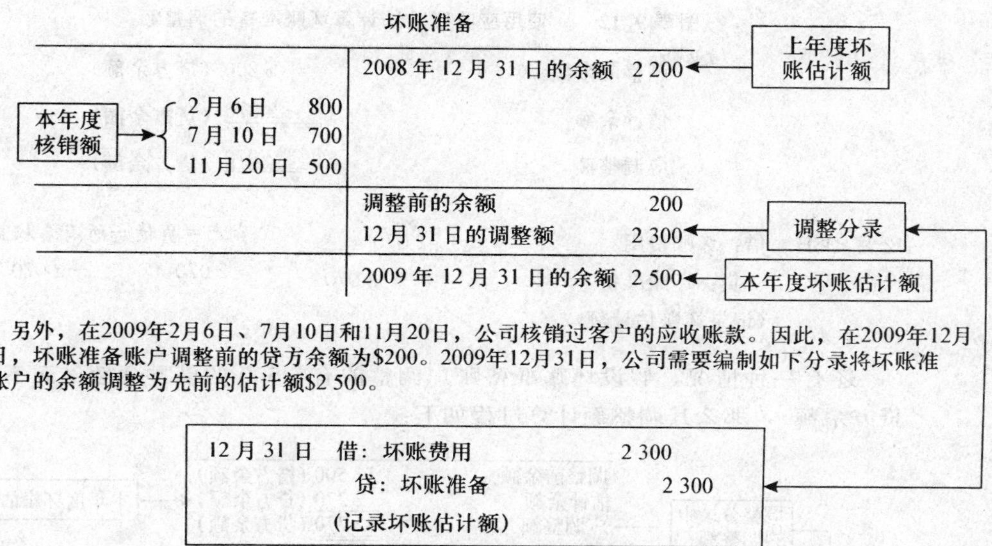

另外，在2009年2月6日、7月10日和11月20日，公司核销过客户的应收账款。因此，在2009年12月31日，坏账准备账户调整前的贷方余额为$200。2009年12月31日，公司需要编制如下分录将坏账准备账户的余额调整为先前的估计额$2 500。

12 月 31 日	借：坏账费用	2 300	
	贷：坏账准备		2 300
	（记录坏账估计额）		

图表 9.10　坏账调整分录入账后的坏账准备账户

在图表 9.11 中，我们列出了每个客户的欠款额，并按逾期天数将其划分成了五组。紧接着，计算出了每组的应收账款合计额，并用它们乘以各组的估计坏账损失率，从而计算出了各组的坏账估计额。我们要定期评估这些估计坏账损失率，以反映企业财务状况和经济环境的变化。

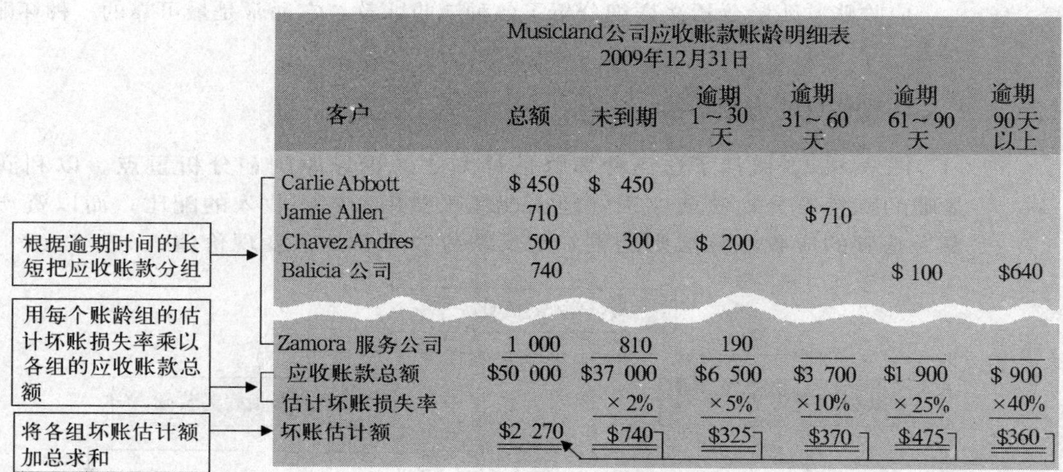

Musicland公司应收账款账龄明细表
2009年12月31日

客户	总额	未到期	逾期 1～30 天	逾期 31～60 天	逾期 61～90 天	逾期 90天以上
Carlie Abbott	$ 450	$ 450				
Jamie Allen	710			$710		
Chavez Andres	500	300	$ 200			
Balicia 公司	740				$ 100	$640
Zamora 服务公司	1 000	810	190			
应收账款总额	$50 000	$37 000	$6 500	$3 700	$1 900	$ 900
估计坏账损失率		× 2%	× 5%	× 10%	× 25%	× 40%
坏账估计额	$2 270	$740	$325	$370	$475	$360

图表 9.11　应收账款账龄分析

具体来讲，Musicland 公司有逾期 31～60 天的应收账款 $ 3 700，且其估计坏账损失率为 10%，故该账龄组的坏账估计额为 $ 370(3 700×10%)。对其他四个账龄组我们也采用同样的分析方法。如图表 9.11 所示，最后我们计算出坏账准备的估计额为 $ 2 270(740＋325＋370＋475＋360)。图表 9.12 显示，坏账准备账户调整前的余额为 $ 200，因此，我们需要调整的坏账准备额为 $ 2 070。所以，期末时，需要编制如下调整分录：

图表 9.12　使用应收账款法计算坏账准备的调整额

调整前余额	$200（贷方余额）
估计余额	2 270（贷方余额）
应调整额	$2 070（贷方余额）

				资产＝负债＋所有者权益	
12月31日	借：坏账费用	2 070			
	贷：坏账准备		2 070	−2 070	−2 070
	（记录坏账估计额）				

还有一种情况，假设坏账准备账户调整前有$500的借方余额（而不是$200的贷方余额），那么其调整额计算过程如下：

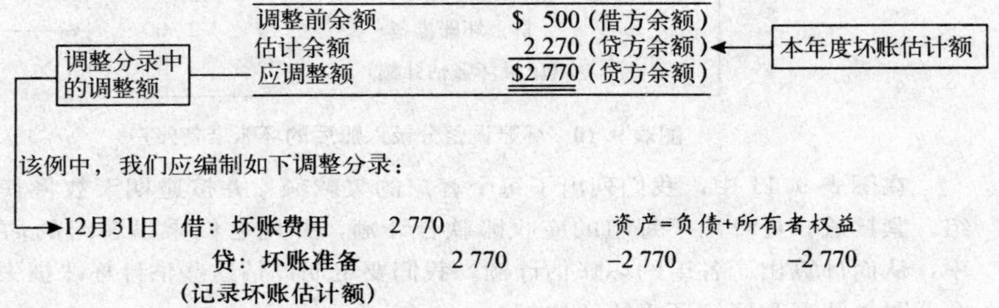

应收账款账龄分析法详细分析了各种应收账款，它通常是最可靠的一种坏账估计方法。

坏账估计的方法小结

图表9.13概括了这三种坏账估计方法的指导原则和分析重点。以利润表为基础的赊销百分比法能够很好地实现坏账费用和销售收入的配比；而以资产负债表为基础的应收账款法则能更好地反映应收账款的可变现价值。

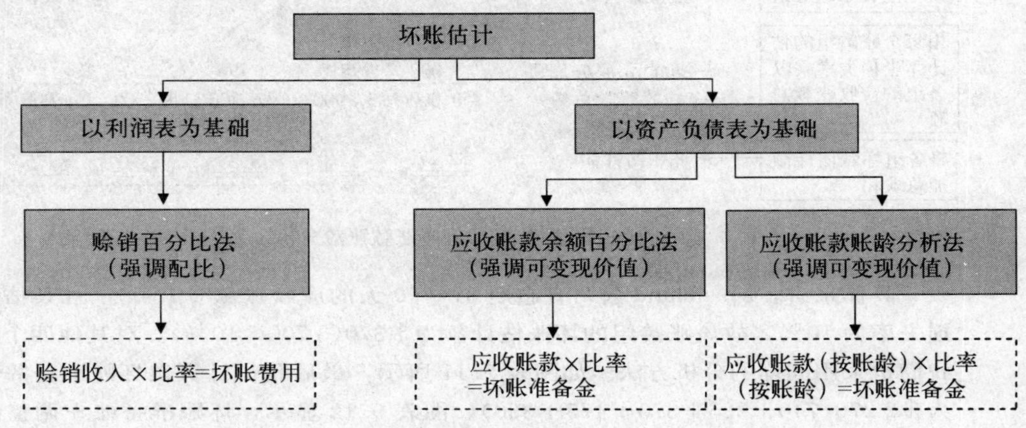

图表 9.13　估计坏账的方法

角色扮演

工会主席

公司先前估计的收益增长率为10%，但在进行劳务合约谈判前一星期所公布的财务报表却显示本期收益并没有增长。不过在你进行分析后发现，公司本期的坏账准备率从原先的1.5%提高到了4.5%。如果没有上述改变，收益将增加9%。这些发现会影响你的谈判吗？

快速测试

3. 为什么在可行的前提下，我们需要事先估计坏账费用？
4. 资产负债表中的应收账款减坏账准备等于什么？
5. 为什么要把坏账费用的估计额贷记备抵账户（坏账准备），而不是直接从应收账款中扣除？
6. 年终时，SnoBoard公司的坏账准备账户有＄440的贷方余额，并且根据应收账款账龄分析法，公司坏账费用的估计额为＄6 142。请编制SnoBoard公司年终的坏账调整分录。
7. 假设公司采用备抵法处理坏账，请编制下列交易的分录：

   1月10日，公司确定Cool Jam所欠＄300的账款已无法收回。

   4月12日，Cool Jam偿还了公司已于1月10日核销的全部欠款。

应收票据

票据（或期票）（promissory note）是一种书面承诺，它承诺在票据持有人要求支付时或在未来具体的某个日期支付一笔金额确定的款项，并且通常还需要支付利息。我们在很多交易中都会使用到票据，例如购买产品或劳务、贷款或借款等。有时，如果客户要求延期支付到期未付的账款，卖方通常会要求客户签发票据来代替应收账款。出于法律的考虑，如果信用期较长或应收款项数额较大，卖方通常会选择让客户签发票据。因为一旦因收款问题发生诉讼，票据可以充当买方承认自己欠债金额和期限的书面证据。

图表9.14是一张于2009年7月10日所签发的简单票据。在这张票据上，Julia Browne承诺在未来某个确定的日期（2009年10月8日）支付具体的金额（我们将这个金额称为票据的本金（principal of a note），这里是＄1 000）给TechCom公司或其指定人。Browne是出票人（maker of a note），即签发票据并承诺于到期日付款的人。Tech公司是票据的收款人（payee of a note），即票据的支付对象。对Browne而言，这张票据是他的负债，故Browne把它称为应付票据（note payable）；但对于TechCom公司而言，这张票据是公司的一项资产，故TechCom公司把它称为应收票据（note receivable）。这张票据也附有利息，上面印有利率为12%。利息（interest）是使用该款项至到期日的费用，就借款人而言，利息属于费用，而对于放款人而言则是一种收入。

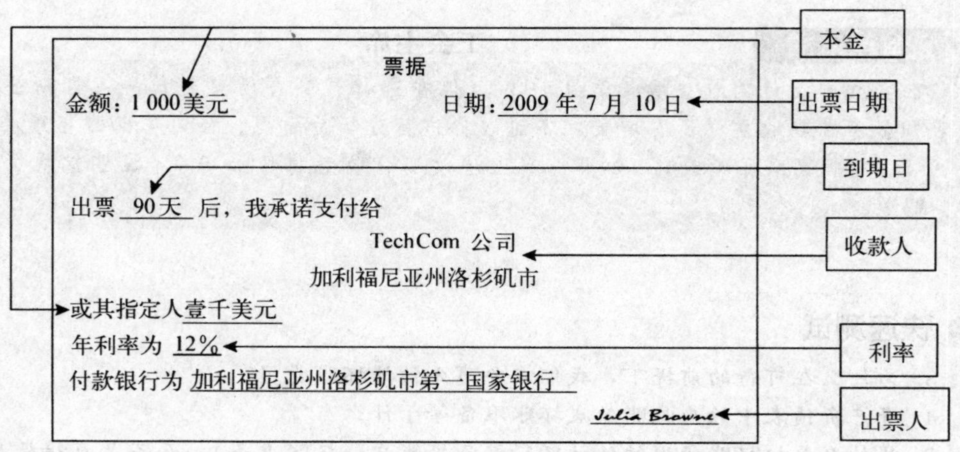

图表 9.14　票据

□ 到期日和利息的计算

本部分主要介绍与票据有关的计算，包括计算到期日、有效期及利息。

到期日和有效期

期票的到期日（maturity date of a note）是指出票人必须偿还票据本金及利息的日期。票据的有效期（period）是指出票日至到期日的这段时间。通常票据的有效期都不会超过一年，且多是以天数计算的。当票据的有效期以天数表示时，票据到期日就是出票日后具体多少天。例如，假设票据的出票日为 6 月 15 日，有效期为 5 天，则票据到期日就是 6 月 20 日。假设出票日是 7 月 10 日，票据有效期为 90 天，则票据到期日就是 10 月 8 日。图表 9.15 给出了上述计算过程。有时，票据的有效期也会以月份或年来表示。如果以月份表示，到期日就是到期月份出票日的同一天。例如，假设票据的出票日为 7 月 10 日，有效期为 9 个月，则到期日为来年的 4 月 10 日。如果票据的有效期以年来表示，情况与此类似。

图表 9.15　　到期日的计算

项目	天数	
7月份的总天数	31	
减：出票日	10	
7月份剩余天数	21	7月11—31日
加：8月份的总天数	31	8月1—31日
加：9月份的总天数	30	9月1—30日
有效期为90天或于10月8日到期	8	10月1—8日
票据的有效天数	90	

利息的计算

利息对于借款人而言是借钱的成本，对于放款人来说，是将钱借给别人的收益。除非有额外的说明，否则票据上的利率都是以年利率来表示的。图表 9.16 给出了计算票据利息的公式。

票据本金×年利率×换算成以年度为单位的票据有效期=利息

图表 9.16 利息计算公式

为了便于计算利息，通常规定一年有 360 天（我们把这种做法称为银行业惯例）。在下面的例题以及课后练习中，均使用一年为 360 天来计算利息。以图表 9.14 中的票据为例，其有效期为 90 天，利率为 12%，本金为＄1 000，所以利息计算如下：

＄1 000×12%×(90/360)＝＄1 000×0.12×0.25＝＄30

□ 确认应收票据

应收票据经常单独记入只记录票据的应收票据账户。原始的票据信息以会计凭证保存，这些信息包括出票人信息、利率和到期日。（如果企业拥有大量的应收票据，那么有时企业会设立一个统驭账户和应收票据的明细分类账，这与应收账款的会计处理方法类似。）我们仍以图表 9.14 中本金为＄1 000，有效期为 90 天，利率为 12%的票据为例来看一看如何记录应收票据。TechCom 公司在将产品销售给 Julia Browne 时收到了该票据。对这笔分录记录如下：

				资产＝负债＋所有者权益
7 月 10 日*	借：应收票据	1 000		+1 000　　+1 000
	贷：销售收入		1 000	
	（销售产品后收到有效期为 90 天，利率为 12%的票据）			

* 为了突出销售收入和应收款项，我们省略了借记销售成本，贷记库存商品的分录。

有时，销售方会接受拖欠货款的客户出具的票据，给逾期未还的应收账款一定的宽限期，但通常销售方会要求客户先以现金偿还部分欠款。先偿还部分欠款的这种做法会迫使客户作出妥协，从而减少客户的债务（和销售方的风险），而销售方最后收到的是一张数额较小的应收票据。例如，假设 TechCom 公司同意以收取＄232 的现金和 60 天期、票面额为＄600、票面利率为 15%的票据的方式来处理 Jo Cook 逾期未还的＄832 的欠款。TechCom 公司收到现金及应收票据时需要做如下会计分录：

				资产＝负债＋所有者权益
10 月 5 日	借：现金	232		+232
	应收票据	600		+600
	贷：应收账款——Jo Cook		832	−832
	（收到现金和票据，处理欠款）			

□ 应收票据的计量和兑现

承兑票据的记录

出票人要在票据到期日支付应收票据的利息及本金。一般情况下，出票人需要承兑票据并全额付款。举例来说，在票据到期日 Jo Cook 支付完上述票据的本息以后，TechCom 公司应编制如下会计分录：

12月4日	借：现金	615		资产＝负债＋所有者权益
	贷：应收票据		600	＋615　　　＋15
	利息收入		15	－600
	（收回票据及利息＄15（600×15%×60/360））			

我们要把利息收入（interest revenue or interest earned）列示在利润表中。

拒付票据的记录

我们把到期日出票人无力支付或拒绝支付的票据称为拒付票据（dishonored notes）。出票人并不能因为拒付而免除其付款义务。收款人应采取各种合法途径收取欠款。那么，企业应如何记录拒付事件呢？应收票据账户的期末余额应该仅仅包括未到期的应收票据。因此，当应收票据遭到拒付时，应将发生额从应收票据账户转移至出票人的应收账款账户。例如，假设 TechCom 公司从 Greg Hart 那里收到一张 60 天期、面额为＄800、利率为 12%的应收票据。票据到期时，G. Hart 拒绝承兑该票据。因此，TechCom 公司对该票据需要做如下会计处理：

10月14日	借：应收账款——G. Hart	816		资产＝负债＋所有者权益
	贷：利息收入		16	＋816　　　＋16
	应收票据		800	－800
	（将拒付票据及利息＄16（800×12%×60/360）重新记入 G. Hart 的应收账款）			

将拒付票据重新记入出票人的应收账款有两个目的：第一，将票据金额从应收票据账户转出，并将拒付票据记入出票人的应收账款账户。第二，更重要的是，如果将来拒付票据的出票人想要赊购，我们可以调出相关应收账款账户明细，查看以往信用交易的情形，包括是否有拒付票据事件发生，以正确评估是否授信。将拒付票据重新记入出票人的应收账款，这样做还可以提醒企业继续向出票人索要票据本息。上述分录记录的是票据本息总额，这样做可以保证收款时利息也会包含在内。

期末利息调整的记录

如果期末账上仍有未收回的应收票据，那么就需要计算和记录应计利息收入。例如，假设 12 月 16 日，TechCom 公司答应给客户逾期未还的应收账款一定的宽限期，接受了客户出具的一张 60 天期、面额为＄3 000、利率为 12%的票据。等到 12 月 31 日会计期末时，TechCom 公司计算出该票据的应计利息收入为＄15（3 000×12%×15/360）。因此，TechCom 公司需要编制如下调整分录以记录这笔收入：

12月31日	借：应收利息	15		资产＝负债＋所有者权益
	贷：利息收入		15	＋15　　　＋15
	（记录应计利息收入）			

利息收入应列入利润表，而应收利息则要作为一项流动资产列入资产负债表。第

二年 2 月 14 日 TechCom 公司收到了上述 12 月 6 日客户出具的票据的本金及利息，为此，TechCom 公司需要编制如下分录记录其现金收入：

2 月 14 日	借：现金	3 060		资产	=负债	+所有者权益
	贷：利息收入		45	+3 060		+45
	应收利息		15	−15		
	应收票据		3 000	−3 000		
	（收到的票据本金和利息）					

这张 60 天期的票据共产生利息＄60。其中＄15 要在 2 月 14 日贷记应收利息，这表示公司已经收到了上一年 12 月 31 日编制的调整分录中所记录的应计利息收入。剩余＄45 则是 TechCom 公司从 1 月 1 日至 2 月 14 日持有票据而赚取的利息。

快速测试

8. 2008 年 12 月 16 日 Irwin 向 Stamford 公司购买了价值＄7 000 的商品，并签发了 90 天期、面额为＄7 000、利率为 12%的票据支付货款。假设 Stamford 公司的会计期间至 12 月 31 日截止，且不做转回分录。请为 Stamford 公司编制上述交易在 12 月 16 日及 12 月 31 日的会计分录。
9. 使用上题的资料，假设 Irwin 在 2009 年 3 月 16 日拒绝支付票据，试问 Stamford 公司应如何编制相应的会计分录？

应收款项的处置

企业可以在应收款项到期之前将其变现。之所以这样做原因有两个，一是因为企业可能急需现金，二是因为企业想省去收账的麻烦。应收款项提前变现的方式有两种：（1）出售应收款项，（2）以应收款项抵押借款。最近的研究显示，约有 20%的企业会利用出售应收款项或以应收款项抵押借款的方式来取得资金，尤其以纺织、服饰、家具等行业更为常见。

出售应收款项

企业可以出售全部或部分应收款项给银行或其他金融机构。我们把这些购买应收款项的商业银行或金融机构称为应收账款承购商（factor）。应收账款承购商在向出售应收款项的企业收取承购费（factoring fee）后购买企业的应收款项，这样一来，应收款项的所有权就转移给了承购商。应收款项到期时，由承购商向欠款方收回现金。通过支付承购费，出售应收款项的企业可以提前收到现金，同时还可以将坏账风险转移给承购商。另外，企业还可以省去收账和核算应收款项的费用。例如，假设 TechCom 公司支付了 4%的承购费，售出了其价值＄20 000 的应收款项。为此，TechCom 公司应编制如下分录：

				资产＝负债＋所有者权益	
8月15日	借：现金	19 200		＋19 200	－800
	承购费	800			
	贷：应收账款		20 000	－20 000	
	（支付4%的承购费出售应收账款）				

出售应收票据的会计处理与出售应收账款的会计处理类似。详细的分录我们将在高级课程里进行介绍。

□ 抵借应收款项

企业可以通过抵借应收款项筹集资金。应收款项抵押借款并没有将坏账风险转移给贷款人，因为借款人仍拥有应收款项的所有权。如果借款人拖欠借款，贷款人有权以借款人先前抵押的应收款项收取现金以弥补欠款。例如，假设TechCom公司以其应收款项作为抵押借到了＄35 000。为此，TechCom公司应编制如下分录：

				资产＝负债＋所有者权益	
8月20日	借：现金	35 000		＋35 000	＋35 000
	贷：应付票据		35 000		
	（以应收款项作抵押，出具票据获取借款）				

既然应收款项已经被借款人用来作为某项特定借款的抵押品，那么借款人的财务报表就有必要披露应收款项的抵押情况。例如，TechCom公司的财务报表上带有下面的附注：公司用＄40 000的应收账款作为抵押，通过出具应付票据的方式借得了＄35 000。

实例分析

2009年，Clayco公司完成了下列交易。

7月14日　核销了10个月前赊销给Briggs公司时产生的＄750的应收账款（Clayco公司使用的是备抵法）。

7月30日　Clayco公司销售给Sumrell公司一批商品，并收到了Sumrell公司出具的90天期、面额为＄1 000、利率为10%的票据一张（商品成本为＄600）。

8月15日　销售给JT公司一批价值＄12 000的商品（成本为＄8 000），并收到＄2 000现金和一张面额为＄10 000的票据。票据出票日期为8月15日，利率为12%，有效期为120天。

11月1日　完成信用卡销售＄200，手续费为4%（销售成本为＄150），并立即从信用卡公司那里收到了现金。

11月3日　Sumrell公司拒绝支付出具给Clayco公司的已于10月28日到期的票据。编制日记账分录，将拒付票据及应计利息记入对Sumrell公司的应收账款。

11月5日　完成信用卡销售＄500，手续费为5%（销售成本为＄300），并于11

月 9 日收到了信用卡公司的付款。

11 月 15 日　收到了在 7 月 14 日已经核销掉的 Briggs 公司所欠的应收账款 $750。编制分录记录坏账的收回。

12 月 13 日　收到 8 月 15 日 JT 公司出具的票据的本金和利息。

要求：

1. 试编制日记账分录记录 Clayco 公司的上述各笔交易。

2. 根据下列假设，编制 Clayco 公司 2009 年 12 月 31 日的调整分录。

a. 利用应收账款账龄分析法估计出来的坏账费用为 $20 400。坏账准备账户在调整前有 $1 000 的借方余额。

b. 假设以赊销百分比法估计坏账费用，坏账准备账户在调整前有 $1 000 的借方余额，公司的赊销收入为 $2 000 000，据估计，公司的坏账比率为 1%。

解题步骤：

- 检查各笔交易以了解有哪些账户会受到影响，并编制相关分录。
- 利用上述两种方法编制年底的调整分录以确认坏账费用。

实例分析答案：

1.

7 月 14 日	借：坏账准备	750	
	贷：应收账款——Briggs 公司		750
	（核销坏账）		
7 月 30 日	借：应收票据——Sumrell 公司	1 000	
	贷：销售收入		1 000
	（销货后取得利率为 10%、90 天期的票据）		
7 月 30 日	借：商品销售成本	600	
	贷：库存商品		600
	（记录 7 月 30 日的销售成本）		
8 月 15 日	借：现金	2 000	
	应收票据——JT 公司	10 000	
	贷：销售收入		12 000
	（销货后收到现金 $2 000，票据 $10 000）		
8 月 15 日	借：商品销售成本	8 000	
	贷：库存商品		8 000
	（记录 8 月 15 日的销售成本）		
11 月 1 日	借：现金	192	
	信用卡费用		8
	贷：销售收入		200
	（记录信用卡销售及相关手续费 4%）		
11 月 1 日	借：商品销售成本	150	
	贷：库存商品		150

（记录11月1日的销售成本）

日期	科目	借方	贷方
11月3日	借：应收账款——Sumrell公司	1 025	
	贷：利息收入		25
	应收票据——Sumrell公司		1 000
	（将Sumrell公司拒付的票据＄1 000及相关利息＄25（1 000×10%×90/360）记入对Sumrell公司的应收账款）		
11月5日	借：应收账款——信用卡公司	475	
	信用卡费用	25	
	贷：销售收入		500
	（记录信用卡销售减去5%的信用卡费用）		
11月5日	借：商品销售成本	300	
	贷：库存商品		300
	（记录11月5日的销售成本）		
11月9日	借：现金	475	
	贷：应收账款——信用卡公司		475
	（记录收到11月5日的销售收入）		
11月15日	借：应收账款——Briggs公司	750	
	贷：坏账准备		750
	（恢复以前核销掉的Briggs公司的应收账款）		
11月15日	借：现金	750	
	贷：应收账款——Briggs公司		750
	（全额收回应收账款）		
12月13日	借：现金	10 400	
	贷：利息收入		400
	应收票据——JT公司		10 000
	（收回票据的本金和利息（10 000×12%×120/360））		

2a. 应收账款账龄分析法

日期	科目	借方	贷方
12月31日	借：坏账费用	21 400	
	贷：坏账准备		21 400
	（将坏账准备账户的余额由＄1 000的借方余额调整为＄20 400的贷方余额）		

2b. 赊销百分比法*

日期	科目	借方	贷方
12月31日	借：坏账费用	20 000	
	贷：坏账准备		20 000
	（按1%的坏账比率从＄2 000 000的赊销收入中计提坏账费用）		

*利润表法要求按照销售收入或赊销收入的一定比率估计坏账，因此在编制调整分录时不需要考虑坏账准备账户余额。

小 结

C1 什么是应收账款以及应收账款产生的原因与会计处理。应收账款是因为赊销商品给客户而产生的账款。企业需要开设明细分类账，记录每位客户所欠的应收款项。赊销主要分为两类：(1) 直接赊销，(2) 信用卡销售。直接赊销是指公司直接授予客户信用额度，而信用卡销售则是客户利用第三方（如信用卡公司）发行的信用卡来进行交易。

C2 什么是应收票据以及如何计算其到期日和相关利息。应收票据是一种承诺在未来的某个具体日期支付一笔金额确定的款项的书面文件。所谓到期日是出票人应偿还票据本金及相关利息的日期，利率多以年利率表达，而利息的计算是以票据本金乘以利率再乘以票据期间占一年的比率。

C3 如何在到期日之前将应收款项变现。在到期日之前将应收款项变现的方法有三种：(1) 企业可以将应收账款出售给应收账款承购商，为此承购商会收取一定的承购费；(2) 企业可以通过签发以应收款项作为抵押的应付票据获取借款；(3) 将应收票据贴现（出售）给金融机构。

P1 分别使用直接核销法和备抵法核算应收账款。使用直接核销法处理坏账是指当应收账款确定无法收回时，我们直接将其列为坏账损失。这种方法只有在企业坏账费用数额不大的情况下才能使用。在备抵法下，我们在每个会计期末都需要编制调整分录借记坏账费用账户、贷记坏账准备账户来记录坏账费用。事后，当我们确定某些款项确实无法收回时，还要通过借记坏账准备账户来核销坏账。

P2 分别利用赊销收入法和应收账款法估计坏账。我们常用的估计坏账的方法主要有两种：一种是根据利润表中坏账费用与赊销收入之间的关系进行估计，另一种是根据资产负债表中应收账款和坏账准备之间的关系进行估计。第一种方法强调的是使用利润表时的配比原则，而第二种方法强调的是使用资产负债表时应收账款的可变现价值。

P3 应收票据的取得及其会计处理。收到票据时，我们要将票据本金额借记应收票据账户，贷记为取得应收票据而提供的资产、产品或服务账户。

P4 应收票据承兑和拒付的会计处理，并针对票据利息编制调整记录。如果票据在到期日得以承兑，那么收款人需要借记收到的现金，贷记应收票据和利息收入。反之，如果票据遭到拒付，那么收款人需要贷记应收票据，借记应收账款（借以提醒要向出票人催账）。利息收入则是以持有票据的时间为基础进行计算。

角色扮演及职业道德参考答案

企业家 你的分析应同时考虑信用卡交易可以带来的利润与成本，其最大的收益是当你接受信用卡交易时，会吸引更多的客户与你进行交易，使得销售额增加，进而增加利润。但信用卡公司征收的手续费是最大的成本。你应该将因信用卡交易所增加的销售金额扣除（1）一般销售成本，(2) 因信用卡销售所产生的相关手续费后分析是否有利可图。如果会带来利润，那么你应该接受客户使用信用卡进行交易。

工会主席 是的，这项信息可能会影响到你的谈判。主要的问题是公司为什么会大幅度增加坏账准备。公司大幅度增加坏账准备会导致公司的坏账费用增加、利润减少。在商谈劳工合同前调整坏账准备率，难免会让人联想到公司是为了在谈判合约时减少工会的谈判筹码。你应该要求管理当局对此给出正当的理由。你必须参照几个主要竞争者近两三年的资料进行比较，以了解此项调整是否恰当。

快速测试参考答案

1. 假如在存入信用卡账单后便可马上取得现金，公司在销售时便会借记现金，如果在存入账单后要等一段时间，直到信用卡公司处理完毕后才能收取现金，则公司在销售时反而要借记对信用卡公司的应收账款（现金要等信用卡公司实际支付时再入账）。

2. 信用卡费用在相关销售发生时便应入账，而不是在信用卡公司付款时才记账。

3. 如果实务上可行，应依照与销售收入配比的原则来估计坏账费用。这要求公司在期末不知道应收账款能否收回的情况下，估计坏账费用。

4. 能实现的价值（或叫做可变现净值）。

5. 因为期末坏账的确认属于估计性质，此时并无法确定哪些客户的账款无法收回。如果将坏账贷记应收账款账户，将会因为无法过入特定的明细分类账内而产生总分类账与明细分类账余额不符的问题。

		借	贷
6. 12月31日	借：坏账费用	5 702	
	贷：坏账准备		5 702
7. 1月10日	借：坏账准备	300	
	贷：应收账款——Cool Jam		300
4月12日	借：应收账款——Cool Jam	300	
	贷：坏账准备		300
4月12日	借：现金	300	
	贷：应收账款——Cool Jam		300
8. 12月16日	借：应收票据——Irwin	7 000	
	贷：销售收入		7 000
12月31日	借：应收利息	35	
	贷：利息收入		35
9. 3月16日	借：应收账款——Irwin	7 210	
	贷：利息收入		175
	应收利息		35
	应收票据——Irwin		7 000

关键术语

Accounts receivable 应收账款

Aging of accounts receivable 应收账款账龄分析

Allowance for doubtful accounts 坏账准备

Allowance method 备抵法

Bad debts 坏账

Direct write-off method　直接核销法	Maturity date of a note　期票的到期日
Interest　利息	Payee of the note　票据的收款人
Maker of the note　出票人	Principal of a note　票据的本金
Matching principle　配比原则	Pronissory note (or note)　票据（或期票）
Materiality constraint　重要性原则	Realizable value　可变现价值

选择题

1. 假设12月31日，某公司应收账款账户的余额为＄125 650，年底调整前坏账准备账户有＄328的贷方余额。公司的净销售额为＄572 300，并且据估计，公司有4%的应收账款无法收回。试问12月31日公司的坏账费用应记多少？______

a. ＄5 354　b. ＄328　c. ＄5 026

d. ＄4 698　e. ＄34 338

2. 假设12月31日，某公司应收账款账户的余额为＄489 300，年底调整前坏账准备账户有＄554的借方余额。公司的净销售额为＄1 300 000，并且据估计，公司有6%的应收账款无法收回。试问12月31日公司的坏账费用应记多少？______

a. ＄29 912　b. ＄28 804　c. ＄78 000

d. ＄29 358　e. ＄554

3. 90天期、面额为＄7 500、利率为5%的票据的应计利息为______。

a. ＄93.75　b. ＄375.00　c. ＄1 125.00

d. ＄31.25　e. ＄125.00

4. 假设某公司收到了一张60天期、面额为＄9 000、利率为8%的票据。试问该票据的到期值（即本息合计额）是多少？______

a. ＄120　b. ＄9 000　c. ＄9 120

d. ＄720　e. ＄9 720

讨论题

1. 销售商允许他们的客户使用信用卡交易，试问他们如何从中受益？

2. 为什么采用直接核销法处理坏账通常不能实现收入与费用相配比？

3. 请阐述会计中的重要性原则。

4. 请解释为什么核销不会减少公司应收账款的可变现价值。

5. 为什么通常坏账费用账户与坏账准备账户的调整余额不一致？

6. 为什么相对应收账款而言，企业更倾向于应收票据？

快速学习

QS9-1　根据下列信用卡销售交易的信息编制日记账分录（公司采用永续盘存制）。

1. 公司使用万事达信用卡售出了一批商品，价值＄16 000，成本为＄7 000。来自销售的净现金收入可立即存到卖方的银行账户中，而万事达信用卡公司从中收取4%的手续费。

2. 公司使用多种信用卡售出了一批商品，价值＄18 000，成本为＄7 800。净现金收入在交易5天后到账。信用卡公司收取的手续费为3%。

QS9-2　Kordas公司使用备抵法计算坏账。10

月31日，公司核销了其客户 D. Elwick 的欠款$750。12月9日，公司收到了 Elwick 支付的部分欠款$400。

1. 编制10月31日的日记账分录。

2. 编制12月9日的日记账分录。（假设 Elwick 不会再支付任何欠款。）

QS9-3　Darius 公司年底调整前试算平衡表列示的信息如下：应收账款$95 000，坏账准备贷方余额$550，销售收入$350 000。估计大概有1.5%的应收账款无法收回。

1. 编制12月31日年底坏账的调整分录。

2. 如果坏账准备账户年底未调整前的借方余额为$150，在编制年底调整分录时会用到哪些数据？

QS9-4　假设基本信息与上题相同，只是无法收回的应收账款比率变为0.5%。编制12月31日年底坏账的调整分录。

QS9-5　2009年8月2日，Passat 公司收到一张来自其客户 Dee Kissick 的90天期、面值为$9 000、利率为6%的票据。编制 Passat 公司8月2日和票据到期日的日记账分录。（假设该票据是由 Kissick 承兑的。）

QS9-6　Marlin 公司12月31日年底调整前试算平衡表显示应收票据余额为$24 000。该票据的出票日期为12月1日，期限为45天，利率为6%。编制12月31日和票据到期日的日记账分录。（假设票据是承兑票据。）

练习题

Exercise9-1　Hue 公司采用永续盘存制，并允许客户在采购商品时使用两种信用卡。一种信用卡是安利银行信用卡（Omni Bank Card），当公司把销货收据副本存入信用卡公司时就能立即收到账款。安利信用卡公司按销售额的4%收取手续费。第二种信用卡是大陆卡（Continental Card）。公司每周将累计的销货收据副本存入信用卡公司，并在大约一周后收到账款。大陆卡公司按销售额的2.5%收取手续费。编制下列 Hue 公司信用卡交易的日记账分录。

4月8日　售出一批商品，价值$5 600（成本为$4 138），使用的是安利银行信用卡。信用卡公司立即将账款存到了该公司的银行账户中。

12日　售出一批商品，价值$6 000（成本$4 400），使用的是客户的大陆信用卡。公司将$6 000的销货收据交给了信用卡公司，等待其付款。

20日　收到大陆信用卡公司开具的4月12日的账单金额减去服务费后的剩余金额的支票。

Exercise9-2　下面是 Beachum 公司记录的2009年11月的部分交易。

11月5日　借：应收账款
　　　　　　　——Ski 商店　　5 817
　　　　　贷：销售收入　　　　　5 817

11月10日　借：应收账款
　　　　　　　——Welcome 企业　1 774
　　　　　贷：销售收入　　　　　1 774

11月13日　借：应收账款
　　　　　　　——Kit Ronin　　1 040
　　　　　贷：销售收入　　　　　1 040

11月21日　借：销售退回与折让　268
　　　　　贷：应收账款——Kit Ronin　268

11月30日　借：应收账款
　　　　　　　——Ski 商店　　3 698
　　　　　贷：销售收入　　　　　3 698

1. 为下列各项开设一个T形总分类账户：应收账款、销售收入、销售退回与折让。同时，为每个客户设立一个T形应收账款明细分类账。将这些分录全部过账到总分类账和应收账款分类账中。

2. 编制一张应收账款明细表（如图表9.4），并比较其总额与11月30日的应收账款统驭账户的余额的关系。

Exercise9-3　年底（12月31日），Terner 公司估计坏账大约为其年赊销额$858 000的0.6%。Terner 将该部分坏账记录为坏账费用。在次年的2月1日，该公司决定将 D. Fidel 账户中的$429确认为无法收回的坏账，并将其核销。6月5日，Fidel 意外地支付了之前核销的欠款。编制 Terner 公司的日记账分录，以记录12月31日、2月1日和

6月5日所发生的交易和事项。

Exercise9-4 在每年12月底，Rivaka Supply公司采用应收账款余额百分比法估计坏账。2009年12月31日，公司未兑现应收账款为＄139 500，并且估计大概有2%的账款无法收回。假设坏账准备（a）调整前贷方余额＄2 371，（b）调整前借方余额＄487。分别编制这两种情况下2009年公司的坏账费用的调整分录。

Exercise9-5 Paloma公司在2009年12月31日采用备抵法估计坏账。下面是它编制的应收账款账龄分析表。

			逾期天数			
	总额	0	逾期1～30天	逾期31～60天	逾期61～90天	逾期90天以上
应收账款总额	＄95 000	＄66 000	＄15 000	＄6 000	＄3 000	＄5 000
估计坏账损失率		1%	2%	4%	7%	12%

a. 使用应收账款账龄分析法估计坏账准备余额。

b. 根据a题的估计编制记录坏账费用的调整分录。假设调整前坏账准备的借方余额为＄300。

c. 根据a题的估计编制记录坏账费用的调整分录。假设调整前坏账准备的贷方余额为＄200。

Exercise9-6 根据上题的信息完成下列要求。

a. 假设公司按应收账款总额的2%估计坏账（而不是用应收账款账龄分析法），试估计坏账准备账户的余额是多少。

b. 根据a题的估计编制记录坏账费用的调整分录。假设调整前坏账准备账户的借方余额是＄300。

c. 根据a题的估计编制记录坏账费用的调整分录。假设调整前坏账准备账户的贷方余额是＄200。

Exercise9-7 根据Exercise9-5的信息完成下列要求。

a. 在次年的2月1日，公司确认客户账户中无法收回的账款为＄950，具体包括：Laguna公司的欠款＄200和Malibu公司的欠款＄750。编制核销这些坏账的日记账分录。

b. 在次年的6月5日，公司意外地收到了客户Laguna公司支付的之前核销的坏账＄200。编制必要的分录以将坏账转回，并记录收到的现金。

Exercise9-8 12月31日，下面是Bowie公司的日历年度的数据。

现金销售	＄400 000
赊销	＄300 000

下面是年底调整前试算平衡表的部分信息。

应收账款	＄65 000（借方）
坏账准备	1 000（借方）

a. 假设按赊销收入的2%估计坏账，编制记录坏账费用的调整分录。

b. 假设按总销售额的1%估计坏账，编制记录坏账费用的调整分录。

c. 假设按年应收账款总额的8%估计坏账，编制记录坏账费用的调整分录。

Exercise9-9 6月30日，Twain公司应收账款为＄145 600。编制记录下列7月份所发生的交易的会计分录。同时编制7月31日财务报表的附注，以补充说明这些交易对财务报表所产生的影响。（公司采用永续盘存制。）

7月4日 赊销给客户一批商品，价值＄7 160（成本为＄4 582）。

9日 向Main Bank出售应收账款＄20 300。Main Bank按5%收取承购费。

17日 收到客户支付的欠款＄3 938。

27日 以＄14 700的应收账款为抵押，向Main Bank借款＄11 000。

Exercise9-10 编制记录Alvarez公司下列交易的日记账分录。

11月1日 公司同意以出票期为11月1日，期限为180天、票面额为＄15 000、票面利率为7%的票据的方式来处理Carlos Cruz逾期未还的应收账款。

12月31日　调整年底该票据的应计利息收入。

4月30日　当被提示付款时，Cruz承诺兑现付款；当年2月份为28天。

Exercise9-11　编制记录Calio公司下列交易的日记账分录。

3月21日　公司同意以出票期为3月21日、期限为180天、票面额为＄17 200、票面利率为7%的票据的方式来处理James Penn逾期未还的应收账款。

9月17日　当被要求付款时，Penn拒绝承兑票据。

12月31日　在用尽所有法律手段收回账款后，Calio公司核销了Penn的坏账准备账户。

Exercise9-12　编制下列Hirona公司的部分交易的日记账分录。

2008年

12月13日　公司同意以出票期为12月13日、期限为60天、票面额为＄14 000、票面利率为9%的票据的方式来处理Allie Sumera逾期未还的应收账款。

31日　编制记录Sumera票据的应计利息的调整分录。

2009年

2月11日　收到Sumera支付的12月13日的票据本金和利息。

3月3日　公司同意以出票期为3月3日、期限为90天、票面额为＄10 000、票面利率为9%的票据的方式来处理Kudak逾期未还的应收账款。

3月17日　公司同意以出票期为3月17日、期限为30天、票面额为＄9 000、票面利率为8%的票据的方式来处理Rod Burgess逾期未还的应收账款。

4月16日　当被要求付款时，Burgess拒绝承兑票据。

5月1日　注销Burgess的坏账准备账户。

6月1日　收到Kudak支付的3月3日的票据本金和利息。

综合题

Problem9-1A　Bantay公司准予其部分客户进行赊购，而其他的客户可使用下面两种信用卡中的一种：Zisa或Access。Zisa信用卡公司按销售额的3.5%收取手续费，并且在收到信用卡收据后立即将钱打到Bantay公司的银行账户。Bantay公司每个营业日都会将信用卡收据交给Zisa。当客户使用Access信用卡时，Bantay公司通常累计几天的收据后一并送到信用卡公司。Access按销售额的2.5%收取手续费，并且通常在收到账单的一周后将钱打到Bantay公司的银行账户。下面是该公司6月份完成的交易。（所有的赊销信用条件为“2/15，n/30”，并且所有的销售按总价记录。）

6月4日　赊销给Alfredia Bullaro一批商品，价值为＄700，成本为＄220。

5日　通过Zisa信用卡销售给客户一批商品，价值为＄8400，成本为＄4 300。

6日　通过Access信用卡销售给客户一批商品，价值为＄6 000，成本为＄3 680。

8日　通过Access信用卡销售给客户一批商品，价值为＄4 480，成本为＄2 600。

10日　将从6月6日起累计的Access信用卡收据送交到信用卡公司，等待付款。

13日　核销了Trenton Wanek的坏账准备账户。这笔坏账是去年10月份的赊销额，金额为＄467。

17日　收到Access支付的款项。

18日　收到Bullaro支付的6月4日的采购款。

要求：

编制记录这些交易和事项的日记账分录。（公司采用的是永续盘存制，四舍五入到整数。）

Problem9-2A　Ming公司的成立日期为2008年1月1日。在其经营的前两年内，公司完成的交易涉及以下几个方面：赊销、应收账款的收回和坏账。这些交易总结如下：

2008年

a. 赊销一批商品，价值＄1 347 700，成本为

$982 500，信用条件为“n/30”。

b. 核销无法收回的应收账款$20 676。

c. 收到支付的应收账款$671 100。

d. 在12月31日调整账户余额时，公司按应收账款的1.3%估计无法收回的账款。

2009年

e. 赊销一批商品，价值$1 517 800，成本为$1 302 200，信用条件为“n/30”。

f. 核销无法收回的应收账款$32 624。

g. 收到支付的应收账款$1 118 100。

h. 在12月31日调整账户余额时，公司按应收账款的1.3%估计无法收回的账款。

要求：

编制日记账分录以记录Ming公司2008年和2009年的交易，并编制年底记录坏账费用的调整分录。（公司采用的是永续盘存制，四舍五入到整数。）

Problem9-3A　2009年12月31日，Vizarro公司的日历年度的数据如下。

现金销售	$2 184 700
赊销	3 720 000

另外，公司的调整前的试算平衡表的部分信息如下：

应收账款	$1 127 500（借方）
坏账准备	29 030（借方）

要求：

1. 在下列假设情况下，编制Vizarro公司确认坏账的调整分录。

a. 按赊销额的1.5%估计坏账。

b. 按总销售额的1%估计坏账。

c. 根据账龄分析，按年底应收账款的3%估计坏账。

2. 根据上面1a的信息，请指出应收账款和坏账准备在2009年12月31日的资产负债表上是如何列示的。

3. 据上面1c的信息，请指出应收账款和坏账准备在2009年12月31日的资产负债表上是如何列示的。

Problem9-4A　下面是Chantay公司的部分交易数据。

2008年

12月16日　公司同意以出票期为12月16日、期限为60天、票面额为$14 400、票面利率为8%的票据的方式来处理Adam Bakko逾期未还的应收账款。

31日　编制记录Bakko票据的应计利息的调整分录。

2009年

2月14日　收到Bakko支付的12月16日的票据的本金和利息。

3月2日　公司同意以出票期为3月2日、期限为90天、票面额为$8 000、票面利率为9%的票据的方式来处理Mayday逾期未还的应收账款。

17日　公司同意以出票期为3月17日、期限为30天、票面额为$2 200、票面利率为6%的票据的方式来处理Carrie Kadin逾期未还的应收账款。

4月16日　当要求付款时，Kadin拒绝承兑票据。

6月2日　Mayday公司拒绝兑现欠Chantay公司的5月31日到期的票据。编制日记账分录将拒付票据加应计利息转到Mayday公司的应收账款账户下。

7月17日　收到Mayday支付的欠款，包括到期的拒付票据和逾期46天的利息总额（利率9%）。

8月7日　公司同意以出票期为8月7日、期限为90天、票面额为$8 400、票面利率为12%的票据的方式来处理Trenton公司逾期未还的应收账款。

9月3日　公司同意以出票期为9月3日、期限为60天、票面额为$3 335、票面利率为9%的票据的方式来处理Collin Marin逾期未还的应收账款。

11月2日　收到Marin支付的9月3日的票据的本金和利息。

11月5日　收到Trenton支付的8月7日的票据的本金和利息。

12月1日　核销 Carrie Kadin 的坏账准备账户。

要求：

1. 编制记录这些交易和事项的日记账分录（四舍五入到整数）。

分析：

2. 当企业将应收账款抵借并且在期末仍然未偿还贷款时，需要如何记录？

请说明这一规定的理由以及满足哪条会计原则的要求。

第 10 章

固定资产、自然资源与无形资产

- 固定资产
- 自然资源
- 无形资产

学习目标

CAP

概念（Conceptual）
- C1 固定资产及其会计核算
- C2 折旧及其影响因素
- C3 折旧期限与使用年限不一致的折旧计算，以及折旧估计变更

分析（Analytical）
- A1 比较和分析各种折旧方法

程序（Procedural）
- P1 运用成本原则计量固定资产的成本
- P2 分别以直线法、工作量法及余额递减法计算和记录折旧
- P3 区分收益性支出与资本性支出，并介绍其会计核算方法
- P4 通过报废或出售处置资产的会计核算
- P5 自然资源及其折耗的会计核算
- P6 无形资产的会计核算

本章预览

本章主要介绍在企业运营过程中使用的各种长期性资产，这些资产通常包括固定资产、自然资源及无形资产。固定资产在多数企业资产负债表中占据了资产的大部分；同时，固定资产产生的折旧也是利润表中支出项目的主要组成部分之一。我们通常把企业购置或建造固定资产的支出称为资本性支出。资本性支出是重要的会计事项，因为它会同时影响到企业短期及长期的营运成功与否。而自然资源及无形资产也有着类似的影响。本章将介绍这些资产的购置及使用。此外，本章还将介绍上述资产与其他类型资产的区别及其成本的确定、成本在各个收益期间的分摊以及处置的会计处理。

固定资产、自然资源与无形资产

固定资产	自然资源	无形资产
● 成本计量	● 成本计量	● 成本计量
● 折旧	● 折耗	● 摊销
● 后续支出	● 开采资源过程中使用的固定资产	● 无形资产的类型
● 处置		

固定资产

厂房设备资产（plant assets）是指企业运营过程中使用的、使用年限超过一个会计期间的有形资产。厂房设备资产也叫“厂房和设备”（plant and equipment）、“财产、厂房和设备（property，plant，and equipment）”或“固定资产”（fixed assets）。对很多企业而言，固定资产是其资产最主要的组成部分。图表 10.1 给出了几家企业的固定资产在其总资产中所占的比重。这些企业的固定资产不仅在其总资产中占有很大的比重，而且其绝对价值也相当高。例如，据报道，麦当劳的固定资产价值超过 200 亿美元，而沃尔玛的固定资产价值则超过了 850 亿美元。

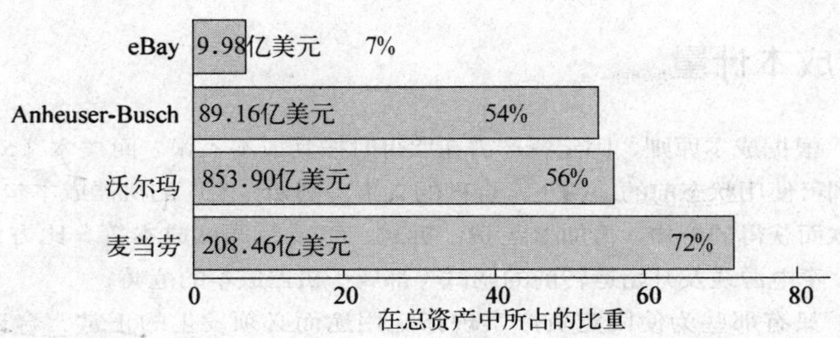

图表 10.1 所选公司的固定资产

与其他资产相比，固定资产有两大特点。第一，固定资产是供企业运营使用的，这一点有别于存货等其他资产，因为存货是供销售使用的，企业在运营过程中不会使用到存货。这个特点涉及的是资产的用途，而不是资产的类型。例如，如果企业购买电脑是为了出售，那么这台电脑在资产负债表上应作为存货列示；但如果企业购买电脑是为了运营使用，那么这台电脑就应列为固定资产。又如，假设某企业持有一块土地，如果该土地是供企业未来扩建使用的，那么就应该把它列为长期投资；但如果该片土地上建有营业用厂房，那么就应该把它列为固定资产。再如设备，如果是买来供其他设备发生故障时或生产高峰期使用的，那么就应该把它列为固定资产；但如果该设备不再使用而准备出售，那么就不应该将其列为固定资产。

第二，固定资产的使用年限超过一个会计期间，这也是固定资产与物料等流动资产最大的区别，因为物料通常买进后不久便消耗完了。

固定资产的会计处理也反映了以上两大特点。因为固定资产是供企业运营使用的，所以其成本应与收入相配比；同时因固定资产的使用年限超过一个会计期间，所以其成本与收入的配比也跨越几个会计期间。特别是，我们需要为固定资产估价（反映在资产负债表上），然后再将其成本依照其使用状况分摊至各受益期间（反映在利润表上）。但土地除外，当我们认为土地的使用是无限期的时候，土地成本不分摊至费用中。

图表 10.2 列出了固定资产会计核算过程中的四个主要问题：（1）计算固定资产的成本；（2）分摊固定资产成本（扣除残值后）至各受益期间与收入配比；（3）固定资产修缮及改良支出的会计处理；（4）处置固定资产的会计处理。我们会在下面讨论这些问题。

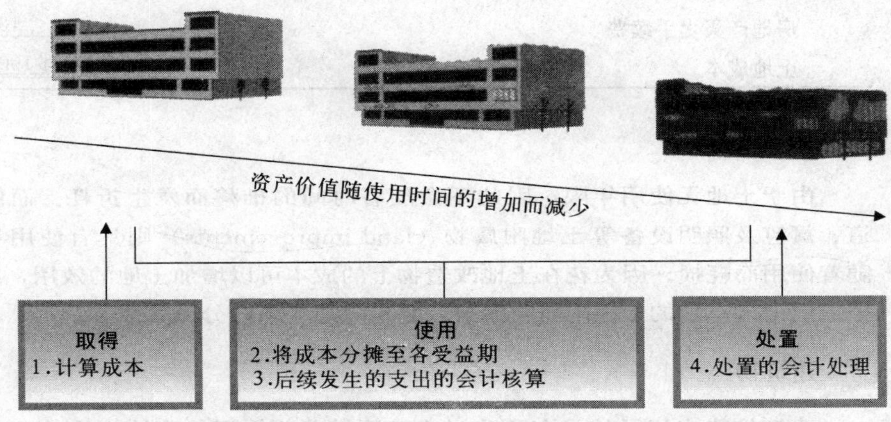

图表 10.2 固定资产会计核算过程中的四大主要问题

□ 成本计量

根据成本原则，固定资产需在取得时按其成本入账。而成本（cost）包括使固定资产达到可使用状态前的一切正常合理的支出。例如，工厂的机器成本包括发票价格减因提早付款而获得的折扣，再加上运费、拆封、组装及调试成本等。比方说，为机器所建的基台、牵电源线及开始运转前的调试等都属于机器成本的范畴。

只有那些为使固定资产实现指定用途而必须发生的正常、合理的支出方能认定为固定资产成本。如果资产在拆封过程中发生损坏，那么相关的维修费用就不能认定为成本，而应直接列为费用。同样，在运送重型机器途中所发生的交通罚款也不能算作机器的成本，但如果是合理的支出，如改装或定制新固定资产的额外支出便属于固定资产成本。下面将介绍四种主要的固定资产成本如何确定。

土地

当土地买来作为建筑用地时，其成本包括购买土地的一切成本，如房地产佣金、产权保险费、法律费用及买方所应负担的应计财产税。另外，测量、清理、整地、排水等相关支出亦属于土地成本。其他如地方政府于土地购入当时或之后针对公用道路、下水道及人行道等所课征的税额，因为它们可永久地增加土地价值，所以也算是土地的成本。土地购入作为建筑用地时，其上原有的一些建筑物可能要拆除。在这种情况下，土地购买价格以及拆除成本扣除拆除废料出售价款后的余额都要计入土地成本。例如，假设星巴克公司（Starbucks）花＄167 000购买了一块土地准备用来开零售店，该土地上有一座旧车库，相关拆除净成本为＄13 000（＄15 000的拆除成本扣除拆下来的废料出售价款＄2 000），其他房地产买卖手续费包括佣金＄8 000、法律费用＄1 500以及产权保险费＄500，共计＄10 000，因此星巴克公司的土地总成本为＄190 000，其计算过程如图表10.3所示。

图表10.3　土地成本的计算

土地购买价	＄167 000
车库拆除净成本	13 000
房地产买卖手续费	10 000
土地成本	＄190 000

土地附属物

由于土地无使用年限，因此不会随着时间的推移而发生折耗。而停车场、汽车道、篱笆及照明设备等土地附属物（land improvements）则具有使用年限，并且会随着使用而耗损。因为花在土地改造物上的成本可以增加土地的效用，所以我们需要把它们记入单独的土地附属物账户，并于效益年限内分摊其成本。

建筑物

建筑物账户记录的是有关购买或建造供营业使用的建筑物的成本。当购入建筑物时，其成本通常包括买价、佣金、税金、产权保险费及律师费等。另外，所有为使其能够实现指定用途而发生的支出，包括必要的修缮、管线、照明、铺地板及壁纸等翻新费用也属于购入建筑物的成本。若企业自己建造自用大楼或固定资产，其成本通常包括材料费、人工费以及供暖、照明、电力和建筑过程中发生的机器折旧等间接费用。另外，设计费、建筑工程执照费及在建期间的保险费等也属于建筑成本。但我们必须注意，建筑物投入使用后所发生的保险费等成本则需列为营业费用。

机器设备

机器设备成本包括一切为使其能够实现指定用途而发生的正常合理支出，如买价、税金、运输、运途中的保险、安装、组装、测试等费用。

整批购买

有时，在一次交易中，我们会通过一次性付款购买一整批固定资产，我们把这种交易称为整批购买（lump-sum purchase，group，bulk or basket purchase）。在这种情况下，需依照相对市价（relative market values）将购买价分摊到各种资产上，而相对市价一般是根据评估价或资产的计税价格确定的。例如，假设 Oakley 公司花 $ 90 000 买进了一批资产，其中土地、土地附属物以及大楼的评估价分别为 $ 30 000，$ 10 000 及 $ 60 000。如图表 10.4 所示，我们将 $ 90 000 的总成本按照各项资产的评估价进行了分摊。

图表 10.4　　整批购买中各种资产成本的计算

	评估价	在资产总价中所占的比例	分摊成本
土地	$ 30 000	30%(30 000/100 000)	$ 27 000(90 000×30%)
土地附属物	10 000	10%(10 000/100 000)	9 000(90 000×10%)
建筑物	60 000	60%(60 000/100 000)	54 000(90 000×60%)
合计	$ 100 000	100%	$ 90 000

快速测试

1. 请指出下列项目分别属于哪一类资产：(a) 物料，(b) 办公设备，(c) 存货，(d) 扩建用地，(e) 供营业使用的货车。
2. 请指出下列项目应记入哪些账户：(a) 供营业使用的空地的买价，(b) 上述空地的铺路成本。
3. 请根据下面给出的条件计算新机器的成本：总购买价 $ 700 000；营业税 $ 49 000；购货折扣 $ 21 000；将机器运到工厂的运费（起运点交货）$ 3 500；正常组装成本 $ 3 000；机器的基座成本 $ 2 500；机器维修所需的零件成本 $ 4 200。

折　旧

折旧（depreciation）是将固定资产成本分摊至各使用期成为费用的过程。折旧并不能衡量每一段时期固定资产的市价及其实质上的减损。由于折旧是反映使用固定资产的成本，所以如果资产未实际开始使用，我们也不需要提取折旧费用。本节主要介绍计算折旧时所必须考虑的因素、各种折旧方法、折旧估计的变更，以及未满一年的折旧提取方式。

影响折旧计算的因素

影响折旧计算的因素有：(1) 成本，(2) 残值，(3) 使用年限。

成本 固定资产成本包含为取得和使其能够实现指定用途所发生的一切必要合理支出。

残值 在资产使用期间分摊为费用的折旧总额等于资产成本减资产残值。残值(salvage value，residual value or scrap value) 是指在一项资产使用期满时预计能够回收到的残余价值，也就是在固定资产使用期满报废时处置资产所能收取的价款。如果一项资产预期可以交换一项新资产，那么其残值就等于预期交换来的资产的价值。

使用年限 固定资产使用年限 (useful life) 是指固定资产可用于企业运营的时间长度。使用年限，也叫服务年限 (service life)，可能与资产的使用寿命不一致。举例来说，电脑的使用寿命通常为 8 年或更多，但有些公司每两年便用旧电脑抵价购买新电脑，在此情况下，电脑便只有两年的使用年限，亦即电脑成本（扣除预期交换资产的价值）须于两年的使用年限内摊销为折旧。

有些易变因素的存在使得我们很难估计固定资产的使用年限。例如，使用过程中的磨损就是一个主要的易变因素。另外，生产能力不足和陈旧过时也是需要我们考虑的两个易变因素。生产能力不足 (inadequacy) 是指企业的固定资产不能满足企业逐渐成长的生产需求。而陈旧过时 (obsolescence) 则是指因为新发明及新改进的出现，固定资产不再具有生产产品及提供服务的竞争优势。因为需求的变动以及新发明和新改进的出现，生产能力不足和陈旧过时都很难预测。企业通常会在资产磨损前将生产能力不足或陈旧过时的资产处理掉。

如果企业过去曾使用过类似的资产，那么企业可以更好地预测新资产的使用年限。反之，如果企业以前没有使用过类似的资产，那么就只能依靠其他企业的经验或工程研究和判断来预测新资产的使用年限。快餐生产企业 Tootsie Roll 公司在其年度报告的附注 1 中所披露的资产使用年限如下：

建筑物	20～35 年
机器设备	5～20 年

折旧方法

我们可以使用多种折旧方法将固定资产的成本分摊至其使用年限内的各个会计期间。最常用的折旧方法是直线法。另外，工作量法也是一种常见的折旧方法。本节中，我们将介绍这两种折旧方法。此外，还将介绍加速折旧法中的余额递减折旧法。

本节计算折旧时所使用的是运动鞋包装前对其进行检验的机器的资料，匡威(Converse)、锐步 (Reebok)、阿迪达斯 (Adidas) 和斐乐 (Fila) 等运动鞋制造商都在使用这种机器。图表 10.5 给出了这种机器的详细资料。

图表 10.5　运动鞋检验机的资料

成本	$ 10 000
残值	1 000
折旧成本	$ 9 000
使用年限	
会计期间	5 年
检验数量	36 000 双

直线法　在直线折旧法（straight-line depreciation）下，资产使用年限内各期计提的折旧费用均相同。使用直线法计算折旧包括两个步骤。首先，计算资产的折旧成本（depreciable cost or cost to be depreciated），折旧成本等于资产的原始成本减残值。第二步就是将折旧成本除以资产使用年限所涵盖的会计期个数。图表 10.6 给出了直线折旧法的计算公式及上述运动鞋检验机折旧的计算过程。

$$\frac{\text{成本}-\text{残值}}{\text{使用年限涵盖的会计期个数}}=\frac{\$10\,000-\$1\,000}{5\text{ 年}}=\text{每年}\$1\,800$$

图表 10.6　直线折旧法计算公式及示例

如果该机器是在 2008 年 12 月 31 日购进的，且使用年限为 5 年，那么使用直线法，我们要在 2009—2013 年平均分摊折旧费用。在这 5 年每一年的年终，我们都要编制如下调整分录，记录使用直线法提取的该机器的折旧：

				资产＝负债＋所有者权益
12 月 31 日	借：折旧费用	1 800		
	贷：累计折旧——机器		1 800	－1 800　　　　－1 800
	（提取本年度折旧费用）			

在利润表上，要将这 $1 800 的折旧费用列入营业费用，而在资产负债表上，$1 800 的累计折旧则是作为机器账户的资产抵减账户。在图表 10.7 中，左侧的图表说明了 5 年中每年的折旧费用皆为 $1 800，而右侧的图表则给出了在使用年限内每一年 12 月 31 日公司资产负债表上所列示的该机器的账面价值余额。

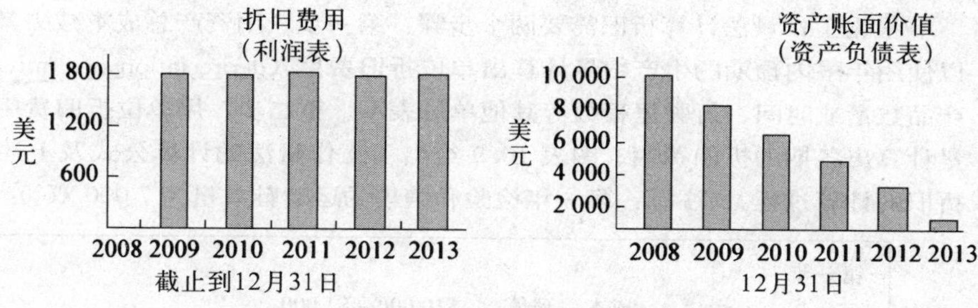

图表 10.7　直线折旧法对财务报表的影响

资产负债表上的净额即为资产的账面价值（book value）。资产的账面价值等于资产总成本减累计折旧。例如，在第二年的年末（2010 年 12 月 31 日），机器的账面价值为 $6 400，在资产负债表上的列示如下：

机器	$10 000	
减：累计折旧	3 600	$6 400

机器每年的账面价值会因为折旧而减少$1 800。从图表10.7中，我们可以看出人们为什么把这种方法称为直线法。

我们还可以计算直线折旧率（straight-line depreciation rate）。直线折旧率等于100%除以资产使用年限所涵盖的会计期个数。上述运动鞋检验机的直线折旧率为20%（100%/5）。我们可以使用这一折旧率及其他信息编制如图表10.8所示的直线折旧明细表（straight-line depreciation schedule）。请注意图表10.8列示的三个重点：第一，各个会计期的折旧费用均相等；第二，累计折旧等于当年及以前各年度的折旧费用之和；第三，账面价值逐期递减，等到机器使用年限结束时，账面价值等于其残值。

图表10.8 直线折旧明细表

折旧年份	各期的折旧情况			期末	
	折旧成本*	折旧率	折旧费用	累计折旧	账面价值**
2008	—	—	—	—	$10 000
2009	$9 000	20%	$1 800	$1 800	8 200
2010	9 000	20	1 800	3 600	6 400
2011	9 000	20	1 800	5 400	4 600
2012	9 000	20	1 800	7 200	2 800
2013	9 000	20	1 800	9 000	1 000

* $10 000－$1 000。

** 账面价值等于总成本减累计折旧。

工作量法 在使用直线法时，各个会计期间的资产成本分摊金额皆相同。如果资产在各个期间的使用情况相同，则直线法能够实现收入与费用的合理配比。但是在实务中固定资产的使用情况每期的变化都很大。例如，建造者可能只使用建筑设备一个月，而其他几个月都不用。当机器设备在各个会计期的使用情况变化很大时，工作量法能够更好地实现收入与费用的配比。这是因为在资产使用年限之内，工作量法（units-of-production depreciation method）会根据资产的使用情况，不同时期提取金额不等的折旧费用。

根据工作量法计算折旧需要两个步骤：第一步，用资产总成本减去其残值然后再除以使用年限内预期的生产数量计算出单位折旧费用（depreciation per unit）。产量可以用产品数量或时间、行驶里程数等其他单位表示。第二步，用单位折旧费用乘以各期的产量计算出各期的折旧费用。图表10.9给出了工作量法的计算公式及上述运动鞋检验机折旧的计算过程。（注意：第一年检验和销售的运动鞋数量为7 000双。）

第一步

$$\text{单位折旧费用} = \frac{\text{成本} - \text{残值}}{\text{总产值}} = \frac{\$10\ 000 - \$1\ 000}{36\ 000\ \text{双}} = \$0.25\ \text{每双}$$

第二步

$$\text{折旧费用} = \text{单位折旧费用} \times \text{本期产量}$$
$$= \$0.25\ \text{每双} \times 7\ 000\text{双} = \$1\ 750$$

图表10.9 工作量法计算公式及示例

根据机器所检验的运动鞋数量，可以编制如图表 10.10 所示的工作量折旧明细表（units-of-production depreciation schedule）。例如，第一年的折旧费用为＄1 750（7 000 双，每双＄0.25），第二年的折旧费用为＄2 000（8 000 双，每双＄0.25），其他年度的计算以此类推。图表 10.10 显示：(1) 折旧费用取决于产量；(2) 累计折旧等于本期及以前各期的折旧费用之和；(3) 账面价值逐期递减，等到机器使用年限结束时，账面价值等于其残值。Boise Cascade 公司是一个以工作量法提取折旧费用的公司。该公司的报表披露，"公司根据工作量法为纸制品及木制品的生产设备提取折旧费用"。金佰利公司（Kimberly Clark）也给出了相似的披露，"应折旧财产是根据工作量法计提折旧的"。

图表 10.10　　工作量折旧明细表

折旧年份	各期的折旧情况			期末	
	产量	单位折旧费用	折旧费用	累计折旧	账面价值
2008	—	—	—	—	＄10 000
2009	＄7 000	＄0.25	＄1 750	＄1 750	8 250
2010	8 000	0.25	2 000	3 750	6 250
2011	9 000	0.25	2 250	6 000	4 000
2012	7 000	0.25	1 750	7 750	2 250
2013	5 000	0.25	1 250	9 000	1 000

余额递减法　**加速折旧法**（accelerated depreciation method）在前几年会多提折旧，而后几年则少提一些折旧。加速折旧法有很多种，其中最常见的是余额递减法（declining-balance method）。余额递减法使用直线折旧率的若干倍乘以期初账面价值计算折旧费用。在余额递减法下，各期的折旧费用逐渐递减，这是因为各期资产的账面价值在逐渐递减。

余额递减法最常见的折旧率为直线折旧率的两倍，即所谓的双倍余额递减（double-declining-balance，DDB）法。使用双倍余额递减法计算折旧费用需要三个步骤：(1) 计算资产的直线折旧率；(2) 将上述折旧率乘以 2；(3) 以 2 倍的直线折旧率乘以资产的期初账面价值计算折旧费用。图表 10.11 给出了上述运动鞋检验机第一年折旧费用的计算过程。折旧费用的三个计算步骤为：(1) 100%除以五年，得出直线折旧率为每年 20%；(2) 20%乘以 2，得出双倍余额递减折旧率为 40%；(3) 40%乘以期初账面价值，计算出折旧费用。

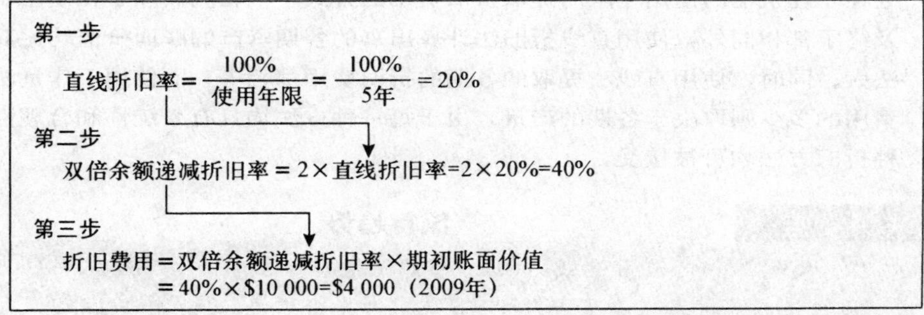

图表 10.11　双倍余额递减法下折旧费用的计算公式

图表 10.12 给出了双倍余额递减折旧明细表（double-declining-balance depreciation schedule）。除 2013 年以外，该表中的折旧费用都是使用上述公式计算出来的。

2013年的折旧费用为＄296，并不等于＄518.4（40%×1 296），而如果以＄518.4作为2013年的折旧费用，那么期末账面价值就变成了＄777.6，将低于残值＄1 000。＄296是以第五年的期初账面价值＄1 296扣除＄1 000的残值计算出来的（因为资产不能提取折旧费用到低于其残值）。

图表 10.12　　双倍余额递减折旧明细表

折旧年份	各期的折旧情况			期末	
	期初账面价值	折旧率	折旧费用	累计折旧	账面价值
2008	—	—	—	—	＄10 000
2009	＄10 000	40%	＄4 000	＄4 000	6 000
2010	6 000	40	2 400	6 400	3 600
2011	3 600	40	1 440	7 840	2 160
2012	2 160	40	864	8 704	1 296
2013	1 296	40	296*	9 000	1 000

*2013年的折旧费用等于＄1 296减去＄1 000，即＄296（提完折旧费用后的账面价值不能低于资产的残值）。

各种折旧方法的比较　图表10.13列出了在机器使用年限内，根据三种不同的折旧方法各年所提取的折旧费用。虽然不同折旧方法所提取的各期的折旧费用各不相同，但机器在其使用年限内的折旧费用总额却是相同的。

会计期间	直线法	工作量法	双倍余额递减法
2009	$1 800	$1 750	$4 000
2010	1 800	2 000	2 400
2011	1 800	2 250	1 440
2012	1 800	1 750	864
2013	1 800	1 250	296
总计	$9 000	$9 000	$9 000

图表 10.13　不同方法下所提取的各期的折旧费用

每种方法下，机器的总成本均为＄10 000，残值均为＄1 000。各种方法的不同之处在于在机器的使用年限内提取折旧费用的方式各不相同。除了在使用年限的一开始及终了都相同外，使用直线折旧法计算出来的各期资产的账面价值均比双倍余额递减法大；同时，使用直线法提取的各期的折旧费用都相等，而使用工作量法提取的折旧费用的多少则取决于各期的产量。由于每一种方法均具有系统性和合理性，因此每一种折旧方法均可被接受。

决策要点

流行趋势

大约有85%的公司采用直线折旧法计提固定资产折旧，约4%的公司采用工作量法，约4%的公司采用余额递减法。另外还有约7%的公司采用不特定的加速折旧方法——大多数是余额递减法。

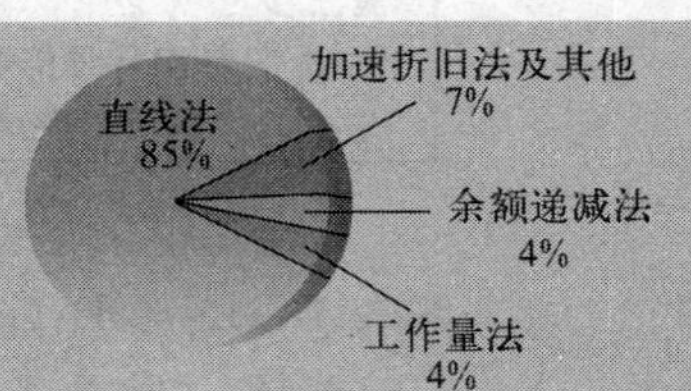

折旧的税务处理 企业财务会计的处理通常与税务会计不同，这是因为财务会计是为了报告有关财务状况和经营业绩的有用信息，而税务会计则反映了政府想要增加收入的目的，因此其间的差异是合理且可预期的。折旧费用核算方法的不同便是反映二者差异的一个典型例子。例如，许多企业为了节税往往采用加速折旧法。在资产开始使用的前几年提取较高的折旧费用可以减少企业在这几年的应纳税收入，以后几年提取较低的折旧费用，则会增加企业其间的应纳税收入。企业这样做的目的在于将税金的支付延后，这意味着企业会在税金支付到期日前运用这些资源赚取额外的收益。

美国的联邦所得税法针对折旧性资产制定了相关的规定，该规定包括**修定的加速成本回收制度**（Modified Accelerated Cost Recovery System，MACRS）。MACRS允许某些资产使用直线法，但大多数资产则被要求使用加速折旧法。MACRS将折旧性资产区分为不同种类并定义了各种资产的折旧年限及折旧率。但这种做法并不被财务会计接受，因为MACRS通常将成本分摊到少于资产使用年限的期间内。有关MACRS的细节请参见税务会计相关教材。

期间未满一年的折旧提取方法

企业可能在任何时间取得及处置固定资产，而当企业在会计期初或期末以外的其他时间取得（及处置）资产时，企业需要记录折旧期不足一年的折旧费用。之所以要这样做，就是为了按比例将折旧费用分摊至购进或处置资产的那个会计期间。

例如，假设图表10.5中涉及的机器于2008年10月8日购入并投入使用，而每个会计期的截止日期为12月31日。因为机器在2008年取得并使用了将近3个月，所以当年利润表上所披露的折旧费用应该是未满一年的金额。通常，我们假设资产是在离其实际取得日期最近的那个月的1日取得的，并据此计算折旧费用。在本例中，机器的实际取得日期为10月8日，因此假设其取得日期为10月1日。也就是说2008年需要计提三个月的折旧费用。我们使用直线法计算出这三个月的折旧费用为＄450，其计算过程如下：

(＄10 000－＄1 000)/5年×(3/12)＝＄450

当企业在会计期中间处置资产时，也需要按照类似的方法计算折旧费用。例如，假设机器于2013年6月24日售出，折旧费用的计算期间便为1月1日至6月24日。未满一年的折旧费用的提取都计算至最近的一个整月，即：

(＄10 000－＄1 000)/5年×(6/12)＝＄900

折旧估计的变更

在计提折旧费用时，首先需要估计资产的残值和使用年限，并且要根据这些估计来计算折旧费用。在资产的使用年限内，新信息的出现可能会改变原来的估计。如果改变了对资产使用年限和/或残值的估计，那么应该如何计算折旧费用呢？答案是：要根据新的估计来计算当年及未来的折旧费用。也就是说，要通过将未摊销的成本分摊至剩余的使用年限来重新计算折旧费用。

让我们再回到图表10.8所提及的使用直线法计提折旧费用的机器。在其使用年限的第三年年初，机器的账面价值为$6 400(10 000－3 600)。假设第三年年初，机器的估计剩余使用年限从3年变成了4年，其估计残值从$1 000变成了$400。图表10.14给出了使用直线法计提剩余四年每年的折旧费用的计算公式。

$$\frac{\text{账面价值}-\text{修正后残值}}{\text{修正后剩余使用年限}}=(\$6\,400-\$400)/4\text{年}=\$1\,500\text{每年}$$

图表 10.14 修正后的直线折旧费用的计算

因此，这代表在使用年限的剩余几年里，即从第三年年末一直到第六年年末，每年都要计提$1 500的折旧费用。因为资产在头两年所提取的折旧费用为每年$1 800，所以我们可能会说头两年所提取的折旧费用太多了。然而，这些折旧费用是根据当时取得的最可靠的信息计算出来的。因此，我们不用因为新的信息出现而回过头去更新以前年度的财务报表。修改对固定资产使用年限或残值的估计属于会计估计变更（change in an accounting estimate），这些变更会反映到当期及未来的财务报表中，而非前期的财务报表中。

折旧在财务报表上的披露

固定资产的成本及累计折旧都会在资产负债表上或附注中披露。以Dale Jarrett Racing Adventure公司为例，公司在其财务报表上披露了以下信息：

办公家具和设备	$45 386
商店和跟踪设备	123 378
比赛车辆和其他	775 363
财产及设备总计	944 127
减：累计折旧	715 435
财产及设备净值	$228 692

在很多企业的财务报表中，关于固定资产只列了一个简单的数字，即成本扣除累计折旧后的净额。在这种情况下，企业会在报表的附注中披露固定资产的累计折旧额。例如，本书附录A Circuit City公司的资产负债表仅披露了其财产及设备净值。为了符合充分披露的原则，Circuit City公司在附注2中披露了其折旧方法，并在附注6中披露了公司固定资产的构成情况（参见网站www.sec.gov）。

在报表中披露固定资产的成本和累计折旧有助于使用者比较不同企业的资产。例如，假设一家公司的资产成本为$50 000，累计折旧为$40 000，其情况当然就不同于另一家拥有新资产$10 000的公司。这两家公司的未折旧净成本均为$10 000，虽然第一家公司的生产能力较大，但是它可能要面临更新旧资产的需求。因此若两家公司的资产负债表仅披露$10 000的资产账面价值的话，那么我们就无法取得以上的信息了。

折旧是成本分摊的过程，资产负债表上披露的是固定资产的未折旧价值（即账面价值），而非市场价值。根据第1章所提到的持续经营假设，会计信息强调的是成本而非市场价值，且除非有相反的证据，否则我们应该假设企业会持续经营下去。这意味着企业在持有和使用固定资产的期限内，必须能够通过由其所产生的收入来回收相关的成本。既然取得固定资产的目的并非出售，所以在我们不必在财务报表上披露其市场价值。但当相对资产账面价值而言，其市场价值持续下降时例外，此种情况我们称为资产减值（impairment）。在这种情况下，公司按该资产的市场价值入账。（有关减值的详细介绍我们将在高级课程中讲解。）

累计折旧是一个资产备抵账户，其正常余额为贷方余额。当企业更换现有资产时，我们无法从累计折旧账户看出企业是如何累积资金购买新资产的。若企业有足够的资金购置资产，这些资金应该反映在企业资产负债表的现金或投资等流动资产项目中。

职业道德　　**主计长**

假设你是一家陷入财务困境的公司的审计员。公司的运营要求定期对设备进行投资，因此折旧费用是公司最大的一项费用支出。公司的竞争对手往往定期更新设备，它们的设备通常三年更新一次。但你们公司的总裁却让你将设备的使用年限从原来的3年调整为6年，并且要求你将以后购买的所有新设备的使用年限都确定为6年。试问你会怎么做？

快速测试

4. 2009年1月1日，某公司支付＄77 000购买了残值为零的办公家具。家具的使用年限为7～10年，请根据直线折旧法分别计算（a）使用年限为7年；（b）使用年限为10年的2009年的折旧费用。
5. 折旧在会计上所代表的意义是什么？
6. 假设某公司于2009年1月1日花＄96 000买进了一台机器。该机器的使用年限为5年或100 000单位产品，其残值为＄8 000。在2009年，该机器生产了10 000单位的产品。请分别根据直线法和工作量法计算该机器在2009年12月31日的账面价值。
7. 2009年1月初，某公司花＄3 800买进了一台设备，公司预计该设备的使用年限为3年，残值为＄200。在2011年年初，公司改变了估计，将该设备的使用年限修改为4年，残值修改为0。请使用直线折旧法计算该设备在2011年年底时的折旧费用。

□固定资产后续支出

企业在取得固定资产并将其投入使用之后，往往还要花费额外的支出用于资产的运转、保养、维修及改进。在将这些开支入账的时候，首先要确定是将它们费用化还是资本化（所谓资本化就是借记资产账户）。问题在于，该开支是列为当期费用还是将其计入固定资产成本并在资产的剩余使用年限内进行摊销。

收益性支出（revenue expenditures），也叫利润表支出（income statement expenditures），是指不会明显延长资产寿命或生产能力的额外成本。因此，在当期的利润表中，要把收益性支出列为费用，并从当期收入中予以扣除。清扫、重新油漆、修整、润滑等支出都属于收益性支出。资本性支出（capital expenditures），也叫资产负债表支出（balance sheet expenditures），是指花在固定资产上面并且会使当期及未来各期受益的额外成本。因此，我们要对资本性支出借记资产账户，并将其列示在资产负债表上。资本性支出会增加及改善资产所提供的服务类型或金额，例如，屋顶翻修、车间扩建以及机器和设备的重大修整等方面的开支都属于资本性支出。

是将费用列为收益性支出还是资本性支出，这方面的会计决定会影响未来几年的财务报表。因此，管理者在划分费用类型时必须慎之又慎。通常，要根据费用是属于普通维护还是改良或特殊修缮来确定是把它们列为收益性支出还是资本性支出。

普通维护

普通维护（ordinary repairs）是指维持资产正常及良好的运转而发生的支出。为了维持资产在其使用年限内按照预期的情况运转，这些支出是很有必要的。普通维护并不会让资产的使用年限超过原先的预期，也不会使资产的生产能力超出预期的水平。清扫、涂润滑油、整修、更换机器小零件的正常成本都属于普通维护。我们要将普通维护列为收益性支出，并将其列入当期利润表的费用项目。根据这条原则，Brunswick 的报表上披露了以下的信息："保养和维修成本于发生时列为费用。"如果 Brunswick 当年的维修成本为＄9 500，其编制的分录如下：

				资产＝负债＋所有者权益	
12月31日	借：维修费用	9 500			
	贷：现金		9 500	−9 500	−9 500
	（记录设备的普通维修）				

改良与特殊修缮

改良与特殊修缮的会计处理方法类似——都被视为资本性支出。

改良（betterments or improvements）是指使固定资产更有效率或更有生产力的支出。改良通常包括增加资产的组件或更换资产的旧组件，改良并非全部都可以增加资产的使用年限。例如，将机器由人工操纵更换为自动操纵就属于改良。有一种特殊的改良，我们把它称为增添（addition），例如，给仓库增加一个新的门翼或装卸台。因为改良会使未来各期受益，所以，我们要把它作为资本投资借记资产账户。然后，在资产剩余的使用年限内，按照资产新的账面价值提取折旧。例如，假设某公司花＄8 000 购买了一台机器，机器的使用年限为 8 年，残值为 0。在用了三年、提取了＄3 000 的折旧费用之后，公司花＄1 800 给该机器新增了一套自动化控制系统。这将会降低未来各期使用该机器时的人工成本。为此，我们需要编制如下分录，将这一改良成本记入机器账户：

				资产＝负债＋所有者权益
1月2日	借：机器	1 800		
	贷：现金		1 800	＋1 800
	（记录自动化系统的安装成本）			−1 800

在改良之后，该机器剩余可提取折旧的成本为＄6 800(8 000−3 000＋1 800)。因此，未来 5 年每年提取的折旧费用为＄1 360(6 800/5)。

特殊修缮（extraordinary repairs）是指为延长固定资产寿命使其超过先前的预期使用年限而发生的支出。特殊修缮也应列为资本性支出，因为它也会使未来各期受益。我们也要把特殊修缮的成本借记资产账户。例如，美西航空公司（America West Airlines）的报表披露："机身、引擎及某些重要部件的定期检修费用应计入资本性支出，在未来的受益期予以摊销。"

角色扮演　　**企业家**

假设你刚起步的网络服务公司需要资金，因此你正在编制财务报表以申请短期贷款。你的朋友建议你将许多费用尽可能当作资本性支出。试问他的这个建议会对财务报表有什么影响？你认为你朋友为什么会给你提这样的建议？

□ 固定资产的处置

我们处置固定资产的理由有很多。有时候会因为某些资产已经磨损或陈旧过时而将其报废，有时候会因为企业的业务计划发生了改变而出售某些资产。无论出于什么理由，处置固定资产的方式主要有三种：报废、出售或置换。图表10.15给出了固定资产处置的会计核算的一般步骤：

图表 10.15　　固定资产处置的会计处理

1. 提取直至报废当日的当期折旧——这样做还可以更新累计折旧。
2. 将被处置资产的折余价值从账面上移除——包括累计折旧。
3. 将收到或支付的现金（及/或其他资产）入账。
4. 将损失或收益入账——通过比较处置资产的账面价值与所收到的资产的市场价值来计算损益。*

* 第四步的一个例外情形就是缺乏商业实质（commericial substance）的交换。

固定资产报废

当固定资产对企业不再有用并且不再具有市场价值时，就会被报废（discarded）。例如，假设一台机器成本为＄9 000，当其累计折旧也等于＄9 000时就可以把它报废掉。当累计折旧等于资产成本时，我们称这项资产已经提足了折旧（账面价值为0）。记录报废此资产的分录如下：

6月5日	借：累计折旧——机器	9 000		资产＝负债＋所有者权益
	贷：机器		9 000	＋9 000
	（报废已提足折旧的机器）			－9 000

此分录反映了图表10.15提到的四个步骤。因机器已经提足了折旧，故无须第一个步骤。借记累计折旧、贷记机器反映了第二个步骤。既然没有牵涉别的资产，第三个步骤也就不需要了。因为该机器的账面价值为0并且也没有牵涉其他资产，所以也不需要第四步来记录损失或收益。

如果报废时，资产还没有提足折旧或者还没有提取直至报废日的当期折旧，应该如何处理呢？为回答这个问题，让我们举个例子来看一看。假设设备成本为＄8 000，前一年的12月31日，设备提取的累计折旧为＄6 000，该设备的使用年限为8年、账面价值为0，并且我们采用的是直线折旧法。今年的7月1日，我们将该设备报废。此次设备报废的会计处理可以分为两步。第一步，编制如下分录提取直至报废当日的当期折旧：

日期	摘要	借方	贷方	资产＝负债＋所有者权益	
7月1日	借：折旧费用	500			
	贷：累计折旧——设计		500	−500	−500
	（记录6个月的折旧费用（1 000×6/12））				

第二步，编制如下终结分录（该分录反映了图表10.15中提到的后面三个步骤）：

日期	摘要	借方	贷方	资产＝负债＋所有者权益	
7月1日	借：累计折旧——设备	6 500			
	处置设备损失	1 500		＋6 500	−1 500
	贷：设备		8 000	−8 000	
	（报废账面价值为＄1 500的设备）				

损失的计算是以设备账面价值＄1 500（8 000−6 000−500）与所收到的现金＄0比较得出的，相关金额列于利润表的其他费用与损失项下。有时，报废资产需要支付现金，这会增加处置设备损失。一般而言，利润表可以反映报废资产所带来的损失，而资产负债表则可以反映资产账户和累计折旧账户的变动情况。

固定资产出售

当企业重组或缩减运营规模时通常会出售其固定资产。让我们举个例子来看一看固定资产出售的会计处理。BTO公司于3月31日出售了一套设备，该设备成本为＄16 000，前一年12月31日累计折旧为＄12 000，使用直线法计算出来的该设备每年的折旧费用为＄4 000。该固定资产出售业务会计处理的第一步是记录折旧费用，并将累计折旧账户的余额更新为当年3月31日的数据。为此，需要编制如下分录：

日期	摘要	借方	贷方	资产＝负债＋所有者权益	
3月31日	借：折旧费用	1 000			
	贷：累计折旧——设备		1 000	−1 000	−1 000
	（记录三个月的折旧费用（4 000×3/12））				

我们只要编制一条终结分录就可以反映出图表10.15中提到的后面三个步骤。在编制终结分录之前，首先要确定出售该资产的收入。让我们分三种情况来讨论一下。

按账面价值出售　如果BTO公司出售设备获得的收入为＄3 000，即刚好等于3月31日该设备的账面价值，那么该资产处置业务就没发生任何损益。此时，需要编制如下分录：

日期	摘要	借方	贷方	资产＝负债＋所有者权益
3月31日	借：现金	3 000		
	累计折旧——设备	13 000		＋3 000
	贷：设备		16 000	＋13 000
	（记录无损益发生的设备出售交易）			−16 000

高于账面价值出售　如果BTO公司出售设备获得的收入为＄7 000，即比3月31日该设备的账面价值多出＄4 000，那么通过该资产处置业务，公司获得了收益。此时，需要编制如下分录：

日期	科目	借方	贷方	资产	＝负债	＋所有者权益
3月31日	借：现金	7 000		＋7 000		＋4 000
	累计折旧——设备	13 000		＋13 000		
	贷：处置设备收益		4 000	－16 000		
	设备		16 000			
	（记录获得＄4 000收益的设备出售交易）					

低于账面价值出售　如果BTO公司出售设备获得的收入为＄2 500，即比3月31日该设备的账面价值少＄500，那么通过该资产处置业务，公司蒙受了损失。此时，需要编制如下分录：

日期	科目	借方	贷方	资产	＝负债	＋所有者权益
3月31日	借：现金	2 500		＋2 500		－500
	处置设备损失	500		＋13 000		
	累计折旧——设备	13 000		－16 000		
	贷：设备		16 000			
	（记录损失＄500的设备出售交易）					

快速测试

8. 假设机器的原使用年限为6年，通过前5年对机器进行检修，机器的使用年限延长为9年。机器的原始成本为＄108 000，检修成本为＄12 000。试编制分录记录这些检修成本。
9. 试解释收益性支出与资本性支出的区别及其各自的会计处理方法。
10. 什么是改良？在会计上，我们应如何处理改良？
11. 假设某公司于2009年1月10日花＄42 000购置了一套设备，该设备使用年限为5年，残值＄7 000，并以直线法提取折旧。公司于2010年6月27日以＄32 000的价格将该设备售出。试编制2010年6月27日的分录。

自然资源

自然资源（natural resources）是指一经使用其物质实体就被耗费掉的资产，例如木材、矿床、油田及天然气田等。因为它们会随着使用而消耗，所以也把它们称为折耗资产（wasting assets）。这些资产代表的是即将转化为存货的原材料，经过砍伐、开采及钻探等转换过程它们就可以转变成一种或多种产品。在转化之前，要把它们作为非流动资产列入资产负债表，我们可以把它们列为林地、矿床或油矿等项目。自然资源通常列于固定资产项下或单独列示。例如，在资产负债表上，美国铝业公司（Alcoa）将其自然资源列入“财产、厂房及设备”（properties，plants and equipment）项下。在财务报表附注中，美国铝业公司还单独披露了一项——“包括矿产在内的土地及土地权益”（land and land rights，including mines）。而维尔豪泽公司（Weyerhaeuser）则在资产负债表上单独开设了一项——“森林及林地”来记录其所拥有的林材。

□ 成本计量与折耗

自然资源的入账成本包括取得资源并使其达到可使用状态前的一切合理且必要的支出。折耗（depletion）是指将自然资源的成本分摊到其各个折耗期的过程。资产负债表上的自然资源反映的是自然资源成本扣除累计折耗（accumulated depletion）后的余额。每期的折耗费用通常是根据所砍伐、开采或钻探出来的自然资源的数量计算出来的，这与工作量法类似。例如，埃克森-美孚公司（Exxon Mobil）使用这个方法摊销其勘探及开发油井的成本。

让我们举个例子来看一看自然资源折耗的会计处理。假设某矿床预期能产矿石 250 000 吨，该矿床的买进成本为＄500 000，预期残值为 0，每吨矿石的折耗费用为＄2(500 000/250 000)。如果第一年开采并出售了 85 000 吨的矿石，则第一年的折耗费用为＄170 000。图表 10.16 给出了详细的计算过程：

第一步

$$单位折耗费用=\frac{成本-残值}{总产量}=\frac{\$500\,000-\$0}{250\,000吨}=\$2每吨$$

第二步

折耗费用＝单位折耗费用×期间开采和出售量

＝$2×85 000＝$170 000

图表 10.16　折耗计算公式及示例

我们需编制如下分录记录第一年的折耗费用：

				资产＝负债＋所有者权益	
12月31日	借：折耗费用——矿床	170 000		－170 000	－170 000
	贷：累计折耗——矿床		170 000		
	（记录矿床的折耗）				

期末，资产负债表对该矿床的披露如图表 10.17 所示：

图表 10.17　资产负债表对该矿床的披露

矿床	＄500 000	
减：累计折耗	170 000	＄330 000

由于本年出售了 85 000 吨矿石，因此要将＄170 000 的折耗费用列示在本年的利润表中。如果期末时仍有部分矿石没有出售，那么就要将未出售部分的折耗费用列入资产负债表的流动资产项下的“矿石存货”。我们仍然以上面的例子为例，假设第二年开采的矿石为 40 000 吨，但只销售出去 34 000 吨。第二年的折耗费用为＄68 000(34 000×2)，剩余矿石存货为＄12 000(6 000×2)。编制的分录如下：

				资产＝负债＋所有者权益	
12月31日	借：折耗费用——矿床	68 000		－80 000	－68 000
	矿石存货	12 000		＋12 000	
	贷：累计折耗——矿床		80 000		
	（记录矿床的折耗和存货）				

□ 用于开发资源的固定资产

开采、砍伐或钻探等自然资源的转化过程通常需要使用机器、设备及建筑物。如果这些固定资产的用途直接与自然资源的折耗有关，那么就应该使用工作量法按照自然资源的折耗比例为这些固定资产提取折旧。例如，假设某机器是永久安装在矿床之上，且其中10%的矿石已于本期开采并售出。因此，我们要将10%的机器成本（扣除残值后的净额）分摊为本期的机器折旧费用。但如果一个矿床开采结束之后，机器还可以移到其他矿床继续使用，那么该机器就应该根据其使用年限来计提折旧。

无形资产

无形资产（intangible assets）是指能够使其拥有者获得长期性权利、特权或竞争优势的可供运营使用的非有形资产，如专利权、著作权、租赁权、特许权、商誉及商标等。需要注意的是，并非所有不具备实物形态的资产都是无形资产。例如，应收票据和应收账款虽然都不具有实物形态，但却不属于无形资产。本节将介绍几种比较常见的无形资产及其会计处理方法。

□ 成本计量与摊销

无形资产应在购入时按成本入账。无形资产的成本则要在其预期使用年限内通过摊销（amortization）过程系统地分摊成费用。如果一项无形资产拥有不确定使用年限（indefinite life），即其使用年限不受法律、法规、合同、竞争、经济或其他因素限制，那么就不需要摊销其成本。（但如果一项原来拥有不确定使用年限的无形资产后来确定其使用年限，那么就要在其确定的使用年限内摊销该项无形资产的成本。）无形资产的摊销与固定资产的折旧和自然资源的折耗类似，它们都是分摊成本的过程。然而，在摊销时，除非公司能够证明其他的方法是更好的，否则只能使用直线摊销法。另外，无形资产的摊销要记入（名为“累计摊销”的）备抵账户。无形资产的取得成本及其折旧都要列示在资产负债表中（这是《财务会计准则》第142条的一项新规定）。无形资产的最终处置包括移除其账面价值、记录收到或放弃的其他资产以及确认损失或收益。

有些无形资产会因为法律、合同或其他资产特性而具有确定的使用年限，如专利权、著作权及租赁权等。而另一些无形资产的使用年限则很难确定，如商誉、商标和商号等。无形资产的成本应该在其预期受益期内进行摊销，但无论如何其摊销期不得超过其法定使用年限。商誉等无形资产可以永久使用，因此不需要进行摊销。（对于不需要进行摊销的资产，每年都要做减值测试，需要的话，还要记录减值损失。这方面的内容将在高级课程中加以详细介绍。）

无形资产通常于资产负债表上单独列示，并列于固定资产的后面。例如，卡拉威高尔夫公司（Callaway Golf）就采用这种方法在其资产负债表上披露了近1.5亿美元的无形资产。此外，企业通常需要披露无形资产的摊销期间。下面将重点介绍几种无形资产的会计处理方法。

□ 无形资产的类型

专利权

联邦政府通过授予专利鼓励新技术、机器装置及生产流程的发明。专利权（patents）是专利权授予机构授予专利所有人的一种具有排他性的权利，凭借该权利，专利所有人可以独自享有生产和销售某种产品或使用某种生产流程的权利，期限为20年。当购买专利权时，其相关成本应借记专利权账户。如果为了维护自己的专利权专利权人提起了法律诉讼，那么诉讼成本也要借记专利权账户。但研发专利权的相关成本却是在发生时即列为费用。

我们要在专利权的预期使用年限内摊销其成本（专利权的预期使用年限不得超过20年）。假设，我们花＄25 000购买了一项使用年限为10年的专利权，那么在之后10年每一年的年末，都要编制如下分录摊销掉该专利权1/10的成本：

				资产＝负债＋所有者权益	
12月31日	借：摊销费用——专利权	2 500			
	贷：累计摊销——专利权		2 500	－2 500	－2 500
	（在其使用年限内摊销专利权成本）				

我们要将摊销费用账户＄2 500的借方金额列入利润表，作为受专利权保护的产品或服务的成本。而累计摊销——专利权账户则是专利权账户的备抵账户。

著作权

著作权（copyrights）是所有人享有的一种特权，它规定：在创作者有生之年以及逝世后的70年的时间里（尽管大多数著作权的使用年限要短得多），创作者独自享有出版和销售其音乐、文学及艺术作品的特权。著作权的成本要在其使用年限内进行摊销。许多著作权唯一可以确定的成本即为支付给联邦政府著作权办公室或授予著作权的国际机构的相关费用。如果费用不大，可以直接将其记入费用账户；但如果费用很大，那么就要将这些费用资本化（记入资产账户），并且要通过定期借记摊销费用——著作权账户来摊销这些费用。

特许权

特许权（franchises or license）是指企业或政府授予一个实体的按照特定的条件生产产品或提供服务的权利。许多企业都在授予特许权，例如麦当劳（McDonald's）、必胜客（Pizza Hut）以及美国职棒大联盟（Major League Baseball）等。特许权成本应该借记特许权这一资产类账户，并在协议期内予以摊销。

商标和商号

企业在推销产品时，通常采用独有的标志或选择唯一的名字和品牌。商标是一个可以用来区分企业、产品或服务的标志、名字、短语或广告词，例如耐克运动鞋的对勾标志、万宝路香烟的牛仔形象、可口可乐的英文名称（Coca-Cola）。往往先使用某一商标或商号的公司就享有了该商标或商号的所有权和专有权。所有权是通过到政府的专利权办公室登记注册而形成的。研发、维护或提高商标价值（如做广告）的成本在发生时直接记入费用账户。然而，如果商标是购买来的，那么就要将它借记资产账户，并在预期使用年限内摊销。如果公司计划无限期延长其商标的使用权，那么成本不需要摊销。

商誉

商誉在会计上具有特殊含义。商誉（goodwill）是指企业价值超出其各项资产负债总额的部分。商誉的含义就是：企业作为一个整体具有某些有价值的特性，而这些特性是无法用其资产或负债衡量的。这些特性包括优良的管理、训练有素的员工、良好的供应者或客户关系、高品质的产品或服务、优越的地理位置或其他竞争优势。

为了避免会计信息过于主观，我们通常只有在购买整家公司或企业部门时才会将商誉入账。买到的商誉的价值等于公司的买价减去公司净资产（不包括商誉）的市场价值。例如，购买 GeoCities 公司时，雅虎公司（Yahoo!）花了将近 30 亿美元，其中就有近 28 亿美元购买的是 GeoCities 公司的商誉及其他无形资产。

商誉等于购买实体的成本减去取得的净资产的市价。我们将商誉列为资产，并且不需要摊销其成本。但是，每年都要测算商誉的减值情况。如果商誉的账面价值未超出其公允市价，那么商誉就没有减值。但如果商誉的账面价值超过了其公允市价，那么就要将超出的金额记入减值损失。（关于减值的测算方法，我们将在高级教程中加以介绍。）

租赁权益

财产可以通过订立租约（lease）进行租赁。我们将提供租赁的一方，即财产的所有人称为出租人（lessor），将获得财产占有权和使用权的一方称为承租人（lessee）。租赁权（leasehold）指的是出租人通过签订租约而授予承租人的权利。对承租人而言，租赁权是一种无形资产。

有些租约不需要承租人提前付款，而是要求承租人按月支付租金。在这种情况下，我们不需要开设租赁权账户，只要将每月支付的租金借记租金费用账户即可。但有些长期性的租约要求承租人在签约时提前支付最后一期的租金，在这种情况下，承租人要将其提前支付的租金借记租赁权账户。因为在最后一期到来之前，这些提前支付的租金仍然未被使用，所以在最后一期之前，租赁权账户的余额一直保持不变。等到最后一期结束时，我们需要把租赁权账户的余额转入租金费用账户。（有些长期租约授予承租人的权利与购买人获得的权利几乎相同。在这种情况下，承租人需要将租赁物作为有形资产披露，将租金作为负债披露。）

如果类似资产的租金上升，而租约中所规定的租金却保持不变，那么长期租约就发生增值。承租人的资产负债表无法反映长期租约的增值情况。但如果原承租人再将租得的财产转租给新的租户，并且新的租户需要支付现金给原承租人以获得原有租约中所包含的权利，那么新的租客要将自己支付的现金借记租赁权账户，并在剩余租期内将其摊销为租金费用。

租赁物改良

有时承租人需要负担租赁财产的改造或改良费用，如隔间、油漆及店面整修等。我们把这些改造或改良称为租赁物改良（leasehold improvements），这时发生的相关成本需要借记租赁物改良账户。因为租赁物改良会成为财产的一部分，并且在租约期满时必须返还给出租人，所以承租人必须在租赁期内或改良物的使用年限内（取二者中较短的那个）摊销相关成本，摊销分录为借记摊销费用——租赁物改良账户、贷记累计摊销——租赁物改良账户。

其他无形资产

其他的无形资产包括软件、非竞争条款、客户列表等。对这些无形资产的会计处理与前面是一样的。首先，确认无形资产的成本。其次，确认无形资产的使用年限是有限的还是无限的。如果是有限的，要在预期使用年限内摊销其成本。如果是无限的，就不用摊销成本。

快速测试

12. 试分别举出一个自然资源和无形资产的例子。
13. 假设某公司花＄650 000买下一个矿床。该矿床预计能出产325 000吨矿石，且将在10年内开采完毕。在第一年，该公司开采、加工并出售了91 000吨矿石。试问第一年的折耗费用应该为多少？
14. 2009年1月6日，某公司花＄120 000买下一项生产玩具的专利权，该专利权的法律有效期还剩17年，而这种玩具预计能卖3年。试编制取得该专利权时的分录及2009年12月31日的摊销分录。

实例分析

在2009年7月14日，Tulsa公司花＄600 000购买了一家装备完整的工厂，此次购入的资产情况如下表所示：

资产	估定价值	残值	使用年限	折旧方法
土地	＄160 000			不提取折旧
土地附属物	80 000	＄0	10年	直线法
建筑物	320 000	100 000	10年	双倍余额递减法
机器	240 000	20 000	10 000单位	工作量法*
合计	＄800 000			

*使用机器在2009年和2010年分别生产了700单位和1 800单位。

要求：

1. 将＄600 000的购买成本分摊到各资产。

2. 分别计算各项资产在2009年（六个月）和2010年的折旧费用以及这两年折旧费用的合计额。

3. 在2011年12月31日，Tulsa公司报废了一台已经用了5年的机器。该机器的原始成本为＄12 000（预计使用5年）、残值为＄2 000。在报废时第五年的折旧费用尚未提取，试编制有关第五年提取折旧（直线法）及处置资产的分录。

4. 2011年年初，Tulsa公司花＄100 000现金买进一项专利权，并预计专利权的使用年限为10年。试编制取得专利权时的分录以及2011年的摊销分录。

5. 2011年年底，Tulsa公司花＄600 000现金购买了一座矿床，紧接着又花了＄80 000的额外成本增建了道路并修建了矿井。该矿的预估残值为＄20 000，预计能出产330 000吨矿石。Tulsa公司于2011年开采并出售了10 000吨矿石。试编制取得矿床及第一年提取折耗的分录。

解题步骤：

● 编制三栏式表格，分别列示各项资产的估定价值、在总价值中所占的比例以及分摊的成本。

● 利用分摊后的成本计算各项资产在2009年（只有半年）和2010年（整年）的折旧费用。

● 记住：在报废资产前，我们要提取直至报废当日的折旧费用。使用直线法计算第五年的折旧费用并入账。因为残值在期末报废时并不会实际收到现金，所以成为报废处置损失。将处置损失入账，同时将报废的资产及其累计折旧销账。

● 将专利权（无形资产）以买价入账。在专利权的使用年限内使用直线摊销法计算其摊销费用。

● 将矿床（自然资源）以成本入账，这个成本包括任何使其达到可使用状态的额外成本。然后，使用折耗公式计算每吨的折耗费用，再将每吨的折耗费用乘以所开采并出售的吨数求出当年的折旧费用。

实例分析答案：

1. 将总成本＄600 000分摊至各项资产。

资产	估定价值	在总价值中所占的比例	分摊的成本
土地	＄160 000	20%	＄120 000（600 000×20%）
土地附属物	80 000	10	60 000（600 000×10%）
建筑物	320 000	40	240 000（600 000×40%）
机器	240 000	30	180 000（600 000×30%）
合计	＄800 000	100%	＄600 000

2. 提取各项资产的折旧（注意：土地不提取折旧）。

土地附属物	
成本	＄60 000
残值	0
可折旧成本	＄60 000
使用年限	10年
每年的折旧费用（＄60 000/10年）	＄6 000
2009年的折旧费用（＄6 000×6/12）	＄3 000
2010年的折旧费用	＄6 000

建筑物	
直线折旧率＝100%/10年＝10%	
双倍余额递减折旧率＝10%×2＝20%	
2009年的折旧费用（$240 000×20%×6/12）	$24 000
2010年的折旧费用（($240 000－$24 000)×20%）	$43 200
机器	
成本	$180 000
残值	20 000
可折旧成本	$160 000
预期总产量	10 000单位
单位折旧费用（$160 000/10 000单位）	$16
2009年的折旧费用（$16×700单位）	$11 200
2010年的折旧费用（$16×1 800单位）	$28 800

总折旧费用：

	2009年	2010年
土地附属物	$3 000	$6 000
建筑物	24 000	43 200
机器	11 200	28 800
合计	$38 200	$78 000

3. 记录报废资产截止到报废当日的折旧费用：

借：折旧费用——机器	2 000	
贷：累计折旧——机器		2 000

（记录处置前的资产折旧费用（（$12 000－$2 000)/5））

将报废的资产销账并确认损失：

借：累计折旧——机器	10 000	
处置机器损失	2 000	
贷：机器		12 000

（记录报废账面价值为$2 000的机器）

4. 借：专利权 100 000

借：专利权	100 000	
贷：现金		100 000

（记录专利权的取得）

借：摊销费用——专利权	10 000	
贷：累计摊销——专利权		10 000

（记录摊销费用：$100 000/10年＝$10 000）

5.

借：矿床	680 000	
贷：现金		680 000

（记录矿床的取得及其相关成本）

借：折耗费用——矿床	20 000	
贷：累计折耗——矿床		20 000

（记录折耗费用：($680 000－$20 000)/330 000吨＝$2每吨。
开采及出售的10 000吨×$2＝$20 000）

小　结

C1　固定资产及其会计核算。 固定资产是指用于企业运营的使用年限超过一个会计周期的有形资产。固定资产区别于其他有形资产主要有以下两点：用于企业运营以及使用年限超过一个会计周期。固定资产的会计核算主要涉及以下四个问题：(1) 成本的计算；(2) 成本在受益期内的分摊；(3) 其后发生的支出的会计核算；(4) 处置的记录。

C2　折旧及其影响因素。 折旧是将固定资产成本分摊至各使用期成为费用的过程。折旧并不能衡量固定资产市价的减值及实际的毁损情况。三项决定折旧费用的主要因素为：成本、残值及使用年限。残值是使用年限结束时的估计资产价值，使用年限则是指固定资产可用于企业运营的时间长度。

C3　折旧期限与使用年限不一致的折旧计算与折旧估计变更。 当我们在会计期中间买卖资产时，需要记录折旧期不足一年的折旧费用。此外，当残值及使用年限等估计变动时折旧费用会随之变动。例如，当固定资产的使用年限发生变动时，剩余的待折旧成本要在（修正后）剩余的使用年限中摊销。

A1　分析和比较各种不同的折旧计算方法。 不同折旧方法下所提取的各期的折旧费用也各不相同，但总折旧费用却相同；各种方法的原始成本及最后的残值均相同，不同之处在于各期提取折旧的方式，一般最常使用的折旧方法为直线法、双倍余额递减法及工作量法。

P1　运用成本原则计算固定资产的成本。 固定资产在购入时应以成本入账，而成本包括所有使资产达到可使用状态前的一切合理且必要的支出。至于整批购入的资产成本则须分摊至个别资产。

P2　分别以直线法、工作量法及余额递减法计算和记录折旧。 直线法下每期的折旧费用为成本扣除残值后的余额直接除以使用年限；工作量法下则是以成本扣除残值后的余额除以预计产量作为每单位产品的折旧费用；余额递减法的折旧费用计算方式则是以资产的账面价值乘以某个折旧率（通常为直线折旧率的2倍）。

P3　区分收益性支出与资本性支出，并介绍其会计核算方法。 收益性支出通常仅使当期受益，故在发生时即以费用入账，以便与当期的收入相配比，例如，普通维护即为收益性支出的一种。资本性支出会使未来各期受益，故于发生时须借记资产账户，例如特殊修缮和改良均属于资本性支出。

P4　通过报废或出售处置资产的会计核算。 当固定资产被报废、出售或交换时，我们要将其成本和累计折旧销账。任何报废或出售资产所取得的现金都要入账，并要与资产的账面价值进行比较以确定是否发生了损失或获得了收益。

P5　自然资源及其折耗的会计核算。 自然资源的成本要记入非流动资产账户，提取折耗时我们应根据工作量法将成本分摊为折耗费用，折耗费用应贷记累计折耗账户。

P6　无形资产的会计核算。 购买无形资产时，要以购买成本将其入账。对于具有明确使用年限的无形资产，要使用直线法将其成本分摊成费用，我们将这一过程称为摊销。商誉及具有不确定使用年限的无形资产不需要进行摊销，但每年都要测算其减值情况。无形资产包括专利权、著作权、租赁权、商誉及商标等。

角色扮演及职业道德参考答案

主计长 公司总裁之所以会给你下达这样的指令，可能是基于他对公司未来诚实、合理的预期。由于公司陷入了财务困境，所以总裁可能觉得公司已经不可能按照正常的做法每三年更换一次资产。总裁出此下策可能是为了减少频繁更换资产的成本、延长设备的使用年限，直至公司的财务状况有所改善。但如果你认为总裁的决定不符合会计伦理，你可以以你的观点反驳总裁，并表示以变更估计的方式来增加所得是不道德的。另外一种可能性则是静观其变，看审计员是否会阻止公司变动会计估计。不管是哪一种情况，你都应该坚持财务报表要基于合理的估计进行编制。

企业家 将费用作为资本性支出意味着短期内财务报表上的费用较低而收入较高，这也是我们不立刻把资本性支出费用化，而是将其在资产的使用年限内进行分摊的原因。将费用视为资本性支出也意味着短期内资产及股东权益较高。你的朋友或许尝试着要帮忙，但他的这个建议可能会让你误入歧途。记住：唯有影响未来收益的支出才是资本性支出。

快速测试参考答案

1. a. 物料——流动资产。
   b. 办公室设备——固定资产。
   c. 存货——流动资产。
   d. 扩建用地——长期投资。
   e. 供营业使用的货车——固定资产。
2. a. 土地 b. 土地附属物
3. ＄700 000＋＄49 000－＄21 000＋＄3 500＋＄3 000＋＄2 500＝＄737 000
4. a. 直线法、使用年限为7年：＄77 000 7＝＄11 000
   b. 直线法、使用年限为10年：＄77 000 10＝＄7 700
5. 折旧是指将固定资产的成本于使用的会计期间内分摊为费用的过程。
6. a. 采有直线折旧法时的账面价值：

   ＄96 000－[（＄96 000 ＄8 000）/5]＝＄78 400

   b. 采用工作量折旧法时的账面价值：

   ＄96 000－[（＄96 000－＄8 000 ×(10 000 100 000)]＝＄87 200
7. （＄3 800－＄200 /3＝＄1 200（原来每年的折旧费用）

   ＄1 200×2＝＄2 400（累计折旧）

   （＄3 800－＄2 400 /2＝＄700（修正后的折旧费用）
8. 借：机器 12 000
   贷：现金 12 000

9. 收益性支出仅仅能使本期受益，因此应于本期列为费用；资本性支出能使本期及未来各期受益，因此应列为资产。

10. 改良是指通过将资产的零件更换为更好的零件来改进现有的固定资产以使其变得现有效率。其相关成本应借记入资产账户。

11. 借：折旧费用 3 500
    贷：累计折旧 3 500
  借：现金 32 000
    累计折旧 10 500
    贷：出售设备收益 500
      设备 42 000

12. 森林、矿床和油田都属于自然资源。专利权、著作权、租赁权、租赁物改良、商誉、商标及特许权等都属于无形资产。

13. ($650 000/325 000 吨)×91 000 吨 = $182 000

14. 1月6日 借：专利权 120 000
    贷：现金 120 000
  12月31日 借：摊销费用 40 000*
    贷：累计摊销——专利权 40 000

* $120 000/3 年 = $40 000

关键术语

Accelerated depreciation method 加速折旧法
Amortization 摊销
Asset book value 资产账面价值
Betterments 改良
Capital expenditures 资本性支出
Change in an accounting estimate 会计估计变更
Copyright 著作权
Cost 成本
Declining-balance method 余额递减法
Depletion 折耗
Depreciation 折旧
Extraordinary repairs 特殊修缮
Franchises 特许权
Goodwill 商誉
Impairment 减值
Inadequacy 生产能力不足
Indefinite life 不确定使用年限
Intangible assets 无形资产
Land improvements 土地附属物
Lease 租约
Leasehold 租赁权
Leasehold improvements 租赁物改良
Lessee 承租人
Lessor 出租人
Licenses 授权
Limited life 有限使用年限
Modified Accelerated Cost Recovery System (MACRS) 修定的加速成本回收制度
Natural resources 自然资源
Obsolescence 陈旧过时
Ordinary repairs 普通维护
Patent 专利权
Plant asset age 厂房设备资产寿命
Plant assets 厂房设备资产
Plant asset useful life 厂房设备资产使用年限
Revenue expenditures 收益性支出
Salvage value 残值
Straight-line depreciation 直线折旧法
Trademark or trade (brand) name 商标
Units-of-production depreciation 工作量折旧法
Useful life 使用年限

选择题

1. 假设某公司花＄326 000整批购买了土地、土地附属物和建筑物等资产。其中，土地的估定价值为＄175 000，土地附属物的估定价值为＄70 000，建筑物的估定价值为＄105 000。试问这些资产的成本应如何分摊？______

a. 土地，＄150 000；土地附属物，＄60 000；建筑物，＄90 000
b. 土地，＄163 000；土地附属物，＄65 200；建筑物，＄97 800
c. 土地，＄150 000；土地附属物，＄61 600；建筑物，＄92 400
d. 土地，＄159 000；土地附属物，＄65 200；建筑物，＄95 400
e. 土地，＄175 000；土地附属物，＄70 000；建筑物，＄105 000

2. 2009年1月1日，某公司花＄35 000购置了一辆卡车。该卡车的预计使用年限为4年，估计残值为＄1 000。假设该公司使用直线法提取折旧，试问2010年12月31日该卡车提取的折旧费用是多少？______

a. ＄8 750　　b. ＄17 500
c. ＄8 500　　d. ＄17 000
e. ＄25 500

3. 2009年1月1日，某公司花＄10 800 000购置了一套设备。该设备的使用年限为10年，预计残值为＄800 000。假设该公司使用双倍余额递减法提取折旧，试问2010年12月31日该设备提取的折旧费用是多少？______

a. ＄2 160 000　　b. ＄3 888 000
c. ＄1 728 000　　d. ＄2 000 000
e. ＄1 600 000

4. 假设某公司以＄120 000的价格出售了一台原始成本为＄250 000的机器，出售时该机器的累计折旧为＄100 000。试问出售这台机器的收益或损失是多少？______

a. 收益或损失为＄0
b. 收益为＄120 000
c. 损失为＄30 000
d. 收益为＄30 000
e. 损失为＄150 000

讨论题

1. 固定资产与其他资产相比，有哪些特点？
2. 纳入固定资产的成本一般要符合什么原则？
3. 土地和土地附属物之间的区别是什么？
4. 为什么整批购买的资产成本要分摊到各单项资产中？
5. 当设备报废更换设备时，“累计折旧——设备”账户的余额是否代表所需的资金？如果不是，那它代表什么？
6. 为什么修定的加速成本回收制度通常不被财务会计所接受？
7. 当所购买的固定资产的成本很小时，可在发生时记入费用账户。这一操作符合会计的什么原则？
8. 普通维护和特殊修缮的区别是什么？它们应该如何记录？
9. 列举可以导致固定资产处置发生的事项。
10. 在使用自然资源的时候，怎样将其成本分摊至费用账户？
11. 余额递减法是否可以用来计算自然资源的折耗？请解释。
12. 无形资产的特点是什么？
13. 对无形资产的确认和成本分摊所进行的会计处理的一般步骤是什么？
14. 在什么时候一个企业会有商誉产生？在什么时候商誉会出现在一个企业的资产负债表中？
15. 假设一家企业收购了另一家企业，并购买了它的商誉。如果企业计划每年都投入一定的成本以维护商誉的价值，那么该商誉是否一定要摊销？

快速学习

QS10-1 Marlin Bowling 安装了一台自动记录设备，设备的初始成本为＄350 000。安装设备所需的电工工作的成本为＄10 000。额外的附加成本有运输费＄4 000 和销售税＄21 000。在安装过程中，由于疏忽，设备的一个部件掉到了车道上，并被自动清扫车道的机器所毁坏。维修该部件的成本为＄4 200。这台自动记录设备的总成本为多少？

QS10-2 分别指出下列各项中两种资产之间的差异。(1) 固定资产和流动资产，(2) 固定资产和存货，(3) 固定资产和长期投资。

QS10-3 2009 年 1 月 2 日，Deadra 乐队为演唱会表演购买了一台音响设备，该设备购买成本为＄32 500。乐队预计该设备的使用年限是 4 年，期间可参与演唱会表演 200 场，预计四年后可以＄2 500 出售。在 2009 年，乐队表演 47 场。使用直线折旧法计算 2009 年的折旧费用。

QS10-4 根据上题的信息，采用工作量法计算 2009 年的折旧费用。

QS10-5 参照 QS10-3 的基本信息，假设乐队使用的是直线折旧法。但是在第二年年初，由于演唱会的预约数量超出预期，所以该设备的使用年限变为 3 年。其残值不变。请计算第二年和第三年变化后的折旧费用是多少。

QS10-6 2009 年 1 月 5 日，购进了一队冷藏运输卡车，成本为＄1 200 000，预计使用年限是 8 年，预计残值是＄100 000。使用双倍余额递减法计算前三年的折旧费用。

QS10-7 1. 请将下列各项按收益性支出和资本性支出分类。

a. 花＄40 000 更换了一台冷藏系统的压缩机，使得其使用寿命延长了 4 年。

b. 每年为每辆卡车支付检修费＄200。

c. 每月更换空调系统过滤器的成本为＄175。

d. 完成了某办公大楼的加建，成本为＄225 000。

2. 编制记录上题中 a～d 的交易的日记账分录。

QS10-8 Tresler 公司有一台设备，初始成本为＄92 500，累计折旧＄54 000。Tresler 公司决定将设备出售。请分别以出售价为 (1) ＄42 000，(2) ＄38 500，(3) ＄31 000 编制出售设备的会计分录。

QS10-9 Crandon 公司购买了一个矿床，成本为＄6 300 000。接入煤矿发生的额外成本为＄500 000。该矿预计产矿石 1 000 000 吨。预计残值是＄900 000。

1. 编制记录矿床的成本的分录。

2. 如果第一年开采并售出矿石 125 000 吨，编制年底的调整分录。

QS10-10 下列哪些资产是作为无形资产列示在资产负债表上的？哪些是作为自然资源列示的？(a) 油井，(b) 商标，(c) 租赁权，(d) 金矿，(e) 建筑物，(f) 著作权，(g) 特许权，(h) 森林。

QS10-11 本年 1 月 4 日，Brasen Boutique 花＄275 000 更新了店铺里的装置。改良的装置包括新的地板、天花板、接线、壁纸等，这些改良后的装置预计可使用 10 年。Brasen 将其店铺出租了出去，并且还有 8 年的租约。编制分录以记录 (1) 更新设备的成本，(2) 本年年底的摊销情况。

练习题

Exercise10-1 Kruz 公司购买了一台设备，成本为＄10 400，信用条件为"1/10，n/60"，装运地交货。卖方先支付了＄235 的运费，并将其加到了总价中，最后发票标价为＄10 635。该设备需要特钢安装和电力连接，成本为＄719。此外，组装机器使其正常运转又花掉了＄339。在机器进行钢安装的过程中，发生了＄250的损毁。在调试设备以生产出令人满意的产品的过程中，耗用了＄40的物料。机器的调试结果一切正常，并没有受到之前损毁的影响。计算这台机器的入账成本是多少。

Exercise10-2 Fisk Manufacturing 购买了一块坐落着一栋旧建筑物的地段，计划建造一个新厂。协议购买价是地段＄209 000，旧建筑物＄104 000。公司花＄40 400拆除了旧建筑，并花＄59 722填平了土地。同时，它还支付了＄1 663 150的建造成本，包括新建筑物＄1 564 400、照明和停车场＄98 750。这些成本全部用现金支付。请编制记录这些成本的日记账分录。

Exercise10-3 Dillon 公司购买了价值＄404 000的房地产，并支付了＄21 500的手续费。该房地产具体包括报价＄217 140的土地，报价＄83 160的土地附属物，以及报价＄161 700的建筑物。将总成本分摊到这三项资产中，并编制记录购买过程的日记账分录。

Exercise10-4 2009年1月初，Sanchez Builders购买了一台设备，预计在未来5年的经营活动中使用。其成本为＄102 000，预计残值为＄21 000。编制一张表格，列示在直线折旧法下这5年每年的折旧和账面价值情况。

Exercise10-5 根据上题中的信息，编制一张表格，列示在双倍余额递减法下这5年每年的折旧和账面价值情况。

Exercise10-6 Siness Fitness 公司拥有一台机器，采用直线折旧法对其计提折旧，成本为＄26 400，预计使用年限为4年，残值为＄2 900。在第三年年初，Siness认为机器还有剩余使用年限3年，预计残值为＄2 050。计算（1）第二年年末机器的账面价值，（2）调整后，最后三年每年的折旧额。

Exercise10-7 Echo公司花＄274 900购买了一台设备，预计使用年限为5年，残值为＄41 000。在使用设备进行经营活动的5年内，减去除折旧外的所有费用后，预计每年收益＄86 800。在直线折旧法下，编制一张表格，以反映以下信息：计提折旧前的收益、折旧费用、每年的税前净收益和5年总的税前净收益额。

Exercise10-8 参照上题的信息，在双倍余额递减法下，编制一张表格，以反映以下信息：计提折旧前的收益、折旧费用、每年的税前净收益和5年总的税前净收益额。

Exercise10-9 Horizon 公司拥有一座建筑物，在上一年的资产负债表中列示的余额为原始成本＄620 000减去累计折旧＄496 000。用直线折旧法对建筑物计提折旧。建筑物的预计使用年限为20年，残值为0。本年1月份的第一个星期，对建筑物的主要结构修复花费了＄74 000。该修复使得建筑物的预计使用年限在原先20年的基础上又延长了7年。

1. 根据上一年年底资产负债表的日期计算建筑物的年限。

2. 编制记录修复成本的会计分录。

3. 在维修成本入账后，计算建筑物的账面价值。

4. 编制记录本年折旧的会计分录。

Exercise10-10 2009年1月1日，Rayya公司购买并安装了一套机器，总成本为＄94 000。预计使用年限为8年，残值为0。前四年每年采用直线折旧法计提折旧。在第五年，公司于2013年7月1日处置了该设备。编制2013年7月1日未满一年期的该设备的折旧分录。分别根据下列假设（1）机器以＄43 593出售，（2）Rayya收到了由于一场大火造成机器损坏的保险赔偿＄39 480，编制记录机器处置的会计分录。

Exercise10-11 2009年4月2日，Mitzu Mining公司购买了一个含有1 400 000吨矿石的矿床，成本为＄3 920 000。公司在矿井中安装机器花去＄210 000，并预计机器的使用年限为7年，期末无残值。当矿石被完全开采完的时候，机器将被丢弃。2009年5月1日，公司开始采矿，在2009年的后8个月中，共开采、出售178 200吨矿石。分别编制2009年12月31日记录矿床的折耗和机器折旧的会计分录。机器的折旧要与矿床的折耗相匹配。

Exercise10-12 2009年1月1日，Galvano Gallery花＄432 000购买了一幅油画的版权。该版权规定其所有者的法定使用年限为19年。然而，公司计划推销和售卖该油画的复印版本仅15年。编制2009年1月1日记录购买版权的会计分录和2009年12月31日该版权的年摊销额的会计分录。

Exercise10-13　2009年1月1日，Jeffrey公司以＄2 500 000收购了Perrow公司。收购的净资产的公允市价为＄1 800 000。

1. 在购买日Jeffrey公司记录的商誉是多少？

2. 请说明Jeffrey公司将如何确定2009年12月31日的商誉的摊销额。

3. Jeffrey公司相信它的员工都为顾客提供了一流的服务，并且经过他们的努力，Jeffrey公司认为他们创造了＄900 000的商誉。试问Jeffrey公司将怎样记录该商誉？

综合题

Problem10-1A　Teness Construction公司从一家将要倒闭的公司那里购买了一整批资产。该项购买交易是在2009年1月1日完成的，共支付现金＄900 000，包括一座建筑物、土地、土地附属物和四台车。这些资产的估定市场价值分别为建筑物＄514 250；土地＄271 150；土地附属物＄65 450；四台车＄84 150。公司的财政年度的截止日期为12月31日。

要求：

1. 编制一张表格，将整批购进的资产的总价分摊至各资产中。编制记录购买情况的日记账分录。

2. 计算建筑物2009年的折旧费用。假设采用直线折旧法，预计使用年限为15年，残值为＄30 000。

3. 计算土地附属物2009年的折旧费用。假设采用双倍余额递减法，预计使用年限为5年。

分析：

4. 你支持还是反对如下说法：加速折旧导致在资产的使用年限内所缴付的税金变少。

Problem10-2A　Maxil Contractors完成了有关采购和经营的如下交易：

2008年

1月1日　购买了一台装载机，支付现金＄293 660，销售税＄11 740，运输费＄1 500（装运地交货）。装载机预计使用年限为4年，残值为＄36 000。装载机的成本记录在设备账户下。

1月3日　花＄5 100为驾驶室安装了空调设备，以便在艰苦的条件下也能正常运营。这使得装载机的残值又增加了＄1 000。

12月31日　记录了直线折旧法下装载机的年折旧费。

2009年

1月1日　花＄4 500为装载机的引擎进行了大修，这使得装载机的预计使用年限又增加了2年。

2月17日　在驾驶装载机的操作员撞树后，维修费花了＄1 125。

12月31日　记录了直线折旧法下装载机的年折旧费。

要求：

编制记录这些交易和事项的日记账分录。

Problem10-3A　1月2日，Platero公司花＄198 750购买了一台机器，并且为下一天投入使用做了准备工作，成本为＄11 000。1月3日，将机器安装在了一个规定的操作平台上，花费成本＄3 410。现在为机器做好了操作前的一切准备。假设机器的预计使用年限为6年，残值为＄16 960。按直线折旧法计提折旧。12月31日，在运营期的第五年的年末处置了该机器。

要求：

1. 编制记录机器的购买和为达到预期可使用状态所发生的一切准备和安装的成本的日记账分录。

2. 编制（a）运营期的第一年的12月31日，和（b）处置机器的年份的12月31日的记录机器折旧费用的日记账分录。

3. 编制日记账分录，以记录分别在下列各假设下处置机器的会计分录：（a）机器的售价为＄21 000，（b）机器的售价为＄73 500，（c）机器在一场大火中受损，保险公司支付 $31 500 作为补偿。

Problem10-4A　本年 7 月 23 日，Serena Mining 公司花 $4 612 500 购买了一块土地，预计含可开采的矿石 5 125 000 吨。公司在土地上安装了一台机械设备，成本为 $512 500，预计使用年限为 10 年，无残值，并且可以开采矿床 8 年。设备是在 7 月 25 日，正式开采的前 7 天购买的。截止到 12 月 31 日，在运营期的前 5 个月内，开采并出售矿石 $490 000。设备的折旧要与矿床的折耗相匹配。

要求：

编制分录，以记录（a）土地的购买，（b）机器的成本与安装费，（c）前 5 个月的折耗（假设在矿石开采完后，土地的净残值为 0），（d）机器的前 5 个月的折耗。

分析：

阐述摊销、折耗和折旧之间的相似点和不同点。

Problem10-5A　2004 年 7 月 1 日，Harper 公司签署了一份合同，承租了一建筑物内的空地 15 年。该租赁合同规定在整个租赁过程中，每年的 7 月 1 日要支付年租金（预付）$80 000，并且承租人要负担所有的对被租赁资产的维修和改良成本。2009 年 6 月 25 日，Harper 公司决定将其转租给 Bosio&Associates 公司，租期 10 年。Bosio 为此支付了 $260 000，并同意从 2009 年 7 月 1 日起，每年向建筑物的所有者支付年租金 $80 000。之后，Bosio 花 $160 000 改良了办公室的办公设备，并于 2009 年 7 月 5 日支付了该款项。预计该设备的使用年限与建筑物的剩余使用年限相等，都为 16 年。

要求：

1. 为 Bosio 编制分录，以记录（a）向 Harper 支付的承租建筑物的费用，（b）2009 年支付的建筑物的年租金，（c）办公室设备改良的成本。

2. 编制 2009 年 12 月 31 日，Bosio 的年底的调整分录，以记录（a）摊销转租成本 $260 000，（b）摊销办公室改良的成本，（c）租金费用。

第11章

流动负债与薪酬的会计核算

- 负债的特点
- 金额确定的负债
- 预计负债
- 或有负债

学习目标

CAP

概念（Conceptual）
- C1 流动负债与长期负债及其各自的特点
- C2 金额确定的流动负债
- C3 或有负债的会计处理

程序（Procedural）
- P1 编制有关短期应付票据的会计分录
- P2 计算和记录员工的薪酬扣款及有关负债
- P3 计算和记录雇主的薪酬费用及有关负债
- P4 产品质量保证与奖金等预计负债的会计处理

本章预览

前面几章曾介绍过应付账款、应付票据、应付工资以及预收收入等负债，本章将对这些负债做更进一步的说明，并介绍产品质量保证、税收、薪酬、假期工资及奖励计划等其他负债。另外，还会介绍或有负债以及一些基本的长期负债。本章的重点是如何定义、分类、衡量、披露和分析负债，以期为企业的决策制定者提供有用的信息。

流动负债与薪酬的会计核算

负债的特点	金额确定的负债	预计负债	或有负债
● 定义 ● 分类 ● 不确定性	● 应付账款 ● 应付销售税 ● 预收收入 ● 短期应付票据 ● 与薪酬有关的负债	● 医疗和养老金 ● 休假福利 ● 奖金计划 ● 产品质量保证负债	● 或有负债的会计核算 ● 有可能发生的或有负债

负债的特点

本节中，我们将介绍负债的主要特点及其分类和披露。

□ 负债的定义

负债（liability）是指企业现在所担负的因过去的交易或事项而产生的经济义务，在未来必须以提供资产或服务的方式加以偿付。根据上述定义，负债必须具备以下三个特点：

- 系由过去的交易或事项所产生。
- 系企业现在所必须担负的经济义务。
- 在未来必须以提供资产或服务的方式进行偿付。

图表 11.1 描述了负债这三大特点。并非所有未来预期所要支付的款项都属于负债。例如，大多数企业预期在未来几个月或几年都要支付工资给员工，但这些未来支付给员工的工资并不能算作负债，因为它们都不是由过去的事项（如员工工作）所产生的现在所必须承担的经济义务。只有当员工完成工作、赚到工资以后，才能把这些

应付工资视为负债。

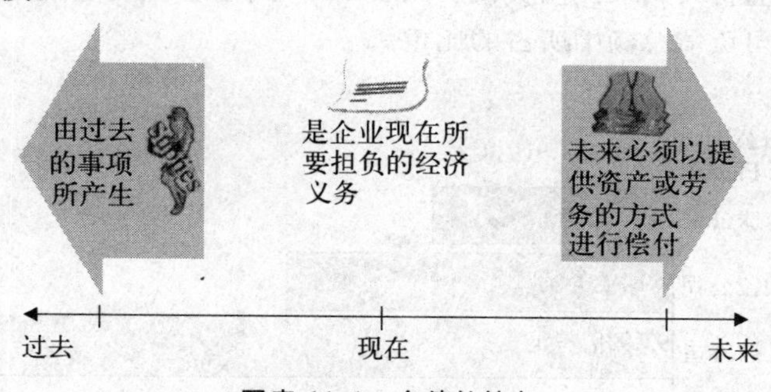

图表 11.1　负债的特点

□ 负债的分类

在资产负债表上以长期和短期来区分负债，可以为报表使用者提供更为有用的信息。因为决策制定者必须知道负债于何时到期，以便预先计划并采取适当行动。

流动负债

流动负债（current liabilities）又称短期负债（short-term liabilities），是指在一年或企业长于一年的一个营业周期内预期要以动用流动资产或产生其他流动负债的方式加以偿还的负债。例如，应付账款、短期应付票据、应付工资、产品质量保证负债、租赁付债、应付税款以及预收收入等均属于流动负债。

根据经营活动的不同，不同企业的流动负债也各不相同。例如，Univision 通信公司在其财务报表中披露，公司与西班牙语媒体运营有关的流动负债包括以下几项（单位：千美元）：

音乐著作权及艺术家版税	53 054
节目编制费	15 658

而哈雷-戴维森公司（Harley-Davidson）的财务报表所披露的流动负债与 Univision 通信公司则完全不同。哈雷-戴维森公司的流动负债主要包括产品质量保证费用、召回费用以及经销商激励费用。

长期负债

预期不需要在一年或企业长于一年的一个营业周期内偿还的负债即为**长期负债**（long-term liability）。长期负债包括长期应付票据、产品质量保证负债、租赁负债以及应付债券等。在资产负债表上，可以只列示长期负债总额，也可以分门别类地列示出各种长期负债。例如，在达美乐比萨公司（Domino's Pizza）资产负债表的流动负债项目下面列出了公司的长期负债总额为 9.82 亿美元。如果一项长期负债需要分期偿还，那么还可以把该长期负债分成两部分——一年或企业长于一年的一个营业周期内到期的部分和一年或企业长于一年的一个营业周期后到期的部分。例如，达美乐比萨公司的资产负债表显示，公司的长期负债为 7.899 亿美元，其短期需要偿还的部分为 150 万美元。这 150 万美元应该列入流动负债。有时，我们还会见到没有固定到期日，但需要在债权人要求还款时进行偿付的负债。由于此类负债有可能须于短期内偿还，因此应将其列入流动负债。图表 11.2 列出了我们选定的几家公司的流动负债额及其在公司负债总额中所占的比重。

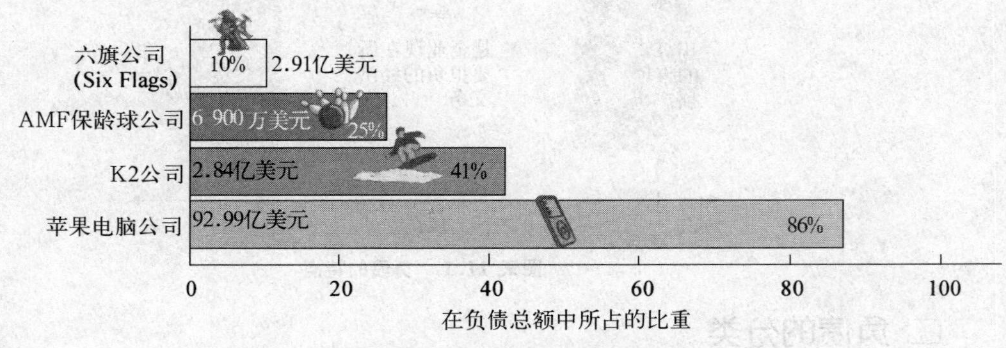

图表 11.2　选定公司的流动负债

负债的不确定性

负债的会计处理需要弄清楚三个重要问题：付款对象是谁？付款时间是什么时候？付款金额是多少？我们通常在负债发生时就可以确定这些问题的答案。例如，假设某公司应于 3 月 15 日偿还欠某人的＄100 的应付账款。在上述假定条件下，上面提到的三个问题的答案都很明确。该公司知道付款对象是谁、付款时间是什么时候以及付款金额是多少。但对于某些负债而言，上述三个问题中有一个或几个问题的答案是不确定的。

付款对象不确定

有时，负债的付款对象是不确定的。例如，企业可能发行已知金额的应付票据，且必须在某特定日向票据持有人支付特定金额。但在票据到期前企业并不知道票据持有人是谁。尽管存在上述不确定性，企业在资产负债表上仍应该列示此项负债。

付款时间不确定

企业可能会有已知金额及债权人，但却不知何时付款的负债。例如，律师事务所可能会向客户对未来计划使用的服务事先收费，这表示此事务所有一笔不知何时应提供服务予以偿还的负债。此种负债因可能于短期内清偿，故应列为流动负债。

付款金额不确定

有时，企业明知道负债已经发生，却不知道具体欠款金额是多少。例如，企业电费只有在抄表后才会寄发账单，但在收到账单前电费已经发生，负债也已确定。因此若在编制资产负债表时账单尚未寄达，企业应该估计应付电费金额并予以入账。

快速测试

1. 什么是负债？负债有哪些重要特点？
2. 所有预期需要于未来支付的款项都属于负债吗？
3. 假设有一笔负债需要在 15 个月后支付，试问应将其划为流动负债还是长期负债？

金额确定的负债

大多数负债都是在可以确定的情况下发生的。这些负债通常是通过协议、合同或法律的形式确定下来的，并且其金额也是可以确定的。我们把这种负债称为**金额确定的负债**（known liabilities）或**可确定负债**（definitely determinable liabilities）。金额确定的负债包括应付账款、应付票据、薪酬、销售税、预收收入以及租赁物等。本节我们将介绍这些金额确定的负债的会计处理。

□ 应付账款

应付账款（accounts payable），又称购销应付账款（trade accounts payable），是指向供应商赊购产品或服务所产生的负债。在前面第 5 章和第 6 章介绍商品买卖活动的时候，我们已经讲过应付账款的会计处理。

□ 应付销售税

美国几乎每个州和城市都会对零售行为课税。销售税按照销售价格的一定百分比征收。销售商在销售货物时要向顾客征收销售税，并定期将这些销售税上缴至相关部门（通常是每个月缴一次）。因为销售商需要暂时持有这些应交给政府的款项，所以对销售商而言，应付销售税是一项流动负债。例如，家得宝公司（Home Depot）在最近的年报里披露的应付销售税金额为 4.75 亿美元。让我们举个例子来看一看。假设家得宝公司在 8 月 31 日以 \$6 000 的价格出售了一批原料，并且销售税率为 5%，那么公司应编制如下分录将这笔收入入账：

8 月 31 日	借：现金	6 300		资产＝负债＋所有者权益
	贷：销售收入		6 000	＋6 300　＋300　＋6 000
	应付销售税（\$6 000×0.05）		300	
	（记录现金销售收入及 5%的销售税）			

当缴交销售税给国库时须借记应付销售税、贷记现金。请注意：应付销售税并非费用，之所以会产生应付销售税是因为法律规定零售商须代政府向顾客收取此笔现金。①

□ 预收收入

预收收入（unearned revenues），也称递延收入（deferred revenues）、预收款项（collections in advance）或预收款（prepayment），是向顾客为未来应提供的产品或

① 如果账簿中没有把销售税单列出来，我们可以根据销售收据总额计算销售税额。例如，假设销售税率为 5%，销售收据总额为 \$420（其中包括销售税）。该例中销售收入的计算过程如下：

销售收入＝销售收据总额/(1＋销售税率)＝420/1.05＝400

因此，销售税额等于销售收据总额减销售收入，即：420－400＝20。

服务所预先收取的款项，例如，运动比赛或音乐会的预售票均属于预收收入的性质。邦乔维乐队（Bon Jovi）在其资产负债表中披露了乐队通过预售门票获得的递延收入。例如，假设乐队未来要进行8场演唱会，乐队预售票的收入为500万美元，那么乐队编制的相关分录如下：

				资产＝负债＋所有者权益
6月30日	借：现金	5 000 000		
	贷：预收门票收入		5 000 000	＋5 000 000 ＋5 000 000
	（记录门票销售收入）			

在每场演出结束后，邦乔维乐队应编制分录，确认已赚得的收入。

				资产＝负债＋所有者权益
10月31日	借：预收门票收入	625 000		
	贷：门票收入		625 000	－625 000 ＋625 000
	（记录演唱会门票销售收入）			

预收门票收入属于预收收入账户，我们应将其列入流动负债。另外，销售机票、订购杂志、建筑工程、饭店预约与顾客订单等也常产生预收收入。

□ 短期应付票据

短期应付票据（short-term notes payable）是指在一年或企业长于一年的一个营业周期内必须支付约定金额的书面承诺。这种期票像支票一样是可以转让的，亦即可通过背书在不同个体之间转让。票据所提供的书面证据有助于解决债务纠纷或就其所涉及的债务问题提起诉讼。大多数应付票据均须支付持有期间的利息。许多交易活动都有可能产生短期应付票据。例如，企业在赊购商品时有时会签发票据来代替应付账款以延长信用期限；企业向银行借款有时也会签发票据。下面，我们将分别介绍这两种情况。

用来延长信用期限的应付票据

企业可以签发应付票据来代替应付账款。比较常见的一种情况就是债权人要求以带息票据取代原来的不需要支付利息的逾期应付账款。在个别情况下，如果债务人财务状况不佳，债权人有时也会被迫接受债务人所签发的票据，并同意债务人减少付款金额，但同时债权人会结清债务人的应收账款账户，不允许债务人再进行赊购。

让我们举个例子来看一看。假设8月23日Brady公司要求延期偿还欠McGraw公司的逾期未还的＄600的应付账款。经协商，McGraw公司同意接受＄100现金和一张60天期、面额为＄500、利率为12％的应付票据取代原来的应付账款。为此，Brady公司需要编制如下分录记录该笔交易：

				资产＝负债＋所有者权益
8月23日	借：应付账款——McGraw公司	600		
	贷：现金		100	－100 －600
	应付票据——McGraw公司		500	＋500
	（以现金＄100及60天期、面额为＄500、利率为12％的票据偿还应付账款）			

签发票据并没有了结Brady公司所欠的债务，只不过是将债务的形式由应付账款转变成了应付票据。McGraw公司之所以愿意用应付票据代替原来的应收账款，不仅

是因为应付票据可以给 McGraw 公司带来一定的利息收入，而且还因为应付票据是一种可以证明债务存在并记载有债务偿还条件以及偿还金额的书面证据。等到上述票据到期时，Brady 公司要签发一张＄510 的支票给 McGraw 公司以偿还票据的本金和利息。为此，Brady 公司需要编制如下分录：

				资产＝负债＋所有者权益
10 月 22 日	借：应付票据——McGraw 公司	500		
	利息费用	10		−510　−500　　−10
	贷：现金		510	
	（支付票据本金和利息（500×12%×60/360））			

利息费用是以票据本金（＄500）乘以年利率（12%）再乘以换算成以年度为单位的票据有效期（60 天/360 天）而得出的。

向银行借款所签发的票据

向银行借款时，银行几乎都会要求借款人签发票据。到期时，借款人必须偿还大于借款金额的款项，而借款与还款金额间的差额便是利息。本节中，我们来介绍一种出票人承诺支付本金和利息的票据。这种票据的面值（在票据上所列示的金额）等于票据本金。例如，假设某公司急需＄2 000 开展某项目，于是便以 12%的年利率向银行借款。借款日期为 2009 年 9 月 30 日，借款期限为 60 天。该公司还特地签发了一张面值等于借款金额的票据，并在票据上写上了与下面的内容类似的声明：“我承诺在 9 月 30 日起的 60 天内支付 2 000 美元及 12%的利息。”图表 11.3 给出了这张简单的票据。

票据

＄2 000
面值

2009 年 9 月 30 日
日期

出票日后 60 天 ，本人承诺支付给马萨诸塞州波士顿国家银行或其指定人贰仟美元（整）外加按12%的年利率计算的利息。

Janet Lee

图表 11.3　面值等于借款金额的票据

该借款人需要编制如下分录记录其现金收入和这项新的负债：

				资产＝负债＋所有者权益
9 月 30 日	借：现金	2 000		
	贷：应付票据		2 000	＋2 000　＋2 000
	（开立 60 天期、面额为＄2 000、利率为 12%的票据借款＄2 000）			

等到支付票据本金和利息时，借款人需编制如下分录：

				资产＝负债＋所有者权益
11 月 29 日	借：应付票据	2 000		−2 040　−2 000　　−40
	利息费用	40		
	贷：现金		2 040	
	（支付票据本金和利息（2 000×12%×60/360））			

期末利息调整

如果会计期的截止日介于应付票据出票日和到期日之间，那么根据配比原则，需要记录票据的应计未付利息。我们仍以图表 11.3 中的票据为例，但假设公司是在 2009 年 12 月 16 日而非 9 月 30 日借到的＄2 000。该票据在 60 天后的 2010 年 2 月 14 日到期，而公司的会计年度截止日为 12 月 31 日，因此必须记录 12 月最后 15 天的利息费用。

我们知道，2009 年 12 月 31 日，上述 60 天期、面额为＄2 000、利率为 12%的票据的有效期已经过去了 15 天。也就是说，该票据＄40 的利息总额中有 1/4（15 天/60 天）应该计入 2009 年的费用。因此，借款人需要编制如下调整分录记录这笔费用：

2009 年				资产＝负债＋所有者权益
12 月 31 日	借：利息费用	10		＋10　－10
	贷：应付利息		10	
	（记录票据的应计利息（2 000×12%×15/360））			

当票据于 2010 年 2 月 14 日到期时，借款人应该将后 45 天的利息确认为 2010 年的费用，并冲销两个负债类账户（应付利息和应付票据）的余额：

2010 年				资产＝负债＋所有者权益
2 月 14 日	借：利息费用	30		－2 040　－10　－30
	应付利息	10		－2 000
	应付票据	2 000		
	贷：现金		2 040	
	（偿还票据本金及利息（2 000 ×12%×45/360））			

□ 与薪酬有关的负债

雇主因雇用员工将产生一些费用和负债，这些费用和负债的金额通常很大，且大部分来自应该支付的薪酬、员工福利以及通过雇主所征收的薪酬所得税。以 Anheuser-Busch 公司为例。该公司资产负债表中的“应计薪酬和福利”项目披露，公司和薪酬有关的流动负债总额超过 3.428 亿美元。

员工薪酬扣款

薪酬总额（gross pay）是员工所赚得的未扣除税捐等项目前的报酬总额，其中包括工资、薪水、佣金、奖金及其他报酬（工资（wages）通常是指支付给员工的按小时计算的报酬，薪水（salaries）则是指支付给员工的按月或按年计算的报酬）。薪酬净额（net pay），又称实发工资（take-home pay），是指薪酬总额扣除所有扣款后的净额。薪酬扣款（payroll deductions），又称扣缴款（withholdings），是指员工薪酬总额中因规定或员工自愿而扣除未发放的部分。规定扣款是按照所得税和社会保障税等有关法律的规定扣除的；而自愿扣款则是根据员工自己的意愿扣除的，它包括退休金、医疗保险税、工会会费以及对慈善机构的捐款等。图表 11.4 列出了员工薪酬中常见的扣款项目。雇主要从员工薪酬中代扣各种款项，然后再将它们缴至指定机构。在缴交前，雇主须将薪酬扣款计入其流动负债。下面，让我们来介绍一些主要的薪酬扣款项目。

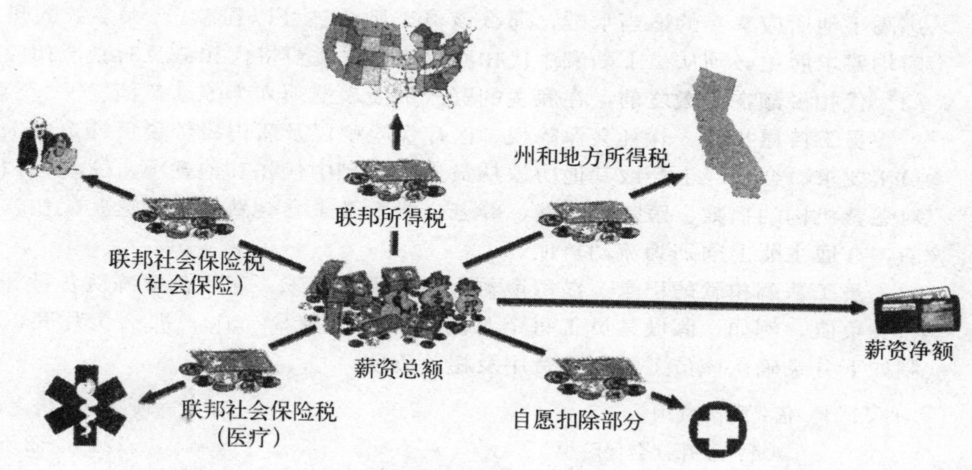

图表 11.4　薪酬扣款

员工联邦社会保险税　美国联邦社会保障计划为符合条件的工作人员提供退休金、伤残金、抚恤金及医疗保险等福利。法律规定雇主须从员工薪酬中代扣联邦社会保险税（Federal Insurance Contributions Act（FICA）Taxes）以补贴该计划的部分成本。雇主通常将联邦社会保险税分成两部分：（1）退休金、伤残金及抚恤金，（2）医疗保险。就前者而言，社会保障计划会按月为符合条件的退休人员发放现金，直至其去世。我们通常把发放的这些现金称为社会保障福利金（social security benefits），与社会保障福利金有关的税捐则称为社会保障税（social security taxes）。就后者而言，社会保障计划会按月为符合条件的已故人员的家属或伤残员工发放现金。我们通常将这种发放的现金称为医疗保险福利（medicare benefits），同前面一样，与医疗福利有关的税捐则称为医疗保险税（medicare taxes）（医疗保险税是联邦社会保险税的一个组成部分）。

根据美国法律规定，雇主在每个薪酬发放日都必须从员工工资或薪水中代扣联邦社会保险税，并且，社会保障税和医疗保险税要分别计算。例如，以 2008 年来说，员工社会保障税的代扣比率为每个员工全年薪酬所得的 6.2%，且对于年薪酬所得中超出＄102 000 的部分不予扣税，也就是说，社会保障税的上限为＄6 324；医疗保险税的代扣比率则为员工全年薪酬所得的 1.45%，医疗保险税无上限金额之规定。

雇主每年在固定期限内必须向美国国税局（Internal Revenue Service，IRS）缴纳这些代扣税款，如果未及时缴纳会被处以相当重的罚款。在将代扣税款缴纳给美国税务局之前，雇主要将它们计入其流动负债。如果想了解代扣比率及应税收入上限的变动情况，请登录美国国税局网站（www.irs.gov）或美国社会保障总署（SSA）网站（www.ssa.gov）。

员工所得税　按规定，大多数雇主都必须从员工薪酬中代扣联邦所得税，具体代扣额可以根据美国国税局所发布的税额计算表进行计算。员工所得税的代扣额主要取决于员工全年薪酬所得总额以及员工所申报的预扣税款优惠（withholding allowances）。预扣税款优惠会减少应缴纳给政府的税捐。也就是说，员工所申报的预扣税款优惠越多，雇主所应代扣的税额就越小。员工可以为自己及需要抚养或赡养的亲属申报预扣税款优惠。另外，如果员工预计自己的应税收入因医疗费用的增加可能会大幅度减少，那么员工还可以申请增加预扣税款优惠。（但如果员工申报的预扣税款优惠高于他所应享受的适当水准，那么该员工则会被处以罚款。）大多数的州及地方政府均要求雇主必须从员工薪酬中代扣所得税，并且要将代扣额及时缴至相应的政府部门。代扣税额在上缴之前，在雇主的资产负债表上须列为流动负债。

员工自愿扣款 除社会保障税、医疗保险税以及所得税等税负外，雇主通常会依员工要求、合同、工会或其他协议从员工的薪酬中代扣其他款项。这些代扣款项包括对慈善机构的捐款、医疗保险费、养老金缴款及工会会费等，而这些代扣款项在支付前，在雇主账上须列为流动负债。

员工薪酬扣款的记录 在每个薪酬结算周期期末，雇主都要确认各种薪酬费用及相关负债。例如，假设某员工每个月的薪酬所得为＄2 000，那么1月底，雇主需编制如下分录确认该员工的薪酬费用及相关负债：

				资产＝负债＋所有者权益	
1月31日	借：薪酬费用	2 000			
	贷：联邦社会保险税			+124	−2 000
	——应付社会保障税（6.2%）		124	+29	
	联邦社会保险税			+213	
	——应付医疗保险税（1.45%）		29	+85	
	应付员工联邦所得税*		213	+25	
	应付员工医疗保险费*		85	+1 524	
	应付员工工会会费*		25		
	应付薪酬		1 524		
	（记录1月份的应计薪酬）				

* 此三项金额均取自雇主的会计记录。

借方的薪酬费用代表员工的薪酬总额为＄2 000；贷方前五项应付款为雇主需代员工支付的联邦社会保险税、联邦所得税、医疗保险费以及工会会费；贷方的最后一项——应付薪酬代表在＄2 000的薪酬总额中员工实领金额为＄1 524。雇主支付薪酬给员工时需要再编制一条（或一系列）分录来记录开出并发给员工的支票（或划拨的资金）。该分录为：借记应付薪酬＄1 524，贷记现金＄1 524。

雇主薪酬税

除代扣税款以外，雇主自己也必须支付联邦社会保险税及失业税等和薪酬有关的税捐。

雇主联邦社会保险税 雇主也必须缴纳联邦社会保险税，且税额等于员工联邦社会保险税的代扣额。雇主所要缴纳的联邦社会保险税也要贷记应付联邦社会保险税账户，该账户跟记录员工的社会保障税和医疗保险税代扣额的账户是同一个账户。（独资经营者则须同时缴纳雇主联邦社会保险税和员工联邦社会保险税。）

联邦及州失业救济税 联邦政府及州政府共同制定了联邦及州政府联合失业保险计划，并由各州自行管理。这些计划会为符合条件的工作人员提供失业补助。州政府的失业保险计划系由联邦政府核准，并由联邦政府补贴部分管理费用。

（1）**联邦政府失业税**（Federal Unemployment Taxes，FUTA）。雇主必须根据

付给员工的薪酬缴纳联邦政府失业税。以2008年为例，按规定，雇主须按照6.2%的税率为每个员工薪酬所得中＄7 000以内的部分缴纳联邦政府失业税，并且，雇主所缴纳的州失业救济税可以从联邦政府失业税中予以扣除，最高扣除额可达5.4%。这样一来，实际上雇主所负担的联邦政府失业税通常只有0.8%。

（2）州失业救济税（State Unemployment Taxes，SUTA）。各州政府都通过向雇主课征薪酬税来资助其失业保险计划。（部分州政府也会要求员工缴纳此项税捐，但在这里我们假设只有雇主才须缴纳。）大多数州都是按照5.4%的基本税率对每个员工薪酬所得中＄7 000以内的部分征收州失业救济税。同时，政府还会根据企业的员工流动率给雇主划分功绩考量等级（merit rating），并据此对上述基本税率加以调整。评级越好说明企业的员工流动率越低，并且雇主可以以低于5.4%的税率缴纳州失业救济税。反之，如果评级较差，说明企业的员工流动率较高或者是存在季节性雇用和解雇员工问题。让我们举个例子来看一看。假设某雇主雇用了50名员工，每个员工的年薪酬总额都在＄7 000或以上。如果该雇主的功绩考量等级被评定为1.0%，跟被评为5.4%相比，该雇主每年就可以节省＄15 400。因为，如果功绩考量等级被评定为1.0%，该雇主每年只需缴纳＄3 500的州失业救济税，但如果被评定为5.4%，每年则要缴纳＄18 900。

雇主薪酬税的记录 雇主薪酬税是在员工薪水和工资以外所增加的额外费用，通常不能与薪酬费用和薪酬扣款记在一起，因此需要另外编制分录，记录雇主薪酬税。让我们举个例子来看一看。假设上一个分录中记录的＄2 000薪酬费用来自一个年薪酬总额低于＄5 000的员工。也就是说，本期＄2 000薪酬费用全部都需要缴纳失业税，因为该员工本年度迄今为止的薪酬所得还不到＄7 000。另外，我们还假设联邦政府失业税率为0.8%，州失业救济税率为5.4%。因此，雇主需要缴纳联邦社会保险税＄153（给付员工的薪酬总额＄2 000×(6.2%+1.45%)）。另外，雇主还要缴纳州失业救济税＄108（给付员工的薪酬总额＄2 000×5.4%）以及联邦政府失业税＄16（给付员工的薪酬总额＄2 000×0.8%）。为此，需要编制如下分录记录雇主需要支付的薪酬税费用及相关负债：

		借	贷	资产＝负债	＋所有者权益
1月31日	借：薪酬税费用	277			
	贷：联邦社会保险税			＋124	－277
	——应付社会保障税（6.2%）		124	＋29	
	联邦社会保险税			＋108	
	——应付医疗保险税（1.45%）		29	＋16	
	应付州失业救济税		108		
	应付联邦政府失业税		16		
	（记录雇主薪酬税）				

职业道德 **网络工程师**

今年暑假，你到朋友所经营的IT服务公司打工。在第一个发薪日，老板走过来拍了拍你的背，把第一个月的薪水全部以现金的形式交到你手里，然后使了个眼色，说道：“没必要缴纳这些巨额的税负，不是吗？”试问在这种情况下你会怎么做？

□ 多期金额确定的负债

很多金额确定的负债都跨越多个会计期，例如预收收入和应付票据。让我们举个例子来看一看。假设《运动画刊》（*Sports Illustrated*）预收了今后四年的杂志订阅费，并将收到的款项记入了预收订阅费收入账户。显然，预收订阅费收入账户记录的是负债项目，但它们到底属于流动负债还是长期负债呢？答案是它们既属于流动负债，也属于长期负债。预收订阅费收入中第二年需要履行的部分应列为流动负债，剩余部分则应列入长期负债。

应付票据也是如此。例如，在签发票据后的头两年，借款人要将三年期的应付票据列为长期负债；第三年，借款人则要将其改列为流动负债，因为该票据将在一年或长于一年的营业周期内到期。一年内（或长于一年的一个营业周期内）到期的长期负债（current portion of long-term debt）是指长期负债中将在一年或长于一年的营业周期内到期的部分。长期负债应列入资产负债表的长期负债项下，但一年内到期的长期负债则要列入流动负债项下。让我们举个例子来看一看。假设，某企业有＄7 500的债务需要在五年内分期偿还，每年偿还＄1 500。在这种情况下，要将一年内到期的＄1 500列为流动负债。我们不需要专门编制分录将长期负债改列为流动负债，只要在编制资产负债表时将相应的负债列入流动负债或长期负债项下即可。

有些金额确定的负债很少会列入长期负债，例如应付账款、销售税以及薪酬。

快速测试

4. 为什么与逾期未还的应付账款相比，债权人更喜欢应付票据？
5. 假设某公司每月付给某员工＄3 000工资，并且对于员工年薪酬所得中＄7 000以内的部分该公司要按照0.8%的税率缴纳联邦政府失业税，按4.0%的税率缴纳州失业救济税。另外，该公司还要为员工薪酬总额中＄94 200以内的部分按照6.2%的税率缴纳社会保障税，对于员工的全部薪酬总额按照1.45%的税率缴纳医疗保险税。试问该公司3月份的薪酬税费用总额是多少？
6. 请指出下列税捐中哪些需要员工缴纳，哪些需要雇主缴纳，哪些需要员工和雇主共同缴纳：(a) 联邦社会保险税；(b) 联邦政府失业税；(c) 州失业救济税；(d) 代扣所得税。

预计负债

预计负债（estimated liability）是指能够合理估计的但金额不确定的负债。例如，养老金、医疗、假期工资等员工福利以及卖方提供的产品质量保证等都属于预计负债。本节中，我们将一一介绍这些预计负债。另外，财产税及规定于未来提供服务的合同等也属于预计负债的范畴。

□ 医疗和养老金

除工资和薪水以外，很多企业还提供**员工福利**（employee benefits）。雇主通常会负担全部或部分的医疗保险、牙医保险、人寿保险以及伤残保险等费用。很多雇主还会为员工缴纳养老保险（pension plan）。这样一来，等员工退休以后，就可以领取养老金。很多企业还给退休员工提供医疗及保险福利。把薪酬税和员工福利费用加总以后，薪酬成本通常会超过员工薪酬总额的 25%甚至更多。

让我们举个例子来看一看。假设雇主同意：（1）支付＄8 000 的医疗保险费；（2）按员工年薪酬总额（＄120 000）的 10%为员工缴纳养老保险。此时，我们需要编制如下分录记录相关应计福利：

12 月 31 日	借：员工福利费用	20 000		资产＝负债＋所有者权益	
	贷：应付员工医疗保险费		8 000	＋8 000	－20 000
	应付员工养老保险费		12 000	＋12 000	
	（记录员工福利成本）				

□ 休假福利

很多雇主都为员工提供带薪休假（paid vacation or paid absences）福利。让我们举个例子来看一看，假设领取薪水的员工每年可以享受两周的带薪休假。这种福利会增加雇主的薪酬费用，因为员工每年要领取 52 周的薪水，却只工作 50 周。尽管雇主需要支付的年薪酬总额不变，但雇主为员工工作而支付的周成本却高于每周支付的薪酬额。例如，如果一年内员工共领取了 52 周的薪水共计 20 800 美元，却只工作了 50 周，那么对雇主而言，每周的薪酬费用为＄416（20 800/50），而不是每周的薪酬给付额＄400（20 800/52）。因此，每周我们都要编制如下分录记录这＄16 的差额：

借：休假福利费用	16		资产＝负债＋所有者权益	
贷：应付休假福利		16	＋16	－16
（记录应计休假福利）				

休假福利费用属于营业费用，而应付休假福利则属于流动负债。等到员工休假时，雇主要减少（借记）应付休假福利，贷记现金（不需要记录其他额外费用）。

□ 奖金计划

很多企业都给员工发奖金，而奖金的多少要视企业的净收益而定。例如，假设雇主承诺拿出公司年度净收益的 5%为全体员工发奖金（这 5%的净收益由全体员工平均分配），公司预期年度净收益为＄210 000。那么，年底时，公司要编制如下调整分录来记录奖金发放：

12 月 31 日	借：员工奖金费用*	10 000		资产＝负债＋所有者权益	
	贷：应付奖金		10 000	＋10 000	－10 000
	（记录预期奖金成本）				

*奖金费用（B）等于＄210 000 扣除员工奖金后再乘以 5%，其计算过程为：

$$B=0.05\times(210\,000-B)$$
$$B=10\,500-0.05B$$
$$1.05B=10\,500$$
$$B=10\,500/1.05=10\,000$$

因此在发放员工奖金时，公司需要借记应付奖金＄10 000，贷记现金＄10 000。

□ 产品质量保证负债

产品质量保证（warranty）是指在一定期限内当产品（或服务）无法正常使用时，卖方必须承担负责维修或调换的义务。例如，大部分的新车在出售时，其汽车零件均有一定的保质期。例如，福特汽车公司（Ford Motor Company）在其年度报告中披露，公司当年发生了超过219亿美元的“经销商与顾客折让及赔款”。根据充分披露原则和配比原则，卖方在填报产品或服务销售收入的同时，也要确认估计的产品质量保证费用。尽管卖方还不能确定产品质量保证费用是否会发生、金额是多少、收款人是谁以及什么时候需要付款，但是卖方仍要将估计产品质量保证费用列入其负债，这是因为这些费用很可能会发生，而且卖方可以根据过去的经验估算出产品质量保证成本的金额。

让我们举个例子来看一看，假设某经销商在2009年12月1日以＄16 000的价格出售了一部二手车，并且约定汽车零件的保质期为一年或12 000英里。根据该经销商过去的经验，平均产品质量保证费用约占汽车售价的4%，故以上述情况来说，其产品质量保证费用为＄640(16 000×4%)。为此，该经销商需编制如下分录记录与这笔交易有关的估计费用和负债：

2009年					
12月1日	借：产品质量保证费用	640		资产＝负债＋所有者权益	
	贷：估计产品质量保证负债		640	+640	−640
	（记录估计产品质量保证费用）				

上述分录也可在期末编制调整分录时一并编制。但无论采用哪种方法，我们都要将估计的产品质量保证费用列示在2009年的利润表上，将产品质量保证负债列示在2009年的资产负债表上。为更进一步说明，假设顾客在2010年1月9日根据产品质量保证条款将原车送回修理，结果经销商花了＄200更换汽车零件后将车修好。为此，经销商需编制如下分录记录已经发生的产品质量保证费用：

2010年					
1月9日	借：估计产品质量保证负债	200		资产＝负债＋所有者权益	
	贷：汽车零件存货		200	−200	−200
	（记录产品保修成本）				

在编制完上述分录后，估计产品质量保证负债的余额将会减少。而产品质量保证费用在2009年出售带有产品质量保证的汽车时便已入账。若实际发生的产品质量保证费用和当时所估计的4%（＄640）不符，那么我们应如何处理呢？答案就是：管理部门应监控实际发生的产品质量保证费用，看看原先预估的4%是否准确。若两者之间差异过大，则必须调整当期及未来的产品质量保证费用的估计比率。估计产品质量保证费用和实际发生的产品质量保证费用之间允许存在差异，但差异不能过大。

□ 多期预计负债

预计负债既可以是流动负债，也可以是长期负债。例如，如果员工在下一个会计期不会退休，那么欠员工的养老金负债就属于长期负债。对于已经退休或即将在下一个会计期退休的员工而言，养老金负债中有一部分属于流动负债。员工医疗福利和产

品质量保证也是如此。很多产品质量保证的期限是30天或60天，这些估计产品质量保证成本都应列入流动负债；另一方面，很多汽车的保质期是3年或36 000英里，因此它们的估计质量保证成本有一部分要列入长期负债。

快速测试

7. 下面哪一项属于预计负债？(a) 金额不确定但可合理估计的负债；(b) 已知金额及付款对象但付款日不确定的负债。

8. 假设某厂商在2009年6月1日以＄15 000的价格出售了一辆汽车，并且约定汽车零件的保质期为一年。每年年底，该厂商所估计的产品质量保证费用约占汽车售价的1.5%。该汽车在2010年3月1日按照产品质量保证约定返厂修理，修理费为＄135。试问在3月1日应确认的产品质量保证费用应为下列金额中的哪一个？(a) ＄0；(b) ＄60；(c) ＄75；(d) ＄135；(e) ＄225。

或有负债

或有负债（contingent liability）是指因过去的交易或事项可能导致未来所发生的事件而产生的潜在负债，例如，过去已存在的交易或事项导致诉讼的发生，而诉讼的结果又须视法院的判决而定，故未决诉讼便具有或有负债的性质。一般而言，或有负债的支付与否视未来的不确定事项是否发生而定。

或有负债的会计处理

或有负债的会计处理要根据未来事项发生的可能性，以及若该事项发生，相关负债金额是否能合理估计而定。下图给出了或有负债入账的三种方式：记入负债、在报表附注中披露以及不予披露。

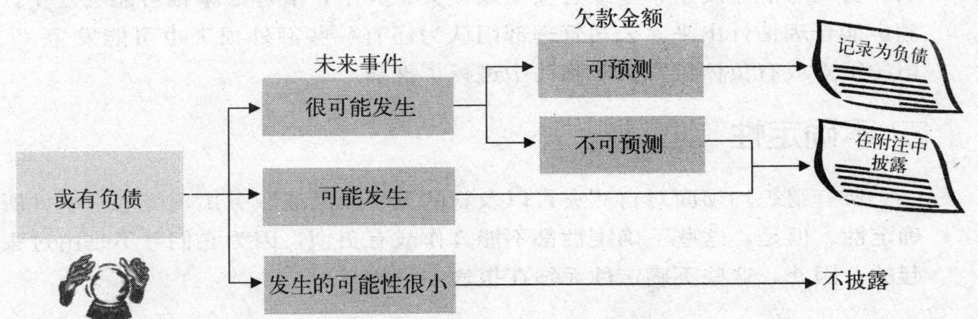

或有负债究竟应该按照上述哪种方式入账取决于下面三种情况：

(1) 如果未来事件很可能会发生，并且所欠的金额能够合理估计出来，那么我们就将或有负债记入负债。例如之前所提到的产品质量保证、假期工资以及所得税费用等预计负债均属于这种情况。

(2) 如果未来事件有可能发生，那么我们需要在财务报表附注中披露这种可能会发生的或有负债。

(3) 如果未来事件发生的可能性很小，那么我们就不需要记录或披露相关的或有负债。

□ 有可能发生的或有负债

本节主要介绍上述第二种或有负债，即未来有可能发生的事件所引起的或有负债。这种或有负债需要在财务报表附注中加以披露，这是充分披露原则的规定，因为充分披露原则要求我们不能漏掉任何对决策者有用的信息。

可能发生的诉讼

很多企业正被官司缠身或有可能被别人起诉。从会计角度来看，在这种情况下，需要确定的是：当诉讼尚未发生或尚未结案时，被告企业是否应在其资产负债表上确认相关负债，或在附注中披露这一或有负债？若企业很有可能需要支付赔偿金，且赔偿金额可以合理估计，则必须将与诉讼有关的或有负债入账；但若赔偿金额无法合理估计或赔偿可能发生也可能不发生，那么就需要在报表附注中披露相关或有负债。例如，福特汽车公司就在其年报附注中披露了以下信息："由于顾客声称公司产品存在瑕疵，许多相关的诉讼、索赔以及政府的调查程序均在进行中。"

债务担保

有时企业会为供应商、顾客或其他公司的债务提供担保。担保人通常在其财务报表附注中将债务担保披露为或有负债。如果债务人很有可能无法履行偿债义务，那么担保人需要将债务担保确认为负债，并列入其财务报表。波士顿凯尔特人队（Boston Celtics）在其年报中披露了一项和其教练及球员有关的特殊担保："某些合约规定，即便球员因受伤或被解约而无法出赛，球队仍须保证对其支付一笔固定款项。"

其他或有负债

其他或有负债包括环保赔偿金、可能被征收的税款、保险损失以及政府机构的调查等。例如，Sunoco公司便在其年报中披露了下列信息："根据联邦法、州法及地方法，公司可能会发生某些或有负债或损失。其中，清理成本很可能会发生，并且其金额也能合理估计出来。公司管理部门认为还有一些额外损失也可能发生。"Sunoco公司的很多或有负债仅在报表附注中进行了披露。

□ 不确定性

所有组织均须面对自然灾害以及新的竞争商品或服务出现等未来事件所带来的不确定性。但是，这些不确定性都不能算作或有负债，因为它们并不是由过去的交易引起的。因此，这些不确定性无须在报表中披露。

快速测试

9. 在下列哪一种情况下，或有事项在资产负债表上须确认为负债？
   (a) 有可能发生但发生额无法合理估计出来；
   (b) 很有可能发生且发生额能合理估计出来；
   (c) 发生可能性不大，但发生额确定。
10. 在何种情况下，我们需要把未来的支付额在财务报表附注中作为或有负债加以披露？

实例分析

以下所列为Kern公司最近一个会计年度所发生的交易和事项（Kern公司并不使用转回分录）：

a. 2009年9月，Kern公司以14万美元的价格售出了一批商品，并且约定产品保质期为180天，而根据以往的经验显示，公司的产品质量保证费用约占销售额的5%。试计算9月份应确认的产品质量保证费用，并编制9月30日有关产品质量保证负债的调整分录。10月8日，公司花＄300为9月份售出的商品提供了产品质量保证服务，试编制分录记录该交易。

b. 2009年10月12日，Kern公司和其供应商约定，为偿还公司逾期未还的1万美元的应付账款，公司先支付＄2 500现金，余款则以出具应付票据的方式支付。该票据的有效期为90天，利率为12%。试编制10月12日、12月31日以及2010年1月10日与该交易相关的分录。

c. 12月底，Kern公司得知某位对产品不满意的顾客对公司提起了诉讼。公司的代表律师认为尽管Kern公司很有可能因上述诉讼蒙受损失，但损失金额尚无法估计。

d. Sally Bline是Kern公司员工，其11月份的薪酬总额为＄3 000。Bline每个月的联邦所得税代扣税额为＄800，州所得税代扣税额为＄200，其他代扣款还包括＄35的医疗保险费用以及给美国联合之路（United Way of America）的＄10的捐款。另外，Bline还要分别按照6.2%和1.45%的税率缴纳联邦社会保险税中的社会保障税和医疗保险税，且其全部收入都属于应税收入。请替Kern公司编制分录记录Bline的薪酬费用。

e. 11月1日，Kern公司开立了一张60天期、面额为＄5 000、利率为12%的应付票据从银行借到了＄5 000现金。试编制11月1日开立票据和12月31日支付利息的分录。

解题步骤：

● 计算9月份的产品质量保证费用，并将其确认为预计负债；确认10月份所发生的支出以减少上述负债。

● 冲销应付账款并确认应付票据；计算该票据2009年流通80天的利息费用并将其确认为负债；记录有关票据的清偿，须将2010年10天的利息费用考虑进去。

● 根据以下两个标准判断这一或有负债是否应披露或确认：很有可能发生损失以及可合理估计。

● 将Bline薪酬中所有应代扣的款项整理出来记入相应的应付款账户，扣除这些款项后，剩余金额便贷记应付薪酬。

● 记录票据的开立，并根据60天在一年360天中所占的比例计算60天所应支付的利息费用。

实例分析答案：

a. 产品质量保证费用＝5%×140 000＝＄7 000

日期	科目	借方	贷方
9 月 30 日	借：产品质量保证费用	7 000	
	贷：估计产品质量保证负债		7 000
	（确认当月的产品质量保证费用）		
10 月 8 日	借：估计产品质量保证负债	300	
	贷：现金		300
	（确认产品质量保证服务成本）		

b. 2009 年的利息费用＝12％×7 500×80/360＝＄200

2010 年的利息费用＝12％×7 500×10/360＝＄25

日期	科目	借方	贷方
10 月 12 日	借：应付账款	10 000	
	贷：应付票据		7 500
	现金		2 500
	（支付现金＄2 500，并签发一张 90 天期、利率为 12％的票据延展账款的到期日）		
12 月 31 日	借：利息费用	200	
	贷：应付利息		200
	（确认应付票据的利息）		
1 月 10 日	借：利息费用	25	
	应付利息	200	
	应付票据	7 500	
	贷：现金		7 725
	（偿还票据本金及利息，其中包括应计应付利息）		

c. 尽管损失很有可能发生，但因金额无法合理估计，故无须确认负债，只要在财务报表附注上披露此未决诉讼即可。

日期	科目	借方	贷方
d. 11 月 30 日	借：薪酬费用	3 000.00	
	贷：联邦社会保险税——应付社会保障税（6.2％）		186.00
	联邦社会保险税——应付医疗保险税（1.45％）		43.50
	应付员工联邦所得税		800.00
	应付员工州所得税		200.00
	应付员工医疗保险费		35.00
	应付员工联合之路捐款		10.00
	应付薪酬		1 725.50
	（确认 Bline 的薪酬费用）		
e. 11 月 1 日	借：现金	5 000	
	贷：应付票据		5 000
	（开立 60 天期、利率为 14％的票据借款）		

在 60 天后支付票据本金及利息时，Kern 公司应编制如下分录：

日期	科目	借方	贷方
12 月 31 日	借：应付票据	5 000	
	利息费用	100	
	贷：现金		5 100
	（偿还票据本金及利息（5 000×12％×60/360））		

小 结

C1 介绍流动负债和长期负债及其各自的特点。负债是指企业现在所担负的因过去的交易或事项而产生的经济义务，在未来必须以提供资产或服务的方式加以偿付。流动负债是指须在一年或企业长于一年的一个营业周期内偿还的负债，其他的负债则属于长期负债。

C2 介绍金额确定的流动负债。已知（可确定）流动负债通常是通过协议、合同或法律的形式确定下来的，并且其金额也是可以确定的。已知流动负债包括应付账款、应付销售税、预收收入、应付票据、应付薪酬以及一年内（或长于一年的一个营业周期内）到期的长期负债等。

C3 介绍或有负债的会计处理。若影响付款与否的未来事件很有可能发生且金额能合理估计出来，那么我们必须确认相关负债，但在下述两种情况下只需在报表附注中披露或有负债：(a) 未来事项有可能发生（并非很有可能发生）；(b) 未来事项很有可能发生但金额无法合理估计。

P1 编制有关短期应付票据的会计分录。短期应付票据属于流动负债，通常均会计息。若短期应付票据的面值等于借款金额，那么票据上通常会载明到期时需要支付的利率。

P2 计算和记录员工的薪酬扣款及有关负债。员工薪酬扣款包括联邦社会保险税、所得税以及养老金和慈善捐款等员工自愿扣除的款项等。员工薪酬总额与薪酬净额之间的差额即为员工薪酬扣款。

P3 计算和记录雇主的薪酬费用及有关负债。雇主所应支付的薪酬费用包括员工薪酬总额、员工福利以及对雇主征收的薪酬税；薪酬负债包括员工薪酬净额、员工薪酬代扣款、雇主承诺的福利以及雇主所应缴纳的薪酬税。

P4 产品质量保证及奖金等预计负债的会计处理。应付给员工的医疗及养老金福利、产品质量保证以及奖金等负债均以估计金额入账，而这些项目均需在发生时确认为费用，并与其所带来的收入相配比。

角色扮演及职业道德参考答案

网络工程师 你必须考虑自己是否要成为这一非法行为的共犯。未支付和薪酬有关的联邦政府及州政府税不仅非法，而且不道德，同时雇主也规避了缴纳社会保障税和医疗保险税。因此最好的方法是要求老板以支票给付薪酬，若老板不同意，你可能要考虑是否应辞掉这个工作。

快速测试参考答案

1．负债是指企业根据过去的交易或事项所产生的经济义务，在未来须以转移资产或提供服务的方式加以偿付。

2．不是。除非该项义务系过去的交易或事项所产生，否则这项预期于未来支付的款项并不属于负债。

3. 在大多数情况下，15个月后才到期的负债属于长期负债；但若企业的营业周期长于15个月，则该笔负债须确认为流动负债。

4. 与逾期未还的应付账款相比，债权人更喜欢应付票据的理由是：(a) 应付票据可以收取利息，和/或 (b) 应付票据是一种可以证明债务存在并记载有债务偿还条件以及偿还金额的书面证据。

5. $\$1000\times0.008+\$1\,000\times0.04+\$3\,000\times0.062+\$3\,000\times0.014\,5=\underline{\underline{\$277.50}}$（3月份$3000的薪酬总额中有$1000需要缴纳联邦政府失业税和州失业救济税，而1月份到2月份$6000的薪酬总额则全部需要缴纳联邦政府失业税和州失业救济税。）

6. (a) 联邦社会保险税需要由员工和雇主共同缴纳；(b) 联邦政府失业税需要由雇主缴纳；(c) 州失业救济税需要由雇主缴纳；(d) 代扣所得税需由员工缴纳。

7. (a)

8. (a)（因为产品质量保证费用在之前已估计入账。）

9. (b)

10. 或有负债在下列情况下须在财务报表附注上披露：(a) 相关未来事项很有可能发生但金额无法合理估计，(b) 相关未来事项有可能发生。

关键术语

Contingent liability 或有负债
Current liabilities 流动负债
Current portion of long-term debt 长期负债中本期或一年内到期部分
Employee benefits 员工福利
Estimated liability 预计负债
Federal Insurance Contributions Act (FICA) Taxes 联邦社会保险税
Federal Unemployment Taxes (FUTA) 联邦政府失业税
Gross pay 薪酬总额
Known liabilities 金额确定的负债
Long-term liabilities 长期负债
Merit rating 功绩考量等级
Net pay 实付工资
Payroll deductions 薪酬扣款
Short-term note payable 短期应付票据
State Unemployment Taxes (SUTA) 州失业救济税
Warranty 产品质量保证

选择题

1. 假设12月1日，某公司签发了一张90天期、面额为$6 000、利率为5%的应付票据，票据将于次年3月1日到期。试问当年12月31日该票据的应计利息费用是多少？______

a. $300　　b. $25
c. $100　　d. $75
e. $0

2. 假设某员工的年薪酬所得为$50 000。联邦社会保险税中的社会保障税税率为6.2%，医疗保险税税率为1.45%。试问该员工应缴纳的联邦社会保险税总额是多少？______

a. 0，因为该员工的薪酬所得超过了联邦社会保险税应税收入的上限
b. 0，因为联邦社会保险税不向雇主征收
c. $3 100
d. $725

e. ＄3 825

3. 假设联邦政府失业税税率为0.8%，州失业救济税税率为5.4%，并且这两项税收都是针对员工薪酬所得中＄7 000以下的部分征收。如果某员工的年薪酬总额为＄40 000，试问该员工应缴纳的失业税总额是多少？______

a. ＄2 480　　b. ＄434

c. ＄56　　d. ＄378

e. 0，因为该员工的薪酬总额超过了＄7 000的应税收入上限

4. 某公司的大屏幕电视机每台售价为＄3 000。每台电视机的保质期为两年，在此期间顾客可以免费更换瑕疵部件。据估计，根据质保条款，公司售出的电视机中有1%可能会遭到退货，每台电视机的平均退货成本为＄250。7月份，该公司售出了10 000台大屏幕电视机，并根据质保条款对其中80台进行了维修，维修总成本为＄18 000。7月1日，公司预计产品质量保证负债账户有＄26 000的贷方余额。试问该公司7月份的产品质量保证费用是多少？______

a. ＄51 000　　b. ＄1 000

c. ＄25 000　　d. ＄33 000

e. ＄18 000

5. 员工每个月有一天的带薪假期。10月份，150名员工分别要求每人一天的带薪假期。他们的日平均工资为＄175。试问10月份的带薪假期福利费用是多少？______

a. ＄26 250　　b. ＄175

c. ＄2 100　　d. ＄63 875

e. ＄150

讨论题

1. 关于负债的不确定性要弄清楚的三个重要问题是什么？

2. 流动负债和长期负债的区别是什么？

3. 什么是预计负债？

4. 如果某一商品含销售税在内的销售总额为＄988，且销售税率为4%，试问该商品的售价是多少？

5. 员工和雇主所缴纳的社会保险税的混合税率各是多少？

6. 现有的医疗保险税税率是多少？与这一税率相匹配的工资和薪水的上限是多少？

7. 从员工工资中扣除的联邦所得税的金额由哪些因素决定？

8. 雇员和雇主分别应支付薪酬税的哪一部分？

9. 什么是雇主的功绩考量等级？这些等级是如何划分的？

10. 为什么即使产品质量保证负债是不确定的却还要常常以负债的形式列示在资产负债表上？

11. 假设一家企业有一个设施位于一个自然条件恶劣的地方。试问是否能够将未来恶劣的自然条件所造成的可能损失作为负债列示在其资产负债表上？请解释。

快速学习

QS11-1 对于一个营业周期为15个月的企业来讲，下面各项哪些通常被划分为流动负债？

1. 18个月到期的应付票据。
2. 期限为2年的应付票据。
3. 长期票据中还有15个月到期的部分。
4. 应付工资。
5. 应付联邦社会保险税。
6. 还有11个月到期的应付票据。

QS11-2 门票公司收到了布鲁斯·斯普林斯汀的为期5天的巡演预售票收入＄7 500 000。编制记录10月31日的预售票交易的分录。编制记录11月5日首次巡演的营业收入的会计分录。（假设为预售票收入的1/5。）

QS11-3 Wheeling Computing公司9月30日

售出了一批商品，价值为＄12 000（成本为＄7 800）。销售税法规定，每售出一美元商品，要缴纳6%的销售税。编制销售收入＄12 000和其应缴纳的销售税的会计分录。同时编制10月15日，公司将此销售税上缴给当地政府部门的会计分录。

QS11-4　2009年11月7日，Stokmann公司开具了一张90天期、利率8%、面值为＄80 000的应付票据，以获得借款＄80 000。（1）计算2009年12月31日的应计应付利息，（2）编制记录2009年12月31日的应计利息费用的日记账分录，（3）编制记录到期日支付票据的日记账分录。

QS11-5　DeNise公司从1月1日起，雇用了5名员工，每人每月的工资为＄3 000。该公司要为每一名员工薪酬总额中＄102 000以内的部分按照6.2%的税率缴纳社会保障税，对于全部薪酬总额按照1.45%的税率缴纳医疗保险税。对于每一名员工年薪酬所得中＄7 000以内的部分，该公司要按照0.8%的税率缴纳联邦政府失业税，按5.4%的税率缴纳州失业救济税。编制记录3月31日薪酬税费用的日记账分录。

QS11-6　Chavez公司领取薪水的员工每年可以享受四周的带薪休假。公司每年要支付员工52周的工资＄156 000，但员工只工作了48周。这就是说，Chavez公司每周的薪酬费用为＄3 250（156 000/48），而不是每周的薪酬给付额＄3 000（156 000/52）。编制记录Chavez公司每周的带薪休假福利的费用的会计分录。

QS11-7　Erik公司规定，如果公司实现了某一净利润的目标，就会给员工发年终奖。编制记录会计期末公司所欠工人的＄15 000奖金的日记账分录。（假设这＄15 000的奖金由员工平均分配。）

QS11-8　2008年9月11日，Lawn Outfitters公司以＄750售出了一台割草机，并约定其部件的保质期是1年。产品质量保证费用预计按销售额的3%提取。2009年7月24日，还在保质期内的割草机被退回维修，并需要从维修部件存货中取出成本为＄55的部件进行维修。编制2009年7月24日记录保质期内的维修事项的会计分录。

QS11-9　下面是VanBeek公司的法律诉讼案件。请指出对下列每一诉讼的会计处理是属于（a）记录的负债，（b）财务报表附注中披露的事项。

1. VanBeek（被告）预计一项未决诉讼会导致＄250 000的赔偿金，并且原告很有可能胜诉。

2. VanBeek面临着一项未决诉讼可能造成的损失，但损失的金额不能合理估计。

3. VanBeek预计一项很可能败诉的案件将导致＄1 500 000的赔偿金。

练习题

Exercise11-1　下面是一家经营周期为2个月的企业的资产负债表上所列示的内容。请将下列各项按：C，流动负债；L，长期负债；N，不是负债进行分类。

______ 1. 应付票据（还有120天到期）

______ 2. 应付票据（还有6～12个月到期）

______ 3. 应付票据（还有13～24个月到期）

______ 4. 应收账款

______ 5. 应付联邦政府失业税

______ 6. 应付票据（期限为5年）

______ 7. 长期负债中的短期偿付部分

______ 8. 应付销售税

______ 9. 应付工资

______ 10. 应付薪酬

Exercise11-2　为Madison公司2009年12月31日的财务报表上所列示的下列各交易和事项编制调整分录。

1. 12月份，Madison公司售出4 100件某商品，约定保质期为60天。该商品12月份的销售总额为＄164 000。公司按该批商品总销量的6%预计需要维修的数量，并预计平均每件维修成本为＄14。

2. 一位对公司不满的员工正在起诉Madison公司。法律顾问认为公司很有可能为此支付赔偿金，但赔偿金无法合理估计。

3. 员工每月有一天的带薪假期。12月份，有28名员工具有休假资格。他们每人每天的平均工资为＄105。

4. Madison公司为其一家供应商担保了＄13 000的债务。供应商很有可能按时还债。

5. Madison公司记录了一笔调整分录，该业务是之前发生的未记录的＄520 000的现金销售（成本为＄260 000），销售税税率为销售额的7%。

6. 公司实现了之前预收的＄260 000服务费中的＄104 000。

Exercise11-3 到2009年12月31日为止，Kava公司已实施了员工奖金计划，公司承诺拿出公司年度净利润的4%为全体员工发奖金（这4%的净利润由全体员工平均分配）。公司预期年度净利润（发奖金前）为＄1 300 000，计算净利润时要扣除奖金费用。

1. 计算年底应支付员工的奖金是多少。（参照本章介绍的方法，保留到整数位。）

2. 编制2009年12月31日支付员工奖金的日记账分录。

3. 编制2010年1月19日支付员工奖金的日记账分录。

Exercise11-4 Motora Systems开具了一张180天期、利率9%的应付票据，以获得借款＄137 000。

1. 该票据的到期日是哪天？

2. 假设票据的面值等于借款的本金，即＄137 000。编制日记账分录，以记录开具票据、到期支付票据的交易事项。

Exercise11-5 2009年11月1日，Keshena公司开具了一张180天期、利率为10%、面值为＄240 000的票据，以获得借款＄240 000。

1. 该票据的到期日是哪天？（2009年的2月有28天。）

2. 2009年该票据所产生的利息费用是多少？（假设一年为360天。）

3. 2010年该票据所产生的利息费用是多少？（假设一年为360天。）

4. 编制日记账分录，以记录（a）开具票据，（b）2009年年末应计利息，（c）到期日支付票据。

Exercise11-6 RNG公司拥有一名员工，公司要缴纳的相关税费如下：

税金名称	比率（%）	适用于
联邦社会保险税——社会保障税	6.20	＄102 000以内
联邦社会保险税——医疗保险税	1.45	总支付额
联邦政府失业税	0.80	＄7 000以内
州失业救济税	2.90	＄7 000以内

分别计算下列三种情况下，RNG公司9月份根据员工的薪酬总额应支付的四种税费各是多少。

	8月份的薪酬总额	9月份的薪酬总额
a.	＄5 900	＄2 100
b.	17 700	2 500
c.	95 700	7 400

Exercise11-7 根据上题中的a的信息，编制9月份雇主的日记账分录，以记录（1）支付给该员工的薪酬费用和相关的负债，（2）雇主的薪酬税费用和相关的负债。雇主本期从员工薪酬中代扣的联邦所得税为＄250。

Exercise11-8 2009年8月16日，Lee公司以＄9 400向顾客出售了一台复印机，该复印机的成本为＄6 500，并约定保质期为2年。该公司采用永续盘存制。2010年11月22日，复印机需要现场维修，并在当天修好。这次维修消耗了修复零件库存中的零件成本＄125。2010年仅发生了这一次维修。基于过去的经验，Lee公司预计发生的产品质量保证费用等于销售额的3%。每年年底都会编制产品质量保证费用的调整分录。

1. 这台复印机2009年列示的产品质量保证费用是多少？

2. 2009年12月31日，这台复印机的预计产品质量保证负债是多少？

3. 这台复印机2010年列示的产品质量保证费用是多少？

4. 2010年12月31日，这台复印机的预计产品质量保证负债是多少？

5. 编制日记账分录，以记录（a）复印机的销售，（b）2009 年 12 月 31 日确认产品质量保证费用的调整，（c）2010 年 11 月发生的维修。

综合题

Problem11-1A　下面是 Montag 公司 2008 年和 2009 年所发生的有关短期负债的交易。

2008 年

4 月 20 日　从 Locust 赊购了一批价值 $ 48 250 的商品，信用条件为“1/10，n/30”。Montag 采用的是永续盘存制。

5 月 19 日　将 4 月 20 日的应付账款更换为一张 120 天期、利率 9%、面值为 $ 39 000 的票据，同时支付了 $ 9 250 的现金。

7 月 8 日　开具了一张 120 天期、利率 8.5%、面值为 $ 100 000 的票据，以从国民银行处获得借款 $ 120 000。

___?___　到期日支付给 Locust 票据上的金额。

___?___　到期日，向国民银行支付票据上的金额。

11 月 28 日　开具了一张 60 天期、利率 8%、面值为 $ 60 000 的票据，以从富国银行处获得借款 $ 60 000。

12 月 31 日　编制富国银行的票据所产生的应计利息的调整分录。

2009 年

___?___　到期日，向富国银行支付票据上的金额。

要求：

1. 计算上面三张票据的到期日各是多少。

2. 计算上面三张票据到期日的利息各是多少。（假设一年为 360 天。）

3. 计算 2008 年年末调整分录中的利息费用是多少。

4. 计算 2009 年记录的利息费用。

5. 编制 2008 年和 2009 年所发生的上述所有交易和事项的日记账分录。

Problem11-2A　2008 年 10 月 29 日，Bram 公司通过转售购买来的刮胡刀展开其业务。Bram 公司采用的是永续盘存制。刮胡刀的保质期是 90 天，即在这 90 天内，公司将负责更换任何坏掉的刮胡刀。当刮胡刀被退回时，公司将其扔掉，并从库存中拿一个新的产品给客户。2008 年和 2009 年两年间刮胡刀的成本均为 $ 16，零售价为 $ 60。制造商建议公司按销售额的 7% 预计产品质量保证费用。下面是发生的交易和事项。

2008 年

11 月 11 日　售出 75 件刮胡刀，共计 $ 4 500。

30 日　根据 11 月的销售额确认产品质量保证费用，并编制调整分录。

12 月 9 日　为顾客更换了 15 件仍在保质期内的被退回的刮胡刀。

16 日　售出 210 件刮胡刀，共计 $ 12 600。

29 日　为顾客更换了 30 件仍在保质期内的被退回的刮胡刀。

31 日　根据 12 月的销售额确认产品质量保证费用，并编制调整分录。

2009 年

1 月 5 日　售出 130 件刮胡刀，共计 $ 7 800。

17 日　为顾客更换了 35 件仍在保质期内的被退回的刮胡刀。

31 日　根据 1 月的销售额确认产品质量保证费用，并编制调整分录。

要求：

1. 编制记录 2008 年和 2009 年发生的这些交易和调换的日记账分录。

2. 2008 年 11 月和 12 月各自列示的产品质量保证费用是多少？

3. 2009 年 1 月列示的产品质量保证费用是多少？

4. 2008 年 12 月 31 日，预计产品质量保证负债账户的余额是多少？

5. 2009 年 1 月，预计产品质量保证负债账户的余额是多少？

Problem11-3A　Pardee 公司每周支付一次员工的工资。下面是关于缴税的相关信息。

税金名称	比率（%）	适用于
联邦社会保险税——社会保障税	6.20	$102 000以内
联邦社会保险税——医疗保险税	1.45	总支付额
联邦政府失业税	0.80	$7 000以内
州失业救济税	2.15	$7 000以内

公司正在编制8月25日本周工资计算的表格。下面是公司的四名员工的工资记录的相关信息。

姓名	从8月18日开始的工资总额	本周	
		工资总额	代扣所得税
Dahlia	$100 500	$3 600	$450
Trey	31 850	1 275	140
Kiesha	6 260	1 440	173
Chee	1 000	400	36

除了工资总额，公司还要支付每名员工每周的健康保险$22的一半，剩余的一半由员工自己承担。公司还要按每名员工工资总额的8%为其上缴养老金（员工不用支付任何费用）。

要求：

分别计算8月25日本周的下列数据（小数点保留到美分）：

1. 每名员工的联邦社会保险中扣缴的社会保障费。
2. 每名员工的联邦社会保险中扣缴的医疗保险费。
3. 雇主的联邦社会保险税中的社会保障税。
4. 雇主的联邦社会保险税中的医疗保险税。
5. 雇主的联邦政府失业税。
6. 雇主的州失业救济税。
7. 每名员工的实付工资。
8. 雇主为每名员工支付的有关工资的总费用。

Problem11-4A　1月8日，本年的第一个周工资支付日，Regal公司的工资登记簿上列示的信息如下：办公室人员的工资为$27 760，销售人员的工资为$70 240。从员工薪酬中扣缴的税款包括联邦社会保险税中的代扣比率为6.2%的社会保障税和代扣比率为1.45%的医疗保险税，联邦所得税为$13 360，扣缴的医疗保险费$1 350，以及工会会费$840。本期所有员工的收入均在$7 000以内。

要求：

1. 计算联邦社会保险税——应付社会保障税和联邦社会保险税——应付医疗保险税。编制日记账分录，以记录1月8日Regal公司员工工资费用和相关负债。

2. 编制日记账分录，以记录雇主根据1月8日的工资所缴纳的雇主薪酬税。Regal公司的功绩考量等级使得它的州失业救济税税率降到了5%，且对每名员工的年薪中超出$7 000的部分不予扣税。联邦政府失业税税率为0.8%。

第 12 章

长期负债

- 债券基础知识
- 债券的发行
- 债券的偿还
- 长期应付票据

学习目标

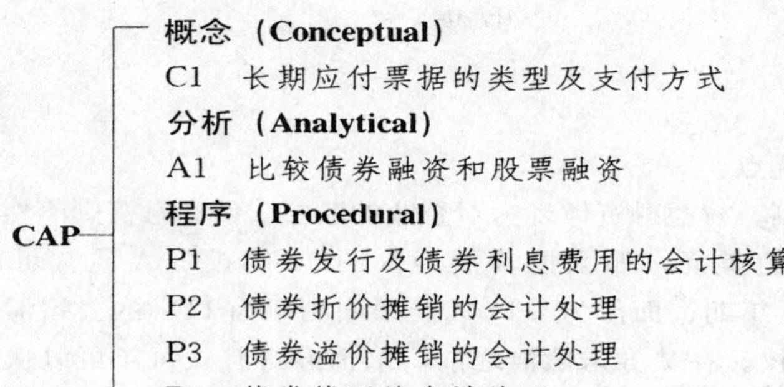

CAP

概念（Conceptual）

C1 长期应付票据的类型及支付方式

分析（Analytical）

A1 比较债券融资和股票融资

程序（Procedural）

P1 债券发行及债券利息费用的会计核算

P2 债券折价摊销的会计处理

P3 债券溢价摊销的会计处理

P4 债券偿还的会计处理

P5 长期应付票据的会计核算

本章预览

个人、企业和政府经常发行债券来筹集其业务活动所需资金。作为回报，债券通常承诺支付一定的利息给债权人。本章将介绍债券的基础知识以及债券发行和偿还的会计核算。另外，还将介绍另一种融资来源——长期应付票据。我们将解释现值概念对债券及票据的会计处理和报告会产生怎样的影响。

长期负债

债券基础知识
- 债券融资
- 债券交易
- 发行程序

债券的发行
- 平价发行
- 折价发行
- 溢价发行
- 债券定价

债券的偿还
- 到期偿还
- 提前偿还
- 通过转股方式偿还

长期应付票据
- 分期付款票据
- 抵押票据与抵押债券

债券基础知识

本小节，我们将介绍债券的基础知识以及企业发行债券的动机。

债券融资

需要大量资金的项目经常通过发行债券来融资。（营利性企业和非营利企业以及国家政府、州政府、市政府、学区等单位都可能发行债券。）债券（bond）是发行人承诺按照约定利率支付利息和面值的书面承诺。债券面值（par value of a bond），也叫票面金额（face amount）或票面价值（par value），要在称作债券到期日（maturity date）的未来特定日期偿付。大多数债券都需要发行人半年付一次利息。各期支付的利息金额通过债券面值乘以债券协议利率确定。本节我们将介绍债券融资的优缺点。

债券的优点

债券融资主要有三大优点：

● 债券不影响股权控制。权益融资体现为对企业的股权，债券融资则不然。如果一家公司的股本总额为1万美元，那么投资额为＄1 000的投资人通常可以拥有1/10的股东决策权。而20年期、面值为＄1 000、票面利率为11%的公司债券的持有人却不享有公司的决策权。在债券未偿清之前，该债券持有人每年可以从债券发行人处领到11%或＄110的利息，等到20年后债券到期时，还可以领到债券面值＄1 000元。

● 债券利息具有抵税效应。对债券发行人而言，债券利息支出可在计算所得税时予以扣除；但对股东而言，股东权益支出（分红）则不能在计算所得税时予以扣除。例如，假设某股份公司的税前利润为1.5万美元，所得税率为40%，如果公司没有进行债券融资，那么公司需要缴纳＄6 000（15 000×40%）的所得税。但如果公司的部分资金来源于债券融资，那么债券利息可从应纳税收入中予以扣除。比方说，如果债券利息费用为1万美元，那么公司需要缴纳的所得税则为＄2 000（(15 000－10 000)×40%），比未通过债券融资时应付的＄6 000要少。

● 债券能够提高净资产收益率。如果企业通过债券融资筹集到的资金的收益高于其利息支出，那么企业就可以提高其净资产收益率。我们把这个过程称为财务杠杆（financial leverage）或权益交易（trading on the equity）。

为了说明第三点，让我们以Magnum公司为例来看一看。假设Magnum公司拥有100万美元的股东权益，并计划再融资50万美元扩大生产规模以满足不断增长的产品需求。Magnum公司预计，再融资50万美元扩大生产规模将能给公司增加12.5万美元的息税前利润。目前，公司每年能赚10万美元，且不需要负担任何利息费用。Magnum公司正在考虑三个计划：A计划是不扩大生产规模，B计划是扩大生产规模并通过权益融资筹集50万美元，C计划是扩大生产规模并通过发行50万美元的年利率为10%（利息为5万美元）的债券进行融资。图表12.1列出了这三个计划会对Magnum公司的净利润、股东权益以及净资产收益率（净利润/股东权益）产生怎样的影响。分析表明，如果扩大生产规模，公司股东可以获得更高的净资产收益率。而采用债券融资的方式扩大生产规模对公司是最有利的。C计划下的预计净利润（17.5万美元）小于B计划下的预计净利润（22.5万美元），但是净资产收益率却更高，这是因为股权投资相对较小。如果公司利润需要缴纳所得税，那么C计划就又多了一项优势。这个例子反映了一条一般规则：当新资产的预计回报率高于债务融资的利息率时，净资产收益率会增加。

图表 12.1 债券融资与权益融资比较

	A计划 不扩大生产规模	B计划 权益融资	C计划 债券融资
支付利息费用前的利润	$ 100 000	$ 225 000	$ 225 000
利息费用	—	—	(50 000)
净利润	$ 100 000	$ 225 000	$ 175 000
股东权益	$ 1 000 000	$ 1 500 000	$ 1 000 000
净资产收益率	10.0%	15.0%	17.5%

债券的缺点

债券融资主要有以下两大缺点：

- 债券可能会降低净资产收益率。如果企业通过债券融资筹集到的资金的收益低于其利息支出，那么企业的净资产收益率就会降低。这种不利的财务杠杆作用风险在企业存在若干期低利润或净亏损时更容易发生。
- 债券需要定期支付利息和到期还本。当企业利润较少、现金流转较慢时，债券支付压力尤其大。相反，权益融资则不需要支付任何款项，因为现金提取（红利）是根据股东（或董事会）意愿决定的。

在决定是否发行债券以筹集业务活动所需资金时，企业必须权衡债券融资的优点与缺点。

□ 债券交易

债券是能够随时买卖的证券。很多的债券都可以在纽约证券交易所和美国证券交易所进行交易。一次债券发行（issue）包含大量债券，票面金额通常为$1 000或$5 000，出售给不同的债权人。债券发行后，投资者可以对其进行买卖，也就是说，债券在到期之前可能要经过多次转手。由于债券可以在市场上进行交易（买卖），所以它们都拥有一个市场价值（价格）。为方便起见，我们通常用债券面值的一定百分比来表示其市场价值。例如，某公司债券的交易价为 $103^{1/2}$，这表示该债券能以其面值的 103.5%进行买卖。债券也可以以低于其面值的价格进行交易。例如，如果某公司债券的交易价为 95，表示这些债券能够以其面值的 95%进行买卖。

□ 债券发行程序

债券的发行要受州立法和联邦法的管辖。债券发行人也希望在发行债券时不违反任何现存已达成的协议。债券发行审批包括核定债券发行数量、面值及约定利率。我们将列明债券持有人和债券发行人权利和义务的法律文件称为债券契约（bond indenture），它是债券发行人和持有人之间的法律协议。债券持有人可能会收到债券证书（bond certificate）作为公司债务的证明。图表 12.2 给出了一张债券证书的样本。债券证书上通常列有发行人名称、票面价值、约定利率以及到期日等具体内容。

为了降低成本，很多企业都不给债权人发放纸质债券证书。①

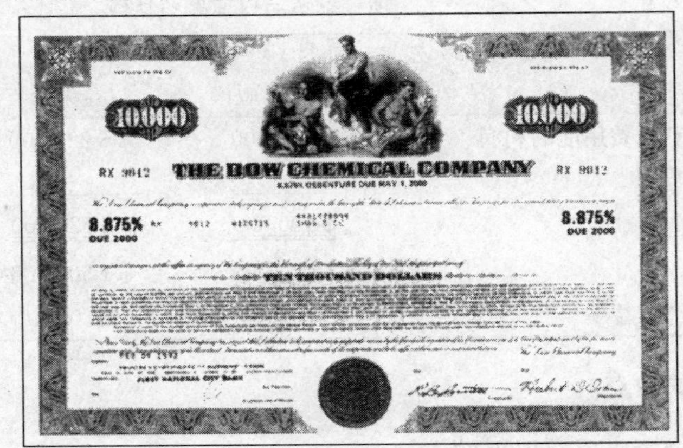

图表 12.2　债券证书

债券的发行

本节中，我们将介绍债券平价发行、折价发行和溢价发行的会计核算。我们还将介绍如何对折价或溢价进行摊销以及非付息日发行债券的入账问题。

□ 债券的平价发行

让我们举个例子来看一看债券的平价发行。假设 2009 年 1 月 1 日某公司获准发行 80 万美元、20 年期、利率为 9%的债券，债券到期日为 2028 年 12 月 31 日，该债券在每年 6 月 30 日及 12 月 31 日支付半年利息。托管人代表债券持有人接受债券契约后，可将全部或部分债券出售给承销商。如果所有债券以面值出售，那么债券发行人可编制如下分录记录债券的销售业务：

2009 年				资产	= 负债	+ 所有者权益
1月1日	借：现金	800 000				
	贷：应付债券		800 000	+800 000	+800 000	
	（平价发售债券）					

该分录反映了债券发行人现金及长期负债的增加。

---

① 债券发行方式主要有两种：一种是由发行公司将其债券卖给债券承销商（underwriter），然后再由承销商将其对外出售；另一种则是由债券发行公司直接将债券出售给债券投资者。在前一种情况下，由托管人（trustee）代表和保护债券持有人的利益。托管人要负责监督债券发行公司，确保发行公司按债券契约所规定的义务行事。托管人一般由大型的银行或信托公司担任。在债券发行之前，托管人要起草或接受债券契约的各项条款。我们将对外销售债券称为债券发行（floating an issue）。债券发行时，必须在证券交易委员会（Securities and Exchange Commission，SEC）进行注册。注册时，证券交易委员会往往要求债券发行公司提供某些特定的财务信息。大多数公司债券的面值为＄1 000 或＄5 000。我们将面值低于＄1 000 的债券称为小额债券（baby bond），例如，面值为＄100 的债券就是一种小额债券。

债券发行人记录第一期支付半年利息的分录如下：

2009年					
6月30日	借：债券利息费用	36 000		资产＝负债＋所有者权益	
	贷：现金		36 000	－36 000	－36 000
	（支付半年利息（9%×＄800 000×1/2年））				

在债券到期以前，债券发行人每六个月都要编制一条分录记录支付的利息。等到债券到期时，债券发行人需编制如下分录记录本金的支付：

2028年					
12月31日	借：应付债券	800 000		资产＝负债＋所有者权益	
	贷：现金		800 000	－800 000	－800 000
	（到期偿还债券本金）				

□ 债券的折价或溢价

债券发行人需要支付债券契约中列明的利率，即票面利率（contract rate），或称息票利率（coupon rate）、约定利率（stated rate）或名义利率（nominal rate）。每年需要支付的利息额等于债券面值乘以约定利率。约定利率通常以年利率表示，即使债券规定每半年支付一次利息也是如此。例如，假设某公司发行了面值为＄1 000、利率为8%的半年付息债券，那么在这种情况下，该公司每年需要支付的利息为＄80，只不过是每半年支付一次，每次支付＄40。

票面利率确定了债券发行人需要支付的现金利息金额，它不一定是债券发行人实际发生的债券利息费用（bond interest expense）。债券利息费用取决于债券发行时的市场价值，而市场价值则是由市场对借款给债券发行人的风险的预期确定的。债券市场利率（market rate）是指针对某一特定债券及其风险水平借款人愿意支付且贷款人愿意接受的利率。随着风险水平的提高，利率上升以弥补债券购买人承受的债券风险的增加。因此，离到期时间较远的债券，其市场利率通常也比较高，因为在较长时间内发生不利事件的风险更大。

许多债券发行人力求将债券票面利率确定为预计债券发行时的市场利率。如果票面利率等于市场利率，那么债券将以平价出售；如果票面利率不等于市场利率，那么债券就不会以平价出售，而是溢价（premium）出售或折价（discount）出售。图表12.3给出了票面利率、市场利率以及债券发行价格之间的关系。

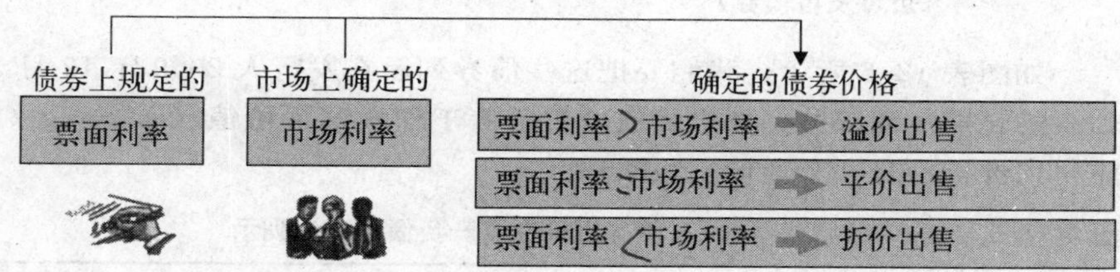

图表12.3 债券发行价格、票面利率以及市场利率之间的关系

快速测试

1. 我们把仅以发行人的一般信用状况作为担保的无担保债券称为（a）分期还本债券；（b）信用债券；（c）记名债券；还是（d）可转换债券？
2. 试问如何计算债券发行人每年支付的现金利息？
3. 当债券的票面利率高于市场利率时，债券将溢价发行还是折价发行？此时，债券购买人支付的价款是高于债券面值还是低于债券面值？

□ 债券的折价发行

当企业发行票面利率低于市场利率的债券时，会产生**债券折价**（discount on bonds payable）。这意味着债券的发行价格低于其票面价值。让我们举个例子来看一看，假设斐乐公司宣布发行面值10万美元、票面年利率为8%、半年付息的2年期债券。同时假设斐乐公司债券的市场利率为10%。在这种情况下，由于债券的票面利率低于市场利率，因此这些债券将折价销售。该债券的实际发行价格为96.454（或面值的96.454%）；在本章后面的内容中，我们将给大家介绍如何计算债券的发行价格。对于这些债券，发行人未来需要进行两类现金支付：

- 2年后债券到期时，支付其票面价值10万美元。
- 在为期2年的债权有效期内，每半年支付一次利息，金额为＄4 000（4%×100 000）。

图表12.4给出了斐乐公司债券准确的现金流转模式。

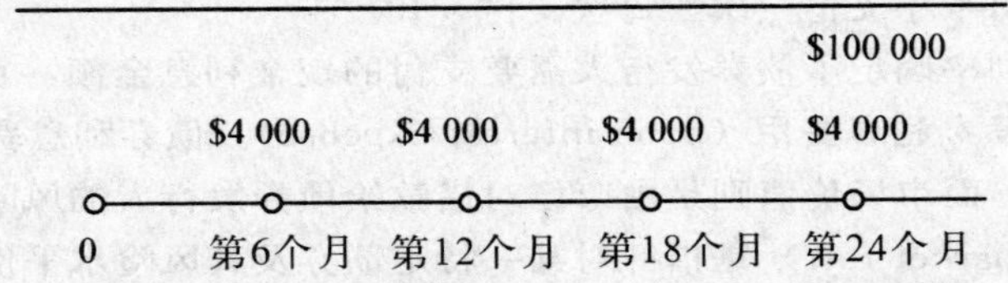

图表12.4 斐乐公司债券的现金流转

2009年12月31日，债券发行日当天斐乐公司收到了＄96 454现金，为此，公司需要编制如下分录记录这笔交易：

12月31日	借：现金	96 454		资产＝负债＋所有者权益
	应付债券折价	3 546		＋96 454 ＋100 000
	贷：应付债券		100 000	－3 546
	（折价发售债券）			

如图表12.5所示，我们要把这些债券列示在发行人2009年12月31日的资产负债表的长期负债部分。债券面值减折价等于**债券账面价值**（carrying（book）value）。应付债券折价是一个负债抵减账户。

图表12.5 债券折价在资产负债表中的列示

长期负债		
应付债券（票面利率为8%，2011年12月31日到期）	＄100 000	
减：应付债券折价	3 546	＄96 454

债券折价的摊销

斐乐公司通过发行债券获得了＄96 454现金，作为回报它必须在2年后支付给债券持有人10万美元（另外还要每半年支付一次利息）。等到债券到期时，发行人要把＄3 546的折价支付给债券持有人，它是使用＄96 454两年的部分成本。图表12.6的A板块的上半部分显示，债券利息费用总额为＄19 546，它等于偿还给债券持有人的总金额（＄116 000）与向债券持有人借入金额（＄96 454）之间的差额。我们也可以用另外一种方法计算债券利息费用总额，即4期利息支付额加上债券折价。A板块的下半部分给出了这种计算方法。

我们必须把＄19 546的债券利息费用总额分摊到债券有效期内的4个半年利息支付期，并且还要在每个资产负债表日更新债券的账面价值。可以使用直线法（或实际利率法）来完成上述工作。这两种方法都将债券折价在2年期限内系统地减少到0。我们把这个过程称作债券折价的摊销（amortizing a bond discount）。

图表 12.6　　折价发行债券的利息计算及相关分录

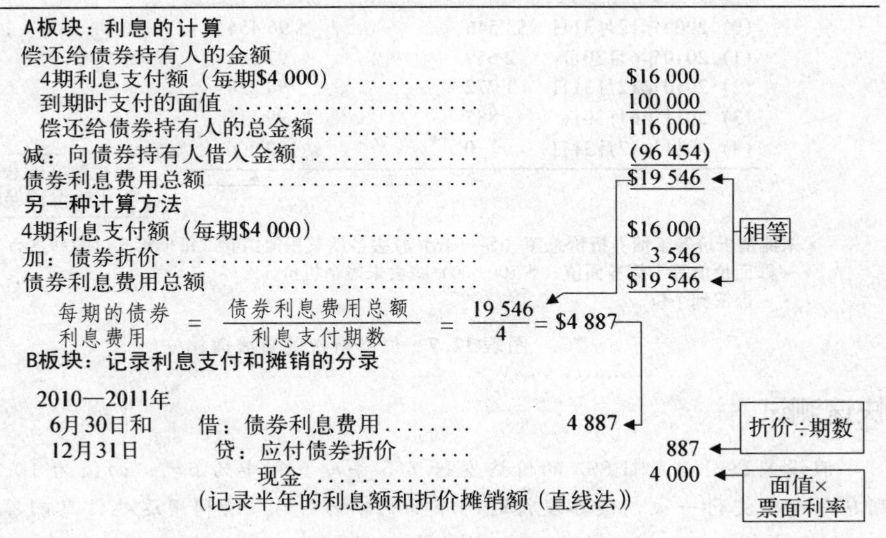

直线摊销法

直线摊销法（straight-line bond amortization）将债券利息费用总额平均分配到各个利息期。使用直线法摊销斐乐公司债券利息费用时，首先，用债券利息费用总额＄19 546除以4（债券有效期内的半年利息支付期数），从而计算出各期的债券利息费用为＄4 887（包括练习在内的所有计算结果都保留到个位）。另外一种计算方法是首先将＄3 546的折价除以4，得到每期摊销的折价为＄887；然后再用＄887加上每期支付的利息＄4 000，也可以得出各期债券利息费用为＄4 887。图表12.6的B板块显示了债券发行人如何记录债券利息费用，以及如何在4个半年付息期期末（从2010年6月30日直到2011年12月31日）更新调整债券负债账户余额。

从图表12.7中我们可以看出应付债券折价账户余额是如何一点点减少的，以及债券的账面价值是如何一点点增加的。以下几点概括了折价债券的直线摊销方法：

● 发行时，债券面值为10万美元，其中包括债券发行人收到的＄96 454的现金以及＄3 456的折价。

● 债券有效期内，（未摊销）折价随着每期摊销＄887(3 546/4）而逐渐减少，账面价值（票面价值减未摊销折价）则每期增加＄887。

● 到期时，未摊销折价等于0，账面价值等于债券发行人支付给债券持有人的票面价值10万美元。

注意：各期产生的债券利息费用为＄4 887，但债券发行人只需支付＄4 000现金，剩余＄887未支付部分则计入债券账面价值。（＄3 546的未摊销折价在债券到期时支付；债券到期时，发行人需要支付10万美元给债券持有人，但当初发行人却只收到了＄96 454现金。）

半年利息支付期期末	未摊销折价*	账面价值**
(0) 2009年12月31日	$3 546	＄96 454
(1) 2010年6月30日	2 659	97 341
(2) 2010年12月31日	1 772	98 228
(3) 2011年6月30日	885	99 115
(4) 2011年12月31日	0***	100 000

两栏数字的合计总数等于折价债券的面值

*未摊销折价等于债券折价总额（＄3 546）减去各期累积摊销额（每半年支付的利息为＄887）。
**账面价值等于债券面值（＄100 000）减去未摊销折价。
***保留到个位。

图表 12.7　债券折价的直线摊销法

快速测试

假设某公司以＄91 893的价格发行了5年期、利率为6%、面值为10万美元的债券，利息每半年支付一次，债券发行时的市场利率为8%。请利用这些信息回答下列问题：

4. 这些债券会以折价发行还是溢价发行？请解释理由。
5. 债券发行人应如何编制分录记录这些债券的发行？
6. 在直线法下，第一个半年付息期记录的债券利息费用是多少？

□ 债券的溢价发行

当票面利率高于市场利率时，债券以高于面值的价格出售。我们将债券价格超出其面值的部分称为债券溢价（premium on bonds)。让我们举个例子来看一看，假设阿迪达斯公司（Adidas）发行了面值为10万美元、票面年利率为12%、半年付息的2年期债券。又假设阿迪达斯公司债券发行日的市场利率为10%。在这种情况下，由于票面利率高于市场利率，所以阿迪达斯公司的债券将溢价出售，这些债券的确切发行价格为103.546（或面值的103.546%）。在本章后面的内容中，我们将介绍如何计算债券的发行价格。这些债券要求债券发行人支付两种类型的未来现金流：

- 两年后债券到期时，支付其票面价值10万美元。
- 在为期两年的债权有效期内，每半年支付一次利息，金额为＄6 000（6%×100 000）。

图表12.8给出了阿迪达斯公司债券准确的现金流转模式。

0	第6个月	第12个月	第18个月	第24个月
	\$6 000	\$6 000	\$6 000	\$6 000
				\$100 000

图表12.8　阿迪达斯公司债券的现金流转

2009年12月31日，债券发行日当天阿迪达斯公司收到了＄103 456的现金，为此，公司需要编制如下分录记录这笔交易：

				资产＝负债＋所有者权益
12月31日	借：现金	103 546		
	贷：应付债券溢价		3 546	＋103 546　＋100 000
	应付债券		100 000	＋3 546
	（溢价发售债券）			

如图表12.9所示，我们要把这些债券列示在发行人2009年12月31日的资产负债表的长期负债部分。债券溢价加面值等于债券账面价值。应付债券溢价是负债账户的附加账户。

图表12.9　　债券溢价在资产负债表中的列示

长期负债		
应付债券（票面利率为12%，2011年12月31日到期）	＄100 000	
加：应付债券溢价	3 546	＄103 546

债券溢价的摊销

阿迪达斯公司通过发行债券获得了＄103 456现金，作为回报，它必须在两年后支付给债券持有人10万美元（另外还要每半年支付一次利息）。债券到期时没有偿还给债券持有人的＄3 546的溢价冲减了债券发行人使用＄103 546两年的部分成本。图表12.10 A板块的上半部分显示，债券利息费用总额为＄20 454，它等于偿还给债券持有人的总金额（＄124 000）与向债券持有人借入金额（＄103 546）之间的差额。我们也可以用另外一种方法计算债券利息费用总额，即4期利息支付额减去债券溢价。之所以要减去债券溢价是因为债券到期时，发行人不会将溢价支付给债券持有人。A板块的下半部分给出了这种计算方法。我们必须采用直线法把债券利息费用总额分摊到债券有效期内的4个半年利息支付期。

图表 12.10　　溢价发行债券的利息计算及相关分录

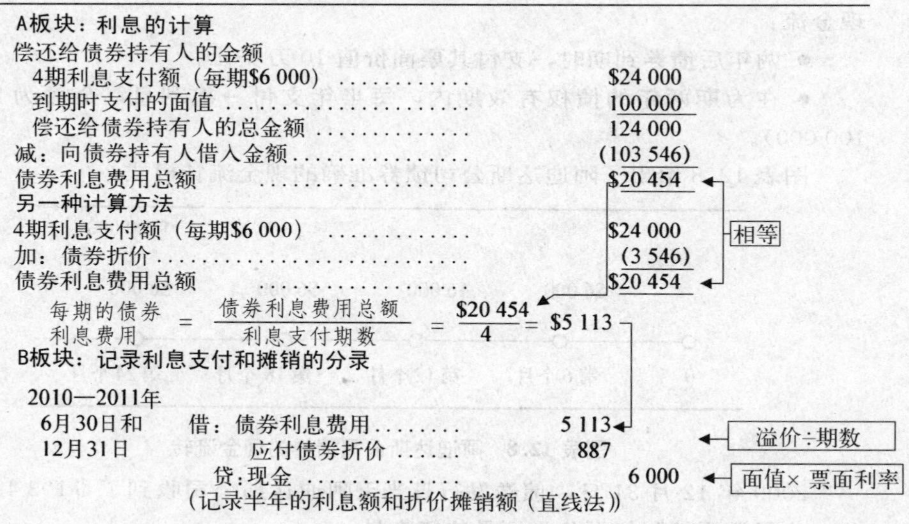

A板块：利息的计算

偿还给债券持有人的金额	
4期利息支付额（每期$6 000）	$24 000
到期时支付的面值	100 000
偿还给债券持有人的总金额	124 000
减：向债券持有人借入金额	(103 546)
债券利息费用总额	$20 454
另一种计算方法	
4期利息支付额（每期$6 000）	$24 000
加：债券折价	(3 546)
债券利息费用总额	$20 454

$$\text{每期的债券利息费用} = \frac{\text{债券利息费用总额}}{\text{利息支付期数}} = \frac{\$20\,454}{4} = \$5\,113$$

B板块：记录利息支付和摊销的分录

2010—2011年6月30日和12月31日	借：债券利息费用	5 113	
	应付债券折价	887	溢价÷期数
	贷：现金		6 000　面值×票面利率
	（记录半年的利息额和折价摊销额（直线法））		

直线摊销法

直线摊销法将债券利息费用总额平均分配到各个半年付息期。使用直线法摊销阿迪达斯公司债券利息费用时，首先，用债券利息费用总额＄20 454 除以 4（债券有效期内的半年利息支付期数），从而计算出各期的债券利息费用为＄5 113。图表 12.10 的 B 板块显示了债券发行人如何记录债券利息费用，以及如何在 4 个半年付息期期末（从 2010 年 6 月 30 日直到 2011 年 12 月 31 日）更新调整债券负债账户余额。

从图表 12.11 中可以看出应付债券溢价账户中的未摊销溢价以及债券的账面价值是如何一点点减少的。以下几点概括了溢价债券的直线摊销方法：

● 发行时，债券面值为 10 万美元，债券溢价为＄3 546，二者之和等于债券发行人收到的现金额＄103 546。

● 债券有效期内，（未摊销）溢价随着每期摊销＄887（3 546/4）而逐渐减少，账面价值每期的减少额也是＄887。

● 到期时，未摊销溢价等于 0，账面价值等于债券发行人支付给债券持有人的票面价值 10 万美元。

半年利息支付期期末	未摊销溢价*	账面价值**
(0) 2009年12月31日	$3 546	$103 456
(1) 2010年6月30日	2 659	102 659
(2) 2010年12月31日	1 772	101 772
(3) 2011年6月30日	885	100 885
(4) 2011年12月31日	0***	100 000

在债券有效期内，债券账面价值逐渐调整至面值，未摊销溢价逐渐调整为0

* 未摊销溢价等于债券溢价总额（＄3 546）减去各期累积摊销额（每半年支付的利息为＄887）。

** 账面价值等于债券面值（＄100 000）加上未摊销溢价。

*** 保留到个位。

图表 12.11　债券溢价的直线摊销法

□ 债券定价

在有组织的交易所内进行交易的债券的价格通常在报纸或网络上进行公布。该信息一般包括债券价格（称为**报价**（quote））、票面利率以及当前市场利率（称为**收益率**（yield rate））。然而，只有一小部分债券在有组织的交易所中进行交易。为了确定债券价格，我们需要使用**现值概念**（present value concepts）。接下来将介绍如何使用现值概念为前面提到过的斐乐公司的折价债券和阿迪达斯公司的溢价债券进行定价。

折价债券的现值

债券的发行价格等于债券现金流量的现值，其中计算现值时使用的折现率是债券的市场利率。当计算斐乐公司债券的现值时，我们每半年计算一次复利，因为两次付息日之间的时间间隔为半年；而且，因为年利率为10%，所以半年利率为5%。另外，还要将债券的两年有效期分为4个半年付息期。如图表12.4所示，债券发行价格的计算包括两个部分：一是计算到期偿还的10万美元的债券面值的现值；二是计算各期支付的＄4 000的半年利息的现值。我们可以使用现值表（present value table）计算出这些现值。关于现值表及其使用方法，请参见本书附表。可以使用附表1计算10万美元的债券面值的现值，使用附表3计算各期支付的＄4 000的半年利息的现值。具体来说，找到附表1第4行与5%栏交叉处确定到期支付金额的现值系数为0.822 7。接下来，找到附表3第4行与5%栏交叉处确定各期利息支付金额的现值系数为3.546 0。如图表12.12所示，我们通过现金流量乘以相应现值系数然后相加得出债券价格。

图表 12.12 斐乐公司折价债券的发行价的计算

现金流量	附表	现值系数	金额	现值
10万美元的债券面值	附表1	0.822 7	×＄100 000	＝＄82 270
＄4 000的利息	附表3	3.546 0	×4 000	＝14 184
债券价格				＄96 454

溢价债券的现值

阿迪达斯公司债券的发行价格等于其债券现金流量的现值，其中计算现值时使用的折现率是债券的市场利率。当计算阿迪达斯公司债券的现值时，我们仍然每半年计算一次复利，因为两次付息日之间的时间间隔还是半年；而且，因为年利率为10%，所以半年利率为5%。另外，还要将债券的两年有效期分为4个半年付息期。如图表12.8所示，债券发行价格的计算包括两个部分：一是计算到期偿还的10万美元的债券面值的现值；二是计算各期支付的＄6 000的半年利息的现值。我们仍可以使用现值表计算出这些现值。首先，找到附表1第4行与5%栏交叉处确定到期支付金额的现值系数为0.8227。接下来，找到附表3第4行与5%栏交叉处确定各期利息支付金额的现值系数为3.5460。如图表12.13所示，我们通过现金流量乘以相应现值系数然后相加得出债券价格。

图表 **12.13**　　阿迪达斯公司溢价债券的发行价的计算

现金流量	附表	现值系数	金额	现值
10万美元的债券面值	附表1	0.8227	×＄100 000	＝＄82 270
＄6 000的利息	附表3	3.5460	×6 000	＝21 276
债券价格				＄103 546

快速测试

2008年12月31日，某公司发行了利息率为16%、面值为10万美元的10年期债券，并规定每年的6月30日和12月31日为付息日。债券的发行价格为＄110 592，发行时的市场利率为14%。请利用这些信息回答下列问题：

7. 这些债券是属于折价发行还是溢价发行？请给出理由。
8. 假设发行人采用直线法摊销债券利息费用，试问发行人在2009年12月31日第二次支付利息时所编制的会计分录中借记应付债券溢价金额是多少？(a) ＄7 470，(b) ＄530，(c) ＄8 000，(d) ＄400。
9. 这些债券在发行人2009年12月31日的资产负债表的长期负债部分如何列示？

债券的偿还

本节中，我们将介绍债券的到期偿还、提前偿还以及通过转股方式偿还。

□ 债券的到期偿还

债券到期时的账面价值通常等于其面值。例如，从图表12.7（折价债券）和图表12.11（溢价债券）中，我们都可以看出，债券期末的账面价值等于其面值（＄100 000）。假设利息已经支付并入账，那么到期偿还这些债券时需编制如下分录：

2011年				
12月31日	借：应付债券	100 000		资产＝负债＋所有者权益
	贷：现金		100 000	－100 000 －100 000
	（记录债券的到期偿还）			

□ 债券的提前偿还

债券发行人有时希望在债券到期之前偿还全部或部分债券。例如，如果利率下降很多，债券发行人可能希望用较低利率的新债券替代较高利率的旧债券。发行人提前偿还债券的方法主要有两种：一种是行使赎回权，另一种是在公开市场购回其债券。在第一种情况下，债券发行人可以通过发行可赎回债券的方式保留提前赎回债券的权利。债券契约能够赋予发行人在债券到期前以面值加上赎回溢价向债券持有人赎回债券的权利。在第二种情况下，债券发行人通过在公开市场上以现行价格购回债券的方式偿还其债券。无论是行使赎回权还是重新购回债券，债券发行人支付的价格都不可能正好等于债券的账面价值。如果发行人支付的价格和债券的账面价值之间存在差价，那么债券发行人就要将差额记录为收益或损失。

让我们举个例子来看一看偿还可赎回债券的会计处理。假设某公司发行了面值为10万美元的可赎回债券，并且规定发行人如要行使赎回权，除支付债券面值以外，还要再支付＄3 000的溢价给债券持有人。再假设2009年6月30日支付完利息之后，债券的账面价值为10.45万美元。2009年7月1日，债券发行人支付给债券持有人10.3万美元将这些债券赎回，并将债券账面价值（10.45万美元）与付款额（10.3万美元）之间的差额＄1 500确认为债券偿还收益。此时，债券发行人需编制如下分录记录该债券偿还业务：

				资产	＝	负债	＋	所有者权益
7月1日	借：应付债券	100 000						
	应付债券溢价	4 500		＋103 000		－100 000		＋1 500
	贷：债券偿还收益		1 500			－4 500		
	现金		103 000					
	（记录债券的提前偿还）							

在行使赎回权时，债券发行人通常必须赎回所有的债券。但是如果是在公开市场上购回其债券，那么发行人就可以根据自己的需要确定想要偿还的债券金额。如果只是偿还部分债券，那么债券发行人需要根据已偿还债券的账面价值与支付金额之间的差额确认债券偿还收益或损失。

□ 通过转股方式偿还债券

可转换债券的持有人有权将自己持有的债券转换成股票。转换时，只要将债券的账面价值转入权益账户即可，不需要确认收益或损失。

举例来说，假设1月1日债券持有人将匡威公司（Converse）面值为10万美元、账面价值为10万美元的债券转换成了1.5万股面值为＄2的普通股。为此，匡威公司需编制如下分录记录该转股交易（债券和股票市价都与本分录无关；第12章中的内容有助于理解这笔交易）：

				资产＝负债＋所有者权益
1月1日	借：应付债券	100 000		
	贷：普通股		30 000	－100 000＋30 000
	超面值缴入股本		70 000	＋70 000
	（记录通过转股方法偿还债券）			

快速测试

10. 六年前，某公司以面值的95%发行了面值为50万美元、票面利率为6%的8年期债券。目前，这些债券的账面价值为＄493 750。现在，该公司决定通过在公开市场上以面值102.5%的价格购回债券的方式偿还50%的债券。试问偿还这些债券的收益或损失是多少？

长期应付票据

像债券一样，企业发行票据的目的也是获得现金等资产；但与债券不同的是，票据的交易对象一般是银行之类的单个借款人。票据发行人最初以票据的出售价格入账，即票据面值减去折价或加上溢价。票据有效期内分摊到各期的利息费用金额等于（票据发行时的）市场利率乘以期初票据余额。任何时点票据的账面价值都等于其面值减去全部未摊销折价或加上全部未摊销溢价；账面价值还等于所有未支付款项以发行时的市场利率折现而得的现值。

□ 分期付款票据

分期付款票据（installment note）是一种要求债务人分期偿还给债权人的负债。在资金借贷双方都同意分期付款的特许经营及其他业务中，我们常用到分期付款票据。举例来说，假设Foghog公司从银行贷了6万美元用于购买设备，为此Foghog公司于2009年1月1日签发了一张利率为8%的分期付款票据，该票据规定Foghog公司在未来6年内每年都要偿还部分本金和利息。此时，Foghog公司需编制如下分录记录签发的这张票据：

1月1日	借：现金	60 000		资产	=	负债	+	所有者权益
	贷：应付票据		60 000	+60 000		+60 000		
	（通过签发利率为8%的6年期分期付款票据借入6万美元）							

分期付款票据支付款项通常包括应计利息加上部分借入金额（本金）。本节中，我们介绍的是采用等额本息还款法的分期付款票据。

在等额本息还款法下，每期偿还的利息和本金都要发生变化。还是让我们举个例子来看一看，假设Foghog公司通过签发面值为6万美元的分期付款票据的方式借入了6万美元，该期票规定在未来6年内，Foghog公司每年年底都要支付＄12 979。（连续6年每年支付＄12 979，这些付款按照8%的折现率折现后的合计额刚好是6万美元；在第360页的脚注中给出了该计算过程。）每年支付的＄12 979中既包括利息也包括本金，并且每次支付的利息和本金都各不相同。图表12.14列出了等额本息还款法下每次支付的利息和本金。其中，A栏列出了票据的期初余额，B栏列出了每一年的应计利息（等于票据的期初余额乘以8%），C栏列出了对票据本金的影响（等于D栏中的总支付额减去B栏中的利息费用），E栏列出了票据的期末余额。

期末日期	(A) 期初余额	支付额 (B) 借记利息费用+ 8%×(A)	(C) 借记应付票据 = (D)−(B)	(D) 贷记现金 (已算出)	(E) 期末余额 (A)−(C)
(1) 2009年12月31日	$60 000	$4 800	$8 179	$12 979	$51 821
(2) 2010年12月31日	51 821	4 146	8 833	12 979	42 988
(3) 2011年12月31日	42 988	3 439	9 540	12 979	33 448
(4) 2012年12月31日	33 448	2 676	10 303	12 979	23 145
(5) 2013年12月31日	23 145	1 852	11 127	12 979	12 018
(6) 2014年12月31日	12 018	961	12 018	12 979	0
		$17 874	$60 000	$77 874	

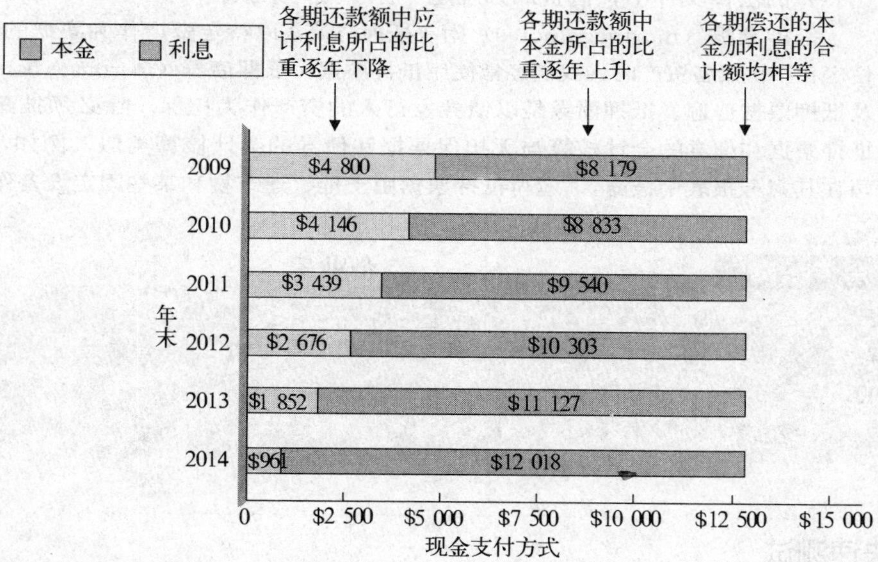

图表 **12.14** 分期付款票据：等额本息还款法

尽管这6次支付的现金总额相等，但是由于票据本金余额逐年减少，所以每年支付的应计利息额也在逐年减少。随着每年支付的利息额的不断减少，每笔支付款项中本金所占的比重不断增加。图表12.14的下半部分用图示对这些变化进行了说明。利用图表12.14中的数据，我们可以编制出Foghog公司头两次支付票据本息时的会计分录（2009年和2010年）如下：

12月31日	借：利息费用	48 00		资产＝负债＋所有者权益
	应付票据	8 179		−12 979 −8 179 −4 800
	贷：现金		12 979	
	（记录首笔分期还款额）			

2010 年

12月31日	借：利息费用	4 146		资产＝负债＋所有者权益
	应付票据	8 833		−12 979 −8 833 −4 146
	贷：现金		12 979	
	（记录第二笔分期还款额）			

在偿还剩下的 4 笔款项时，Foghog 公司还要编制类似的会计分录，只不过每次所记的金额不同。6 年后，应付票据账户余额将变为 0。①

□ 抵押票据与抵押债券

抵押权（mortgage）是一种法律协议，当资金借入人不能支付债券或票据所要求支付的款项时，它能够保护资金借出人。抵押权赋予资金借出人从协议中确定的资金借入人资产的出售所得现金中获得偿还的权利。在被称作抵押协议（mortgage contract）的法律文件中，借贷双方规定了各项抵押条款。

抵押票据（mortgage notes）附有抵押协议，以特定资产作为票据的担保。在购买住房和厂房设备资产时，我们经常使用抵押票据。抵押债券（mortgage bonds）的使用不及抵押票据普遍。抵押债券是以债券发行人的资产作为担保。除必须披露抵押协议外，抵押票据和债券的会计核算与无担保票据和债券的会计核算类似。例如，Musicland 公司在其财务报表中披露，"应付抵押票据由土地、建筑物和某些固定设备作为担保"。

角色扮演 **企业家**

假设你是一名电子产品零售商，现在你正在制定客户定制型立体音响系统的假期促销计划。你打算先让客户免费使用两年，两年后再全额支付货款。该音响系统的建议零售价为 $4 100，而现在你愿意以 $3 000 的价格出售。假设市场利率为 10%，那么针对你的促销方案，即头两年免费使用，两年后再全额支付货款，你应该给该音响系统定价多少？

快速测试

11. 在下列关于要求采用等额本息还款法的分期付款票据的描述中，哪一项是正确的？(a) 在各期还款额中，利息逐期递增，本金逐期递减；(b) 在各期还款额中，本金每期都发生变化，而利息保持不变；(c) 在各期还款额中，利息逐期递减，本金逐期递增。
12. 分期付款票据各期还款额中的利息部分是如何计算出来的？
13. 借款人将分期付款票据支付的利息入账会对其资产负债表和利润表产生怎样的影响？

---

① 我们要使用本书附表 3 来计算期初余额为 6 万美元、利率为 8%的分期付款票据六次的还款额。我们在附表 3 第六行与 8%栏的交叉处找出其现值系数为 4.622 9。我们可以通过解下列等式来计算出每次的还款额：

附表	现值系数		还款金额		现值
附表 3	4.622 9	×	?	＝	$ 60 000

根据上式，我们可以计算出还款金额为 $ 12 979（6 万美元除以 4.622 9）。

实例分析

Water Sports（WSC）公司获得了一种新产品的专利权并成功地进行了市场测试。为了扩大新产品的生产和市场开拓能力，WSC公司需要筹集80万美元资金。在2009年1月1日，公司通过以下两种方式筹得了资金：

a. WSC公司签发了一张面值为40万美元、利率为10%的分期付款票据，该票据需要从2009年12月31日到2013年12月31日分五年等额偿还票据本息。

b. WSC公司发行了面值为40万美元的五年期债券，该债券的票面年利率为12%，并且需要在每年6月30日和12月31日支付利息。2009年1月1日债券的市场年利率为10%。

要求：

1. 对于分期付款票据：(a) 计算每年的还款额，(b) 编制类似于图表12.14的摊销表，(c) 编制第一次还款时的日记账分录。

2. 对于债券：(a) 计算其发行价格，(b) 编制2009年1月1日的日记账分录以记录债券发行，(c) 编制采用直线法的摊销表，(d) 编制2009年6月30日的日记账分录以记录首次支付利息；(e) 编制日记账分录以记录2011年1月1日以41.6万美元的赎回价偿还债券。

解题步骤：

对于分期付款票据，使用本书附表3第5行和10%栏交叉处的年金现值系数去除借款额以计算出各笔还款额。编制类似图表12.14的表格并使用表中第一行的数据登记日记账。

通过采用市场利率计算债券现金流量（参见本书附表）的现值来计算债券发行价格。然后利用计算结果来记录债券发行。接下来编制如图表12.11的摊销表，并使用它查出用以登记日记账的金额。再使用刚才编制的表格查出债券偿还日登记日记账所需的账面价值。

实例分析答案：

1. 分期付款票据。

a. 年还款额＝票据余额/年金系数＝＄400 000/3.790 8＝＄105 519（注意：年金系数为附表3第5行和10%栏交叉处的数字。）

b. 摊销表如下：

期末日期	(A)	支付额			(E)
		(B)	(C)	(D)	
	期初余额	借记利息费用	＋借记应付票据	＝ 贷记现金	期末余额
(1) 2009年12月31日	＄400 000	＄40 000	＄65 519	＄105 519	＄334 481
(2) 2010年12月31日	334 481	33 448	72 071	105 519	262 410
(3) 2011年12月31日	262 410	26 241	79 278	105 519	183 132
(4) 2012年12月31日	183 132	18 313	87 206	105 519	95 926
(5) 2013年12月31日	95 926	9 593	95 926	105 519	0
		＄127 595	＄400 000	＄527 595	

c. 2009 年 12 月 31 日第一次还款时编制的日记账分录如下：

12 月 31 日	借：利息费用	40 000	
	应付票据	65 519	
	贷：现金		105 519
	（记录首笔还款）		

2. 债券。

a. 计算债券的发行价格：

现金流量	附表	现值系数*	金额	现值
面值	附表 1	0.613 9	× $ 400 000	= $ 245 560
利息	附表 3	7.721 7	× 24 000	= 185 321
债券价格				$ 430 881

*现值系数为分 10 期偿还、半年期市场利率为 5%时的数值。

b. 2009 年 1 月 1 日债券发行时的日记账分录为：

1 月 1 日	借：现金	430 881	
	贷：应付债券溢价		30 881
	应付债券		400 000
	（溢价出售债券）		

c. 溢价债券的直线摊销表：

半年利息支付期期末	未摊销溢价	账面价值
(0) 2009 年 1 月 1 日	$ 30 881	$ 430 881
(1) 2009 年 6 月 30 日	27 793	427 793
(2) 2009 年 12 月 31 日	24 705	424 705
(3) 2010 年 6 月 30 日	21 617	421 617
(4) 2010 年 12 月 31 日	18 529	418 529
(5) 2011 年 6 月 30 日	15 441	415 441
(6) 2011 年 12 月 31 日	12 353	412 353
(7) 2012 年 6 月 30 日	9 265	409 265
(8) 2012 年 12 月 31 日	6 177	406 177
(9) 2013 年 6 月 30 日	3 089	403 089
(10) 2013 年 12 月 31 日	0*	400 000

*保留到个位。

d. 2009 年 6 月 30 日第一次支付利息时的日记账分录如下：

6 月 30 日	借：债券利息费用	20 912	
	应付债券溢价	3 088	
	贷：现金		24 000
	（支付债券半年利息）		

e. 2011年1月1日偿还债券时的日记账分录如下：

		借	贷
1月1日	借：应付债券	400 000	
	应付债券溢价	18 529	
	贷：现金		416 000
	债券偿还收益		2 529
	（记录债券偿还（使用2010年12月31日的账面价值））		

小　结

C1　长期应付票据的类型及支付方式。我们把需要在一段时期内分期偿还的长期应付票据称为分期付款票据。分期付款票据的偿还方式主要有两种：(1) 递减利息加等额本金还款法；(2) 等额本息还款法。抵押票据也很常见。

A1　比较债券融资与股票融资。企业可以使用债券融资为其业务活动提供资金支持。相对于股票来说，债券融资的优点是：(1) 不影响所有权控制；(2) 节税；(3) 通过财务杠杆作用增加企业的盈利。债券融资的缺点有：(1) 既要定期支付利息，到期时还要支付其面值；(2) 放大了不良业绩。

P1　债券发行及利息费用的会计核算。当债券以面值发行时，要以债券面值借记现金、贷记应付债券。在债券付息日（通常是半年期），要借记债券利息费用、贷记现金，贷记现金的金额等于债券面值乘以债券票面利率。

P2　债券折价摊销的会计核算。当票面利率低于市场利率时，债券折价发行，发行（出售）价格低于票面价格。当债券折价发行时，发行人应贷记应付债券（以面值入账），借记应付债券折价和现金。可以使用直线法或实际利率法计算分摊到各期的债券利息费用。

P3　债券溢价摊销的会计核算。当票面利率高于市场利率时，债券溢价发行，发行（出售）价格高于票面价格。当债券溢价发行时，发行人应借记现金、贷记应付债券（以面值入账）和应付债券溢价。可以使用直线法或实际利率法计算分摊到各期的债券利息费用。在债券有效期内，还要摊销应付债券溢价，以降低债券利息费用。

P4　债券偿还的会计核算。债券到期偿还时以面值借记应付债券，贷记现金。债券发行人可以通过行使赎回权或在公开市场上将债券购回来提前偿还债券。债券持有人可以通过行使可转换债券的转换权来提前终止债券。债券发行人应将支付金额与债券账面价值之间的差额确认为债券偿还收益或损失。

P5　长期应付票据的会计核算。可以通过用债券发行时的市场利率乘以期初账面价值的方式将利息分摊到票据有效期内的各个期间。如果票据以每期等额支付方式进行偿付，那么每期支付金额等于借入金额除以由市场利率和付息期数确定的年金现值系数（来自现值表）。

角色扮演及职业道德参考答案

企业家　这是一个现值问题。市场利率（10%）和现值（$3 000）已知，但两年后所需支付的款项未知。两年后支付额（$3 630）的计算过程为：3 000×1.10×1.10。因此，针对你的促销方案，即头两年免费使用，两年后再全额支付货款，你应给该音箱系统定价为$3 630。注意两年后收到的$3 630的现值正好等于$3 000。

快速测试参考答案

1.（b）

2. 用票面利率乘以债券面值。

3. 当票面利率高于市场利率时，债券溢价出售，债券购买者支付高于面值金额的价款。

4. 债券折价出售，意味着发行价格低于票面价格。之所以折价发行是因为债券票面利率（6%）低于市场利率（8%）

5. 借：现金　91 893
　　应付债券折价　8 107
　贷：应付债券　100 000

6. \$3 811（债券利息费用合计\$38 107 除以 10 期；或\$3 000 的半年现金支付额加上\$8 107 的折价然后除以 10 期。）

7. 债券溢价发行，意味着发行价格高于票面价格。之所以溢价发行是因为债券票面利率（16%）高于市场利率（14%）

8.（b）对于每一个半年付息期：\$10 592 20 期＝\$530 的溢价摊销额。

9. 应付债券（票面利率为16%，到期日为 2018 年 12 月 31 日）\$100 000
　加：应付债券溢价　9 532* \$109 532

* 最初溢价余额\$10 592 减去\$530，\$530分别在2009年6月30日和2009年12月31日进行摊销。

10. \$9 375的损失。即\$256 250 购回价格（（\$500 000×102.5%）的50%）和账面价值\$246 875（\$493 750 的 50%）之间的差额。

11.（c）

12. 分期付款票据各期还款额中的利息部分等于期初的贷款余额乘以票据发行时的市场利率。

13. 在资产负债表上，相关负债（应付票据）和资产（现金）账户的余额减少了。在利润表中，需要登记利息费用。

关键术语

Bond　债券

Bond certificate　债券证书

Bond indenture　债券契约

Carrying (book) value of bonds　债券账面价值

Discount on bonds payable　债券折价

Installment note　分期付款票据

Market rate　市场利率

Mortgage　抵押

Pension plan　养老金计划

Premium on bonds　债券溢价

Par value of a bond　债券面值

Straight-line bond amortization　直线摊销法

选择题

1. 债券交易价为$97^{1/2}$的含义是什么？______

a. 该债券支付$97^{1/2}$%的利息。

b. 每\$1 000的债券交易价为\$975。

c. 市场利率低于债券的票面利率。

d. 债券的赎回价为每张＄975。

e. 债券利率为 $2^{1/2}$%。

2. 假设某债券持有人拥有一张面值为＄1 000、利率为6%的15年期债券，那么该债券持有人______。

a. 在债券到期时有权收到＄1 000。

b. 对债券发行单位享有所有权。

c. 在债券有效期内有权每月收到＄60。

d. 在债券到期时有权收到＄1 900。

e. 在债券有效期内有权每年收到＄600。

3. 假设某公司发行了面值为50万美元、票面利率为8%的20年期债券。目前债券的市场利率为8%。试问每个半年利息支付期发行人应支付多少利息给债券持有人？______

a. ＄40 000 b. ＄0

c. ＄20 000 d. ＄800 000

e. ＄400 000

4. 假设某公司发行了面值为10万美元、票面利率为5%的5年期债券。该公司通过发行债券获得了＄95 735。采用直线摊销法，在第一个半年利息支付期该公司的利息费用摊销额是______。

a. ＄2 926.50 b. ＄5 853.00

c. ＄2 500.00 d. ＄5 000.00

e. ＄9 573.50

5. 假设某公司发行了面值为35万美元、票面利率为5%的8年期债券。该公司通过发行债券获得了＄373 745。这些债券每半年支付一次利息。在采用直线摊销法的情况下，第一个半年利息支付期债券溢价摊销额为______。

a. ＄2 698 b. ＄23 745

c. ＄8 750 d. ＄9 344

e. ＄1 484

讨论题

1. 债券和股票之间的主要区别是什么？

2. 应付票据和应付债券之间的主要区别是什么？

3. 债券融资相比权益融资而言，它的主要优点是什么？

4. 受托机构对债券持有人所承担的主要责任是什么？

5. 什么是债券契约？上面通常列有哪些规定？

6. 债券的票面利率和市场利率分别是什么？

7. 哪些因素会影响债券的市场利率？

8. 在债券的有效期内，直线摊销法或实际利率法是否产生了一个导致固定利息回报的利息摊销额？请解释。

9. 为什么在非付息日发行债券的公司要向债券购买者收取应计利息？

10. 如果已知债券票面价值、票面利率和市场利率，怎样计算债券的发行价格？

11. 一张以债券面值 $98^{1/4}$ 售出的面值为＄2 000的债券的发行价是多少？一张以债券面值 $101^{1/2}$ 售出的面值为＄6 000的债券的发行价是多少？

快速学习

QS12-1 Randell公司发行了面值为15万美元、票面利率为7%的10年期债券。这些债券每半年支付一次利息。在发行日，该债券的市场利率是8%，这使得最终的售价是债券面值的 $93^{1/4}$。公司采用直线摊销法摊销利息费用。

1. 该公司通过发行债券获得了多少现金？

2. 在债券的有效期内，被确认的利息费用总额是多少？

3. 第一个半年期利息支付日记录的债券的利息费用是多少？

QS12-2 Elton公司发行了面值为35万美元、票面利率为7%的15年期债券。这些债券每半年支付一次利息。在发行日，该债券的市场利率是6%，这使得最终的售价是债券面值的109 3/4。公司采用实际利率法摊销利息费用。

1. 该公司通过发行债券获得了多少现金？

2. 在债券的有效期内，被确认的利息费用总额是多少？

3. 第一个半年期利息支付日记录的债券的利息费用是多少？

QS12-3 编制QS12-1和QS12-2的债券发行的日记账分录。假设发行的日期都是2009年1月1日。

QS12-4 根据QS12-1和QS12-2的具体数据，验证每一题中的债券的售价是否大体正确。

QS12-5 Boulware公司在2008年12月31日发行了面值为10万美元、票面利率为8%的5年期债券。这些债券每半年支付一次利息。根据下面的债券直线摊销表，编制日记账分录以记录：（a）2008年12月31日债券的发行，（b）2009年6月30日，第一个半年期利息支付日支付的利息，（c）2009年12月31日，第二个半年期利息支付日支付的利息。

半年利息支付期期末	未摊销折价	账面价值
（0）2008年12月31日	$7 723	$92 277
（1）2009年6月30日	6 951	93 049
（2）2009年12月31日	6 179	93 821

QS12-6 Teller公司2009年6月30日支付完债券半年期利息之后，在2009年7月1日，债券发行人行使了债券的赎回权利，并支付给债券持有人$4 000（再加面值）将这些债券赎回。该债券账面价值为$208 000，面值为$200 000。编制债券偿还的会计分录。

QS12-7 2009年1月1日，Staten公司的面值为$1 000 000、账面价值为$1 000 000的债券被转换为面值$1的普通股500 000股。编制该债券转换的会计分录。

QS12-8 Jordyn公司向银行借款$600 000，并签发了一张分期付款票据，票据规定公司在未来5年内每年支付相等金额的欠款。在票据开出后的第一年的款项已经支付。计算市场利率分别为4%、6%和8%的情况下每年支付的金额。

练习题

Exercise12-1 2009年1月1日，Bartel公司发行了面值为$3 650 000、利率为10%的20年期债券。该债券规定每半年支付一次债券利息，付息日分别为每年的6月30日和12月31日。该债券最后以票面价值出售。

1. 每六个月Bartel公司要向债券持有人支付多少利息（以现金的形式）？

2. 编制日记账分录，以记录：（a）2009年1月1日债券的发行，（b）2009年6月30日，第一个利息支付日支付的利息，（c）2009年12月31日第二个利息支付日支付的利息。

3. 在债券的发行价为98和105的情况下，编制债券发行的日记账分录。

Exercise12-2 2009年1月1日，西尔斯公司发行了面值为$175 000、利率为4%的3年期债券。债券规定每半年支付一次利息，付息日分别为每年的6月30日和12月31日。债券的售价为$165 523。债券发行日的市场利率为6%。

1. 这些债券发行时的折价额是多少？

2. 在债券的有效期内，要被确认的债券利息费用总额是多少？

3. 在采用直线法摊销折价的情况下，为这些债券编制与图表12.7相似的摊销表。

Exercise12-3 2009年1月1日，戴尔公司发行了面值为$450 000的债券。债券的年票面利率为9%，分别于每年的6月30日和12月31日支付一次利息。债券的有效期为3年。发行日该债券的市场利率为8%，债券以$461 795售出。

1. 发行债券的溢价额是多少？

2. 在债券的有效期内，要被确认的债券利息费用总额是多少？

3. 在采用直线法摊销溢价的情况下，为这些债券编制与图表12.11相似的摊销表。

Exercise12-4 塔吉特公司在它规定的发行

日，发行了面值为＄950 000的债券。债券的有效期为15年，年利率为10%，每半年支付一次利息。在发行日，债券的市场利率为12%。

1. 这些债券每期支付的利息金额是多少？

2. 在债券的有效期内，半年期支付利息的次数是多少？

3. 根据已知的利率，判断债券是平价发行、折价发行还是溢价发行？

4. 计算债券发行日的发行价是多少？

5. 编制记录债券发行的日记账分录。

Exercise12-5 波士顿公司在规定的发行日，发行了面值为＄160 000的债券。债券的有效期为6年，年利率为8%，每半年支付一次利息。在发行日，债券的市场利率为6%。

1. 这些债券每期支付的利息金额是多少？

2. 在债券的有效期内，半年期支付利息的次数是多少？

3. 根据已知的利率，判断债券是平价发行、折价发行还是溢价发行？

4. 计算债券发行日的发行价是多少？

5. 编制记录债券发行的日记账分录。

Exercise12-6 2009年1月1日，Seldon公司发行了面值为＄450 000、利率为10%的15年期债券。债券的发行价为面值的$93^{1/4}$。六年后，2015年1月1日，Seldon公司在公开市场以面值的$109^{3/4}$的价格购买了20%的该债券。所有的利息都在购买日的前一天，即2014年12月31日进行了支付。采用直线摊销法摊销债券折价。

1. 2009年1月1日，公司发行债券时收到的现金是多少？

2. 2009年1月1日，债券的折价金额是多少？

3. 从2009年1月1日到2014年12月31日，记录的折价的摊销额是多少？

4. 2014年12月31日营业日结束后，债券的账面价值是多少？同一天，将要被偿还的20%的债券的账面价值是多少？

5. 2015年1月1日，公司要为它所偿还的这部分债券支付多少金额？

6. 记录的偿还债券的损失或收益是多少？

7. 编制记录2015年1月1日债券偿还的日记账分录。

综合题

Problem12-1A 2009年1月1日，Harvard Research发行了半年期付息的债券，债券的付息日为每年的6月30日和12月31日。债券的面值为＄45 000，利率为6%，有效期为6年。

要求：

分别根据下面三种情况，（a）计算2009年1月1日债券的发行价，（b）编制记录债券发行的日记账分录。

1. 债券发行日的市场利率是4%。

2. 债券发行日的市场利率是6%。

3. 债券发行日的市场利率是8%。

Problem12-2A 2009年1月1日，Braeburn公司发行了面值为＄3 500 000、利率为8%的15年期债券。债券规定每半年支付一次利息，付息日为每年为6月30日和12月31日。债券的发行价为＄3 024 000。

要求：

1. 编制2009年1月1日记录债券发行的日记账分录。

2. 对于每个半年期，计算（a）支付的现金数额，（b）直线折价摊销额，（c）债券的利息费用。

3. 计算债券有效期内确认的债券利息费用总额。

4. 在直线摊销法下，编制与图表12.7相似的前两年的摊销表。

5. 编制记录前两笔支付利息的交易的日记账分录。

6. 假设债券的发行价是＄4 284 000，重复上述1～5的计算。

Problem12-3A　2009 年 1 月 1 日，Jules 发行了面值为＄230 000、利率为 4.5％的 5 年期债券。债券每半年支付一次利息，付息日为每年的 6 月 30 日和 12 月 31 日。债券的发行价为＄235 160。发行日债券的市场利率为 4％。

要求：

1. 计算债券有效期内产生的债券利息费用总额。

2. 在债券有效期内，编制与图表 12.11 相似的直线摊销表。

3. 编制记录前两笔支付利息的交易的日记账分录。

第 13 章

投　资

- 投资基础知识
- 无重大影响投资的计量与报告
- 具有重大影响的长期股权投资的计量与报告

学习目标

CAP
- 概念（Conceptual）
  - C1 债权证券与权益证券，短期投资与长期投资
  - C2 证券投资的分类
  - C3 具有控制权的长期股权投资的报告与披露
- 程序（Procedural）
  - P1 交易性金融资产的会计处理
  - P2 持有至到期投资的会计处理
  - P3 可供出售金融资产的会计处理
  - P4 具有重大影响的长期股权投资的会计处理

本章预览

本章中，我们主要讨论证券投资。许多企业都进行投资，这些投资大多数是以买入其他企业所发行的债权证券和权益证券的形式进行。本章中，我们将介绍这些证券投资及其会计核算。

投资

投资基础知识
- 投资动机
- 短期投资与长期投资
- 投资分类与计量
- 投资会计原理

无重大影响的投资
- 交易性金融资产
- 持有至到期投资
- 可供出售金融资产

具有重大影响的投资
- 具有重大影响
- 长期股权投资
- 具有控制权的长期股权投资

投资基础知识

本节中，我们将介绍投资的动机、短期投资与长期投资的区别以及投资分类。

□ 投资动机

企业进行投资的理由至少有三种：第一，企业将闲余现金转换为投资以产生较高的收益；第二，一些诸如互助基金和养老金基金的经济实体，其成立的目的就是进行投资以获取收益；第三，企业投资可能是出于战略方面的需要，例如，投资竞争对手、供应商，甚至客户。图表 13.1 给出了一些公司的短期投资（S-T）和长期投资（L-T）在其总资产中所占的百分比。

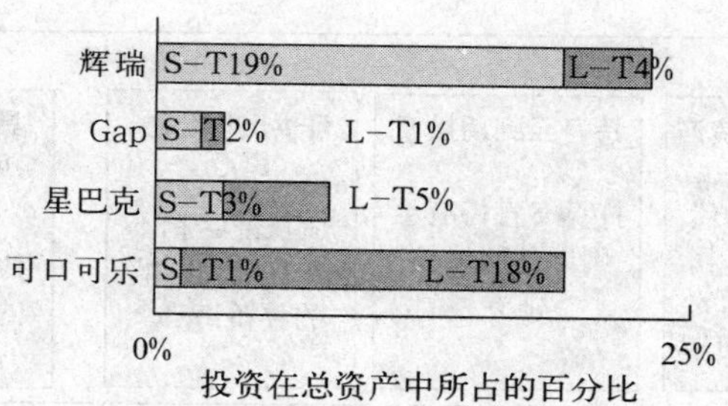

图表 13.1 选定的几家公司的投资情况

□ 短期投资与长期投资

现金等价物是很容易就能转换成确定金额的现金，并在三个月内到期的投资。另外还有很多投资是在 3～12 个月内到期。我们把这些投资称为**短期投资**（short-term investments），也叫**临时投资**（temporary investment）或**有价证券**（marketable securities）。具体来说，短期投资是具有以下特点的证券投资：（1）管理层准备在一年或企业长于一年的一个营业周期内将其转换成现金；（2）很容易就能转换成现金。短期投资以流动资产列报，其作用类似于现金等价物。

长期证券投资是指无法轻易转换为现金或在短期内不准备转换为现金的证券投资。**长期投资**（long-term investments）包括指定用途的资金，例如债券偿债基金、土地投资或者在其他不用于企业经营的资产投资。长期投资在资产负债表中的非流动资产部分列报，经常单列一行，冠以"长期投资"之名。

证券投资既包括债权证券也包括权益证券。票据、债券以及存单等都属于**债权证券**（debt securities），债权证券一般是由政府、企业或个人发行的，它们反映的是借贷关系。**权益证券**（equity securities）反映的是所有权关系，例如公司发行的股票就属于权益证券。

□ 投资的分类与报告

证券投资的会计核算取决于三个因素：（1）证券的类型，是属于债权证券还是权益证券；（2）企业是打算长期持有还是短期持有；（3）企业（投资者）持有其他公司（投资对象）权益证券的百分比。图表 13.2 根据这三个因素将证券划分成了五类，并描述了这五类证券及其报告要求。

□ 债权证券的会计核算

本节将介绍债权证券的购买、处置以及利息等基本业务的会计核算方法。

债权证券的购买

债券在购入时应以成本入账。假设音乐城公司（Music City）在 2008 年 9 月 1 日支付了 2.95 万美元以及＄500 佣金购买了戴尔公司发行的面值为 3 万美元、利率为 7%的两年期债券。债券半年付息一次，付息日分别为每年的 8 月 31 日和 2 月 28 日。

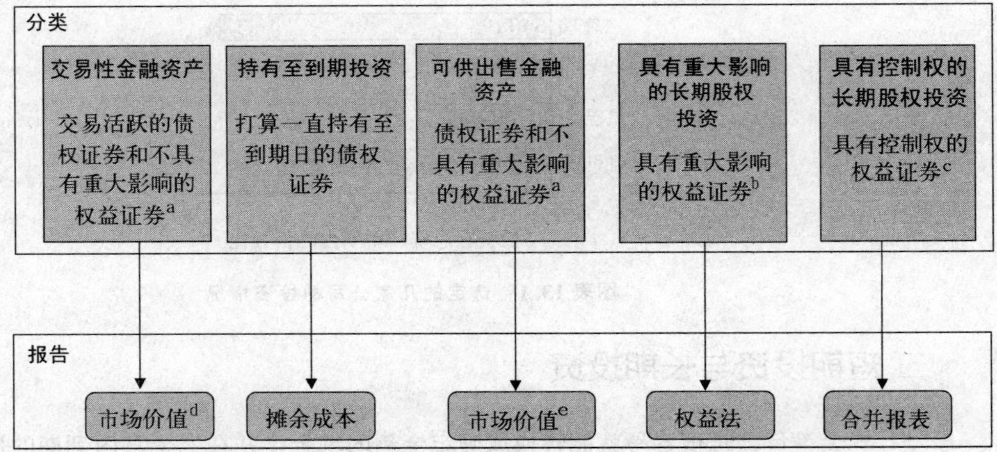

图表 13.2 证券投资

a. 持有投资对象 20%以下的有表决权资本。
b. 持有投资对象 20%或 20%以上，50%以下的有表决权资本。
c. 持有投资对象 50%以上的有表决权资本。
d. 未实现损益要列示在利润表上。
e. 未实现损益要列示在资产负债表的权益部分综合收益项下。

音乐城公司打算一直持有这些债券直至其到期日，即 2010 年 8 月 31 日。因此这些债券属于持有至到期投资（HTM）。（如果证券将在短期内到期，并且管理层打算一直持有这些证券直至它们到期，那么这些证券应列入短期投资。）记录该笔债券购买交易的分录如下：

2008 年				
9 月 1 日	借：长期投资			资产＝负债＋所有者权益
	——持有至到期投资（戴尔公司）	30 000		＋30 000
	贷：现金		30 000	－30 000
	（购买持有至到期债券）			

已实现利息收入

债权证券投资的利息收入应在赚得时入账。在会计期末 2008 年 12 月 31 日，音乐城公司编制了如下分录确认其应收利息：

12 月 31 日	借：应收利息	700		资产＝负债＋所有者权益
	贷：利息收入		700	＋700　　＋700
	（确认已赚得利息（＄30 000×7%×4/12））			

＄700 是半年现金利息的 4/6，即音乐城公司在 12 月 31 日已经赚得的部分。图表 13.3 给出了 2008 年 12 月 31 日音乐城公司财务报表的相关部分。

图表 13.3　　财务报表中债权证券的列示

在 2008 年的利润表上：	
利息收入	＄700
在 2008 年 12 月 31 日的资产负债表上：	
长期投资——持有至到期投资（摊余成本）	＄30 000

2009 年 2 月 28 日，音乐城公司编制了如下分录记录收到的半年利息：

2月28日	借：现金	1 055		资产＝负债＋所有者权益	
	贷：应收利息		700	＋1 050	＋350
	利息收入		350	－700	
	（收到戴尔公司债券的六个月的利息）				

债权证券的处置

当债券到期时，音乐城公司需编制如下分录记录其收到的款项（不包括利息分录）：

2010 年				
8月31日	借：现金	30 000		资产＝负债＋所有者权益
	贷：长期投资			＋30 000
	——持有至到期投资（戴尔公司）		30 000	－30 000
	（债券到期收回现金）			

债权证券的成本可能高于其到期价也可能低于到期价。当投资为长期投资时，成本与到期价之间的差额在证券剩余年限内摊销。为计算方便，我们假设长期债权证券的成本等于其到期价。

□ 权益证券的会计核算

本节介绍权益证券的购买、处置以及股利等基本业务的会计核算方法。

权益证券的购买

权益证券在取得时应以成本入账，其中成本包括支付的代理费或佣金。假设音乐城公司在 2008 年 10 月 10 日花 8.6 万美元以票面价格购买了 Intex 公司 1 000 股普通股票。音乐城公司需编制如下分录记录这笔购买可供出售金融资产（AFS）的交易：

10月10日	借：长期投资——可供出售金融资产（Intex 公司）	86 000		资产＝负债＋所有者权益
				＋86 000
	贷：现金		86 000	－86 000
	（购入 1 000 股 Intex 公司股票）			

已实现股利收入

收到现金股利时应贷记股利收入账户，另外，收到的现金股利还应填报在利润表上。11 月 2 日，音乐城公司收到了 Intex 公司股票季度现金股利 $ 1 720 并记录如下：

11月2日	借：现金	1 720		资产＝负债＋所有者权益	
	贷：股利收入		1 720	＋1 720	＋1 720
	（收到每股 $ 1.72 股利）				

权益证券的处置

出售权益证券时，我们应将销售所得与证券成本进行比较以便确认收益或损失。

12月20日，音乐城公司出售了500股Intex公司股票，获得4.5万美元现金。为此，音乐城公司编制了如下分录来记录这笔股票销售业务：

				资产＝负债＋所有者权益	
12月20日	借：现金	45 000			
	贷：长期投资——可供出售金融资产（Intex公司）		43 000	＋45 000 －43 000	＋2 000
	投资收益		2 000		
	（出售500股Intex公司股票（＄86 000×500/1 000））				

无重大影响投资的计量与报告

企业必须以公允市价（fair market value）或市价（market value）来对大部分不具有重大影响的投资进行计量和报告。具体计量原则取决于该投资是属于交易性金融资产、持有至到期投资还是可供出售金融资产。

□ 交易性金融资产

交易性金融资产（trading securities）是指企业打算通过积极管理和交易以获取利润的债权证券和权益证券。企业通常会频繁买卖这类证券以期在短期价格变化中获取利润。

交易性金融资产的计量和报告

交易性金融资产作为一个完整组合以市价列报；这需要对组合的成本价格进行市场调整。“组合”（portfolio）一词指的是一组证券。交易性金融资产组合市价变化引起的任何未实现收益（或损失）（unrealized gain (or loss)）应在利润表中列报。大多数使用者认为当交易性金融资产的市价变动列示在利润表上时，会计报表所提供的信息更加有用。

举例来说，假设2008年12月31日TechCom公司的交易性金融资产组合总成本为1.15万美元，市价为1.3万美元，该年度为TechCom公司第一年持有这些交易性金融资产。1.15万美元的成本和1.3万美元的市价之间的差额代表＄1 500的收益。这些收益属于未实现收益，因为公司现在还没有把这些证券卖掉以真正实现收益。在各期期末，公司都要通过编制调整分录对交易性金融资产进行市场调整，市场调整的金额等于证券组合的成本与市价之间的差额。TechCom公司编制了如下分录来记录这些收益：

				资产＝负债＋所有者权益	
12月31日	借：市场调整——交易性金融资产	1 500		＋1 500	＋1 500
	贷：未实现收益——收益		1 500		
	（反映交易性金融资产市价中的未实现收益）				

未实现收益（或损失）应列报在利润表的其他业务收入和收益（或费用和损失）部分。未实现收益（或损失）——收益是一个临时性账户，在期末时要结转至本年利润账户。市场调整——交易性金融资产则是一个永久性账户，它可以把交易性金融资

产组合的报告价值从前期的市价调整为本期的市价。交易性金融资产组合的总成本应记入一个账户，市场调整则应记入另一个单独的账户。例如，TechCom 公司交易性金融资产投资在其资产负债表流动资产部分列报如下：

流动资产		
短期投资——交易性金融资产（成本价）	$11 500	
市场调整——交易性金融资产	1 500	
短期投资——交易性金融资产（市价）		$13 000
或简化为		
短期投资——交易性金融资产（市价；成本为$11 500）		$13 000

交易性金融资产的出售

当出售个别交易性金融资产时，我们要将净收款额（销售价格减去费用）与所出售的个别交易性金融资产的成本之间的差额确认为收益或损失。我们不使用以前期间的市场调整来计算个别交易性金融资产的销售收益或损失。例如，假设 2009 年 1 月 9 日，TechCom 公司通过出售部分交易性金融资产获得了$1 200 现金，而这些证券的成本为$1 000。为此，TechCom 公司需要编制如下分录记录这笔交易：

1月9日	借：现金	1 200		资产＝负债＋所有者权益	
	贷：短期投资——交易性金融资产		1 000	＋1 200	＋200
	投资收益		200	－1 000	
	（以$1 200 的价格出售成本为$1 000 的交易性金融资产）				

收益应在利润表的其他业务收入和收益部分列报，而损失则应在其他业务费用和损失中列报。在计算交易性金融资产组合的期末市场调整额时，应将已经出售的证券的成本和市价扣除。

□ 持有至到期投资

持有至到期投资（held-to-maturity securities，HTM securities）是指企业打算并且能够持有到期的债权证券。如果这些证券在一年或企业超过一年的一个营业周期内到期，那么它们应在流动资产中列报；如果到期时间超过一年或一年以上的一个营业周期，那么持有至到期投资应在长期资产中列报。所有持有至到期投资在购入时都要以成本入账，利息收入则要在赚得时入账。

持有至到期投资组合应以（摊余）成本入账，关于这方面的内容，将在高级课程中介绍。持有至到期投资组合，不论短期的还是长期的组合，都不存在市场调整。持有至到期投资的基本会计核算在本章前面部分我们已经讨论过了。

角色扮演 **资金管理人**

你预测到几周内利率将大幅下跌并将一直维持在较低的水平。试问对于持有固定利率债券和票据，你将采取怎样的策略？

□ 可供出售金融资产

可供出售金融资产（available-for-sale securities，AFS securities）是指交易性金融资产和持有至到期投资以外的其他的债权证券和权益证券。企业购入可供出售金融资产的目的是获取利息、股利或市价增值。对于可供出售金融资产，企业不会像对交易性金融资产那样积极管理。如果企业打算在一年内或超过一年的一个营业周期内卖出可供出售金融资产，那么就应该将这些可供出售金融资产归为短期投资；如果企业不打算在一年内或超过一年的一个营业周期内卖出可供出售金融资产，那么就应该将它们归为长期投资。

可供出售金融资产的计量和报告

与交易性金融资产一样，企业需要调整可供出售金融资产组合的成本以反映市价变化，这是通过对组合总成本进行市场调整而完成的。但企业不能将可供出售金融资产组合的未实现收益或损失列报在利润表上，而是应该列报在资产负债表的权益部分（并且是作为综合收益的一部分，关于这方面的内容后面我们将给大家介绍）。让我们举个例子来看一看，假设音乐城公司本期购入了一些可供出售金融资产，并且公司以前从未购买过可供出售金融资产。图表 13.4 给出了 2008 年 12 月 31 日报告期末这些投资的成本和市价。

图表 13.4　可供出售金融资产的成本与市价

	成本	市价	未实现收益（损失）
Improv 公司债券	$ 30 000	$ 29 050	$ （950）
Intex 公司普通股，500 股	43 000	45 500	2 500
合计	$ 73 000	$ 74 550	$ 1 550

年末将这些投资调整至市价的分录如下：

12 月 31 日　借：市场调整
——可供出售金融资产（长期）　1 550
　　贷：未实现收益——权益　1 550
（将可供出售金融资产调整至市价）

资产	=	负债	+	所有者权益
+1 550				+1 550

图表 13.5 给出了这些可供出售金融资产在公司 2008 年 12 月 31 日的资产负债表上的列报情况（假设这些投资是长期投资，但它们也可以是短期的）。另外，将资产负债表中的投资成本与市场调整账户余额合在一起作为一项进行报告，这种做法也比较常见。

流动资产		
短期投资——交易性金融资产（成本价）	$73 000	
市场调整——交易性金融资产	1 550	
短期投资——交易性金融资产（市价）		$74 550
或简化为		
长期投资——可供出售金融资产（市价；成本为 $73 000）		$74 550
权益		
常见的权益用户		
加：可供出售金融资产的未实现收益*		$1 550

（调节使二者相等）

* 经常列在“累积其他综合收益”项下。

图表 13.5　资产负债表中可供出售金融资产的列示

让我们将本例题扩展一下，假设2009年12月31日音乐城公司的长期可供出售金融资产组合成本为8.1万美元，市价为8.2万美元。此时，公司需编制如下分录将可供出售金融资产组合的成本调整至市价：

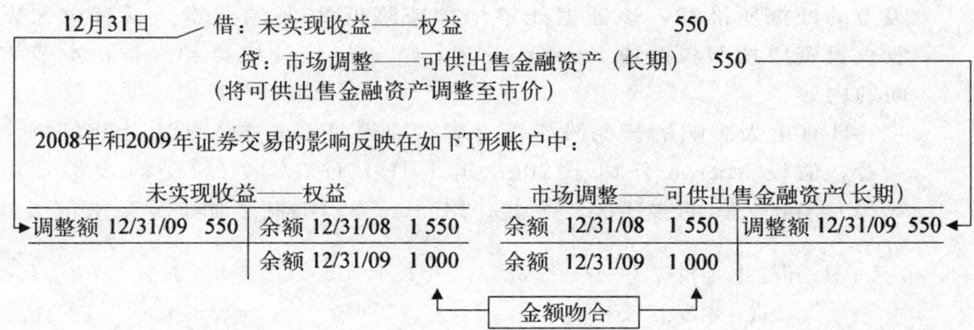

可供出售金融资产的出售

出售个别可供出售金融资产的会计核算与前面讲过的出售交易性金融资产的会计核算相同。在个别可供出售金融资产售出后，我们要把所出售的个别可供出售金融资产的成本与净收款额（售价减去佣金）之间的差额确认为收益或损失。

快速测试

1. 持有至到期投资应如何在资产负债表上列报？
2. 交易性金融资产应如何在资产负债表上列报？
3. 可供出售金融资产的未实现收益和损失应该在什么地方列报？
4. 交易性金融资产的未实现收益和损失应该在什么地方列报？

注意：美国财务会计准则委员会（FASB）发布了准则157号（FAS 157）和准则159号（FAS 159），准则允许企业在报告金融资产的时候采用市场价值（或公允价值）计量。这一规定使得企业能够以公允价值报告任一金融资产并将其价值的变化确认在利润表上。这一方法之前只允许适用于交易性金融资产，现在也适用于可供出售金融资产和持有至到期投资（和其他金融资产和负债，如应收账款和应收票据、应付账款和应付票据，以及债券）。这些标准还设定了确定公允价值的三个层级：

层级1：使用被引用过的市场价值

层级2：使用从相关资产或负债处可观察到的价值

层级3：使用估计或假设等得来的不可观测的价值

迄今为止，已经有一小部分企业开始使用公允价值，但是，其使用效果有待观察。

具有重大影响的长期股权投资的计量与报告

□ 具有重大影响的长期股权投资

具有重大影响的长期股权投资（equity securities with significant influence）是一

种投资者能够对投资对象施加重大影响的长期投资；当投资者拥有投资对象20%或20%以上（50%以下）的有投票权的股票时，投资者就有权对投资对象施加重大影响。但是在某些情况下，20%这个重大影响力的判断标准有可能会被其他更具说服力的证据所推翻，该证据能够增加或降低20%的要求。具有重大影响的长期股权投资应按照权益法（equity method）进行会计核算和报告。本节将介绍这方面的内容。

具有重大影响的长期股权投资应在取得时以成本入账。让我们举个例子来看一看，假设Micron公司于2008年1月1日花$70 650购入了3 000股（占30%）Star公司的普通股。为此，Micron公司编制了如下分录来记录这笔交易：

				资产＝负债＋所有者权益
1月1日	借：长期投资——Star公司	70 650		
	贷：现金		70 650	＋70 650
	（记录购入3 000股Star公司股票）			－70 650

投资对象（Star公司）的盈利不仅增加了其净资产，也增加了投资者（Micron公司）对投资对象净资产的求偿权。因此，当投资对象报告盈利时，投资者应在投资账户中记录其对这些盈利的应享有份额。举例来说，假设Star公司报告其2008年净收益为2万美元。此时，Micron公司应编制如下分录记录其应享有的Star公司30%的盈利：

				资产＝负债＋所有者权益
12月31日	借：长期投资——Star公司	6 000		
	贷：长期投资收益		6 000	＋6 000　　＋6 000
	（记录应享有的被投资者30%的收益）			

借方反映了Micron公司在Star公司的权益增加，贷方反映了Micron公司应该享有的Star公司30%的净收益。长期投资收益是一个临时性账户（在期末时，其余额应结转至本年利润账户），Micron公司应将它列报在公司的利润表中。如果投资对象发生净损失而非净收益，那么投资者在其投资账户中应记录（贷记）其应承担的损失额。投资者应将这些收益或损失结转至本年利润账户。

收到的现金股利在权益法下并不是收入，因为投资者已经确认了其应享有的投资对象盈利份额。我们应将投资者收到的来自投资对象的现金股利视为资产形式的一种转换；也就是说，股利会减少投资账户余额。举例来说，假设2009年1月9日，Star公司宣告并发放了1万美元的普通股现金股利。此时，Micron公司应编制如下分录记录其收到的Star公司30%的现金股利：

			资产＝负债＋所有者权益
借：现金	3 000		
贷：长期投资——Star公司		3 000	＋3 000
（记录Star公司支付的现金股利）			－3 000

采用权益法，投资的账面价值等于投资成本加上（减去）投资者应享有投资对象未分配（已分配）盈利的份额。图表13.6给出了Micron公司记录完该交易后的长期投资账户：

图表 13.6 **Star 公司普通股投资（明细分类账）**

日期	内容摘要	借方	贷方	余额
2008 年				
1月1日	取得投资	70 650		70 650
12月31日	分享收益	6 000		76 650
2009 年				
1月9日	分得股利		3 000	73 650

Micron 公司 2009 年 1 月 9 日对 Star 公司的投资账户余额为 $73 650。这是投资成本加上 Micron 公司自购入 Star 公司股票以来应享有的 Star 公司盈利份额，减去自购入股票以来收到的 Star 公司现金股利份额。当出售权益证券投资时，我们应通过比较出售所得款项和出售日投资的账面价值计算出收益或损失。假设 Micron 公司在 2009 年 1 月 10 日以 8 万美元的价格出售了自己所持有的 Star 公司的股票。为此，Micron 公司应编制如下分录记录这笔交易：

				资产＝负债＋所有者权益	
1月10日	借：现金	80 000			
	贷：长期投资——Star 公司		73 650	＋80 000	＋6 350
	投资销售收益		6 350	－73 650	
	（以 8 万美元的价格出售 3 000 股股票）				

□ 具有控制权的长期股权投资

具有控制权的长期股权投资（equity securities with controlling influence）是一种投资者能够对投资对象行使控制权的长期投资。当投资者拥有投资对象 50%或 50%以上的有投票权的股票时，投资者就有权对投资对象行使控制权。投资者在选择公司董事会时在所有股东中占据优势，对投资对象管理具有控制能力。有些情况下，即便某些投资者掌握的股权低于 50%，他们依然能够行使控制权。图表 13.7 总结了根据投资者享有的股票所有权进行权益证券投资的会计核算方法。

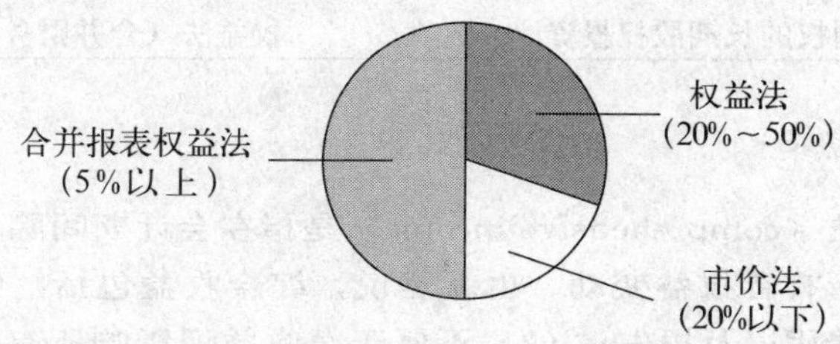

图表 13.7 根据拥有的表决权资本份额对长期股权投资进行会计核算

我们使用合并报表权益法（equity method with consolidation）来核算具有控制权的长期股权投资。拥有这种证券的投资者需编制合并财务报表（consolidated financial statements）。我们把掌握着控制权的投资者称作母公司（parent），把其投资对象称作子公司（subsidiary）。许多公司是拥有子公司的母公司，例如：(1) 麦格劳-希尔公司（McGraw-Hill）是《商业周刊》（*Business Week*）、标准普尔（Standard & Poor's）以及 Compustat 公司的母公司；(2) Gap, Inc. 是 Gap 公司、Old Navy 公司和 Banana

Public公司的母公司；（3）Brunswick公司是Mercury Marine公司、Sea Ray公司和U. S. Marine公司的母公司。持有子公司所有流通股的母公司如果愿意的话，可以接管子公司资产，注销其股票，将子公司合并到母公司。然而，企业作为一个控制一家或多家子公司的母公司运营时存在财务、法律及税收优势。当公司作为拥有多家子公司的母公司运营时，每个实体保持单独的会计记录。从法律的角度来看，母公司和各个子公司都是拥有各自权利、义务及责任的独立实体。

合并财务报表反映了在母公司控制下包括所有子公司在内的全部实体的财务状况、经营成果和现金流量。我们要把母公司和所有子公司当成一个整体来编制这些报表。母公司采用权益法做账，但投资账户不在母公司财务报表中报告。我们要把母公司及其子公司各自的资产和负债都合并到一张资产负债表上，把它们各自的收入和费用合并到一张利润表上，把它们各自的现金流量都合并到一张现金流量表上。如何编制合并财务报表，将在高级课程中介绍。

□ 证券投资会计核算方法小结

图表13.8总结了证券投资的各种会计核算方法。让我们来回顾一下：根据管理层对证券的投资意图和转换能力将证券投资划分为短期投资和长期投资。了解这些投资的会计核算方法可以帮助我们更好地利用财务报表制定业务决策。

图表13.8 证券投资的会计核算

证券投资类型	会计核算方法
短期投资	
持有至到期投资	以成本入账（无任何折价或溢价摊销）
交易性金融资产	以市价入账（收益的市场调整）
可供出售金融资产	以市价入账（权益的市场调整）
长期投资	
持有至到期投资	以成本入账（存在折价或溢价摊销）
可供出售金融资产	以市价入账（收益的市场调整）
具有重大影响的长期股权投资	权益法
具有控制权的长期股权投资	权益法（合并财务报表）

综合收益

综合收益（comprehensive income）是指在会计期间除所有人投资和所有人派得以外的全部所有者权益变动。也就是说，综合收益包括：（1）在净收益中报告的收入、收益、费用以及损失；（2）不属于净收益但影响所有者权益的收益和损失。例如，可供出售金融资产的未实现收益和损失就是不属于净收益但影响所有者权益的收益和损失。这些项目构成了其他综合收益（other comprehensive income），我们通常把它们作为股东权益表的一部分进行报告。（另外，还可以把它们作为另一张单独的利润表进行报告，或者是作为综合收益合并利润表进行报告。这两种做法不如第一种做法常用。关于这两种处理方法，将在高级课程中介绍。）通常，我们只要在分栏式股东权益表中增设一栏——其他综合收益就可以了（详细的做法见高级课程）。美国财务会计准则委员会（FASB）鼓励但不强制要求企业将其他综合收益项目集中在一起统一列在资产负债表权益部分下面的累积其他综合收益（accumulated other comprehensive income）项下，该累积其他综合收益项目中包含了可供出售金融资产的未实现收益和损失。为了讲解方便，在资产负债表的权益部分，我们没有使用这一统称，但仍保留了实际账户名称。

快速测试

5. 试举出至少两种长期投资的例子。
6. 什么样的权益证券投资才能算作长期投资？
7. 试比较持有至到期长期债权证券和可供出售长期债权证券在会计核算方法上的异同。
8. 长期股权投资可分为哪三类？试描述各类的标准及核算方法。

实例分析 1

Garden 公司在 2008 年完成了下列与短期投资有关的交易。

5 月 8 日　以每股＄40 的价格购入了 300 股联邦快递公司（FedEx）的股票作为可供出售金融资产短期投资，并支付了＄975 的佣金。

9 月 2 日　售出了 100 股自己所持有的联邦快递公司的股票，每股售价为＄47，并支付了＄225 的佣金，继续持有其余 200 股联邦快递公司的股票。

10 月 2 日　以每股＄60 的价格购入了 400 股 Ajay 公司的股票作为可供出售金融资产短期投资，并支付了＄1 600 的佣金。

要求：

1. 编制 2008 年 Garden 公司上述各笔交易的日记账分录。

2. 假设 2008 年 12 月 31 日，Garden 公司持有的联邦快递公司的股票市价为每股＄48，Ajay 公司的股票市价为每股＄55，试编制 2008 年 12 月 31 日的调整分录。（2008 年为 Garden 公司取得短期投资的第一年。）

实例分析 1 答案：

1.

		借方	贷方
5 月 8 日	借：短期投资——可供出售金融资产（联邦快递公司）	12 975	
	贷：现金		12 975
	（购入联邦快递公司 300 股股票（300×＄40)＋＄975）		
9 月 2 日	借：现金	4 475	
	贷：短期投资销售收益		150
	短期投资——可供出售金融资产（联邦快递公司）		4 325
	（以每股＄47 的价格出售 100 股联邦快递公司股票，并支付＄225 佣金。原始成本为＄12 975×100/300。）		
10 月 2 日	借：短期投资——可供出售金融资产（Ajay 公司）	25 600	
	贷：现金		25 600
	（以每股＄60 的价格购入 400 股 Ajay 公司股票并支付＄1 600 佣金）		

2. 未实现收益或损失的计算：

短期可供出售金融资产	股票数量	每股成本	总成本	每股市价	总市价	未实现收益（损失）
联邦快递公司	200	$43.25	$8 650	$48.00	$9 600	
Ajay公司	400	64.00	25 600	55.00	22 000	
合计			$34 250		$31 600	$(2 650)

调整分录：

12月31日	借：未实现损失——权益	2 650	
	贷：市场调整——可供出售金融资产（短期投资）		2 650
	（反映可供出售金融资产市价的未实现损失）		

实例分析2

下面是布朗公司（Brown Company）2008年和2009年进行的与长期股权投资有关的交易。布朗公司2008年以前没有进行任何长期投资。试编制：(1) 以下各笔交易的日记账分录，(2) 2008年和2009年资产负债表和利润表反映这些交易的相关部分。

2008年

9月9日　花8万美元现金购入了1 000股Packard公司的普通股。这些股份占Packard公司流通股的30%。

10月2日　花6万美元现金购入了2 000股美国电话电报公司（AT&T）的普通股。这些股份在美国电话电报公司股份总额中所占的份额不到1%。

10月17日　花4万美元购入了1 000股苹果电脑公司的普通股作为长期投资，这些股份在苹果电脑公司流通股总额中所占的比重不到1%。

11月1日　收到了Packard公司支付的$5 000现金股利。

11月30日　收到了美国电话电报公司支付的$3 000现金股利。

12月15日　收到了苹果电脑公司支付的$1 400现金股利。

12月31日　Packard公司本年度净收益为7万美元。

12月31日　公司持有的权益证券投资的市价为：Packard公司股票的市价为8.4万美元；美国电话电报公司股票的市价4.8万美元；苹果电脑公司股票的市价4.5万美元。

12月31日　为编制财务报表，注意下列结账后账户余额：普通股账户余额为50万美元，留存收益账户余额为35万美元。

2009年

1月1日　以10.8万美元的价格售出了Packard公司的股票。

5月30日　收到了美国电话电报公司支付的$3 100现金股利。

6月15日　收到了苹果电脑公司支付的$1 600现金股利。

8月17日 以5.2万美元的价格售出了美国电话电报公司的股票。

8月19日 花5万美元购入了2 000股可口可乐公司的普通股作为长期投资。这些股份在可口可乐公司股份总额中所占的份额不到5%。

12月15日 收到了苹果电脑公司支付的$1 800现金股利。

12月31日 公司持有的权益证券投资的市价为：苹果公司股票市价为3.9万美元；可口可乐股票市价为4.8万美元。

12月31日 为编制财务报表，注意下列结账后账户余额：普通股账户余额为50万美元，留存收益账户余额为41万美元。

解题步骤：

- 用权益法核算对Packard公司的投资。
- 核算作为可供出售金融资产的对美国电话电报公司、苹果电脑公司及可口可乐公司的投资。
- 编制两个年度资产负债表，恰当地列示资产和权益价值。

实例分析2答案：

1a. 2008年布朗公司各项交易的分录如下：

日期	分录	借方	贷方
9月9日	借：长期投资——Packard公司	80 000	
	贷：现金		80 000
	（取得1 000股Packard公司股票，占Packard公司流通股的30%）		
10月2日	借：长期投资——可供出售金融资产（美国电话电报公司）	60 000	
	贷：现金		60 000
	（购入2 000股美国电话电报公司股票作为可供出售金融资产长期投资）		
10月17日	借：长期投资——可供出售金融资产（苹果电脑公司）	40 000	
	贷：现金		40 000
	（购入1 000股苹果电脑公司股票作为可供出售金融资产长期投资）		
11月1日	借：现金	5 000	
	贷：长期投资——Packard公司		5 000
	（收到Packard公司支付的股利）		
11月30日	借：现金	3 000	
	贷：股利收入		3 000
	（收到美国电话电报公司支付的股利）		
12月15日	借：现金	1 400	
	贷：股利收入		1 400
	（收到苹果电脑公司支付的股利）		
12月31日	借：长期投资——Packard公司	21 000	
	贷：投资收益（Packard公司）		21 000
	（记录公司应该享有的30%的Packard公司7万美元年收益）		

12 月 31 日　借：未实现损失——权益　7 000

贷：市场调整——可供出售金融资产（长期投资）*　7 000

（记录长期可供出售金融资产的市价变化）

*市场调整额计算过程如下：

	成本	市价	未实现收益（损失）
AT&T	$60 000	$48 000	$(12 000)
Apple	40 000	45 000	5 000
合计	$100 000	$93 000	$(7 000)

所要求的市场调整——可供出售金融资产（长期）账户余额（贷方）	$(7 000)
当前余额	0
需要调整（贷方）	$(7 000)

2a. 2008 年 12 月 31 日，部分资产负债表项目如下所示：

资产	
长期投资	
可供出售金融资产（市价：成本为＄100 000）	＄93 000
长期股权投资	96 000
长期投资合计	189 000
所有者权益	
普通股	500 000
留存收益	350 000
未实现损失——权益	(7 000)

2008 年（截止日期为 2008 年 12 月 31 日）利润表相关项目如下：

股利收入	＄4 400
投资收益	21 000

1b. 2009 年布朗公司各项交易的分录如下：

1 月 1 日　借：现金　108 000

贷：长期投资——Packard 公司　96 000

长期投资销售收益　12 000

（出售 1 000 股 Packard 公司股票获得现金）

5 月 30 日　借：现金　3 100

贷：股利收入　3 100

（收到美国电话电报公司支付的股利）

6 月 15 日　借：现金　1 600

贷：股利收入　1 600

（收到苹果电脑公司支付的股利）

8 月 17 日　借：现金　52 000

投资收益　8 000

贷：长期投资——可供出售金融资产（美国电话电报公司）　60 000

（出售 2 000 股美国电话电报公司股票获得现金）

8月19日	借：长期投资——可供出售金融资产（可口可乐公司）	50 000	
	贷：现金		50 000
	（购入2 000股可口可乐公司股票作为可供出售金融资产长期投资）		
12月15日	借：现金	1 800	
	贷：股利收入		1 800
	（收到苹果电脑公司支付的股利）		
12月31日	借：市场调整——可供出售金融资产（长期投资）*	4 000	
	贷：未实现损失——权益		4 000
	（记录长期可供出售金融资产的市价变化）		

* 市场调整额计算过程如下：

	成本	市价	未实现收益（损失）
AT&T	$40 000	$39 000	$(1 000)
Apple	50 000	48 000	2 000
合计	$90 000	$87 000	$(3 000)

所要求的市场调整——可供出售金融资产（长期）账户余额（贷方）	$(3 000)
当前余额	(7 000)
需要调整（贷方）	$(4 000)

2b. 2009年12月31日，资产负债表项目显示如下：

资产	
长期投资	
可供出售金融资产（市价；成本为$90 000）	$87 000
所有者权益	
普通股	500 000
留存收益	410 000
未实现损失——权益	(3 000)

2009年（截止日期为2009年12月31日）利润表相关项目如下：

股利收入	$6 500
长期投资销售收益	12 000
长期投资销售损失	(8 000)

小 结

C1 区分债权证券与股权证券，短期投资与长期投资。债权证券反映的是借贷关系，包括票据、债券及存单。股权证券反映的是所有权关系，包括其他公司发行的股票。短期投资是满足以下两个标准的流动资产：(1) 它们预期在一年或超过一年的一个营业周期内转换成现金；(2) 它们容易转换成现金，或可在市场上买卖。除此以外的所有其他证券投资都属于长期投资。长期投资还包括不用于企业经营的资产以及那些为特殊目的而持有的资产，例如扩建用土地。

C2 识别和描述不同类型的证券投资。证券投资分为五类：(1) 交易性金融资产，一般是短期的；(2) 持有至到期投资；(3) 可供出售金融资产；(4) 投资者对投资对象具有重大影响的长期股权投资；(5) 投资者对投资对象具有控制权的长期股权投资。

C3 介绍如何报告具有控制权的长期股权投资。 如果投资者拥有另一公司50%以上有投票权的股票，那么投资者就对这家公司享有控制权。在这种情况下，投资者需要编制合并财务报表。编制合并财务报表时，投资者要把投资对象和自己看成是一个业务整体。

P1 介绍交易性金融资产的会计处理。 投资最初以成本入账，任何来自投资的股利或利息都要记入利润表。交易性金融资产投资应以市价报告。交易性金融资产的未实现收益和损失应列报在利润表中。当出售交易性金融资产时，出售净价款和证券成本之间的差异应确认为收益或损失。

P2 介绍持有至到期投资的会计处理。 持有至到期投资在购入时以成本入账。利息收入应于赚得时确认。长期持有至到期投资的成本需要进行调整，以摊销掉成本与到期价之间的差额。

P3 介绍可供出售金融资产的会计处理。 债权和权益性可供出售金融资产在购入时以成本入账。可供出售金融资产在资产负债表中以市价列报，其未实现收益或损失也要列报在资产负债表的权益部分。出售可供出售金融资产产生的收益或损失应在利润表中报告。

P4 介绍具有重大影响的长期股权投资的会计处理。 当投资者对投资对象具有重大影响时，我们要采用权益法来核算具有重大影响的长期股权投资。当投资者拥有投资对象20%或20%以上（50%以下）的有投票权的股票时，投资者就有权对投资对象施加重大影响。权益法意味着投资者需要通过借记投资账户、贷记收入账户来记录自己应享有的投资对象的盈利。收到的股利将冲减投资账户余额。

角色扮演及职业道德参考答案

资金管理人 如果你在利率下跌的时候持有固定利率债券和票据投资，那么你持有的投资的价值便会增加。这是因为在市场要求新的较低的利率时，你持有的债券和票据继续支付原有（较高）的利率。你的策略是继续持有这些债券和票据投资，如果可能的话，还可以再多买些固定利率债券和票据来增加自己的持有量。

快速测试参考答案

1. 短期持有至到期投资以成本列报。
2. 交易性金融资产以市价列报。
3. 资产负债表的权益部分（并列在综合收益项下）。
4. 利润表。
5. 长期投资包括：(1) 指定特别用途的长期资金，(2) 不符合流动资产标准的债权和权益证券，(3) 不在正常业务经营中使用的长期资产。
6. 如果权益性投资无法在市场上进行交易，或者虽然可以在市场上进行交易，但企业持有这些投资的目的并不是将其作为当前业务经营的现金来源，那么我们就把该权益性投资归为长期投资。

7. 持有至到斯投资和可供出售金融资产都是以成本入账。另外，两者的利息都要在赚得时确认。但是，只有长期持有至到期投资需要将成本与到期价之间的差额进行摊销。此外，只有可供出售金融资产需要进行期末调整，以调整至市价。

8. 长期股权投资可分为以下三类，并应按如下方法进行会计核算：(a) 可供出售金融资产（不具有影响力，投资者拥有投资对象 20% 以下的有投票权的股票）——市价；(b) 具有重大影响的长期股权投资（投资者拥有投资对象 20% 或 20% 以上、50% 以下的有投票权的股票）——权益法；(c) 具有控制权的长期股权投资（投资者拥有投资对象 50% 或 50% 以上的有投票权的股票）——权益法并合并报表。

关键术语

Available-for-sale (AFS) securities 可供出售金融资产

Comprehensive income 综合收益

Consolidated financial statements 合并财务报表

Equity methal 权益法

Equity securites with controlling influence 具有控制权的长期股权投资

Euqity securities with significant influence 具有重大影响的长期股权投资

Held-to-maturity (HTM) securities 持有至到期投资

Long-term investments 长期投资

Parent 母公司

Short-term investements 短期投资

Subsidiary 子公司

Trading securities 交易性金融资产

Unrealized gain (loss) 未实现收益（或损失）

选择题

1. 假设 5 月 1 日某公司出于投资目的购买了面值为 3 万美元、票面利率为 5% 的债券，并且债券的付息日为每年的 2 月 1 日和 8 月 1 日。试问 12 月 31 日（公司会计期期末）应计利息收入是多少？______

a. ＄1 500　　b. ＄1 375

c. ＄1 000　　d. ＄625

e. ＄300

2. 本期期初，Amadeus 公司花 8.3 万美元购买了 Bach 公司的股票作为公司唯一一项可供出售金融资产。期末时，这些股票的市价为 8.45 万美元，试问期末 Amadeus 公司应如何编制分录？______

a. 贷记未实现收益——权益＄1 500

b. 借记未实现损失——权益＄1 500

c. 借记投资收益＄1 500

d. 贷记市场调整——可供出售金融资产＄3 500

e. 贷记现金＄1 500

3. Mozart 公司持有 Melody 公司 35% 的股份。本期，Melody 公司为股东发放了 5 万美元的现金股利。试问 Mozart 公司应如何编制分录记录 Melody 公司支付的股利？______

a. 贷记投资收益 5 万美元

b. 贷记长期投资＄17 500

c. 贷记现金＄17 500

d. 借记长期投资＄17 500

e. 借记现金 5 万美元

讨论题

1. 在哪两种情况下投资可以归为流动资产？

2. 在资产负债表中，交易性金融资产的价值如何列示？

3. 如果短期可供出售金融资产的成本为＄6 780，售价为＄7 500，那么这两者之间的差额将如何记录？

4. 分别介绍三类不具有影响力的证券投资和两类具有影响力的证券投资。

5. 什么情况下应该把投资作为流动资产？什么情况下应作为长期资产？

6. 如果本期公司购买了一项它唯一的可供出售金融资产作为长期投资，在资产负债表日该证券的市价低于其资产负债表上所列示的成本，那么应该编制什么分录来确认这一未实现损失？

7. 在资产负债表上，被归为可供出售金融资产的债券需要列示什么价值？

8. 在什么情况下长期债权投资要以成本报告？什么情况下要不断调整摊销长期债权投资的成本和到期值之间的差额？

9. 对于可供出售金融资产，如何记录其未实现（持有）收益或损失？

10. 在对长期股权投资进行会计处理时，什么时候应该使用权益法？

11. 什么情况下企业需要编制合并财务报表？

快速学习

QS13-1　4 月 18 日，Rollo 公司购买了 TXT 公司的 600 股普通股作为短期投资。每股价格为＄84，佣金为＄500。该投资旨在积极经营管理这些股票以获取利润。5 月 30 日，Rollo 公司收到了 TXT 公司支付的每股＄0.75 的股利。编制记录 4 月 18 日和 5 月 30 日所发生的这些交易的日记账分录。

QS13-2　2009 年 11 月 25 日，Malox 公司花＄100 000 购买了一项可供出售金融资产作为短期投资。2009 年 12 月 31 日，这些证券的市价为＄94 000。这是该公司第一次也是唯一一次短期证券投资。

1. 编制 2009 年 12 月 31 日这些证券组合的年底调整分录。

2. 对于上题中的每一个账户，请说明它们在财务报表上是如何列示的？

3. 2010 年 4 月 6 日，当 Malox 以＄27 000 卖掉这些证券的 1/4 时，应该如何记录这笔交易？

QS13-3　编制 Vikon 公司的日记账分录，以反映本年发生的下列交易。

5 月 7 日　以每股＄100 的价格购买了 200 股 Felton 公司的股票作为可供出售金融资产的短期投资，佣金为＄400。

6 月 6 日　以每股＄112 的价格卖出了 Felton 公司的 200 股股票。本次出售的佣金为＄250。

QS13-4　本年度 Texar 公司发生了如下交易。

5 月 9 日　以每股＄30 的价格购买了 Crayton 公司的 400 股股票作为可供出售金融资产的短期投资，佣金为＄200。

6 月 2 日　以每股＄32 的价格卖出 200 股 Crayton 公司的股票。本次出售的佣金为＄120。

12 月 31 日　Crayton 公司股票的市场收盘价为每股＄28。

编制 5 月 9 日和 6 月 2 日的日记账分录和 12 月 31 日的调整分录。这是公司第一次也是唯一一次购买此类证券。

QS13-5　下列有关长期投资的表述，哪些说法是正确的？

a. 可在本期经营中转换为现金的一种投资。

b. 它们包括被指定特殊用途的基金，如债券偿债基金。

c. 它们包括交易性金融资产。

d. 它们包括持有至到期投资。

e. 它们总是很容易出售，因此有公开市场报价。

f. 它们包括可供出售金融资产。

g. 它们包括那些不是用来作为现金来源的债券和股票。

QS13-6 将下列空白处补充完整。

1. 具有重大影响的长期股权投资，应当采用______ ______核算。

2. 交易性金融资产被归类为______资产。

3. 作为长期投资所持有的基金产生的应计利息应贷记______ ______。

4. 具有控制权（超过50%）的投资者称为______，被投资公司称为______。

5. 可供出售金融资产在资产负债表上以______ ______列示。

QS13-7 2009年2月1日，Garzon公司花＄80 000购买了Integal公用事业公司平价发行的6%的债券。这些债券每半年支付一次利息，付息日为每年的7月31日和1月31日。编制记录2009年7月31日Garzon公司收到利息和12月31日年底应计利息的日记账分录。

QS13-8 2009年5月20日，Chiu公司花＄1 500 000购买了BBE公司的25 000股普通股作为长期投资。这些股份在BBE公司股份总额中所占的份额为10%。2010年8月5日，以＄937 500卖出了一半的股份。试问应该用什么估计方法来处理这笔股票投资交易？编制记录这些股票取得和售出的日记账分录。

QS13-9 假设上题中除了该公司所占BBE公司的流通股的份额变为40%外，其他信息相同。假设2009年11月1日，BBE公司支付了＄150 000的股利，并且其2009年的净收益为＄1 050 000。编制会计分录，以记录：(a) 收到股利，(b) 2009年12月31日投资账户所需做的必要的年底调整。

QS13-10 本年度，Marketplace Consulting Group以＄85 000的价格购买了一项长期可供出售金融资产。会计期末，12月31日这些证券的市价为＄62 000。这是该公司第一次也是唯一一次购买此类证券。

1. 编制与这些证券相关的必要的年底调整分录。

2. 试说明上题中的每一账户在财务报表上是如何列示的。

练习题

Exercise13-1 编制日记账分录，以记录Bolton公司2009年所发生的所有与短期证券投资相关的下列业务。

a. 2月15日，花＄170 000购买了ACC公司发行的90天期短期债权证券，该债权证券的本金为＄170 000，出具日期为2月15日，利率为8%。(被归为持有至到期投资。)

b. 3月22日，以每股＄21的价格购买了Ross公司的股票850股，并支付佣金＄100。这些股票被归为交易性金融资产。

c. 5月16日，收到了ACC公司支付本金的支票，以及业务a中购买的债权证券的90天期所产生的利息。

d. 8月1日，花＄70 000购买了Nita公司11%的债权证券，该债权证券的本金为＄70 000，出具日期为2009年7月30日，到期日为2010年1月30日。(被归为可供出售金融资产。)

e. 9月1日，收到业务b中所购买的Ross公司的股票发放的每股＄1.10的现金股利。

f. 10月8日，以每股＄31的价格卖出了所持有的Ross公司的股票425股，支付佣金＄150。

g. 10月30日，收到业务d中所购买的Nita公司的债权证券所产生的90天的利息费用的支票。

Exercise13-2 2009年12月27日，Borchert公司花＄76 000购买了多种交易性金融资产。(这是公司第一次也是唯一一次购买此类证券。)2009年12月31日，这些证券的市价为＄85 000。

1. 编制2009年12月31日，交易性金融资产组合的年底调整分录。

2. 请说明上题分录中所涉及的每一账户在财务报表中是如何列示的。

3. 编制 2010 年 1 月 3 日，当 Borchert 公司以 $40 250 卖出一部分这些交易性金融资产（初始成本为 $38 000）时的分录。

Exercise13-3　2009 年 12 月 31 日，Tagert 公司持有的作为短期投资的可供出售金融资产的组合如下。Tagert 公司之前没有类似的短期投资。编制 2009 年 12 月 31 日以市价列示这些投资时的调整分录。

	成本	市价
Verrizano 公司的应付债券	$81 400	$92 000
Porter 公司的应付票据	54 900	47 928
Laverne 公司的普通股股票	100 500	96 480

Exercise13-4　编制日记账分录，以记录所有发生在 2009 年的 Corveau 公司的与短期投资和长期投资有关的下列交易。对任一你认为是短期投资的交易的记录使用短期投资账户。

a. 2 月 15 日，花 $100 000 购买了 Anthem 公司的 90 天期的短期票据，出具面值为 $100 000，出具日期为 2 月 15 日，利率为 6%。（被归为持有至到期投资。）

b. 3 月 22 日，以每股 $43 的价格购买了 600 股 Frain Industries 公司的普通股股票，支付佣金 $140。（被归为可供出售金融资产长期投资。）

c. 5 月 15 日，收到了 Anthem 公司支付的本金支票，以及业务 a 中所购买的票据所产生的 90 天的利息。

d. 7 月 30 日，花 $30 000 购买了 5% 的 Moto 电子公司平价发行的票据，出具日期为 2009 年 7 月 30 日，到期日为 2010 年 1 月 30 日。（被归为交易性金融资产。）

e. 9 月 1 日，收到了业务 b 中 Frain Industries 公司发放的每股 $0.40 的现金股利。

f. 10 月 8 日，以每股 $49 的价格卖出了 300 股所持有的 Frain Industries 公司的普通股股票，本次交易的佣金为 $120。

g. 10 月 30 日，收到了一张支付业务 d 中所购买的 Moto 电子公司的票据所产生的 3 个月的利息的支票。

Exercise13-5　2009 年 12 月 31 日，Loren 公司持有的短期可供出售金融资产如下。

	成本	市价
Nintendo 公司的普通股股票	$64 500	$70 305
Unilever 公司的应付债券	25 800	23 994
Kellogg 公司的应付票据	46 440	43 654
McDonald 公司的普通股股票	87 075	82 721

Loren 公司以前从未进行过类似短期投资。编制 2009 年 12 月 31 日记录这些证券市场调整的调整分录。

Exercise13-6　Seaton 公司 2009 年的各项投资及其 2009 年 12 月 31 日的市价的信息如下。

a. 对 Beeman 公司债券的投资：成本为 $443 150，市价为 $481 704。Seaton 公司打算将这些债券一直持有至 2014 年其到期为止。

b. 对 Baybridge 公司的普通股股票的投资：29 500 股，成本为 $352 304，市价为 $382 954。Seaton 公司拥有 Baybridge 公司 32% 的投票权，并对 Baybridge 公司具有重大影响。

c. 对 Carroll 公司的普通股股票的投资：12 000 股，成本为 $181 692，市价为 $195 864。这些股份占 Carroll 公司流通股的 3%。Seaton 公司打算持有这些股份以获取股利收益。

d. 对 Newtech 公司的普通股股票的投资：3 500 股，成本为 $101 038，市价为 $99 320。Seaton 公司投资这些股票是为了在未来 3～5 年内这些股票大幅增值，以获取其价差收益。Newtech 公司拥有 30 000 股流通股。

e. 对 Flock 公司的普通股股票的投资：16 300 股，成本为 $110 788，市价为 $117 657。这些股票是随时可供出售的，并且其持有目的是为经营活动提供现金来源。

要求：

1. 请分别指出每一投资是短期投资还是长期投资。如果是长期投资，请指出它是长期投资的哪一类。

2. 编制 2009 年 12 月 31 日记录可供出售金融

资产长期投资的市价调整的日记账分录。Seaton公司在2009年之前从未进行过类似的长期投资。

Exercise13-7 编制记录Kareen公司下列事项和交易的日记账分录。

2009年

1月2日 花＄374 000现金购买了55 000股Altus公司的普通股股票，佣金为＄2 650。Altus公司拥有137 500股流通股，并且Kareen公司对其政策具有重大的影响。

9月1日 Altus宣告并发放了每股＄3.05的现金股利。

12月31日 Altus公司宣布其年净收益为＄1 106 900。

2010年

6月1日 Altus宣告并发放了每股＄3.30的现金股利。

12月31日 Altus公司宣布其年净收益为＄1 240 900。

12月31日 Kareen公司以＄294 250的价格卖出了11 000股Altus公司的普通股股票。

综合题

Problem13-1A 2009年开始运营的Protom公司将其闲余资金投在了交易性金融资产上。下面是其短期投资的交易性金融资产的交易事项。

2009年

1月20日 以每股＄26的价格购买了800股福特汽车公司的普通股股票，佣金为＄120。

2月9日 以每股＄39的价格购买了2 600股Lucent公司的普通股股票，佣金为＄578。

10月12日 以每股＄7.50的价格购买了800股Z-seven公司的普通股股票，佣金为＄200。

2010年

4月15日 以每股＄30的价格卖出了800股福特汽车公司的普通股股票，佣金为＄300。

7月5日 以每股＄11的价格卖出了800股Z-seven公司的普通股股票，佣金为＄103。

7月22日 以每股＄39的价格购买了2 000股Hunt公司的普通股股票，佣金为＄444。

8月19日 以每股＄19.50的价格购买了1 600股Donna Karan公司的普通股股票，佣金为＄290。

2011年

2月27日 以每股＄31的价格购买了3 500股HCA公司的普通股股票，佣金为＄420。

3月3日 以每股＄35的价格卖出了2 000股Hunt公司的普通股股票，佣金为＄250。

6月21日 以每股＄36.75的价格卖出了2 600股Lucent公司的普通股股票，佣金为＄420。

6月30日 以每股＄47.50的价格购买了1 300股Black&Decker公司的普通股股票，佣金为＄595。

11月1日 以每股＄19.50的价格卖出了1 600股Donna Karan公司的普通股股票，佣金为＄309。

要求：

1. 编制记录这些短期投资活动的日记账分录（忽略年底调整分录）。

2. 2011年12月31日，当HCA的股价为＄33和Black&Decker的股价为＄43.50时，编制记录对这些交易性金融资产组合所进行的必要的市场调整的调整分录。（假设市场调整——交易性金融资产账户的调整前余额为0。）

Problem13-2A Freema公司在2009年之前从未进行过短期投资。下面是其2009年所发生的与可供出售金融资产短期投资相关的交易。

4月16日 以每股＄29.75的价格购买了8 000股Gem公司的普通股股票，佣金为＄440。

5月1日 花＄125 000购买了90天期美国国库券（债权证券）：本金为＄125 000，利率为4%，证券的日期为5月1日。

7月7日 以每股＄47.75的价格购买了4 000股百事可乐（PepsiCo）公司的普通股股票，佣金为＄410。

20日 以每股＄19.75的价格购买了2 000股施乐（Xerox）公司的普通股股票，佣金为＄490。

8月3日　收到一张支付7月29日到期的美国国库券的本金和利息的支票。

15日　收到Gem公司发放的每股＄0.90的现金股利。

28日　以每股＄36.50的价格卖出了4 000股Gem公司的普通股股票，佣金为＄250。

10月1日　收到百事可乐公司发放的每股＄1.75的现金股利。

12月15日　收到Gem公司发放的其所持有的剩余股份的每股＄1.05的现金股利。

31日　收到百事可乐公司发放的每股＄1.30的现金股利。

要求：

1. 编制日记账分录以记录这些发生的交易和事项。

2. 编制一张表格，比较Freema公司的可供出售金融资产短期投资的期末成本和市价。期末每股市价为：Gem公司，＄32；百事可乐公司，＄45；施乐公司，＄16.75。

3. 编制必要的调整分录，以记录期末可供出售金融资产组合的市场调整。

分析：

4. 请说明Freema公司的短期投资的市场调整在资产负债表上是如何列示的。

5. 这些短期投资会如何影响Freema公司的2009年的利润表和2009年资产负债表的权益部分？

Problem13-3A　Elevant公司2008年12月31日的长期投资可供出售金融资产的组合构成如下：

可供出售金融资产	成本	市价
40 000股A公司的普通股股票	＄535 300	＄500 000
7 000股B公司的普通股股票	159 380	151 000
17 500股C公司的普通股股票	662 600	640 938

Elevant公司2009年记录的长期投资交易如下：

1月29日　以＄79 100的价格卖出了3 500股B公司的普通股股票，佣金为＄1 400。

4月17日　花＄197 500购买了9 900股W公司的普通股股票，佣金为＄2 300。这些股份占W公司所有权的30%。

7月6日　花＄118 125购买了4 200股X公司的普通股股票，佣金为＄1 650。这些股份占X公司所有权的10%。

8月22日　花＄375 000购买了5 000股Y公司的普通股股票，佣金为＄1 100。这些股份占Y公司所有权的51%。

11月13日　花＄261 596购买了8 300股Z公司的普通股股票，佣金为＄2 350。这些股份占Z公司所有权的5%。

12月9日　以＄515 000的价格卖出了40 000股A公司的普通股股票，佣金为＄4 000。

2009年12月31日这些投资的市价为：B公司，＄81 375；C公司，＄610 312；W公司，＄191 250；X公司，＄110 250；Y公司，＄531 250；Z公司，＄272 240。

要求：

1. 计算Elevant公司在其2009年12月31日的资产负债表上，所应列示的长期投资可供出售金融资产的金额是多少？

2. 编制2009年12月31日必要的调整分录，以记录长期投资可供出售金融资产的市场调整。

3. 在2009年12月31日Elevant公司的利润表上，所应列示的与长期投资可供出售金融资产相关的交易的收益或损失金额是多少？

Problem13-4A　从2009年1月4日开始运营的Selk Steel公司的有关长期投资的一系列交易和事项如下：

2009年

1月5日　Selk公司花＄1 567 000购买了50 000股Wulf公司的普通股股票。这些股票占Wulf公司股份的20%。

10月23日　Wulf公司宣告并发放了每股＄3.20的现金股利。

12月31日　Wulf公司2009年的净收益是＄1 164 000，其12月31日股票的市价为每股＄34。

2010年

10月15日　Wulf公司宣告并发放了每股＄2.50的现金股利。

12月31日　Wulf公司2010年的净收益是＄1 476 000，其12月31日股票的市价为每股＄36。

2011年

1月2日 Selk将其对Wulf公司的所有投资以$1 895 500卖出。

第一部分：

假设Selk以其拥有Wulf公司20%的股份对该公司具有重大影响。

要求：

1. 编制记录Selk公司的这些交易和事项的日记账分录。

2. 计算2011年1月1日Selk公司的投资账户所列示的其投资的Wulf公司的普通股股票的每股账面价值是多少。

3. 计算由Selk公司对Wulf公司的投资所造成的Selk公司自身权益从2009年1月5日到2011年1月2日的净增减变动情况。

第二部分：

假设尽管Selk持有Wulf公司20%的股份，但还不能对Wulf公司产生重大影响，并将其归类为可供出售金融资产投资。

要求：

1. 把Selk公司的后续交易和事项记入日记账，并编制2011年1月2日冲销有关市场调整的余额的会计分录。

2. 计算2011年1月1日Selk公司的投资账户所列示的其投资的Wulf公司的普通股股票的每股成本是多少。

3. 计算由Selk公司对Wulf公司的投资所造成的Selk公司自身权益从2009年1月5日到2011年1月2日的净增减变动情况。

第 14 章

股东权益的会计核算

- 股份公司
- 普通股
- 股利
- 优先股
- 库存股份
- 股东权益的报告

学习目标

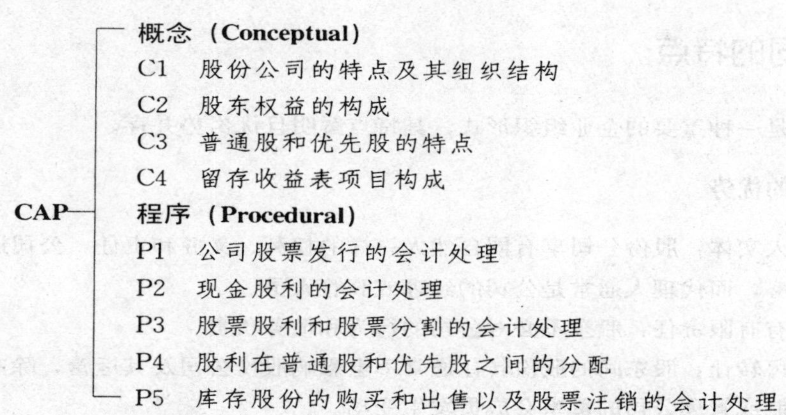

CAP

概念（Conceptual）

C1 股份公司的特点及其组织结构

C2 股东权益的构成

C3 普通股和优先股的特点

C4 留存收益表项目构成

程序（Procedural）

P1 公司股票发行的会计处理

P2 现金股利的会计处理

P3 股票股利和股票分割的会计处理

P4 股利在普通股和优先股之间的分配

P5 库存股份的购买和出售以及股票注销的会计处理

本章预览

本章中，我们将重点介绍股权交易。首先，将介绍股份公司这种组织形式的基础知识以及普通股和优先股的会计处理。接下来，介绍现金股利、股票股利、股票分割和库存股份等特殊交易事项。最后，我们将介绍留存收益的会计处理，包括以前年度损益调整、留存收益用途限制及其报告原则。

股东权益的会计核算

- **股份公司**
  - 特点
  - 组建和管理
  - 股东
  - 股本
- **普通股**
  - 有面值股票
  - 无面值股票
  - 设定价值股票
  - 用股票换取非现金资产
- **股利**
  - 现金股利
  - 股票股利
  - 股票分割
- **优先股**
  - 优先股的发行
  - 股利分配优先权
  - 可转换优先股
  - 可赎回优先股
- **库存股份**
  - 库存股份的购入
  - 库存股份的重新发行
  - 股票注销
- **股东权益的报告**
  - 留存收益表
  - 股东权益表
  - 股票期权

股份公司

股份公司（corporation）是依法成立的独立于其所有人之外的法人实体，享有类似于自然人的大多数权利。通常将股份公司的所有人称为股东（stockholders or shareholders）。股份公司可分为两种：私人持股公司和上市公司。私人持股公司（privately held or closely held corporation）不面向公众出售其股票，因此公司通常只有少数几个股东；上市公司（publicly held corporation）则面向社会大众出售其股票，因此公司可能拥有成千上万的股东。公开发售（public sale）是指股票在有组织的股票市场上的发行和交易。

□ 股份公司的特点

股份公司是一种重要的企业组织形式，其特点鲜明且优劣势并存。

股份公司的优势

● 独立法人实体：股份公司享有同自然人一样的权利、义务和责任，公司通过其代理人开展业务，而代理人通常是公司的经理或高管人员。

● 股东负有有限责任：股东不必对公司的行为和债务负责。

● 所有权可转让：股东间的股份转让通常不会影响股份公司及其运营，除非股份转让能导致控制或管理公司的董事会成员发生变动。

● 持续经营：公司可以无限期地持续经营下去，因为所有人的寿命不会影响公司的运营。

● 公司与股东之间不存在互为代理的关系：公司事务由经理和高管人员负责打理，经理或高管以外的股东无权代公司签约，即公司与股东之间不存在互为代理的关系（lack of mutual agency）。

● 易于积累资本：购买股票对投资者具有吸引力，因为：(1) 股东不必对公司的行为和债务负责，(2) 股票通常很容易转让，(3) 公司可持续经营，(4) 股东不是公司代理人。这些有利因素使股份公司从股东的组合投资中筹集到了大量资本。

股份公司的劣势

● 政府管制：股份公司必须遵守所在州的公司法，受其监管和控制。独资企业与合伙企业则无须受到这么多的政府管制。

● 公司税收：除了要缴纳财产税和薪酬税，股份公司还要缴纳独资企业、合伙制企业无须缴纳的税捐。其中最主要的是联邦所得税和州所得税，两者合计能达到公司税前收入的40%甚至更多。此外在发放现金股利时，作为股东个人收入的公司所得还要被再次征税，我们把这种做法称为双重征税（double taxation）。（通常的股利税率为15%，但对于低收入者，政府会以低于15%的税率对其征收股利税，在某些情况下，甚至可以免税。）

□ 股份公司的组建和管理

下面将介绍股份公司的组建、组建成本及其管理。

公司的组建

要想组建股份公司，必须从州政府取得执照，通常由公司未来的股东，也叫做创办者（incorporators）或发起人（promoters）提出申请，并在州政府备案。在完成申请程序并付清相关费用后，即可取得执照，公司即宣告成立。接下来，投资者需要认购股票，召开大会并选出董事会成员，让他们来监管公司事务。

开办费

开办费（organization expenses），也叫组建成本（organization costs），是指为设立一家股份公司而发生的成本，包括法律费用、发起人费用以及取得执照的费用。公司会把这些成本借记到一个名为开办费的费用类账户，并且要在这些成本发生时将其确认为费用，这是因为我们很难确定这些费用什么时候会给公司带来收益，以及它们未来能给公司带来多少收益。

股份公司的管理

股份公司的最终控制权属于公司股东，他们通过成立董事会（board of directors）或仅仅选举出董事（directors）的方式来实现其控制权。通常，股东手里每握有一张股票就可以行使一份表决权。图表 14.1 给出了股份公司的控制关系。公司董事享有公司的最高管理权，负责管理公司的经营活动。董事会必须作为一个整体来制定决策，并且董事会通常只负责制定公司的总体政策。

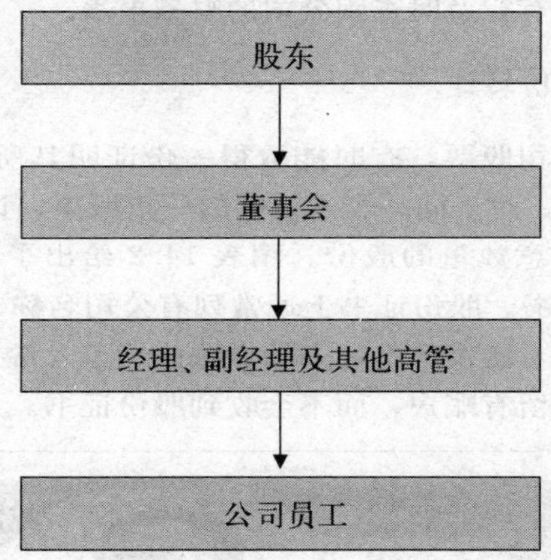

图表 14.1　股份公司的组织结构

按照法律规定，股份公司每年至少要举行一次股东大会来选举董事和处理各项事务。拥有或控制公司 50%以上表决权股票的股东将选出董事会来控制公司。不参加股东大会的股东可以通过签订授权委托书（proxy），委托指定的代理人代为行使其表决权。

董事会任命的高管负责公司日常经营活动的管理。公司的首席执行官（chief executive officer，CEO）通常是公司的总裁，总裁下面还设有几位副总裁，副总裁一般负责财务、生产、营销等具体管理工作，他们要对总裁负责。有时，董事长和首席执行官会由同一个人担任，这时总裁通常会被任命为首席运营官（chief operating officer，COO）。

□ 股份公司的股东

下面将介绍股东权利，股票的认购和销售以及股票登记代理和过户代理的作用。

股东权利

投资者在购入股票时便取得了公司章程中赋予股东的所有特定权利以及公司成立所在州的立法中赋予股东的一般权利。如果公司只发行一种股票，那么我们就把这种股票称为普通股（common stock）。尽管各州的法律规定有所不同，但普通股股东通常都享有下列一般权利：

1. 参加股东大会并行使其表决权。
2. 出售或以其他方式处置自己所持有的股票。
3. 按持股比例优先认购公司后来发行的普通股股票。这种优先认股权（preemptive right）保证了股东享有公司权益的比例。例如，假设某股东持有一家公司25%的普通股，在该公司发行新股时，该股东享有优先认购该公司25%的新发股票的权利。
4. 按出资比例分取普通股股利（如果有的话）。
5. 公司清算时，按持股比例分配公司清偿完债务后的剩余资产。

另外，股东还有权及时查阅公司的财务报表。

股份证书和股份转让

投资者购买公司股票，有时能取得一份证明其所享有的所有权份额的股份证书（stock certificate）。对于同一个人认购的一批股票，许多公司只开一张股份证书，这张证书可能代表任意数量的股份。图表14.2给出了一张绿湾包装公司（Green Bay Packer）的股份证书。股份证书上通常列有公司名称、股东姓名、股份数额和其他一些重要信息。现在，签发股份证书的做法已经不太常见了。股东一般只在认股公司或股票经纪公司那里留有账户，而不会收到股份证书。

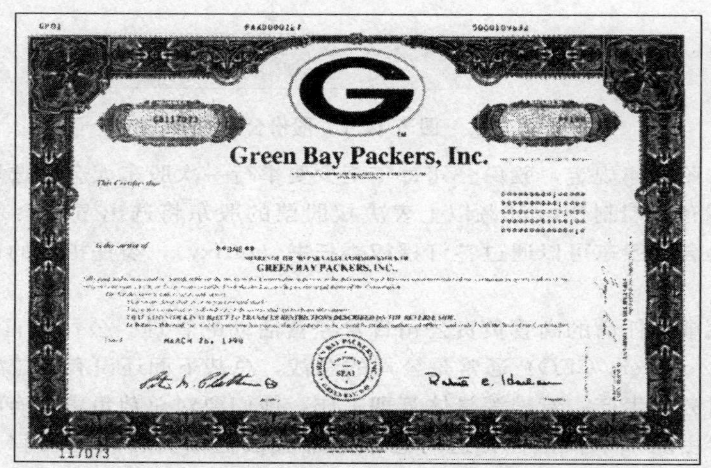

图表 14.2 股份证书

股票登记代理和过户代理

如果公司股票在证券交易所进行交易，那么公司就必须有股票登记代理和过户代理。股票登记代理（registrar agent）负责记录股东信息，并在召开股东大会和发放股利时编制正式的股东名单。股票过户代理（transfer agent）则负责处理股票的认购和出售，并在必要时签发股份证书。股票登记代理和过户代理通常是拥有计算机设备和专业员工的大银行或信托公司。

□ 股本

股本（capital stock）是指企业用于获得资本的全部股份的统称（权益融资）。下面我们将了解到有关股本的含义和会计处理。

核定股本

核定股本（authorized stock）是指公司章程中核准发行的股票数量。核定股本通常远大于公司实际发行（和发行在外）的股票数量。（发行在外的股票（outstanding stock）是指股东手中持有的已发行的股票。）对核定股本不需要编制正式的会计分录。如果公司拟发股票数量大于其原核定股本，那么公司必须向州政府提出申请更改其公司章程。公司需在资产负债表的所有者权益项下或报表附注中披露其核定股本。例如，附录A中给出的百思买公司的资产负债表披露，2008年公司的核定股本为10亿股。

股票出售（发行）

公司可以通过直接或间接的方式发行股票。直接发行（sell directly）是指公司直接向潜在购买者推销出售其股票，私人持股公司大多采用这种方式。间接发行（sell indirectly）是指公司委托中介机构（投资银行）发行其股票。有些中介机构承销（underwrite）公司间接发行的股票，也就是说，它们首先购进公司的全部股票，并承担转销过程中的全部收益或损失。

股票市价

每股市价（market value per share）是指出售或购买股票的价格。公司预期的收益、股利、增长程度、竞争对手和经济因素都会影响股票市价。上市交易股票每天的市价可以在报纸（如《华尔街日报》）或网上取得。已发行股票的现行市价（例如投资者之间买卖股票的价格）不会影响股票发行公司的股东权益。

股票类型

如果所有核定股本都具有同样的权利和特征，那么我们就把这种股票称为普通股。有时，公司经批准可以发行多种股票，包括优先股和不同类型的普通股。如American Greetings公司就发行了两种普通股：一股一票的甲类股和一股十票的乙类股。

有面值股票

有面值股票（par value stock）是一种带有指定的票面价值（par value）的股票，每股的票面价值是由公司章程规定的。例如百思买公司普通股的面值为＄0.10。股票的票面价值一般设定为＄10，＄5，＄1，＄0.10或＄0.01，票面价格的设定没有限制。在许多州，股票的票面价值确定了公司的最低法定资本（minimum legal capital)。所谓最低法定资本是指股票购买者必须投入公司或未来有义务支付的最低资本额。比如说，某家公司发行了 1 000 股票面价值为＄10 的股票，那么该公司在这些州的最低法定资本额为 1 万美元。设定最低法定资本的目的是保护债权人的利益，这是因为债权人不能要求股东用个人财产偿还债务，他们的求偿权仅限于公司财产和最低法定资本。公司清算时，公司财产首先要用来清偿欠债权人的债务，剩余的资产才能分配给公司股东。

无面值股票

无面值股票（no-par value stock or no-par stock）是指在公司章程中没有指定票面价值的股票。它的好处在于无面值股票可以以任意价格发行，而不会遇到可能会发生最低法定资本不足的问题。

设定价值股票

设定价值股票（stated value stock）是指由公司董事会指定每股价值的无面值股票。在这种情况下，指定好的每股价值就成为每股的最低法定资本。

股东权益

我们把股份公司的所有者权益（即净资产值）称为股东权益（stockholders' equity or shareholders' equity）或公司资本（corporate capital）。如图表 14.3 所示，股东权益包括实缴股本和留存收益。实缴股本（paid-in capital）是指股东为取得普通股而向公司投入的现金和其他资产的总和。留存收益（retained earnings）是指公司累积的没有作为股利派发给其股东的净利润（或净损失）。

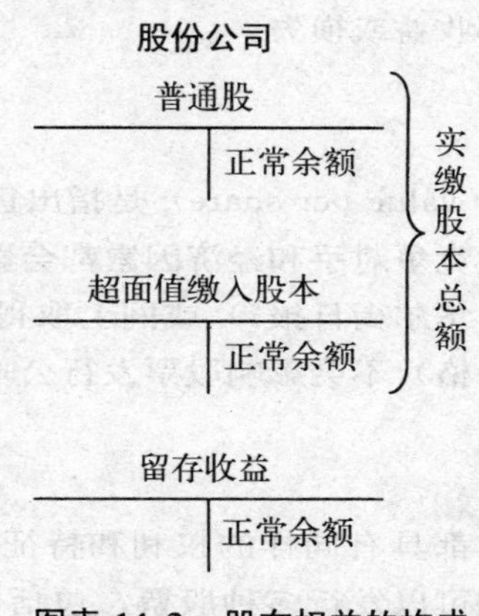

图表 14.3　股东权益的构成

快速测试

1. 下列哪一项不是股份公司的特点？(a) 易于积累资本，(b) 股东对公司债务负责，(c) 所有者权益容易转让，(d) 双重征税。
2. 为什么说股份公司的收入被征了两次税？
3. 什么是授权委托书？

普通股

发行普通股的会计处理只影响实缴股本账户，不会影响留存收益账户。

□ 发行有面值股票

有面值股票可以平价、溢价（高于面值）或折价（低于面值）发行，股票的发行可以换取现金或非现金资产。

平价发行有面值股票

当普通股以平价发行时，应以相同的金额借记相关的资产账户、贷记已发行有面值股票账户。让我们举个例子来看一看，假设 2009 年 6 月 5 日，Dillon Snowboard 公司通过发行 3 万股面值为＄10 的有面值股票取得了 30 万美元现金。为此，公司需要编制如下会计分录：

				资产＝负债＋所有者权益
6 月 5 日	借：现金	300 000		
	贷：普通股（面值为＄10）		300 000	＋300 000　　＋300 000
	（平价发行 3 万股面值为＄10 的普通股）			

假设 Dillon Snowboard 公司在 2009 年（即营业的第一年）赚得了 6.5 万美元的收益，并且 2009 年公司没有发放股利。那么，2009 年年底，公司的股东权益如图表 14.4 所示。

图表 14.4　　以平价发行的股票的股东权益

股东权益	
普通股——面值为＄10；核定发行股数为 5 万股；已发行在外的股票为 3 万股	＄300 000
留存收益	65 000
股东权益合计	＄365 000

溢价发行有面值股票

当公司以高于股票面值（或设定价值）的价格发行股票时，就会产生股票溢价(premium on stock)。还是让我们举个例子来看一看，假设 Dillon Snowboard 公司以＄12 的价格发行其面值为＄10 的有面值普通股，则每股溢价为＄2。我们把这个溢价称为超面值缴入股本 (paid-in capital in excess of par value)。我们要把它作为股东权益的一部分列入资产负债表，而不能将其作为收入列入利润表。假设 2009 年 6 月 5 日 Dillon Snowboard 公司以每股＄12 的价格发行了 3 万股面值为＄10 的有面值股票。为此，公司需要编制如下会计分录：

6月5日 借：现金	360 000		资产＝负债＋所有者权益	
贷：普通股（面值为＄10）		300 000	＋360 000	＋300 000
超面值缴入股本（普通股）		60 000		＋60 000
（以每股＄12的价格发行3万股面值为＄10的普通股）				

如图表14.5所示，在资产负债表股东权益项下的股票面值下面，需要增加一项——超面值缴入股本。

图表14.5 以溢价发行的股票的股东权益

股东权益	
普通股——面值为＄10；核定发行股数为5万股；已发行在外的股票为3万股	＄300 000
超面值缴入股本（普通股）	60 000
留存收益	65 000
股东权益合计	＄425 000

折价发行有面值股票

当公司以低于股票面值（或设定价值）的价格发行股票时，就会产生股票折价（discount on stock）。许多州不允许折价发行股票，而在允许折价发行股票的州，在某些情况下，股东可能要以其所享受的折价额为限对公司债务负责。当公司折价发行股票时，要把发行价格低于面值的金额借记普通股折价账户。该账户是普通股账户的抵减账户，其余额要从资产负债表股东权益项下的股票面值中予以扣除。股票折价不是费用，因此无须将其列入利润表。

□ 发行无面值股票

当公司发行没有设定价值的无面值股票时，应把公司收到的金额作为法定资本记入普通股账户。也就是说，要将所有的股票发行收入贷记无面值股票账户。还是让我们举个例子来看一看，假设某公司10月20日以每股＄40的价格发行了1 000股无面值股票。为此，该公司需编制如下会计分录：

10月20日 借：现金	40 000		资产＝负债＋所有者权益	
贷：普通股（无面值）		40 000	＋40 000	＋40 000
（以每股＄40的价格发行1 000股无面值普通股）				

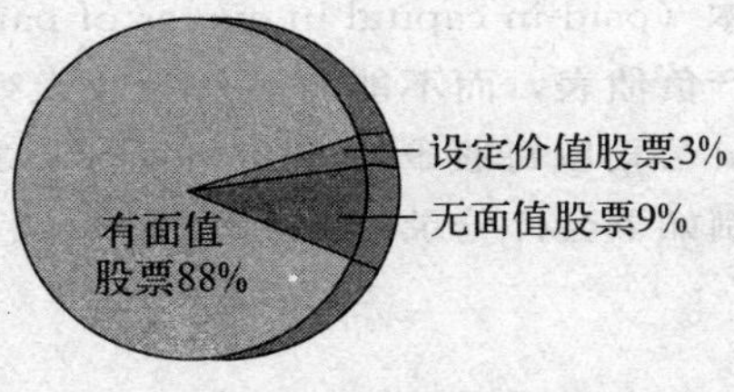

各种类型的股票的使用频率

□ 发行设定价值股票

当公司发行带有设定价值的无面值股票时，要将其设定价值作为法定资本贷记设定价值股票账户。如果股票的发行价格高于其设定价值（多数情况下如此），要将超出的金额贷记超设定价值缴入股本（普通股）账户，并在资产负债表的股东权益部分反映。还是让我们举个例子来看一看，假设某公司发行了 1 000 股设定价值为＄40 的无面值股票，每股发行价为＄50。为此，该公司需要编制如下会计分录：

				资产＝负债＋所有者权益	
10 月 20 日	借：现金	50 000			
	贷：普通股（设定价值为＄40）		40 000	＋50 000	＋40 000
	超设定价值缴入股本（普通股）		10 000		＋10 000
	（以每股＄50 的价格发行 1 000 股设定价值为＄40 的普通股）				

□ 发行股票换取非现金资产

公司可以通过发行股票换取现金以外的其他资产。（公司还可以承担收到的资产所附带的债务，如以收到的资产作为抵押的贷款。）公司应以交易当天的市价将收到的资产入账，换出的股票则应以面值（或设定价值）入账，如果存在溢价则记入超面值（或设定价值）缴入股本账户。（如果发行的是无面值股票，那么公司应以资产的市价记录股本。）例如，假设 6 月 10 日某公司以 4 000 股面值为＄20 的股票换入了一块市价为 10.5 万美元的土地。为此，该公司需编制如下会计分录：

				资产＝负债＋所有者权益	
6 月 10 日	借：土地	105 000			
	贷：普通股（面值为＄20）		80 000	＋105 000	＋80 000
	超面值缴入股本（普通股）		25 000		＋25 000
	（以 4 000 股面值为＄20 的股票换入一块土地）				

公司有时支付给发起人股份，作为对他们组建公司的报酬。在这种情况下，公司要将付出的股份记入开办费（organization expenses）账户。例如，假设 6 月 5 日某公司通过支付 600 股面值为＄15 的普通股的方式换得了价值为 1.2 万美元的公司组建服务。为此，该公司需编制如下会计分录：

				资产＝负债＋所有者权益
6 月 5 日	借：开办费	12 000		
	贷：普通股（面值为＄15）		9 000	－12 000
	超面值缴入股本（普通股）		3 000	＋9 000
	（支付给发起人 600 股面值为＄15 的普通股，作为他们组建公司的报酬）			＋3 000

快速测试

4. 某公司通过发行7 000股面值为＄10的普通股的方式换取了一套市价为10.5万美元的设备，试问该公司为此编制的会计分录应贷记以下哪项？(a) 超面值缴入股本（普通股）＄35 000；(b) 留存收益＄35 000；(c) 普通股（面值为＄10）＄105 000。
5. 什么是股票溢价？
6. 最低法定资本是为了保护谁的利益而设定的？

股 利

本节将讨论现金股利和股票股利的有关事项。

□ 现金股利

发放现金股利的决策在很大程度上依赖于董事会。在进行股利决策时，董事会不仅仅要考虑留存收益和现金数额等因素。例如，董事会可能会决定保留现金用于公司的扩大再生产、处理紧急情况、获取投机收益、清偿债务等。但也有许多公司定期向股东发放现金股利，这些现金流是对投资者的回报，并能影响股票市价。

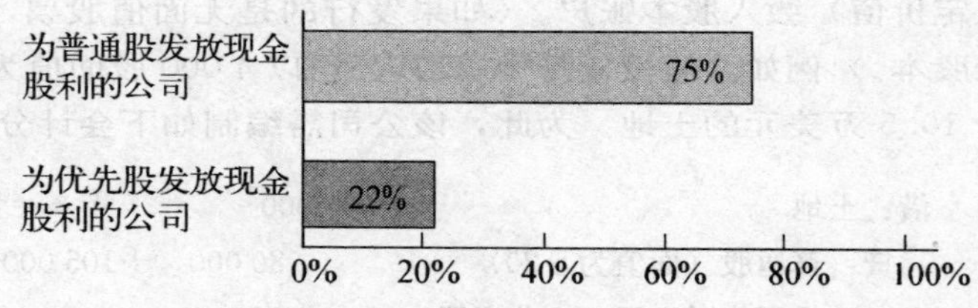

现金股利的会计处理

股利发放过程中有三个重要日期：股利宣告日、股权登记日和股利发放日。股利宣告日（date of declaration）是指董事会就宣告和发放股利事宜举行投票表决的日期；股利宣告日确认了公司对股东的法定债务。股权登记日（date of record）是董事会规定的登记有权领取股利的股东名单的截止日期，股权登记日通常在股利宣告日的两周以后，在股权登记日拥有公司股票的人能够分得股利。股利发放日（date of payment）是公司发放股利的日期，通常比股权登记日滞后一段时间，以使公司有充分时间准备支付股利的支票、办理款项过户手续等。

例如，假设Z科技公司（Z-Tech Inc.）拥有5 000股流通股，1月9日公司董事会宣告每股股票将发放＄1的现金股利。为此，公司需要编制如下会计分录：

股利宣告日

1月9日	借：留存收益	5 000		资产＝负债＋所有者权益
	贷：应付普通股股利		5 000	＋5 000 －5 000
	（宣告每股普通股将发放＄1的现金股利①）			

应付普通股股利是一项流动负债。Z科技公司的股权登记日为1月22日，这时不需要做正式的日记账分录。在股利发放日2月1日，则需记录债务的结算和现金的减少，分录如下：

股利发放日

2月1日	借：应付普通股股利	5 000		资产＝负债＋所有者权益
	贷：现金		5 000	－5 000 －5 000
	（按照每股＄1支付普通股现金股利）			

留存收益赤字与现金股利

如果公司的留存收益账户存在借方（非正常）余额，那么就说该公司出现了留存收益赤字（retained earnings deficit）。当公司累积发生亏损和/或支付的股利多于累计收益时，就会出现留存收益赤字。如图表14.6所示，赤字在资产负债表上作为减项反映。许多州不允许出现赤字的公司再向股东发放现金股利，这一规定限制公司在财务困难时将资产分配给股东，是为了保护债权人的利益。

图表14.6 赤字时的股东权益

普通股——面值为＄10，核发5 000股，已发行5 000股	＄50 000
留存收益赤字	(6 000)
股东权益合计	＄44 000

有些州允许公司以返还部分实缴股本的形式发放现金股利，我们把这种股利称为清算性现金股利（liquidating cash dividend）或清算性股利（liquidating dividend），因为它将部分原始投资归还给股东。这种情况下，在股利宣告日应借记实缴股本账户而不是留存收益账户。

快速测试

7. 应付普通股股利属于哪种类型的账户？
8. 现金股利发放过程中涉及哪三个重要日期？
9. 股利什么时候会变成公司的法定负债？

□股票股利

股票股利（stock dividend）是指公司董事会宣告将自己公司额外的股份无偿分

① 也可以借记股利账户而不是留存收益账户，等到期末再将股利账户的余额结转至留存收益账户。这两种处理方法的结果是一样的，都会导致留存收益减少，应付普通股股利增加。为简便起见，课后作业中都使用留存收益账户记录股利宣告业务。

配给股东作为股利。股票股利不同于现金股利，它不会减少公司的资产和权益，而只是将部分留存收益变成了实缴股本。

发放股票股利的原因

股票股利的存在至少有两个原因。第一，董事会可以使用股票股利将公司股票价格维持在投资者能够负担的水平。假如公司持续盈利却不发放现金股利，其普通股股价就会大幅升高，过高的股价将会阻碍一些投资者的购买（特别是以 100 股和1 000 股为单位的购买）。如果公司发放股票股利，其流通股的数量就会增加，每股的股价就会降低。第二，发放股票股利说明公司管理层对公司目前的良好业绩和未来保持良好业绩都非常有信心。

股票股利的会计处理

股票股利会影响股东权益的构成，因为它将一部分留存收益转入实缴股本账户，有时我们把这种做法称为资本化（capitalizing）留存收益。股票股利的会计处理取决于公司发放的是大额股票股利还是小额股票股利。**小额股票股利（small stock dividend）**是指公司发放股利的股数小于或等于原有发行在外股数的 25%，此时，我们通过资本化留存收益的方式入账，入账金额等于即将发放的股票的市价。**大额股票股利（large stock dividend）**是指公司发放股利的股数大于原有发行在外股数的 25%，此时我们仍通过资本化留存收益的方式入账，但入账金额等于各州公司法所规定的最低金额。大多数州规定，资本化留存收益的金额等于股票面值或设定价值。

如图表 14.7 所示，我们以 Quest's 公司 12 月 31 日宣告股票股利前的资产负债表的股东权益部分为例来解释一下股票股利。

图表 14.7　　宣告股票股利前的股东权益

股东权益（宣告股利之前）	
普通股——面值为＄10；核定发行股数为 1.5 万股；已发行在外的股票为 1 万股	＄100 000
超面值缴入股本（普通股）	8 000
留存收益	35 000
股东权益合计	＄143 000

小额股票股利的入账　假设 Quest's 公司的董事会 12 月 31 日宣告了 10%的股票股利，并定于在 1 月 20 日，向 1 月 15 日登记的股东发放 1 000 股股票股利（原有发行在外 10 000 股股票的 10%）。12 月 31 日 Quest's 公司的股价为每股＄15。因此，公司需编制如下分录记录该小额股票股利的宣告：

股利宣告日

				资产＝负债＋所有者权益
12 月 31 日	借：留存收益	15 000		−15 000
	贷：应分配普通股股票股利		10 000	＋10 000
	超面值缴入股本（普通股）		5 000	＋5 000
	（宣告了 1 000 股的（10%）股票股利）			

贷方记录的 1 万美元为股票的票面价值，我们将其记入应分配普通股股票股利账

户，该账户余额只能存在到发行股票之前。贷方记录的＄5 000为股票市价超出其票面价值的部分，因为预计公司未来将发行股票，所以将其记入超面值缴入股本账户。总的来说，宣告股票股利会引起资产负债表三方面的变化：首先，引起普通股权益增加，例如，Quest's公司的普通股权益从1万美元增加到了1.1万美元，其中＄1 000的增加额即为宣告的股票股利；其次，引起超面值缴入股本的增加，增加额即为宣告的股票股利的市价超出其票面价值的部分；最后，引起留存收益的减少，这是因为部分留存收益转成普通股股本和超面值缴入股本。图表14.8给出了Quest's公司12月31日宣告了10％的股票股利后资产负债表的股东权益部分。（受到影响的账户用黑体字标出。）

图表 14.8　　宣告股票股利后的股东权益

股东权益（宣告股利之后）	
普通股——面值为＄10；核定发行股数为1.5万股；已发行在外的股票为1万股	＄100 000
应分配普通股股票股利——1 000股	**10 000**
超面值缴入股本（普通股）	**13 000**
留存收益	**20 000**
股东权益合计	＄143 000

股票股利的登记日不需要编制会计分录。在股利发放日1月20日，Quest's公司向股东发放新股票，并编制如下分录：

股利发放日

				资产＝负债＋所有者权益
1月20日	借：应分配普通股股票股利	10 000		
	贷：普通股（面值为＄10）		10 000	－10 000
	（发放普通股股票股利）			＋10 000

股利宣告日和股利发放日编制的这两条有关股票股利的分录将留存收益中的1.5万美元转移到了（资本化为）实缴股本中，资本化留存收益的金额等于新发行的1 000股股票的市场价格（＄15×1 000股）。发放股票股利对各个股东的持股份额没有影响。

大额股票股利的入账　对于大额股票股利，公司资本化留存收益的金额应为各州立法规定的最低限额，通常是新发行股票的面值或设定价值。例如，假设Quest's公司董事会12月31日宣告公司将发放30％而不是10％的股票股利，由于该股票股利高于25％，所以公司应将其作为大额股票股利处理。因此，在股利宣告日，公司应将这3 000股股票股利的面值资本化，其相关分录如下：

股利宣告日

				资产＝负债＋所有者权益
12月31日	借：留存收益	30 000		
	贷：应分配普通股股票股利		30 000	－30 000
	（宣告了3 000股的（30％）股票股利）			＋30 000

这一业务使留存收益减少了3万美元，实缴股本增加了3万美元。在股利发放日，公司应借记应分配普通股股票股利3万美元，贷记普通股3万美元。大额股票股利对资产负债表的影响与小额股票股利类似，只是没有改变超面值缴入股

本账户。

□ 股票分割

股票分割（stock split）是将额外的股份按现有持股比例分配给各股东。当发生股票分割时，公司“购回”其发行在外的股份，再将原来的一股换成两股或更多。分割比例可以为2∶1、3∶1或更高，分割后的股票面值或设定价值将会降低。

例如，假设CompTec公司拥有10万股流通在外的普通股，其面值为＄20，当前市价为＄88。公司以2∶1的比例分割股票将会使股票面值减为原来的一半，因为根据这种股票分割方法，公司将以20万股面值为＄10的股票代替原来的10万股面值为＄20的股票。股票市价也将从每股＄88降至大约每股＄44。股票分割不影响资产负债表上的股东权益额，也不影响个别股东的持股比例。发生股票分割时，实缴股本和留存收益账户都没有发生变化，因此无须编制会计分录。股票分割唯一改变的是对股本账户的描述。如果CompTec公司以2∶1的比例分割股票，那么在完成股票分割以后，公司要将股票账户的名称变为“普通股（面值为＄10)”。另外，公司资产负债表中对核定股本、已发行在外的股票数和股票面值的描述也都要发生相应的变化。

股票分割与大额股票股利的区别往往是模糊的。许多公司在财务报表中反映股票分割，没有购回原有股票，而只是改变了股票面值。这种“分割”的实质就是大额股票股利，通过资本化留存收益或把其他实缴股本转换为普通股，增加股东持股份额，这样做可以避免发生股票分割的管理费用。哈雷-戴维森公司最近宣告以2∶1的比例分割股票，并通过发放100%的股票股利的形式实现。

角色扮演　　企业家

假设你与别人共同创办并拥有股份的一家公司宣告了50%的股票股利，试问在这种情况下，你的股票投资额将会发生怎样的变化：增加、减少、还是保持不变？如果以3∶2的比例分割股票，并以股票股利的形式实现，将会产生怎样的影响？

快速测试

10. 股票股利会对资产和留存收益产生怎样的影响？
11. 如何区分大额股票股利和小额股票股利？
12. 当公司发放小额股票股利时，资本化留存收益的金额是多少？

优先股

股份公司可以发行两种类型的股票：普通股和优先股。优先股（preferred stock）在若干方面有优先于普通股的权利，这些特定权利包括优先分得股利、公司清算时优先分得公司资产。优先股拥有普通股拥有的所有权利，除非公司章程中取消优先股的这种权利。例如，大多数优先股没有表决权。图表 14.9 表明大约有 1/4 的公司发行优先股，而所有公司都发行普通股。

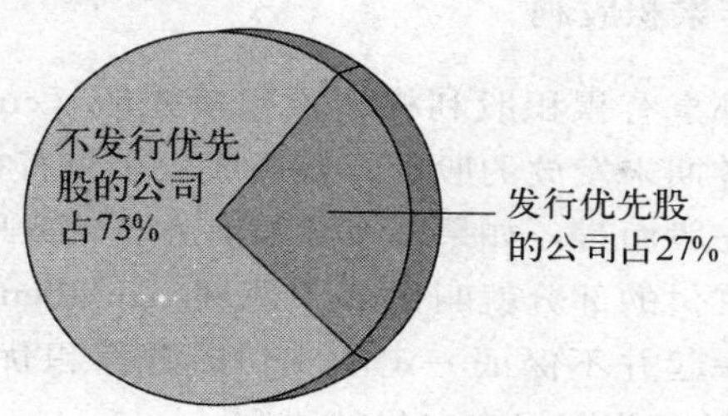

图表 14.9 股份公司和优先股

□ 优先股的发行

优先股通常有面值，类似普通股，它能够以不同于面值的价格发行。优先股在其单独的实缴股本账户反映。让我们举个例子来看一看，假设 2009 年 7 月 1 日，Dillon Snowboard 公司通过发行 50 股面值为＄100 的优先股收到了＄6 000 现金。为此，公司需要编制如下会计分录：

				资产＝负债＋所有者权益
7月1日	借：现金	6 000		
	贷：优先股（面值为＄100）		5 000	＋6 000　　　＋5 000
	超面值缴入股本（优先股）		1 000	＋1 000
	（发行优先股并收到现金）			

Dillon Snowboard 公司 2009 年年底资产负债表的股东权益部分包括优先股，如图表 14.10 所示。（假设普通股按面值平价发行。）发行无面值优先股的会计处理方法与发行无面值普通股类似，发行优先股以换取非现金资产的会计处理方法也与发行普通股以换取非现金资产类似。

图表 14.10　　既有普通股又有优先股的股东权益

股东权益	
普通股——面值为＄10；核定发行股数为 5 万股；已发行在外的股票为 3 万股	＄300 000
优先股——面值为＄100；核定发行股数为 1 000 股；已发行在外的股票为 50 股	5 000
超面值缴入股本（优先股）	1 000
留存收益	65 000
股东权益合计	＄371 000

□ 优先股的股利分配优先权

优先股通常享有股利分配优先权，也就是说，公司必须发放完优先股股利之后才能发放普通股股利。支付给优先股股东的股利通常用具体金额或面值的百分比表示。享有股利分配优先权并不表示一定能分得股利，如果董事会没有宣告股利，那么优先股股东和普通股股东都无法分得股利。

累积股利和非累积股利

多数优先股都享有累积股利权。**累积优先股**（cumulative preferred stock）有权分得当期和以前各期未发放的股利，普通股股东只有在累积股利付清之后才能分到股利。对于累积优先股而言，如果董事会没有宣告优先股股利，或者宣告的股利少于累积股利，那么未支付的部分就叫做积欠股利（dividend in arrears）。将累积优先股的积欠股利累积在一起并不保证一定能支付。**非累积优先股**（noncumulative preferred stock）则无权分得以前期间未宣告的股利。

让我们举个例子来看一看累积和非累积优先股的区别。假设某股份公司发行在外的股票包括：（1）1 000 股面值为＄100、股利为 9%的优先股——每年可能分得＄9 000 股利，（2）4 000 股面值为＄50 的普通股。2008 年是公司开始营业的第一个年头，董事会宣告了＄5 000 的现金股利；2009 年，董事会宣告了 4.2 万美元现金股利。图表 14.11 列出了这两年的股利分配情况。2009 年的股利分配取决于公司发行的是累积优先股还是非累积优先股。如果公司发行的是非累积优先股，那么优先股股东将无法分得 2008 年少分的＄4 000 股利；如果公司发行的是累积优先股，那么这＄4 000 积欠股利将在 2009 年发放其他股利前支付给优先股股东。

图表 14.11　　股利分配（非累积优先股与累积优先股）

	优先股	普通股
非累积优先股		
2008 年	＄5 000	＄0
2009 年		
第一步：当年的优先股股利	＄9 000	
第二步：剩余分给普通股股东的股利		＄33 000
累积优先股		
2008 年	＄5 000	＄0
2009 年		
第一步：积欠股利	＄4 000	
第二步：当年的优先股股利	9 000	
第三步：剩余分给普通股股东的股利		＄29 000
2009 年合计	＄13 000	＄29 000

只有当董事会宣告股利时，才会形成应付股利的负债。如果公司董事会没有宣告累积优先股股利，那么积欠的股利就不能计入负债。充分披露原则要求公司在其资产负债表中（通常在报表附注中）披露截止到报表编制日的累积优先股的积欠股利。

参与式优先股股利和非参与式优先股股利

非参与式优先股（nonparticipating preferred stock）是指对每年可分得的股利规定了最高限额的优先股。这个最高限额通常是股票面值的一定百分比或是每股规定一个固定金额。在优先股股东分得这一金额后，普通股股东可以获得所有剩余的股利。**参与式优先股**（participating preferred stock）允许优先股股东与普通股股东一起分享支付优先股股利后的剩余股利。但是，只有在普通股股利达到与优先股股利相同的水平时，优先股股东才能行使这种参加分享的权利。许多公司都获准可以发行参与式优先股，但是实际上却很少这么做，并且大多数公司经理也不希望发行这种股份。①

□ 可转换优先股

如果优先股能够转换为一定数量的普通股，这将对投资者更有吸引力。可转换优先股（convertible preferred stock）赋予持有人把优先股以特定比例转换为普通股的选择权。如果公司业绩蒸蒸日上，普通股股价提高，可转换优先股持有人通过把优先股转换为价值更高的普通股，也能分享公司的成功。

□ 可赎回优先股

可赎回优先股（callable preferred stock）赋予发行公司在未来某一时点以特定价格回购（注销）该股票的权利。许多优先股都是可赎回的，赎回股票所支付的价款叫做赎回价格（call price or redemption value），这一价格在发行时已设定好。赎回价格一般包括股票面值，以及支付给持有人作为投资回报的溢价。当公司赎回优先股时，按照协议条款的规定，公司要支付赎回价格和积欠股利。

□ 发行优先股的原因

公司发行优先股的原因有很多种。首先，某些公司发行优先股是为了在不牺牲控制权的前提下筹集资本。例如，假设设立一家公司需要20万美元的资本，而创办人只能投入10万美元。如果他们发行价值20万美元的普通股（其中10万美元股票由创办人购入），那么他们只拥有50%的控制权，因此，在制定决策时，他们需要和其他股东广泛地协商。但如果他们发行价值10万美元的普通股给自己，然后再对外发行价值10万美元的、股利率为8%、没有表决权的累积优先股，那么创办人就可以保留控制权。

发行优先股的另外一种理由是提高普通股股东的回报。比如，假设公司总投资为20万美元，创办人预期每年税后收益为2.4万美元。如果创办人发行20万美元的普通股，那么普通股股东的投资报酬率为12%；但如果发行10万美元的普通股给自己，然后再对外发行价值10万美元的、股利率为8%的累积优先股，那么如图表14.12所示，普通股股东的投资报酬率就可以提高到16%。

---

① 参与式优先股通常作为对恶意并购（一部分投资者购入足够带有表决权的普通股以获取公司的控制权）的防御措施。借用一个侦探小说中的术语，财经界把这种防御计划称作公司吞下了“毒丸”（poison pill），其运作机制如下：股份制公司的普通股股东在某一特定日期获得授权可以以极低的价格购买大量的参与式优先股，并且这种购买权不能转让。如果恶意投资者买进公司大量的普通股（但这些普通股上附带的购买参与式优先股的权利并没有随之转给该投资者），这时，董事会可以低价发行优先股给保留参与式优先股购买权的普通股股东。公司未来的股利将在普通股和新发行的参与式优先股之间分配，这样做通常可以将普通股的价值转移给优先股，这样一来，恶意投资者所持有的普通股的价值及其潜在收益将大大减少。

图表 14.12　发行优先股时的普通股股东的投资报酬率

税后净利润	$24 000
减：优先股股利（8%）	(8 000)
普通股股东收益	$16 000
普通股股东的投资报酬率（$16 000/$100 000）	16%

普通股股东的投资报酬率从12%上升到了16%，这是因为优先股股东的投资获得了1.2万美元的收益，而优先股股利只有$8 000。利用优先股提高普通股股东的回报，这就是财务杠杆作用（financial leverage）（或称产权杠杆作用（trading on the equity））的一个例子。一般来讲，如果优先股报酬率低于公司的资产收益率，那么发行优先股就能够提高普通股的投资报酬率。

另外，一些投资者认为普通股的风险太大或预期收益率太低，所以他们更愿意购买优先股，这也是很多公司选择发行优先股的原因。

角色扮演　**音乐会筹办人**

假设你调整了自己的经营战略，由主办听众在1000人以下的音乐会改为主办听众在5000～20000人的音乐会。由于诉讼风险的增加，再加上你想通过发行股票筹集资金，因此你决定成立股份制公司。如果你想在公司决策上享有控制权，试问你应该发行什么类型的股票？

快速测试

13. 相对于普通股，优先股的优先权表现在哪些方面？
14. 通过发行优先股以提高普通股股东的回报，这是以下哪一项的一个例子？(a) 财务杠杆作用，(b) 累积盈余，(c) 积欠股利。
15. 某公司发行在外的股票有：(1) 9000股面值为$50、股利率为10%的累积非参与式优先股，(2) 2.7万股面值为$10的普通股。过去两年中公司没有宣告股利，本年度公司宣告了28.8万美元的股利，试问支付给普通股股东的股利是多少？(a) 24.3万美元，(b) 15.3万美元，(c) 13.5万美元。

库存股份

股份公司购买自己公司股票的原因有：(1) 通过持有自己公司的股票来取得其他公司的股份，(2) 防御对公司的恶意并购，(3) 将股票作为报酬重新发行给公司员工，(4) 保持股票良好的市场行情，表明管理层对现行市价的信心。

我们把公司购回的自己公司的股票称为**库存股份**（treasury stock）。库存股份和未发行股票有以下几个相似点：(1) 库存股份和未发行股票都不是资产，(2) 两者都不能分得现金股利或股票股利，(3) 两者都没有表决权。但库存股份不同于未发行股票，二者的主要区别在于：只要公司股票当初是平价或溢价发行的，那么公司就可以以低于股票面值的价格出售库存股份，而不会使买主负担债务。购入库存股份还要求管理层有较高的道德意识，因为资金是付给个别股东而不是所有股东的。管理层要保证购入库存股份有利于所有股东，这要求公司对库存股份交易进行充分披露。

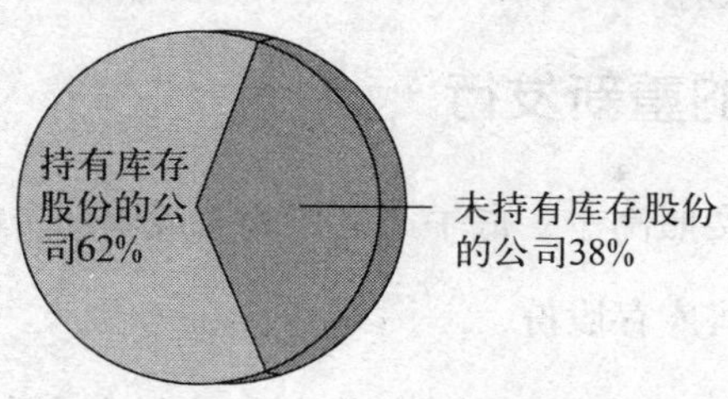

股份公司与库存股份

□ 库存股份的购入

购入库存股份会使公司的资产和权益同时减少相同的数额。（关于库存股份的会计处理方法，我们只讨论应用最为广泛的成本法（cost method），面值法（par value method）将在高级课程中介绍。）让我们举个例子来看一看，图表 14.13 给出了 Cyber 公司购入库存股份前的各账户余额。（Cyber 公司没有负债。）

图表 14.13　购入库存股份前的各账户余额

资产		股东权益	
现金	$ 30 000	普通股——面值为 $ 10，核准发行股数为 1 万股，已发行在外的股票为 1 万股	$ 100 000
其他资产	95 000	留存收益	25 000
资产合计	$ 125 000	股东权益合计	$ 125 000

5 月 1 日，Cyber 公司花 1.15 万美元购入了自己公司 1 000 股股票。为此，公司编制了如下会计分录：

		借方	贷方	资产	＝负债＋	所有者权益
5 月 1 日	借：库存股份（普通股）	11 500				
	贷：现金		11 500	－11 500		－11 500
	（以每股 $ 11.5 的价格购入 1 000 股库存股份）					

这个分录通过借记库存股份账户（权益的抵减账户）减少了所有者权益。图表 14.14 列出了该业务发生之后的各账户余额。

图表 14.14　购入库存股份后的各账户余额

资产		股东权益	
现金	$ 18 500	普通股——面值为 $ 10，核准发行股数为 1 万股，已发行 1 万股，库存股份为 1 000 股	$ 100 000
其他资产	95 000	留存收益(其中 11.5 万美元已用于购买库存股份)	25 000
		减：库存股份成本	(11 500)
资产合计	$ 113 500	股东权益合计	$ 113 500

由于购入库存股份，Cyber 公司的现金、总资产和所有者权益分别减少了 11.5 万美元，但普通股账户和留存收益账户的余额都没有发生变化。对于权益的减少，我们要通过在资产负债表的权益部分扣除库存股份成本来反映。同时，我们还要做两项

披露：第一，股本描述指出公司持有1 000股库存股份，发行并流通在外的股票只有9 000股；第二，部分留存收益的用途是受限制的。

□ 库存股份的重新发行

库存股份可按照高于、低于或等于购入成本的价格重新发行。

以成本价出售库存股份

如果库存股份按照成本价重新发行，会计分录与购入时正好相反。例如，假设Cyber公司5月21日以每股＄11.50的成本价将5月1日买入的100股库存股份再次卖出，此时，公司编制的分录如下：

		借	贷	资产＝负债＋所有者权益	
5月21日	借：现金	1 150			
	贷：库存股份（普通股）		1 150	＋1 150	＋1 150
	（以每股＄11.5的成本价卖出100股库存股份）				

以高于成本价的价格出售库存股份

如果库存股份的售价高于成本，超出部分应贷记实缴股本（库存股份）账户，该账户将在资产负债表中的股东权益项下单独列示。出售库存股份不需要确认收益。让我们举个例子来看一看，假设6月3日Cyber公司以每股＄12的价格将成本价为每股＄11.50的400股库存股份卖出，为此，公司需编制如下会计分录：

		借	贷	资产＝负债＋所有者权益	
6月3日	借：现金	4 800			
	贷：库存股份（普通股）		4 600	＋4 800	＋4 600
	实缴股本（库存股份）		200		＋200
	（以每股＄12的价格将成本价为每股＄11.50的400股库存股份卖出）				

以低于成本价的价格出售库存股份

如果库存股份的售价低于其成本，如何编制相关会计分录取决于实缴股本（库存股份）账户是否有贷方余额。如果实缴股本（库存股份）账户余额为零，成本高于售价的部分应借记留存收益。如果实缴股本（库存股份）账户有贷方余额，成本高于售价的部分应借记该账户，但以其原有余额为限，剩余部分再借记留存收益。还是让我们举个例子来看一看，假设7月10日，Cyber公司将剩下的500股库存股份以每股＄10的价格卖出，股东权益将减少＄750（500股×每股成本高于售价的＄1.50）。为此，公司需编制如下会计分录：

		借	贷	资产＝负债＋所有者权益	
7月10日	借：现金	5 000			
	实缴股本（库存股份）	200		＋5 000	－200
	留存收益	550			－550
	贷：普通股		5 750		＋5 750
	（以每股＄10的价格卖出500股成本为＄11.50的库存股份）				

这一分录抵消了 6 月 3 日产生的实缴股本账户＄200 的贷方余额，不足以抵消的成本高于售价的＄550 进而减少留存收益。公司无须确认出售库存股份的收益或损失。

□ 股票的注销

公司可以购回并注销股票，这会减少已发行股票的份额。注销的股票和已核准但未发行的股票一样。根据州立法的规定，只要不侵害债权人和股东的利益，购回并注销股票是允许的。如果购回股票并准备注销，我们应转出所有相关的实缴股本金额。如果购回价格高于转出的实缴股本净额，超出部分应借记留存收益账户；如果转出的实缴股本净额高于购回价格，超出部分应贷记注销股票带来的实缴股本账户。公司的资产和权益将同时减少，金额为购回股票支付的价款。

快速测试

16. 购入库存股份：（a）对资产没有影响，（b）使资产总额和权益总额减少同样的金额，（c）应借记留存收益账户。
17. 假设南方公司购买了北方公司的股票，它们应作为库存股份记录吗？
18. 库存股份会对核定股本及已发行在外的股票产生怎样的影响？
19. 当公司购入库存股份时：（a）部分留存收益的用途是受限的，受限金额等于购买库存股份的价款；（b）应贷记留存收益；（c）库存股份被注销。

股东权益的报告

□ 留存收益表

留存收益为自公司成立开始的累积净利润减去净损失和宣告的股利。留存收益是股东对公司净资产求偿权的一部分，但公司有留存收益并不代表公司有一定金额的现金或其他资产支付给股东。例如，电路城公司有 13.36 亿美元的留存收益，但其中只有 1.41 亿美元为现金。本小节，我们将介绍影响留存收益的事项和交易，以及如何报告留存收益。

限定用途留存收益和已拨定留存收益

限定用途留存收益（restricted retained earnings）既包括法定限制也包括合同限制。一般的法定限制（statutory or legal restrictions）是指公司只能使用留存收益购买库存股份。图表 14.14 中的资产负债表就是一个例子。一般的合同限制（contractual restrictions）包括贷款合同中对支付股利不能超过一定限额或留存收益一定比例的限制。对留存收益用途的限制应在报表附注中予以披露。已拨定留存收益（appropriated retained earnings）是指公司自愿将留存收益账户中的部分金额转至已拨定留存收益账户，以告知报表使用者公司的某些特定活动需要使用资金。

以前年度损益调整

以前年度损益调整（prior period adjustments）是对以前年度财务报表中的重大错误的更正。这种错误包括计算错误、会计分录差错以及漏记事项。以前年度损益调整应在留存收益表（或股东权益表）中予以报告，以税后净影响额列示。对于报表期间之前发生的事项，以前年度损益调整将改变留存收益的期初余额。让我们举个例子来看一看，假设 ComUS 公司 2007 年错将购入的土地借记为费用支出，2009 年发现时，留存收益表就要增加一项以前年度损益调整，如图表 14. 15 所示，这张表也列示了留存收益表的一般格式。

图表 14. 15　　带有以前年度损益调整的留存收益表

GomUS公司2009年留存收益表 截止日期为2009年12月31日	
留存收益，2008年12月31日的报告额	$ 4 745 000
以前年度损益调整	
错记为费用的土地成本（缴纳完 $ 63 000 的所得税后的净额）	147 000
留存收益，调整后2008年12月31日的金额	4 892 000
加：净利润	1 224 300
减：宣告的现金股利	（301 800）
留存收益，2009年12月31日	$ 5 814 500

财务报表中的许多项目都是估算出来的，即使根据当时最好的数据进行估计，未来事项也常常会证实当时的估计是不准确的。这种不准确不属于差错，因此，我们也不能把它们作为以前年度损益调整，而是应将它们看作会计估计变更（changes in accounting estimates），在当期或以后期间予以反映。例如，固定资产折旧费用是根据估计使用年限和估计净残值计算出来的，但随着时间推移和新信息的获得，管理者可能需要改变估计和当期及以后期的折旧费用。

结账程序　结账过程已在本书的前面章节中做过介绍，包括：（1）将收入账户的贷方余额结转至本年利润账户，（2）将费用账户的借方余额结转至本年利润账户，（3）将本年利润账户结转至留存收益账户。如果股利是记入股利账户，而不是直接从留存收益账户中扣减（正如本章所介绍的），这样就需要第（4）步，即将股利账户的余额结转至留存收益账户。

□ 股东权益表

公司通常在股东权益表中反映留存收益的变动，而不需要单独报告留存收益。股东权益表（statement of stockholders' equity）列示每个权益账户的期初和期末余额，以及本期内账户的变动情况。附录 A 中给出了一些公司的股东权益表。股东权益表的一般格式是用列代表权益的组成部分，用行描述本期发生的事项。图表 14.16 给出了苹果电脑公司简化了的股东权益表。

图表 14.16 股东权益表

苹果电脑公司股东权益表 (单位为百万美元或千股)	普通股股数	普通股金额	留存收益	其他	权益合计额
2006年9月30日余额	855 263	$4 355	$5 607	$22	$9 984
净利润	—	—	3 496	—	3 496
发行普通股	17 066	364	(2)	—	362
其他	—	649	—	41	690
现金股利(每股0.00美元)	—	—	—	—	—
2007年9月29日余额	872 329	$5 368	$9 101	$63	$14 532

□ 股票期权的报告

大多数上市公司都发行**股票期权**(stock options),即在未来特定日期以规定价格购买普通股的权利。一旦股票价格上升到高于该规定价格的水平,股票期权的价值也会随之增加。星巴克公司(Starbucks)和家得宝公司都向全职和兼职员工提供股票期权,据说这样做能使经理人员和员工(1)关注公司经营,(2)着眼于长期利益,(3)留在公司。拥有股票期权就像拥有了一项没有风险的投资。

还是让我们举个例子来看一看,假设昆腾公司(Quantum)为每一位员工提供股票期权,允许他们在未来10年内以现行市价$50购买100股面值为$1的普通股。如果公司股价涨到$70,那么员工可以行使期权,每股获得$20的收益(以$50的期权价购入价值$70的股票)。如果购买100股,一个员工可以获得$2 000(20×100)的总收益。各家公司要将股票期权的成本列示在其利润表中。关于股票期权成本的计量,将在高级课程中介绍。

实例分析 1

Barton公司于2008年1月1日开始经营,在头两年中有关股东权益的交易如下:

2008年

1月1日　获准发行200万股面值为$5的普通股和10万股面值为$100、股利率为10%的累积优先股。

1月2日　以每股$12的价格发行了20万股普通股。

1月3日　通过发行10万股普通股换取了一栋价值82万美元的楼房和一批价值38万美元的库存商品。

1月4日　支付给公司发起人1万美元公司组建酬劳。

1月5日　以每股$110的价格发行了1.2万股优先股。

2009年

6月4日　以每股$15的价格发行了10万股普通股。

要求:

1. 编制上述各笔交易的会计分录。

2. 根据上述交易，编制 2008 年 12 月 31 日和 2009 年 12 月 31 日资产负债表中的股东权益部分。

3. 假设 Barton 公司 2008 年和 2009 年分别宣告了 5 万美元和 3 万美元的现金股利，试编制表格说明股利分配情况和每股股利。

4. 根据下列假设分别编制 2008 年 1 月 2 日以每股 $12 的价格发行 20 万股普通股的会计分录：

a. 普通股是没有设定价值的无面值股票。

b. 普通股是设定价值为 $10 的无面值股票。

解题步骤：

- 编制 2008 年和 2009 年上述各笔交易的会计分录。
- 确定 2008 年和 2009 年资产负债表中所有者权益账户的期末余额。
- 编制 2008 年和 2009 年资产负债表中实缴股本部分。
- 编制类似于图表 14.11 的表格，反映 2008 年和 2009 年的股利分配情况。
- 记录两种情况（有设定价值和没有设定价值）下无面值普通股的发行。

实例分析 1 答案：

1. 会计分录：

2008 年

日期	会计科目	借方	贷方
1 月 2 日	借：现金	2 400 000	
	贷：普通股（面值为 $5）		1 000 000
	超面值缴入股本（普通股）		1 400 000
	（发行 20 万股普通股）		
1 月 3 日	借：建筑物	820 000	
	库存商品	380 000	
	贷：普通股（面值为 $5）		500 000
	超面值缴入股本（普通股）		700 000
	（发行 10 万股普通股）		
1 月 4 日	借：开办费	10 000	
	贷：现金		10 000
	（支付给发起人组建成本）		
1 月 5 日	借：现金	1 320 000	
	贷：优先股（面值为 $100）		1 200 000
	超面值缴入股本（优先股）		120 000
	（发行 1.2 万股优先股）		

2009 年

日期	会计科目	借方	贷方
1 月 4 日	借：现金	1 500 000	
	贷：普通股（面值为 $5）		500 000
	超面值缴入股本（普通股）		1 000 000
	（发行 10 万股普通股）		

2. 资产负债表（12月31日）：

	2009年	2008年
股东权益		
优先股——面值为＄100，股利率为10%，可累积；核准发行股数为10万股，已发行在外的股票为1.2万股	＄1 200 000	＄1 200 000
超面值缴入股本（优先股）	120 000	120 000
优先股股东实缴股本合计	1 320 000	1 320 000
普通股——面值为＄5，核准发行200万股；2008年发行在外30万股；2009年发行在外40万股	2 000 000	1 500 000
超面值缴入股本（普通股）	3 100 000	2 100 000
普通股股东实缴股本合计	5 100 000	3 600 000
实缴股本合计	＄6 420 000	＄4 920 000

3. 股利分配表：

	普通股	优先股
2008年（＄50 000）		
优先股——当年（12 000股×＄10＝＄120 000）	＄ 0	＄ 50 000
普通股——剩余部分（发行在外30万股）	0	0
当年合计	＄ 0	＄ 50 000
2009年（＄300 000）		
优先股——2008年的积欠股利（＄120 000－＄50 000）	＄ 0	＄ 70 000
优先股——当年	0	120 000
普通股——剩余部分（发行在外40万股）	110 000	0
当年合计	＄110 000	＄190 000
每股股利		
2008年	＄ 0.00	＄ 4.17
2009年	＄ 0.28	＄ 15.83

4. 会计分录：

a. 2008年（没有设定价值的无面值股票）：

		借	贷
1月2日	借：现金	2 400 000	
	贷：普通股（无面值）		2 400 000
	（以每股＄12的价格发行20万股无面值普通股）		

b. 2008年（有设定价值的无面值股票）：

		借	贷
1月2日	借：现金	2 400 000	
	贷：普通股（设定价值为＄10）		2 000 000
	超设定价值缴入股本（普通股）		400 000
	（以每股＄12的价格发行20万股设定价值为＄10的普通股）		

实例分析2

Precision 公司 2008 年初各股东权益账户余额如下：

普通股——面值为＄10，核准发行股数为50万股，已发行在外的股票为20万股	＄2 000 000
超面值缴入股本（普通股）	1 000 000
留存收益	5 000 000
合计	＄8 000 000

所有发行在外的普通股均是在公司创建时以每股＄15的价格发行的。试为2008年发生的下列各笔交易编制会计分录：

1月10日　董事会宣告了每股＄0.10的现金股利，股权登记日为1月28日。

2月15日　支付1月10日宣告的现金股利。

3月31日　宣告了20%的股票股利，股票市价为＄18。

5月1日　发放3月31日宣告的股票股利。

7月1日　以每股＄20的价格购入了3万股库存股份。

9月1日　以每股＄26的价格出售了2万股库存股份。

10月1日　以每股＄7的价格出售了剩余的1万股库存股份。

解题步骤：

- 用宣告的每股现金股利乘以股权登记日的股份数，计算出应计的现金股利。
- 确定股票股利是大额股票股利还是小额股票股利，并分析每种情况以确定入账账户以及入账金额。

实例分析2答案：

1月10日	借：留存收益	20 000	
	贷：应付普通股股利		20 000
	（宣告每股＄0.10的现金股利）		
2月15日	借：应付普通股股利	20 000	
	贷：现金		20 000
	（支付每股＄0.10的现金股利）		
3月31日	借：留存收益	720 000	
	贷：应分配普通股股票股利		400 000
	超面值缴入股本（普通股）		320 000
	（宣告40 000股（20%）的小额股票股利，股票市价为＄18）		
5月1日	借：应分配普通股股票股利	400 000	
	贷：普通股		400 000
	（发放40万股普通股股票股利）		
7月1日	借：库存股份（普通股）	600 000	
	贷：现金		600 000

（以每股＄20的价格购入3万股库存股份）

9月1日	借：现金	520 000	
	贷：库存股份（普通股）		400 000
	实缴股本（库存股份）		120 000

（以每股＄26的价格卖出2万股库存股份）

12月1日	借：现金	70 000	
	实缴股本（库存股份）	120 000	
	留存收益	10 000	
	贷：库存股份（普通股）		200 000

（以每股＄7的价格卖出1万股库存股份）

小 结

C1 股份公司的特点及其组织结构。股份公司是独立的法人实体，股东负有有限责任；股票很容易转让；公司可持续经营，不随股东的更迭而消亡；公司事务由代理人（经理和高管人员）执行；公司需要缴纳所得税。

C2 股东权益的构成项目。核定股本是指公司章程中核准发行的股票数量。已发行股票是核定股本中已出售的部分。股票面值是公司章程中所规定的每股股票的价值。无面值股票是公司章程中没有规定每股价值的股票。设定价值股票是公司董事会指定了每股价值的无面值股票。股东权益由实缴股本和留存收益组成，实缴股本是由发行股票筹得的资金构成的，留存收益是由未分配的累积净利润（损失）构成的。

C3 普通股和优先股的特点。优先股相对于普通股在若干方面享有优先权：优先股可以优先分得股利；在公司清算时，优先股可以优先获得清偿。优先股通常没有表决权并且是可转换或可赎回的。可转换优先股允许持股人将其转换成普通股，可赎回优先股允许发行者在特定情况下赎回优先股。

C4 留存收益表的内容。许多公司的留存收益受到法律或合同的限制，公司可以自主地将留存收益拨作特定用途。前期调整是对以前年度财务报表中的重大错误的更正。

P1 公司股票发行的会计处理。当公司发行股票时，我们应以股票面值或设定价值贷记股本账户，溢价部分则应贷记入一个独立的实缴股本账户。如果股票没有面值或设定价值，则以全部发行收入贷记股本账户。股东投入的资产至少应为法定资本，否则股东将来可能要以少缴的资本额为限对公司债务负责。

P2 现金股利的会计处理。涉及现金股利的交易事项主要包括三类：在股利宣告日，董事会确认公司对股东的法定债务，宣告股利会减少公司的留存收益，增加公司的流动负债；在股权登记日，公司确定有权领取股利的股东名单；在股利支付日，公司支付现金给股东，核销掉公司因应付股利而产生的流动负债。

P3 股票股利和股票分割的会计处理。股票股利和股票分割都不会改变公司的价值，但由于分配了额外的股份，所以会导致每股价值降低。新股的分派根据各个股东持股比例而定。对于小额股票股利（小于等于25%），我们一般通过资本化留存收益的方式入账，入账金额等于即将发放的股票的市价；对于大额股票股利（大于25%），我们仍通过资本化留存收益的方式入账，但入账金额等于各州公司法所规定的最低金额。股票分割不需要编制会计分录，但会改变对股票的描述。

P4 股利在普通股和优先股之间的分配。优先股股东通常能够先于普通股股东分得股利。当公司发行的是可累积优先股并且存在积欠股利时，公司必须将积欠股利发给优先股股东之后，才能将剩余的股利分配给普通股股东。

P5 库存股份的购买和出售以及股票注销的会计处理。当公司购买其已经发行的股票时，我们要将购买成本借记库存股份账户，库存股份账户的余额要从资产负负表中所有者权益项目中扣除。如果公司重新发行库存股份，我们要将售价超出其成本的部分贷记实缴股本（库存股份）；如果售价低于成本，我们要将其差额借记实缴股本（库存股份），并以该账户的贷方余额为限，剩余部分再借记留存收益。注销股票时，所有相关科目都要结清。

角色扮演及职业道德参考答案

企业家 50%的股票股利不会给你带来直接收入。股票股利反映了管理层对公司未来的乐观预期，它能提高股票的市场流动性，使更多投资者有能力购买。因此，股票股利通常反映了“好消息”，有可能抬高（略微地）股票市价。3：2 的股利分割也会获得同样的效果。

音乐会筹办人 你有两种基本选择：(1) 发行不同种类的普通股，(2) 同时发行普通股和优先股。你的目标是将所有或大部分有表决权的股票发行给自己，让其他的股票没有或仅有有限的表决权，这样你才能保持控制权并筹集到所需的资金。

快速测试参考答案

1. (b)
2. 股份公司要缴纳所得税，公司股东分得的现金股利也要缴纳个人所得税（税率为15%或更低）。
3. 授权委托书是把股东表决权交由另一个人代为执行的法律文件。
4. (a)
5. 股票溢价是发行股票时，购买者支付的高于股票面值（或设定价值）的金额。
6. 最低法定资本规定了股东投入公司的最低资金限额，并限制公司过多地支付股利，这样做是为了保护债权人的利益。
7. 应付普通股股利是一个流动负债账户。
8. 股利宣告日、股权登记日和股利发放日。
9. 在股利宣告日，股利成为一项法定负债，因此公司应在股利宣告日确认其负债。
10. 股票股利不会向股东转移资产，但需要把一部分留存收益转为实缴股本。
11. 小额股票股利是指公司发放股利的股数小于或等于原有发行在外股数的25%，大额股票股利是指公司发放股利的股数大于原有发行在外股数的25%。
12. 当公司发放小额股票股利时，资本化留存收益的金额等于即将发放的股票的市价。
13. 优先股可以优先分得股利；在公司清算时，优先股可以优先分配公司的资产。
14. (a)

15. (b)

现金股利总额	$288000
支付给优先股股东	135000*
剩余支付给普通股股东	$153000

*9000×$50×10%×3年=$135000

16. (b)

17. 不。这些股票是南方公司的投资，同时是北方公司发行在外的股票。

18. 库存股份不影响核定股本和已发行股票数，但它会减少流通股的数量。

19. (a)

关键术语

Appropriated retained earnings 拨定留存收益
Authorized stock 核定股本
Call price 赎回价格
Callable preferred stock 可赎回优先股
Caoutak stock 股本
Changes in accounting estimates 会计估计变更
Common stock 普通股
Convertible preferred stock 可转换优先股
Corporation 股份公司
Cumulative preferred stock 累积优先股
Date of declaration 股利宣告日
Date of payment 股利发放日
Date of record 股权登记日
Discount on stock 股票折价
Dividend in arrears 积欠股利
Financial leverage 财务杠杆
Large stock dividend 大额股票股利
Liquidating cash dividend 清算性现金股利
Market value per share 每股市价
Minimum legal capital 最低法定资本
Noncumulative preferred stock 非累积优先股
Nonparticipating preferred stock 非参与式优先股
No-par value stock 无面值股票
Organization expenses 开办费
Paid-in capital 实缴股本
Paid-in capital in excess of par value 超面值缴入股本
Participating preferred stock 参与式优先股
Par value 票面价值
Par value stock 有面值股票
Preemptive right 优先认股权
Preferred stock 优先股
Premium of stock 股票溢价
Prior period adjustments 以前年度损益调整
Proxy 授权委托书
Restricted retained earnings 限定用途留存收益
Retained earnings 留存收益
Retained earnings deficit 留存收益赤字
Reverse stock split 逆向股票分割
Small stock dividend 小额股票股利
Stated value stock 设定面值股票
Statement of stockholders' equity 股东权益表
Stock dividend 股票股利
Stock options 股票期权
Stock split 股票分割
Stockholders' equity 股东权益
Treasury stock 库存股份

选择题

1. 假设某公司以每股＄8的价格发行了6 000股面值为＄5的普通股，试问记录该交易的会计分录应包含以下哪几项？______

a. 借：超面值缴入股本 ＄18 000

b. 贷：普通股 ＄48 000

c. 贷：超面值缴入股本 ＄30 000

d. 贷：现金 ＄48 000

e. 贷：普通股 ＄30 000

讨论题

1. 什么是开办费？请举例说明。

2. 开办费是如何记录的？

3. 谁负责指导公司的日常事务？

4. 什么是普通股股东的优先认购权？

5. 请列举普通股股东的一般权利。

6. 核定股本和流通股的区别是什么？

7. 为什么投资者认为可转换优先股具有吸引力？

8. 每股市价和每股面值的区别是什么？

9. 优先股的每股面值和每股赎回价格的区别是什么？

10. 介绍并说明与公司股利相关的三个日期的重要性。

11. 为什么清算性股利可以用来描述借记实缴股本账户的现金股利？

12. 宣告股票股利对企业的资产、负债和总权益分别有什么影响？最终发放股票股利时的影响又是什么？

13. 股票股利和股票分割的区别是什么？

14. 法院规定，股票股利不是股东的应纳税所得额。什么可以证明这一规定是合理的？

15. 购买库存股份对购买者的资产和总权益会产生什么影响？

16. 为什么法律限制库存股份的购买？

快速学习

QS14-1 下列有关企业组织形式的表述，哪一项是正确的？

1. 相比其他企业组织形式，资本更易于积累。
2. 派发给股东的企业收益通常要缴税两次。
3. 所有人对企业债务承担无限责任。
4. 所有权不能轻易转让。
5. 所有人不是企业的代理人。
6. 它是独立的法人实体。
7. 企业有有限的经营期限。

QS14-2 分别根据下列假设编制 Katrick 公司发行的 75 000 股普通股股票的日记账分录。

a. 每股面值＄5，每股售价为＄12。

b. 设定价值为＄5，每股售价为＄12。

QS14-3 分别根据下列假设编制 Gaylord 公司发行的 52 000 股无面值普通股股票的日记账分录。

a. 每股售价为＄30。

b. 用来换取价值＄1 560 000 的土地。

QS14-4 分别编制下列各交易的发行方的日记账分录：(a) 3 月 1 日，Atlantic 公司发行了 37 500 股面值＄5 的普通股股票，收到现金＄300 000。(b) 4 月 1 日，BP 公司发行了无面值普通股股票，筹集现金＄90 000。(c) 4 月 6 日，MPG 公司发行了 3 500 股面值＄10 的普通股股票，筹集到价值＄20 000 的存货、价值＄130 000 的设备和一张＄75 000 的应付票据。

QS14-5

a. 编制日记账分录，以记录 Tamar 公司以每股＄102的价格发行了6 000股面值＄100、股利率为6%的累积优先股。

b. 根据上题的信息，如果Tamar公司宣告了年底现金股利，那么它应支付给优先股股东的股利是多少？（假设没有积欠股利。）

QS14-6 编制记录Forrest公司下列交易的日记账分录。

5月15日 宣告应付普通股股东的现金股利为＄32 000。

6月30日 支付了5月15日宣告的现金股利。

QS14-7 Atari公司4月1日的资产负债表的股东权益部分的数据如下表所示。4月2日，公司宣告并派发了10%的股票股利。4月2日，每股市价为＄18（发放股利前）。记录派发股票股利后股东权益部分的变化。

普通股——面值为＄5；核定发行股数为37.5万股；已发行在外的股票为20万股	＄1 000 000
超面值缴入股本（普通股）	600 000
留存收益	833 000
股东权益合计	＄2 433 000

QS14-8 Marwick公司的股东权益的构成如下：10 000股面值＄20、股利率8%的累积优先股；400 000股面值＄1的普通股。两类股票都是自公司创办时发行的。Marwick公司在之前的年份没有宣告过任何股利，但是本年年末它宣告并发放了＄92 000的现金股利。计算每一类股东在公司这两年的运营中所应获得的现金股利各是多少。

QS14-9 5月3日，Winmac公司花＄45 000购买了3 000股自己公司的股票。11月4日，Winmac公司发行了850股之前购买的库存股份，发行价为＄14 450。编制5月3日和11月4日Winmac公司购入和发行库存股份的日记账分录。

QS14-10 回答下列与企业经营活动有关的问题。

1. 在核对应付票据时发现，三年前公司将支付分期付款票据的本金和利息的总额全部记作了利息费用。这一错误对当年的收益具有实质性的影响。试问该如何在当期的财务报表上报告这一更正？

2. 在连续使用了预计使用年限七年、无残值的办公设备三年后，今年年初公司认为该设备的使用寿命最多还有两年。试问这一变化所产生的影响将如何在当期的财务报表上反映？

练习题

Exercise14-1 下列哪些特征适用于股份公司？

1. 所有者个人控制	5. 持续经营
2. 易于组建	6. 所有者责任
3. 所有权可转让	7. 具有法律地位
4. 有能力筹集巨额资本	8. 收入纳税

Exercise14-2 2月20日，Rodriguez公司发行了12 000股普通股股票，筹集到资金＄182 700。分别根据下列各情况编制记录这一事项的日记账分录。

1. 股票既没有面值也没有设定价值。
2. 股票面值为＄12。
3. 股票设定价值为＄6。

Exercise14-3 编制日记账分录，以记录下列各股票的发行。

1. 公司向其组建者发行了2 500股无面值普通股股票，作为其对公司组建付出的回报，估计这些股票的价值为＄43 500。该股票无设定价值。

2. 公司向其组建者发行了2 500股无面值普通股股票，作为其对公司组建付出的回报，估计这些股票的价值为＄43 500。股票每股设定价值为＄2。

3. 公司发行了5 000股面值＄30的普通股股票，筹集到资金＄180 000。

4. 公司发行了1 250股面值＄100的优先股股票，筹集到资金＄168 500。

Exercise14-4 Soku公司发行了12 000股面值＄9的普通股股票，用来交换一块土地和一栋建筑物。土地的价值为＄75 000，建筑物的价值为＄120 000。编制记录公司发行股票以交换土地和建筑物的日记账分录。

Exercise14-5　将与优先股的特点描述最相符的字母填在横线处。

A. 可转换　　B. 累积　　C. 非累积

D. 非参与式　　E. 参与式　　F. 可赎回

______ 1. 股票持有者有权在普通股股东分得任何股利前先分得当期和以前各期所有的股利。

______ 2. 发行公司能够以预定的价格收回其发行的股票。

______ 3. 股票持有者能够在某些情况下收到超出固定金额的股利。

______ 4. 股票持有者不能派发超出规定额度的股利。

______ 5. 股票持有者可将其转换成普通股股票。

______ 6. 股票持有者不能获得当期未宣告的股利。

Exercise14-6　2009年6月30日，在发放任何股票股利或进行任何股票分割之前，Samson公司股票的每股价格为＄30.50。其资产负债表的股东权益部分的数据如下。

普通股——面值为＄8；核定发行股数为8万股；已发行在外的股票为3.2万股	＄256 000
超面值缴入股本（普通股）	100 000
留存收益	356 000
股东权益合计	＄712 000

1. 假设公司宣告并发放了100%的股票股利，这一事件表现为按照股票面值把留存收益转化为资本。请回答在发行了新股后（即股票股利后）的下列有关问题。

a. 留存收益的余额是多少？

b. 股东权益合计的金额是多少？

c. 流通股的数量是多少？

2. 假设公司实施了2∶1的股票分割方案，而不是发放股票股利。请回答在发行了新股后，下列有关股票权益的相关问题。

a. 留存收益的余额是多少？

b. 股东权益合计的金额是多少？

c. 流通股的数量是多少？

3. 请解释股东收到的大额股票股利所派发的新股和股票分割所派发的新股之间的差异（如果有的话）是什么？

Exercise14-7　2月5日清晨，Tyron公司的股东权益如下所示：

普通股——面值为＄25；核定发行股数为15万股；已发行在外的股票为6.4万股	＄1 600 000
超面值缴入股本（普通股）	525 000
留存收益	671 800
股东权益合计	＄2 796 800

2月5日，董事会宣告了15%的股票股利，股权登记日为2月15日，股利发放日为2月28日。2月5日在宣告发放股利前股票的市价为每股＄50。2月28日股票的市价为每股＄43.60。

1. 编制记录股利宣告和股利发放的日记账分录。

2. 2月5日在宣告发放股票股利前，有一名股东持有900股本公司的股票。计算2月5日宣告股票股利前后，该股东所持有的股票的每股账面价值和账面价值的总额是多少。

3. 计算2月5日和2月28日上题中的投资者所持有的股票的总市场价值。

Exercise14-8　Norton公司的流通股的构成如下：13 000股面值＄10、股利率8%的非累积优先股；32 500股面值＄1的普通股。在其开始经营的头四年内宣告和支付的现金股利总额如下：

2009年	＄ 8 000
2010年	24 000
2011年	120 000
2012年	197 000

计算每年支付给每种类型股东的股利总额分别是多少，并计算出四年支付给各类型股东的股利总额是多少。

Exercise14-9　假设优先股是累积优先股，根据上题中的数据，计算每年支付给每种类型股东的股利总额分别是多少，并计算出四年支付给各类型股东的股利总额是多少。

Exercise14-10　10月10日，Syntax System公

司的股东权益如下。

普通股——面值为＄10；核发 7.2 万股，已发行 7.2 万股	＄720 000
超面值缴入股本（普通股）	216 000
留存收益	864 000
股东权益合计	＄1 800 000

1. 编制日记账分录，以记录 Syntax System 公司发生的下列交易。

a. 10 月 11 日以每股＄22 的价格购入 5 000 股自己公司的普通股股票。

b. 11 月 1 日以每股＄28 的价格卖出 1 000 股库存股份。

c. 11 月 25 日以每股＄17 的价格卖出了所有剩余的库存股份。

2. 试解释 10 月 11 日在购入库存股份之后，公司的权益部分是如何变化的，并编制当日资产负债表调整后的权益部分。

Exercise14-11 下面是 2009 年 12 月 31 日 Arturo 公司所列示的信息。

a. 在发现错误之前，2008 年 12 月 31 日的留存收益余额是＄1 375 000。

b. 2009 年宣告并发放了＄43 000 的现金股利。

c. 漏记了 2007 年的折旧费用＄55 500，其所得税净额为＄4 500。

d. 2009 年公司的净利润为＄126 000。

编制 Arturo 公司 2009 年的留存收益表。

综合题

Problem14-1A Keshena 公司年初进行了合并，并发生了很多交易。下列是影响其经营第一年的股东权益的日记账分录。

a. 借：现金	320 000	
贷：普通股（面值为＄25）		250 000
超面值缴入股本（普通股）		70 000
b. 借：开办费	160 000	
贷：普通股（面值为＄25）		125 000
超面值缴入股本（普通股）		35 000
c. 借：现金	45 500	
应收账款	16 000	
建筑物	82 000	
贷：应付票据		59 500
普通股（面值为＄25）		50 000
超面值缴入股本（普通股）		34000
d. 借：现金	123 000	
贷：普通股（面值为＄25）		75 000
超面值缴入股本（普通股）		48 000

要求：

1. 根据 a～d 的分录描述所发生的交易。
2. 年底发行在外的普通股的数量是多少？
3. 年底最低法定资本（基于面值）是多少？
4. 年底实缴股本总额是多少？
5. 如果实缴股本总额加上留存收益等于＄785 000，那么年底普通股股票的每股账面价值是多少？

Problem14-2A 2009 年 12 月 31 日，Rocklin 公司的股东权益如下。

普通股——面值为＄25；核定发行股数为 10 万股；已发行在外的股票为 4.5 万股	＄1 125 000
超面值缴入股本（普通股）	60 000
留存收益	460 000
股东权益合计	＄1 645 000

下面是 2010 年发生的影响股东权益的交易。

1 月 1 日 以每股＄25 的价格买入 4 500 股自己公司的股票。

1 月 5 日 董事会宣告了现金股利每股＄3，2 月 5 日为股权登记日，2 月 28 日为股利发放日。

2 月 28 日 支付了 1 月 5 日宣告的现金股利。

7 月 6 日 以每股＄29 的价格卖出了 1 688 股库存股份。

8 月 22 日 以每股＄22 的价格卖出了 2 812 股库存股份。

9月5日　董事会宣告了现金股利每股＄3，9月25日为股权登记日，10月28日为股利发放日。

10月28日　支付了9月5日宣告的现金股利。

12月31日　将本年利润账户中的贷方余额（来自净利润）＄388 000结转到留存收益账户。

要求：

1. 编制记录2010年每笔交易的日记账分录。
2. 编制2010年12月31日的留存收益表。
3. 编制2010年12月31日公司资产负债表上的股东权益部分。

Problem14-3A　9月30日，Chan公司第三季度末的股东权益如下。

普通股（面值＄10）	＄420 000
超面值缴入股本（普通股）	100 000
留存收益	400 000

在第四季度，与权益有关的分录如下：

10月2日	借：留存收益	63 000	
	贷：应付普通股股利		63 000
10月25日	借：应付普通股股利	63 000	
	贷：现金		63 000
10月31日	借：留存收益	92 400	
	贷：待分配普通股股利		42 000
	超面值缴入股本（普通股）		50 400
11月5日	借：待分配普通股股利	42 000	
	贷：普通股（面值为＄10）		42 000
12月1日	备注——更换普通股标题，以反映新股面值为＄5		
12月31日	借：本年利润	230 000	
	贷：留存收益		230 000

要求：

1. 根据每一笔业务的分录描述该业务的内容。
2. 完成下列表格，将每一特定日期的权益账户的余额填入空白处（包括9月30日的余额）。

	10月2日	10月25日	10月31日	11月5日	12月1日	12月31日
普通股股票	$	$	$	$	$	$
待分配普通股股利						
超面值缴入股本（普通股）						
留存收益						
权益合计	$	$	$	$	$	$

Problem14-4A　下面是Sierra公司2009年和2010年权益部分的年末余额。

股东权益（2009年12月31日）	
普通股——面值为＄6；核定发行股数为10万股；已发行在外的股票为4.5万股	＄270 000
超面值缴入股本（普通股）	230 000
留存收益	340 000
股东权益合计	＄840 000

股东权益（2010年12月31日）	
普通股——面值为＄6；核定发行股数为10万股；已发行在外的股票为5.32万股，库存股份4 000股	＄319 200
超面值缴入股本（普通股）	262 800
留存收益（被库存股份限制6万股）	400 000
	982 000
减：库存股份成本	(60 000)
股东权益合计	＄922 000

下面是2010年所发生的影响股东权益的交易和事项。

1月5日　宣告了每股＄0.50的现金股利，股权登记日为1月10日。

3月20日　用现金购入库存股份。

4月5日　宣告了每股＄0.50的现金股利，股权登记日为4月10日。

7月5日　宣告了每股＄0.50的现金股利，股权登记日为7月10日。

7月31日　当股票的市价为每股＄10时宣告发放20%的股票股利。

8月14日　发行了7月31日宣告的股票股利。

10月5日　宣告了每股＄0.50的现金股利，股权登记日为10月10日。

要求：

1. 在每个现金股利发放日发行在外的普通股的数量是多少？

2. 每个现金股利发放日所发放的总额各是多少？

3. 股票股利中资本化留存收益的金额是多少？

4. 购入的库存股份的每股成本是多少？

5. 2010年公司的净利润是多少？

附表 1　　复利现值系数表　　$p=1/(1+i)^n$

年	百分比											
	1%	2%	3%	4%	5%	6%	7%	8%	9%	10%	12%	15%
1	0.9901	0.9804	0.9709	0.9615	0.9524	0.9434	0.9346	0.9259	0.9174	0.9091	0.8929	0.8696
2	0.9803	0.9612	0.9426	0.9246	0.9070	0.8900	0.8734	0.8573	0.8417	0.8264	0.7972	0.7561
3	0.9706	0.9423	0.9151	0.8890	0.8638	0.8396	0.8163	0.7938	0.7722	0.7513	0.7118	0.6575
4	0.9610	0.9238	0.8885	0.8548	0.8227	0.7921	0.7629	0.7350	0.7084	0.6830	0.6355	0.5718
5	0.9515	0.9057	0.8626	0.8219	0.7835	0.7473	0.7130	0.6806	0.6499	0.6209	0.5674	0.4972
6	0.9420	0.8880	0.8375	0.7903	0.7462	0.7050	0.6663	0.6302	0.5963	0.5645	0.5066	0.4323
7	0.9327	0.8706	0.8131	0.7599	0.7107	0.6651	0.6227	0.5835	0.5470	0.5132	0.4523	0.3759
8	0.9235	0.8535	0.7894	0.7307	0.6768	0.6274	0.5820	0.5403	0.5019	0.4665	0.4039	0.3269
9	0.9143	0.8368	0.7664	0.7026	0.6446	0.5919	0.5439	0.5002	0.4604	0.4241	0.3606	0.2843
10	0.9053	0.8203	0.7441	0.6756	0.6139	0.5584	0.5083	0.4632	0.4224	0.3855	0.3220	0.2472
11	0.8963	0.8043	0.7224	0.6496	0.5847	0.5268	0.4751	0.4289	0.3875	0.3505	0.2875	0.2149
12	0.8874	0.7885	0.7014	0.6246	0.5568	0.4970	0.4440	0.3971	0.3555	0.3186	0.2567	0.1869
13	0.8787	0.7730	0.6810	0.6006	0.5303	0.4688	0.4150	0.3677	0.3262	0.2897	0.2292	0.1625
14	0.8700	0.7579	0.6611	0.5775	0.5051	0.4423	0.3878	0.3405	0.2992	0.2633	0.2046	0.1413
15	0.8613	0.7430	0.6419	0.5553	0.4810	0.4173	0.3624	0.3152	0.2745	0.2394	0.1827	0.1229
16	0.8528	0.7284	0.6232	0.5339	0.4581	0.3936	0.3387	0.2919	0.2519	0.2176	0.1631	0.1069
17	0.8444	0.7142	0.6050	0.5134	0.4363	0.3714	0.3166	0.2703	0.2311	0.1978	0.1456	0.0929
18	0.8360	0.7002	0.5874	0.4936	0.4155	0.3503	0.2959	0.2502	0.2120	0.1799	0.1300	0.0808
19	0.8277	0.6864	0.5703	0.4746	0.3957	0.3305	0.2765	0.2317	0.1945	0.1635	0.1161	0.0703
20	0.8195	0.6730	0.5537	0.4564	0.3769	0.3118	0.2584	0.2145	0.1784	0.1486	0.1037	0.0611
25	0.7798	0.6095	0.4776	0.3751	0.2953	0.2330	0.1842	0.1460	0.1160	0.0923	0.0588	0.0304
30	0.7419	0.5521	0.4120	0.3083	0.2314	0.1741	0.1314	0.0994	0.0754	0.0573	0.0334	0.0151
35	0.7059	0.5000	0.3554	0.2534	0.1813	0.1301	0.0937	0.0676	0.0490	0.0356	0.0189	0.0075
40	0.6717	0.4529	0.3066	0.2083	0.1420	0.0972	0.0668	0.0460	0.0318	0.0221	0.0107	0.0037

附表 2

复利终值系数表

$f=(1+i)^n$

年	百分比											
	1%	2%	3%	4%	5%	6%	7%	8%	9%	10%	12%	15%
0	1.0000	1.0000	1.0000	1.0000	1.0000	1.0000	1.0000	1.0000	1.0000	1.0000	1.0000	1.0000
1	1.0100	1.0200	1.0300	1.0400	1.0500	1.0600	1.0700	1.0800	1.0900	1.1000	1.1200	1.1500
2	1.0201	1.0404	1.0609	1.0816	1.1025	1.1236	1.1449	1.1664	1.1881	1.2100	1.2544	1.3225
3	1.0303	1.0612	1.0927	1.1249	1.1576	1.1910	1.2250	1.2597	1.2950	1.3310	1.4049	1.5209
4	1.0406	1.0824	1.1255	1.1699	1.2155	1.2625	1.3108	1.3605	1.4116	1.4641	1.5735	1.7490
5	1.0510	1.1041	1.1593	1.2167	1.2763	1.3382	1.4026	1.4693	1.5386	1.6105	1.7623	2.0114
6	1.0615	1.1262	1.1941	1.2653	1.3401	1.4185	1.5007	1.5869	1.6771	1.7716	1.9738	2.3131
7	1.0721	1.1487	1.2299	1.3159	1.4071	1.5036	1.6058	1.7138	1.8280	1.9487	2.2107	2.6600
8	1.0829	1.1717	1.2668	1.3686	1.4775	1.5938	1.7182	1.8509	1.9926	2.1436	2.4760	3.0590
9	1.0937	1.1951	1.3048	1.4233	1.5513	1.6895	1.8385	1.9990	2.1719	2.3579	2.7731	3.5179
10	1.1046	1.2190	1.3439	1.4802	1.6289	1.7908	1.9672	2.1589	2.3674	2.5937	3.1058	4.0456
11	1.1157	1.2434	1.3842	1.5395	1.7103	1.8983	2.1049	2.3316	2.5804	2.8531	3.4785	4.6524
12	1.1268	1.2682	1.4258	1.6010	1.7959	2.0122	2.2522	2.5182	2.8127	3.1384	3.8960	5.3503
13	1.1381	1.2936	1.4685	1.6651	1.8856	2.1329	2.4098	2.7196	3.0658	3.4523	4.3635	6.1528
14	1.1495	1.3195	1.5126	1.7317	1.9799	2.2609	2.5785	2.9372	3.3417	3.7975	4.8871	7.0757
15	1.1610	1.3459	1.5580	1.8009	2.0789	2.3966	2.7590	3.1722	3.6425	4.1772	5.4736	8.1371
16	1.1726	1.3728	1.6047	1.8730	2.1829	2.5404	2.9522	3.4259	3.9703	4.5950	6.1304	9.3576
17	1.1843	1.4002	1.6528	1.9479	2.2920	2.6928	3.1588	3.7000	4.3276	5.0545	6.8660	10.7613
18	1.1961	1.4282	1.7024	2.0258	2.4066	2.8543	3.3799	3.9960	4.7171	5.5599	7.6900	12.3755
19	1.2081	1.4568	1.7535	2.1068	2.5270	3.0256	3.6165	4.3157	5.1417	6.1159	8.6128	14.2318
20	1.2202	1.4859	1.8061	2.1911	2.6533	3.2071	3.8697	4.6610	5.6044	6.7275	9.6463	16.3665
25	1.2824	1.6406	2.0938	2.6658	3.3864	4.2919	5.4274	6.8485	8.6231	10.8347	17.0001	32.9190
30	1.3478	1.8114	2.4273	3.2434	4.3219	5.7435	7.6123	10.0627	13.2677	17.4494	29.9599	66.2118
35	1.4166	1.9999	2.8139	3.9461	5.5160	7.6861	10.6766	14.7853	20.4140	28.1024	52.7996	133.1755
40	1.4889	2.2080	3.2620	4.8010	7.0400	10.2857	14.9745	21.7245	31.4094	45.2593	93.0510	267.8635

附表 3

年金现值系数表

$$p=\left[1-\frac{1}{(1+i)^n}\right]/i$$

年	百分比											
	1%	2%	3%	4%	5%	6%	7%	8%	9%	10%	12%	15%
1	0.9901	0.9804	0.9709	0.9615	0.9524	0.9434	0.9346	0.9259	0.9174	0.9091	0.8929	0.8696
2	1.9704	1.9416	1.9135	1.8861	1.8594	1.8334	1.8080	1.7833	1.7591	1.7355	1.6901	1.6257
3	2.9410	2.8839	2.8286	2.7751	2.7232	2.6730	2.6243	2.5771	2.5313	2.4869	2.4018	2.2832
4	3.9020	3.8077	3.7171	3.6299	3.5460	3.4651	3.3872	3.3121	3.2397	3.1699	3.0373	2.8550
5	4.8534	4.7135	4.5797	4.4518	4.3295	4.2124	4.1002	3.9927	3.8897	3.7908	3.6048	3.3522
6	5.7955	5.6014	5.4172	5.2421	5.0757	4.9173	4.7665	4.6229	4.4859	4.3553	4.1114	3.7845
7	6.7282	6.4720	6.2303	6.0021	5.7864	5.5824	5.3893	5.2064	5.0330	4.8684	4.5638	4.1604
8	7.6517	7.3255	7.0197	6.7327	6.4632	6.2098	5.9713	5.7466	5.5348	5.3349	4.9676	4.4873
9	8.5660	8.1622	7.7861	7.4353	7.1078	6.8017	6.5152	6.2469	5.9952	5.7590	5.3282	4.7716
10	9.4713	8.9826	8.5302	8.1109	7.7217	7.3601	7.0236	6.7101	6.4177	6.1446	5.6502	5.0188
11	10.3676	9.7868	9.2526	8.7605	8.3064	7.8869	7.4987	7.1390	6.8052	6.4951	5.9377	5.2337
12	11.2551	10.5753	9.9540	9.3851	8.8633	8.3838	7.9427	7.5361	7.1607	6.8137	6.1944	5.4206
13	12.1337	11.3484	10.6350	9.9856	9.3936	8.8527	8.3577	7.9038	7.4869	7.1034	6.4235	5.5831
14	13.0037	12.1062	11.2961	10.5631	9.8986	9.2950	8.7455	8.2442	7.7862	7.3667	6.6282	5.7245
15	13.8651	12.8493	11.9379	11.1184	10.3797	9.7122	9.1079	8.5595	8.0607	7.6061	6.8109	5.8474
16	14.7179	13.5777	12.5611	11.6523	10.8378	10.1059	9.4466	8.8514	8.3126	7.8237	6.9740	5.9542
17	15.5623	14.2919	13.1661	12.1657	11.2741	10.4773	9.7632	9.1216	8.5436	8.0216	7.1196	6.0472
18	16.3983	14.9920	13.7535	12.6593	11.6896	10.8276	10.0591	9.3719	8.7556	8.2014	7.2497	6.1280
19	17.2260	15.6785	14.3238	13.1339	12.0853	11.1581	10.3356	9.6036	8.9501	8.3649	7.3658	6.1982
20	18.0456	16.3514	14.8775	13.5903	12.4622	11.4699	10.5940	9.8181	9.1285	8.5136	7.4694	6.2593
25	22.0232	19.5235	17.4131	15.6221	14.0939	12.7834	11.6536	10.6748	9.8226	9.0770	7.8431	6.4641
30	25.8077	22.3965	19.6004	17.2920	15.3725	13.7648	12.4090	11.2578	10.2737	9.4269	8.0552	6.5660
35	29.4086	24.9986	21.4872	18.6646	16.3742	14.4982	12.9477	11.6546	10.5668	9.6442	8.1755	6.6166
40	32.8347	27.3555	23.1148	19.7928	17.1591	15.0463	13.3317	11.9246	10.7574	9.7791	8.2438	6.6418

附表 4

年金终值系数表

$f=[(1+i)^n-1]/i$

年	百分比											
	1%	2%	3%	4%	5%	6%	7%	8%	9%	10%	12%	15%
1	1.0000	1.0000	1.0000	1.0000	1.0000	1.0000	1.0000	1.0000	1.0000	1.0000	1.0000	1.0000
2	2.0100	2.0200	2.0300	2.0400	2.0500	2.0600	2.0700	2.0800	2.0900	2.1000	2.1200	2.1500
3	3.0301	3.0604	3.0909	3.1216	3.1525	3.1836	3.2149	3.2464	3.2781	3.3100	3.3744	3.4725
4	4.0604	4.1216	4.1836	4.2465	4.3101	4.3746	4.4399	4.5061	4.5731	4.6410	4.7793	4.9934
5	5.1010	5.2040	5.3091	5.4163	5.5256	5.6371	5.7507	5.8666	5.9847	6.1051	6.3528	6.7424
6	6.1520	6.3081	6.4684	6.6330	6.8019	6.9753	7.1533	7.3359	7.5233	7.7156	8.1152	8.7537
7	7.2135	7.4343	7.6625	7.8983	8.1420	8.3938	8.6540	8.9228	9.2004	9.4872	10.0890	11.0668
8	8.2857	8.5830	8.8923	9.2142	9.5491	9.8975	10.2598	10.6366	11.0285	11.4359	12.2997	13.7268
9	9.3685	9.7546	10.1591	10.5828	11.0266	11.4913	11.9780	12.4876	13.0210	13.5795	14.7757	16.7858
10	10.4622	10.9497	11.4639	12.0061	12.5779	13.1808	13.8164	14.4866	15.1929	15.9374	17.5487	20.3037
11	11.5668	12.1687	12.8078	13.4864	14.2068	14.9716	15.7836	16.6455	17.5603	18.5312	20.6546	24.3493
12	12.6825	13.4121	14.1920	15.0258	15.9171	16.8699	17.8885	18.9771	20.1407	21.3843	24.1331	29.0017
13	13.8093	14.6803	15.6178	16.6268	17.7130	18.8821	20.1406	21.4953	22.9534	24.5227	28.0291	34.3519
14	14.9474	15.9739	17.0863	18.2919	19.5986	21.0151	22.5505	24.2149	26.0192	27.9750	32.3926	40.5047
15	16.0969	17.2934	18.5989	20.0236	21.5786	23.2760	25.1290	27.1521	29.3609	31.7725	37.2797	47.5804
16	17.2579	18.6393	20.1569	21.8245	23.6575	25.6725	27.8881	30.3243	33.0034	35.9497	42.7533	55.7175
17	18.4304	20.0121	21.7616	23.6975	25.8404	28.2129	30.8402	33.7502	36.9737	40.5447	48.8837	65.0751
18	19.6147	21.4123	23.4144	25.6454	28.1324	30.9057	33.9990	37.4502	41.3013	45.5992	55.7497	75.8364
19	20.8109	22.8406	25.1169	27.6712	30.5390	33.7600	37.3790	41.4463	46.0185	51.1591	63.4397	88.2118
20	22.0190	24.2974	26.8704	29.7781	33.0660	36.7856	40.9955	45.7620	51.1601	57.2750	72.0524	102.4436
25	28.2432	32.0303	36.4593	41.6459	47.7271	54.8645	63.2490	73.1059	84.7009	98.3471	133.3339	212.7930
30	34.7849	40.5681	47.5754	56.0849	66.4388	79.0582	94.4608	113.2832	136.3075	164.4940	241.3327	434.7451
35	41.6603	49.9945	60.4621	73.6522	90.3203	111.4348	138.2369	172.3168	215.7108	271.0244	431.6635	881.1702
40	48.8864	60.4020	75.4013	95.0255	120.7998	154.7620	199.6351	259.0565	337.8824	442.5926	767.0914	1779.0903

术语表

A

Absorption costing（完全成本法）：同时把变动成本和固定成本分摊到产品中的一种成本计算方法。

Accelerated depreciation method（加速折旧法）：在资产的使用寿命早期计提大量折旧费用，而在使用寿命后期计提少量折旧费用的一种方法。

Account（账户）：在会计系统中反映具体的资产、负债、所有者权益、收入和费用增加或减少的记录。

Account balance（账户余额）：账户中借方总额和贷方总额（包括期初余额）的差值。

Account form balance sheet（账户式资产负债表）：资产列示在左边，负债和所有者权益列示在右边的资产负债表。

Account payable（应付账款）：买方基于自身的信用状况赊购商品或服务所产生的负债。

Accounting（会计）：确认、记录和传递有关公司经营活动相关信息的信息系统和测量系统。

Accounting cycle（会计循环）：每一会计年度重复相同的步骤，从分析交易开始，到编制出结算后试算表（或转回分录）为止的过程。

Accounting equation（会计等式）：有关公司资产、负债和所有者权益的等式；资产＝负债＋所有者权益；该等式也称为资产负债表等式。

Accounting information system（会计信息系统）：负责收集、处理交易和事项的数据，并把它们以有用的形式组织起来，将结果传递给决策者的一系列人、记录、方法的集合。

Accounting period（会计期间）：财务报表覆盖的时间跨度；也称为报告期。

Accounting rate of return（会计收益率）：用来评估一项投资可接受性的比率；等于某项目的当期税后收益除以平均资产投资；又称为平均投资报酬率。

Accounts payable ledger（应付账款明细账）：列示单个贷方（供应商）账户的明细分类账。

Accounts receivable（应收账款）：基于客户的信用状况向客户赊销所产生的款项。

Accounts receivable ledger（应收账款明细账）：列示单个客户账户的明细分类账。

Accounts receivable turnover（应收账款周转率）：一种测量应收账款质量和流动性的比率；表明收回应收账款所需的时间及在此期间收回的次数；等于净销售收入除以平均应收账款。

Accrual basis accounting（权责发生制会计）：以一般公认会计原则（GAAP）为基础，当收入实现时确认收入，费用发生时确认费用的一种会计制度。

Accrued expenses（预提费用）：期间内发生的、既未付款也未记录的成本；记录预提费用会涉及增加费用和增加负债两个调整分录。

Accrued revenues（应计收益）：期间内发生的、既未记录也未收到现金（或其他资产）的收益；记录应计收益会涉及增加资产和增加收益两个调整分录。

Accumulated depreciation（累计折旧）：某项资产所记录的全部折旧费用的累计总和。

Acid-test ratio（酸性测验比率）：评估一家公司以流动资产偿付流动负债的能力的比率；等于速动资产（现金、短期投资和短期应收账款等）除以流动负债。

Activity-based budgeting，ABB（作业预算）：基于预期作业的预算制度。

Activity-based costing，ABC（作业成本法）：以执行的作业活动为基础的成本分配方法；追踪作业成本并将其分摊到成本对象中。

Activity cost driver（作业成本驱动因素）：引起一项作业成本增加或减少的最原始因素。

Activity cost pool（作业成本池）：记录公司支持某项作业所发生的累计成本的临时性账户。

Adjusted trial balance（调整后试算平衡表）：期末调整分录记录和结转后编制的列有账户及其余额的表格。

Adjusting entry（调整分录）：在会计期末将某项资产或负债账户调整为正确的金额并同时调整相关费用或收益账户的日记账分录。

Aging of accounts receivable（应收账款账龄分析）：为了估计坏账，按应收账款到期未付的时间长短进行分类的过程。

Allowance for doubtful accounts（坏账准备）：余额近似等于应收账款坏账的资产备抵账户。

Allowance method（备抵法）：（a）根据当期的销售收入预测并计提坏账费用的过程；（b）按预计可变现价值报告应收账款的过程。

Amortization（摊销）：按某项无形资产的预期使用年限分配其成本的过程。

Annual financial statements（年度财务报表）：会计期间覆盖一个年度的财务报表；通常以日历年度计算，但任何连续 12 个月（或 52 周）的期间都可以认为是一个年度。

Annual report（年报）：有关公司当年财务状况和未来计划的财务结果的总结；主要为财务信息的外部使用者所使用。

Annuity（年金）：在相同的时间间隔内收到的一系列等额付款。

Appropriated retained earnings（已拨定留存收益）：为向股东反映融资需求而单独报告的留存收益。

Asset book value（资产账面价值）：见面值（Book value）。

Assets（资产）：企业拥有或控制的、预期为企业带来当期或未来利益的资源。

Audit（审计）：使用各种检测方法分析和披露组织的会计制度、记录和报告的过程。

Auditors（审计人员）：负责审核财务分析报告和信息系统的人员。公司的内部审计人员负责评估内部控制制度，包括内控实施的结果。外部审计人员独立于公司，负责评估财务报表的公允性（或提供合同规定的其他金融服务）。

Authorized stock（核定股份）：企业规章制度允许发行的最高股份数额。

Available-for-sale（AFS）securities（可供出售金融资产）：没有被划分为有价证券或持有至到期证券的短期负债和权益性证券。

Average cost（平均成本）：见加权平均（Weighted average）。

Avoidable expense（可避免费用）：与决策相关的费用（或成本）；如果取消某个部门，产品或服务就不会发生的费用。

B

Bad debts（坏账）：那些承诺付款但没有付款的客户的账项；赊销所产生的费用；也称为不可收回账项。

Balance column account（三栏式账户）：含有记录分录的借项和贷项栏的账户，并且另有一栏专门反映每一分录登记后账户的余额情况。

Balance sheet（资产负债表）：在某一具体日期列示资产、负债和所有者权益类型及金额的财务报表。

Balance sheet equation（资产负债表等式）：见会计等式。

Bank reconciliation（银行余额调节表）：解释公司现金账面余额和银行对账单上现金余额之间差异的报表。

Bank statement（银行对账单）：反映某一期间存款人期初和期末现金余额及其变化情况明细的银行报告。

Basic earnings per share（基本每股收益）：等于扣除优先股股利后的净收益除以发行在外的加权平均股股数。

Batch processing（批处理）：将某一期间的原始凭证累积在一起，然后在某天、某周或某月一次性全部处理的过程。

Bearer bonds（不记名债券）：可以向任何持有债券者（持票人）支付款项的债券。

Benchmarking（标杆管理）：以其他公司或标准为基准，对比分析本公司财务业绩或经营状况的过程。

Betterments（改良）：为使一项固定资产增加效率或提高产出而发生的支出。

Bond（债券）：按规定的合同日期支付债券面值和利息的书面承诺；通常发行的面额为1 000美元。

Bond certificate（债券凭证）：包含诸如发行人名称、债券面值、合同利率和到期日等债券明细的文件。

Bond indenture（债券证书）：债券发行人和债券持有人之间的合同，规定了当事双方的权利和义务。

Book value（面值）：等于资产的取得成本减去累计折旧（或损耗、摊销）；有时也等于某一账户的现存价值。

Book value per common share（每股账面价值）：等于与普通股相对应的权益数额除以发行在外的普通股股数。

Book value per preferred share（每股优先股账面价值）：等于与优先股相对应的权益数额（等于赎回价格或面值加上累积应付股利）除以发行的优先股股数。

Bookkeeping（簿记）：见 Recordkeeping（簿记）。

Break-even point（盈亏平衡点）：销售收入等于固定成本加变动成本的时点，此时收益等于零。

Break-even time, BET（投资回收期）：用来估计一项投资的可接受性的以时间为基础的测度方法；即一项投资所获得的净现金流的现值等于初始投资成本预期所花费的时间。

Budget（预算）：未来计划的正式声明，通常以货币形式表示。

Budget report（预算报告）：将实际结果和计划目标相对比的报告；有时被用来作为进度报告。

Budgetary control（预算控制）：用预算监督和控制公司运营情况的管理方式。

Budgeted balance sheet（预算资产负债表）：反映预算期结束时公司的资产、负债和所有者权益预计数额的财务报表。

Budgeted income statement（预算利润表）：反映预算期公司收入和费用的预计数额的财务报表。

Budgeting（预算编制）：规划未来商业行为并以正式计划呈现出来的过程。

Business（企业）：以盈利为目的，由一人或多人构成的销售产品和/或服务的组织。

Business entity assumption（会计主体假设）：规定企业区分其所有者和其他主体进行会计核算的原则。

Business segment（业务部门）：由其所提供的产品或服务，或其所服务的地域市场所决定的，可以单独识别的公司的一部分。

C

C corporation（C 公司）：就所得税的缴纳而言，不符合或不被视为独资企业或合伙企业的公司，因此需要缴纳企业所得税。

Call price（赎回价格）：收回可赎回优先股或可赎回债券必须支付的金额。

Callable bonds（可赎回债券）：一种债券，在债券到期前发行人有权以特定价格将债券赎回。

Callable preferred stock（可赎回优先股）：一种优先股，发行公司有权以赎回价格加上应付股利将优先股赎回。

Canceled checks（注销支票）：银行已经付款并从存款人账户扣除相应金额的支票。

Capital budgeting（资本预算）：分析各类投资并决定购置或出售哪些资产的过程。

Capital expenditures（资本性支出）：为延长固定资产使用年限或增加固定资产效能所发生的额外成本；也称为资产负债表支出。

Capital expenditures budget（资本支出预算）：同时列有处置固定资产取得的收益和购置固定资产花费的支出金额的计划。

Capital leases（资本性租赁）：实质上出租人将与资产所有权有关的全部风险和报酬转移给承租方的长期租赁。

Capital stock（股本）：公司为获得资本（所有者融资）所发行的股份的泛称。

Capitalize（资本化）：将成本记录在永久性账户中并在以后期间分摊的过程。

Carrying (book) value of bonds（债券账面价值）：资产负债表上所报告的债券的净额，等于债券面值减去未摊销折价或加上未摊销溢价，也称为账面余额或账面价值。

Cash（现金）：包括货币、硬币、银行存款和银行支票等。

Cash basis accounting（收付实现制会计）：当收到现金时确认收入，支出现金时确认费用的一种会计制度。

Cash budget（现金预算）：在预算期间反映预期现金流入和流出的计划，包括维持最低现金余额进行借款收到的现金和偿还借款支付的现金等。

Cash disbursements journal（现金支出日记账）：用来记录所有现金支付情况的特殊日记账。

Cash discount（现金折扣）：卖方给予买方在折扣期内支付货款所享有的商品价格折扣额。

Cash equivalents（现金等价物）：一种短期投资资产，可变现为已知数额的现金或非常接近投资到期日（通常为 90 天内）价值，因此该项资产的市场价值不会受到利率波动的影响。

Cash flow on total assets（现金流量与总资产比率）：等于经营活动现金流量除以平均总资

产，不受收益确认和计量的影响，部分地反映了盈余质量。

Cash over and short（现金损溢）：用来记录由于现金收入和支出所引起的现金溢缺情况的利润表账户。

Cash receipts journal（现金收入日记账）：用来记录所有现金收入情况的特殊日记账。

Change in an accounting estimate（会计估计变更）：由于对本期和未来期间产生影响的新信息、新发展或改进的判断标准的出现所导致的会计估计的变化。

Chart of accounts（会计科目表）：公司用来列示会计科目的表格，每一科目都与一个特定的数字编号相对应。

Check（支票）：存款人要求银行向指定收款人支付特定金额的书面文件。

Check register（支票登记簿）：附有支票号码栏的现金支出日记账。

Classified balance sheet（分类资产负债表）：将资产和负债按相关标准（包括流动和非流动等）进行分类报告的资产负债表。

Clock card（考勤卡）：用来记录雇员工作小时数的原始凭证，以此计算每一工资结算周期的总人工成本。

Closing entries（结账分录）：每一会计期末记录的分录，用来将收入、利得、费用、损失和提取（公司股息）账户的期末余额结转到资本账户（或公司留存收益账户）。

Closing process（结账程序）：为使下期发生的交易可以进行正常的会计处理，本期期末所发生的必要的步骤。

Columnar journal（多栏式日记账）：多于一栏的日记账。

Common stock（普通股）：公司的基本所有权股份，也称为股本。

Common-size financial statement（共同比财务报表）：每一数额均为某一基数百分比形式的财务报表。在资产负债表中，总资产通常作为基数，并表示为100%。在利润表中，净销售收入通常为基数。

Comparative financial statement（比较财务报表）：列示两个或两个以上报告期间数的报表，通常会列示这些期间之间金额的变化及百分比。

Compatibility principle（适应性原则）：一种信息系统原则，规定会计制度要与公司的活动、人员和结构相符合。

Complex capital structure（复杂资本结构）：包括未行使的购买普通股的权利或期权，和/或可转换为普通股的债券的资本结构。

Components of accounting systems（会计系统组成）：会计系统有五个基本组成部分，包括原始凭证、输入设备、信息处理、信息存储和输出设备。

Composite unit（组合单位）：由每一产品的特定件数组成的类属单元；按不同产品的预期销售比例组合而成的单元。

Compound journal entry（复合日记账分录）：至少反映三个账户的日记账分录。

Comprehensive income（综合收益）：扣除所有者出资额后的某一期间的所有者权益净变化。

Computer hardware（计算机硬件）：计算机会计系统中的实体设备。

Computer network（计算机网络）：使不同用户和不同计算机可以获得公用数据库和程序的链接。

Computer software（计算机软件）：命令计算机硬件操作的程序。

Conservatism constraint（稳健性约束）：一种原则，当两种情况被预测为等可能发生时，选择乐观性更差的那种。

Consignee（承售方）：替商品的所有者销售货物的人。

Consignor（寄售方）：将货物运送给替自己销售的另一方的货物所有人。

Consistency concept（一致性原则）：一种原则，要求在不同的会计期间使用相同的会计方法以使不同期间的财务报表具有可比性。

Consolidated financial statements（合并财务报表）：列示母公司控制下的所有活动（包括子公司在内）的财务报表。

Contingent liability（或有负债）：当未来一项不确定事项发生时需要支付款项的义务。

Continuous budgeting（连续预算）：为未来的若干期间编制预算并在每一期间结束后修正预算。

Continuous improvement（持续改进）：要求经理和雇员持续不断改善经营的一种理念。

Contra account（备抵账户）：与另一账户相联系并可以抵减其余额的账户，作为另一账户余额的减项进行列示。

Contract rate（票面利率）：债券契约中规定的利率；其乘以面值等于每期支付的利息；也称为名义利率。

Contributed capital（实缴资本）：以股份为交换，从股东处获得的现金和其他资产的总和；也称为已缴资本。

Contributed capital in excess of par value（超面值缴入股本）：当以高于面值的价格发行时，发行价和股票面值间的差异。

Contribution margin（边际贡献）：等于销售收入减去总变动成本。

Contribution margin income statement（边际贡献利润表）：将变动成本和固定成本分开列示的利润表；强调了边际贡献（销售收入减去变动成本）的重要性。

Contribution margin per unit（单位边际贡献）：每销售一单位产品对固定成本和利润的贡献值；等于每单位销售价格减去每单位变动费用。

Contribution margin ratio（边际贡献率）：等于产品的边际贡献除以销售价格。

Control（控制）：监督规划决策及评估组织的活动和人员的过程。

Control principle（控制原则）：一种信息系统原则，规定会计制度要有助于管理人员控制和监督企业活动。

Controllable costs（可控成本）：管理人员有能力控制或至少可以对其产生重要影响的成本。

Controllable variance（可控制差异）：间接费用差异（变动的和固定的）和可变间接费用效率差异的组合。

Controlling account（统驭账户）：总分类账科目，等于相关子分类账余额的总和。

Conversion costs（加工成本）：将原材料加工成产成品所发生的支出，包括直接人工成本和间接成本。

Convertible bonds（可转换债券）：债券持有人可以将其转换成一定数量的发行方股份的债券。

Convertible preferred stock（可转换优先股）：允许持有人在特定日期将其转换成一定数额普通股的优先股。

Copyright（著作权）：允许所有者在创作者的寿命加 70 年的时间内，享有出版和出售音乐作品、文学作品和艺术作品的特殊权利。

Corporation（公司）：根据州或联邦法律的规定，由称为股东的所有者所拥有的独立法律实体。

Cost（成本）：为达到固定资产预定可使用状态所发生的所有正常的和合理的支出。

Cost accounting system（成本核算系统）：以永续盘存制为基础，制造业活动的核算系统。

Cost-benefit principle（成本效益原则）：一种信息系统原则，规定会计制度要权衡一项活动的成本和收益情况。

Cost center（成本中心）：发生成本但不产生任何收入的部门，常见的例子是会计部门或法律部门。

Cost object（成本对象）：成本要分摊到的对象，包括产品、过程、部门或客户等。

Cost of goods available for sale（可供销售的产品成本）：由期初存货加上当期净采购组成。

Cost of goods manufactured（产品制造成本）：等于当期总制造成本（直接材料、直接人工和制造费用）加上期初在产品减去期末在产品；也称为净产品制造成本。

Cost of goods sold（商品销售成本）：当期销售给客户的存货成本；也称为销货成本。

Cost principle（成本原则）：一种会计原则，要求财务报表信息以业务交易中实际发生的成本为基础。

Cost variance（成本差异）：实际发生成本和标准成本之间的差异。

Cost-volume-profit（CVP）analysis（本量利分析）：一种规划方法，包括预测业务成交量、已发生成本、实现的销售收入和获得的利润等。

Cost-volume-profit（CVP）chart（本量利图）：反映本、量、利关系的图表。

Coupon bonds（附息债券）：在凭证上附有息票的债券；在债券到期时债券持有人将息票分离并交给银行或券商。

Credit（贷方）：记录在账户右边；是资产和费用账户的减项，是负债、收入和大多数权益账户的增项；缩写为 Cr.。

Credit memorandum（贷记通知单）：发送方通知接收方其已在账簿中贷记接收方账户的文件。

Credit period（信用期）：客户的欠款到期前的期间。

Credit terms（信用条件）：买方（债务人）同意在未来支付欠款数额和付款时间的详细说明。

Creditors（债权人）：有权收取款项的个人或组织。

Cumulative preferred stock（累积优先股）：未宣告股利累积到支付日的优先股；普通股股东在累积股利支付前不能获得任何股利。

Current assets（流动资产）：现金和企业预期在一年或超过一年的一个营业周期内出售、收回或使用的其他资产。

Current liabilities（流动负债）：企业在一年或超过一年的一个营业周期内需要偿还的债务。

Current portion of long-term debt（一年内到期的长期负债）：在一年或超过一年的一个营业周期内到期的长期债务，通常列示在流动负债项下。

Current ratio（流动比率）：用来评价公司偿付短期负债能力的比率；等于流动资产除以流动负债。

Curvilinear cost（曲线成本）：按固定比率随成交量变化而变化的成本。

Customer orientation（顾客导向）：一种企业定位，管理人员和员工完全以客户需求为导向，与客户需求的变化相一致。

Cycle efficiency，CE（循环效率）：测度生产效率的方法，等于价值增值时间段除以总循环时间段。

Cycle time, CT（周期）：测量生产产品或服务所需的时间，等于加工时间、检测时间、传送时间和等待时间的总和；也称为产出时间。

D

Date of declaration（股利宣告日）：董事会宣告发放股利的日期。

Date of payment（股利发放日）：公司支付股利的日期。

Date of record（股权登记日）：董事会确定哪些股东可以收到股利的日期。

Days' sales in inventory（存货周转天数）：预期将存货转换为应收款或现金所需要的天数；等于期末存货除以销售成本，再乘以365。

Days' sales uncollected（应收账款周转天数）：测量应收账款流动性的指标，等于当期应收账款余额除以年赊销额，再乘以365。

Debit（借方）：记录在账户左边；是资产和费用账户的增项，是负债、收入和大多数权益账户的减项；缩写为Dr.。

Debit memorandum（借记通知单）：发送方通知接收方其已被记录在发送方的借方账户的文件。

Debt ratio（负债比率）：等于总负债除以总资产；用来反映与企业债务相关的风险。

Debt-to-equity ratio（权益负债率）：等于总负债除以总所有者权益；反映了债权融资和股权融资在公司融资中所占的比例。

Debtors（债务人）：欠款的个人或组织。

Declining-balance method（余额递减法）：一种折旧方法，当期的折旧费用等于资产期初账面价值乘以一个折旧率（有时是直线折旧率的两倍）。

Deferred income tax liability（递延所得税负债）：由于一般公认会计原则和税法之间的暂时性差异导致企业所得税递延到以后期间。

Degree of operating leverage, DOL（经营杠杆系数）：等于边际贡献除以税前利润；用来评估销售收入变化对利润的影响。

Departmental accounting system（部门会计制度）：为评价一个部门盈利能力或成本效益提供有用信息的会计制度。

Departmental contribution to overhead（部门间接费用贡献）：等于部门的收入超出直接费用的金额。

Depletion（损耗）：将自然资源的成本分摊到其消耗和出售的期间的过程。

Deposit ticket（存款单）：列示有货币、硬币和支票存款及其相应金额的明细项目。

Deposits in transit（在途存款）：公司已有存款记录但银行还没有存款记录的款项。

Depreciable cost（折旧成本）：固定资产成本减去残值后的数额。

Depreciation（折旧）：将固定资产和设备的成本分摊到其使用期间，表现为使用资产所产生的费用。

Diluted earnings per share（稀释每股收益）：把稀释性证券加到分母中从而计算得出的每股收益。

Dilutive securities（稀释性证券）：具有增加发行在外普通股股数可能性的证券，例如期权、认股权、可转换债券和可转换优先股。

Direct costs（直接成本）：为某一特定成本对象的利益而发生的成本。

Direct expenses（直接费用）：为了某个特定部门的利益所发生的费用。

Direct labor（直接人工）：员工用实际行动将原材料转换为产成品所付出的劳动。

Direct labor costs（直接人工成本）：产品加工过程到产成品完成过程所发生的直接人工的工资和薪金。

Direct material（直接材料）：本质上已成为产品一部分的原材料，并能够清晰地被界定到特定产品或产品批次中。

Direct material costs（直接材料成本）：产品加工过程到产成品完成过程所发生的直接材料支出。

Direct method（直接法）：在现金流量表中列示出主要经营现金收入和主要经营现金支出，用收入减支出得出经营活动净现金流量的方法。

Direct write-off method（直接冲销法）：在确认应收账款为坏账时记录坏账损失的方法；不需要进行坏账估计。

Discount on bonds payable（应付债券折价）：债券面值与低于面值的发行价格或现存价值间的差异；当合同利率低于市场利率时会发生折价。

Discount on note payable（应付票据折价）：应付票据面值和借款数额间的差异；表现为在票据的期限内额外支付的利息。

Discount on stock（股票折价）：股票面值与低于面值的发行价格间的差异。

Discount period（折扣期）：买方可以享有现金折扣并减少付款金额的时间段。

Discount rate（贴现率）：投资预期报酬率，也称为资本成本、要求报酬率或必要报酬率等。

Discounts lost（折扣损失）：购货时由于没有利用现金折扣而发生的费用。

Dividend in arrears（积欠股利）：累积优先股未付股利，必须在所有正常优先股股利和普通股股利支付前支付。

Dividend yield（股息生息率）：归属于普通股股东的年现金股利与普通股市场价值的比率。

Dividends（股利）：企业将资产分配给其所有者的部分。

Double-declining-balance depreciation，DDB（双倍余额递减折旧法）：折旧额等于期初账面价值乘以直线折旧率的 2 倍的折旧方法。

Double-entry accounting（复式记账）：每一交易至少影响到两个账户，并且至少一个借方和一个贷方的会计制度。

Double taxation（双重征税）：企业收入需要缴税，其随后以股利的形式分发给股东，股东还要再缴一次税。

E

Earnings（收益）：见净利润（net income）。

Earnings per share，EPS（每股收益）：企业发行在外的普通股每股所赚得的收益；也称为每股净收益。

Effective interest method（实际利率法）：将利息费用在债券期限内进行分摊得出一个恒定利率；某一期间的利息费用等于期初负债余额乘以债券发行时的市场利率；也称为利息法。

Efficiency（效率）：企业使用资产的生产效率；通常用来反映某一特定水平资产创造收入的多少。

Efficiency variance（效率差异）：实际投入量和标准投入量之间的差异。

Electronic funds transfer，EFT（电子资金转账）：使用电子方式将现金从一方转到另一方的方法。

Employee benefits（员工福利）：支付给员工的附加报酬，诸如医疗保险、牙齿保险、人身保险、伤残保险和员工福利计划等。

Employee earnings report（员工收益报告）：员工净收入、总收入、扣减项和年初至今的工资单信息等的记录情况。

Enterprise resource planning，ERP（企业资源计划）：管理企业重要运营活动的程序，覆盖的内容包括从订单受理、生产到记账等。

Entity（实体）：出于会计目的区别于其他组织和个人的组织。

End of month，EOM（月底）：用来描述赊销过程中的信用条件。

Equity（权益）：所有者对企业资产的要求权，等于任一实体的资产扣除负债后的剩余收益；也称为净资产。

Equity method（权益法）：长期投资中，当投资方对被投资方具有重大影响时采用的会计方法。

Equity ratio（权益比率）：权益占总资产的比例，等于总权益除以总资产。

Equity securities with controlling influence（具有控制权的长期股权投资）：在长期投资中，当投资方有权对被投资方施加控制时的证券；投资方拥有被投资方50%或更多的投票权时可以产生控制权。

Equity securities with significant influence（具有重大影响的长期股权投资）：在长期投资中，当投资方可以对被投资方施加重大影响时的证券；投资方拥有被投资方20%或更多（但小于50%）的投票权时具有重大影响。

Equivalent units of production，EUP（约当产量）：在特定时期所有劳动全部用来生产产品所完成的产品数量。

Estimated liability（预计负债）：可以合理预测的数额不确定的负债。

Estimated line of cost behavior（估计成本习性线）：可以形象地反映成本和销售收入之间关系的线。

Ethics（职业道德）：判断行为正确或错误、公平或不公平、诚实或不诚实等的行为规范。

Events（事项）：既影响组织的财务状况，同时也可以可靠度量的事件。

Expanded accounting equation（扩展的会计等式）：资产＝负债＋所有者权益；非企业化的所有者权益等于所有者名下的资本－所有者提取＋收入－费用；对于将股利从留存收益中扣除的企业，所有者权益等于实缴资本＋留存收益＋收入－费用。

Expenses（费用）：企业经营中创造销售收入所耗用或流出的资产数额。

External transactions（外部交易）：一个实体和另一个实体之间的经济价值的交换。

External users（外部使用者）：不直接参与企业运营情况并使用会计信息的人们。

Extraordinary gains or losses（非常损益）：不经常发生的、不正常的，并区别于持续经营的单独披露的利得或损失。

Extraordinary repairs（特殊修缮）：可以延长固定资产预期使用寿命的大修理；被视为资本支出。

F

Factory overhead（制造费用）：除直接材料或直接人工外支持生产过程的制造活动；也称为间接制造费用。

Factory overhead costs（制造费用成本）：不能单独或不容易追加到产成品成本中的制造费用

支出；也称为间接制造成本。

Favorable variance（有利差异）：实际收入或费用与预算数额间能够导致收益增加的差异。

Federal Depository Bank（联邦储蓄银行）：有权接受应付给联邦政府的存款的银行。

Federal Insurance Contributions Act Taxes（联邦社会保险税）：雇主和员工都要缴纳的税项，用于社会保障和医疗保险项目。

Federal Unemployment Taxes，FUTA（联邦政府失业税）：联邦政府要求雇主缴纳的工资税，以支持其失业保险项目。

FIFO method（FIFO 法）：见先进先出法（First-in，First-out）。

Financial accounting（财务会计）：主要为外部使用者提供服务的会计领域。

Financial Accounting Standards Board，FASB（财务会计准则委员会）：全职负责会计准则制定的独立组织。

Financial leverage（财务杠杆）：发行优先股或债务获得的资产所赚取的回报率高于支付优先股股利或债务利息的比率，从而获得更高的净资产收益率；也称为举债经营。

Financial reporting（财务报告）：向相关投资者、债权人和其他利益相关者传递有关投资、信用状况和经营决策等信息的过程。

Financial statement analysis（财务报表分析）：使用分析工具分析通用财务报表和相关数据以为经营决策提供参考的过程。

Financial statements（财务报表）：包括资产负债表、利润表、所有者权益表和现金流量表。

Financing activities（筹资活动）：与所有者和债权人有关的交易活动，包括发行债务筹集资金、偿还借款、向所有者筹集资金或向所有者分配资金等。

Finished goods inventory（产成品存货）：控制产成品资料的账户，作为存货账户的明细分类账，记录可供出售产成品的成本。

First-in，first-out，FIFO（先进先出法）：一种将成本分配至存货中的方法，假定商品是按照规定的顺序出售的，即最早采购的商品最先出售。

Fiscal year（会计年度）：作为企业年度会计期间的连续 12 个月（或 52 周）。

Fixed budget（固定预算）：基于某单一固定业务量进行规划预算；如果实际业务量与预算业务量不同，则不适合用固定预算进行评估。

Fixed budget performance report（固定预算执行情况报告）：比较实际收入、成本和固定预算之间差异，并指出这些差异是有利差异还是不利差异的报告。

Fixed cost（固定成本）：不随业务成交量的变化而变化的成本。

Flexibility principle（灵活性原则）：一种信息系统原则，要求会计制度能够适应企业、企业的经营和决策者需求的变化。

Flexible budget（弹性预算）：某一完整时期结束后编制的预算（使用实际业务量），有助于管理人员评估过去的业绩情况；使用固定成本和变动成本来计算总成本。

Flexible budget performance report（弹性预算业绩报告）：比较收入、成本与基于实际销售业务量编制的弹性预算间的差异。

Free on board，FOB（船上交货）：货物的所有权转移给买方的时点；装运地交货意味着买方支付运输成本，当卖方将货物转移给承运人时，买方就拥有了货物的所有权；目的地交货意味着卖方支付运输成本，当货物到达买方的营业地点时，买方才拥有货物的所有权。

Foreign exchange rate（外汇汇率）：一种货币按另一种货币表示的价格。

Form 940 IRS（美国国税局 940 号表格）：报告基于年度资料雇主应缴纳的联邦政府失业税

（FUTA）情况的表格。

Form 941 IRS（美国国税局 941 号表格）：报告联邦社会保险税应缴和已缴情况的表格。

Form 10-K（10-K 表格）：企业（小型企业）向证券交易委员会提交的有关其公开交易证券情况的年度报告表格。

Form W-2（W-2 表格）：雇主向雇员出示的扣缴联邦社会保险和联邦所得税后雇员工资情况的年度报告表格。

Form W-4（W-4 表格）：扣缴津贴证书，由雇主填写，并注明要求扣缴的津贴数额。

Franchises（特许权）：由企业或政府赋予的，允许在特定情况下出售产品和服务的特权。

Full disclosure principle（充分披露原则）：要求财务报表（包括附注）披露与实体经营情况和财务业绩相关的所有信息的原则。

G

GAAP（公认会计原则）：见一般公认会计原则（Generally accepted accounting principles）。

General accounting system（通用会计系统）：基于定期盘存制使用的制造业活动的会计系统。

General and administrative expenses（一般管理费用）：维持企业正常经营活动的费用。

General and administrative expense budget（一般管理费用预算）：不包括在销售费用预算中的日常经营费用预算规划。

General journal（普通日记账）：记录交易和事项借方和贷方发生额的各种日记账。

General ledger（总分类账）：见分类账（Ledger）。

General partner（普通合伙人）：对合伙企业债务承担无限连带责任的合伙人，并对合伙企业的经营和管理负责。

General partnership（一般合伙企业）：所有合伙人具有相互代理的权利，并对合伙企业债务承担无限连带责任的合伙企业。

Generally accepted accounting principles，GAAP（一般公认会计原则）：规定公认会计实务规范的条例。

Generally accepted auditing standards，GAAS（一般公认审计准则）：规定公认审计实务规范的条例。

General-purpose financial statements（通用财务报表）：各种相关利益群体所使用的定期发布的报表，包括利润表、资产负债表、所有者权益表（或留存收益表）和现金流量表，以及这些报表的附注。

Going-concern assumption（持续经营假设）：一种原则，要求财务报表能够反映企业将会持续经营的假设。

Goods in process inventory（在产品存货）：记录正在加工但没有完成的在产品的累计成本的账户。

Goodwill（商誉）：公司（或部门）的价值超过其资产减去负债后价值的数额。

Gross margin（毛利）：见毛利（Gross profit）。

Gross margin ratio（毛利率）：等于毛利（净销售收入减去销售成本）除以净销售收入。

Gross method（总额法）：记录以发票价格全额（没有任何现金折扣）采购商品的方法。

Gross pay（薪酬总额）：员工赚得的全部薪酬。

Gross profit（毛利）：等于净销售收入减去销售成本。

Gross profit method（毛利法）：利用上期毛利率估测本期销售成本（随后从可供出售商品成

本中扣除），进而估测存货成本的方法。

H

Held-to-maturity (HTM) securities（持有至到期投资）：企业有意图并且有能力持有至到期日的债券。

High-low method（高低点法）：用图表的形式将成本与销售量的最高点和最低点连接起来预测成本习性线的过程。

Horizontal analysis（横向分析）：将企业的财务状况和经营业绩与不同时期相比较。

Hurdle rate（最低投资回报率）：一项投资所能接受的最低回报率（由管理层来设定）。

I

Impairment（资产减值）：一项资产价值的减少。

Imprest system（定额备用金制度）：核算小额备用金的方法；维持基金在一个恒等余额，等于现金加上小额现金收入。

Inadequacy（生产能力不足）：固定资产的生产能力过小以至于不能满足企业的生产需求的情况。

Income（利润）：见净利润（Net income）。

Income statement（利润表）：一种财务报表，反映在某一特定时期收入减去费用后得出的净利润或净亏损情况，也包括利得或损失。

Income Summary（本年利润）：仅在结账过程中使用的临时性账户，收入和费用账户（包括利得或损失）的余额都转至该账户，该账户的余额最终被结转到资本账户（或企业的留存收益）。

Incremental cost（增量成本）：只有当公司采取某一特定行动方案时才会发生的追加成本。

Indefinite life（不确定使用年限）：一项资产的使用寿命不受法律、规章、合同、竞争、经济或其他因素限制的情况。

Indirect costs（间接成本）：为多个成本对象创造效益所发生的成本。

Indirect expenses（间接费用）：多个部门（或成本对象）都能受益所发生的费用。

Indirect labor（间接人工）：没有参与将直接材料转换成产成品过程的工作人员所付出的劳动，无法被清晰地界定到特定产品单元或产品批次中。

Indirect labor costs（间接人工成本）：不能被直接追加到产品或服务中的人工成本，被作为管理费用的一部分。

Indirect material（间接材料）：用来支持生产过程正常进行但没有被界定到产品或产品批次中的材料。

Indirect method（间接法）：在现金流量表中报告净利润，然后通过增加和减去某些项目进行调整，最后得出经营活动净现金流量的方法。

Information processor（信息处理）：会计系统的一部分，用来解释、转换、汇总分析和报告所需信息的过程。

Information storage（信息存储）：会计系统的一部分，以一定的形式保存数据，确保信息处理时数据的可获得性。

Infrequent gain or loss（非经常性利得或损失）：在给定的企业经营环境下预期不会发生的利得或损失。

Input device（输入设备）：从原始凭证上获取信息的方法，以确保信息可以传送到信息处理过程。

Installment note（分期付款票据）：需要向债权人支付一系列定期付款的负债。

Institute of Management Accountants，IMA（管理会计师协会）：一个管理会计师的专业组织。

Intangible assets（无形资产）：用来生产或出售产品或服务的长期资产，通常不具有物质形态，并且所产生的利益也不确定。

Interest（利息）：使用借得的现金（或其他资产）而支付的费用。

Interim financial statements（中期财务报表）：跨度小于一年的财务报表；通常跨度为一个月、三个月或六个月。

Internal controls or Internal control system（内部控制或内部控制制度）：用来保护资产安全完整，确保会计信息资料正确可靠，提高经营效率和确保贯彻公司经营方针的所有政策和程序的总称。

Internal rate of return，IRR（内含报酬率）：用来评价一项投资可接受性的比率；等于使投资净现值为零的贴现率。

Internal transactions（内部交易）：发生在企业内部可以影响会计等式的交易。

Internal users（内部使用者）：直接参与企业经营管理并使用会计信息的人。

International Accounting Standards Board，IASB（国际会计准则委员会）：制定编制财务报表时优先选取的会计方法并鼓励全球范围内接受和执行的组织；同时发布国际财务报告准则（IFRS）。

Inventory（存货）：企业拥有的并预期在正常经营中出售的货物。

Inventory turnover（存货周转次数）：在特定期间企业的平均存货被售出的次数；等于销货成本除以平均存货。

Investing activities（投资活动）：与购置和出售长期资产相关的交易，包括签发应收票据、收回应收票据、对非现金等价物的投资等。

Investment center（投资中心）：管理人员需要对收入、成本和实体投资负责的中心。

Investment center residual income（投资中心剩余收益）：投资中心赚得的超过平均投资资产预期报酬率的净收益。

Investment center return on total assets（投资中心总资产报酬率）：等于中心净利润除以中心平均总资产。

Investment turnover（投资周转率）：企业可动用资产产生销售收入的效率；等于销售收入除以平均投资资产。

Invoice（发票）：卖方提供的有关货物明细的记录，列示了客户的名称、销售产品件数、销售价格和销售条件等。

Invoice approval（发票核准）：包含一系列审核发票记录和支付情况步骤的文件，也称为支票授权书。

J

Job（作业）：定制产品或服务的生产。

Job cost sheet（分批成本计算表）：分别记录每一作业过程的表格。

Job lot（批量）：定制超过一单位数量产品或服务的生产。

Job order cost accounting system（分批成本会计系统）：计算生产每一批次产品所需成本的成本会计核算系统。

Job order production（订单生产）：特别订购产品的生产；也称为定制化生产。

Joint cost（联合成本）：同时生产或采购两件或更多产品时发生的成本。

Journal（日记账）：在交易被过账至分类账之前所进行的记录；也称为原始账簿。

Journalizing（登记日记账）：在日记账中记录交易的过程。

Just-in-time (JIT) manufacturing（准时化生产）：仅在有订单需求时才采购或生产存货的过程。

K

Known liabilities（金额确定的负债）：公司确定的债务，这些债务由协议、合同或法律规定；也称为可确定负债。

L

Land improvements（土地附属物）：可以增加土地效益的资产，使用寿命有限且会发生折旧。

Large stock dividend（大额股票股利）：如果待分配股利的股票超过已发行流通股股数的25%，这种股票股利就叫做大额股票股利。

Last-in, first-out, LIFO（后进先出法）：一种将成本分配至存货的方法，假定最近购买的货物最先出售，并归入销货成本中。

Lean business model（精益经营模式）：在满足客户需求、创造企业正回报率的同时消除浪费的方法。

Lease（租约）：具体说明租赁性质的合同。

Leasehold（租赁权）：在租赁条款下出租人赋予承租人的权利。

Leasehold improvements（租赁物改良）：诸如店面等租赁财产的变更或改进。

Least-squares regression（最小二乘回归）：比高低点法和散点图法更加精确的预测成本习性线的统计方法。

Ledger（分类账）：包含企业所有会计账户（和数额）的记录。

Lessee（承租人）：租约中确保从另一方（出租方）获取拥有和使用某项资产权利的一方。

Lessor（出租人）：租约中赋予另一方（承租方）拥有和使用其资产权利的一方。

Liabilities（负债）：债权人对企业的资产拥有的求偿权；由过去的交易或事项形成的，企业需要在未来通过支付资产、产品或服务来偿还的债务。

Licenses（许可权）：见特许权（Franchises）。

Limited liability（有限责任）：所有者以投资额为限承担损失。

Limited liability company（有限责任公司）：一种组织形式，是公司和有限合伙企业各自特点的结合；对其所有者承担有限责任，不需要缴纳营业税，并允许组织成员积极参与管理。

Limited liability partnership（有限责任合伙企业）：一种合伙企业，合伙人不需要以个人名义承担渎职或责任事故，除非合伙人对导致索赔的服务负有主要责任。

Limited life（有限使用寿命）：见使用寿命（Useful life）。

Limited partners（有限合伙人）：在合伙企业中，以出资额为限对合伙企业债务承担责任的合伙人。

Liquid assets（流动资产）：诸如现金一类很容易转换为其他资产或可以用来购买商品、服务或支付债务等的资源。

Liquidating cash dividend（清算性现金股利）：将投资资产部分返回给股东；该部分从实缴资本账户中扣除。

Liquidation（清算）：企业停止经营的过程；包括出售资产，偿还负债和将剩余资产分还给所有者等活动。

Liquidity（流动性）：资源可以满足短期现金需求的能力。

List price（标价）：扣除商业折扣前的商品定价。

Long-term investments（长期投资）：诸如应收票据和股票、债券投资等没有用来进行经营活动的长期资产。

Long-term liabilities（长期负债）：不需要在一年内或超过一年的一个营业周期内偿付的债务。

Lower of cost or market, LCM（成本与市价孰低法）：当市场重置成本低于记录的成本时，要按照市场重置成本报告存货的方法。

M

Maker of the note（出票人）：签出票据并承诺到期支付的实体。

Management by exception（例外管理）：重点关注差异变化而对业绩与标准相近的领域给予较少关注的管理程序。

Managerial accounting（管理会计）：主要为内部使用者做决策提供服务的会计领域。

Manufacturer（制造商）：使用人工和经营性资产将原材料转换成产成品的企业。

Manufacturing budget（制造费预算）：在生产预算中，针对制造单元中所发生的直接材料、直接人工和日常管理费用等成本的规划预算。

Manufacturing statement（制造成本表）：特定期间企业生产过程中发生的成本类型、数额的汇总报告；也称为商品制造成本表。

Margin of safety（安全边际）：预期销售收入超出盈亏平衡点销售收入的部分。

Market prospects（市场前景）：使用者和其他利益相关者对企业未来业绩的预期（包括好的和不好的）。

Market rate（市场利率）：鉴于借款人的风险等级，借贷协议中规定的借款人愿意支付且放款人愿意接受的利率。

Market value per share（每股市价）：股票买卖的价格。

Master budget（全面预算）：综合性的企业计划，包括预期销售收入、要生产的产品数量、需采购的商品、将发生的费用、需采购的固定资产、需借款的金额或需还款的金额等具体计划，也包括预算利润表和资产负债表等。

Matching principle（配比原则）：规定费用要与其当期创造的收入相配比。

Materiality constraint（重要性原则）：记录会对财务报表产生重要影响的事项及其推论时必须严格遵守 GAAP 的规定。

Materials consumption report（材料消耗报告）：汇总报告期内部门使用材料情况的文件；代替领料单。

Materials ledger card（材料明细分类卡）：持续记录每次采购或生产领用的材料数量的文件。

Materials requisition（领料单）：生产经理用来领取生产原料的原始凭证；用来将材料成本分配至具体的生产批次或日常管理费用。

Maturity date of a note（期票到期日）：票据的本金和利息到期的日期。

Merchandise（商品）：见库存商品（Merchandise inventory）。

Merchandise inventory（库存商品）：企业拥有的并预期出售给客户的货物；也称为商品或存货。

Merchandise purchases budget（商品采购预算）：在预算期内商业公司计划采购的商品成本和数量的规划。

Merchandiser（商业企业）：通过买卖商品赚取利益的实体。

Merit rating（功绩考量等级）：通过雇主的聘用记录由州政府对雇主进行评级。

Minimum legal capital（最低法定资本）：法律强制性规定的出资人必须对企业进行投资的最低资产数额；通常定义为股票的面值；旨在保护债权人的利益。

Mixed cost（混合成本）：类似于固定成本和变动成本的组合。

Modified Accelerated Cost Recovery System，MACRS（修正的加速成本收回制度）：联邦所得税法所规定的折旧制度。

Monetary unit assumption（货币计量假设）：一种原则，假设各种交易和事项都是可以用货币计量的。

Mortgage（抵押权）：一种法定贷款协议，规定出借方有权出售借款人的抵押资产以获得现金的权利，以此来保护出借方的权利。

Multinational（跨国公司）：在多个国家经营的公司。

Multiple-step income statement（多步式利润表）：利润表的一种格式，列示了销售收入和净利润间各自的总和情况，对费用进行了分类，通常还披露净收入和费用的明细情况。

Mutual agency（互为代理）：合伙人之间的法律关系，每名合伙人都是合伙企业的一名代表，在合伙企业经营范围内可以代表合伙企业签订合同等。

N

Natural business year（自然营业年度）：为期12个月的会计年度，该会计年度正好在企业的销售业绩最低点时结止。

Natural resources（自然资源）：本质上会随着使用而消耗的资产，如木材、矿床、石油和天然气等，也称为递耗资产。

Net assets（净资产）：见权益（Equity）。

Net income（净利润）：减去所有必要的、与当期销售收入相匹配的费用后的数额；也称为收益、利润或盈余。

Net loss（净损失）：当期费用超出收入的部分。

Net method（净额法）：以发票全价减去现金折扣后的价格记录进货的方法。

Net pay（薪酬净额）：总薪资减去所有扣减项后的数额，也称为实得工资。

Net present value，NPV（净现值）：用来评估一项投资可接受性的资产的预期价值；等于对投资可获得的未来现金流按一定比率折现后，再减去初始投资成本的数额。

Net realizable value（可变现价值）：某项商品的预期销售价格减去销售成本后的数值。

Noncumulative preferred stock（非累积优先股）：如果董事会在当期没有宣告发放股利，那么当期优先股股利将失效，不可以累积到下期。

Noninterest-bearing note（无息票据）：票面没有注明利息的票据；利息隐含在票据的面值中。

Nonparticipating preferred stock（非参与优先股）：按规定每期分得固定数额股息的优先股。

No-par value stock（无面值股票）：企业规章中没有规定面值的一类股票。

Nonsufficient funds (NSF) check（空头支票）：出票人银行账户存款不足以支付的支票。

Non-value-added time（非增值时间）：周期中没有直接生产产品或服务的部分；等于检测时间、传送时间和等待时间的总和。

Not controllable costs（不可控成本）：管理人员没有能力控制或产生重大影响的成本。

Note（票据）：见期票（Promissory note）。

Note payable（应付票据）：一种负债，表现为在未来某一特定日期支付一定数额现金或见票即付的书面承诺。

Note receivable（应收票据）：一种资产，表现为在未来某一特定日期收到一定数额现金或即期收到现金的书面承诺。

O

Objectivity principle（客观性原则）：要求财务报表信息独立、公正地反映企业活动的原则。

Obsolescence（陈旧过时）：新发明和新创造使得一项固定资产不再具有生产产品或提供服务的竞争优势的情况。

Off-balance-sheet financing（资产负债表外融资）：取得的资产经双方同意后不在资产负债表上列示的情况。

Online processing（即时处理）：一旦信息可获得，就立刻从原始凭证输入数据的方法。

Operating activities（经营活动）：与以下内容相关的活动，包括商品的生产或采购，向客户销售商品或提供服务，与日常经营管理相关的支出等。

Operating cycle（经营周期）：从支付商品货款或员工提供服务到从客户处收到现金的正常时间。

Operating leases（经营租赁）：一种短期租赁或可撤销租赁，出租人保留对出租资产的所有权，并承担与之相关的一切风险和收益。

Operating leverage（经营杠杆）：固定成本在总成本中的比重。

Opportunity cost（机会成本）：面临两种或更多选择时，选择其中某一方案时所损失的其他方案的潜在收益。

Ordinary repairs（普通维护）：为使一项固定资产正常、良好运转所发生的维修；被视为营业支出，并在当期费用化。

Organization expenses（开办费）：诸如律师费、启动费等为组建一个实体所花费的成本。

Out-of-pocket cost（付现成本）：随着管理层决策可能发生或避免的成本。

Output devices（输出设备）：使得信息从会计系统中取出并可以交付使用的工具。

Outsourcing（外包）：从另一实体购买产品或服务的管理层决策；是自制或外购决策的一部分；也称为自制或外购决策。

Outstanding checks（未兑现支票）：由存款人开出并记录，但在银行结单日银行还没有支付的支票。

Outstanding stock（发行在外股份）：股东持有的公司的股份。

Overapplied overhead（多分摊间接费用）：当期使用预定间接费用分配率分配与生产有关的

间接费用时超出当期实际发生的间接费用的部分。

Overhead cost variance（间接成本差异）：与产品相关的总间接成本和实际发生的总间接成本间的差异。

Owner, Capital（所有者名下的资本）：反映所有者对企业资产求索权的账户；等于所有者投资加上净利润（或减去净亏损），减去自公司成立起的所有者提取；也称为所有者权益。

Owner investment（所有者投资）：所有者投入到企业中的资产。

Owner's equity（所有者权益）：见权益（Equity）。

Owner, Withdrawals（所有者提取）：用来记录分配给所有者资产的账户。

P

Paid-in capital（实缴股本）：见实缴资本（Contributed capital）。

Paid-in capital in excess of par value（超面值缴入股本）：发行股份收到的超过股票面值的部分。

Par value（票面价值）：公司章程中规定的股票授权时的每股价值。

Par value of a bond（债券面值）：债券发行人同意到期支付的金额，并且支付的现金利息也是以此为基础计算的。

Par value stock（有面值股票）：公司章程中规定了面值的一类股票。

Parent（母公司）：对一家公司具有控股权的另一家公司（要求具有50%以上的投票权）。

Participating preferred stock（参与式优先股）：除了可以按规定百分比获得固定股利，还可以与普通股股东一起分享剩余股利的优先股。

Partner return on equity（合伙人股本回报率）：等于合伙人净收益除以当期平均合伙人权益。

Partnership（合伙企业）：由两人或两人以上作为共同拥有人，以营利为目的的非公司组织。

Partnership contract（合伙企业合同）：合伙人之间的协议，规定了合伙企业日常经营所需遵守的规则；也称为合伙契约。

Partnership liquidation（合伙企业清算）：通过以下活动解散合伙企业：（1）出售非现金资产，并按合伙人应承担的收益和损失比率分配利得和损失，（2）偿还债务，（3）根据合伙人的剩余资本余额分配剩余现金。

Patent（专利权）：赋予其所有者17年时间生产并销售某一产品或使用该产品的专有权利。

Payback period, PBP（投资回收期）：用来评估一项投资可接受性的时间测量方法；等于使得投资的净现金流等于初始投资成本的预期时间段。

Payee of the note（票据收款人）：票据应支付的对象实体。

Payroll bank account（工资银行账户）：仅用来支付员工工资的银行账户；每一个工资结算期都会有一笔等于全部员工净工资额的款项存入账户，以此为基础支付工资支票。

Payroll deductions（薪酬扣款）：从员工总薪酬额中扣除的金额，也称为扣缴税款。

Payroll register（工资登记簿）：在工资结算期，记录工资结算日期、正常工作时间和加班时间、总工资额、净工资额和扣减项等的资料。

Pension plan（养老保险）：员工和雇主间的合同协议，规定雇主在员工退休后为其提供福利；支付的这部分款项在发生当期费用化。

Period costs（期间成本）：当期确认的支出大于产成品的成本；包括销售和一般管理费用。

Periodic inventory system（定期盘存制）：一种成本记录方法，记录购进存货的成本，但不持续跟踪可供出售的存货数量或已出售给客户的产品数量；在每一会计期末更新记录以反映盘点情况和可用商品成本。

Permanent accounts（永久性账户）：与一个或多个未来期间活动相关的账户；在资产负债表中反映为那些余额不需要结转的账户；也称为实账户。

Perpetual inventory system（永续盘存制）：持续跟踪记录可用存货成本和存货销售成本的记录方法。

Petty cash（零用现金）：在基金中用来支付小额费用的小额现金；用定额备用金制度核算。

Planning（计划）：设定目标并准备实现它们的过程。

Plant assets（厂房设备资产）：用来生产或销售产品和服务的有形长期资产；也称为财产、厂房和设备（PP&E）或固定资产。

Pledged assets to secured liabilities（抵押资产和担保负债比率）：企业抵押资产的账面价值与担保负债的账面价值之比。

Post-closing trial balance（结账后试算平衡表）：在所有结账分录被记录和过账后，列有永久性账户及其余额的表格。

Posting（过账）：将日记账分录信息转移到分类账中的过程；由计算机系统自动完成这个过程。

Posting reference (PR) column（过账索引）：日记账中的一栏，当分录被过账到分类账账户中时，在该栏填入相对应的分类账账户编号。

Predetermined overhead rate（预定间接费用分配率）：事先设定的比率，它将估计的间接费用和另一变量（诸如估计的直接人工）联系在一起，并以此为依据将间接费用成本分配至产品中。

Preemptive right（优先认股权）：为确保股东在企业中的权益比例，股东有权优先购买任何新增发股份。

Preferred stock（优先股）：在诸如支付股利、分配资产时，比普通股多享有一种或多种优先级的股份。

Premium on bonds（债券溢价）：债券面值和高于面值的现存价值间的差异；当合同利率高于市场利率时会出现这种情况。

Premium on stock（股票溢价）：见超面值缴入股本（Contributed capital in excess of par value）。

Prepaid expenses（待摊费用）：在收到效益前预先支付的费用；视为一种资产。

Price-earnings (PE) ratio（市盈率）：公司当期每股市场价值和每股盈余的比率。

Price variance（价格差异）：由每单位实际价格和预算价格间的差异所导致的实际收入或成本和预算收入或成本间的差异。

Prime costs（主要成本）：在产成品的生产中直接确认的支出；包括直接材料成本和直接人工成本。

Principal of a note（票据本金）：出票人同意在到期时偿还的数额，不包括利息。

Principles of internal control（内部控制原则）：一种原则，要求管理人员建立责任意识，保持记录完整，确保资产安全，将资产的记录和保管职责相分离，划分关联交易中的责任，应用技术控制，以及进行检查复核等。

Prior period adjustment（以前年度损益调整）：更正扣除所得税影响后上期留存收益表（或所有者权益表）中的错误。

Pro forma financial statements（预测财务报表）：反映计划将要发生的交易和事项对财务报表产生的影响。

Process cost accounting system（分步成本制度）：将直接材料、直接人工和间接费用分配至具体过程的制度；然后每一过程相关的总成本除以这一过程中所经过的单位数量等于每约当单位成本。

Process cost summary（分步成本汇总报告）：报告每一部门的成本、已完成产品的约当产量和成本分配情况。

Process operations（流程操作）：在连续步骤中产品的生产过程；也称为流程制造或分步生产。

Product costs（产品成本）：预期可以在未来产生价值而资本化为存货的成本，包括直接材料、直接人工和间接费用等。

Production budget（生产预算）：规划每期将要生产的产品数量。

Profit（利润）：见净利润（Net income）。

Profit center（利润中心）：发生成本并创造收入的业务单元。

Profit margin（边际利润率）：企业净利润与净销售收入的比；表明每单位收入中利润所占的百分比；也称为净边际利润率。

Profitability（盈利能力）：企业利用已投资资本创造回报的能力。

Profitability index（盈利指标）：衡量一个项目预期收益和其投资间关系的方法，等于投资产生的预期未来现金流量的现值除以投资成本；该值越大表明项目越值得投资，当该值小于1时意味着项目是不可接受的。

Promissory note（期票）：规定在未来某一特定日期或即期支付特定数额款项的书面承诺；对出借方来讲是应收票据，而对借款方来讲则是应付票据。

Proprietorship（独资企业）：见独资企业（Sole proprietorship）。

Proxy（授权委托书）：赋予股东代理人执行股东表决权权利的法律文件。

Purchase discount（购货折扣）：赋予采购方在折扣期内支付货款可以享受现金折扣权利的条款。

Purchase order（订购单）：采购部门向供应商订货的文件。

Purchase requisition（请购单）：列有部门所需商品并陈述其采购理由的文件。

Purchases journal（购货日记账）：记录所有赊购记录的日记账。

Q

Quantity variance（数量差异）：实际产量和预算产量间的差异导致的实际收入或成本和预算收入或成本间的差异。

R

Ratio analysis（比率分析）：用量化的方法反映财务报表项目间的重要关系。

Raw materials inventory（原材料存货）：企业为制造产品所购进的货物。

Realizable value（可变现价值）：将资产转换为现金所获得的预期收益。

Receiving report（验收报告）：用来报告所定货物已经收到，并且描述货物数量及其状况的表格。

Recordkeeping（簿记）：会计系统的一部分，包括用手工或电子方式记录交易和事项，也称为记账。

Registered bonds（记名债券）：债券发行人将持有债券的投资者的姓名、住址进行登记，并向登记的债券持有人支付利息。

Relevance principle（相关性原则）：一种信息系统原则，规定其报告对决策应是有用的、可理解的、及时的和相关的。

Relevant benefits（相关利益）：相比其他方案，选择某一特定方案所产生的附加或增量收入。

Relevant range of operations（相关经营范围）：公司的正常经营范围；不经常发生的极高和极小业务量范围除外。

Report form balance sheet（报告式资产负债表）：按资产、负债和所有者权益顺序纵向列示账户的资产负债表。

Responsibility accounting budget（责任会计预算）：管理人员控制下的预期成本和费用报告。

Responsibility accounting performance report（责任会计执行情况报告）：比较部门实际成本和费用与预算值差异的责任报告。

Responsibility accounting system（责任会计系统）：可以为管理人员评估部门经理业绩提供信息的系统。

Restricted retained earnings（限定用途留存收益）：由于法律或契约限制不能用来分发股利的留存收益。

Retail inventory method（零售价盘存法）：按销售商品成本和商品零售价格的比率预测期末存货的方法。

Retailer（零售企业）：从制造商或批发商处购买产品，然后销售给顾客的中间商。

Retained earnings（留存收益）：累积收益减去累积损失和股利后的数额。

Retained earnings deficit（留存收益赤字）：留存收益的借方余额；当累积损失和股利超过累积收益时会出现这种情况；也称为累计赤字。

Return（回报）：从投资中获得的货币收益；通常以百分比的形式表示。

Return on assets（资产回报率）：见总资产回报率（Return on total assets）。

Return on equity（净资产收益率）：净收益除以当期平均所有者权益的比率。

Return on total assets（总资产回报率）：反映经营效率的比率；定义为净收益除以当期平均总资产；也称为资产回报率或投资回报率。

Revenue expenditures（收益性支出）：作为费用列示在当期利润表中的支出，它们不会为未来期间提供收益。

Revenue recognition principle（收入确认原则）：规定收入在赚得时确认的原则。

Revenues（收入）：企业赚取收益的经营活动中权益的总增加额；也称为销售收入。

Reverse stock split（逆向股票分割）：企业召回已发行股票，并以更少的新股进行替换的行为；这种行为增加了每股市场价值和每股面值。

Reversing entries（转回分录）：为按照正常日记账分录进行会计处理，而在期初编制的与上期末调整分录相反的分录。

Risk（风险）：预期回报的不确定性。

Rolling budget（滚动预算）：公司为下期编制新预算（修正后的）以代替失效的预算。

S

S corporation（S公司）：符合特种营业税条件的公司，在缴纳所得税时被视为合伙企业。

Safety stock（安全库存）：为满足预算需求必须超过最低库存量的存货或材料的数量。

Sales（销售额）：见收入（Revenues）。

Sales budget（销售预算）：列示待售商品数量或提供的服务的规划；是大多数部门预算编制过程的起点。

Sales discount（销售折扣）：卖方赋予买方在折扣期内付款享受现金折扣的条款。

Sales journal（销售日记账）：用来记录商品赊销记录的日记账。

Sales mix（销售组合）：企业所出售的各种产品的销售数量的比率。

Salvage value（残值）：在资产使用寿命结束时预期收回的价值，也称为剩余价值或废料价值。

Sarbanes-Oxley Act，SOX（《萨班斯—奥克斯利法案》）：由上市公司会计监督委员会制定，调节分析师冲突，指出公司治理的必要性，加强会计和控制披露，影响内部交易和高管贷款，明确新的犯罪行为，加强对违反联邦证券法的惩罚措施等的法案。

Scatter diagram（散点图）：用点在图上显示过去成本习性和销售收入数据的图表。

Schedule of accounts payable（应付账款明细表）：列示应付账款分类账中所有账户余额及其总额的表格。

Schedule of accounts receivable（应收账款明细表）：列示应收账款分类账中所有账户余额及其总额的表格。

Secured bonds（担保债券）：附有发行人作为抵押担保品的资产明细的债券。

Securities and Exchange Commission，SEC（证券交易委员会）：由美国国会成立的负责为那些将所有权股份出售给公众的企业制定报告规则的联邦机构。

Segment return on assets（分部资产回报率）：等于分部经营收益除以当期分部平均资产。

Selling expense budget（销售费用预算）：预算期内对预期销售费用的类型和金额的规划。

Selling expenses（销售费用）：为提高销售收入所发生的费用，诸如展销费、广告费、营销费和将货物运送给客户的运输费等。

Serial bonds（分期还本债券）：在不同到期日分批偿还本金的债券。

Service company（服务性公司）：提供服务而不是有形产品的组织。

Shareholders（股东）：公司的所有者。

Shares（股票）：被分割成很多单位的股份公司的所有者权益；也称为股份。

Short-term investments（短期投资）：管理层预期在未来3～12个月内（或超过一年的一个营业周期内）变现的债务性和权益性证券；也称为临时性投资或可供出售证券。

Short-term note payable（短期应付票据）：以书面本票形式表现的短期债务。

Shrinkage（损耗）：由于偷盗或变质造成的存货损失。

Signature card（印鉴卡）：包含有权在银行账户上签发支票的每个人签名的卡片。

Simple capital structure（简单资本结构）：仅由普通股、不可转换优先股组成的资本结构；不包括稀释性证券。

Single-step income statement（单步式利润表）：一种利润表格式，包括费用化的销售成本，并且仅列示了费用的汇总情况。

Sinking fund bonds（偿债基金债券）：要求债券发行人向特定银行账户存款的债券；到期时债券持有人从该账户领取款项。

Small stock dividend（小额股票股利）：如果待分配股利的股票占企业已发行股票的25%或更少，这种股票股利就叫做小额股票股利。

Social responsibility（社会责任）：人们要对自己的行为对社会所产生的影响负责。

Sole proprietorship（独资企业）：仅由一人拥有的非公司组织。

Solvency（偿付能力）：企业的长期财务稳健性及其偿付长期负债的能力。

Source documents（原始凭证）：有关会计分录的原始信息，可以是纸质或电子表格形式的；也称为商业票据。

Special journal（特种日记账）：用来记录和结转相同类型交易的日记账。

Specific identification（个别认定法）：一种分配成本的方法，存货中的每一项目的采购成本单独记录，并用来计算存货的成本。

Spending variance（支出差异）：某个项目实际价格和标准价格间的差异。

Spreadsheet（电子表格软件）：通过各种公式和表格将数据组织到一起的计算机程序；也称为电子工作表。

Standard costs（标准成本）：在正常情况下生产产品或部件或提供服务所发生的成本。

State Unemployment Taxes，SUTA（州失业救济税）：雇主为支持政府失业项目所缴纳的州工资税。

Stated value stock（设定价值股票）：为无面值股票规定每股价格；这一数额在股票发行时被记录在股本账户。

Statement of cash flows（现金流量表）：一种财务报表，列示了当期的现金流入（收到现金）和现金流出（支出现金）；列示的顺序是经营活动现金流量、投资活动现金流量和筹资活动现金流量。

Statement of owner's equity（所有者权益表）：反映当期所有者权益变化情况的报告；当所有者投资和产生净利润时调增，当所有者提取和产生净亏损时调减。

Statement of partners' equity（合伙人权益表）：一种财务报表，列示了期初全部资本余额、合伙人新增投资、期间损益、合伙人提取和期末合伙人资本余额；也称为合伙人资本表。

Statement of retained earnings（留存收益表）：反映当期留存收益变化情况的报告；包括当产生净利润时调增，分发股利和产生净亏损时调减，及其他前期调整事项。

Statement of stockholders' equity（股东权益表）：列示期初和期末每一主要股本账户的余额，及这些账户的所有变化情况的财务报表。

Statements of Financial Accounting Standards，SFAS（财务会计准则公告）：财务会计准则委员会（FASB）的出版物，颁布了美国一般公认会计原则（U. S. GAAP）。

Step-wise cost（步增成本）：在某一有限范围内成本是固定的，当超过这一范围时成本就是变动的。

Stock（股票）：见股票（Shares）。

Stock dividend（股票股利）：企业无偿分发给其股份持有者的自己的股票。

Stock options（股票期权）：在特定期间以某一固定价格购买普通股的权利。

Stock split（股票分割）：当公司召回其股份并以更多的股份数进行替换时就发生了股票分割，这一行为同时降低了每股市场价格和每股面值。

Stock subscription（股票认购证）：投资者承诺在未来特定日期以特定价格购买未发行股份的契约。

Stockholders（股东）：见股票持有者（Shareholders）。

Stockholders' equity（股东权益）：企业的所有者权益，也称为企业资本。

Straight-line depreciation（直线折旧法）：一种折旧方法，在资产使用寿命内每一会计期间分配相等的折旧额，该值等于固定资产折旧成本（成本减去残值）除以使用寿命。

Straight-line bond amortization（直线摊销法）：在债券期限内每期以相等金额分摊债券利息费用的方法。

Subsidiary（子公司）：一个实体（母公司）控制另一实体投票权的50%或更多时，被控制方称为子公司。

Subsidiary ledger（明细分类账）：列有各个子账户金额及其他常见事项的分类账；与总分类账中的统驭账户有勾稽关系。

Sunk cost（沉没成本）：已经发生的、不可避免或改变的成本。

Supplementary records（补充记录）：不在正常会计记录范围内的信息；也称为补充记录。

Supply chain（供应链）：从供应商，到企业本身，再到客户之间的一系列有关商品或服务的联系。

T

T-account（T形账户）：在各个账户中用来反映交易和事项所产生的影响的工具。

Target cost（目标成本）：产品或服务所能够承受的最大成本；等于预期销售价格减去期望得到的利润。

Temporary accounts（临时性账户）：用来记录收入、费用和提取（企业支付的股利）的账户；在会计期末进行结转；也称为名义账户。

Term bonds（定期债券）：在特定日期（到期日）计划付款的债券。

Throughput time（产出时间）：见循环周期（Cycle time）。

Time period assumption（会计分期假设）：假定企业的活动可以被划分为具体的期间，如月、季或年。

Time ticket（计工单）：一种原始凭证，用来报告每名员工花费在一件产品或间接活动上的时间，然后据此计算应分配到产品中的直接人工或应分配到间接费用中的间接人工。

Times interest earned（利息保障倍数）：扣除利息（和其他税费）前的收益除以利息费用的比率；反映了收益变化对利息支付的风险。

Total asset turnover（总资产周转率）：衡量公司利用资产创造收入的能力；等于净销售收入除以平均总资产。

Total quality management，TQM（全面质量管理）：要求所有管理人员和员工在业务操作的各个阶段都力求更高标准和降低次品数的理念。

Trade discount（商业折扣）：在批发商、零售商和顾客等不同群体间发生的目录价格的扣减项。

Trademark or **Trade (Brand) name**（商标或商标名）：企业、产品或服务的标志、名称、语句或广告词等。

Trading on the equity（权益交易）：见财务杠杆（Financial leverage）。

Trading securities（交易性金融资产）：企业以交易为目的而持有的债务性和权益性证券投资。

Transaction（交易）：能够可靠计量的、可影响企业实体财务状况的经济事项的交换。

Treasury stock（库存股份）：企业回购自己已发行并继续持有的股票。

Trial balance（试算平衡表）：在某一时间点列示账户及其余额的表格；借方总余额等于贷方总余额。

U

Unadjusted trial balance（调整前试算平衡表）：在会计调整事项记录和过账前编制的账户及其余额的列表。

Unavoidable expense（不可避免费用）：与经营决策无关的费用（或成本）；即使部门、产品或服务被剔除也继续存在的费用。

Unclassified balance sheet（未分类资产负债表）：一种资产负债表，大致分为资产类、负债类和所有者权益类账户。

Uncontrollable costs（不可控成本）：管理人员没有能力控制或对其产生重大影响的成本。

Underapplied overhead（少分摊间接费用）：当期发生的间接费用超过按预定间接费用分配比率计算的间接费用部分。

Unearned revenue（预收账款）：当客户提前为产品或服务付款时所产生的负债；在以后期间提供产品或服务时确认收入。

Unfavorable variance（不利差异）：实际收入或成本与预算值间导致收益降低的差异。

Unit contribution margin（单位边际贡献）：产品的单位销售价格超出总单位变动成本的部分。

Units-of-production depreciation（工作量法）：一种折旧方法，在资产的使用期限内依据资产的耗用情况计算折旧费用的方法。

Unlimited liability（无限责任）：普通合伙人之间的一种法律关系，当一部分合伙人无力偿付其按比例应承担的债务时，另一部分合伙人有责任对这部分合伙企业的债务负责。

Unrealized gain (loss)（未实现收益（或损失））：一项真实的交易或事项（如销售）还没有实现的收益（或损失）。

Unsecured bonds（无担保债券）：仅凭发行人信用状况做支撑发行的债券，通常比担保债券的风险更高；也称为信用债券。

Unusual gain or loss（非常利得或损失）：异常的或与企业日常经营活动和环境无关的利得或损失。

Useful life（使用寿命）：在企业经营中一项资产可以被高效率使用的时间长度；也称为服务期限或有限使用年限。

V

Value-added time（增值时间）：循环周期中直接生产产品或提供服务的部分，等于加工时间。

Value chain（价值链）：可以为企业产品或服务增加价值的一系列活动；包括设计、生产、营销、运输和服务等。

Variable cost（变动成本）：根据作业输出量变化而变化的成本。

Variance analysis（差异分析）：分析收入或成本的实际值和预算值之间的差异，并根据价格和数量差异将其表现出来的过程。

Vendee（买主）：商品或服务的买方。

Vendor（卖主）：商品或服务的卖方。

Vertical analysis（纵向分析）：基于某一特定基数分析财务报表各项目或一组项目之间关系的方法。

Volume variance（业务量差异）：两类固定间接费用成本间的业务量差异；一类是总预算间接费用成本，另一类是使用预定固定间接费用分配率分配到产品中的间接费用成本。

Voucher（凭单）：一种内部档案，用来存储文件和信息，以控制现金支出和确保交易是经批准并被记录的。

Voucher register（凭单登记簿）：所有凭单经审核后，记录凭单的日记账（被视为原始分录簿）。

Voucher system（凭单制）：为控制现金支出和收到债务所设计的程序和审核过程。

W

Wage bracket withholding table（工薪阶层扣税表）：列示员工工资所得税扣缴数额的表格。

Warranty（质量保证）：卖方承诺在特定期限内当产品或服务不能正常工作时提供维修或更换服务的协议。

Weighted average（加权平均）：一种将存货成本分配至销售成本中的方法；可用成本除以可供出售成本等于销售前单位成本，然后乘以已售出件数等于销售成本。

Weighted-average method（加权平均法）：见加权平均（Weighted average）。

Wholesaler（批发商）：从制造商或其他批发商处购买产品，然后销售给零售商或其他批发商的中间商。

Withdrawals（提取）：独资企业或合伙企业向其所有者支付现金或其他资产的行为。

Work sheet（工作底表）：用来编制调整前试算平衡表、调整分录、调整后试算平衡表和财务报表等的表格。

Working capital（营运资本）：在某一时点流动资产减去流动负债后的金额。

Working papers（工作底稿）：当整理信息编写正式报告和财务报表时，会计人员和管理人员编制的分析和非正式报告。

John J. Wild, Ken W. Shaw, Barbara Chiappetta
Fundamental Accounting Principles, 19th edition
0-07-337954-9

北京市版权局著作权合同登记号：01-2011-6110

图书在版编目（CIP）数据

会计学原理：第 19 版/ 怀尔德等著；崔学刚译. —北京：中国人民大学出版社，2011.12
（工商管理经典译丛·会计与财务系列）
ISBN 978-7-300-14820-5

Ⅰ.①会… Ⅱ.①怀…②崔… Ⅲ.①会计学 Ⅳ.①F230

中国版本图书馆 CIP 数据核字（2011）第 255104 号

工商管理经典译丛·会计与财务系列
会计学原理（第 19 版）
约翰·J·怀尔德
肯·W·肖　　　　著
芭芭拉·基亚佩塔
崔学刚　译
Kuaijixue Yuanli

出版发行	中国人民大学出版社		
社　　址	北京中关村大街 31 号	邮政编码	100080
电　　话	010－62511242（总编室）		010－62511398（质管部）
	010－82501766（邮购部）		010－62514148（门市部）
	010－62515195（发行公司）		010－62515275（盗版举报）
网　　址	http://www.crup.com.cn		
	http://www.ttrnet.com(人大教研网)		
经　　销	新华书店		
印　　刷	涿州市星河印刷有限公司		
规　　格	185 mm×260 mm　16 开本	版　　次	2012 年 1 月第 1 版
印　　张	29.75 插页 1	印　　次	2012 年 1 月第 1 次印刷
字　　数	686 000	定　　价	65.00 元

教师反馈表

McGraw-Hill Education，麦格劳-希尔教育出版公司，美国著名教育图书出版与教育服务机构，以出版经典、高质量的理工科、经济管理、计算机、生命科学以及人文社科类高校教材享誉全球，更以丰富的网络化、数字化教学辅助资源深受高校教师的欢迎。

为了更好地服务于中国教育发展，提升教学质量，**2003 年麦格劳-希尔教师服务中心**在京成立。在您确认将本书作为指定教材后，请您填好以下表格并经系主任签字盖章后寄回，麦格劳-希尔教师服务中心将免费向您提供相应教学课件或网络化课程管理资源。如果您需要订购或参阅本书的英文原版，我们也会竭诚为您服务。

书名：			
所需要的教学资料：			
您的姓名：			
系：			
院/校：			
您所讲授的课程名称：			
每学期学生人数：	______人 ______年级	学时：	
您目前采用的教材：	作者：______ 出版社：______ 书名：		
您准备何时用此书授课：			
您的联系地址：			
邮政编码：		联系电话	
E-mail：（必填）			
您对本书的建议：		系主任签字 盖章	

中国人民大学出版社

工商管理出版分社
北京市中关村大街甲 59 号文化大厦 15 层
Tel：8610-6251 5732　6251 4162
Fax：8610-6251 4775
E-mail：rdcbsjg@crup. com. cn

McGraw Hill Education

麦格劳-希尔教育出版公司教师服务中心
北京市海淀区清华科技园科技大厦 A 座 906 室
北京 100084
电话：010-6279 0299-108
传真：010-6279 0292
教师服务热线：800-810-1936
教师服务信箱：instructorChina@mcgraw-hill. com
网址：http://www. mcgraw-hill. com. cn

教师教学服务说明

中国人民大学出版社工商管理分社以出版经典、高品质的工商管理、财务会计、统计、市场营销、人力资源管理、运营管理、物流管理、旅游管理等领域的各层次教材为宗旨。同时，为了更好地服务于一线教师教学，工商管理分社近年来着力建设数字化、立体化的网络教学资源。老师们可以通过以下方式获得免费下载教学资源的权限：

（1）在“人大经管图书在线”（www. rdjg. com. cn）注册并下载“教师服务登记表”，或者直接填写下面的“教师服务登记表”后，加盖院系公章，然后邮寄或者传真给我们。我们收到表格后将在一个工作日内为您开通相关资源的下载权限。

（2）如果您有“人大出版社教研服务网络”（http://www. ttrnet. com）会员卡，可以将卡号发到我们的公共邮箱，无须重复注册，我们将直接为您开通相关专业领域教学资源的下载权限。

如果您需要帮助，请随时联系我们：

联系人：刘玉仙（010－62515735）　　李文重（010－82501704）

传真：010－62515732，62514775　　邮箱：rdcbsjg@crup. com. cn

邮寄地址：北京市海淀区中关村大街甲 59 号文化大厦 1501 室

中国人民大学出版社工商管理分社　邮编：100872

教师服务登记表

<table>
<tr><td>姓　　名</td><td></td><td>□先生　□女士</td><td>职　　称</td><td colspan="2"></td></tr>
<tr><td>座机/手机</td><td colspan="2"></td><td>电子邮箱</td><td colspan="2"></td></tr>
<tr><td>通信地址</td><td colspan="2"></td><td>邮　　编</td><td colspan="2"></td></tr>
<tr><td>任教学校</td><td colspan="2"></td><td>所在院系</td><td colspan="2"></td></tr>
<tr><td rowspan="3">所授课程</td><td>课程名称</td><td>现用教材名称</td><td>出版社</td><td>对象（本科生/研究生/MBA/其他）</td><td>学生人数</td></tr>
<tr><td></td><td></td><td></td><td></td><td></td></tr>
<tr><td></td><td></td><td></td><td></td><td></td></tr>
<tr><td colspan="2">需要哪本教材的配套资源</td><td colspan="4"></td></tr>
<tr><td colspan="2">人大经管图书在线用户名</td><td colspan="4"></td></tr>
<tr><td colspan="6">院/系领导（签字）：
院/系办公室盖章</td></tr>
</table>